北京信息化年鉴 2014

北京市经济和信息化委员会　编

方志出版社
Publishing House of Local Records

图书在版编目（CIP）数据

北京信息化年鉴.2014／《北京信息化年鉴》编纂委员会编.--北京：方志出版社，2014.12
ISBN 978-7-5144-1497-4

Ⅰ.①北… Ⅱ.①北… Ⅲ.①信息工作—北京市—2014—年鉴 Ⅳ.①G203-54

中国版本图书馆CIP数据核字（2014）第313488号

北京信息化年鉴（2014）

编　　者：《北京信息化年鉴》编纂委员会
责任编辑：刘方园

出 版 人：冀祥德
出 版 者：方志出版社
地址　北京市朝阳区潘家园东里9号（国家方志馆4层）
邮编　100021
网址　http://www.fzph.org
发　　行：方志出版社发行中心
电话　（010）67110500
经　　销：各地新华书店
印　　刷：北京画中画印刷有限公司

开　　本：889×1194　　1／16
印　　张：29
字　　数：617千字
版　　次：2014年12月第1版　　2014年12月第1次印刷
印　　数：0001～1000册

ISBN　978-7-5144-1497-4/K·1269　　定价：280.00元

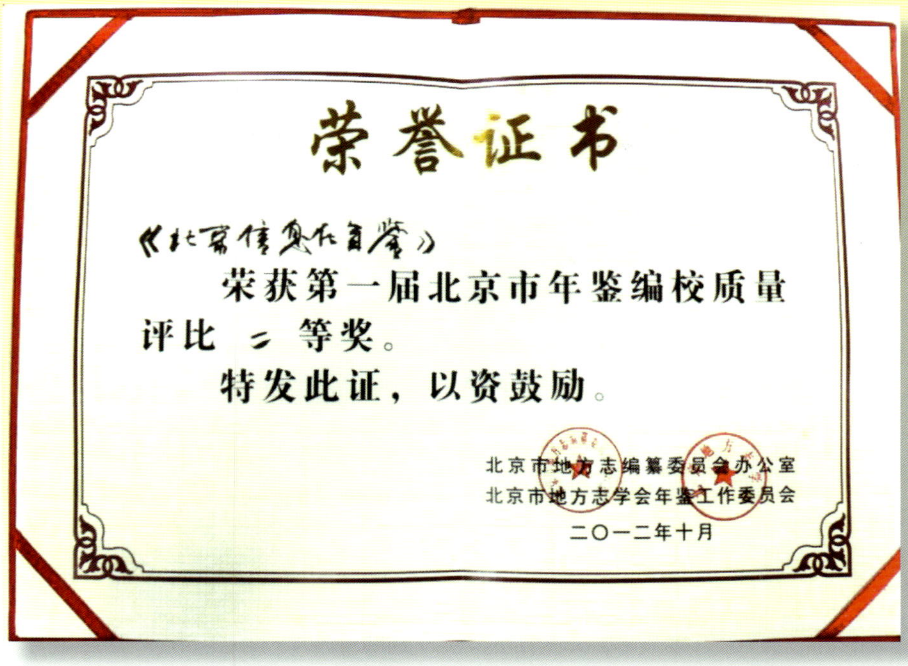

▲《北京信息化年鉴》（2011年卷）获第一届北京市年鉴编校质量评比

二等奖

▲《北京信息化年鉴》（2012年卷）获第七届全国年鉴编校质量检查评比

二等奖

▲2013年7月24日，北京市人大常委会审议《北京市促进中小企业发展条例》

▼《北京市促进中小企业发展条例》

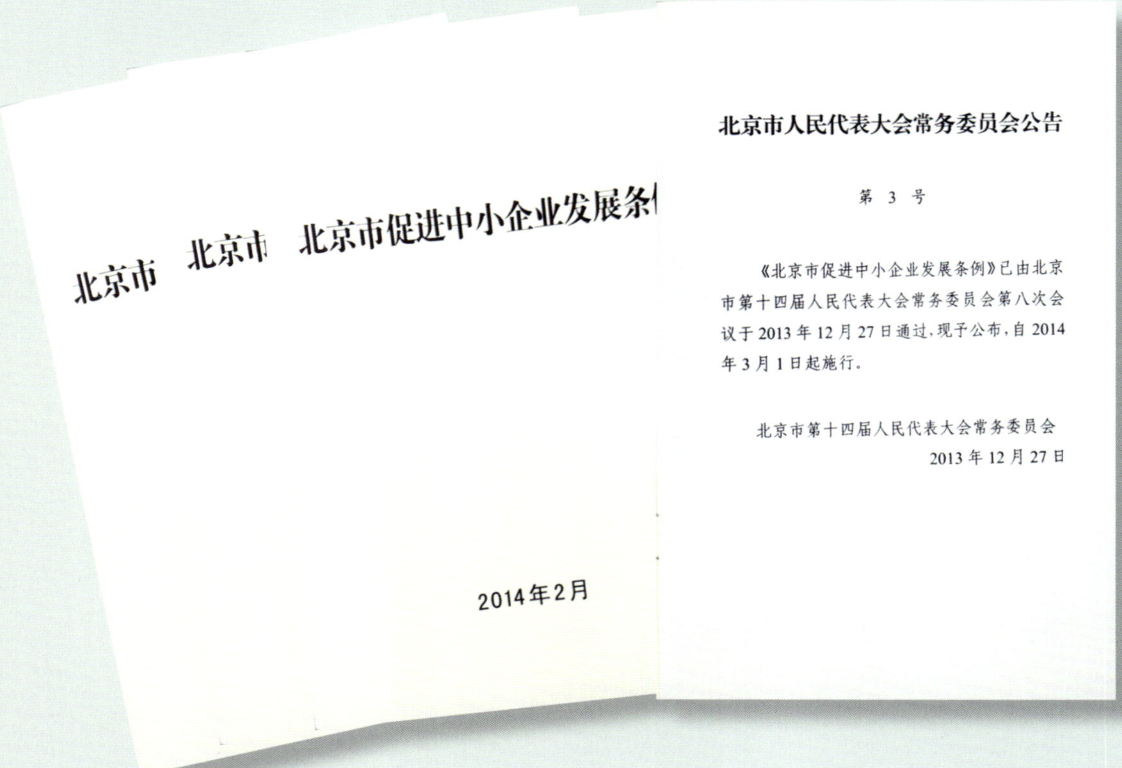

北京市　北京市　北京市促进中小企业发展条例

2014年2月

北京市人民代表大会常务委员会公告

第 3 号

《北京市促进中小企业发展条例》已由北京市第十四届人民代表大会常务委员会第八次会议于2013年12月27日通过，现予公布，自2014年3月1日起施行。

北京市第十四届人民代表大会常务委员会

2013年12月27日

▲2013年7月25日，北京市经济和信息化委员会党的群众路线教育实践活动动员部署大会

▼2013年2月4日，北京市工业和信息化工作会议召开

▲2013年9月3日，第十五届北京市工业和信息化职业技能竞赛总结表彰大会召开

▼2013年11月30日，中芯国际二期主体厂房成功封顶

▲2013年2月22日，中宣部副部长孙志军（图中）到歌华有线调研。

▼市经济和信息化委副主任王学军到平谷区调研信息化工作

▲2013年9月25日，北斗卫星导航评审会召开,北京市经济和信息化委员会副主任姜贵平讲话

▼北京市园林绿化局信息中心主任胡永研究信息林树木位置图

▲2013年5月10日，国家质量监督检验检疫总局信息办承办第二期质检大讲堂暨党组中心组第四次学习（扩大）活动

▼2013年9月9日，北京市国税局进行CCEP认证培训

▲2013年9月11日，房山区防汛抗旱应急指挥调度中心工程竣工验收会

▼2013年1月16日，首届中国移动杯智慧北京大赛怀柔区荣获智慧北京突出贡献奖

▲2013年12月，出入境证件网上预约受理系统建成。丰台公安分局西局派出所受理点现场受理出入境证件申请

▼2013年2月18日，云基地、亚马逊、北京市政府、宁夏回族自治区政府签署合作备忘录

▲2013年12月12日，2013年云世界大会举行

▼2013年1月14日，歌华有线高清交互平台“益民书屋”栏目正式上线

▲2013年4月16日，网动A8超凡视界新品发布会上总经理朱云致开幕词

▼2013年10月，亚创博彦成立庆典

▲国研信息——永定路街道城市服务管理指挥分中心

▼北京市财政局开展财政系统安全等级培训

▲中金数据北京数据中心鸟瞰

序

2013年，北京市加快推进“智慧北京”建设，在提升社会管理服务能力、创新城市精细化管理等方面取得了新成效，涌现出一批民众喜闻乐见的智慧服务。智慧园博会、智慧旅游、智慧乡镇建设取得实效。以云计算、物联网、大数据为代表的新技术在城市运行、民生服务、企业运营和政府服务等领域得到深度应用。建成了市级电子政务云平台互联网云，形成总数超过1300个标准云主机、220T以上存储规模，为接近100家各级政府单位提供服务。行业和区域信用建设稳步推进，北京成为社会信用体系建设的首善之区。

2013年，北京市物联网共性支撑平台建设顺利进行，为城市安全运行提供了保障。北京市法人网上统一认证系统取得新进展，为企业提供了更多的便捷和实惠。北京市政务数据资源网建设、地理空间信息建设取得阶段进展，推进了信息资源共享，为北京市经济社会发展提供了有力支撑。

2013年5月，工信部为北京“中国软件名城”揭牌，这是对北京市软件产业在全国软件信息产业中重要贡献的肯定，以及对北京市在服务政策、环境营造、资金投入、知识产权保护等方面成绩的认可。

《北京信息化年鉴（2014）》对2013年北京信息化建设情况进行了客观记录，是一部具有资料性、专业性的工具书。年鉴编写工作得到国家和北京市信息化专家咨询委员会、北京市地方志编纂委员会等众多单位和专家的支持，北京市政府各部门以及相关事业单位、行业协会和众多企业为年鉴的编写提供了丰富的资料，在此表示感谢。由于时间和水平所限，采编收录内容难免疏漏，恳请读者批评指正。

编者

《北京信息化年鉴》编纂委员会

《北京信息化年鉴》编辑部

杨春柳	杨　颖	杨　静	杨　薇	连晓敏
吴建伟	余　胜	言　芳	沈亚玲	宋佳音
张小娟	张世红	张　兰	张亚军	张光怡
张　刚	张孝军	张连勇	张　贺	张晓玲
张倩芳	张海泉	张海涛	张　晶	张　瑜
张　鹏	张　潇	张澎涛	张　豫	张　衡
张　璐	陆晓爽	陆海波	陆　渝	陈子龙
陈　臣	陈　华	陈　芳	陈海宁	陈　晨
陈　晰	陈　路	武　佳	苑晓明	林　通
林　彬	郁　红	罗向东	罗　程	罗　嘉
周见敏	周　丹	周　航	周调调	周　超
庞子魁	庞　峥	郑立勇	郑　丽	郑英春
郑　超	郑　攀	单既桢	沸　雪	孟晓栋
孟　敏	项　明	赵文霞	赵丽君	赵　利
赵　岩	赵　柘	赵保和	赵晋石	赵　峰
胡月婷	胡光辉	胡卓彦	施建忠	姜　华
姜思思	洪国辉	费明洁	姚宇江	姚志康
姚晓冬	姚　硕	秦　蕾	顾晓晖	党　云
晓　黎	徐利剑	高　卿	郭　芳	陶　词
黄广平	曹新华	崔彦民	崔艳艳	崔　犇
梁秀勋	梁　峰	梁　磊	尉　倩	隋春英
彭育韬	董效芬	蒋　昕	韩　冰	韩　岩
程秀丽	程　皓	傅燕丽	舒雨生	曾　娇
温立文	寒　威	谢俊奇	蒲　铮	雷　京
鲍　枫	窦　辉	蔡亚男	蔡晋昌	蔺　平
裴盈盈	谭小青	熊　旭	樊洪光	颜成园
潘　飞	潘　登	戴　力	魏志刚	

编 辑 说 明

一、《北京信息化年鉴（2014）》是记述北京市信息化领域的资料性、专业性工具书，由北京市经济和信息化委员会主办，北京信息化协会承办。

二、本年鉴以马列主义、毛泽东思想、邓小平理论、“三个代表”重要思想和科学发展观为指导，遵循实事求是的原则，科学、客观地反映实际情况。

三、本年鉴全面系统地记述2013年度北京信息化领域发展变化的基本情况和发生的大事、要事、新事及有影响的新建设、新成就、新进展、新经验。为各级领导决策提供参考依据，为各行各业提供有价值的资料，为各方面人士了解北京信息化建设情况提供信息。

四、本年鉴采用文章和条目两种体裁，以条目体为主，设有特载、专文、大事记、信息基础设施、信息产业、信息安全、政务领域信息化、经济领域信息化、社会领域信息化、信息化环境、区县信息化、区县信息化工作领导体系及附录13 个一级栏目。

五、选进本年鉴的文章和条目，由相关供稿单位负责撰写部分内容，由编辑部收集整理。

六、本年鉴主要反映2013年1 月1 日至2013年12 月31 日期间情况（部分内容收录时间略有放宽），因此，书中条目时间前不再加2013 年。

目　　录

特　　载

专　　文

2013年大事记

信息基础设施

信息产业

信息安全

政务领域信息化

经济领域信息化

社会领域信息化

信息化环境

区县信息化

北京市信息化工作领导体系

附　录

特载

关于北京市工业和信息化工作情况的汇报

——在2013年12月3日市十四届人大财政经济委员会
第六次（扩大）会议上的汇报

北京市经济和信息化委员会

各位领导、各位委员、各位代表：

现将2013年北京市工业和信息化建设情况以及明年初步考虑汇报如下：

一、团结奋进，全力完成2013年工业和信息化工作任务

今年以来，在市委市政府的正确领导下，全市工业和信息化系统深入贯彻党的十八大精神和市委市政府决策部署，围绕“发展”和“环保”这两条工作主线深化结构调整，将党的群众路线教育实践活动与中心工作紧密结合，推动工业和信息化平稳健康发展。主要情况如下：

（一）加快产业转型升级，切实提高发展的质量效益

针对复杂多变的国内外经济环境，我们坚持以转型谋效益，以创新筑优势，实现了“一稳四进”的良好工作局面。

1.工业、软件和信息服务业实现平稳增长。北京市经济和信息化委员会会同区县主管部门、开发区建立联动服务体系，以六大行业中的168家企业为重点，实施精细化监测，强化工业运行的预研预判和统筹调度，特别是针对企业普遍反映的重点问题，务实开展服务，确保工业平稳运行，为全市经济发展做出积极贡献。1—10月，全市规模以上工业增加值同比增长8.2%，其中，高技术制造业和现代制造业增加值分别同比增长12%和15.1%，占全市规模以上工业比重分别为18.7%和43.1%。软件和信息服务业实现营业收入3605亿元，同比增长9%。

2.产业结构优化升级取得新进展。在行业结构方面，我们加快培育发展战略性新兴产业，会同相关部门编写完成新一代信息技术等七大产业发展规划，并把在集成电路、基础软件、高端显示、智能装备、电动汽车、生物技术等领域，打造高端产业链和产业链高端环节作为年度工作重点。今年共安排市级重点建设工程项目13个，涉及投资769.4亿元。其中投资36亿美元的中芯国际28纳米制造技术12英寸芯片生产线建设进展顺利，明年底可实现投产。德国戴姆勒公司全球首个海外奔驰

发动机工厂正式投产，一期规划产能25万台，标志着北京奔驰实现从整车生产到核心零部件生产的本质转变。乐视智能电视、费森尤斯卡比医药基地等高端项目也顺利落地。在产品结构方面，北汽集团成功推出现代新胜达、奔驰新E级车等中高端车型，使高端产品比重达到40%，比去年同期提高5个百分点，企业效益显著提升并首次入围全球500强。京东方集团加大智能终端显示产品的产能投放，8.5代线满产满销持续盈利，1—10月，企业实现营业总收入277亿元,同比增长41%,净利润达15.6亿元，规模化经营效果凸显。

3.中小微企业发展环境建设取得新进展。今年是中小企业服务能力提升年，全市在公共服务体系构建方面加大力度。一是在社会各界特别是市人大的支持下，《北京市促进中小企业发展条例》于11月通过市人大常委会二审。二是市政府有关部门均陆续出台支持小微企业发展的政策措施，市财政局会同北京市经济和信息化委员会研究制定中小企业发展基金设立方案，基金年底前初步达到16.2亿元规模。三是北京市经济和信息化委员会启动建设中小企业公共服务平台网络，引导社会力量参与其中。新认定20家市级中小企业公共服务平台和20家小企业基地。四是开展扶助小微企业专项行动，有效缓解融资难问题，1—10月,本市小微企业人民币贷款余额达到3577.5亿元，同比增长19.9%，分别比大、中型企业贷款增速高13.1和17.4个百分点；通过私募债、集合票据、集合信托等创新融资方式，实现融资50亿元。

4.深化企业为主体的创新驱动战略取得新进展。一是着眼深化体制机制创新，加快战略性新兴产业发展，北京市经济和信息化委员会牵头组织建设中关村科学城，围绕中关村科技资源充分释放，组织产业界与区内高校、科研单位、央企共同建设50个中关村科学城特色产业园和124个产业技术创新服务平台，把国家和地方重点投资建设的实验室和科研条件向社会开放，形成良好的产学研用协同机制。二是贯彻落实《国家中长期科学和技术发展规划纲要》，积极组织实施01-04等重大专项，攻克一大批核心技术并推动实现产业化。如落实习近平总书记“将半导体芯片工业作为战略型产业抓住不放，实现跨越”的指示，依托国家集成电路重大科技专项，在全国18省市组织300多家企业、高校、研究机构，以及1.7万多科技人员集中科技攻关，累计申请专利1.5万多项，基本实现了集成电路设计、制造、封装测试、装备材料产业链各环节互动发展的格局。其中TD-LTE终端基带芯片的研发和产业化、28纳米集成电路制造工艺和关键设备等达到国际先进水平，得到业界和中央领导的充分肯定，同时解决了我国自主发展光伏、LED产业所需的全套关键设备和技术。

5.软件信息服务业、城市信息化、军民融合取得新进展。推动本市软件信息服务业发展，起草制定促进软件和集成电路产业发展政策意见、促进信息消费扩大内需的政策意见。工信部授予我市中国软件名城称号，国家卫星导航定位数据中心落户我市。加快“智慧城市”建设，发布实施《宽带北京行动计划》，建设完成城市三维共享服务平台和物联网应急信息系统，基于移动终端的“北京服务您”上线运行，一批智慧社区初步建成。24家企业被工信部授予国家两化融合示范企业,数量居全国之首。深化军民融合，发布《中关村军民融合科技创新示范基地建设行动方案》，“蓝鲸园”主体工程顺利开工，俄制直升机项目落地通航产业基地。加强首都经济圈产业合作，祥云云计算产业园数据中心在张家口启动建设。“北京和田工业园”建设完成，一批企业项目入驻，产业援疆取得标志性成果。

（二）狠抓大气污染治理，坚决打好工业环保攻坚战

全市工业和信息化系统全力落实清洁空气行动计划，打主动仗，下先手棋，五指握拳齐发力，上下同心战雾霾。主要举措如下：

1.建制。北京市经济和信息化委员会成立了节能减排和大气污染防治工作领导小组，建立了区县主管部门参加的月度会商制度，快速高效落实市委市政府工作部署。参与《北京市大气污染防治条例》起草制定。制定空气重污染应急分预案并加强演练。发布《不符合首都功能定位的工业行业调整、生产工艺和设备退出指导目录（2013年本）》。发布重点产品单位能耗限额等10项标准，完成防水卷材等9项节能标准的立项。

2.技改。积极统筹国家和市级各类专项资金，大力推进节能减排和循环经济发展，安排近2.5亿元重点支持企业利用新型环保技术进行清洁生产、节能减排技术改造，支持园区和基地生态化建设等结构调整项目。制定生态化园区建设标准和市级以上工业开发区生态化改造方案，会同市财政局发布《支持市级新型工业化产业示范基地资金管理实施细则》。

3.调退。落实清洁空气行动计划2013年调整退出200家污染企业的目标，加快奖励引导政策出台。1—10月，会同各区县完成184家企业调整退出和11条建筑渣土烧结砖生产线停产。金隅集团下属两家水泥生产企业全部停产，每年减少水泥产能150万吨，减少煤炭消耗11万吨，提前两年实现“十二五”水泥产能压减目标。这些不符合首都功能定位的产业退出，将为首都发展置换出宝贵空间。

4.压煤。起草工业压减燃煤工作实施方案，推进19个市级以上开发区提前完成年度500蒸吨燃煤设施清洁能源改造任务。会同市发改委、市环保局联合发布38家年度强制性清洁生产审核企业名单，动员70家企业自愿开展清洁生产审核。

5.造势。以“清洁空气·工业在行动”为主题，借助电视台、报纸、广播、网站等媒体，通过新闻发布会、一把手访谈、报纸专版、微博等形式，多频次多角度地深入宣传工业大气污染治理的目标、措施，推出了金鹰铜业、森德散热器等企业转型调整以及燕京啤酒技改减排的成功经验，彰显了北京工业履行社会责任的决心。

二、凝聚共识，贯彻十八届三中全会精神破解工业和信息化科学发展难题

今后一段时期，我们将全面贯彻三中全会精神，毫不动摇地坚持市场在资源配置中的决定性作用，加快转变政府职能，强化战略、规划、政策和标准工作，以改革创新精神，切实推动北京工业和信息化发展再上新台阶。

在产业结构优化升级方面，按照首都城市功能定位要求，加快培育发展战略性新兴产业，将不符合城市功能定位的产业调整退出，加大工业污染治理力度，建设绿色产业生态体系。全力抓好中关村一区十六园建设，打造特色产业园区，解决同质化竞争问题。深入推进首都经济圈产业合作，合理规划区域产业分工，促进人才、信息、资金等要素在地区间自由流动，带动城乡一体化发展。

全力抓好产业自主创新体系建设，落实习近平总书记提出的“五个着力”要求，强化企业主体地位，完善产学研协同创新，抓住新产业变革的发展机遇，深度推进两化融合，提高经济发展的质量效益和产业竞争力。

在软件和信息服务业发展方面，以平台化、规模化、国际化为主线，推动北京建设成为有世界影响力的软件名城，把软件产业作为实施科技创新驱动和文化创新驱动的传动轴。推动云计算、移动互联网、下一代互联网、导航与位置服务、大数据、互联网金融等领域发展，使新兴产业尽快成长为产业主力军。深入开展营业税改征增值税试点，加快领军企业培育，提升国际化竞争力。

在促进中小微企业发展方面，坚持权力平等、机会平等、规则平等，消除各种隐性壁垒，减轻企业负担。推进市场准入先证后照和认缴登记制，支持生存性创业、发展型创业和变革型创业。支持农村集体经济组织利用集体建设用地依法开拓中小企业发展空间。完善政府搭台、社会力量共同建设的中小企业公共服务体系，改善科技型中小企业融资条件，完善风险投资机制，创新商业模式，激发中小企业的活力与创造力。

在推动军民融合方面，建立推动军民融合发展的统一领导、军地协调、需求对接的资源共享机制，总结“蓝鲸园”试点建设经验，拓宽军民融合的深度和广度。健全国防科技工业体系，完善国防科技协同创新体制，改革国防科研生产管理和武器装备采购机制。搭建军民两用成果转化公共平台，支持先进军用技术向民用转化，引导优势民营企业进入军品科研生产和维修领域。大力发展技术同源、应用双向的军民结合产业。

在城市信息化建设方面，探索政府购买服务的方式，鼓励和支持社会各方面参与“智慧北京”建设。以满足城市管理、产业发展和民生服务不断增长的需求为重点，深化信息资源共享开放，推动物联网、云计算等新一代信息技术在城市运行管理中的应用。应对信息安全的严峻形势，完善信息网络安全管理体制和安全战略，提升保障能力。

三、真抓实干，全面做好2014年各项工作

着眼当前形势，一方面世界经济复苏缓慢，贸易保护加剧。国内经济呈现有效需求不足、要素成本高企、潜在增长率下降的趋势，经济增长方式必然向内涵式增长转变。从我市看，空间、成本、环境三大约束不断增强，产业投资驱动有所放缓。另一方面，改革红利预期、两化融合、军民融合、京津冀一体化、中关村引擎效应、新兴信息技术带动效应等因素，将为我市工业和信息化的跨越式发展带来新的契机。

2014年，全市工业和信息化系统要深入贯彻党的十八届三中全会精神，围绕党中央和市委市政府的重大战略部署，坚持以提高经济增长质量和效益为中心，着力抓好稳增长、促创新、优环境、谋合作、推改革等方面的重点任务，推动全市工业和信息化持续健康发展。重点任务如下：

（一）着力抓好运行调度，提升经济增长质量效益

一是密切关注宏观经济形势和工业运行态势，加强对重点区域、重点行业和重点企业的运行监测、分析和调度。二是针对企业发展面临的迫切问题，全力开展企业服务，在重点企业实行“一企一策”，组织力量帮助企业解决市场开拓、资金筹措、产销衔接等实际问题。三是用好中央和本市扩内需、促发展的改革措施，支持企业参与本市轨道交通、新机场等重大项目建设。鼓励汽车、装备等优势企业“走出去”，开拓海外新市场，增强国际竞争力。

（二）着力抓好产业结构调整，增强经济发展后劲

一是根据中关村一区十六园资源禀赋和产业基础，继续做好各园区的产业定位规划，开展京津冀区域战略性新兴产业全产业链布局研究。引导中关村科学城特色产业园在河北建设分园。二是提升市级以上工业园区的软硬件水平，提高园区项目准入门槛和评价标准，形成差异化定位。三是聚合央企资源、外企资源、民企资源和本地资源在京协同发展。抓住央企新一轮扩张机遇，主动沟通服务，推进央企重大投资项目落地北京；积极推动国家集成电路产业园、北车轨道交通、华润医药产业园等园区建设；要深化对外开放，结合首都重点产业链布局开展全球资源链接，重视对高端新兴产业源头的引进，全力做好奔驰二期、拜耳医药等项目的全过程服务；要更多地引进民企、多种所有制企业在京发展，大力支持小米移动互联网等产业基地建设；要鼓励市属国有企业有效盘活资源，以合作加快产业结构调整，支持三元食品乳粉加工厂、北汽自主品牌乘用车基地等项目顺利推进。

（三）着力抓好清洁空气行动计划，促进产业绿色发展

一是发布《不符合首都功能定位的工业行业调整、生产工艺和设备退出指导目录（2014年本）》和禁止新建扩建工业项目名录，完善并实施污染企业淘汰退出资金政策，全力完成300余家污染企业退出。二是实施市级以上开发区1600蒸吨燃煤锅炉改造，对市级以上开发区以外的水泥、石化、酿酒、机械制造等重点行业实施燃煤压减，到2014年底工业领域削减燃煤累计达65万吨。三是实施市级以上工业开发区生态化改造，对新建工业开发区、园区和产业基地依法开展规划环境影响评价。四是要开展工业大院污染治理，选取典型区域开展综合治理整顿试点，借鉴西红门工业大院改造经验，探索集体用地开发建设新模式。五是促进节能环保产业发展，支持碧水源、盈创等骨干企业参与环境污染防治示范工程，鼓励首钢、金隅等企业利用现有条件发展生物质能发电、危险废弃物处置等循环经济，加强新能源汽车关键核心技术研发，推出续航里程更长、车型更全面的纯电动汽车。

（四）着力抓好公共服务，优化中小微企业发展环境

一是做好《北京市促进中小企业发展条例》的宣贯落实，制定配套办法。二是组织社会力量推动中小企业公共服务平台网络高效运行，加快市、区县中小企业服务中心建设，成立中小企业服务联盟。加强培育辅导，认定30家中小企业公共服务平台和30家小企业创业基地。三是扩大集合信托、集合债等创新融资产品的发行规模，2014年力争达到70亿元。做好知识产权融资试点工作并逐步扩大试点范围和机构。四是以“需求牵引、分类指导”为原则，为广大中小企业提供专业化、社会化的培训服务，全年培训4万家企业。

（五）着力抓好企业技术创新，深化产业转型发展

一是加快推进中关村科学城建设，搭建国际化的科技成果转化平台，推进产学研共建技术开发中心、工程实验室和中试基地，支持龙头企业整合技术链、产业链实现协同创新，支持有条件的企业牵头实施产业目标明确的重大专项。二是完善企业技术中心评价指标体系和认定方式，扩大企业技术中心总量规模，支持央企建设总部研究院。三是加快企业技术改造，加大中央和地方财政资金支持力度，组织实施一批对全市工业转型升级有示范带动作用的技术改造项目，加快产品升级换代，提高产品的技术含量和附加值。

（六）着力抓好军民融合，探索首都特色军民融合创新发展新模式

一是积极争取国家军民融合创新发展综合改革试点，以“蓝鲸园”为依托实行综合改革、先行先试，扩大军地资源整合范围，推动“军转民”“民参军”双向互动，开展武器装备竞争性采购试点，推行货架产品采购方式。二是推进中关村科学城军民融合创新基地、大兴国家军民结合产业基地、丰台军民融合创新基地集聚区和多个特色产业园区建设，形成“三区支撑、多园发展”格局。三是推动俄制直升机项目早日投产，落实无人机产业集群、高分辨率对地观测卫星遥感数据应用、微小卫星等航天技术转化项目。

（七）着力抓好信息消费，催生新兴经济增长点

一是贯彻实施《北京市进一步促进软件产业和集成电路产业发展的若干政策》，以海淀区上地及周边地区为核心，加快规划建设中关村软件园三期工程，盘活区域内存量产业用地，建成总面积30平方公里的中关村软件城。二是贯彻实施《北京市关于促进信息消费扩大内需的实施意见》，加快发展北斗导航、移动互联网、网络视频等信息服务，促进智能手机、智能电视、平板电脑等新型终端的普及，大力发展互联网金融，引领产业加快向网络化、服务化、集成化方向发展。

（八）着力抓好智慧城市建设，支撑城市精细化管理

一是实施“宽带北京”行动计划，围绕光网城市、无线城市、宽带城市、智慧城市开展重大示范工程，促进物联网、云计算、大数据等技术应用。二是实施《信息化和工业化深度融合专项行动计划》，选择典型企业、重点行业开展企业两化融合管理体系试点，树立一批成效突出的两化融合示范企业。全面落实《关于促进电子商务健康发展的意见》，加快推进国家电子商务示范城市建设。三是启动教育云和健康云工程，扩大智慧社区建设的试点范围，提高养老、助残、家政的信息集成和服务水平。完善政务云和信息共享主题库，推动智能交通、环保监测、综合执法、食品安全等领域信息共享，促进三维空间地理信息系统广泛应用。四是完善信息网络安全政策法规，加强无线电频率管控，确保全市基础信息网络和重要系统安全稳定运行。

总的来看，一年来，北京工业和信息化发展取得的成绩，离不开人大、政协和社会各界的支持帮助，在此表示诚挚地感谢。欢迎人大、政协给予更多的指导和监督。

专文

国务院关于促进信息消费扩大内需的若干意见

国发〔2013〕32号

各省、自治区、直辖市人民政府，国务院各部委、各直属机构：

近年来，全球范围内信息技术创新不断加快，信息领域新产品、新服务、新业态大量涌现，不断激发新的消费需求，成为日益活跃的消费热点。我国市场规模庞大，正处于居民消费升级和信息化、工业化、城镇化、农业现代化加快融合发展的阶段，信息消费具有良好发展基础和巨大发展潜力。与此同时，我国信息消费面临基础设施支撑能力有待提升、产品和服务创新能力弱、市场准入门槛高、配套政策不健全、行业壁垒严重、体制机制不适应等问题，亟须采取措施予以解决。加快促进信息消费，能够有效拉动需求，催生新的经济增长点，促进消费升级、产业转型和民生改善，是一项既利当前又利长远、既稳增长又调结构的重要举措。为加快推动信息消费持续增长，现提出以下意见：

一、总体要求

（一）指导思想。以邓小平理论、“三个代表”重要思想、科学发展观为指导，以深化改革为动力，以科技创新为支撑，围绕挖掘消费潜力、增强供给能力、激发市场活力、改善消费环境，加强信息基础设施建设，加快信息产业优化升级，大力丰富信息消费内容，提高信息网络安全保障能力，建立促进信息消费持续稳定增长的长效机制，推动面向生产、生活和管理的信息消费快速健康增长，为经济平稳较快发展和民生改善发挥更大作用。

（二）基本原则。

市场导向、改革发展。加快政府职能转变和管理创新，充分发挥市场作用，打破行业进入壁垒，促进信息资源开放共享和企业公平竞争，在竞争性领域坚持市场化运行，在社会管理和公共服务领域积极引入市场机制，增强信息消费发展的内生动力。

需求牵引、创新发展。引导企业立足内需市场，强化创新基础，提高创新层次，鼓励多元发展，加快关键核心信息技术和产品研发，鼓励业务模式创新，培育发展新型业态，提升信息产品、服务、内容的有效供给水平，挖掘和释放消费潜力。

完善环境、有序发展。建立和完善有利于扩大信息消费的政策环境，综合利用有线无线等技术适度超前部署宽带基础设施，运用信息平台改进公共服务，完善市场监管，规范产业发展秩序，加强个人信息保护和信息安全保障，建设安全诚信有序的信息消费市场环境。

（三）主要目标。

信息消费规模快速增长。到2015年，信息消费规模超过3.2万亿元，年均增长20%以上，带动相关行业新增产出超过1.2万亿元，其中基于互联网的新型信息消费规模达到2.4万亿元，年均增长30%以上。基于电子商务、云计算等信息平台的消费快速增长，电子商务交易额超过18万亿元，网络零售交易额突破3万亿元。

信息基础设施显著改善。到2015年，适应经济社会发展需要的宽带、融合、安全、泛在的下一代信息基础设施初步建成，城市家庭宽带接入能力基本达到每秒20兆比特（Mbps），部分城市达到100Mbps，农村家庭宽带接入能力达到4Mbps，行政村通宽带比例达到95%。智慧城市建设取得长足进展。

信息消费市场健康活跃。面向生产、生活和管理的信息产品和服务更加丰富，创新更加活跃，市场竞争秩序规范透明，消费环境安全可信，信息消费示范效应明显，居民信息消费的选择更加丰富，消费意愿进一步增强。企业信息化应用不断深化，公共服务信息需求有效拓展，各类信息消费的需求进一步释放。

二、加快信息基础设施演进升级

（四）完善宽带网络基础设施。发布实施“宽带中国”战略，加快宽带网络升级改造，推进光纤入户，统筹提高城乡宽带网络普及水平和接入能力。开展下一代互联网示范城市建设，推进下一代互联网规模化商用。推进下一代广播电视网规模建设。完善电信普遍服务补偿机制，加大支持力度，促进提供更广泛的电信普遍服务。持续推进电信基础设施共建共享，统筹互联网数据中心（IDC）等云计算基础设施布局。各级人民政府要将信息基础设施纳入城乡建设和土地利用规划，给予必要的政策资金支持。

（五）统筹推进移动通信发展。扩大第三代移动通信（3G）网络覆盖，优化网络结构，提升网络质量。根据企业申请情况和具备条件，推动于2013年内发放第四代移动通信（4G）牌照。加快推进我国主导的新一代移动通信技术时分双工模式移动通信长期演进技术（TD-LTE）网络建设和产业化发展。

（六）全面推进三网融合。加快电信和广电业务双向进入，在试点基础上于2013年下半年逐步向全国推广。推动中国广播电视网络公司加快组建，推进电信网和广播电视网基础设施共建共享。加快推动地面数字电视覆盖网建设和高清交互式电视网络设施建设，加快广播电视模数转换进程。鼓励发展交互式网络电视（IPTV）、手机电视、有线电视网宽带服务等融合性业务，带动产业链上下游企业协同发展，完善三网融合技术创新体系。

三、增强信息产品供给能力

（七）鼓励智能终端产品创新发展。面向移动互联网、云计算、大数据等热点，加快实施智能终端产业化工程，支持研发智能手机、智能电视等终端产品，促进终端与服务一体化发展。支持数字家庭智能终端研发及产业化，大力推进数字家庭示范应用和数字家庭产业基地建设。鼓励整机企业与芯片、器件、软件企业协作，研发各类新型信息消费电子产品。支持电信、广电运营单位和制造企业通过定制、集中采购等方式开展合作，带动智能终端产品竞争力提升，夯实信息消费的产业基础。

（八）增强电子基础产业创新能力。实施平板显示工程，推动平板显示产业做大做强，加快推进新一代显示技术突破，完善产业配套能力。以重点整机和信息化应用为牵引，依托国家科技计划（基金、专项）和重大工程，大力提升集成电路设计、制造工艺技术水平。支持地方探索发展集成电路的融资改革模式，利用现有财政资金渠道，鼓励和支持有条件的地方政府设立集成电路产业投资基金，引导社会资金投资集成电路产业，有效解决集成电路制造企业融资瓶颈。支持智能传感器及系统核心技术的研发和产业化。

（九）提升软件业支撑服务水平。加强智能终端、智能语音、信息安全等关键软件的开发应用，加快安全可信关键应用系统推广。面向企业信息化需求，突破核心业务信息系统、大型应用系统等的关键技术，开发基于开放标准的嵌入式软件和应用软件，加快产品生命周期管理（PLM）、制造执行管理系统（MES）等工业软件产业化。加强工业控制系统软件开发和安全应用。加快推进企业信息化，提升综合集成应用和业务协同创新水平，促进制造业服务化。大力支持软件应用商店、软件即服务（SaaS）等服务模式创新。

四、培育信息消费需求

（十）拓展新兴信息服务业态。发展移动互联网产业，鼓励企业设立移动应用开发创新基金，推进网络信息技术与服务模式融合创新。积极推动云计算服务商业化运营，支持云计算服务创新和商业模式创新。面向重点行业和重点民生领域，开展物联网重大应用示范，提升物联网公共服务能力。加快推动北斗导航核心技术研发和产业化，推动北斗导航与移动通信、地理信息、卫星遥感、移动互联网等融合发展，支持位置信息服务（LBS）市场拓展。完善北斗导航基础设施，推进北斗导航服务模式和产品创新，在重点区域和交通、减灾、电信、能源、金融等重点领域开展示范应用，逐步推进北斗导航和授时的规模化应用。大力发展地理信息产业，拓宽地理信息服务市场。

（十一）丰富信息消费内容。大力发展数字出版、互动新媒体、移动多媒体等新兴文化产业，促进动漫游戏、数字音乐、网络艺术品等数字文化内容的消费。加快建立技术先进、传输便捷、覆盖广泛的文化传播体系，提升文化产品多媒体、多终端制作传播能力。加强数字文化内容产品和服务开发，建立数字内容生产、转换、加工、投送平台，丰富信息消费内容产品供给。加强基于互联网的新兴媒体建设，实施网络文化信息内容建设工程，推动优秀文化产品网络传播，鼓励各类网络文化企业生产提供健康向上的信息内容。

（十二）拓宽电子商务发展空间。完善智能物流基础设施，支持农村、社区、学校的物流快递配送点建设。各级人民政府要出台仓储建设用地、配送车辆管理等方面的鼓励政策。大力发展移动支付等跨行业业务，完善互联网支付体系。加快推进电子商务示范城市建设，实施可信交易、网络电子发票等电子商务政策试点。支持网络零售平台做大做强，鼓励引导金融机构为中小网商提供小额贷款服务，推动中小企业普及应用电子商务。拓展移动电子商务应用，积极培育城市社区、农产品电子商务。建设跨境电子商务通关服务平台和外贸交易平台，实施与跨境电子商务相适应的监管措施，鼓励电子商务“走出去”。

五、提升公共服务信息化水平

（十三）促进公共信息资源共享和开发利用。制定公共信息资源开放共享管理办法，推动市政公用企事业单位、公共服务事业单位等机构开放信息资源。加快启动政务信息共享国家示范省市建设，鼓励引导公共信息资源的社会化开发利用，挖掘公共信息资源的经济社会效益。支持电信和广电运营企业、互联网企业、软件企业和广电播出机构发挥优势，参与公共服务云平台建设运营。加快推进国家政务信息化工程建设，建立完善国家基础信息资源和政府信息资源，建立政府公共服务信息平台，整合多部门资源，提高共享能力，促进互联互通，有效提高公共服务水平。

（十四）提升民生领域信息服务水平。加快实施“信息惠民”工程，提升公共服务均等普惠水平。推进优质教育信息资源共享，实施教育信息化“三通工程”，加快建设教育信息基础设施和教育资源公共服务平台。推进优质医疗资源共享，完善医疗管理和服务信息系统，普及应用居民健康卡、电子健康档案和电子病历，推广远程医疗和健康管理、医疗咨询、预约诊疗服务。推进养老机构、社区、家政、医疗护理机构协同信息服务。建立公共就业信息服务平台，加快就业信息全国联网。加快社会保障公共服务体系建设，推进社会保障一卡通，建设医保费用中央和省级结算平台，推进医保费用跨省即时结算。规范互联网食品药品交易行为，推进食品药品网上阳光采购，强化质量安全。提高面向残疾人的信息无障碍服务能力。大力推进广播电视“户户通”工程，提升广播电视公共服务水平。推进地理信息公共服务平台建设。完善农村综合信息服务体系，加强涉农信息资源整合。大力推进金融集成电路卡（IC卡）在公共服务领域的一卡多应用。

（十五）加快智慧城市建设。在有条件的城市开展智慧城市试点示范建设。各试点城市要出台鼓励市场化投融资、信息系统服务外包、信息资源社会化开发利用等政策。支持公用设备设施的智能化改造升级，加快实施智能电网、智能交通、智能水务、智慧国土、智慧物流等工程。鼓励各类市场主体共同参与智慧城市建设。在国务院批准发行的地方政府债券额度内，由各省、自治区、直辖市人民政府统筹考虑安排部分资金用于智慧城市建设。鼓励符合条件的企业发行募集资金用于智慧城市建设的企业债。

六、加强信息消费环境建设

（十六）构建安全可信的信息消费环境基础。大力推进身份认证、网站认证和电子签名等网络信任服务，推行电子营业执照。推动互联网金融创新，规范互联网金融服务，开展非金融机构支付业务设施认证，建设移动金融安全可信公共服务平台，推动多层次支付体系的发展。推进国家基础数据库、金融信用信息基础数据库等数据库的协同，支持社会信用体系建设。

（十七）提升信息安全保障能力。依法加强信息产品和服务的检测和认证，鼓励企业开发技术先进、性能可靠的信息技术产品，支持建立第三方安全评估与监测机制。加强与终端产品相连接的集成平台的建设和管理，引导信息产品和服务发展。加强应用商店监管。加强政府和涉密信息系统安全管理，保障重要信息系统互联互通和部门间信息资源共享安全。落实信息安全等级保护制度，加强网络与信息安全监管，提升网络与信息安全监管能力和系统安全防护水平。

（十八）加强个人信息保护。落实全国人大常委会关于加强网络信息保护的决定，积极推动出台网络信息安全、个人信息保护等方面的法律制度，明确互联网服务提供者保护用户个人信息的义务，制定用户个人信息保护标准，规范服务商对个人信息收集、储存及使用。

（十九）规范信息消费市场秩序。依法加强对信息服务、网络交易行为、产品及服务质量等的监管，查处侵犯知识产权、网络欺诈等违法犯罪行为。加强从业规范宣传，引导企业诚信经营，切实履行社会责任，抵制排挤或诋毁竞争对手、侵害消费者合法权益等违法行为。强化行业自律机制，积极发挥行业协会作用，鼓励符合条件的第三方信用服务机构开展商务信用评估。完善企业争议调解机制，防止企业滥用市场支配地位等不正当竞争行为。进一步拓宽和健全消费维权渠道，强化社会监督。

七、完善支持政策

（二十）深化行政审批制度改革。严格控制新增行政审批项目。对现有涉及信息消费的审批、核准、备案等行政审批事项评估清理，最大限度缩小范围，着重减少非行政许可审批和资质资格许可，着力消除阻碍信息消费的各种行业性、地区性、经营性壁垒。在已取消部分行政审批项目的基础上，年底前再取消或下放电信资费、计算机信息系统集成企业资质认定、信息系统工程监理单位资质认证和监理工程师资格认定等一批行政审批事项和行政管理事项。优化确需保留的行政审批程序，推行联合审批、一站式服务、限时办结和承诺式服务。按照“先照后证、宽进严管”思路，加快推进注册资本认缴登记制度，降低互联网企业设立门槛。

（二十一）加大财税政策支持力度。完善高新技术企业认定管理办法，经认定为高新技术企业的互联网企业依法享受相应的所得税优惠税率。落实企业研发费用税前加计扣除政策，合理扩大加计扣除范围。积极推进邮电通信业营业税改增值税改革试点。进一步落实鼓励软件和集成电路产业发展的若干政策。加大现有支持小微企业税收政策落实力度，切实减轻互联网小微企业负担。研究完善无线电频率占用费政策，支持经济社会信息化建设。

（二十二）切实改善企业融资环境。金融机构应当按照支持小微企业发展的各项金融政策，对互联网小微企业予以优先支持。鼓励创新型、成长型互联网企业在创业板等上市，稳步扩大企业债、公司债、中期票据和中小企业私募债券发行。探索发展并购投资基金，规范发展私募股权投资基金、风险投资基金创新产品，完善信息服务业创业投资扶持政策。鼓励金融机构针对互联网企业特点创新金融产品和服务方式，开展知识产权质押融资。鼓励融资性担保机构帮助互联网小微企业增信融资。

（二十三）改进和完善电信服务。建立健全基础电信运营企业与互联网企业、广电企业、信息内容供应商等合作和公平竞争机制，规范企业经营行为，加强资费监管。基础电信运营企业要增强基础电信服务能力，实现电信资费合理下降和透明收费。鼓励民间资本参与宽带网络基础设施建设，扩大民间资本开展移动通信转售业务试点，支持民间资本在互联网领域投资，加快落实民间资本经营数据中心业务相关政策，简化数据中心牌照发放审批程序，鼓励民间资本以参股方式进入基础电信运营市场。完善电信、互联网监管制度和技术手段，保障企业实现平等接入，用户实现自主选择。

（二十四）加强法律法规和标准体系建设。推动修订商标法、消费者权益保护法、标准化法、著作权法等法律，加快修订互联网信息服务管理办法、商用密码管理条例等行政法规。加快重点及新兴信息消费领域产品、服务标准体系建设，发挥标准对产业发展的支撑作用。加大知识产权保护力度，引导标准、专利等产业联盟健康有序发展。

（二十五）开展信息消费统计监测和试点示范。科学制定信息消费的统计分类和标准，开展信息消费统计和监测。加强信息平台建设，保证统计数据的可用性、可信性和时效性。加强运行分析，实时向社会发布相关信息，合理引导消费预期。在有条件的地区开展信息消费试点示范市（县、区）建设，支持新型信息消费示范项目建设，鼓励地方各级人民政府因地制宜研究制定促进信息消费的优惠政策。

各地区、各部门要按照本意见的要求，进一步认识促进信息消费对扩大内需的积极作用，切实加强组织领导和协调配合，明确任务落实责任，尽快制定具体实施方案，完善和细化相关政策措施，扎实做好相关工作，确保取得实效。

国务院

2013年8月8日

国务院关于推进物联网有序健康发展的指导意见

国发〔2013〕7号

各省、自治区、直辖市人民政府，国务院各部委、各直属机构：

物联网是新一代信息技术的高度集成和综合运用，具有渗透性强、带动作用大、综合效益好的特点，推进物联网的应用和发展，有利于促进生产生活和社会管理方式向智能化、精细化、网络化方向转变，对于提高国民经济和社会生活信息化水平，提升社会管理和公共服务水平，带动相关学科发展和技术创新能力增强，推动产业结构调整和发展方式转变具有重要意义，我国已将物联网作为战略性新兴产业的一项重要组成内容。目前，在全球范围内物联网正处于起步发展阶段，物联网技术发展和产业应用具有广阔的前景和难得的机遇。经过多年发展，我国在物联网技术研发、标准研制、产业培育和行业应用等方面已初步具备一定基础，但也存在关键核心技术有待突破、产业基础薄弱、网络信息安全存在潜在隐患、一些地方出现盲目建设现象等问题，亟须加强引导加快解决。为推进我国物联网有序健康发展，现提出以下指导意见：

一、指导思想、基本原则和发展目标

（一）指导思想。以邓小平理论、“三个代表”重要思想、科学发展观为指导，加强统筹规划，围绕经济社会发展的实际需求，以市场为导向，以企业为主体，以突破关键技术为核心，以推动需求应用为抓手，以培育产业为重点，以保障安全为前提，营造发展环境，创新服务模式，强化标准规范，合理规划布局，加强资源共享，深化军民融合，打造具有国际竞争力的物联网产业体系，有序推进物联网持续健康发展，为促进经济社会可持续发展做出积极贡献。

（二）基本原则。

统筹协调。准确把握物联网发展的全局性和战略性问题，加强科学规划，统筹推进物联网应用、技术、产业、标准的协调发展。加强部门、行业、地方间的协作协同。统筹好经济发展与国防建设。

创新发展。强化创新基础，提高创新层次，加快推进关键技术研发及产业化，实现产业集聚发展，培育壮大骨干企业。拓宽发展思路，创新商业模式，发展新兴服务业。强化创新能力建设，完善公共服务平台，建立以企业为主体、产学研用相结合的技术创新体系。

需求牵引。从促进经济社会发展和维护国家安全的重大需求出发，统筹部署、循序渐进，以重大示范应用为先导，带动物联网关键技术突破和产业规模化发展。在竞争性领域，坚持应用推广的市场化。在社会管理和公共服务领域，积极引入市场机制，增强物联网发展的内生性动力。

有序推进。根据实际需求、产业基础和信息化条件，突出区域特色，有重点、有步骤地推进物联网持续健康发展。加强资源整合协同，提高资源利用效率，避免重复建设。

安全可控。强化安全意识，注重信息系统安全管理和数据保护。加强物联网重大应用和系统的安全测评、风险评估和安全防护工作，保障物联网重大基础设施、重要业务系统和重点领域应用的安全可控。

（三）发展目标。

总体目标。实现物联网在经济社会各领域的广泛应用，掌握物联网关键核心技术，基本形成安全可控、具有国际竞争力的物联网产业体系，成为推动经济社会智能化和可持续发展的重要力量。

近期目标。到2015年，实现物联网在经济社会重要领域的规模示范应用，突破一批核心技术，初步形成物联网产业体系，安全保障能力明显提高。

——协同创新。物联网技术研发水平和创新能力显著提高，感知领域突破核心技术瓶颈，明显缩小与发达国家的差距，网络通信领域与国际先进水平保持同步，信息处理领域的关键技术初步达到国际先进水平。实现技术创新、管理创新和商业模式创新的协同发展。创新资源和要素得到有效汇聚和深度合作。

——示范应用。在工业、农业、节能环保、商贸流通、交通能源、公共安全、社会事业、城市管理、安全生产、国防建设等领域实现物联网试点示范应用，部分领域的规模化应用水平显著提升，培育一批物联网应用服务优势企业。

——产业体系。发展壮大一批骨干企业，培育一批“专、精、特、新”的创新型中小企业，形成一批各具特色的产业集群，打造较完善的物联网产业链，物联网产业体系初步形成。

——标准体系。制定一批物联网发展所急需的基础共性标准、关键技术标准和重点应用标准，初步形成满足物联网规模应用和产业化需求的标准体系。

——安全保障。完善安全等级保护制度，建立健全物联网安全测评、风险评估、安全防范、应急处置等机制，增强物联网基础设施、重大系统、重要信息等的安全保障能力，形成系统安全可用、数据安全可信的物联网应用系统。

二、主要任务

（一）加快技术研发，突破产业瓶颈。以掌握原理实现突破性技术创新为目标，把握技术发展方向，围绕应用和产业急需，明确发展重点，加强低成本、低功耗、高精度、高可靠、智能化传感器的研发与产业化，着力突破物联网核心芯片、软件、仪器仪表等基础共性技术，加快传感器网络、智能终端、大数据处理、智能分析、服务集成等关键技术研发创新，推进物联网与新一代移动通信、云计算、下一代互联网、卫星通信等技术的融合发展。充分利用和整合现有创新资源，形成一批物联网技术研发实验室、工程中心、企业技术中心，促进应用单位与相关技术、产品和服务提供商的合作，加强协同攻关，突破产业发展瓶颈。

（二）推动应用示范，促进经济发展。对工业、农业、商贸流通、节能环保、安全生产等重要领域和交通、能源、水利等重要基础设施，围绕生产制造、商贸流通、物流配送和经营管理流程，推动物联网技术的集成应用，抓好一批效果突出、带动性强、关联度高的典型应用示范工程。积极利用物联网技术改造传统产业，推进精细化管理和科学决策，提升生产和运行效率，推进节能减排，保障安全生产，创新发展模式，促进产业升级。

（三）改善社会管理，提升公共服务。在公共安全、社会保障、医疗卫生、城市管理、民生服务等领域，围绕管理模式和服务模式创新，实施物联网典型应用示范工程，构建更加便捷高效和安全可靠的智能化社会管理和公共服务体系。发挥物联网技术优势，促进社会管理和公共服务信息化，扩展和延伸服务范围，提升管理和服务水平，提高人民生活质量。

（四）突出区域特色，科学有序发展。引导和督促地方根据自身条件合理确定物联网发展定位，结合科研能力、应用基础、产业园区等特点和优势，科学谋划，因地制宜，有序推进物联网发展，信息化和信息产业基础较好的地区要强化物联网技术研发、产业化及示范应用，信息化和信息产业基础较弱的地区侧重推广成熟的物联网应用。加快推进无锡国家传感网创新示范区建设。应用物联网等新一代信息技术建设智慧城市，要加强统筹、注重效果、突出特色。

（五）加强总体设计，完善标准体系。强化统筹协作，依托跨部门、跨行业的标准化协作机制，协调推进物联网标准体系建设。按照急用先立、共性先立原则，加快编码标识、接口、数据、信息安全等基础共性标准、关键技术标准和重点应用标准的研究制定。推动军民融合标准化工作，开展军民通用标准研制。鼓励和支持国内机构积极参与国际标准化工作，提升自主技术标准的国际话语权。

（六）壮大核心产业，提高支撑能力。加快物联网关键核心产业发展，提升感知识别制造产业发展水平，构建完善的物联网通信网络制造及服务产业链，发展物联网应用及软件等相关产业。大力培育具有国际竞争力的物联网骨干企业，积极发展创新型中小企业，建设特色产业基地和产业园区，不断完善产业公共服务体系，形成具有较强竞争力的物联网产业集群。强化产业培育与应用示范的结合，鼓励和支持设备制造、软件开发、服务集成等企业及科研单位参与应用示范工程建设。

（七）创新商业模式，培育新兴业态。积极探索物联网产业链上下游协作共赢的新型商业模式。大力支持企业发展有利于扩大市场需求的物联网专业服务和增值服务，推进应用服务的市场化，带动服务外包产业发展，培育新兴服务产业。鼓励和支持电信运营、信息服务、系统集成等企业参与物联网应用示范工程的运营和推广。

（八）加强防护管理，保障信息安全。提高物联网信息安全管理与数据保护水平，加强信息安全技术的研发，推进信息安全保障体系建设，建立健全监督、检查和安全评估机制，有效保障物联网信息采集、传输、处理、应用等各环节的安全可控。涉及国家公共安全和基础设施的重要物联网应用，其系统解决方案、核心设备以及运营服务必须立足于安全可控。

（九）强化资源整合，促进协同共享。充分利用现有公共通信和网络基础设施开展物联网应用。促进信息系统间的互联互通、资源共享和业务协同，避免形成新的信息孤岛。重视信息资源的智能分析和综合利用，避免重数据采集、轻数据处理和综合应用。加强对物联网建设项目的投资效益分析和风险评估，避免重复建设和不合理投资。

三、保障措施

（一）加强统筹协调形成发展合力。建立健全部门、行业、区域、军地之间的物联网发展统筹协调机制，充分发挥物联网发展部际联席会议制度的作用，研究重大问题，协调制定政策措施和行动计划，加强应用推广、技术研发、标准制定、产业链构建、基础设施建设、信息安全保障、无线频谱资源分配利用等的统筹，形成资源共享、协同推进的工作格局和各环节相互支撑、相互促进的协同发展效应。加强物联网相关规划、科技重大专项、产业化专项等的衔接协调，合理布局物联网重大应用示范和产业化项目，强化产业链配套和区域分工合作。

（二）营造良好发展环境。建立健全有利于物联网应用推广、创新激励、有序竞争的政策体系，抓紧推动制定完善信息安全与隐私保护等方面的法律法规。建立鼓励多元资本公平进入的市场准入机制。加快物联网相关标准、检测、认证等公共服务平台建设，完善支撑服务体系。加强知识产权保护，积极开展物联网相关技术的知识产权分析评议，加快推进物联网相关专利布局。

（三）加强财税政策扶持。加大中央财政支持力度，充分发挥国家科技计划、科技重大专项的作用，统筹利用好战略性新兴产业发展专项资金、物联网发展专项资金等支持政策，集中力量推进物联网关键核心技术研发和产业化，大力支持标准体系、创新能力平台、重大应用示范工程等建设。支持符合现行软件和集成电路税收优惠政策条件的物联网企业按规定享受相关税收优惠政策，经认定为高新技术企业的物联网企业按规定享受相关所得税优惠政策。

（四）完善投融资政策。鼓励金融资本、风险投资及民间资本投向物联网应用和产业发展。加快建立包括财政出资和社会资金投入在内的多层次担保体系，加大对物联网企业的融资担保支持力度。对技术先进、优势明显、带动和支撑作用强的重大物联网项目优先给予信贷支持。积极支持符合条件的物联网企业在海内外资本市场直接融资。鼓励设立物联网股权投资基金，通过国家新兴产业创投计划设立一批物联网创业投资基金。

（五）提升国际合作水平。积极推进物联网技术交流与合作，充分利用国际创新资源。鼓励国外企业在我国设立物联网研发机构，引导外资投向物联网产业。立足于提升我国物联网应用水平和产业核心竞争力，引导国内企业与国际优势企业加强物联网关键技术和产品的研发合作。支持国内企业参与物联网全球市场竞争，推动我国自主技术和标准走出去，鼓励企业和科研单位参与国际标准制定。

（六）加强人才队伍建设。建立多层次多类型的物联网人才培养和服务体系。支持相关高校和科研院所加强多学科交叉整合，加快培养物联网相关专业人才。依托国家重大专项、科技计划、示范工程和重点企业，培养物联网高层次人才和领军人才。加快引进物联网高层次人才，完善配套服务，鼓励海外专业人才回国或来华创业。

各地区、各部门要按照本意见的要求，进一步深化对发展物联网重要意义的认识，结合实际，扎实做好相关工作。各部门要按照职责分工，尽快制定具体实施方案、行动计划和配套政策措施，加强沟通协调，抓好任务措施落实，确保取得实效。

国务院

2013年2月5日

国务院办公厅关于印发国家卫星导航产业中长期发展规划的通知

国办发〔2013〕97号

各省、自治区、直辖市人民政府，国务院各部委、各直属机构：

《国家卫星导航产业中长期发展规划》已经国务院同意，现印发给你们，请结合实际认真贯彻执行。

国务院办公厅

2013年9月26日

（此件公开发布）

国家卫星导航产业中长期发展规划

卫星导航产业是由卫星定位导航授时系统和用户终端系统制造产业、卫星定位系统运营维护和导航信息服务等方面组成的新兴高技术产业。大力发展卫星导航产业，对推动产业结构调整、提高社会生产效率、改善人民生活质量、提升国家核心竞争力具有重要的现实意义和长远的战略意义。为促进我国卫星导航产业快速健康发展，推动北斗卫星导航系统规模化应用，根据《中华人民共和国国民经济和社会发展第十二个五年规划纲要》和《“十二五”国家战略性新兴产业发展规划》，结合实施第二代卫星导航系统重大专项，制定本规划。

一、现状和形势

（一）国际上卫星导航产业发展迅猛，对经济社会发展产生深刻影响。目前，国际卫星导航产业已形成较为完备的产业体系，导航服务性能不断提升，应用范围不断扩大，市场规模快速增长。卫星导航技术应用已成为发达国家经济社会发展必不可少的重要手段，对资源利用、环境保护、公共服务等方面的科学发展产生了深刻影响。

（二）全球竞相建设卫星导航系统，产业融合发展加速演进。在我国建设北斗卫星导航系统的同时，美国进一步强化完善全球定位系统（GPS），俄罗斯、欧盟、日本和印度等自主研发的卫星导航系统也竞相发展。同时，全球卫星导航产业呈现出从单一GPS应用向多系统兼容应用转变，从以导航应用为主向导航与移动通信、互联网等融合应用转变，从终端应用为主向产品与服务并重转变三大发展趋势。竞争与合作并存的国际格局以及产业融合发展的趋势，必将促进卫星导航技术在更广泛领域深度应用，推动卫星导航及相关产业全面发展。

（三）我国北斗卫星导航系统建设取得突破性进展，卫星导航产业发展取得长足进步。我国卫星导航应用理论研究和技术研发发展迅速，导航芯片、天线等关键技术取得重大突破并实现了产品化。北斗卫星导航系统已具备区域服务能力，在交通运输、海洋渔业等诸多领域发挥了重要作用，目前正在稳步推进全球系统建设。随着卫星导航与交通运输、智能终端和移动互联网的融合发展，应用技术水平显著提高，产品制造和服务能力快速提升，我国已成为车载导航终端产品的主要出口国。

（四）我国卫星导航产业具有广阔的市场空间，但面临系统建设滞后于产业发展需求、核心技术受制于人和产业发展环境亟待优化等多重压力。随着现代信息社会快速发展，社会公众对创新性和综合性的时空信息服务需求日益强烈，未来基于短报文通信等特色优势的北斗卫星导航系统，在国民经济关键领域、行业、公共服务及大众市场的应用将得到极大拓展，融合移动通信、互联网技术的位置服务应用，将有力推动卫星导航应用产业结构升级，释放出更加广阔的市场空间。但是，在全球卫星导航多系统并存竞争和产业快速发展的背景下，我国卫星导航产业仍面临突出问题：一是我国卫星导航系统建设滞后于产业发展需求，应用主要依赖国外系统；二是缺乏统筹规划，地面应用基础设施整体能力不足与重复建设并存；三是自主创新能力不足，不掌握核心技术，集成应用能力薄弱，相关产品和解决方案与国际先进水平差距较大，北斗卫星导航系统应用市场空间被严重挤压；四是相关政策、法规、标准尚不健全，产业集中度低，缺少龙头企业，产业发展环境亟待优化。因此，需要加快我国全球卫星导航系统建设，推动民用应用系统向北斗卫星导航系统的转移，促进我国卫星导航产业健康可持续发展。

二、指导思想、基本原则和发展目标

（一）指导思想

深入贯彻落实科学发展观，紧紧抓住和用好卫星导航产业发展的战略机遇，以未来经济社会工业化、信息化、城镇化、农业现代化发展的重大需求为导向，以企业为主体，以掌握核心关键技术、培育服务新业态、扩大市场应用、提升国际竞争力为核心，构建产业体系，夯实产业基础，完善政策环境，创新发展模式，推动我国卫星导航产业快速发展，为经济社会可持续发展提供支撑。

（二）基本原则

1.统筹规划，协调发展。强化产业发展规划，理清产业发展优先次序和关键环节，明确发展方向和重点。加强部门间的协调配合，推动军民融合发展，优化区域布局，做好与国家相关科技重大专项和规划的衔接，引导形成良好的卫星导航产业协调发展格局，避免盲目发展和重复建设。

2.市场主导，政策推动。以市场需求为导向，充分发挥市场配置资源的基础性作用，调动企业主体积极性。完善应用服务政策，着力营造良好的市场环境。加强政策引导，履行国际义务，维护国家安全，促进北斗卫星导航系统在国防安全、经济建设、社会发展等关键领域的应用。

3.夯实基础，强化创新。加强重大基础设施建设、计量标准体系建设、知识产权保护利用和人才培养，夯实产业发展基础。加强技术与应用、商业模式与产业组织创新，推动形成融合发展的新模式。

4.开放兼容，合作共进。实施更加积极主动的开放战略，推行长期稳定、开放兼容的国际服务政策，不断提升北斗卫星导航系统全球应用服务能力，培育国际合作与竞争优势，积极利用国内国际两种资源、两个市场，实现国际化与产业化的协同发展。

（三）发展目标

到2020年，我国卫星导航产业创新发展格局基本形成，产业应用规模和国际化水平大幅提升，产业规模超过4000亿元，北斗卫星导航系统及其兼容产品在国民经济重要行业和关键领域得到广泛应用，在大众消费市场逐步推广普及，对国内卫星导航应用市场的贡献率达到60%，重要应用领域达到80%以上，在全球市场具有较强的国际竞争力。

——产业体系优化升级。国家卫星导航产业基础设施建设进一步完善，形成竞争力较强的导航与位置、时间服务产业链，形成一批卫星导航产业聚集区，培育一批行业骨干企业和创新型中小企业，建设一批覆盖面广、支撑力强的公共服务平台，初步形成门类齐全、布局合理、结构优化的产业体系。

——创新能力明显增强。研究与开发经费投入逐步提升，在统筹考虑科研布局的基础上，充分整合利用现有科技资源，推动卫星导航应用技术重点实验室、工程（技术）研究中心、企业技术中心等创新平台建设，增强持续创新能力。突破芯片、嵌入式软件等领域的一批关键核心技术，形成一批具有知识产权的专利和技术标准，支撑行业技术进步和应用模式创新。

——应用规模和水平明显提升。卫星导航技术在经济和社会各领域广泛应用，基本满足经济社会发展需求。在能源（电力）、金融、通信等重要领域，全面应用北斗等卫星导航系统；在重点行业和个人消费市场以及社会公共服务领域，实现北斗等卫星导航系统规模化应用。

——基本具备开放兼容的全球服务能力。北斗卫星导航系统服务性能进一步提升，实现与其他卫星导航系统的兼容与互操作，北斗应用的国际竞争力显著提升，应用范围更加广泛。

三、重点发展方向和主要任务

以市场需求为牵引，围绕产业发展的重点领域和薄弱环节，夯实产业发展基础，着力关键技术研发和市场培育，提升产业发展整体水平和国际竞争力。

（一）完善导航基础设施

围绕国家战略需要和重点领域应用需求，以提升卫星导航服务性能为目标，加快建设统一、协调、完整、开放的卫星导航基础设施体系。重点建设多模连续运行参考站网等重大地面基础设施，促进数据共享，提高资源使用效率，创新服务模式，夯实产业发展基础，提升产业持续发展能力。

专栏1　导航定位基础设施建设	
时间节点	2020年
发展目标	基本实现北斗卫星导航系统全球覆盖，具备为全球用户提供导航定位服务能力；加强地面基础设施建设，为中国及周边大部分地区提供面向行业和大众应用的实时分米级和事后厘米级定位服务，以及为重点区域和特定场所实现室内外无缝定位服务覆盖提供基础支撑。
主要任务	**北斗卫星导航系统建设：**建成由30余颗卫星及地面运行控制系统组成的全球卫星导航系统，具备全球服务能力；同时，建成卫星导航信号监测和评估系统、导航信号干扰检测与削弱系统，保障系统安全可靠运行。 **多模连续运行参考站网建设：**统筹建设国家统一的多模连续运行参考站网，为各类用户导航增强服务提供支撑，同时通过数据共享，为信号监测与评估、科学研究等提供基础数据。 **位置数据综合服务系统建设：**基于多模连续运行参考站网，形成门类齐全、互联互通的位置服务基础平台，为地区、行业和大众共享应用提供支撑服务。 **组合导航系统建设：**融合多种技术，解决重点区域和特定场所导航定位授时服务覆盖等问题，提升城市、峡谷和室内外无缝导航服务能力。 ●重大工程：基础工程——增强卫星导航性能。
重大政策	●制定保护卫星导航服务应用免受有害干扰的相关规定，建立打击非法生产、销售、使用卫星导航干扰器，非法干扰卫星导航服务和破坏服务基础设施等行为的机制。 ●建立多模连续运行参考站网和位置数据综合服务系统信息共享机制。

（二）突破核心关键技术

进一步提升卫星导航芯片、北斗卫星导航系统与其他卫星导航系统兼容应用等技术水平，突破卫星导航与移动通信、互联网、遥感等领域的融合应用技术，推动核心基础产品升级，促进高性价比的导航、授时、精密测量、测姿定向等通用产品规模化生产。支持骨干企业和科研院所创新能力建设，加强工程实验平台和成果转化平台能力建设，形成产学研用相结合的技术创新体系。

专栏2　核心技术创新与通用产品产业化	
时间节点	2020年
发展目标	形成一批具有知识产权和核心竞争力的技术创新成果，卫星导航核心部器件设计与制造技术达到国际先进水平；形成一批高性价比、具有知识产权和国际竞争力的通用产品。

主要任务	**核心技术**：突破核心芯片、软件和高端产品的发展瓶颈，着力提升芯片设计水平和制造工艺，提高芯片集成度，降低能耗；重点支持卫星导航应用技术创新，突破高精度定位技术、室内外无缝定位技术、卫星导航脆弱性监测评估与减缓技术、智能服务技术以及基于多模组合导航的关键技术。 **核心部器件**：大力创新发展导航、通信等多模融合芯片和天线，以及导航传感一体化核心部器件等产品。 **通用产品**：研发导航、授时、精密测量、测姿定向等行业应用产品，以及集成定位和导航功能的智能手机、平板电脑、车载导航等终端电子产品；全面提高产品性价比和成熟度，实现产品标准化并与国际接轨，推动产业化发展，进入国际市场。 **创新能力建设**：支持若干面向基础研究的重点实验室，支持一批面向行业、领域、区域的工程（技术）研究中心，形成若干个技术创新、应用创新基地。 ●重大工程：创新工程——提升核心技术能力。
重大政策	●推动北斗卫星导航系统及其兼容产品纳入鼓励推广和出口的相关政策。 ●制定鼓励企业开展卫星导航系统核心关键技术研发的政策。

（三）推行应用时频保障

将北斗时间溯源到国家时间频率计量基准，为国家安全和国民经济重要领域提供时频保障，出台国家标准和相关政策措施，加强资金支持力度，结合涉及国家安全重点领域基础设施的升级换代，着力推进北斗卫星导航系统及其兼容导航授时技术与产品在能源（电力）、通信、金融、公安等重要领域的深入应用，并在其他国民经济安全领域逐步推进，为国民经济稳定安全运行提供重要保障。

专栏3　重要产品应用	
时间节点	2020年
发展目标	在涉及国家安全和国民经济发展的重要行业及领域实现北斗授时装备应用。
主要任务	推行重要领域应用：在能源（电力）、通信、金融、公安等行业及领域推行北斗卫星导航系统及其兼容导航授时技术与产品的应用，在其他领域鼓励北斗卫星导航系统及其兼容产品的应用。 ●重大工程：安全工程——推进重要领域应用。
重大政策	●制定既满足国家安全需要，又符合行业特点和发展阶段的应用标准和政策。

（四）促进行业创新应用

适应重点行业及领域的应用需求，充分发挥北斗卫星导航系统短报文通信等特色优势，结合新一代信息技术发展，创新应用服务模式，加强卫星导航与国民经济社会发展重要行业的深度融合，大力推进卫星导航产品和服务在公共安全、交通运输、防灾减灾、农林水利、气象、国土资源、环境保护、公安警务、测绘勘探、应急救援等重要行业及领域的规模化应用，推进卫星导航与物联网、移动互联、三网融合等广泛融合与联动，积极鼓励开拓新的应用领域。推动形成行业综合应用解决方案，提升行业运行效率，促进相关产业转型升级。

专栏4　重点行业及领域应用	
时间节点	2020年
发展目标	在公共安全、交通运输、防灾减灾、农林水利、气象、国土资源、环境保护、公安警务、测绘勘探、应急救援等重要行业及领域，实现卫星导航产品和服务规模化应用。
主要任务	行业综合应用解决方案：依托国家卫星导航基础设施，创新应用服务模式，建设针对行业及领域应用需求的综合应用服务平台，形成行业综合应用的系统性解决方案。 行业规模化应用：结合行业发展规划，解决行业应用关键共性技术，开发系列专用装备，促进导航与行业深度融合发展，促进相关产业转型升级。
重大政策	●由相关主管部门制定符合行业特点的应用引导政策，持续深化行业应用。

（五）扩大大众应用规模

适应车辆、个人应用领域的卫星导航大众市场需求，以位置服务为主线，创新商业和服务模式，构建位置信息综合服务体系。重点推动卫星导航功能成为车载导航和智能手机终端的标准配置，促进其在社会服务、旅游出行、弱势群体关爱、智慧城市等方面的多元化应用，推动大众应用规模化发展。

专栏5　大众应用	
时间节点	2020年
发展目标	形成丰富的位置服务产品和成熟的商业及服务模式，打造一批有规模、有影响的企业，形成规模应用效益。
主要任务	车辆信息服务：推动车辆位置服务体系发展完善，促进车辆监控、导航以及综合信息服务的规模化应用。 个人位置服务：推动个人位置服务体系发展完善，促进在社会服务、旅游出行、弱势群体关爱、智慧城市等领域的规模化应用。 ●重大工程：大众工程——推动产业规模发展。
重大政策	●制定用户位置上报管理和隐私保护政策。

（六）推进海外市场开拓

加强国际合作战略研究，积极参与卫星导航领域多种形式的国际合作，联合开展国际标准研究制定，加快北斗卫星导航系统及其应用产业国际化进程；加大智力和技术合作力度，提高北斗卫星导航系统服务能力和产业应用水平；积极实施“走出去”战略，加大北斗卫星导航系统境外应用推广力度，鼓励有条件的企业在境外建立研发中心和营销服务网络，大力开拓国际市场，同时鼓励国外企业开发利用北斗卫星导航系统；构建完善产业国际化发展支撑体系，提升全球化发展服务保障能力。

专栏6　国际化发展	
时间节点	2020年
发展目标	建设若干海外应用示范工程，在周边区域树立和推广北斗卫星导航系统品牌，形成完备的营销和运营服务网络，构建国际化支撑保障体系。
主要任务	海外示范工程建设：适应国际用户广泛关注的应急救援、综合减灾、船舶/车辆监控与指挥调度等应用需求，建设若干海外应用示范工程，推动产业国际化发展。 全球市场营销和服务网络建设：加强海外市场布局，建立海外开拓和推广中心，构建国际营销网络，建立全球运营服务体系。 国际化发展服务体系建设：面向政府和企业，提供国际卫星导航应用的政策、市场、法律、金融等领域的研究和咨询服务，全面提升对全球及区域市场开拓支持和综合服务能力，开展智力和技术合作相关工作，为产业国际化发展提供支撑。 ●重大工程：国际化工程——开拓全球应用市场。
重大政策	●落实和完善鼓励企业“走出去”的财税金融服务政策。

四、重大工程

围绕产业发展的总体目标和主要任务，组织实施一批重大工程，以加快培育和发展卫星导航产业，带动产业基础能力提升、重点领域技术创新、规模化应用推广和国际化发展。

（一）基础工程——增强卫星导航性能

统筹制定国家多模连续运行参考站网建设规划，统一标准，整合国内连续运行参考站网资源，通过优选、改造、升级和补充，形成统一管理的参考站网，增强导航性能，提升系统精度；综合集成地图与地理信息、遥感数据信息、交通信息、气象信息、环境信息等基础信息，建立全国性的位置数据综合服务系统；加快建设辅助定位系统，推进室内外无缝定位技术在重点区域和特定场所的应用。通过该工程实施，形成完整的卫星导航综合应用基础支撑体系，具有实时分米级和事后厘米级应用服务能力，有效增强卫星导航系统性能和服务能力，为扩大应用规模奠定良好基础。通过五年左右的时间，实现资源基本整合，初步构建应用基础支撑体系。

（二）创新工程——提升核心技术能力

针对导航产业“有机无芯”的瓶颈制约，着力加强北斗芯片和终端产品的研发和应用，加快提升产品成熟度和核心竞争力；适应应用需求，重点突破融合芯片、组合导航、应用集成、室内外无缝定位等一批基础前沿和共性关键技术，开发一批高性能低成本的导航器件与产品，大力提升创新能力；整合现有科技资源，推动卫星导航应用技术重点实验室、工程（技术）研究中心、企业技术中心等建设和发展，构建我国卫星导航产业技术创新体系。

（三）安全工程——推进重要领域应用

推进标准法规建设，提升卫星导航应用技术水平和产品质量。在能源（电力）、通信、金融、公安等系统，分阶段推行北斗卫星导航系统及其兼容产品的应用；加强政策引导，推动在公共安全、交通运输、防灾减灾、农林水利、气象、国土资源、环境保护、公安警务、测绘勘探、应急救援等领域的规模化应用，促进相关产业转型升级。

（四）大众工程——推动产业规模发展

面向大众市场需求，融合交通、气象、地理等动态时空信息，结合新一代信息技术发展，以汽车制造业和移动通信业快速发展为契机，以公众出行信息服务需求为引导，重点推动北斗兼容卫星导航功能成为车载导航、智能手机的标准配置，促进在社会服务、旅游出行、弱势群体关爱、智慧城市等方面的多元化应用。创新商业和服务模式，推动北斗卫星导航系统产品的产业化，形成终端产品规模应用效益。

（五）国际化工程——开拓全球应用市场

适应国际用户广泛关注的应急救援、综合减灾、船舶/车辆监控与指挥调度等应用需求，加大北斗卫星导航系统应用推广力度，建设若干海外应用示范工程，开拓国际市场。积极推进北斗卫星导航系统进入国际民航组织和国际海事组织，促进其在民用航空和远洋船舶等方面的应用。构建覆盖亚太地区的卫星导航增强系统和统一时空基准系统，建设卫星导航产业国际化发展的基础工程和综合服务工程，开展国际卫星导航应用的政策、市场、法律、金融等领域的研究和咨询服务，提升国际化综合服务能力。

五、保障措施

为全面实施本规划，切实落实各项重点任务，营造良好的产业发展环境，要加强组织协调，采取强有力的保障措施。

（一）加强统筹协调，形成发展合力

加快建立完善国家卫星导航产业发展协调机制，加强军民之间、部门之间的沟通协调，统筹中央、地方和其他社会资源，统筹规划卫星导航基础设施的建设和应用，研究制定产业化促进政策，引导产业布局优化。建立完善的市场监督管理机制，加强市场信息监测与预警，并根据发展形势，实施动态调整。充分发挥行业协会等专业机构的行业引导、协调、服务作用，强化行业和企业自律

制度，构建卫星导航产业发展的良性竞争环境。

（二）发布国家政策，推广应用服务

定期发布北斗卫星导航系统白皮书，介绍其发展的宗旨、原则、政策及相关协议标准，提供的免费开放、安全可靠的民用服务等，以及系统建设进展和运行服务情况，引导社会应用北斗卫星导航系统，促进北斗卫星导航产业发展。充分发挥市场主体的积极性，大力开展市场培育与应用示范，鼓励应用服务和商业模式创新，加大实施有关重大工程的力度，推动北斗卫星导航系统的规模化应用。

（三）完善政策法规，优化发展环境

制定在涉及国家安全和国民经济重要领域中推行使用北斗卫星导航系统的政策，推动北斗卫星导航系统及其兼容产品在能源（电力）、通信、金融等领域的应用。研究制定有关市场准入、位置安全等管理制度，建立健全卫星导航产品质量检测认证体系及质量监管机制，整合现有资源，推动卫星导航产品质量检测中心建设，规范卫星导航应用服务和运营，提高骨干企业和创新型企业的参与积极性。加大知识产权保护力度，支持有条件的企业申请国外专利。完善鼓励卫星导航产业技术创新、引导投资和消费的金融政策。

（四）加强标准建设，提升发展水平

加快建立并完善支撑卫星导航产业健康发展的标准体系，鼓励产学研用各方联合研制技术标准。推动卫星导航军民标准通用化和资源共享，促进卫星导航与物联网、移动通信等的融合发展。鼓励骨干企业和研发机构参与国际相关标准的制定，促进北斗与其他卫星导航系统的兼容发展。加大标准宣传力度，完善标准信息服务、认证、检测体系，做好标准实施的监督工作，推动合格评定与产品认证服务的发展及国际合作，促进北斗卫星导航系统全球化应用。

（五）加大公共投入，鼓励产业创新

在现有政策和财政资金渠道中加大支持力度，组织实施重大工程，引导多元化资金投入，促进卫星导航产业加快发展。加大对关键基础设施建设、关键技术研发和典型示范应用的支持力度，提升核心技术、核心产品的创新发展能力；加强专业化人才队伍建设，提高知识产权的创造、利用和保护能力；扶持优势企业做强做大，鼓励通过建立产业联盟、实施兼并重组等方式，提高产业集中度和竞争力。

北京市人民政府文件——宽带北京行动计划（2013—2015年）

京政发〔2013〕16号

各区、县人民政府，市政府各委、办、局，各市属机构：

现将《宽带北京行动计划（2013—2015年）》印发给你们，请结合实际认真贯彻落实。

北京市人民政府

2013年6月8日

为深入贯彻落实党的十八大精神，大幅提升本市信息化发展水平，加快构建下一代信息基础设施，向公众提供方便快捷、安全可靠的高速宽带网络服务，按照国家宽带中国工程的相关要求，结合《北京市“十二五”时期城市信息化及重大信息基础设施建设规划》，制订本计划。

一、基本原则

1.政府引导，企业主体。加强顶层设计，完善相关政策、标准和规范，充分发挥企业在信息基础设施建设中的主体作用，创造公平竞争和发展的环境。

2.集约建设，重点推进。推动信息基础设施集约建设和资源共享，促进节能减排和可持续发展，加快推进重点领域、重点区域、重点项目的建设，增强辐射带动作用。

3.市区联动，示范带动。市、区县两级政府统筹协调推进，强化属地管理，开展新技术、新业务试点示范，带动宽带应用推广普及和相关产业发展。

4.创新发展，惠及民生。创新体制机制，深化宽带在城市管理、公共服务和百姓生活等方面的应用，促进经济社会协调发展，使广大市民、企业享受“宽带北京”的实惠和便捷。

二、发展目标

到2015年底，力争吸引社会滚动投资800亿元，建设国内领先、国际先进，泛在、融合、智能、可信的下一代信息基础设施，使北京成为全球信息通信枢纽和互联网中心，实现信息基础设施和信息化应用相互促进、宽带信息技术和相关产业互动发展，推动信息消费成为拉动经济增长的新引擎，为推进首都经济结构战略性调整，支撑经济社会发展奠定坚实基础。

1.将北京建成城乡一体的光网城市。加快光纤宽带网络建设，实现光纤覆盖全部城镇家庭用户，并不断向农村地区延伸；加快下一代广播电视网建设，有线电视双向网向远郊城镇及农村地区扩展；加快下一代互联网建设，实现规模商用。

2.将北京建成移动互联的无线城市。第三代移动通信系统（3G）网络不断优化，第四代移动通信系统（4G）网络覆盖五环路以内区域，无线局域网（WLAN）按需覆盖重点和热点区域，用户能够享受高带宽的无线接入互联网服务。

3.将北京建成高速便捷的宽带城市。宽带网络对市民生活、城市运行管理和企业经营的支撑能力显著提高，信息基础设施对信息消费的拉动作用明显增强，公众获取大容量信息更加便捷，在国内率先建成宽带城市。

三、实施一批重大工程

1.光网城市建设工程。建设覆盖城乡的光纤宽带网络。新建居住建筑直接实现光纤到户，老旧小区分批进行光纤到户改造，显著提高用户宽带接入能力；落实国家电信资费改革相关政策，鼓励公众通过光纤接入互联网；加快信息管道建设，促进不同权属单位的信息管道互联互通和资源共享，在新城适度超前规划建设信息管道。到2015年底，实现家庭宽带接入能力超过百兆，社区宽带接入能力达到千兆，高端功能区和重点企业宽带接入能力达到万兆，使用10兆及以上宽带接入互联网的用户占比超过75%。

2.无线城市建设工程。完善3G+WLAN模式为主的无线城市建设。推动3G网络优化和深度覆盖，加快4G网络建设并率先实现五环路以内区域覆盖，按需实现重点和热点区域的WLAN覆盖，累计建设无线接入点（AP）超过25万个。通过政府购买服务的方式，在市级行政服务大厅、交通枢纽、重点旅游景区、大型文化体育场所等区域，为公众获取政务、公共服务、旅游等公益信息提供免费无线接入服务。倡导商业场所通过提供免费无线接入提高服务水平。充分利用各类市政基础设施搭载小型信息化设备，满足无线城市覆盖需求，避免重复建设。

3.下一代广播电视网络建设工程。按照下一代广播电视网络相关规划，完成本市城区有线电视用户下一代广播电视网络改造，加快有线电视双向网络向远郊城镇及农村地区扩展，具备提供高清交互数字电视、高速数据接入和语音等三网融合业务的能力。到2015年底，高清交互数字电视用户比例超过80%，充分利用广播电视宽带网络资源，增加公众享受宽带服务的途径。

4.物联网基础设施建设工程。建成以政务物联数据专网和无线宽带专网为主的物联网基础设施，为本市物联网应用提供统一的数据传输和安全保障服务。到2015年底，政务物联数据专网信号覆盖全市平原地区，具备支撑百万级传感器信息汇聚传输能力；无线宽带专网信号覆盖本市五环路以内及各郊区县中心区域，具备并发传输一万路以上高清晰度图像能力。

5.下一代互联网工程。加强顶层设计，新建信息基础设施支持国际互联网协议第6版（IPv6）。实现北京市访问流量排名前100位的商业网站系统支持IPv6，70%以上的政府网站支持IPv6。发展IPv6用户累计达到200万户，IPv6互联网流量占全国的30%以上。推进IPv6测试认证服务平台和下一代互联网域名托管服务平台建设。

6.三网融合推进工程。积极争取国家有关部门的支持，三网融合试点工作取得突破。深入拓展交互式网络电视（IPTV）、手机电视和基于有线电视网络的互联网接入、互联网数据传送增值、国内IP电话等三网融合业务，加快发展IPTV用户和通过有线电视网络接入互联网的用户。在郊区县开展有线电视网、电信网和互联网网络融合试点。

7.下一代信息基础设施综合示范工程。选择新城等重点功能区和重点产业园区作为综合示范区，率先规划建设下一代信息基础设施，成为信息化发展新标杆，支撑区域经济发展。大力推动中国移动国际信息港、中国电信大型绿色低碳数据中心和云计算基地、中国联通绿色高品质云计算与大数据服务基地等重大信息基础设施建设和使用。

四、制定一批重点规划、标准和政策

1.制定信息基础设施管理制度和布局规划。出台本市公用移动通信基站设置管理办法，并研究制定相应实施细则，创造有利于信息基础设施建设的政策环境。启动本市信息基础设施布局规划编制工作，制定公用移动通信基站站址布局等专项规划，经市规划行政主管部门组织审查，报市政府批准后，与控制性详细规划相衔接，统筹安排建设。推动新城等重点区域信息基础设施专项规划编制，并与相应层级城乡建设规划实现有效对接。

2.完善居住建筑信息基础设施设计和施工验收流程。严格执行民用建筑通信及有线广播电视基础设施设计和施工验收的国家和地方标准，完善设计审核及验收流程，实现通信及有线广播电视等信息基础设施与居住建筑主体工程同时设计、同时施工、同时交付使用。

3.政务部门率先开放办公大楼资源，缓解基站建设难题。市级政务部门带头，开放本单位及下属企事业单位办公楼及公共建筑的相关资源，支持移动通信基站建设，并协助做好电力引入及设施设备的使用和运行维护工作。

4.建立信息基础设施督办机制。建立健全相关工作机制，对信息基础设施建设、管理中的重点工作、重大事项及存在问题等进行督办，保障信息基础设施规划、标准、制度等有效实施。

五、保障措施

1.加强组织领导和统筹协调，确保各项工作顺利开展。将原北京信息化基础设施提升计划协调小组更名为宽带北京行动计划协调小组（以下简称协调小组），在市信息化工作领导小组的领导下，统筹协调宽带北京行动计划各项工作。协调小组组长由主管副市长担任，副组长由市政府分管副秘书长、北京市经济和信息化委员会主任和市通信管理局局长担任，协调小组成员单位包括市委组织部、市委宣传部、北京市经济和信息化委员会、市通信管理局、市广电局、市发展改革委、市科委、市监察局、市财政局、市人力社保局、市国土局、市环保局、市规划委、市住房城乡建设委、市市政市容委、市交通委、市农委、市国资委、市旅游委、市工商局、市文物局、市园林绿化局、市公园管理中心、市重大项目办、中关村管委会、北京经济技术开发区管委会、市公安局公安交通管理局、市无线电管理局、各区县政府、市电力公司。协调小组办公室设在北京市经济和信息化委员会。由市监察局对各项任务的落实情况进行监督和检查。

2.争取国家有关部门支持，积极开展试点工作。积极争取国家发展改革委、工业和信息化部、新闻出版广电总局等国家有关部门的支持，在本市开展IPv6、4G、物联网、云计算等试点示范工作，争取将本市列为国家宽带中国示范城市、下一代互联网示范城市。加快推进国家云计算服务创新发展试点示范城市和国家电子商务示范城市建设。

3.深化双进入工作机制，协调信息基础设施建设难点问题。继续实施政府各相关部门和信息基础设施建设企业“双进入”的工作机制，区县政府组织成立属地“双进入”机构，明确责任部门，并将“双进入”机制深入落实到街道和乡镇，协调基站选址、光纤到户等方面的难点问题。

4.加快推进重大项目实施，做好相关服务工作。通过本市重大项目绿色审批通道机制，减少审批环节，缩短审批时间。加强重大信息基础设施项目实施的综合调度，及时协调解决项目推进中出现的问题，为承担建设任务的企业做好服务，推动项目实施。

5.发挥财政资金导向作用，引导社会投资公平参与。统筹财政预算资金，对农村信息基础设施建设和公益机构的宽带接入进行重点扶持，对公益性信息基础设施服务实行政府采购，引导企业积极参与本市信息基础设施建设。鼓励民间资本在电信业开放领域获取相应资质，开展业务应用试点，促进公平竞争，推动资源共享。

6.加大行政执法力度，创造良好发展环境。市各相关部门要加强行政执法，对非法设置和使用手机直放站、移动信号屏蔽器干扰公用移动通信基站等行为加大查处和打击力度，加强宣传，建立长效机制，预防和减少非法行为，为企业创造良好的发展环境。

抄送：市委各部门，北京卫戍区。

市人大常委会办公厅，市政协办公厅，市高级人民法院，市人民检察院。

各民主党派北京市委和北京市工商联。

北京市人民政府办公厅　　　　2013年6月9日印发

关于印发2013年北京市社会信用体系建设重点任务的通知

各有关单位：

为进一步贯彻落实《国务院办公厅关于社会信用体系建设的若干意见》和《北京市国民经济和社会发展第十二个五年规划纲要》，加快推进本市社会信用体系建设，现就2013年北京市社会信用体系建设重点任务通知如下：

一、加快完善我市社会信用体系建设政策法规

任务目标：认真贯彻落实《征信业管理条例》及配套政策和市政府《关于进一步加强企业信用监管推进企业信用体系建设的意见》；加快推进修订《北京市行政机关归集和公布企业信用信息管理办法》的立法调研工作，逐步推进公共信用信息管理的信用立法工作。

责任单位：人民银行营业管理部、市工商局、市政府法制办、北京市经济和信息化委员会

二、加快信用信息基础设施建设

任务目标：不断完善北京市信用信息共享交换平台，完善“信用北京”网，研究开发移动应用客户端，建设信用文化宣传、信用培训、信用机构管理和信用产品服务等在线应用，方便公众查询信用信息，增强服务应用；不断完善北京市企业信用信息网，建设全市统一的企业信用监管和综合服务平台，健全企业信用信息披露机制；构建全市食品安全信用信息平台，加大对违法失信者的社会惩戒力度。

责任单位：北京市经济和信息化委员会、市工商局、市食品安全办、人民银行营业管理部

三、大力推进信用信息共享交换

任务目标：充分依托北京市政务信息资源共享交换平台，大力整合政府部门依法可提供的企业和个人信用信息，逐步建立以公民身份证号码和组织机构代码为基础的统一社会信用代码制度和标准规范，并逐步推进公共信用信息与行业协会、信用服务机构信用信息的共享交换；充分依托市食品安全信用信息平台，实现食品生产经营企业、法人代表、从业人员信用信息的统一归集和共享；加快推进工程建设领域项目信息和信用信息共享交换；积极推进小额贷款公司和融资性担保公司等机构的信用信息接入人民银行征信系统。

责任单位：市工商局、北京市经济和信息化委员会、市金融局、市食品安全办、市发展改革

委、人民银行营业管理部、市民政局、市质监局、市公安局、市人力社保局、市住房城乡建设委、市交通委、市国税局、市地税局、北京海关、北京出入境检验检疫局

四、建立守信激励和失信惩戒联动机制

任务目标：大力推进工程建设领域守信激励和失信联合惩戒制度建设试点工作，在市住房城乡建设委、市交通委、市水务局开展行业建设试点，在大兴区、顺义区、房山区开展区县建设试点，不断营造工程建设领域诚实守信的社会环境；完善交通管理综合应用平台，继续推进机动车驾驶人安全驾驶信用联动机制。

责任单位：北京市经济和信息化委员会、市发展改革委、市住房城乡建设委、市交通委、市水务局、市公安局、大兴区政府、顺义区政府、房山区政府

五、深化政府信息公开推进政府诚信体系建设

任务目标：进一步贯彻落实《北京市人民政府办公厅关于做好重点领域政府信息公开工作的通知》精神；继续推进财政预决算、“三公”经费和行政经费，以及保障性住房、食品安全、环境保护、生产安全事故、征地拆迁、价格和收费、招标投标等方面的信息公开工作。

责任单位：市政府办公厅、市监察局、市预防腐败局、市财政局、北京市经济和信息化委员会、市住房城乡建设委、市食品安全办、市环保局、市安全监管局、市国土局、市发展改革委、各区县政府

六、大力推进企业信用体系建设工作

任务目标：加大行政处罚信息的归集工作，加大对企业信用信息的披露力度，持续改善市场信用环境；加强纳税信用等级评定管理，强化纳税信用评定结果应用；不断完善以信息采集、企业评级和结果应用为核心的进出口企业信用管理机制，加强信用评级结果应用，推动进出口企业主管部门间建立守信便利和失信惩戒联运机制；以中关村国家自主创新示范区为核心，进一步探索促进中小企业信用融资的有效模式和措施。鼓励行业协会、商会建立会员企业信用档案，依法依规开展企业诚信评优评先活动，表彰诚信企业，曝光和谴责失信企业。

责任单位：市工商局、市国税局、市地税局、北京海关、北京出入境检验检疫局、人民银行营业管理部、北京市经济和信息化委员会、中关村科技园区管委会

七、大力开展中小企业信用体系建设试验区工作

任务目标：充分发挥中小企业信用体系建设试验区市级推进小组作用，大力推进西城区和海淀区中小企业信用体系试验区建设，支持海淀区申报国家中小企业信用体系建设试验区；增设征信服

务窗口和贷款绿色通道，拓展信用产品使用和信用服务应用；拓宽试验区内中小企业融资渠道，缓解中小企业融资难题。

责任单位：北京市经济和信息化委员会、人民银行营业管理部、市工商局、市金融局、西城区政府、海淀区政府

八、支持区县开展社会信用体系建设工作

任务目标：理顺区县社会信用体系建设领导机制，支持各区县因地制宜开展社会信用体系建设工作；开展东城区特色餐饮街区信用体系建设；支持西城区深入开展什刹海中小微企业信用体系建设试点工作；继续开展怀柔食品安全诚信体系建设；推动大兴农村金融改革试验区建设，开展农村信用评定体系试点；继续推进农村信用体系建设；深入推进农村“三信”工程建设，促进区域经济发展。

责任单位：人民银行营业管理部、市农委、市金融局、北京市经济和信息化委员会、各区县政府

九、深入开展工程建设、食品、商务等重点行业和领域信用体系建设

任务目标：积极做好《北京市食品安全条例》宣贯工作，大力推进食品安全信用体系建设；深入开展工程建设领域项目信息公开和诚信体系建设工作，继续开展施工总承包企业市场行为信用评价，制定工程监理企业、质量检测机构、招标代理机构、造价咨询单位及相关人员市场行为评价与监管标准，依据评价结果对企业和人员实施差异化激励和限制措施；深入推进商务诚信体系建设，探索开展电子商务诚信体系建设。

责任单位：市食品安全办、市发展改革委、市住房城乡建设委、市商务委、北京市经济和信息化委员会

十、继续开展社区信用体系建设

任务目标：以街道社区为单元，为申请小额担保贷款的本市城镇失业人员、未就业大学毕业生、农村转移劳动力、复转军人和农村妇女等人群建立并完善个人信用档案；鼓励金融机构对符合条件的社区个人小额担保贷款对象给予优惠；开展对办理小额担保贷款工作社区的考核工作；开展社区民生服务机构信用评价和自律建设，改善社区信用环境。

责任单位：市人力社保局、市金融局、人民银行营业管理部、市社会办、市民政局、北京市经济和信息化委员会

十一、推进信用管理人才队伍建设

任务目标：依托中国人民大学信用管理教育，鼓励开展多种形式的信用管理岗位在职培训；鼓

励高校建设信用管理校内创新实践基地；开展信用管理师培训工作，提升信用服务机构从业人员信用管理能力和业务水平。

责任单位： 北京市经济和信息化委员会、市教委

十二、推进信用服务业发展

任务目标： 加大政府推动和引导力度，研究制订我市促进信用服务业发展相关措施，逐步扩大信用产品的使用范围，扶持龙头企业，鼓励技术创新；充分发挥北京信用协会的作用，建立社会沟通机制，开展信用服务行业产业对接活动，开展行业自律，加强行业管理。

责任单位： 人民银行营业管理部、北京市经济和信息化委员会、市发展改革委

十三、大力开展诚信宣传教育活动

任务目标： 充分发挥行业协会、教育机构、新闻媒体的作用，深入开展诚信宣传教育工作；举办首届首都市民诚信知识竞赛，举办第二届信用北京论坛，继续开展“信用北京行”活动；扎实推进道德领域突出问题专项教育和治理工作，深入开展“诚信做食品”“诚信市场”等创建活动，着力解决诚信缺失、公德失范的问题。

责任单位： 市委宣传部、首都精神文明办、市商务委、市工商局、北京市经济和信息化委员会、人民银行营业管理部

十四、加强组织领导和监督检查

任务目标： 市社会信用体系建设联席会议负责统筹协调本市社会信用体系建设，按照国务院社会信用体系建设部际联席会议有关要求，切实加强统筹协调，定期召开联席会议，组织推进我市社会信用体系建设；市监察部门要加强对各部门工作情况的监督检查，定期进行评估，及时公布评估结果，发现问题，督促整改；其他各有关部门要加强组织领导，切实履行职责，密切协同配合，大力推进本市社会信用体系建设。

责任单位： 市监察局、市预防腐败局、北京市经济和信息化委员会、市发展改革委、人民银行营业管理部

北京市经济和信息化委员会

北京市发展和改革委员会

中国人民银行营业管理部

2013年4月10日

（北京市经济和信息化委员会社会信息化处）

北京市经济和信息化委员会关于做好信息技术服务外包安全管理工作的通知

京经信委函〔2013〕203号

市委、市政府各部、委、办、局，各区、县信息化主管部门，各有关单位：

近年来，本市电子政务以及其他重要领域发生了多起由于忽视信息技术服务外包安全管理导致的信息安全事件，造成了较大的经济损失和社会影响。信息技术服务外包是指信息化项目或工程的建设使用单位以签订合同的方式，将本单位的信息化项目或工程的咨询、招标代理、监理、软件测评、系统集成、运行维护、安全集成、安全测评、灾备、应急等委托非本单位所属的专业机构承担的活动。开展信息技术服务外包，可以使信息化项目或工程的建设使用单位更好地利用信息化手段开展工作，但由于信息技术外包服务机构往往存在背景复杂、人员流动性大、内部管理不规范等问题，如果监管不到位，必将会面临巨大的安全风险，甚至威胁本市的经济发展、社会稳定、公众利益乃至国家安全。为规范本市信息技术服务外包的安全管理，降低或避免由于信息技术服务外包的安全管理不到位带来的失控或信息泄露等安全风险，根据《关于大力推进信息化发展和切实保障信息安全的若干意见》（国发〔2012〕23号）、《关于加强信息安全管理体系认证安全管理的通知》（工信部联协〔2010〕394号）、《加强政府部门信息技术外包服务安全管理》（工信部2011年第21号公告）和《党政机关计算机网络与信息安全管理办法》（京办发〔2001〕27号）等政策文件要求以及落实2010年市长办公会的有关精神，现结合本市实际情况就有关事项通知如下：

一、明确信息技术服务外包安全管理工作的职责分工

北京市经济和信息化委员会负责本市信息技术服务外包安全管理工作的指导和监督。

各市级国家机关、各区（县）信息化主管部门和各行业主管部门按照本市的统一要求负责本系统、本区县、本行业信息技术服务外包安全管理工作的指导和监督。

各单位负责本单位信息技术服务外包安全管理的具体工作。

二、认真做好信息技术服务外包的相关准备工作

各单位应明确本单位该项工作的主管领导、责任处室和责任人，做好本单位网络与信息系统的

整合，尽量减少信息技术外包服务机构和驻场人员的数量，并在此基础上认真确定本单位信息技术服务外包的内容和范围，不得将本单位职责内的管理工作外包。

三、规范选择信息技术外包服务机构和服务人员

各单位应依据国家和本市有关规定选择具备相应资质的信息技术外包服务机构和相应资格的服务人员，优先选用通过信息安全管理体系认证的信息技术服务机构提供外包服务。各单位在确定信息技术外包服务机构之日起三十日内，将《信息技术外包服务机构和服务人员备案表》（见附件）报同级信息化主管部门备案；如果有信息安全服务外包，应在申请立项或申报预算时将信息安全服务外包的类别以及选择方式提前告知同级信息化主管部门。

北京市经济和信息化委员会将对市级国家机关信息技术外包服务机构和服务人员的选择进行审核备案；各市级国家机关、各区县和各行业的信息化主管部门应对本系统、本区县、本行业信息技术外包服务的机构和服务人员的选择进行审核备案。

四、严格管理和监督信息技术外包服务的过程

1、各单位应建立健全信息技术服务外包工作的监管机制和相关管理制度，及时与确定的信息技术外包服务机构签订服务合同和信息安全保密协议，查验服务人员的资格证书，明确信息安全与保密责任、服务时限和服务方式等，要求服务提供商不得自行将服务转包，不得泄露、扩散、转让服务过程中获知的敏感信息，不得占有服务过程中产生的任何资产，不得以服务为由强制要求委托方购买、使用指定产品。

2、各单位应对重要环节和岗位建立人员制约机制，减少人员违规操作和误操作的风险；应明确划分重要工作区域，并限制外包服务人员的活动范围，信息技术现场服务过程中应安排专人陪同，并详细记录服务过程；外包开发的系统、软件上线应用前应进行安全测评，要求开发方及时提供系统、软件的升级、漏洞等信息和相应服务；信息系统运维外包不得采用远程在线运维服务方式；对服务人员的调换应有严格的规定；对服务外包终止或发生变更，应明确服务终止条件和服务变更程序，特别是对信息安全服务的终止要进行第三方的安全风险评估并提出安全控制措施。

3、各单位应采用录像监控、电子门禁、数字证书、安全审计等技术手段，对信息技术外包服务机构的服务人员出入现场情况、身份、权限以及操作行为等进行严格管理。

五、加强对信息技术外包服务安全管理工作的检查

各单位要高度重视信息技术服务外包的安全管理工作，将该项工作纳入每年的信息安全自查，按照要求认真填报相关信息和情况。

各市级国家机关、各区（县）、各行业主管部门，特别是涉及通信、广播电视、教育、交通、

供水、供气、供热、医疗卫生等重点领域，在做好自身信息技术服务外包安全管理工作的同时，还应加强对本系统、本区县、本行业信息技术服务外包工作的指导和检查。

北京市经济和信息化委员会将对此项工作开展情况进行检查。

对于涉及国家秘密的信息技术服务外包安全管理工作，应按照国家保密部门的有关规定执行。

北京市经济和信息化委员会

2013年6月17日

（北京市经济和信息化委员会网络安全处）

大事记

1月

1月8日下午 代市长王安顺会见美国苹果公司首席俄执行官蒂姆·库克一行。

1月9日至11日 工业和信息化部组织评估专家组按照《中国软件名城创建指标体系》以及《中国软件名城创建指标体系评分规则》的要求，对北京市开展总结调研和实地评估工作。

1月16日 怀柔区人民政府信息中心荣获首届中国移动杯“智慧北京”大赛“突出贡献奖”。

1月18日 市高级人民法院信息技术处、市第二中级人民法院信息技术办公室主任李跃洲，大兴区人民法院信息技术办公室副主任刘建分别被市最高人民法院评为信息化工作先进集体和先进个人，并获市最高人民法院通报表扬。

1月21日 市公安局申报“北京市公共安全领域服务标准化”国家级试点项目并立项。

1月29日 市国税局召开网上代开专用发票系统推广会。网上代开专用发票系统与CTAIS系统、防伪税控系统、货运系统建立了有效连接，纳税人可通过网上提交代开专用发票申请，再到办税服务厅办理。据测算，等待时间从原来的15分钟缩短至4分钟。

1月30日 俄罗斯联邦最高法院司法总局代表团到市最高人民法院访问，就审判大楼的建设及法庭信息化配置建设等问题进行了交流。

1月 “263企业邮箱”获评“2012年企业邮箱服务商十大顶级品牌”第一名。

1月 市卫生局出国考察成果信息管理系统完成终验。该系统的使用实现了出国考察成果及考察资源高度共享、延展实效的创新模式。系统内容包括出访考察前计划申报，考察结束后对考察对象、目的、内容、实景、成果、转化及效果追踪。

2月

2月1日 财税一体化平台正式上线。财税一体化平台客户端软件能够智能识别纳税人端财务核算软件、自动获取财务数据、自动生成财务报表、自动上传申报等功能。该软件免费提供给纳税人企业使用，实现财务系统和税务系统的无缝对接。

2月21日 在北京市委、市政府召开的2012年度科学技术奖励大会上，由中芯国际承担的“超大规模集成电路65–40纳米成套产品工艺研发与产业化”项目荣获一等奖。

2月27日 资质办组织召开了北京市计算机信息系统集成企业资质和信息系统工程监理资质评审机构工作会。

2月28日 总投资8亿美元的康宁显示科技(中国)有限公司二期项目在北京经济技术开发区顺利建成投产，这是康宁公司在北京设立的第二家薄膜晶体管液晶显示器(TFT–LCD)玻璃基板生产厂，也是中国内地首个拥有8.5代玻璃的熔融、成型和后段加工全工艺流程的生产线。

3月

3月1日上午 北京市经济和信息化委员会组织召开游戏企业出口工作交流座谈会。市文资办的相关负责人与会共同研究北京市游戏企业出口面临的形势和对策。

3月8日下午 北京市经济和信息化委员会组织召开了北京市北斗卫星导航应用需求研讨会，市发展改革委、市公安局、市应急办等31家单位代表参加并介绍了本部门应用需求，中国北斗卫星系统办公室（以下简称“总装北斗办”）总师蔡兰波出席并讲话，北京市经济和信息化委员会副主任姜贵平介绍了北京市开展北斗应用工作情况。

3月11日 市公安局开通首个通过腾讯微信认证的省级公安机关官方微信平台“平安北京”。

3月15日上午 北京市经济和信息化委员会副主任姜贵平调研FAB精彩集团，了解了企业的发展历程，并实地考察了企业自主研发的FAB-5C娱乐智能终端设备。

3月11–15日 市国税局组织桌面虚拟化技术培训，各区县分局信息中心近50名技术人员参加培训。培训内容主要包括桌面虚拟化技术的基础知识及未来发展趋势，桌面虚拟化的安装配置操作，VMWARE桌面虚拟化产品的基础知识、产品软件安装配置操作。

3月21日 市最高人民法院司法行政装备管理局局长王少南、副局长吴少军等一行五人到市高级法院调研信息化工作。

3月22日 市卫生局印发《2013年北京市卫生信息化项目申报指南》，规范各单位卫生信息化项目申报工作，加强对卫生信息化项目建设重点方向的指导。

3月26日上午 北京市经济和信息化委员会副主任姜贵平组织召开了第十七届中国国际软件博览会北京软件活动周工作筹备会。

3月27日上午 北京市经济和信息化委员会副主任姜贵平带队赴中国兵器集团调研北斗应用项目，听取集团和控股的北京东方联星公司发展情况介绍，并就双方合作发展北斗产业问题进行研讨。

3月27日下午 金山云在北京举行了金山云·云存储服务启动仪式发布会，正式推出针对企业级用户市场的快盘商业版和云服务平台。

3月28日 北京、上海、深圳、成都法院建立信息化发展战略合作机制并举行签约仪式。

3月29日 工业和信息化部软件司在北京万寿庄宾馆组织召开了全国范围内的软件企业认定工作座谈会，30多个省市的经济和信息化主管部门、软件行业协会参加了座谈会。

3月 京东方成功研发出55英寸裸眼3D显示屏。该款裸眼3D显示屏以京东方自主开发的4K*2K超高清液晶面板为基础进行研发，并应用了京东方独有的ADSDS宽视角技术，其分辨率、亮度、视角等特性均得到极大提升。

4月

4月3日上午 北京市经济和信息化委员会副主任姜贵平陪同总装北斗办总师蔡兰波一行赴昌平区北京特菜大观园调研无公害农产品生产，听取了北京天安农业发展有限公司的情况介绍，并就基于北斗在农业应用领域进行研讨。

4月8日—11日 内蒙古自治区经济信息化委巡视员兰惠带领内蒙古考察团到京调研北京市信息化建设工作。北京市经济和信息化委员会副主任王学军、副主任童腾飞和副主任毛东军分别陪同调研。

4月11日上午 北京市经济和信息化委员会副主任姜贵平与黑龙江工信委纪检书记王涛一行就北斗导航与位置服务产业、云计算产业等事项进行沟通。

4月11日下午 北京软件与信息服务业公共服务平台走进亦庄开发区，开展“进园区，送服务”活动。

4月12日 国家车联网产业基地(以下简称“基地”)建设启动会正式召开，基地正式落户北京市通州区的北京环渤海高端总部基地。

4月12日 全国信息技术服务标准指导协调组第六次工作会议在四川成都召开。

4月12日上午 北京市经济和信息化委员会主任靳伟、副主任姜贵平调研北京市卫星导航定位领军企业北京合众思壮科技股份有限公司，详细了解公司发展情况以及北斗导航与位置服务产业公共平台的建设进展情况。

4月19日 工业和信息化部组织召开2013年全国软件和信息技术服务业工作座谈会。

4月24日 北京市经济和信息化委员会组织召开2013年一季度重点软件企业经济运行形势座谈会，北京市经济和信息化委员会副主任姜贵平出席会议。

4月25日 北京市使用正版软件工作联席会议办公室在我市组织召开“北京市2013年推进市属国有企业使用正版软件工作动员部署会”，部署2013至2016年市属国有企业软件正版化工作。

4月27日 在北京市经济和信息化委员会召开的2013年“智慧北京”重点工作任务区县部署会上，怀柔区荣获市信息化工作领导小组颁发的2012年度“智慧北京”建设专项考评“最佳应用奖”。

4月 面对突如其来的四川雅安7.0级地震，本市软件企业积极奉献爱心，用实际行动支持灾区。

4月 顺义金蝶软件园作为金蝶公司北方总部和研发中心，总投资7.6亿元，一期建筑面积达16万平方米，是金蝶公司最大的软件园。

4月 市档案局起草完成档案行业标准《数码照片归档与管理规范（送审稿）》并报送国家档案局。

4月 四川雅安地震后，市民防卫星通信系统与四川省人防办、雅安等多个地市级人防办完成多点组网通信，并与北京电视台联通，保障电视直播9段、19小时，首次为首都新闻媒体提供现场直播。

5月

5月6日下午 北京市经济和信息化委员会副主任王学军带队，一行6人专程走访了市人大财经委，交流学习“按照建设全国文化中心需求，发展教育、科技、文化、卫生、体育等领域新兴服务业”议案办理具体要求和工作目标。

5月10日 北京市经济和信息化委员会召开营改增半年评估调研会，市财政局副局长赵彦明、北京市经济和信息化委员会副主任姜贵平出席会议，市财政局、市地税局、财政部驻京专员办等相关领导到会。

5月15日上午 2013第十七届中国国际软件博览会新闻发布会在京召开，在京50余家新闻单位受邀参加。工信部、科技部、发改委等部委有关司局负责人出席，北京市经济和信息化委员会姜贵平副主任出席会议并发言。

5月15日 为落实北京市经济和信息化委员会《“我的梦·中国梦”宣讲活动实施方案》相关要求，首都之窗运行管理中心党支部、工会、文化建设小组联合举办了“我的梦·中国梦”演讲比赛。

5月15—17日 市公安局与中国科协联合筹办第五届中国（北京）国际警用装备及反恐技术装备展览会。

5月19日上午 北京市经济和信息化委员会首都之窗参加于北京万寿宾馆正式启动的“美丽中国——2013年中国政务信息无障碍公益行动启动仪式”，首都之窗获“中国信息无障碍建设示范单位奖”。

5月19—25日 市公安局围绕“科技创新·推动平安中国建设”活动主题开展公安科技周活动。

5月21日 “驻京中外知名企业投资怀柔行”活动举行，350余家驻京央企、跨国公司、大型民企、外国和外省驻京商会及其骨干会员企业负责人参加。

5月22日 在第十六届中国北京科博会开幕之际，“中国创造 北京启航——北京激光显示产业园启动暨国内首款100英寸激光电视上市发布会”在新闻大厦成功举办。

5月23日下午 中共中央政治局委员、北京市委书记郭金龙，市委副书记、市长王安顺等一行在北京市经济和信息化委员会主任靳伟和副主任童腾飞的陪同下参观了由北京市经济和信息化委员会主办的“智慧北京精彩生活”展览。

5月24日下午 北京市中国软件名城创建试点工作总结座谈会召开。

5月24日 市高级人民法院与工商银行北京分行举行查、冻一体化办公系统签约仪式。

5月28日 市工商局就数据综合分析与决策支持工作向国家工商总局作专题汇报。

5月29日下午 2013年北京软件名人论坛召开，北京软件业界名人围绕“软件革命改变世界”展开了激烈的讨论，成为第17届软博会最大亮点之一。

5月30日上午 由北京软件和信息服务交易所承办的“2013年第二届中国(北京)国际服务贸易交易会软件服务外包创新发展大会”在北京国际会议中心举行。

5月30日 由北京软件和信息服务交易所承办的“2013年第二届中国(北京)国际服务贸易交易会软件服务外包创新发展大会”在北京国际会议中心举行。

6月

6月1日 全市户籍派出所申领、换领、补领居民身份证登记指纹信息工作全面展开。

6月5日 北京市经济和信息化委员会组织召开2013年1—5月重点软件企业经济运行形势座谈会，北京市经济和信息化委员会副主任姜贵平出席会议。

6月7日 市公安局召开首都综治委科技创安专项组2013年全体扩大会电视电话会议。

6月7日 工业和信息化部副部长刘利华一行到北京市就如何促进信息消费进行专题调研，调研组一行实地考察了敦煌网、新浪网、联想集团三家企业，并召开了信息消费座谈会。

6月7日至8月31日 市公安局组织市相关委、办、局和各区（县）在全市范围内开展安全技术防范系统普查工作。

6月18日 黑龙江省高级人民法院院长张述元一行七人到市高级人民法院调研法院信息化建设等工作。

6月19日 市委常委、纪委书记叶青纯到市高级人民法院调研科技反腐成果。

6月20日 第十一届大连中国国际软件和信息服务交易会开幕，围绕“智能改变未来”的主题，北京市云端时代、软通动力、博彦科技等17家软件和信息服务企业携最新产品和技术亮相软交会。

6月24日 中国北京—泰国曼谷信息软件开发合作推介洽谈会在泰国曼谷举办，两地参会代表就软件行业的发展情况、趋势以及今后合作方向进行了深入的交流和探讨。

6月25日下午 北京市经济和信息化委员会会同市社会办、市民政局组织召开了北京市第四次智慧社区建设工作月度交流调度会，各区县社会办负责人和19个试点街道主管领导参加会议。

6月26日 最高人民法院执行局局长刘贵祥一行到市高级人民法院执行局调研信息化建设及执行指挥协调中心筹备情况。

6月27日 市高级人民法院召开北京法院信息化工程第六次验收暨资产移交会议。

6月 市国税局金税三期广域网项目通过验收。该项目历时一年，实施的主要内容是提高市局到各区县局、区县局到各税务厅所线路带宽，更新部署网络及安全防护设备，部署全市网络集中监控系统等。

6月 “263企业邮箱”荣获第十七届中国国际软件博览会金奖。

6月 “263企业通信”建立授权服务中心。

6月 市公安局组织北京移动、北京联通和北京电信进行“110”电话报警系统和“12110”短信报警系统防汛应急演练。

7月

7月13日 市高级人民法院举办信息技术服务人员等级测评考试。全市230余名法院技术服务公司人员参加考试。

7月3日—7月5日 由商务部、教育部、科技部、工业和信息化部、浙江省人民政府联合主办，由北京软件与信息服务业公共服务平台单位—北京软件和信息服务交易所承办的云应用专题研讨会在大会期间成功举办。

7月5日下午 北京市经济和信息化委员会组织召开北京市软件企业高级人才引进座谈会，市人社局流动调配处、北京市经济和信息化委员会人事处、软件与信息服务处、软件中心以及北京软协等相关负责同志到会参加。

7月15日 石景山区人民法院技术室、市第二中级人民法院办公室书记员厉智宇、朝阳区人民法院技术办公室书记员王楠分别被最高人民法院评为司法统计工作先进集体和先进个人，并获最高人民法院通报表扬。

7月17日 在北京“12330”的指导下，北京软件行业协会(简称“北京软协”)成功调解市二中院知识产权庭委托的某服装公司与某软件公司“企业资源管理系统销售合同纠纷”案。

7月29日 正式发布实施北京市首个软件项目成本定额领域的地方标准《信息化项目软件开发费用测算规范》。

7月29日 海淀区创业投资引导基金第三批合作机构签约暨“中国创业投资示范基地”授牌仪式在中关村国家自主创新示范区展示中心隆重举行。

7月30日 瑞士伯尔尼州高等法院代表团到市高级人民法院访问，对其信息化管理系统给予高度评价，并着重了解法院数据和信息统计等方面的做法。

7月30日 工信部召开2013年软件和信息技术服务业骨干企业培育工作座谈会。

7月31日 小米公司与腾讯公司宣布合作，利用腾讯QQ空间平台作为销售入口，联合推出“红米手机”。

7月 北京掌城科技有限公司(以下简称掌城科技)与深圳市比亚迪汽车有限公司(以下简称比亚迪)正式签约合作。

7月 市国税局完成“营改增”7项应用系统测试任务，涉及综合征管系统、货运发票税控系统等四个系统11个补丁的测试，参测人员累计超过200人次，测试案例累计超过180个。

8月

8月2日—3日 在北京市经济和信息化委员会、海淀区经济和信息化办公室的指导下，北京软件和信息服务交易所(以下简称“软交所”)、北京市信息化协会联合承办的“2013年北京系统集成总裁培训班”在中关村知识产权大厦软交所会议室成功举办。

8月6日 美国伊利诺伊州议员代表团到市高级人民法院访问，高度评价其信息化建设。

8月7日 市工商局案件系统升级改造项目、档案系统升级改造项目、人力资源系统升级改造项目、网格系统升级改造项目获得市财政批复。

8月20日 蒙古最高法院首席大法官一行到市高级人民法院访问，对信息化工作给予高度评价。

8月21日 北京法院案件信息管理系统调整工作完成。

8月22日 北京市经济和信息化委员会副

主任李洪和节能环保处副处长刘明做客北京城市服务管理广播“城市零距离”直播节目，就“调整退出高污染企业、为首都清洁空气做出贡献”进行了专题访谈。

8月28日 乐视网信息技术(北京)股份有限公司投资的“乐视TV终端产业化项目”落户北京经济技术开发区，项目总投资10亿元。

8月29日 市公安局基于PGIS的综合应用项目终验完成。

8月 “263企业邮箱”产品全面升级为云通信产品，“263个人云通信”产品手机客户端（Android 和iPhone）上线。

9月

9月1日 市公安局在公安电子政务网站搭建“出入境管理办事大厅”。

9月3日 北京市经济和信息化委员会组织专家在第三中级人民法院召开“北京市第三中级人民法院弱电和信息化项目竣工验收专家评审暨资产移交工作会”。

9月5日下午 小米公司推出新产品：小米手机三代与小米电视。

9月6日 中关村管委会、北京市经济和信息化委员会、人民银行营业管理部、市金融局在中关村联合举办了“信用中关村”系列活动—北京中关村企业信用促进会成立十周年暨2013年中关村信用双百企业发布会。

9月6日 市高级人民法院召开北京法院移动公共服务平台建设工作征求意见座谈会，市律师协会副会长张小炜、副秘书长陈强等9名律师应邀参加会议。

9月25日 北京市北斗导航位置服务公共平台门户(www.chinalbs.org)上线，首批面向大众提供安全定位服务的导航位置服务产品面市，推出“凯步关爱”等面向老人、车辆、宠物管理的三款新产品。

9月25日 由北京市经济和信息化委员会、共青团北京市委员会、中关村科技园区管理委员会、海淀区人民政府指导，北京软件和信息服务交易所(以下简称“软交所”)与中国技术交易所联合承办的“创富中国科技园区中国行新闻发布会”在紫光国际交流中心宴会厅召开。

9月26日 北京数字档案馆项目技术方案通过由市信息化专家咨询委员会组织的重大信息化项目专家评审会评审。

10月

10月2日—4日 在国家会议中心召开2013年北京文化数码产业博览会。本届博览会由工业和信息化部信息化推进司、北京市国有文化资产监督管理办公室、北京市旅游发展委员会以及北京市经济和信息化委员会共同主办。

10月9日 北京市经济和信息化委员会组织召开《北京市软件和信息服务业“十二五”发展规划》中期评估专家评审会。

10月9日 人民法院信息化工作现场会在市高级人民法院召开，全国高级人民法院、计划单列市中级人民法院分管信息化工作的院领导、信息技术部门负责人及各地受表彰的先进集体和个人代表120人参加。

10月10日 在工信部的指导支持下，中国智慧城市产业联盟在京成立。

10月11日下午 北京市经济和信息化委员会与总参测绘导航局举行了战略合作协议签约仪式。

10月11日—10月12日 国家推进使用正版软件工作部际联席会议办公室在京组织召开国家政府机关软件正版化培训会，传达中央要求精神，部署即将开展的工作。

10月12日 两化深度融合专项行动计划重点工作推进大会在京召开，全国工信系统、有关行业协会、研究机构及200多家重点企业参加了会议，副部长杨学山做了重要讲话。

10月18日 北京市经济和信息化委员会组织召开了软件产品检测机构工作座谈会及北京软件行业协会软件测试分会换届筹备会。北京市经济和信息化委员会宣贯了最新发布的《软件产品登记测试通用技术要求》标准。

10月19日 市公安局举行“法庭毒物分析公安部重点实验室”学术委员会聘任仪式。

10月25日 市高级人民法院成立市法院信息化建设领导小组。

10月28日 市工商局档案系统升级改造项目进行公开招投标。

10月31日 市工商局市场主体网格监管系统进行公开招投标。

10月30日—31日 由北京北京市经济和信息化委员会主办的“2013年北京微电子国际研讨会”在北京京仪大酒店顺利举行。

10月31日 北京市经济和信息化委员会软件与信息服务业促进中心联合信息产业通信软件测评中心共同组织召开了“双软认定”政策培训会。

10月 市高级人民法院发布“北京法院”APP司法公开应用程序。

10月 公安电子政务网站“出入境证件网上预约受理系统”被电子政务杂志社和电子政务理事会评为“2013年政府网站网上办事类精品栏目”。

10月 “263企业通信”获“最具影响力品牌”奖项。

11月

11月1日 市公安局科技信息化部获得第三届“全国公安基层技术革新奖”优秀组织单位奖。

11月8日 市高级人民法院在第三中级人民法院召开北京法院信息化工作现场会。

11月13日 北京市经济和信息化委员会电子政务处处长潘峰一行到市高级人民法院就北京法院司法公开平台建设相关事宜进行现场办公。

11月15日 工业与信息化部信息化推进司处长章晓杭带队时代远景研究院、工业和信息化部电信研究院、中国标准化研究院、中建科28所及13室研究室等八人到市高级人民法院调研北京法院信息化工作机制。

11月18日 市工商局人力资源管理系统升

级改造项目进行公开招投标。

11月21日 最高法院信息化建设工作领导小组办公室向市高级人民法院发来感谢信，向其在人民法院信息化工作会议期间为筹备和召开现场会所做的大量工作表示感谢。

11月22日 市高级人民法院召开北京法院裁判文书上网公开工作视频会议。

11月27日 市高级人民法院与北京华宇软件股份有限公司“信息化发展战略合作协议暨三大平台软件开发项目签约仪式”举行。

11月 市高级人民法院与市银行业协会联合召集工商银行北京分行等15家驻京商业银行，就推进建立执行查冻一体化办公系统进行座谈。

11月 市工商局案件系统升级改造项目进行公开招投标。

12月

12月2日 “警务物联网应用技术公安部重点实验室”获批。

12月2日—5日 市高级人民法院副院长孟祥一行到市第一中级人民法院、第二中级人民法院、西城区法院、朝阳区法院、海淀区法院、大兴区法院进行实地调研，推进北京法院司法公开三大平台建设工作。

12月6日 国家行政学院组织国务院办公厅司处级电子政务与政府管理创新培训班40余名学员到市高级人民法院学习交流，现场教学电子政务精细化运维管理与信息化立体服务模式。

12月20日 市档案局起草的《档案数字化规范 第7部分：成果存储与利用》（DB11/T 765.7-2013）由市质监局正式发布成为北京市地方标准，于2014年4月1日起实施。

12月31日 北京法院审判信息网开通暨裁判文书上网发布仪式在市高级人民法院信息中心举行。

12月 “263企业邮箱”获“2013最佳统一通信服务提供商”奖项。

12月 市企业信用信息网升级改造后正式上线运行。

信息基础设施

【综述】年内，光网城市建设水平和家庭固定接入带宽大幅提升。下一代广播电视网络建设保持全国领先水平。政务物联数据专网承载业务快速增长。下一代互联网获批全国示范城市。三网融合推进工程取得实质性进展。下一代信息基础设施综合示范区域陆续启动。

（北京市经济和信息化委员会信息化基础设施处）

重大规划与工程

【概述】2013年6月，市政府结合《北京市“十二五”时期城市信息化及重大信息基础设施建设规划》，发布《宽带北京行动计划（2013—2015年）》，并成立宽带北京行动计划协调小组，小组办公室设在北京市经济和信息化委员会（以下简称北京市经济和信息化委员会），由信息化基础设施处具体承担。市政府办公厅转发《宽带北京行动计划2013年度任务分工》。在协调小组各成员单位、市政府相关部门和信息基础设施建设企业的积极配合和共同努力下，行动计划2013年度工作任务顺利完成。

（北京市经济和信息化委员会信息化基础设施处）

信息基础设施规划

【开展公益性无线接入建设和运营模式研究】年内，北京市经济和信息化委员会组织开展公益性无线接入建设和运营模式研究，编制《北京市公共场所无线局域网建设指南（草稿）》，召开两次专家讨论会修改完善。

（北京市经济和信息化委员会信息化基础设施处）

【下一代互联网获批全国示范城市】年内，北京市经济和信息化委员会会同市发展改革委编制《北京市建设国家下一代互联网示范城市工作方案》，申报争取将北京市列入国家下一代互联网示范城市，12月获得国家批复同意。

（北京市经济和信息化委员会信息化基础设施处）

【下一代信息基础设施综合示范区域启动】年内，北京市经济和信息化委员会推动各重点功能区和产业园区信息基础设施专项规划编制，率先建设下一代信息基础设施，支撑区域经济发展。市规划委完成丰台区丽泽金融商务区、石景山区新首钢高端产业综合服务区信息基础设施专项规划的编制工作。丰台区将“智慧丽泽金融商务区”和“智慧丰台科技园区”两大工程纳入“智慧丰台”顶层设计方案中，统一规划和建设信息基础设施，统筹布局地下管廊、网络基站和各类感知基础设施、智能服务终端；昌平区根据未来科技城信息化总体规划，制定信息化项目建议书，报市发展改革委立项；海淀区结合海淀北部新区和科学城一老一新两个功能区产业规划布局，制定与之相配套的《海淀北部新区信息基础设施规划》和《中关村科学城信息基础设施规划》；市经济技术开发区编制完成《北京经济技术开发区无线基站建设专项规划（2012—2015年）》，在全市率先统筹三大运营商无线基站建设。

（北京市经济和信息化委员会信息化基础设施处）

【编制政务专网系列规范】 年内，北京市经济和信息化委员会组织编制《北京市TD-LTE政务专网总体技术要求》《北京市TD-LTE政务专网基站设备技术要求》《北京市TD-LTE政务专网基站设备测试方法》《北京市TD-LTE政务专网核心网设备技术要求》《北京市TD-LTE政务专网核心网设备测试方法》《北京市TD-LTE政务专网核心网接口IOT测试方法》等六项规范，完善北京市TD-LTE政务专网系列规范体系。

（北京市经济和信息化委员会信息化基础设施处）

信息基础重大工程

【概述】 年内，市政务外网运行稳定，政务内网改扩建工程顺利实施且运行稳定。确医保网平稳运行，有效支撑医保系统。政务互联网审核和集中接入平台运维保障顺利进行，确保了无线政务网稳定运行和应急通信保障服务。政务物联数据专网建设和应用推广推进。

（北京市经济和信息化委员会信息化基础设施处）

【政务内网新传输网试运行】 7月中旬，政务内网传输网改扩建设工程通过初验，进入试运行阶段。新传输网试运行中设备整体运行稳定，承载的信息系统运行正常。该项工程是年内启动的。

（北京市经济和信息化委员会信息化基础设施处）

【互联网带宽审核】 9月下旬至10月31日，北京市经济和信息化委员会开展2013年互联网接入带宽集中审核工作，共受理463条互联网接入带宽需求，其中续用链路325条、新增扩容链路138条。带宽审核工作完成后报送市财政局，共分4批完成28个市级单位2013年互联网带宽需求的补充审核。

（北京市经济和信息化委员会信息化基础设施处）

【政务物联数据专网承载业务快速增长】 年内，市新增政务物联数据专网基站55个，累计达到264个。已开通基站实现了二环至五环环路、主要联络线、长安街及其沿线和各区县中心城区的覆盖，承载了市公安局、市安全监管局、市城管执法局等部门业务20项，年内新增业务13项，涉及移动视频监控、有毒有害气体监测、移动政务办公、应急指挥等多个方面，在中共十八届三中全会、“两会”、“园博会”等重大保障任务和突发事件中发挥了重要作用。

（北京市经济和信息化委员会信息化基础设施处）

【推进雁栖湖会议区域信息基础设施建设】 年内，北京市经济和信息化委员会协调推进怀柔雁栖湖会议区域的信息基础设施建设工作，为APEC会议顺利召开奠定基础。5月，制定《北京雁栖湖生态发展示范区信息基础设施建设应用指导意见与工作方案》。10月起，北京市经济和信息化委员会会同市通信管理局、市广电局开始例会制度，及时协调解决建设中的难点问题。截至年底，整个示范区基本完成信息管道建设和有线通信建设目标，协调推进无线通信尤其4G网络的室外覆盖建设。

（北京市经济和信息化委员会信息化基础设施处）

【接入网扩容】 年内，北京市经济和信息化委员会在已完成226家单位接入的基础上，要再接入约184家高校、企事业单位的党委业务单位。市委机要局共确认接入单位地址123家，123条链路进入建设阶段，其中已完成并开通19条。

（北京市经济和信息化委员会信息化基础设施处）

【网络运维和保障】 年内，北京市经济和信息化委员会共计受理政务内网接入、迁移等来函9个。配合市委机要局开展党委加密视频会议系统测试工作。配合市人大完成市第十四届人大一次会议代表建议、批评和意见政务内网网上交办系统的网络保障工作。完成重大节日、重大活动期间的二号应急视频会议系统保障工作。

（北京市经济和信息化委员会信息化基础设施处）

【医保网共接入2270家单位】 年内，医保网共接入2270家单位。其中，定点医疗机构1815家，社保卡服务网点326家，经办机构33家，自费接入定点医疗机构96家。医保网设备性能状态正常，骨干网可通率大于99.9%，重要接入单位传输网可通率大于99.5%，其他单位总体网络可通率大于95%。

（北京市经济和信息化委员会信息化基础设施处）

【针对医保网扩容开展上门服务】 年内，就市人力社保局提出的增加医保链路带宽、接入单位扩容等需求，北京市经济和信息化委员会信息化基础设施处开展上门服务，初步沟通工作推进机制、运维机制等事宜，并会进行深入研究，为医保网、卫生网及其他网络的网络共享和整合奠定基础。

（北京市经济和信息化委员会信息化基础设施处）

【市级党政机关互联网集中接入平台更新】 年内，市级党政机关互联网集中接入平台实现同城异地双运营商、双出口的网络结构，主用出口2500M、备用出口1000M，确保互联网出口的冗余性、稳定性和可靠性。集中接入平台共接入140家用户单位，为两家单位（市密码管理局、市档案局）、三个集中办公区（中环、数北、槐柏树）开通实名认证系统，其中集中接入平台可用性达到99.9%，用户满意度达到98%，服务请求响应及时率达到99.7%。

（北京市经济和信息化委员会信息化基础设施处）

【开展无线政务网建设】 年内，全市无线政务网建设规模为6套交换机、258套地面基站、106套地铁内基站、4套移动基站、243套室内分布系统。其中，新建并开通4套地面基站、18套地铁内基站和3套室内分布系统；完成3200部终端的入网、313部终端的业务变更和99部终端的销号工作，在网用户数量累计达到93027户，其中政府用户88861户、商业用户4166户；GPS定位系统接入3800余部终端的定位数据，部署3套定位和调度客户端，实现相关终端用户的定位和调度管理。

（北京市经济和信息化委员会信息化基础设施处）

【无线政务网五期工程】 10月，无线政务网五期工程开始实施规划，新增2套DXT3交换机、1套综合网管、105个基站，完成核心机房改造及电源、空调、监控等配套工程。年内完成2部交换机、30个基站和相关备品备件的设备采购工作，并进行基站选址、机房改造施工、交换机房设备安装等工作。完成系统设备版本升级，进一步加强网络的安全稳定性和通信能力。

（北京市经济和信息化委员会信息化基础设施处）

【建设政务物联数据专网】 年内，政务物联数据专网基站建设数量264个，其中开通227个。新增基站55个，开通51个。

（北京市经济和信息化委员会信息化基础设施处）

信息网络基础设施

【概述】年内，光网城市各项建设指标均超额完成年度任务要求。4G规模试验网建成开通，实现了东西北三环和两广路以内区域全覆盖以及五环内部分区域覆盖。下一代广播电视网络建设保持全国领先水平，三网融合稳步推进。

（北京市经济和信息化委员会信息化基础设施处）

固定通信网络

【推进光网城市建设和家庭固定宽带接入】年内，全市新增具备光纤接入能力家庭128万户，累计达到610万户，占全市总家庭户数的91%。新增光纤宽带家庭用户72万户，累计达到187万户，占具备光纤接入能力家庭的30.6%。新增固定宽带家庭用户12.8万户，累计达到482万户，其中4M及以上用户新增96万户，累计347万户，占固定宽带家庭用户的72%；10M及以上用户新增74万户，累计达到169万户，占固定宽带家庭用户的35%。新增信息管道1803沟公里，累计2.4万沟公里。新增光缆1.9万皮长公里，累计16.05万皮长公里。

（北京市经济和信息化委员会信息化基础设施处）

移动通信网络

【建设无线城市及4G网络】年内，全市新增3G移动通信基站2367个，累计达到2.8万个，3G网络覆盖日臻完善；新增无线接入点（AP）超过3万个，累计达到21万个，进一步完善3G+WLAN模式为主的无线城市建设；新增4G基站1989个，累计达到2070万个，4G规模试验网建成开通，实现了东西北三环和两广路以内区域全覆盖以及五环内部分区域覆盖，一期商用网开始建设。全市移动通信用户达到3872万户，其中3G用户1499万户、4G体验用户4588户。

（北京市经济和信息化委员会信息化基础设施处）

有线电视网

【下一代广播电视网络建设全国领先】年内，全市新增有线电视双向网络改造用户23万户，累计达到470万户；新增高清交互数字电视用户超过50万户，完成年度任务要求，累计达到359万户，居全国首位。经国家广电总局批复，北京市建立下一代广播电视网（NGB）融合业务平台实验室，开展NGB融合新业务创新研究。

（北京市经济和信息化委员会信息化基础设施处）

【歌华有线双向网络建设累计500万余户】年内，北京歌华有线电视网络股份有限公司（以下简称歌华有线）开展高清交互电视推广和三网融合相关工作，双向网络建设累计超过500万户，累计开通483万户，并积极探索针对远郊农村、山区双向网络改造的具体技术方案。

（丁颖磊）

【歌华有线建设基础网络】 年内，北京歌华有线电视网络股份有限公司完成城区104条道路、108千米的架空线入地工作；完成光缆敷设2800千米，全市光缆总长4.45万千米；完成电缆干线敷设4600千米，电缆干线总长13.19万千米；完成10个二级机房的整备、扩容和电源系统升级；完成10个机房的整体搬迁和27个机房的扩容、升级工作，新建成3个机房；各区县共有160个新建住宅项目申请办理有线广播电视信号接入证明，覆盖10.9万户；配合市广电局完成2013年有线广播“村村响”工程，涉及昌平、怀柔2个区、10个乡镇。

（丁颖磊）

【歌华有线传输电视广播节目】 年内，北京歌华有线电视网络股份有限公司大网中传输59套模拟电视节目，其中中央电视台节目15套、北京电视台节目10套、中国教育台节目2套、外省卫视节目32套。平移网中传输168套数字电视节目和16套数字广播节目，其中数字电视节目含标清数字电视节目146套（中央电视台节目16套、北京电视台节目10套、中国教育台节目2套、外省卫视节目38套、购物频道节目8套、区县节目4套、付费频道节目68套）、高清数字电视节目21套、3D试验频道1套。平移网中模拟电视节目数量31套，其中中央电视台节目6套、中国教育台节目1套、北京电视台节目10套（含区县自办1套）、外省卫视14套。

（丁颖磊）

【歌华有线建设高清交互数字电视系统】 年内，北京歌华有线电视网络股份有限公司完成支持400万用户规模的高清交互数字电视网络及系统的优化与扩容建设，完成全媒体聚合云服务平台的整体规划和方案设计；完成高清交互平台与科大讯飞广电语音云对接并实现语音遥控功能，用户通过语音指令即可实现频道切换、应用接入、音量控制、节目查询等多项功能操作，用户体验大大提升；开发视频支撑项目（VSP）系统，上线后可实现部分高清交互点播应用多区合一、缩短开发周期实现敏捷开发、降低运维成本。

（丁颖磊）

三网融合

【三网融合推进工程取得实质性进展】 2月，北京市三网融合IPTV业务开始试商用，IPTV用户已发展到4万户；通过有线电视网络接入互联网的用户达到22万户，“歌华飞视”用户发展23万户。

（北京市经济和信息化委员会信息化基础设施处）

无线电管理

【概述】年内，市无线电管理局管理无线电频率台站，推进技术基础设施建设，开展无线电监测检测工作，维护北京地区空中无线电波秩序，完成环北京职业公路自行车赛等重大活动的无线电安全保障任务。

（李书亮）

无线电频率台站

【管理无线电频率】年内，市无线电管理局完成2012年频率文件的整理、归档和计算机数据库录入。按照《150MHz、400MHz频率规划》对全市部分台站进行转频，该频段共收回双频组网频率123对、单频组网频率37个、小寻呼频率8个。全年共完成频率审批、延期等51份，外国政要访华频率指配意见56份，制发各种频率协调文（函）等文件30份。

（李书亮）

【协调无线电频率】年内，市无线电管理局组织1.8G无线电接入频率协调会。协调审批2013国际田联世界田径锦标赛北京站组委会通信调度频率，国际园林博览会相关保障单位使用频率，2013年环北京职业公路自行车赛组委会通信调度频率和北京市电视台实况转播频率，2013年北京马拉松赛、国际铁人三项邀请赛无线电频率。根据台站规范化工作的进展，与首钢、市防汛办等用频大户沟通协调，逐步收回不符合规划的频率，并指配新频率。

（李书亮）

【审批无线电台站】年内，市无线电管理局共完成73件设置无线电台的行政审批，办理台站年审311家单位，收缴频率占用费近460万元。

（李书亮）

【管理业余无线电台】年内，市无线电管理局下发《关于实施〈业余无线电台管理办法〉相关工作的通知》，制定《北京市办理业余无线电操作技术能力验证和设置业余无线电台等相关工作（暂行）细则》。共完成近400人的业余无线电A级考试、操作证发放、验机和执照审批工作。完成160多人的业余无线电B级考试、操作证和执照换发工作。为600多名会员换发执照。

（李书亮）

无线电波秩序管理

【监测无线电专项频谱】年内，市无线电管理局对特定频段进行专项频谱监测。每月进行3轮监测，每轮监测时间不少于24小时，对监测数据进行统计分析，累计监测时间6108小时。

（李书亮）

【开展无线电检查与执法】年内，市无线电管理局开展外出检查工作，共检查设台单位48

家，查处43家单位。检查发射设备325部，其中登记保存对讲机285部、中继台8部。完成防范利用无线电手段考试作弊工作。

（李书亮）

无线电管理技术设施建设

【改造或建设监测技术设施】 年内，市无线电管理局完成西山固定监测分站微波通信系统改造升级；完成监测网监测测向软件系统升级；完成3个固定监测分站的无线电警示系统建设；完成延庆、大兴、平谷、密云和通州固定监测分站天线铁塔建设；完成平谷、中关村、通州、大兴和密云固定监测分站的机房装修；完成中关村、平谷和天莲大厦固定监测分站的系统集成；完成2013年预定监测辅助技术设施项目建设。

（李书亮）

电磁环境和设备

【管理无线电发射设备】 年内，市无线电管理局办理进口无线电设备核准18件，共计4907 台设备；办理机电审 2件，无线电设备型号核准初审79件。

（李书亮）

【检测无线电发射设备】 年内，市无线电管理局共检测各类无线电发射设备1222台，对公众移动运营商抽查复测100台。完成20家单位的设台验收，测试设备289台。共签署入关检测协议及方案5份，涉及进口设备4802台，抽测113台。检测业余无线电台350部。完成64个单位、66个通讯网、76个测试点的电磁环境测试。对市内多条地铁路进行验收测试。

（李书亮）

无线电安全保障专项

【保障无线电安全】 年内，市无线电管理局完成北京市“两会”、全国“两会”、环北京职业公路自行车赛、十八届三中全会及俄罗斯总理梅德韦杰夫等56个外国政要访华等重大活动期间的无线电安全保障工作。

（李书亮）

无线电发展环境

【宣传“世界无线电日”】 2月13日，市无线电管理局在全市开展“世界无线电日”宣传活动。在首都机场和北京西站北广场的LED屏播放无线电管理宣传片，向社会公众做无线电管理知识的宣传，每天在重要时段播放10次，连续播放7天，共计收看人数达到100余万人次。通过“首都之窗”网站和无线电管理局网站开设宣传专栏，宣传“世界无线电日”知识及无线电技术在各行业的应用和发展。向区县下发《关于开展“世界无线电日”宣传活动的通知》，各区县均制订宣传活动方案，成立宣传活动领导小组，克服春节期间工作繁忙的困难，利用各自优势，开展丰富多彩的宣传活动。

（李书亮）

【规范化管理无线电台站】 年内，市无线电管理局在全市开展无线电台站规范化管理专项活动。制定《北京市开展无线电台站规范化管理专项活动工作方案》，成立无线电台站规范化管理工作领导小组，组织专人开展B库台站清理。

（李书亮）

【无线电宣传列入干教网课程】 年内，市无线电管理局为增强各级对无线电管理知识的认识，组织编制《首都无线电管理工作的现状与发展》课程，由局长陆恭超授课。经与市委组织部协调，将该课程列为全市科级以上干部在线学习内容，课时为3学时。

（李书亮）

信息产业

【综述】年内，存量企业优化升级支撑产业稳定向好。重大项目进入良性轨道，效益贡献明显。增量创新不断涌现，为产业注入新活力。产业横向联合促进本地供应链的崛起。

（北京市经济和信息化委员会电子信息产业处）

电子信息制造业

【概述】以诺基亚、索爱为代表的移动通信产业，和以联想、同方为代表的计算机产业是全市电子信息制造业的核心支撑，部分存量企业加快调整转型步伐，积极顺应市场主流需求进行产品转型，优化升级富有成效。

全市集成电路、平板显示等重大战略性项目相继进入良性发展轨道，在技术创新、产业规模和产业链带动方面逐步开始为全行业贡献效益。

小米全面覆盖消费电子各个领域，手机、机顶盒、电视、路由器等每款新产品市场表现都超过预期，也带来企业规模成倍增长。乐视构造“平台+内容+终端+应用”的垂直整合生态体系，以对传统家电领域的颠覆和突破带来可观的营收规模。

北京基于星网工业园、数字电视产业园的电子产业链本地化配套逐渐成熟和完整，竞争实力不断提升。

（北京市经济和信息化委员会电子信息产业处）

【瑞友科技获“创新创业卓越企业奖”】1月15日，在2013年搜狐科技财富论坛上，北京瑞友科技股份有限公司（以下简称瑞友科技）获得“2012年度创新创业卓越企业奖”。瑞友科技2003年成立，打造以技术创新能力为核心的竞争力，专注于IT服务领域，成为全球化专业软件与信息技术服务供应商，在金融、保险、电信与移动、流通、互联网等多个领域确立优势。

（尹玲利）

【时代凌宇获“智慧北京”优秀解决方案奖】1月16日，首届中国移动杯“智慧北京”大赛颁奖大会暨中关村物联网2013年迎新年会在京仪大酒店举行，北京时代凌宇科技有限公司（以下简称时代凌宇）自主开发的“城市生命线监测系统”获“优秀解决方案奖”。中国移动杯“智慧北京”大赛是在市委宣传部、北京市经济和信息化委员会、市科委、中关村管委会、市信息化专家咨询委等部门指导下，北京市相关行业协会和产业联盟等社会组织共同开展的一项重要活动。大赛旨在通过评选一批“智慧北京”优秀示范工程，发掘一批优秀解决方案，激励一批为“智慧北京”建设做出突出贡献的单位、组织和个人，搭建宣传和展示平台，吸引社会各界广泛参与，努力促进“智慧北京”需求与产业对接，带动物联网、移动互联网、云计算等战略性新兴产业发展。

（尹玲利）

【天地互连摘得中关村创新标准品牌桂冠】1月16日，2012年度中关村十大系列评选榜单发布会举行，揭晓2012年中关村十大年度人物、海归新星、卓越品牌等10个榜单。其中，由北京天地互连信息技术有限公司（英文缩写BII，以下简称天地互连）主导的《泛在绿色社区网络协议》摘得2012年度创新标准品牌桂冠。《泛在绿色社区网络协议》是IEEE在绿色节能和物联网领域具有开创新性的全球标准，它基于全IP的思路，将能源控制总线转化为互联网节点，将能源转化为互联网流量，利用信息通信技术构建能源互联网，实现智慧化的“创能、储能、节能”。

（尹玲利）

【时代凌宇获批博士后创新实践基地工作站】1月24日，市人力资社保局批准北京时代凌宇科技有限公司设立北京市博士后（青年英才）创新实践基地工作站。该创新实践基地是招聘博士后研究人员或聘用具有博士学位青年英才开展创新活动实践的组织，旨在通过建立首都地区高等学校、科研院所和企业协同创新的长效机制，整合人才、智力、科技资料，构建产、学、研、用相结合的创新研发支撑平台。

（尹玲利）

【旋极信息工会通过全总抽检考核】1月28日，北京旋极信息技术股份有限公司（以下简称旋极信息）通过全国总工会考核工作组对其进行的2012年度组建工会和发展会员工作抽检考核。考核组成员深入企业办公现场，通过查阅资料，与工会主席和职工会员交谈，查看海淀园工会委员会对旋极信息工会换届的批复文件，了解企业生产经营状况、职工福利待遇和工会职能作用发挥等情况。审核组确认旋极信息工会依法设立独立经费账户，有工会法人资格，有工会公章，与海淀园工会工委互动丰富，企业工会委员会设立规范，双爱双评和经济技术创新等文化活动如期举行，创建自己的“党工企”品牌。

（尹玲利）

【启明星辰获“最佳实践奖”】1月，全球知名咨询机构Frost & Sullivan揭晓2012年度“最佳实践奖（BPA）”评选结果，北京启明星辰信息技术有限公司（以下简称启明星辰）获“中国区数据库安全审计与防护产品市场领导奖”。Frost & Sullivan认为中国数据库安全审计与防护市场的参与者主要有两大类，以IBM、Imperva、McAfee等为代表的国际厂商，和以启明星辰、安恒等为代表的本土厂商。在众多主要市场竞争者中，启明星辰不仅具有雄厚的资本以及国际化标准的产品，同时能够准确把握国内客户的需求，在中国市场拓展具备本地化优势。2012年，启明星辰以9.5%的市场份额领先于国内外厂商，占据榜首位置。Frost & Sullivan认为，启明星辰领先行业的产品功能及服务，都是其能够在中国保持迅猛增长速度的重要原因和坚实基础。

（尹玲利）

【东方信联为慈善事业捐款100万元】2月1日，在石景山区“爱心在传递——2013年石景山区慈善晚会”现场，北京东方信联科技有限公司（简称东方信联）为石景山区慈善事业捐款100万元。东方信联是石景山区重点高新技术企业、爱心企业，一直通过各种方式履行“扶危济困、奉献社会”的企业精神。

（尹玲利）

【旋极信息创新项目获市科学技术奖】2月21日，在市政府召开的科学技术奖励大会暨2013年科学工作会议上，北京旋极信息技术股份有限公司的《航空数据总线故障注入系统的开发与应用》项目，荣获市科学技术奖三等奖。这是旋极信息第一次获得市人民政府颁发的科学进步奖。

（尹玲利）

【启明星辰获中国软件创新力20强称号】2月27—28日，由中国版权保护中心主办的“纪念计算机软件著作权登记制度实施20周年2012年中国软件创新企业颁奖”在2013年CPCC中国版权服务年会开幕式上举行，启明星辰、广联达、金山软件等国内一批优秀的软件企业，凭借突出的软件创新研发能力和领先的专业核心技术等优势荣膺“中国软件创新力20强”。中国软件创新企业评选是中国版权保护中心“2012年CPCC软件服务年”活动的重要内容之一，是国内软件版权领域内首次进行的权威性、公益性评选活动。

（尹玲利）

【时代凌宇获国家发明专利】2月，由北京时代凌宇科技有限公司自主开发的“无线传感器网络中实现发射功率自适应的方法及系统”获得国家发明专利。该发明通过在传感器节点的射频发射输出端增加放大电路，根据节点分布情况自动调整发射功率，保证网络的通信质量并节省功耗。

（尹玲利）

【旋极信息被评十大“智”愿服务集体】3月5日，在海淀园工委召开的海淀园推进精神文明建设工作暨学雷锋活动“双十”表彰大会上，北京旋极信息技术股份有限公司因长期参与教育公益事业被评为海淀园十大“智”愿服务集体，旋极信息常务副总裁刘明受邀就首都文明单位创建工作做经验交流发言。

（尹玲利）

【上市公司协会代表到佳讯飞鸿课题调研】3月15日，中国上市公司协会会长陈清泰、北京证监局局长王建平一行，针对“改进政府与企业关系”课题，到北京佳讯飞鸿电气股份有限公司（以下简称佳讯飞鸿）专项调研。公司董事长林菁、董事会秘书王翊、董事刘文红陪同接待。陈清泰对公司的发展给予充分肯定，指出政府应当协调处理好与企业的关系，促进改善企业的发展环境，佳讯飞鸿作为一家民营高科技上市公司，在企业自主创新、市场开拓、资本运作等方面应当得到政府的支持。

（尹玲利）

【瑞友科技获计算机信息系统集成三级资质】3月，北京瑞友科技股份有限公司获得由北京市经济和信息化委员会审批、国家工业和信息化部颁发的计算机信息系统集成三级资质证书。取得该资质表明瑞友科技在系统集成、软件开发、客户服务等方面的实力跨越了一个新台阶，具有独立或合作承担大、中、小型企业级计算机信息系统建设的能力。

（尹玲利）

【首版适配WP8系统的拉卡拉客户端上线】3月，拉卡拉支付有限公司（以下简称拉卡拉）加入由微软中国和诺基亚联合发起的重点应用合作计划，成为Windows Phone重点应用审核项目中Windows Phone8首批重点应用合作伙伴。首版适配WP8系统的拉卡拉客户端应用于3月27日上线。截至年底，拉卡拉客户端已兼容iPhone、HTC等上百款智能手机，WP8版客户端上线后，诺基亚Lumia920、三星AtivS等众多WP8系统的智能手机也可以使用拉卡拉手机刷卡器进行支付。在具体功能应用上，首版客户端包括信用卡还款、转账汇款、余额查询、手机充值、水电燃气缴费等多项主打功能。后续升级版本会陆续更新电影票、交罚办理等特色便民业务，最终WP8上的应用会实现和iOS、Android的同步升级。

（尹玲利）

【协同能力成关键，拉卡拉制胜优势明显】3月，根据EnfoDesk易观智库最新发布的《中国第三方支付行业发展阶段研究专题报告》显示，当第三方支付产业进入快速发展阶段以后，产业的推动力量不再是单纯的技术和产品驱动，而是用户需求。并在《中国第三方支付行业发展阶段及模式研究》中指出：截至2012年年底，拉卡拉手机刷卡器的APP下载量占比最高，达到83.5%。拉卡拉作为刷卡支付领域创新企业代表，在个人便利刷卡支付领域取得了较大成绩，近两年也在积极拓展商户收单业务和移动支付业务。特别是其从用户操作和心理需求的角度出发，产品和业务创新坚持便利和用户的安全心理承受能力平衡的导向，使其在用户收单市场具有较大的市场规模。同时，采用线上系统+线下硬件设备的模式，便于通过统一的系统平台实现“支付+营销”的业务模式拓展。研究发现，拉卡拉在品牌知名度、平台协同性、创新能力以及业务延伸能力方面表现突出。

（尹玲利）

【拉卡拉连获殊荣】3月，拉卡拉支付有限公司被海淀区工商行政管理局海淀分局授予“2012年海淀区消费争议快速解决绿色通道先进单位”的荣誉称号，与此同时，还被北京市海淀区消费者协会授予“诚信服务示范单位”。两个荣誉称号的获得也再一次证明了拉卡拉公司一直以来以服务客户为中心的原则。

（尹玲利）

【启明星辰天清WAF独家获得IPv6金牌认证】3月，北京启明星辰信息技术有限公司自主研发的天清Web应用安全网关（WAF）产品获得全球IPv6测试中心颁发的“IPv6 Ready Phase-2”认证（即IPv6金牌认证），标识编号为02-C-000909，这标志着该产品在IPv6一致性及互联互通方面符合IETF IPv6相关 RFC标准，可进行商业部署。此认证为IPv6领域最高级别的资质认证，启明星辰天清Web应用安全网关系统V7.0也成为国内唯一获此认证的Web应用防火墙类信息安全产品。天清WAF是采用启明星辰VXID专利算法技术的新一代Web安全防护与应用交付类应用安全产品，能够对Web服务器进行HTTP/HTTPS流量分析，防护以Web应用程序漏洞为目标的攻击，优化Web应用访问和性能，提高Web应用的可用性和安全性，可以为电子商务、网上银行、电子政务及媒体网站提供全面的安全防护。随着国家“下一代互联网”战略的快速推进，IPv6部署及商用已在某些行业开展。此次天清WAF获证后，启明星辰已先后在防火墙、UTM、IPS及WAF四类信息安全产品上获得IPv6金牌认证。

（尹玲利）

【启明星辰被认定为重点软件企业】3月，国家发展改革委、工业和信息化部、商务部和税务总局五大部委联合发布“2011—2012年度国家规划布局内重点软件企业和集成电路设计企业”名单，北京启明星辰信息技术有限公司凭借在软件产品实际收入、企业年度营业收入等方面的表现，顺利通过严格的企业报审及资格审核，被认定为“2011—2012年度国家规划布局内重点软件企业”。

（尹玲利）

【东方信联参加第七届IBTUF通讯展】4月1日，北京东方信联科技有限公司携FN-DAS（远端微功率光纤分布系统），受邀参展在国西部达拉斯市召开的第七届IBTUF（室内通信技术发展论坛）通讯展览会。东方信联在美国市场已完成包括休斯敦赫尔曼纪念医院在内的多个室内网络覆盖项目，在美国网络覆盖领域已具有较高知名度和影响力。此次是东方信联第二次参展IBTUF展会，展出的FN-DAS系统是多制式、多业务融合的接入网建设方案，完全符合全球智慧城市建设发展趋势，受到美国业界的一致认可与肯定。

（尹玲利）

【旋极信息入选工业企业培育试点企业】4月10日，北京旋极信息技术股份有限公司入选工业和信息化部2013年工业品牌培育企业试点企业。此次试点企业在全国范围内共有260家，北京市有14家。试点的目的是为了指导一批实施品牌战略企业建立完善品牌培育管理体系，提高品牌培育的能力和绩效。会同地方和行业引导更多的企业提升品牌培育科学化水平，探索有中国特色的工业品牌培育道路。对工业企业各领域品牌培育方法开展专题研究，提出有针对性的指导意见。完善工业品牌培

（尹玲利）

【天地互连承办全球IPv6下一代互联网峰会】4月11—12日，“全球IPv6下一代互联网高峰会议”在北京新世纪日航饭店举行。本次峰会由全球IPv6论坛、下一代互联网关键技术与评测北京市工程中心和北京天地互连信息技术有限公司共同承办，以“加快建设新一代信息基础设施，促进信息网络技术广泛应用”为主题，全球重量级演讲嘉宾围绕全球下一代互联网产业热点话题，分享了IPv6产业升级、建设、商用等最新产品及解决方案，展示了国内外运营商、设备厂商等联网商用部署案例，就IPv6发展现状和更新导向、产业链和过渡解决方案、行业应用和测试及IPv6网络环境安全等议题发表了自己的看法，当天参会观众多达1000人次。

（尹玲利）

【荣之联获年度云计算应用优秀解决方案奖】4月24日，在中国数据中心产业发展联盟主办的2013年中国数据中心产业发展大会上，北京荣之联科技股份有限公司（以下简称荣之联）凭借2012年在云计算领域的突出贡献和优秀业绩，赢得2012—2013年度云计算应用优秀解决方案奖。

（尹玲利）

【旋极信息员工获首都劳动奖章】4月25日，北京旋极信息技术股份有限公司研发中心硬件部军工组主管潘世杰荣获由市总工会颁发的“首都劳动奖章”。这是旋极信息工会会员获得的最高荣誉。潘世杰2008年进入公司任高级工程师，在公司军工装备产品线上立足实际，努力探索，在军工装备产品电磁兼容性设计、可靠性设计、自动化测试领域取得了多项技术创新。2012年12月，作为旋极信息IceBlade 故障注入系统的设计者之一，潘世杰荣获北京市科学技术三等奖。2013年1月，潘世杰荣获由海淀区总工会颁发的“2012年度海淀区经济技术创新工程竞赛标兵”荣誉称号。

（尹玲利）

【佳讯飞鸿当选全国“质量标杆”】4月27日，北京佳讯飞鸿电气股份有限公司实施过程改进（IPD+CMMI）的实践经验被列入工业和信息化部2013年度全国“质量标杆”名单。“质量标杆”活动是以加快工业转型升级为导向，以企业为主体，由工业和信息化部、中国质量协会等机构共同开展的一项长期性质量活动，在国内工业界具有权威性和影响力。活动的目标在于带动地方工业和信息化主管部门、行业协会和工业企业深化质量管理工作，在一批工业企业实现质量管理能力突破性提升，形成示范效应，促进工业质量水平全面提高。年内，活动围绕应用卓越绩效模式、精益生产和现场管理等10种先进质量管理方法和实践经验展开，在全国共评选出26名“质量标杆”工业企业。

（尹玲利）

【旋极信息POS机助力道路停车】4月，北京旋极信息技术股份有限公司道路停车收费管理服务系统在北京道路停车项目中进行试点，试点地点是西城区繁华的商业地带西单大悦城北侧华远北街占道停车场。停车管理员手持POS机上岗，以往人工的票据单变成电子收费凭证，可以减少车主与停车收费员之间的纠纷。停车电子收费预计覆盖城区3万多个路侧车位，车主可以直接刷卡支付停车费。

（尹玲利）

【千万部联想手机预装拉卡拉】4月，联想携手拉卡拉推出定制版手机刷卡器，首批7万部联想·拉卡拉手机刷卡器随后上市。超过千万部联想智能手机会预装拉卡拉客户端，这是手机厂商与手机刷卡器的第一次亲密接触。通过定制版手机刷卡器，联想手机用户可以随时随地享受查询、转账、还款还贷、手机充值、网购支付、水电燃气缴费、交罚办理、彩票、电影票等多项便利服务。

（尹玲利）

【瑞友科技发布IT专业交流平台瑞问社区】4月，北京瑞友科技股份有限公司IT应用研究院发布IT专业交流平台瑞问（http://q.itari.com.cn）。该平台是由瑞友科技IT应用研究院运维的技术问答社区，提供技术问答服务，用户可以在这里接受研究院的专家和其他IT服务专业人士的帮助，同时也可以尽力为别人提供有效的帮助。该社区的主题内容包括瑞友科技相关技术产品的问答服务，例如GAP平台及其相关组件；编程语言、数据库、中间件、操作系统、移动互联网、云计算等内容相关的技术问题；UI/UE、运维、过程管理、设计等内容相关的技术问答；特别提供Mac使用的相关问题。

（尹玲利）

【瑞友科技获“优秀IT服务解决方案奖”】5月9日，在ChinaSourcing第四届中国软件与信息服务外包产业年会上，北京瑞友科技有限公司的《PE投资管理系统解决方案》荣获“金融行业优秀IT服务解决方案奖”。该方案是Rayootech-GAP平台的业务组件之一，该组件是在对PE投资业务特点进行分析、总结，以及参考实际软件项目经验的基础上研发而成。组件建设过程中，对PE项目管理业务的核心部分进行了比较全面的规划，使其能够灵活应用于多种项目类型和业务场景。

（尹玲利）

【东方信联参展第十六届科博会】5月22日，北京东方信联科技有限公司参展第十六届中国北京国际科技产业博览会，展区在中关村自主创新成果展馆内。东方信联本次参展重点展出的是符合现代社会的“智慧城市”建设需求的“智慧驻地系统（TIPS）”，该系统采用一张光纤网络，承载多种网络业务，避免重复建设资源浪费，工程施工简单、后期管理维护方便简捷。TIPS系统已在国内外建成约3万个成功运行的案例，在展会期间，TIPS系统广受客户和媒体的关注。

（尹玲利）

【荣之联获“中国自主创新科技企业奖”】5月23日，在科技部、商务部、教育部、工业和信息化部等主办的第十六届科博会重要论坛中关村创新论坛暨中国产业园区与企业发展论坛上，北京荣之联科技股份有限公司荣之联凭借对行业发展趋势的正确掌控，对新技术、新产品的研发，在新一代数据中心建设、云计算、大数据等领域形成的独特的技术优势，自主研发的“基础设施云管理平台”在几个领域取得的成功应用，获得了“2013年中国自主创新科技企业奖”。

（尹玲利）

【拉卡拉获最具移动互联网开拓精神奖】 5月，在北京召开的全球移动互联网大会GMIC上，拉卡拉支付有限公司获得“最具移动互联网开拓精神奖”。8年来，拉卡拉不断为广大用户提供值得信赖的金融服务，致力于开创中国金融服务的新时代，与本次大会的主题“重新定义移动互联”遥相呼应，用实实在在的服务串联线上线下服务链，互相传达有效信息，不断创新个性化服务。

（尹玲利）

【荣之联获“2013中国方案商百强”等奖项】 6月6日，“2013年中国方案商峰会暨VAR500评选颁奖典礼”在北京举行，北京荣之联科技股份有限公司作为国内领先的数据中心和解决方案服务提供商，提供从咨询、设计、系统部署、软件开发、到运维管理及后续升级改造等全套解决方案和专业服务，荣获“2013年中国方案商百强”，并凭借车网互联OA办公项目获得“2013年十佳大数据方案商”奖项，荣之联董事长王东辉获得“2013年中国方案商领袖人物”称号。中国方案商峰会的宗旨是关注方案商群体发展趋势、挖掘最具创新力和投资价值的方案商，VAR500调查评选旨在从区域、行业、技术及应用等维度遴选出国内最优秀的方案商代表。

（尹玲利）

【拉卡拉正式更换企业标识】 6月13日，拉卡拉支付有限公司董事长兼总裁孙陶然宣布正式更换企业标识。孙陶然称，随着拉卡拉的成长，各条业务线不断完善，以适应时代发展浪潮，更换标识仅仅是步骤之一。新标识采用亮蓝色为主打色，简洁、充满活力，传达了安全、乐观、自由的情绪。主体形状则采用规则的正方形造型，圆形导角的边框处理，外圆内方，由一个大写的“L”和一张银行卡组合、演变而来。经巧妙搭配，形成了如今的视觉符号：简洁流畅的“L”（拉卡拉首字母大写）围绕着银行卡，形象阐述了拉卡拉“支付只要刷一下”的业务特质，表现出拉卡拉与银行之间紧密的业务关系，为用户提供“安全、便捷、通用”的服务理念。作为支付领域的创新型企业代表，拉卡拉精确细分出3条业务线：公共服务、个人服务、企业服务；并在全国300多个城市铺设了7.5万台拉卡拉便民公共终端，积累用户约5000万个，年交易额突破5000亿元，每月有超过2000万人次使用其公共终端完成各项支付；而个人支付领域，拉卡拉手机刷卡器也在短短一年的时间里完成了200万个的出货量，1000万个客户端下载量的佳绩；与此同时，拉卡拉准确抓住4000万小微商户的需求，切入商户收单市场，迅速发展出10万家商户，增速惊人。

（尹玲利）

【荣之联获“十大杰出服务商”称号】 6月19日，在中国电子信息产业发展研究院主办的“2013年中国方案商大会暨（第十五届）金软件金服务颁奖盛典”上，北京荣之联科技股份有限公司作为国内领先的数据中心解决方案和服务提供商受邀参加此会，并凭借出色的专业化综合服务能力，促进了中国软件和信息技术服务行业的快速发展，连续两年被中国电子信息产业发展研究院授予“金服务之十大杰出服务商”称号。荣之联在新一代数据中心建设、云计算、大数据等领域形成了独特的技术优势，《微软UC系统集成项目》被收录进《2012—2013年中国IT解决方案宝典》。

（尹玲利）

【东方信联董事长获享2012年政府特殊津贴】 6月20日，石景山区社保局为北京东方信联科技有限公司董事长韩大庆正式授予《2012年北京市享受政府特殊津贴通知书》，对韩大庆在电子通信领域所做贡献予以充分肯定，并表示希望韩大庆及东方信联科研队伍继续努力、再接再厉，争取培养出更多更优秀的高技能人才。

（尹玲利）

【旋极信息嵌入式系统测试技术服务神十】6月26日，北京旋极信息技术股份有限公司多项嵌入式系统测试技术服务的神舟十号载人飞船圆满完成飞天任务。旋极信息此次服务神十的三大类测试技术：一是拥有自主知识产权的Systemverify嵌入式目标码测试工具。二是旋极信息系列地面系统检测设备——天线地面测试设备、信号源模拟设备、中继终端系统地面检测设备等。三是MC/DC测试工具，用于载人航天A/B级软件的单元测试阶段。

（尹玲利）

【东方信联获信息网络系统集成甲级资质】6月，北京东方信联科技有限公司获得“通信信息网络系统集成甲级资质”。该资质是工业和信息化部颁发的同类最高等级资质，获得该资质的企业可以在全国范围内承担各种规模的基础网、业务网、支撑网的通信信息网络建设工程总体方案策划、设计、设备配置与选择、软件开发、工程实施、工程后期的运行保障等业务。此项资质的申获，进一步展现了东方信联在系统集成方面的综合能力。

（尹玲利）

【佳讯飞鸿信息披露被深交所评为最高等级】7月1日，《证券时报》要闻版披露深交所上市公司2012年度信息披露质量考核结果。其中创业板共有355家公司参加考核，包括北京佳讯飞鸿电气股份有限公司在内的60家公司信息披露质量优秀，被深交所评为最高等级A。

（尹玲利）

【创和通讯获评“2013年中关村高成长企业TOP100”】7月3日，“2013年中关村高成长企业 TOP100”大型公益评选活动颁奖典礼在鑫泰大厦举行，北京创和世纪通讯技术股份有限公司（以下简称创和通讯）凭着连续几年高速健康发展以及良好的社会责任感荣获“2013年中关村高成长企业 TOP100评委会突出贡献奖”。创和通讯从创立以来，公司规模从最初的几十人发展到上千人，业务从最初的单一工程代维技术服务发展到以研发为主，既具有高端服务集成能力，又拥有自主研发产品，专注于通信网络高效运营。2012年9月公司上市新三板，成为中关村极少数高速成长企业之一。公司获得“中国高新技术企业”“通信行业节能技术与应用先进单位”等荣誉证书。

（尹玲利）

【旋极信息获“电平转换系统”发明专利】7月10日，北京旋极信息技术股份有限公司提交的“电平转换系统”专利得到国家知识产权局专利局的正式授权。该项专利于2010年12月24日提出申请，通过实质审查印证了旋极信息在军工系统测试领域的技术优势。

（尹玲利）

【东华软件发行可转换债券】7月24日，东华软件股份公司（以下简称东华软件）发布可转换公司债券发行的公告。本次可转债发行规模为10亿元，存续期限为6年，即自2013年7月26日至2019年7月25日。票面利率分别为：第一年0.5%、第二年0.8%、第三年1.1%、第四年1.5%、第五年1.5%、第六年2.0%。华泰联合证券有限责任公司担任主承销商，高盛高华证券有限责任公司为联席主承销商。

（尹玲利）

【瑞友科技入选2013年中国服务外包成长型企业】7月，由中国国际投资促进会联合国际数据公司（IDC）、美国高德纳公司（Gartner）等国际知名咨询机构举办的2013年中国服务外包领军和成长型企业评选活动公布榜单，北京瑞友科技股份有限公司再次入选2013年中国服务外包成长型企业。瑞友科技逐步提升服务的技术水平和价值含量，投入巨资打造相关技术开发平台，能够更多聚焦于研发和定制开发业务，为客户提供个性化的IT服务。

（尹玲利）

【旋极信息“营改增”税控盘获好评】7月，国家信息安全工程技术研究中心对全国5家“营改增”税控盘供应商进行产品综合检测评比，根据生产环节中的坏盘率和使用环节中的坏盘率等多项数据综合汇总考核，北京旋极信息技术股份有限公司“营改增”税控盘在五家供应商中位列第一。

（尹玲利）

【天地互连举办中大规模SDN测试和ShowCase活动】8月1—29日，北京天地互连信息技术有限公司承办中国首次第三方独立的、开放的、多厂商的SDN测试活动，同时进行SDN 研究成果、应用案例和测试结果展示。天地互连12名测试工程师使用10个Testcase，用30天时间，对16家企业和机构的30款设备进行了SDN互通性测试。SDN Showcase活动搭建了20个SDN Demo以及12个企业展台，近800平方米的展示面积、10场SDN技术演讲。在同期展出的SDN应用案例中，各厂商对SDN在企业部署中的解决方案与终端应用等方面进行了介绍。SDN企业级应用的展示，使更多SDN企业参与到SDN产品的研发和部署上来，有助于推广SDN相关应用的创新和发展。

（尹玲利）

【时代凌宇被评为物联网行业十佳品牌】8月8—10日，北京时代凌宇科技有限公司出席第七届中国品牌节，并荣获“2013年品牌中国金谱奖——中国物联网行业十佳品牌”。该品牌节由中国国际商会与品牌中国产业联盟联合举办，获得中国商业联合会支持。“2013品牌中国金谱奖”是经权威媒体推荐、专家评审会综合评定。时代凌宇总裁黄孝斌受邀担任“企业社会责任”高峰对话嘉宾，他表示企业社会责任是企业的共生体。

（尹玲利）

【ONF授权测试认证中心落户天地互连】8月29日，致力于加速发展SDN（软件定义网络）技术的非营利组织开放网络基金会（ONF）宣布授权北京天地互连信息技术有限公司下一代互联网关键技术和评测北京市工程研究中心（BII，Beijing Internet Institute，简称下一代互联网工程中心）成为全球SDN测试认证中心，正式面向全球开展Open Flow测试认证服务。下一代互联网工程中心是致力于提供下一代互联网包括SDN和IPv6等最新技术的科研技术服务中心，下一代互联网工程中心作为ONF的一员，负责推进SDN和OpenFlow协议在中国运营商、数据中心、互联网公司和大型企业等方面的部署和商业化。

（尹玲利）

【天地互连主办全球SDN与开放网络高峰会议】8月29—30日，2013年全球SDN与开放网络高峰会议在北京国宾酒店召开，该峰会由开放网络基金会（ONF）、中国SDN与开放网络专业委员会、下一代互联网关键技术与评测北京市工程中心、北京天地互连信息技术有限公司联合主办，来自全球12个国家1285人次参加，其中6成以上为SDN最终用户代表，包括互联网企业、运营商、企业网和园区网的代表。

（尹玲利）

【时代凌宇和荣之联获评最具影响力信用企业】9月6日，由中国人民银行营业管理部、北京市经济和信息化委员会、中关村科技园区管委会联合主办的“信用中关村”北京中关村企业信用促进会成立十周年暨2013年中关村信用双百企业发布会在北京召开，北京时代凌宇科技有限公司和北京荣之联科技股份有限公司被评为“2013年中关村百家最具影响力信用企业”。信用双百企业包括百家“最具影响力信用企业”和百家“最具发展潜力信用企业”。“信用双百”企业的评选以企业使用信用评级报告、信用管理、信用品牌建设和信用融资为主要内容和条件，同时关注企业的创新能力、行业影响力和发展潜力。

（尹玲利）

【旋极信息第一期道德讲堂举行】9月17日，以北京旋极信息技术股份有限公司第一期道德讲堂在旋极信息办公区举行，主题为“敬业爱岗，再创辉煌”，有近50位员工代表和部门以上负责人参会。第一期道德讲堂旨在贯彻落实上级文明办的工作部署，促进精神文明建设工作，倡导敬业爱岗的精神，传递正能量，为公司业务发展奠定精神基础，围绕“敬业爱岗，再创辉煌”的主题，设立唱歌曲、看短片、诵经典、讲故事、谈感悟等内容。

（尹玲利）

【旋极信息获得2013年中关村商标促进资金】9月，北京旋极信息技术股份有限公司获得2013年度中关村商标促进资金30万元。旋极信息申报的“驰名和著名商标资助”项目“旋极科技”在2012年被认定为北京市著名商标。中关村商标促进资金是中关村管委会依据《中关村国家自主创新示范区商标促进专项资金管理办法》专项安排的鼓励资金，目的在于进一步推动中关村国家自主创新示范区的商标促进工作，提升示范区企业商标注册、使用、管理和保护能力。

（尹玲利）

【旋极信息举办社区清洁志愿活动】10月24日，北京旋极信息技术股份有限公司志愿服务队13名队员赴志新村小区，举行关爱社区环境的志愿清洁活动。志新村小区与旋极信息所在的海泰大厦毗邻，志愿队清扫了5至11号楼18个单元的楼道、楼梯扶手和无障碍设施。

（尹玲利）

【瑞友科技PE投资管理平台1.0正式发布】10月，北京瑞友科技股份有限公司正式发布PE投资管理平台1.0版本。PE投资管理平台1.0系统基于瑞友科技IT应用研究院GAP4.0技术框架开发，通过对PE投资业务特点的分析、总结以及提炼，同时参考瑞友科技参与的多个投资项目构建而成，具有以下特点：1.覆盖项目信息收集、项目成员组建、项目过程执行等整个业务流程；2.项目执行过程全面定制，可适应多种业务场景需要；3.项目文档、权限的灵活配置及管理功能；4.文档模版自行定义，所见即所得；5.定制操作界面化，无须额外开发工作；6.支持执行中项目过程调整，随时应对业务变化；7.两级权限管理，分别是系统权限/项目权限（可控制单个文档的操作权限）；8.两种文档维护方式，分别是文件上传/界面维护（自动维护文档版本）；9.全新技术框架，基于GAP4.0相关技术；10. 多数据库/浏览器支持；11. 快速扩展开发支持。

（尹玲利）

【瑞友科技GAP平台4.0版本正式发布】10月，北京瑞友科技股份有限公司旗下主力产品GAP平台完成新一轮的升级，4.0版本正式发布。GAP 平台是瑞友科技主要的技术产品，平台全称是RayooTech Global Application Platform。GAP提供了一整套完善的技术环境和解决方案，主要功能包括基础框架、平台引擎、快速开发工具和组件库等，提高开发效率，增加软件的复用度，提升企业软件的产品质量，增强软件能力的延展性。为更好地满足企业客户的需求，实现企业软件与互联网的融合，GAP4.0增加如下特性：1.对底层技术框架进行重要的升级和改进，设计全新的前端UI，主题风格可以动态切换，整个系统更符合现代企业应用系统的使用体验；2.默认JDK采用1.6，性能更高更加稳定，引入Spring MVC和Struts2等MVC框架，给前端开发更多选择；3.采用全新的Eclipse4.2（JUNO）作为GAP平台的集成开发环境，同步升级代码生成器、项目管理器和部署调试插件等，可以更好地适配报表、规则引擎、Spring Batch等插件体系；4.对GAP平台中的数据字典、Flex控件、服务接口平台、全文检索引擎等都进行大量的功能改进和增强；5.增加功能组件—企业建站平台，该平台可以快速搭建企业门户网站，实现企业内部的信息和资源管理，支持大容量和并发，支持自定义模板、多语言、虚拟站点等特性。同时，其中的资源库模块可以对企业的非结构化资源进行管理，包括各类文档、音视频等。使用企业建站平台不需要进行后台开发即可以进行网站的建设，只需要做出页面模板即可，对于电子商务建站、门户、信息管理相关的项目，开发人员可以基于企业建站平台进行快速的开发复用。企业建站还提供了一套自适应模版，可以在PC、平板、手机等终端访问时进行自适应显示，方便客户浏览，拓展业务处理渠道。

（尹玲利）

【荣之联被评为证券业大数据最佳服务商】11月10日，北京荣之联科技股份有限公司荣登“2013年中国大数据应用风云榜”，被评为“2013年度中国证券业大数据最佳服务商”。“2013年中国大数据应用风云榜”评比活动由中国电子信息产业发展研究院主办，软件和信息服务杂志社和赛迪智库软件与信息服务业研究所联合承办。荣之联致力于为能源、电信、政府、制造、证券金融等行业客户提供数据中心解决方案和“一站式”IT服务，在大中型数据中心建设服务方面积累了丰富的经验，形成全产业链管理、跨平台操作的专业化服务体系。

（尹玲利）

【智慧能源产业技术创新战略联盟成立】11月14日，北京天地互连信息技术有限公司主导的“智慧能源产业技术创新战略联盟”正式成立。该联盟由全国节能减排技术标准化联盟和下一代互联网产业联盟共同发起，得到科技部、市质监局和中关村管委会的大力支持，是中国首个专注于智慧能源产业的战略联盟。该联盟旨在以IEEE 1888智慧能源标准为基础，基于互联网开放模式，制定联盟标准，提供智慧能源开放平台，融合传统垂直产业链，在产业链各环节提供标准化的产品和服务，推动下一代互联网与节能减排事业融合发展。

（尹玲利）

【凌云集团举行嵌入式技术交流会】11月23日，北京旋极信息技术有限公司西安分公司与陕西凌云电气集团有限公司共同举行“嵌入式软件开发与测试技术交流会”。该技术交流会在凌云集团设计所技术交流厅举行，设计所的系统设计师、软件设计师、可靠性保证师等40多人参加。该技术交流会的内容有嵌入式软件单元集成测试方法与研究、嵌入式软件缺陷检测、嵌入式软件质量综合分析等方面。用户表示，西安旋极在嵌入式软件开发、测试方面有新的方法和理念，拓展了视野，技术交流会为双方将来更进一步的合作打下基础。陕西凌云电气集团有限公司是机载舰载无线电导航接收设备和民用航空产品的生产商。

（尹玲利）

【全国文明城区检查团进旋极】11月25日，北京旋极信息技术股份有限公司接受全国文明城区第三方测评小组检查团检查。检查团评测的内容主要是首都文明单位的道德讲堂开展与学习情况。旋极信息常务副总经理刘明介绍为全力配合好海淀区创建全国文明城区工作，旋极信息思想上高度重视，完善内部组织管理，开展以“爱岗敬业，再创辉煌”为主题的旋极信息第一期道德讲堂，成立学雷锋志愿队、举办社区清洁活动，开展“节约创造价值”等课外实践活动。检查团对旋极信息道德讲堂活动开展的设施、各类文字和图片文件进行检查，看完活动计划、总结、视频、活动记录等工作档案后，认为旋极信息精神文明建设工作特色鲜明，基础扎实，全员参与，成效明显，其经验值得推广，并希望旋极信息在海淀区创建全国文明城区建设工作中发挥更大的作用。

（尹玲利）

【旋极信息亮相国际航空维修装备展览会】11月26日，西安国际航空维修与管理学术会议暨维修装备展览会在西安大唐西市博物馆开幕，北京旋极信息技术股份有限公司携IceBlade故障注入系统、Flab综合验证测试系统、DT1553总线测试仪三款拥有自主知识产权的产品亮相。在为期三天的展会上，旋极信息为三款产品分别设置独立的演示系统，吸引专业观众关注，充分向用户展示旋极信息在故障注入及系统测试方面的特色和优势。该展览会主要展示在航空器检测、维修、故障诊断、故障排除等方面的应用产品。

（尹玲利）

【荣之联获市企业技术中心认定】11月，根据《北京市企业技术中心认定评价管理办法》，经专家评审及市企业技术中心认定指导小组审定，北京荣之联科技股份有限公司获得市企业技术中心认定。企业技术中心的认定标志着市政府主管部门对荣之联在研发、科技创新、人才等方面的综合实力和竞争优势的肯定。

（尹玲利）

【启明星辰获海淀区志愿者联合会四项荣誉】12月3日，海淀区志愿者联合会召开2013年度海淀区志愿服务工作会议暨海淀志愿者创建全国文明城区动员大会，北京启明星辰信息技术有限公司获得四项荣誉：被评为“2013年海淀区优秀志愿服务团队”，一对一助学活动被评为“2013年度海淀区优秀志愿者服务项目”，获得“四川省宝兴县地震援助优秀志愿者服务项目”证书，党委委员韦娟被评为“2013年度海淀区优秀志愿者”。

（尹玲利）

【荣之联获中国信息产业经济年会两项大奖】12月6日，以“促进信息消费打造产业经济升级版”为主题的第十三届中国信息产业经济年会在北京香格里拉酒店召开，北京荣之联科技股份有限公司获得“2013年中国信息产业年度影响力企业”奖项，董事长王东辉当选“2013年中国信息产业年度经济人物”。荣之联是数据中心解决方案和技术服务提供商，能够及时把握新的发展契机，促进信息消费，使其拉动国内有效需求，推动经济转型升级。

（尹玲利）

【天地互连IEEE 1888.3国际标准正式发布】12月6日，经国际电气和电子工程师协会标准协会（IEEE-SA）批准，由北京天地互连信息技术有限公司主导制定的IEEE 1888.3标准（泛在绿色社区控制网络：安全）正式发布。IEEE 1888.3标准的发布将进一步丰富和完善我国在节能减排领域的技术标准体系，为打造绿色节能产业链和发展智慧能源提供重要的安全技术保障，为相关设备商、运营商和服务商带来新的发展机遇，为实现国家节能减排整体目标以及绿色可持续发展提供支撑。

（尹玲利）

【荣之联荣获云计算标准工作组优秀单位奖】 12月10—11日，第三届中国云计算标准化研讨会以及全国信标委云计算标准化工作组第二次全会在北京举行，北京荣之联科技股份有限公司授予云计算标准工作组优秀单位奖。荣之联于2012年加入云计算标准工作组，积极参加工作组的标准制定科研工作，牵头制定《信息技术服务云服务级别协议规范》标准，参与《信息技术服务云服务质量评价指南》《信息技术服务云服务参考架构》等标准的编写工作，荣之联在组内的工作得到工作组的认可。该会议由工业和信息化部、国家标准化管理委员会指导，全国信息技术标准化技术委员会云计算标准工作组、中国电子技术标准化研究院联合主办。

（尹玲利）

【启明星辰被评为国家信息安全优秀供应商】 12月21日，2013年国家政务信息化建设发展年会召开，北京启明星辰信息技术有限公司参会并荣获“国家信息安全优秀供应商”称号。启明星辰技术总监翟胜军在会上作题为《新威胁/新安全——电子政务网络应对APT攻击的思考》的发言。该会主题为“推进政务信息资源共享打造政府公共服务平台”，旨在深入贯彻落实《国民经济和社会发展第十二个五年规划纲要》中关于“推动重要政务信息系统互联互通、信息共享和业务协同”的战略部署，进一步提升中国政务信息化建设综合效益和整体效能。

（尹玲利）

【天地互连2013年IPv6认证数量全球第一】 截至年底，北京天地互连信息技术有限公司全球IPv6测试中心全年IPv6认证数量共计80个，年度认证数量首次超过美国，跃居全球首位。全球IPv6测试中心计划在2014年加大测试认证推广力度，结合大的政策背景，拓展包括网站、应用、设备、终端等更多领域的测试业务，保障IPv6下一代互联网大规模部署和示范城市建设，推动下一代互联网产业的健康有序快速发展。

（尹玲利）

【IEEE 1888国际标准进入产品化阶段】 年内，北京天地互连信息技术有限公司主导的《IEEE1888泛在绿色社区网络控制协议》正式进入产品化阶段。国家电网、中国石油等企业均结合IPv6与IEEE1888标准开展应用示范项目。中国电信作为IEEE1888工作组中唯一的运营商也正在着手定制并计划在全国推广IEEE1888泛在网关产品。同时，宝信软件在第三届智慧能源国际峰会上正式发布了基于IEEE1888标准的宝之慧智慧能源解决方案。在IEEE1888标准全面产品化的大背景下，世界最大的芯片制造商Intel也联合天地互连成立技术工作组，推动其在2014年第一季度上市的Quark芯片网关全面支持IEEE1888标准。

（尹玲利）

【旋极信息成都道路停车收费项目二期上线】 年内，北京旋极信息技术股份有限公司在成都道路停车收费项目（一期）成功实施的基础上，再次中标成都道路停车收费项目（二期）。从12月中旬起，贴有“旋极科技”LOGO的收费手持智能终端亮相成都街头。

（尹玲利）

计算机产业

【联想PC业务全球市场占有率第一】年内，联想在第二季度全球市场份额达第一位，首次成为全球个人电脑（PC）行业的领导者。

（北京市经济和信息化委员会电子信息产业处）

液晶显示产业

【8.5代液晶玻璃基板生产线建成投产】2月28日，总投资8亿美元的康宁显示科技（中国）有限公司（以下简称康宁公司）二期项目在北京经济技术开发区顺利建成投产，这是康宁公司在北京设立的第二家薄膜晶体管液晶显示器（TFT-LCD）玻璃基板生产厂，也是中国大陆首个拥有8.5代玻璃的熔融、成型和后段加工全工艺流程的生产线。玻璃基板是TFT-LCD面板的关键材料之一，成本约占所有原材料的10%，产品技术含量较高，全球只有三家企业掌握TFT-LCD用玻璃基板大规模生产技术。美国康宁公司是全球最大的玻璃基板供应商，市场占有率超过60%。该项目是北京市建设以京东方科技集团股份有限公司8.5代TFT-LCD为核心的北京数字电视产业园内又一个成功投产的重大项目，标志着北京打造“从沙子到电视机”的全产业链配套的数字电视产业体系基本建成。经过三年多建设，北京数字电视产业园已完成投资近400亿元，入园企业达25家。

（北京市经济和信息化委员会电子信息产业处）

【国内首款100英寸激光电视上市发布】5月22日，在第十六届中国北京科博会开幕之际，“中国创造 北京启航——北京激光显示产业园启动暨国内首款100英寸激光电视上市发布会”在新闻大厦举办。工业和信息化部电子司副司长安筱鹏，顺义区区长卢映川、副区长盛德利，北京市经济和信息化委员会万新恒出席，市相关委办局、产业界和新闻媒体近百余人参会。此次发布的国内首款100英寸激光电视，由国际知名厂商LG代工，应用了中国首创的激光荧光粉（ALPD）技术，是超大显示技术路线中唯一满足美国最新节能标准能源之星电视能耗要求的技术，奠定了激光电视炫图像、高能效和长寿命的基础。该产品荣获美国消费电子展（CES 2013）“未来产品奖（Product of the Future）”。

（北京市经济和信息化委员会电子信息产业处）

【乐视TV云视频超清机发布】5月，乐视网信息技术（北京）股份有限公司在京发布自主研发的拥有完全自主知识产权的“乐视TV云视频超清机”。乐视TV云视频超清机采用Sigma Designs 8655芯片，有高清视频1080P以及音频的7.1声道解码能力，支持几乎所有视频格式。配备平板电视+外接音响，1080P高清投影仪+外接音响，并同时支持全环绕高清7.1声道输出，支持Dolby TrueHD和DTS音频制式。可通过局域网在家庭的多台电脑、存储设备之间进行跨平台操作，将照片、视频、音乐等多媒体资源轻松推送到电视。可以在手机、PC和电视机三种播放设备之间实现切换、续播。基于三屏互动功能，可通过手机及PC登录乐视云视频平台将超清影片下载到个人云视频超清机中。

（北京市经济和信息化委员会电子信息产业处）

【乐视超级电视产业化项目落户开发区】8月28日，乐视网信息技术（北京）股份有限公司投资的“乐视TV终端产业化项目”落户北京经济技术开发区，项目总投资10亿元。建设包括研发中心、总部基地、营销中心及智能电视模块生产等内容的乐视TV终端产业化基地，在开发区形成硬件电视整机、电视软件平台、APP网络、运营服务的全产业链。乐视网信息技术（北京）股份有限公司成立于2004年11月，是国家级高新技术企业，2010年8月在中国创业板上市，是行业内全球首家IPO上市公司，注册资本4.18亿元。2013年8月，市值超过250亿元。

（北京市经济和信息化委员会电子信息产业处）

【京东方研发出全球最高分辨率裸眼3D屏】年内，京东方科技集团股份有限公司（以下简称京东方）成功研发出55英寸裸眼3D显示屏。该款裸眼3D显示屏以京东方自主开发的4K×2K超高清液晶面板为基础进行研发，并应用京东方独有的ADSDS宽视角技术，其分辨率、亮度、视角等特性均得到极大提升，是全球最高分辨率的裸眼3D显示屏。

（北京市经济和信息化委员会电子信息产业处）

集成电路产业

【中芯国际获市科学技术奖一等奖】2月21日，在市委、市政府召开的2012年度科学技术奖励大会上，由中芯国际集成电路制造（北京）有限公司（以下简称中芯国际）承担的“超大规模集成电路65-40纳米成套产品工艺研发与产业化”项目荣获一等奖。该项目依托中芯国际，联合高校研究所，组织国内顶尖的产学研联合团队，通过大量理论分析和三万多次实验研究，研发出“65-40纳米成套工艺”，项目申报发明专利2000多项（已授权900多项），软件著作权5项，在国际核心刊物和会议发表论文50余篇。项目成果提升了中国集成电路产业的生产技术水平，支持了国内IC设计公司和装备产业的技术进步，并为“十二五”国家02重大专项32/28纳米的产业技术研发奠定坚实的技术基础。其中65纳米工艺技术产品在2012年占中芯国际销售收入的三分之一，已经成为成熟的量产工艺技术；40纳米工艺技术也已在中芯国际实现量产，在技术研发与产业化的转化方面做出了有益的探索。

（北京市经济和信息化委员会电子信息产业处）

【2013北京微电子国际研讨会召开】10月30日—31日，由北京市经济和信息化委员会主办的“2013年北京微电子国际研讨会”在北京京仪大酒店举行。该会议由北京半导体行业协会、国际半导体设备及材料协会、美国华美半导体协会联合承办。北京市经济和信息化委员会副主任梁胜在开幕式上致辞并主持高峰论坛。大会在“智能改变生活”的主题下，重点围绕智能生活的发展需求、先进半导体制造关键技术和首都集成电路产业发展方向展开研讨。中芯国际集成电路制造公司首席运营官赵海军、展讯通信公司董事长李力游、博通公司总裁李廷伟、小米科技公司董事长雷军、清华大学微电子所所长魏少军、中科院微电子所所长叶甜春等12位嘉宾在高峰论坛上演讲。会议还举办了“先进半导体制造技术的发展和机遇”“万物互联中的智能科技”“创业项目与投资”三场专题论坛。

（北京市经济和信息化委员会电子信息产业处）

【紫光收购展讯锐迪】年内，紫光集团有限公司收购展讯和锐迪科两大集成电路设计企业，成为中国最大的集成电路设计企业。

（北京市经济和信息化委员会电子信息产业处）

移动通信产业

【市领导会见苹果公司首席执行官】1月8日下午，代市长王安顺会见美国苹果公司首席执行官蒂姆·库克。王安顺说，软件和信息服务产业是中国和北京市重点发展的战略性新型产业，北京市形成了涵盖信息传输、基础软件、应用软件等领域的完整产业链，希望双方以苹果公司在京投资建设研发中心为契机，进一步深化合作，更好地利用北京丰富的智力资源推动软件和信息服务产业发展。蒂姆·库克表示，苹果公司把中国、北京视为重要的市场和合作伙伴，并将致力于进一步深化合作促进信息产业发展。副市长苟仲文参加会见。

（市政府外事办公室网站）

【小米3手机首日上市销售一空】10月15日，小米3手机和小米电视同日上市，10万台小米3手机和3000台小米电视在网上开放购买后2分钟即售罄。其中，小米3手机采用先进的处理器架构，处理速度快，售价1999元；小米电视采用先进的47寸显示屏，属于高配置智能电视机，售价2999元。

（北京市经济和信息化委员会电子信息产业处）

软件和信息服务业

【概述】年内，全市软件和信息服务业实现营业收入4901.5亿元，同比增长9.5%，其中软件产业实现营业收入4211亿元，同比增长14.5%。全行业实现增加值1749.6亿元，同比增长7.2%。固定资产投资209.7亿元，同比增长26.6%。信息技术外包实现30.4亿美元，同比增长20.7%。新认定软件企业2071家，是上年同期的1.37倍；新登记软件产品9115件，同比增长39.3%。期末从业人员59.5万人。

（北京市经济和信息化委员会软件与信息服务业处）

软件业

【计算机信息系统资质评审机构工作会召开】2月27日，市计算机信息系统集成企业资质和信息系统工程监理资质评审机构工作会召开。会上，资质办向评审机构介绍2012年北京市计算机信息系统集成企业资质和监理资质认证工作情况，讲解项目管理人员资质、企业资质和软件产品登记的工作流程和相关要求，听取评审机构对资质工作中遇到的问题和对北京市资质认证工作的建议，就认证管理工作中的问题展开交流。

（北京市经济和信息化委员会软件与信息服务业处）

【游戏企业出口工作交流座谈会召开】3月1日上午，北京市经济和信息化委员会组织召开游戏企业出口工作交流座谈会。北京软协益智与娱乐软件分会、完美世界、畅游时代、趣游、金山软件、当乐网、蓝港在线、游戏谷、麒麟网等单位代表参加座谈会。市文资办相关负责人与会共同研究北京市游戏企业出口面临的形势和对策。各参会企业介绍其出口工作开展情况和迫切需要解决的问题。会议就建立北京市软件出口统计体系，游戏软件出口海外渠道创建、组建出口企业联盟，实施自主产品出口计划，提升产业国际影响力等工作进行研讨，确定由软协益智协会牵头，成立游戏软件出口工作小组，编制游戏软件出口工作方案，推动游戏产业出口工作新发展。会议还就引导企业开发高质量的教育游戏软件工作进行研讨。

（北京市经济和信息化委员会软件与信息服务业处）

【调研FAB精彩集团】3月15日上午，北京市经济和信息化委员会副主任姜贵平调研FAB精彩集团，了解企业发展历程，实地考察企业自主研发的FAB-5C娱乐智能终端设备。FAB集团努力打造数字产业创新基地，以5C娱乐网为内核，将最新的电影、电视剧、歌曲音乐、游戏、电子书、应用程序，通过5C娱乐智能终端设备，方便地下载到手机、U盘、MP4、移动硬盘等，同时智能终端设备还具有广告播放、优惠券打印、自助缴费、会员积分查询、地图查询、慈善募捐、数码相片打印等功能。2012年10月，该集团通过其所属的核心运营实体与美国纽交所上市企业维萨软件公司（WizzardSoftwareCorp）合并，成为中国正版音像行业首家进入美国资本市场的中国文化娱乐企业。

（北京市经济和信息化委员会软件与信息服务业处）

【软件企业认定工作座谈会召开】3月29日，工业和信息化部软件司在北京万寿庄宾馆组织召开全国范围内的软件企业认定工作座谈会，30多个省市的经济和信息化主管部门、软件行业协会参加。会上，工业和信息化部软件司司长陈伟、副司长陈英，中国软件行业协会理事长赵小凡出席座谈会并做讲话。工信部软件产业处领导解读新的《软件企业认定管理办法》，并发布软件企业认定和年审申请书模板，软件企业认定证书（正、副本）格式，网上认定公示、备案以及年审公示格式。会议围绕做好软件企业认定、规范行业发展和落实产业政策进行研讨和交流。

（北京市经济和信息化委员会软件与信息服务业处）

【内蒙古考察团调研北京市信息化建设工作】4月8—11日，内蒙古自治区经济信息化委巡视员兰惠带领考察团到京调研信息化建设工作。北京市经济和信息化委员会副主任王学军、童腾飞和毛东军分别陪同调研。考察团先后调研北京农业信息技术研究中心的科技研发情况、西城区综合行政服务中心的信息化建设情况、东城区网格化社会服务管理情况、西城区广内街道和朝阳区团结湖街道办事处的智慧社区建设情况、“京东商城”的电子商务建设情况、太极计算机股份有限公司的科技研发情况，还调研了“首都之窗”运行管理中心、信息资源管理中心和信息安全测评中心。4月11日，在北京市经济和信息化委员会召开京蒙两地信息化建设座谈会，考察团听取北京市经济和信息化委员会关于智慧北京建设情况的介绍，双方还就智慧城市建设和开展京蒙两地信息化合作交流事项进行座谈交流。

（北京市经济和信息化委员会社会信息化处）

【软件和信息技术服务业工作座谈会召开】4月19日，工业和信息化部组织召开2013年全国软件和信息技术服务业工作座谈会。工业和信息化部副部长杨学山出席并讲话。软件服务业司司长陈伟介绍产业发展形势，通报全年重点工作。北京市经济和信息化委员会副主任姜贵平参加会议并作“加快两个能力建设，高水平建设中国软件名城”典型发言。杨学山在讲话中指出，软件产业总体上供给能力不能满足市场需求，需加快提升软件能力和系统能力，要进一步提高对软件产业的重视程度，通过政府、企业、用户的紧密结合，充分利用产业政策，下大决心支持企业创建新的产品体系和系统架构，建立完善行业运行统计分析体系，加快推动我国软件产业变大变强。

（北京市经济和信息化委员会软件与信息服务业处）

【市属国有企业使用正版软件工作推进】4月25日，市使用正版软件工作联席会议办公室组织召开“北京市2013年推进市属国有企业使用正版软件工作动员部署会”，部署2013—2016年市属国有企业软件正版化工作。市使用正版软件工作联席会议办公室主任、市新闻出版（版权）局副局长王野霏，市国资委副主任张宪平分别就相关工作进行动员部署，市政府副秘书长侯玉兰参会并讲话。会议决定，北京市2013年市属国有企业软件正版化工作于4月底正式启动，年内将完成全部市属国有企业总部和100余家重要子企业总部的软件正版化。王野霏宣布市使用正版软件工作联席会议办公室授权北京软件和信息服务交易所（北京市正版软件服务工作站）作为北京市正版软件采购平台，为用户提供包括协议采购、批量采购、集团预购等多种方式的软件选型和采购服务。会上，北京软件和信息服务交易所对采购平台服务流程进行专题培训，并与金山、微软、永中、中科红旗等10余家主流软件厂商代表正式签署正版软件采购平台合作协议，共同为包括市属国有企业在内的用户提供优质优惠的正版软件产品和相关服务。

（北京市经济和信息化委员会软件与信息服务业处）

【营改增半年评估调研会召开】5月10日，营改增半年评估调研会召开，市财政局副局长赵彦明、北京市经济和信息化委员会副主任姜贵平出席会议，市财政局、市地税局、财政部驻京专员办等相关领导到会。会上，市财政局代表全市营改增试点改革工作小组办公室通报全市自2012年9月1日营改增试点情况。北京市20多家工业企业、软件和信息服务企业、中小企业典型代表企业发言，从产业链上下游供应需求关系、企业内部管理、业务结构调整等方面分析营改增对企业的影响。

（北京市经济和信息化委员会软件与信息服务业处）

【北京市获“中国软件名城”称号】5月24日下午，市中国软件名城创建试点工作总结座谈会召开。工业和信息化部副部长杨学山、市政府副市长苟仲文出席会议并讲话。工业和信息化部软件服务业司司长陈伟主持会议。北京市经济和信息化委员会副主任姜贵平作北京市中国软件名城创建试点总结工作汇报。会上，部市领导共同为北京市“中国软件名城”揭牌，并签署《部市协同高水平建设北京中国软件名城合作备忘录》，启动高水平建设北京中国软件名城工作。

（北京市经济和信息化委员会软件与信息服务业处）

【举办2013年北京软件名人论坛】5月29日下午，2013年北京软件名人论坛召开，北京软件业界名人围绕“软件革命改变世界”展开激烈讨论。工业和信息化部软件服务业司司长陈伟表示，在软件产业面临革命时机，业界应研究如何避免软件价值再次被低估。北京市经济和信息化委员会副主任姜贵平提出，软件革命正在加速推动新闻、音乐、出版、媒体、工业生产、工业设计、制造、服务、销售、金融、零售等几乎所有行业的转型。北京软件行业协会200余家会员企业代表及业界专家参会。

（北京市经济和信息化委员会软件与信息服务业处）

【北京企业亮相第十一届软交会】6月20日，第十一届大连中国国际软件和信息服务交易会（以下简称软交会）开幕，主题是“智能改变未来”，北京市云端时代、软通动力、博彦科技等17家软件和信息服务企业携最新产品和技术亮相。该软交会有展览面积35000平方米，参展厂商800余家，近百个国内外团组，30000余位参观观众，50余项会议活动举办，国际化特色突出，按照区域和专业领域划分展览内容，开设日本馆、香港馆、韩国馆，以及物联网专区、智能城市专区、移动互联专区等。北京市云基地企业北京云端时代科技有限公司展示了云终端、WES操作系统、桌面云平台、CTOS操作系统等创新产品；软通动力展示了智慧政务应用、智慧产业应用、智慧民生应用等智慧城市系列解决方案。市商务委、北京市经济和信息化委员会及中关村软件园、软件行业协会等参加软交会。

（北京市经济和信息化委员会软件与信息服务业处）

【北京—曼谷信息软件开发合作洽谈会举办】6月24日，中国北京—泰国曼谷信息软件开发合作推介洽谈会在泰国曼谷举办，两地参会代表就软件行业的发展情况、趋势以及合作方向进行交流和探讨。中泰双方企业就跨国并购、人才外包、相关业务等进行商务对接。北京市经济和信息化委员会副主任姜贵平出席会议，表示北京北斗等位置导航产业日趋成熟，希望能够和泰方合作，共同推动位置导航服务在泰国的普及。泰国软件园董事Mr.Chalermpol Tuchinda介绍泰国软件、通信以及科技行业的发展情况。

（北京市经济和信息化委员会软件与信息服务业处）

【科技重大专项课题通过验收】6月，由北京人大金仓信息技术股份有限公司联合中国人民大学和用友软件股份有限公司共同承担的国家“核高基”科技重大专项“大型通用数据库管理系统与套件研发与产业化”课题在北京通过验收。该课题面向以互联网为主要特征的新应用环境和以64位CPU及操作系统、多CPU、多核、大内存、集群为特征的新计算平台，攻克了一批数据库系统关键核心技术，重点突破了数据库系统的高可靠性技术、高性能及其优化技术、高安全技术以及海量存储管理技术，改进了系统的易用性和兼容性，产品安全特性满足《GB/T 20273—2006信息安全技术 数据库管理系统安全技术要点》第四级结构化保护级要求并通过国家权威测评结构认证。该课题面向应用需求研发了商务智能、数据仓库、GIS等数据库套件，全面提升了国产数据库产品的技术水平和成熟度，形成了具有自主知识产权的系列数据库相关核心产品。课题成果在电子政务/电子党务、财务、金融、保险、国防军工、审计、电力、卫生等多个领域进行推广应用。课题的实施促使中国国产数据库实现了从“边缘示范型”到“核心业务型”的转变，提升了国产数据库产品的市场竞争力。

（科技部）

【软件企业人才引进座谈会召开】7月5日下午，北京市经济和信息化委员会组织召开北京市软件企业高级人才引进座谈会，市人力社保局流动调配处，北京市经济和信息化委员会人事处、软件与信息服务处、软件中心，及北京软协等相关负责同志参会。同方威视、首信、东华软件、石化盈科等19家企业相关负责人参加会议。座谈会介绍北京市人才引进最新政策的修订情况，了解软件企业对高级人才的实际需求以及人才引进中遇到的问题和困难，并对企业关心的具体问题现场解答。

（北京市经济和信息化委员会软件与信息服务业处）

【软件开发费用测算规范正式发布实施】7月29日，北京市首个软件项目成本定额领域的地方标准《信息化项目软件开发费用测算规范》正式发布实施。该标准在北京市经济和信息化委员会、市质监局的指导下，由北京软件和信息服务交易所联合市软件行业协会过程改进分会共同制定，标准号为DB11/T 1010–2013。该标准的出台标志着北京市信息化项目软件采购拥有了科学、标准的费用评估方法，有助于规范行业市场、推动软件企业提升生产效率，提升产业增长质量。

（北京市经济和信息化委员会软件与信息服务业处）

【软件和信息技术骨干企业培育座谈会召开】7月30日，工业和信息化部召开2013年软件和信息技术服务业骨干企业培育工作座谈会，听取各地方产业主管部门和企业的意见，交流工作经验，分析发展形势，发现问题，提出对策，更好地为骨干企业成长和发展服务。工业和信息化部副部长杨学山出席会议并讲话。北京市经济和信息化委员会副主任姜贵平代表北京市参加会议，并以加快两个能力建设、培育核心企业群体为主题在大会上发言。会议还同时发布了2013年中国软件和信息技术服务企业竞争力报告。报告采集了全国400家样本企业和30个省市的软件和信息技术服务业行业数据，建立软件企业竞争力评价指标体系，评出软件企业综合50强名单，北京市16家企业入选，占总数的32%。

（北京市经济和信息化委员会软件与信息服务业处）

【小米发布“红米手机”】7月31日，小米公司与腾讯公司宣布合作，利用腾讯QQ空间平台作为销售入口，联合推出“红米手机”。8月12日，网上预约求购用户超过745万人，首发10万部用时90秒即告售罄。8月20日，第二次开放销售，10万部用时2分钟销售完毕。红米手机是小米通过自主创新研制的首款TD–SCDMA标准的双卡双待手机，性价比高，市场定价799元。

（北京市经济和信息化委员会电子信息产业处）

【北京市经济和信息化委员会获最佳地方组织奖】8月27—28日，2013年中国软件人才培育工作座谈会暨教产对话活动在南京召开。工业和信息化部软件服务业司、教育部职业教育与成人教育司领导，各省市工业和信息化主管部门相关人员，相关省市教育厅领导，国内软件教育机构代表，行业专家，重点软件企业代表参加会议。会上举行第二届“中国软件杯”大学生软件设计大赛决赛及颁奖典礼，本次大赛共吸引500多所高校，2216支队伍参赛，大赛决出特等奖1名、一等奖8名、二等奖15名、三等奖32名，优胜奖60名及其他奖项，北京市经济和信息化委员会荣获最佳地方组织奖。

（北京市经济和信息化委员会软件与信息服务业处）

【“创富中国”科技园区中国行活动举办】9月25日，由北京市经济和信息化委员会、团市委、中关村科技园区管委会、海淀区政府指导，北京软件和信息服务交易所（以下简称软交所）与中国技术交易所联合承办的“创富中国”科技园区中国行新闻发布会在紫光国际交流中心宴会厅召开。北京市经济和信息化委员会副主任姜贵平参加会议。本次活动得到了清华x–lab、清华校友TMT协会等单位的大力支持，并吸引了和君资本、启迪资本、中联资本、中商财联投资基金管理公司等30余家金融投资机构以及北京视易购传媒科技有限公司、北京博和万邦教育科技有限公司、北京光子时代数字科技有限公司等IT企业代表参加。“创富中国”科技园区中国行活动是软交所在主管部门的指导下联合广大投资机构、服务机构组织的进入园区、针对性的专项金融服务。活动吸引了600家投资机构以及200多名创业者现场参与，并邀请十几位投资嘉宾现场点评，著名投资人现场分享投资之道。

（北京市经济和信息化委员会软件与信息服务业处）

【软件和信息服务业规划评估会召开】10月9日，北京市经济和信息化委员会组织召开《北京市软件和信息服务业“十二五”发展规划》中期评估专家评审会。工业和信息化部软件服务业司巡视员李颖、北京市经济和信息化委员会副主任姜贵平等参加会议。规划评估专家一致认为，在“十二五”产业发展规划的指导下，通过政策体系完善、中国软件名城创建、“四个一批”工程实施、祥云工程和北斗导航与位置服务产业落地、公共服务平台完善、重大项目引进、产业园区建设等工作，北京市多措并举促进了产业快速发展。软件和信息服务业在北京市战略性支柱地位进一步提高，继续领跑全国。从产业发展的主要规划指标来看，产业规模、产业增速、出口、企业竞争力等方面已经达到阶段性目标，亿元企业数量等指标已经接近完成，个别指标如产业增加值占GDP比重提高能否实现还需结合整体经济发展形势深入研究。建议下一步工作围绕产业的调整升级更有力地推进，努力向新兴化、高端化、国际化发展。

（北京市经济和信息化委员会软件与信息服务业处）

【国家政府机关软件正版化培训会举办】10月11—12日，国家推进使用正版软件工作部际联席会议办公室在北京组织召开国家政府机关软件正版化培训会，传达中央要求精神，部署工作。来自全国各省市的代表参加会议。国家版权局副局长阎晓宏讲话指出，12年来，中国软件正版化工作走过了日本韩国20多年的历程，取得了一定成绩，但从国际形势和产业发展来讲，问题依然严峻，迫切要从机制上、从不可逆的角度加强工作。工信部软件司副司长陈英做软件产业发展与正版化工作介绍，强调正版化对产业发展的意义和软件司开展的预装正版软件工作进度。财政部、国管局、国资委、版权局等单位领导到会并做报告，部分省和国产软件厂商代表交流工作经验。北京市经济和信息化委员会作为市正版化联席会议成员参加会议。

（北京市经济和信息化委员会软件与信息服务业处）

【软件产品检测机构工作座谈会召开】10月18日，北京市经济和信息化委员会组织召开软件产品检测机构工作座谈会及北京软件行业协会软件测试分会换届筹备会。北京市经济和信息化委员会宣贯了新发布的《软件产品登记测试通用技术要求》标准，11家软件产品检测机构负责人就各自工作情况进行汇报，并就检测机构遇到的软件产品登记测试收费价格、登记测试委托书模板统一、双软认证网上申报平台后续改进、双软认定服务流程等问题进行交流探讨。同时，就软件检测分会换届改选思路及开展行业自律、规范检测市场进行讨论。北京市经济和信息化委员会软件与信息服务业处、科技标准处、市财政局、市国税局、市软促中心、市软件行业协会相关人员参加会议。

（北京市经济和信息化委员会软件与信息服务业处）

【“双软认定”政策培训会召开】10月31日下午，北京市经济和信息化委员会软件与信息服务业促进中心联合信息产业通信软件测评中心共同组织召开了“软件企业认定、软件产品登记”政策培训会，针对软件企业在申报“双软认定”业务过程中遇到的问题，详细讲解“双软认定”具体政策和申报流程，现场对常见问题进行互动解答。此次培训会共有300多家软件企业参加，市国税局、软件著作权登记机构、软件测试机构、会计师事务所、技术支持等单位参会并为企业提供相关咨询服务。

（北京市经济和信息化委员会软件与信息服务业处）

【全市11家企业通过首批运维通用要求评估】年内，在工业和信息化部组织的首批《运维通用要求》符合性评估中，全市11家企业通过评审，占全国18家企业的61%。国家信息技术服务运维服务标准（英文缩写ITSS）于2月正式实施，规范了信息技术服务产品及其组成要素，指导实施标准化的信息技术服务。

北京市第一批通过《运维通用要求》符合性评估单位名单

表1

序号	企业名称	证书编号
1	神州数码系统集成服务有限公司	ITSS-YW-110020130001
2	北京中科金财科技股份有限公司	ITSS-YW-370020130002
3	北京华胜天成科技股份有限公司	ITSS-YW-110020130005
4	北京荣之联科技股份有限公司	ITSS-YW-110020130006
5	北京银信长远科技股份有限公司	ITSS-YW-110020130007
6	北京华宇信息技术有限公司	ITSS-YW-110020130008
7	北京护航科技有限公司	ITSS-YW-110020130010
8	中科软科技股份有限公司	ITSS-YW-110020130013
9	北京合力金桥系统集成技术有限公司	ITSS-YW-110020130015
10	石化盈科信息技术有限责任公司	ITSS-YW-110020130017
11	北京信城通数码科技有限公司	ITSS-YW-110020130018

（北京市经济和信息化委员会软件与信息服务业处）

【北京软件企业支援雅安灾区】年内，四川雅安7.0级地震发生后，北京市软件企业积极奉献爱心，用实际行动支持灾区。百度、奇虎360、新浪、搜狐等搜索引擎公司发挥各自优势，开通数据共享寻人求助平台，竞争对手间实现数据共享，其中奇虎360平台发布信息3300余条；百度首页、贴吧、网页搜索、地图、知道、百科等多款产品齐发力，震后四小时，雅安地震帖子数量达数百万条，“寻人求助帖”点击千万次。超图公司组织多部门人员奔赴赈灾前线，协助政府部门展开抗震减灾的地理信息技术支持工作。

（北京市经济和信息化委员会软件与信息服务业处）

【骨干企业实力增强】年内，在首批四个特一级计算机信息系统集成资质企业中，北京市有2家企业（中国软件、太极股份）入选。北京市拥有国家规划布局内重点软件企业50家，软件业务收入前百强企业28家，系统集成一、二级企业226家，上述三类企业数量均占全国总数的28%。北京市有11家企业通过首批国家运维通用要求符合性评估，约占全国的60%。《福布斯》杂志公布的2013年全球最具创新力的100强企业名单中，两家中国科技企业上榜，百度公司排名第六位。

（北京市经济和信息化委员会软件与信息服务业处）

【软件与信息服务业公共服务平台开展工作】年内，北京软件与信息服务业公共服务平台办理软件企业认定和产品登记8337件事项、办理计算机系统集成资质6447件事项，开展“进园区，送服务——走进亦庄开发区”活动，提供17项具体事项的一站式咨询服务。集聚首届“开源大会”、首届软件交易大会、首届名人论坛、北京新加坡ICT对接等各类活动，在软博会同期首次举办“北京软件周”活动，全面提升北京软件和信息服务业影响力。

（北京市经济和信息化委员会软件与信息服务业处）

【握奇数据获银联卡嵌入式软件开发资质】年内，北京握奇数据系统有限公司（以下简称握奇数据）通过中国银联卡嵌入式软件安全认证和COS开发企业认证，成为首家也是唯一一家荣获银联卡嵌入式软件开发企业资质的公司。握奇数据在高安全Java平台上开发的PBOC3.0产品也成为国内首个通过PBOC3.0认证的金融产品。

（北京市经济和信息化委员会软件与信息服务业处）

【顺义金蝶软件园投入使用】年内，顺义金蝶软件园正式投入使用。该软件园是金蝶公司北方总部和研发中心，总投资7.6亿元，一期建筑面积达16万平方米，是金蝶公司最大的软件园，定位为“世界级的管理智库”。

（北京市经济和信息化委员会软件与信息服务业处）

【28家企业入选软件业务收入前百强】年内，北京市28家软件企业入选2013年第十二届中国软件业务收入前百家企业，入选企业数量连续12年居全国首位。该届百家企业入围门槛从上一届的6.03亿元升至7.79亿元，增长29%；实现软件业务收入合计达3667亿元，比上一届增长7.8%。北京入选企业收入合计达733亿元，占全国百强总收入的20%，相比上届提升3个百分点。新增入围企业有联动优势、小米移动、文思海辉、软通动力、宇信易诚、启明星辰。

（北京市经济和信息化委员会软件与信息服务业处）

互联网信息服务业

【软件与信息服务业公共平台走进开发区】4月11日下午，北京软件与信息服务业公共服务平台走进北京经济技术开发区开发区，开展“进园区，送服务”活动。公共服务平台为企业送去工业和信息化部权威的新版软件企业认定管理办法解读、分享祥云工程代表企业带来的大数据——新生产力报告，提供北京市经济和信息化委员会相关单位17个摊位的现场咨询服务，园区及周边企业120余人参加。在活动现场，公共服务平台组织了“双软认定”、系统集成资质、信息系统工程监理资质认证、中小企业服务、军工资质认定、人才服务、项目咨询、知识产权抵押贷款、融资管家、创富中国投融资系列活动、渠道和服务外包联盟、项目交易支撑、运行维护服务符合性评估、知识产权服务、会议与活动、软件产品检测等17项具体事项的一条龙咨询服务，方便企业了解政策、了解服务和明白办事。

（北京市经济和信息化委员会软件与信息服务业处）

【信息技术服务标准指导协调组工作会召开】4月12日，全国信息技术服务标准指导协调组（ITSS）第六次工作会议在四川成都召开。工业和信息化部软件司、运行局、电子司、电子工业标准化研究院和国家质检总局信息办以及北京、上海、广东、湖北、重庆、江苏、成都、沈阳、杭州等9个省市工业和信息化主管部门的相关人员参加会议。会议听取ITSS工作组、国家质检总局以及北京、上海等9个省市的ITSS验证与应用试点2012年工作总结汇报，讨论确定全国信息技术标准化技术委员会分技术委员会筹备方案、ITSS系列标准宣贯培训方案以及符合性评估技术评审方案等文件。全国信息技术服务标准指导协调组领导在听取了北京市标准验证工作汇报后，对北京市在政务、金融等领域推动ITSS标准落地，形成行业典型示范等方面给予高度重视。

（北京市经济和信息化委员会软件与信息服务业处）

【组织硅谷和西雅图工作访问】5月11—16日，北京市经济和信息化委员会组成由主任靳伟为团长的代表团，赴美国硅谷和西雅图两地进行工作访问。访问期间，代表团组织北京市市长王安顺会见苹果公司首席执行官库克先生的活动，召开硅谷知名华人IT企业家座谈会，同linked-in、趋势科技、DRT、亚马逊（AWS）、微软公司举行工作会谈，参加硅谷风险投资机构座谈会、安进公司签约仪式等活动。

（北京市经济和信息化委员会软件与信息服务业处）

【市无障碍公益行动启动仪式举行】5月19日上午，北京市经济和信息化委员会首都之窗参加于北京万寿宾馆启动的“美丽中国——2013年中国政务信息无障碍公益行动”启动仪式，首都之窗获“中国信息无障碍建设示范单位奖”。工业和信息化部软件与集成电路促进中心向公益行动主办单位捐赠“政务信息无障碍平台技术”，并代表相关单位向全社会发出倡议。

（北京市经济和信息化委员会电子政务与信息资源处）

【京交会软件服务外包创新发展大会召开】5月30日，由北京软件和信息服务交易所承办的“2013年第二届中国（北京）国际服务贸易交易会软件服务外包创新发展大会”在北京国际会议中心举行。会上，来自商务部服务贸易和商贸服务业司、工业和信息化部软件和服务业司和市商务委等相关政府部门的领导对服务外包产业等相关政策进行解读，并针对软件与信息技术服务外包产业的现状发展等一系列内容做详尽阐述。同时，在服务外包思路及需求发布环节，石化盈科、中科宇图、安邦保险集团等多家企业在此次大会上实时发布了软件服务外包需求，并得到与会软件企业的积极响应。会上，会议的承办方北京软件和信息服务交易所发布服务外包交易平台，为交易双方从工程师前置培训、软件项目需求发布、开发过程监理至人才或项目交付的所有过程提供全程交易与配套服务。北京市经济和信息化委员会副主任童腾飞出席大会。

（北京市经济和信息化委员会软件与信息服务业处）

【配合“促进信息消费”专题调研】 6月7日，工业和信息化部副部长刘利华带队一行到北京市就如何促进信息消费进行专题调研，调研组一行实地考察敦煌网、新浪网、联想集团三家企业，并召开信息消费座谈会。北京市经济和信息化委员会与市通信管理局分别做了关于促进信息消费情况的工作汇报，来自北京市的21家信息消费相关企业的负责人进行了交流，并提出政策建议。

（北京市经济和信息化委员会软件与信息服务业处）

【海淀区创业投资引导基金合作机构签约】7月29日，海淀区创业投资引导基金第三批合作机构签约暨“中国创业投资示范基地”授牌仪式在中关村国家自主创新示范区展示中心举行。会上，海淀区政府常务副区长穆鹏与北软汇智投资、清科创投、用友幸福投资等11家创业投资引导基金合作机构签署合作协议。软交所总裁、北软汇智投资董事长胡才勇出席会议并代表北软汇智签署合作协议。软交所系天使基金获得海淀区创业投资引导基金2000万元的资金支持。

（北京市经济和信息化委员会软件与信息服务业处）

【掌城科技与比亚迪合作】7月，北京掌城科技有限公司（以下简称掌城科技）与深圳市比亚迪汽车有限公司（以下简称比亚迪）正式签约合作。根据协议，掌城科技将在未来与比亚迪携手通过“i系统”向终端车主提供精准、高效的动态交通信息服务。

（北京市经济和信息化委员会软件与信息服务业处）

【百度推出轻应用】8月22日，在“2013年百度世界大会”上百度宣布推出轻应用，轻应用是无需下载、即搜即用的全功能应用。用户只要下载轻应用功能版本的手机百度APP，就可以在上面体验打车、找房、旅游、阅读等数十个轻应用的功能。

（北京市经济和信息化委员会软件与信息服务业处）

【北京软件企业在南京软博会上获奖】9月6日，2013年中国软件产业发展暨企业创新高峰会（简称创新高峰会）在第九届中国（南京）国际软件产品和信息服务博览会期间召开。北京地区多家软件和信息服务企业凭借突出的创新研发能力和多项领先的核心技术累计荣获13项大奖，中国软件与技术服务股份有限公司、北京神州泰岳软件股份有限公司、北京北大方正电子有限公司等3家北京企业入选“2013年中国十大创新软件企业”，北京北大方正电子有限公司、广联达软件股份有限公司、北京中电普华信息技术有限公司、北京东华合创数码科技股份有限公司、长城计算机软件与系统有限公司、北京中软国际信息技术有限公司等6家北京企业荣获“2013年度创新软件企业”，广联达软件股份有限公司的钢筋精细管理软件GGM2012等4款软件产品荣获“2013年中国十大年度创新软件产品”。

（北京市经济和信息化委员会软件与信息服务业处）

【12家电商入选2013—2014年度电子商务示范企业】10月9日，商务部发布了《商务部2013-2014年度电子商务示范企业名单》，公布了百家电商企业名单。其中，北京地区有京东商城、当当网等12家知名电子商务企业入选。

北京12家入围电商企业名单

表2

序号	电商企业名称	网站名称
1	北京京东世纪贸易有限公司	京东商城
2	中粮我买网有限公司	中粮我买网
3	北京当当网信息技术有限公司	当当网
4	北京慧聪国际资讯有限公司	慧聪网
5	北京小米科技有限责任公司	小米网
6	凡客诚品（北京）科技有限公司	凡客诚品
7	北京乐友达康科技有限公司	乐友孕婴童用品网
8	国富商通信息技术发展股份有限公司	中国诚商网
9	北京敦煌禾光信息技术有限公司	敦煌网
10	国美在线电子商务有限公司	国美商城
11	北京上品科技发展有限责任公司	上品折扣网
12	中建材国际贸易有限公司	易单网

（北京市经济和信息化委员会软件与信息服务业处）

【文思海辉私有化】10月17日，软件外包企业文思海辉技术有限公司（以下简称文思海辉）宣布与黑石集团为首的买方联盟签署最终的私有化协议，交易价格为6.25亿美元。文思海辉通过私有化方式谋求转型，反映了传统的以“人头模式”为主的软件外包业在人口资源成本上涨的情况下难以持续发展。

（北京市经济和信息化委员会软件与信息服务业处）

【北纬通信研发中心被评市级企业技术中心】11月，北京北纬通信科技股份有限公司研究开发机构——北纬通信研发中心，被认定为“第十五批北京市级企业技术中心”，由北京市经济和信息化委员会授予证书及奖牌。北纬通信研发中心视推进公司技术进步、技术创新为己任，研究制定和组织实施企业技术创新战略规划，组织开展技术开发、转让、管理和服务，努力培育企业技术团队，拥有强大的企业技术创新能力和卓越的绩效成果。“第十五批北京市级企业技术中心”的申报评审工作是由北京市经济和信息化委员会同发展改革、科技、财政、国税、地税等有关部门联合开展的。

（尹玲利）

【北纬通信获得首批虚拟运营商牌照】12月26日，北京北纬通信科技股份有限公司收到工业和信息化部《关于同意北京北纬通信科技股份有限公司开展移动通信转售业务试点的批复》（工信部电管函〔2013〕548号），北纬通信与中国电信股份有限公司开展合作，在北京、天津、上海等29个省（直辖市、自治区）范围内开展移动通信转售业务试点（不包含预付费业务）。试点截止日期为2015年12月31日。

（尹玲利）

【百度、阿里巴巴、腾讯进入金融业】年内，百度、阿里巴巴、腾讯三个互联网公司都进入金融业，初现竞争格局。7月，百度旗下百付宝拿到第三方支付牌照；第二季度，申请并取得小额贷款牌照，筹备成立百度小额贷款有限公司；10月，携手正式上线“百度金融中心——理财”，携手华夏基金推出首款理财计划“百发”。阿里巴巴已经有支付公司——支付宝，小额贷款——浙江阿里小贷、重庆阿里小贷，担保公司——重庆商诚融资担保，以及控股的资产管理公司天弘基金。阿里巴巴通过上述公司全程参与支付结算、小贷、担保、保险、信用卡等业务。腾讯旗下的财付通拥有第三方支付牌照，微信服务新增电子支付功能，同时联手华夏基金推出对接华夏现金增利货币基金的“活期通”。

（北京市经济和信息化委员会软件与信息服务业处）

【百度、腾讯入选福布斯创新企业100强】年内，《福布斯》杂志公布2013年全球最具创新力的100强企业名单，两家中国科技企业上榜，其中百度排名第6位，腾讯排名第19位。

（北京市经济和信息化委员会软件与信息服务业处）

【开展系统集成资质认证工作】年内，北京市经济和信息化委员会开展系统集成和监理资质评审认证工作，共审批通过224家系统集成资质企业和11家信息系统工程监理单位；初审通过108家系统集成资质企业换证和10家信息系统工程监理单位资质换证；初审通过114家系统集成企业和8家信息系统工程监理单位的资质变更；初审或审批通过3773名项目管理人员资质的新申请及延续换证和371名信息系统监理工程师资质新申请及延续换证；初审通过1318名项目管理人员和43名信息系统监理工程师的资质变更；完成793家集成企业的年度监督检查工作。

（北京市经济和信息化委员会软件和信息服务业促进中心）

【《妖姬三国》荣膺2013年“金翎奖”】年内，蜂巢游戏旗下精品手游巨作《妖姬三国》参选2013年“金翎奖”，获得“玩家最喜爱的手机游戏”奖。10月17日，《妖姬三国》APP和安卓双版本公测，排名AppStore热门免费榜第29名、热门畅销榜前10名，次日留存60%，公测首日收入100万元。“金翎奖”是中国游戏产业年度最具价值的评选活动，在游戏业内被誉为游戏界的“奥斯卡”，2013年“金翎奖”在优秀游戏评选大赛上设置了“网络游戏类”“网页游戏类”“手机游戏类”“媒体类”四大板块评选专区，“手机游戏类”设置了“玩家最喜爱的手机游戏”“玩家最期待的手机游戏”“最佳原创手机游戏”“最佳境外手机游戏”等奖项。

（尹玲利）

新技术应用

【**概述**】年内，北京以云计算、移动互联网、三网融合、物联网、下一代互联网、导航与位置服务、工业软件等为代表的新一代信息技术产业继续保持快速发展，战略性新兴领域成为全行业面向新技术潮流转型的发动机。

（北京市经济和信息化委员会软件与信息服务业处）

物联网

【**国家车联网产业基地落户通州**】4月12日，国家车联网产业基地（以下简称基地）建设启动会正式召开，基地正式落户通州区的北京环渤海高端总部基地。基地由北京环渤海高端总部基地管委会、中国交通通信信息中心和北京千方科技集团有限公司共同建设，以车辆监管、运营服务为核心，聚集一批相关领域的研究中心、重点实验室和工程中心等创新机构，以及监测中心、认证中心等职能机构。

（北京市经济和信息化委员会软件与信息服务业处）

云计算

【**金山云存储服务启动仪式举行**】3月27日下午，金山云在北京举行金山云·云存储服务启动仪式发布会，正式推出针对企业级用户市场的快盘商业版和云服务平台。金山云是市“祥云工程”的示范平台，也是北京市经济和信息化委员会2013年重点推进的云应用。作为中国首家专业云存储服务提供商，金山云的快盘个人版使用用户超过4000万名。发布会上推出的快盘商业版主要针对企业用户提供有偿信息文件共享和存储服务，具有更贴合企业用户需求的集中存储、安全管控、实时同步和协同办公的四大功能，解决企业在办公互联网化推进中急待解决的各类问题。云服务平台则主要针对企业和开发者提供在线云存储空间和运行平台，让企业将服务迁移到云端而非停留在本地。姜贵平肯定以金山云为代表的云存储提供商正在形成具有自己鲜明特色的商业模式。北京在实施“祥云工程”的三年中，北京云计算产业迈了三大步，2010年是布局年，北京在全国率先启动“祥云工程”行动计划；2011年是应用年，推出了祥云十大示范应用平台；2012年是创新年，而2013年是北京云产业的深耕年。金山云企业级存储服务的启动是“祥云工程”深耕年的第一个重大项目，对提高中小企业的工作效率、降低运营成本等方面将发挥推动作用，让更多的企业体验到云计算带来的高效与便捷，促进“祥云工程”的进一步落地。

（北京市经济和信息化委员会软件与信息服务业处）

【接待黑龙江工信委领导一行】4月11日上午，北京市经济和信息化委员会副主任姜贵平与黑龙江工信委纪检书记王涛一行就北斗导航与位置服务产业、云计算产业等事项进行沟通。北京市经济和信息化委员会重点介绍了中国北斗发展现状与推进机制，北京市推进北斗产业组织体系、推进北斗导航与位置服务产业发展的实施方案主要内容、试点示范情况、产业公共服务平台等内容。双方就黑龙江“中国云谷”建设进行沟通，表示愿意在产业推进经验分享、项目合作等方面进一步加强合作。

（北京市经济和信息化委员会软件与信息服务业处）

【“T+”云计算中小企业服务平台推出】4月18日，北京畅捷通信息技术股份有限公司推出以“云+端”模式为核心的“T+”云计算中小企业服务平台，平台综合移动互联、社交网络、云计算三大技术特性，以标准产品、开放平台加应用商店的云服务模式为企业提供移动协同办公服务、财税知识服务、网络营销服务、网店管理以及移动应用等多项云业务，提升企业整体运营能力。

（北京市经济和信息化委员会软件与信息服务业处）

【云应用专题研讨会举办】7月3—5日，由商务部、教育部、科技部、工业和信息化部、浙江省政府联合主办，北京软件与信息服务业公共服务平台单位——北京软件和信息服务交易所承办的云应用专题研讨会在第五届中国国际服务外包交易博览会期间举办。专题研讨会的主题是“停止人云亦云，倡导应用为王”，按照主旨发言、案例分享及深度对话等三个板块进行，共同聚焦云应用、围绕云计算产业发展进行深入探讨。业界专家、学者和企业代表出席会议。

（北京市经济和信息化委员会软件与信息服务业处）

【超图发布云端一体化地理信息系统软件平台】9月11日，2013年 SuperMap GIS 技术大会在北京召开，会上超图软件发布其最新云端一体化地理信息系统SuperMap GIS 7C软件平台。该平台以全新云计算架构，打造全球领先的跨平台GIS技术体系，为新一代地理信息系统软件平台提供面向云GIS、移动GIS、二三维一体化GIS三大技术方向全面支撑。超图地理信息云服务形成了包括地理数据服务、GIS平台服务、行业应用服务和GIS在线商店等组成的系列产品体系，提供以智慧城市为核心的广泛的行业解决方案，通过电脑端、网络端、移动端产品的开发包，为用户建设高安全、高性能和高可用的大型GIS云应用提供技术基础。

（北京市经济和信息化委员会软件与信息服务业处）

【首批“云政务”试点名单公布】9月，工业和信息化部确定了首批基于云计算的电子政务公共平台建设和应用试点示范地区，全国有18个省级地方和59个市（县、区）入选，北京市和北京市海淀区、东城区、大兴区、顺义区入选试点示范地区。

（北京市经济和信息化委员会软件与信息服务业处）

【云基地“基金+基地”模式被推广】年内，北京云基地“基金+基地”模式取得成效并被推广，在上海、深圳、香港、台湾地区和美国硅谷设立机构，构建起北京、硅谷“双城”合作的平台。

（北京市经济和信息化委员会软件与信息服务业处）

【四大云服务平台应用效果显著】年内，百度云开放联盟、金山云存储、畅捷通中小企业云、EVERNOTE笔记云四大云服务平台应用效果显著。百度云开放联盟企业已超60万家，应用商店月活跃用户数过亿，每天通过百度地图服务产生的定位请求超过20亿次。金山快盘云存储注册用户超过4500万个，成为全球最大的文档存储平台。畅捷通中小企业云服务百万家中小企业，提供移动协同办公服务、财税知识服务、网络营销服务、网店管理以及移动应用等多项云业务，可为企业降低15%—20%的运营成本。EVERNOTE（印象笔记）作为北京吸引国际云计算创新公司的引领示范项目，在京成立一年，中国用户增长四倍，从110万个迅速扩张到400万个。

（北京市经济和信息化委员会软件与信息服务业处）

北斗导航

【中国北斗产业实施海外并购】2月，北京合众思壮科技股份有限公司收购北美卫星导航高科技公司（Hemisphere）。这是中国北斗产业企业首次并购国际知名企业，也是中国北斗产业首个海外并购案，对北斗产业全球发展的模式具有启示作用。

（北京市经济和信息化委员会软件与信息服务业处）

【市北斗卫星导航应用需求研讨会召开】3月8日下午，北京市经济和信息化委员会组织召开了北京市北斗卫星导航应用需求研讨会。市发展改革委、市公安局、市应急办等31家单位代表参加并介绍了部门应用需求，总装北斗办总师蔡兰波出席并讲话，北京市经济和信息化委员会副主任姜贵平介绍了北京市开展北斗应用工作情况。蔡兰波肯定了北京市在北斗应用及产业化方面的工作，认为北京市的北斗应用工作走在了全国前列，希望下一阶段围绕首都特色开展区域示范项目，做好顶层设计，聚焦创新价值，引领产业发展。姜贵平介绍了北京市北斗区域示范项目论证工作情况，北京市经济和信息化委员会已成立申报国家北斗区域示范项目专项工作组，制订项目实施计划，走访20多个单位和部门，开展10多个领域需求调研。参会单位围绕城市运行保障、智能交通、现代物流、环境资源管理、精准农业等领域，介绍了部门在导航与位置服务方面的应用现状，提出了对北斗的应用需求。

（北京市经济和信息化委员会软件与信息服务业处）

【调研中国兵器集团北斗应用项目】3月27日上午，北京市经济和信息化委员会副主任姜贵平带队赴中国兵器集团调研北斗应用项目，听取集团和控股的北京东方联星公司发展情况介绍，并就双方合作发展北斗产业问题进行研讨。兵器集团是中央直接管理的国有重要骨干企业，通过控股东方联星，结合集团强大的军品供应、民品重型装备等资源，以国产自主可控的北斗技术为主线，纵向整合资源，打通全产业链，成为国家北斗导航产业的国家队。东方联星是中关村空间技术产业联盟成员单位，从事北斗多模卫星导航芯片及其应用产品的设计和制造。姜贵平任指出，服务央企、服务军工是北京市经济和信息化委员会的职责所在，希望集团发挥总部优势，以北斗为契机，整合资源，在智慧北京建设中发挥国家队的作用，加快北斗产业的发展，北京市经济和信息化委员会在其中将全力做好服务。

（北京市经济和信息化委员会软件与信息服务业处）

【调研北斗导航与位置服务产业公共平台】4月12日上午，北京市经济和信息化委员会主任靳伟、副主任姜贵平调研北京市卫星导航定位领军企业北京合众思壮科技股份有限公司，详细了解公司发展情况以及北斗导航与位置服务产业公共平台的建设进展情况。与合众思壮董事长郭信平进行交流。北京北斗导航与位置服务产业公共平台整合国家相关基础设施资源，建设"两中心三环境"，即导航位置数据整合服务中心、创新创业服务中心，服务运营环境、公共开发环境和测试验证环境，为各类应用服务商及最终用户开展各类功能服务提供支持，为行业用户和中小开发者提供"创新工场"式的一站式服务。

（北京市经济和信息化委员会软件与信息服务业处）

【参加第四届中国卫星导航学术年会】5月15—17日，第四届中国卫星导航学术年会在武汉召开，主题是"北斗应用——机遇与挑战"。国内外卫星导航系统主管部门和卫星导航领域知名专家学者以及企业家1500多人参会，北京市经济和信息化委员会副主任姜贵平出席。北京企业在年会上大放异彩，和芯星通发布国内首款基于55纳米的三系统七频北斗芯片及板卡，合众思壮发布全球首台支持北斗的手持执法终端，华力创通推出具有北斗导航定位与短报文通信功能的智能手机，星网宇达展示基于北斗的智能驾考系统。中国卫星导航学术年会分享学术研究的新收获、展示卫星导航应用新成果、探讨卫星导航应用服务模式、谋划卫星导航产业未来发展，是中国规模最大、内容最全、层次最高、最具代表性的卫星导航领域会议。

（北京市经济和信息化委员会软件与信息服务业处）

【多家公司产品入围交通部车载终端目录】6月20日，交通运输部发布公告，启明信息、四创电子、长江通信的部分产品入围《第2批符合道路运输车辆卫星定位系统北斗兼容车载终端技术规范的车载终端》，天泽信息、华力创通、长江通信等上市公司部分产品入围《第5批符合道路运输车辆卫星定位系统标准的车载终端》。

（中国网）

【精准农业应用示范项目通过验收】6月，国内首个"基于北斗系统的精准农业应用示范"项目，在北京顺义现代农业万亩示范区赵全营镇兴农天力农机服务合作社通过验收。该项目是北京市经济和信息化委员会与市农委共同组织，并首次将中国自主知识产权的北斗定位和TD-LTE移动通信技术结合推广应用到现代农业管理过程，为北京农业打造了首个"基于北斗系统的精准农业"的新型应用及管理平台。该项目自行研究的"多种差分算法"，将北斗农机定位的误差控制在5厘米范围内，为北斗定位真正服务于精准播种、施肥、打药等农业精准机械化作业提供了全新的、可靠的技术保障，系统依托TD-LTE移动宽带通信平台，有效实现现场作业高清影像、图片、数据等信息实时传输到管理中心，通过基于GIS的农机作业现场管理平台，可实现包括作业调度、电子围栏、作业量统计、病虫害监测、收成评估等多功能的农机综合管理。

（北京市经济和信息化委员会软件与信息服务业处）

【市北斗导航位置服务公共平台门户上线】9月25日，北京市北斗导航位置服务公共平台门户（www.chinalbs.org）上线，首批面向大众提供安全定位服务的导航位置服务产品面市，推出“凯步关爱”等面向老人、车辆、宠物管理的三款新产品。北斗导航位置服务平台由政府引导、企业投资共同组建，包括运营服务与创新创业服务两大中心。

（北京市经济和信息化委员会软件与信息服务业处）

【推进北斗产业发展的战略合作协议签署】10月11日，北京市经济和信息化委员会与总参测绘导航局举行《关于推进北斗产业发展的战略合作协议》签约仪式，总参测绘导航局局长薛贵江，总参测绘局导航办主任柳其许，北京市经济和信息化委员会主任靳伟、副主任熊梦和副主任姜贵平等领导参加。根据战略合作协议，双方围绕落实总参谋部与北京市政府军民融合创新发展战略合作协议精神，共同推进国家卫星导航应用产业基地建设和国家北斗导航位置服务数据中心建设。通过总装备部评审，北京市成为国家北斗卫星导航应用示范区，围绕智慧北京建设，以城市精细管理、城市安全运行、便捷民生服务、高效产业为核心，总投资5.45亿元，应用北斗终端10.8万台，已有2000多辆出租车安装应用了北斗终端。

（北京市经济和信息化委员会软件与信息服务业处）

【新一代车载北斗多媒体智能导航芯片产业化】年内，新一代车载北斗多媒体智能导航芯片产业化取得突破，全球首款自主知识产权北斗多媒体处理器芯片可实现北斗多媒体智能应用的平滑升级。

（北京市经济和信息化委员会软件与信息服务业处）

【基于北斗的农业新型应用管理平台使用】年内，基于北斗的精准农业新型应用及管理平台将北斗农机定位服务于播种、施肥、打药等精准机械化作业，结合4G通信技术，实现作业调度、电子围栏、病虫害监测、收成评估等多功能的农机综合管理。

（北京市经济和信息化委员会软件与信息服务业处）

【基于北斗的地质灾害监测预警系统使用】年内，基于北斗的地质灾害监测预警系统投入使用，在密云地质灾害多发区建设了32个监测点，对滑坡、崩塌、泥石流、地裂缝、地面塌陷和沉降等地质灾害进行监测和预警。

（北京市经济和信息化委员会软件与信息服务业处）

【基于北斗的渔业系统保证渔业安全】年内，基于北斗的海洋渔业安全生产与交易信息服务系统和渔捞日志自动采集与分析系统，应用于中国全部渔政船、农业部渔业局下属300余条信息采集船和沿海3万多艘渔船，保障渔业安全。

（北京市经济和信息化委员会软件与信息服务业处）

【北斗导航与位置服务公共平台建设启动】年内，北斗导航与位置服务产业公共平台建设启动，成为全市导航与位置服务产业最重要的基础设施和位置服务应用创新的核心创新工厂，首批已推出针对老人、车辆、宠物管理的导航位置服务产品。

（北京市经济和信息化委员会软件与信息服务业处）

【华力创通获专项补助】年内，北京华力创通科技股份有限公司收到工业和信息化部新一代宽带无线移动通信网专项的项目资金补助2763万元。华力创通在夯实仿真测试业务优势的同时，重点发育北斗导航业务，加大北斗芯片等产品的技术研发和市场开拓。

（新浪网）

大数据

【2013年中美大数据创新峰会举行】6月14日，2013年中美大数据创新峰会在北京国际会议中心举行，聚焦于信息行业发展最快的领域之一大数据行业。本该峰会由中美创新协会、市科协和动点科技三方联合举办，市科协常务副主席夏强、北京市经济和信息化委员会副主任梁胜出席峰会并致辞。中美创新协会希望通过举办本次峰会，来促进中美两国在行业信息和技术、高端科技人才、企业和国内外市场资源的交流和对接，并为推动资金、资本和企业的全方位接轨而努力。

（中国网）

信息安全

【综述】年内，北京市全面加强信息安全监管和应急体系建设，不断提高应急保障能力和突发事件应对水平，做好重大活动、重要节假日和重点时期应急通信和信息安全保障工作。

（北京市经济和信息化委员会信息安全协调处）

信息安全管理

【概述】年内，北京市经济和信息化委员会完善检查手段与措施，加大监管力度，促进全市基础信息网络和重要信息系统安全防护水平的提升。推进党政机关信息安全员持证上岗培训工作，推动部门信息安全运维能力和水平不断提升。组织开展163号令的修订工作，进一步完善北京市信息安全法律法规体系。强化市人大和政协提案与建议办理质量，促进北京市网络与信息安全工作的不断完善。

（北京市经济和信息化委员会信息安全协调处）

加强信息安全管理规范

【开展电子政务网络与信息系统安全检查】11月，市网络与信息安全协调小组办公室组织开展全市电子政务网络与信息系统安全检查工作，对重要网络和信息系统开展有针对性的现场技术抽查。通过对检查数据的汇总、整理、分析，发现被检查单位在信息系统定级备案、信息安全产品选择、外包服务管理和应急预案演练等方面存在薄弱环节。

（北京信息安全测评中心）

【组织重要工控系统信息安全自查】年内，市网络与信息安全协调小组办公室组织市水务局、市交通委和市政市容委等单位开展工业控制系统信息安全自查工作，并完成水务领域5个工业控制系统的安全测评工作。

（北京信息安全测评中心）

【开展安全测评工作】年内，北京信息安全测评中心共完成 78个信息系统的各类安全测评，其中包括等级测评项目23个、验收测评项目24个、风险评估项目15个、渗透测试项目10个、源代码安全审查6个，累计覆盖政务信息系统141个，持续推进全市政务信息系统等级保护工作及电子政务信息化项目安全验收工作。

（北京信息安全测评中心）

【完成涉密测评工作】年内，在涉密信息系统安全保密测评方面，北京信息安全测评中心累计完成12个涉密信息系统的安全保密测评任务，相比2011年和2012年，业务增长率分别达50%和20%。年内，首次承接包含184个接入节点的城域网测评任务。历时近三个月，累计投入200余个人日，核查测试保密标准要求6624项，共填写各类现场检测表1472页。

（北京信息安全测评中心）

【编制《信息安全情况通报》】年内，北京信息安全测评中心共采集整理国内信息201条、国际信息317条，完成12期《信息安全情况通报》的编制工作。组织对北京市信息安全企业进行调研，收集整理北京市信息安全企业基础信息和2013年年度经营情况数据以及国内外权威部门发布的信息安全产业有关数据，完成《2013年北京市信息安全产业发展报告》的编制工作。

（北京信息安全测评中心）

【组织企业评估和信息安全服务工程师考试】年内，北京信息安全测评中心根据《北京市电子政务与重要行业信息安全服务能力评定条件（2013年版）》要求，完成北京数字证书认证有限责任公司等9家企业的评估工作。11月16日、11月30日，举办2次北京市电子政务与重要行业信息安全服务（高级）工程师考试，来自10家信息安全企业的2031名工程技术人员报名参加考试。通过考试获得资格证书的人数，高级工程师有168人，工程师有246人。通过考核的方式，提升全市电子政务与重要行业信息安全服务机构的能力，规范和促进全市信息安全服务产业的发展。

（北京信息安全测评中心）

【完成申请信息安全管理体系认证安全审查】年内，根据《政府部门信息技术外包服务机构申请信息安全管理体系认证安全审查程序（暂行）》（工业和信息化部2011年第21号公告）有关要求，北京市制定并发布《北京市党政机关信息技术外包服务机构申请信息安全管理体系认证安全审查程序（暂行）》（北京市经济和信息化委员会2013年第1号通告）。受北京市经济和信息化委员会委托，北京信息安全测评中心承担安全审查工作。截至年底，完成6家企业申请信息安全管理体系认证的安全审查工作。

（北京信息安全测评中心）

【组织电子政务信息安全员持证上岗培训】年内，北京信息安全测评中心组织召开北京市2013年度电子政务信息安全人员持证上岗培训会，全市共有101家单位的204名信息安全岗位工作人员参加培训及考试，并在培训后进行北京市电子政务信息安全人员上岗证书年检工作。

（北京信息安全测评中心）

等级保护

【办理信息系统安全等级保护定级备案】年内，北京信息安全测评中心共办理市委办局提交的38个信息系统安全等级保护定级备案工作，其中2级系统26个、3级系统12个。截至年底，全市电子政务信息系统完成备案346个，其中三级系统87个、二级系统259个。

（北京信息安全测评中心）

政务网络信任与安全监控预警

【进行政务系统安全漏洞检测、通报及处置】6月，北京信息安全测评中心针对北京市各委办局及区县政务网站及政务系统开展安全漏洞检测、通报及处置工作，共发现安全漏洞93处，向52家责任单位发放整改通知81份，并向各责任单位提供整改技术咨询和整改情况跟踪验证服务。该项工作计划持续到2014年6月。

（北京信息安全测评中心）

【加强政务信息安全监控】年内，信息安全协调处通过对全市政务外网汇聚节点、重要系统、政务用户互联网接入和全市125家重要政务网站进行持续监控，全年共发现入侵检测报警130余万次、安全事件248起；完成监控日报、周报、月报358份，组织远程及现场设备巡检609次，完成远程及现场监控设备故障处置和设备升级200余次，完成设备升级12次、数据备份10次。

（北京市经济和信息化委员会信息安全协调处）

【做好网络与信息安全事件应急处置】年内，信息安全协调处在组织做好预警监控的基础上突出抓好网络与信息安全突发事件的应对工作，保障基础信息网络和系统的安全稳定运行。北京市经济和信息化委员会对第三方通报或监控发现的248起信息安全事件中的对市纪检监察网遭篡改事件、市档案局（馆）网站安全漏洞、市委组织部“12380”举报网遭篡改事件、市政协提案系统遭篡改事件等4起遭篡改信息安全事件进行现场应急处置。

（北京市经济和信息化委员会信息安全协调处）

【组织远程技术安全测试】年内，市网络与信息安全协调小组办公室组织国家专控队伍，针对北京市46个政务系统、90个政务网站、2个有线政务网络节点以及75个政务邮件系统开展远程技术安全测试工作，共发现安全隐患252处，向问题责任单位发放整改通知75份，并协助各责任单位完成整改工作，全市政务信息系统总体安全风险得到明显降低。

（北京信息安全测评中心）

信息安全服务

【概述】年内，全年应急工作得以科学计划和统筹安排。完成重大活动、重要节假日和敏感时期应急通信和信息安全保障工作。政务信息安全监控，不断提高网络与信息安全事件的预警能力和应对水平。积极开展网络与信息安全事件应急处置工作。健全和完善应急保障体系建设。加强演练和宣教培训，应急能力提高。车辆定位物联网应用示范项目建设推进。

（北京市经济和信息化委员会信息安全协调处）

网络与信息安全保障

【进行重点领域信息安全检查】年内，信息安全协调处重点开展对钢铁、有色、化工、装备制造、教育、城市供气、供热、环卫、交通运输、水务等领域的网络与信息安全检查。7月—9月，通过模拟有组织的网络攻击等方式，对全市99个重要政务网站、重要信息系统进行两轮远程安全技术检测，帮助发现并整改98个高危风险漏洞。

（北京市经济和信息化委员会信息安全协调处）

【推进“互联网信息安全管理”】年内，信息安全协调处强化市人大和政协提案与建议办理质量，促进北京市网络与信息安全工作的不断完善。一是协助市通管局推进网站认证并提供技术支撑，强化安全可信基础上提升政府相关部门的行政执法公信力和影响力；二是会同市国家保密局、市财政局相关业务部门进一步研究全市国家机关、事业单位互联网安全接入工作的资金管理机制，以扩大安全接入的范围、完善安全接入的手段；三是配合市公安局落实信息安全等级保护制度，加强对网站的安全管理，要求各级政府部门逐步实现对其网络与信息系统的全流程等级保护安全管理，将系统定级、备案、建设、整改等形成体系，并循环改进。

（北京市经济和信息化委员会信息安全协调处）

【加强应急通信和信息安全应急资源的统筹】年内，信息安全协调处共参与各种重大活动、重要节假日、敏感时期及突发事件现场处置等各种应急通信和信息安全保障60余次，共投入保障人员1100余人次，出动应急保障车辆150余台次，动用保障设备100余台次，为市应急办等相关委办局和延庆等区县办理卫星频率申请110单次，分配应急卫星频率1810兆小时。

（北京市经济和信息化委员会信息安全协调处）

【完成两个应急预案初稿编写】年内，信息安全协调处深化应急预案建设，先后完成《北京市政务系统计算机病毒事件应急预案》和《北京市政务系统网络攻击事件应急预案》两个专项应急预案初稿的编写工作，进一步完善指挥部应急预案体系。

（北京市经济和信息化委员会信息安全协调处）

【无线政务网组织应急通信演练及应急保障】年内，无线政务网组织完成4次应急通信演练，实施突发事件及重大活动应急通信保障31次，出动应急移动基站车19次，出动工作车次81次，累计保障人数435名，累计保障时长151.5小时。

（北京市政务网络管理中心）

【政务外网实施各类应急保障】年内，政务外网共实施“突发事件”及重大活动应急通信保障6次，应急视频会议保障45次，市安监局、市防汛办、市国土局、市商务局视频会议保障21次，保障人数累计9252人次。在重大活动及应急期间，市应急指挥视频会议系统随时可以开启，同时在线单位最多51家，最大上行流量47.75Mbps，最大下行流量46.53Mbps。针对电子政务网络SDH传输故障开展了应急演练。

（北京市政务网络管理中心）

【应急通信卫星网执行通信保障】年内，应急通信卫星网共执行重大活动保障工作6次，完成春节、北京市森林防火演练、全国“两会”、“五一”“十一”、北京市防汛综合演练、中共十八届三中全会等通信保障任务；累计出动车辆4次，保障人数26名，累计保障时长165小时。

（北京市政务网络管理中心）

安全风险评估与容灾备份

【开展政务物联网安全风险评估】年内，北京信息安全测评中心针对全市TD-LTE政务物联数据专网及石景山区物联网综合示范应用、朝阳区有毒气体防控示范应用、市应急车辆定位系统三个典型政务物联网应用开展安全风险评估工作，就发现的安全问题与相关单位进行沟通，完成《北京市政务物联数据专网安全技术指南》的研制及其检测流程的规范。

（北京信息安全测评中心）

整治、打击网络犯罪

信息安全技术与产品

【工业和信息化部调研市信息安全企业】9月25日和29日，工业和信息化部软件司副司长陈英带队对北京市信息安全企业进行实地调研。调研组一行实地考察启明星辰、网御星云、天融信、金山软件、明朝万达、绿盟、网秦七家企业，听取企业在技术产品创新、企业经营发展、国内外信息安全产业发展形势以及云计算、移动互联网、大数据等新形势下的安全技术发展情况的汇报，并对中国产业发展面临的问题、政策建议进行交流沟通。北京市经济和信息化委员会副主任姜贵平陪同调研。陈英调研中指出，信息安全产业是国家战略产业，国家会大力支持，希望国内安全企业从提高自身研发水平出发，修好内功，寻求技术突破，实现进口替代。

（北京市经济和信息化委员会软件与信息服务业处）

【《政务办公终端安全管理规范》发布】12月20日，北京信息安全测评中心组织制定的北京市地方标准《政务办公终端安全管理规范》（DB11/T 1041—2013）由市质监局批准发布，将于2014年4月1日起正式实施。该标准提出了适用于政务办公终端的安全管理规范，可用于指导政务办公终端的安全保护和管理，为北京市党政机关探索信息系统的规范管理提供支撑。

（北京信息安全测评中心）

【《运维审计产品安全技术要求》发布】年内，北京信息安全测评中心组织制定标准规范《运维审计产品安全技术要求》，由中国信息安全认证中心发布，作为IT产品信息安全认证的检测依据。北京信息安全测评中心已按照该标准对2款运维审计产品进行信息安全检测并出具检测报告。

（北京信息安全测评中心）

【北京市电子政务信息安全产品目录发布】年内，依据《北京市党政机关计算机网络与信息安全管理办法》（京办发〔2001〕27号）和《关于信息安全产品实施政府采购的通知》（财库2010第48号），北京市建立《北京市电子政务信息安全产品目录（非涉密信息系统）》，并每月进行维护更新。该目录公示于http://www.bjtec.org.cn的“资质名录”目录下，为市各委办局选择信息安全产品提供便利。

（北京信息安全测评中心）

政务领域信息化

【综述】年内，加快推进“智慧北京”建设，电子政务年度重点工作顺利推进，信息资源共享取得实效进展。在提升社会管理服务能力、创新城市精细化管理等方面取得阶段成效。重视云计算、物联网、大数据等新技术在城市运行、民生服务、企业运营和政府服务等各领域的深度应用，充分利用新技术提高信息化的应用效果；推进以公共服务和领导决策为引领的14类跨部门、跨领域专题顶层设计工作，其中食品安全信息化总体设计已正式印发。开展应用试点，智慧南法信等智慧乡镇建设取得实效。组织智慧园博会、智慧旅游等多次需求对接活动，推进智慧北京建设的同时，带动相关产业发展；参加工信部、中国工程院等相关部委、机构组织的智慧城市研讨会、论坛等10余次，在国家层面和兄弟省市之间广泛交流了建设经验。

（北京市经济和信息化委员会电子政务与信息资源处）

信息资源开发利用

【概述】年内，物联网共性支撑平台建设及市民卡一卡多用顺利推进。全市法人网上统一认证系研究和建设统启动。信息化试点示范工作有序开展。智慧北京宣传推广工作完成。智慧北京、电子政务年度考核工作有序进行，加强项目评审的服务工作，完成全年评审任务。“北京市政务数据资源网”（data网站）建设取得阶段进展。信息资源共享地理空间信息建设推进。

（北京市经济和信息化委员会电子政务与信息资源处）

政务信息资源公开共享

【加强信息资源共享推进】4月，北京市经济和信息化委员会下发《关于加强2013年政务信息资源共享常态工作的通知》（京经信委发〔2013〕46号），对2013年度的信息资源共享工作进行部署，初步建立信息共享联系人制度，收集整理全市可共享的资源1000多项、需求3000多项，可以向社会开放的数据183项。

（北京市经济和信息化委员会电子政务与信息资源处）

政务信息资源开发利用

【政务外网完成年度运维目标】截至10月底，市级政务外网接入单位728家，承载横向业务系统17套，承载纵向虚拟专网82套，承载16套拨号接入业务系统，其中新增接入需求97项。金财网接入单位928家，其中新增接入需求230项。应急视频会议系统接入单位74家，20家单位开通了185条主机域名，通过政务外网共开通21家市级单位与中央部委的连通。2013年度，传输网可用性达到99.9%，IP骨干网可用性达到99%，实现年度政务外网运维目标。全年共办理发文55份。

（北京市经济和信息化委员会基础设施处）

【政务外网实施保障工作】截至10月底，政务外网共实施中共十八大三中全会、全国“两会”等突发事件及重大活动应急通信保障6次，应急视频每周会议保障45次，保障市安监局、市防汛办、市国土局、市商务局等单位视频会议共21次，保障人数累计9252人次。在重大活动及应急期间，市应急指挥视频会议系统随时可以开启，同时在线单位最多51家，最大上行流量47.75Mbps，最大下行流量46.53Mbps。协助市防汛办完成了视频会商系统网络升级改造工作，并编制视频会议网络建设规范。在保持现有的网络建设规模和服务规格不下降和不突破预算总量的前提下，提升市监察局、市安监局、市南水北调办等单位的网络带宽。

（北京市经济和信息化委员会基础设施处）

【物联网共性支撑平台建设顺利推进】年内，物联网应用支撑平台通过第三方软件测试评估，通过初步验收专家评审，进入正式的试运行。平台整合交通委、水务局等单位的13555台套感知设备、11368个管理对象的共计60类50亿条数据。

（北京市经济和信息化委员会电子政务与信息资源处）

【启动全市法人网上统一认证系统研究论证】年内，北京市启动全市法人网上统一认证系统，组织全市相关41家部门单位开展研究论证，提出总体工作方案和建设方案。

（北京市经济和信息化委员会电子政务与信息资源处）

【建成市级电子政务云平台互联网云】年内，北京市经济和信息化委员会建成市级电子政务云平台互联网云，形成总数超过1300个标准云主机、220T以上存储规模，为接近100家各级政府单位提供服务。

（北京市经济和信息化委员会电子政务与信息资源处）

【举办智慧北京成果展】5月22—26日，北京市经济和信息化委员会在中国国际展览中心1B馆举办“智慧北京·精彩生活—智慧北京信息技术及创新应用成果展”。展览的内容凸显“生活”二字，所有展示内容与市民生活密切相关，涵盖了衣、食、住、行、游、购、娱等多个方面。全馆打破传统展览的标摊形式，采用场景式的主题展形式，按照展示内容所属类别划分成6个区域，分别是：智慧生活区、智能办公区、节能环保区、质量安全区、智能交通区、信息化基础设施区。展示内容涵盖市民生活的多个方面，并且重点关注目前北京市民关心的环保、交通等问题，突出科学技术对市民生活的深入渗透与提升，将“智慧北京”的概念形象化，通过展览对涉及产业领域中与市民生活相关的部分进行了整体呈现。参展企业超过100个，是历届智慧北京展参展企业最多的一届。

（北京市经济和信息化委员会电子政务与信息资源处）

政府门户网站与信息公开

【**概述**】年内，“北京市政务数据资源网”（data网站）建设取得阶段进展。打通“热线”“京友网”“民主评议系统”首都之窗三大注册服务平台间的用户库数据，实现首都之窗内部用户的汇集共享。加快推进网站群服务绩效平台项目建设网上政务服务大厅基层服务建设。开展政务服务机构地图查询服务的建设工作，对网上服务进行优化改造。公众互动业务四大基础平台搭建成型。建设“北京服务您”和北京市法人网上统一认证工程。

（北京市经济和信息化委员会）

政府门户网站

【**推进用户体系建设**】年内，北京市经济和信息化委员会为用户有序拓展，借助技术手段与合作推广相结合的方式，大幅提升用户量。借助单点登录应用，打通了“热线”“京友网”“民主评议系统”首都之窗三大注册服务平台间的用户库数据，实现首都之窗内部用户的汇集共享。在用户拓展方面强化与社会资源的合作，依托“热线”服务，先后完成与“八通网”“回龙观社区网”“望京网”三家北京市最大社区网站（拥有注册用户逾200万个）的服务对接，沟通确定了服务对接与用户共享（引导）的综合合作模式。互动服务注册用户量达到18万个，实名制用户近1400个，超额完成了年初既定工作目标。

（首都之窗）

【**加快推进网站群服务绩效平台项目建设**】年内，北京市经济和信息化委员会利用大数据提升政府网站绩效，向各分站开放智能分析系统。政务网站智能分析云平台监测到87家分站数据，为6家分站提供分析报告，为北京市电子政务运行态势系统提供数据支持。网站群服务运行效能管理系统进入试运行阶段，面向分站提供绩效管理服务。

（首都之窗）

【**完成首都之窗街道社区版建设**】年内，首都之窗完成首都之窗街道社区版建设，整合提供基层通知、公告等信息服务，办事指南、表格下载、网上预约、网上申报、办事服务机构查询等办事服务，实用查询、便民电话、便民服务机构查询、基层网站群导航等便民服务，以及咨询投诉、民意征集等互动渠道。服务覆盖教育、劳动就业、社会保障、医疗卫生、房屋、交通出行、出入境等领域，并针对老人、儿童、残疾人、流动人口等人群设置专项服务栏目，为社会公众提供丰富、实用的北京市街道、社区网上服务，方便百姓生活。

（首都之窗）

【**开展政务服务机构地图查询服务建设**】年内，北京市经济和信息化委员会完成政务服务机构地图查询服务的建设，以地图和信息列表两种方式提供市、区、街道、社区四级共约8000个政务服务机构的地址、电话等信息，并提供路线查询、实时路况查询、周边查询、地图信息纠错、分享等服务功能。

（首都之窗）

【优化出入境和交通出行等方面网上服务】年内，北京市经济和信息化委员会满足公众对出入境、交通出行等方面服务的需求，对护照、港澳通行证、驾驶证、机动车及身份证等年业务量过百万、全市跨区通办的业务进行梳理，对办事服务频道上的服务内容进行重新策划，通过在线调查、大厅调研、用户座谈、多部门合作等方式，从全面性、实用性、易用性等方面对网上服务进行改造。

（首都之窗）

【公众互动业务四大基础平台搭建成型】年内，北京市经济和信息化委员会把技术基础平台的业务支撑度与云化支撑能力作为年度部门系统建设改造的核心指标。通过民主评议工作平台开发建设，诉求流转系统与京友网系统改造升级及社情民意平台的业务应用。公众四种互动模式基础平台支撑全部到位，其中诉求流转平台针对“热线”业务的服务覆盖度达到100%，其子系统并行支撑着12家区县、委办局的诉求受理反馈业务。民意征集平台“京友网”一直以来都作为全市民意征集的共性平台提供服务，通过系统功能升级，应用优化与服务响应时效显著提升，年底顺义区公众评议政府网站、2014年度政府为民办实事预选项目征集、2013年民主评议基层站所三个大规模活动并行支撑。监督协同平台通过新建“民主评议系统”建设上线，实现任务流程化发布与多角色并行工作技术支撑，监督评议员与实名网民用户、普通用户并行开展信件监督，平台功能也借助民主评议基层站所对16个区县及7个被评行业全面开放，率先实现市区两级业务的同平台应用。民情采集平台通过“社情民意平台”业务应用初步具备以主题面向社会网站信息搜索采集支撑能力。

（首都之窗）

【建设“北京服务您”】年内，北京市经济和信息化委员会完成“北京服务您”整体方案设计工作，指导支撑完成测试版的前、后台建设，客户端的开发和发布工作，完成9次客户端版本更新和升级的工作；与各委办局积极开展服务接入工作，同时配合各项目阶段特点进行有针对性的宣传推广工作，并对“北京服务您”整体项目进行不断优化调整，制定相关管理办法，提升项目运维保障工作。全市客户端安装数量21.73万台，其中安卓系统安装13.31万台、iOS系统安装8.29万台、WP系统安装917台。接入委办局共19家，55类通知类型，共发布4254条，其中预警信息发布241条、一般类通知发布3855条、温馨提示通知发布158条。同时接入四个委办局APP应用。提供面向安卓、iOS和WP等三种操作系统的客户端软件，并在安卓、安智、91助手、豌豆荚、苹果、微软等6个电子市场正式发布，单独完成28种智能终端的适配工作。

（首都之窗）

【推进市法人网上统一认证工程】年内，首都之窗针对各委办局的应用现状开展调研，多次组织“一证通工程”研讨会，从总体业务规划，技术方案论证，经费测算，服务体系设计等几个角度开展工作，最终形成“一证通工程的1+4方案”，包括：总体方案、平台建设方案、部门系统改造方案、法人库升级改造方案和数字证书服务方案。在系统建设阶段，首都之窗项目组协调全市41家委办局共同参与、开展一证通工程的建设工作，与8家政府单位（北京市经济和信息化委员会、市人力社保局、市住建委、市地税局、市工商局、市统计局、住房公积金管理中心、市政府采购中心）的应用系统进行对接，整合全市已有的35万个数字证书用户。

（首都之窗）

电子政务运维

【概述】年内，建设市级党政机关互联网集中接入平台，对市级公务员邮箱系统升级改造，推进热线基础运维工作。

（北京市经济和信息化委员会电子政务与资源信息处）

电子政务工作推进

【建设市级党政机关互联网集中接入平台】年内，市级党政机关互联网集中接入平台实现同城异地双运营商、双出口的网络结构，主用出口2500M、备用出口1000M，确保互联网出口的冗余性、稳定性和可靠性，集中接入平台共接入140家用户单位，为两家单位（市密码管理局、市档案局）、三个集中办公区（中环、数北、槐柏树）开通实名认证系统，其中集中接入平台可用性达到99.9%，用户满意度达到98%，服务请求响应及时率达到99.7%。

（北京市经济和信息化委员会基础设施处）

【升级改造市级公务员邮箱系统】年内，北京市经济和信息化委员会启动市级公务员邮箱系统的升级改造工作。在分析市级邮箱系统的现状和对主流电子邮箱市场调研的基础上，完成《市级公务员邮箱系统升级改造整体方案》，包含已有邮箱系统基本情况、预测分析、升级改造方案设计、投资建设及经费来源、实施计划五个部分。

（首都之窗）

【推进热线基础运维工作】年内，以“热线”为主体的诉求处理业务共计接收公众诉求21789个，转办及反馈率达到100%，转办准确率96.8%，收到表扬信186封。以“京友网”为主体的民意征集业务全年发布各类征集问卷171份，问卷累计参与达到155879人次。以“民主评议系统”为主体的监督协同业务全年录入信件线索1437件，监督评议员全部完成评定反馈（现场督查17件）。以“社情民意平台”为主体的民情采集业务配置政风行风、社会综合管理及四风三类监控主题，全年采集社会信息近3000条，有力的补充客观民意。以统计报告为主要工作成果的舆情分析业务全年草拟周报、月报、专题报告共计89篇。

（首都之窗）

政府部门信息化建设

北京市财政局

【概述】 年内，市财政局认真贯彻财政科学化精细化管理理念，依据全局重点工作任务及财政部相关要求，不断推进财政信息化建设，全力做好财政业务信息化技术支撑工作。建立健全信息化管理制度体系，用制度指导信息化建设及管理工作；制定财政业务基础数据规范，实现财政数据资源的共享、利用，为信息共享奠定基础；加强信息化工作的顶层设计，开展数据交换架构设计，对相关业务系统进行整合优化，保障财政业务改革发展。

（邢璐）

【中关村现代服务业专项资金管理系统上线】 2月，市财政局建设的“中关村现代服务业专项资金管理系统”正式上线运行，实现项目在线申报、项目审核、项目查询汇总、资金管理、第三方项目评审、项目绩效评价、项目结项管理、系统管理、首页管理等多个功能，满足中关村现代服务业试点专项资金管理业务的需要。

（邢璐）

【财政外网网站系统迁入政务云平台】 2月，市财政局启动财政外网网站系统政务云迁移工作，3月初完成外网网站及业务系统的正式切换，包括财政网站、政府采购代理机构资格认定、网上申报审批及监察数据自动上报平台、军转干部招考在线系统、市局政府采购系统、外网法规库、会计服务业务系统、企业服务业务系统、票据查询系统，标志着市财政局网站系统从传统的服务器硬件模型转变成电子政务云模式。

（邢璐）

【制定信息化管理办法】 年内，市财政局为全面加强信息化工作的统一领导和科学规划，根据《北京市信息化促进条例》等相关法律法规和北京市电子政务建设发展趋势，结合全市财政业务发展改革的需要及财政信息化建设的实际情况，制定《北京市财政局信息化管理办法》及《北京市财政局信息化运维服务工作规程》《北京市财政局信息化安全管理工作规程》《北京市财政局信息系统新建及升级改造项目立项管理工作规程》等三个配套的工作规程，于9月24日正式印发。

（邢璐）

【开展财政业务基础数据规范建设】 年内，市财政局参照财政部《财政业务数据规范2.0》，以核心业务为重点，以预算管理为主线，以共享和稳定为原则，采集各业务系统使用的财政业务应用数据，整理归纳成930张字典数据表及各字典数据的值集结构，形成《财政业务基础数据规范北京市扩充代码集（1.0版）》，于9月通过专家论证后，报财政部备案并印发到全市财政部门。

（邢璐）

【建设北京市财政收入数据中心】 年内，市财政局为加强财政收入综合管理，整合各收入管理部门的数据资源，实现“全方位管理、全过程跟踪、各部门参与”的综合财源管理目标，依托信息采集与综合查询系统，开展“北京市财政收入数据中心”建设。“北京市财政收入数据中心” 秉承“数据平台”“管理平台”“政策平台”为特征的“三位一体”的设计思路，具备四大主要功能，即收入运行监控功能、收入预测预警功能、宏观决策支持功能、支出效益分析功能；四大基本体系，即资源体系、标准体系、应用体系、共享体系。

（邢璐）

【试点电子支付管理】年内，市财政局按照财政部推进国库业务支付电子化管理及市财政局关于积极稳妥推进国库电子支付管理改革等相关要求，北京市作为第二批试点省市，于5月正式启动此项工作，对现有业务流程、功能模块、应急机制和工作计划进行整理和确认，完成国库电子支付系统基础设施建设实施，制定相关的多个接口标准及信息安全管理制度，年底国库处已通过电子支付系统开展实拨和直接支付业务。

（邢璐）

【完成公务卡系统改造】年内，市财政局为配合公务卡改革在北京市的全面推开，提出完善财政端、银行端公务卡软件功能，按照紧急程度制定详细的工作计划和测试方案，配合各集中支付代理银行进行测试，完成系统改造和上线，保证公务卡改革工作的顺利开展，进一步方便和规范公务卡软件操作。

（邢璐）

【对重要业务系统定级、测评及整改】年内，市财政局开展对重要业务系统定级、测评及整改工作，完成11个重要业务系统的安全等级保护定级和备案工作，其中三级系统9个、二级系统2个，并根据测评结果进行了等保整改。通过全面开展信息安全等级保护工作，进一步完善全市财政系统信息安全管理体系和技术防护体系，增强信息安全保护意识，明确信息安全保障重点。

（邢璐）

【建设安全审计平台】年内，市财政局开展安全审计平台建设工作，通过安全审计平台的建设，确保财政信息系统达到对市财政局基础设施、核心应用系统和数据库安全审计的要求，实现日常管理可追踪、安全隐患可发现、安全事件可预警、安全事件可定位和溯源的业务目标，实现安全审计的闭环管理。

（邢璐）

【建设财政客户端安全管理系统】年内，市财政局根据财政部《关于开展财政客户端安全监控管理系统建设管理工作的通知》（财办发〔2012〕23号）和北京市财政国库业务电子化改革有关要求，对全市预算单位启用财政客户端安全管理系统准入策略，保障“金财工程”网络安全，加强计算机客户端安全管理。

（邢璐）

【加强运维服务管理】年内，市财政局不断加强需求受理及派工管理，建立督查督办机制，高效响应结余资金收回、对账及建新账等各类运维需求。为保障信息系统高效运行，对终端计算机网络维护204起，查杀计算机病毒行为525次，对应用系统巡检1057次，机房环境巡检1057次，各类故障处理32起，并针对应用系统进行102次相关测试工作，有效保证系统稳定，提高信息系统安全，有力支撑财政各项业务工作。

（邢璐）

【建设廉政风险信息化防控】年内，市财政局进一步开展用信息化手段助推财政廉政风险防控管理工作，通过二级监察平台建立与市纪委监察局之间预防腐败信息共享机制，形成信息跨部门共享机制，并积极引入人大、监察、审计等外部监督，加大外部监督力度，确保财政干部和财政资金的安全。

（邢璐）

北京市档案局

【概述】2013年是实施北京市“十二五”时期档案事业发展规划和档案信息化发展规划承前启后的关键之年，市档案局按照提高档案工作科学化水平的总体要求，积极推进全市档案信息化工作的制度化和规范化，提升全市档案信息化工作的科学化水平。

（杨中营）

【完成《数码照片归档与管理规范》送审稿】4月，市档案局对档案行业标准《数码照片归档与管理规范（征求意见稿）》的反馈意见进行了汇总和研究，吸收其中有价值的意见和建议，对标准的征求意见稿进行修改和完善，形成标准的送审稿并报送国家档案局。

（杨中营）

【北京数字档案馆项目立项工作推进】7月，市档案局向北京市经济和信息化委员会报送北京数字档案馆项目技术方案，9月26日通过了北京市信息化专家咨询委员会组织的重大信息化项目专家评审会的评审。12月，市档案局向市发展改革委报送项目可行性研究报告。

（杨中营）

【《档案数字化规范第7部分：成果存储与利用》发布】年内，市档案局完成《档案数字化规范》系列地方标准第7部分的起草及报批工作。12月20日，《档案数字化规范 第7部分：成果存储与利用》（DB11/T 765.7—2013）由市质监局正式发布成为北京市地方标准。

（杨中营）

【起草《档案数字化副本移交与接收办法》】年内，市档案局调研全市档案数字化副本移交与接收工作，研究起草《北京市档案数字化副本移交与接收办法》，以规范和促进全市档案数字化副本的移交和接收工作。

（杨中营）

【制定档案数据灾难恢复应急预案】年内，为加强全市综合档案馆应急处置工作的统筹管理，确保当发生意外情况时，能够利用同城或异地备份数据准确、完整地恢复档案数据，市档案局组织全市16个区县档案馆研究制定了档案数据灾难恢复应急预案并统一在市档案局进行备案。

（杨中营）

【调研电子文件归档范围等工作】年内，市档案局对全市电子文件归档范围与电子档案保管期限表编制工作情况进行了问卷调研和实地调研，对国内相关研究成果进行文献调研，形成调研报告，为下一步研究制定《北京市电子文件归档范围和电子档案保管期限表编制指南》，科学指导全市电子文件归档范围和电子档案保管期限表的编制工作奠定基础。

（杨中营）

【调研《档案数字化规范》执行情况】年内，为全面了解《档案数字化规范》地方标准第1至4部分的贯彻落实情况，市档案局通过发放调查问卷、实地调查等不同形式对全市各单位档案数字化的工作流程、技术指标、工作质量和安全保障等情况进行调研，形成调研报告，为促进标准的贯彻落实提供依据。

（杨中营）

【搭建完成虚拟化档案数字化加工处理系统】年内，市档案馆在原来档案数字化加工处理系统的基础上，又搭建完成一套虚拟化档案数字化加工处理系统，并投入运行，加速推进馆藏传统载体档案数字化的进程。

（杨中营）

【完成高清视频电视电话会议系统终端接入】年内，根据市委、市政府关于高清电视电话会议扩容的有关部署，市档案局完成全市高清视频电视电话会议系统的终端接入。

（杨中营）

【完成市电子政务内网纪检工作终端接入】年内，市档案局完成北京市电子政务内网纪检工作终端接入。

（杨中营）

【完成市党政机关互联网实名制试点接入】年内，市档案馆完成北京市党政机关互联网实名制试点接入。

（杨中营）

【进行文件级机读目录编制】年内，市档案馆共完成3.5万卷档案文件级机读目录编制工作，形成文件级机读目录50.6万条。

（杨中营）

【纸质档案数字化】年内，市档案馆完成纸质档案数字化147441卷册、8853906页，累计完成1500186卷册、53051513页，占馆藏纸质档案总量的69%；完成征集照片档案数字化10031张；完成地图档案数字化512幅，累计完成1800幅，占馆藏地图总量的60%；完成录音档案数字化600小时，累计完成3131小时，占馆藏录音档案总量的71%；完成录像档案数字化200小时，累计完成1300小时，占馆藏录像档案总量的17%。

（杨中营）

【采集电视新闻】年内，市档案馆采集中央、北京新闻共计16668分钟。

（杨中营）

【为开放档案资源共享利用系统提供数据】年内，市档案馆为国家档案局“国家开放档案资源共享利用系统”提供已开放档案机读目录2万余条、数字化原文近23万页。

（杨中营）

【为政务信息资源共享交换平台提供数据】年内，市档案馆为北京市政务信息资源共享交换平台提供共享目录810635条。

（杨中营）

【举办网上展览】年内，市档案馆制作完成“劳模档案背后的故事”“档案馆55年发展历程”和“第5届档案馆日”等网上专题展览，并在北京市档案信息网上面向社会公众展出。

（杨中营）

【将政府公开信息输入触摸屏提供公众查阅】年内，市档案馆把涉及财政预决算、住房保障、食品安全、环境保护、生产安全、征地拆迁、价格和收费等全市政府信息公开重点领域的公开信息输入触摸屏一体机供公众查阅。

（杨中营）

【数字化档案利用率继续提高】年内，市档案馆调阅和复制的档案中，数字化档案所占比例提高。全年调阅的档案中，数字化档案占比由上年的59%增长到67%；全年复制的档案中，数字化档案占比由上年的53%增长到62%。数字化档案的大量利用，提高档案利用效率的同时有效保护了档案原件的安全。

（杨中营）

北京市地方税务局

【概述】年内，北京市全税务系统信息化部门加强日常维护和安全管理，及时更新老旧设备，保证信息系统安全稳定运行。开发完成47个信息化升级改造项目，为征管改革提供强有力的技术支持和保障。落实国家税务总局要求，及时完成金税三期工程各项准备工作。

信息系统为全市120万个单位用户、2000万个自然人用户、8000余名税务干部提供服务。通过信息系统日均征收税款14.85亿元，网上征收2306.48亿元，占总入库的75.01%，网上地税局集约高效作用充分发挥。通过信息系统平均每月完成申报85万户，每月完成申报笔数87万笔，单日最大交易33万笔；共印刷发票10.2亿份，发票兑奖39万次，真伪查询459万次，开具发票120万笔，开票金额1.3万亿元；个人所得税系统累计纳税人数共2000万个，累积单位申报共4.9万户，其中年所得12万元，自行申报系统累积申报112.77万人；累计开具完税证明约3113万份。

纳税服务水平持续提升。开通新版网站，满足纳税人多元化、多层次需求。完成“个人所得税完税证明自助服务终端自助开具”的试运行及城六区的试点技术支持工作。方便纳税人查询、打印个人所得税完税证明，同时简化流程，提高服务效率和质量，实现“双减负”。针对浏览器版本兼容问题，改造核心征管网上申报相关程序，服务纳税人网上申报。

数据共享与业务协同能力不断加强。深化第三方数据的共享应用，推进信息管税。信息系统通过专网，与市工商局、质监局、交管局、国税局、统计局、残联以及36家银行、36家保险公司的信息系统联网，实现数据交换和共享。累计交换数据2877.7万笔，税务全社会综合治理的网络基本形成。完成与市住建委居民家庭缴纳个人所得税情况数据交换工作，核对数据6.42万条，有力支持房地产宏观调控措施的落实。通过小客车调控指标管理信息系统与市交通委进行数据核对28.18万笔，为缓解交通拥堵措施的实现贡献力量。

（崔犇）

【制定信息安全管理规范具体实施细则】3月，根据2012年制定的信息安全管理体系框架和安全规范制度，市地税局开展信息安全管理体系实施细则的编制工作。至6月底，已完成病毒防治管理、硬件设备安全管理、机房安全管理、人员安全管理、网络安全管理、安全监督检查管理、开发项目安全管理、数据安全管理、日志安全管理、重大信息安全事件报告管理等共10个安全制度的实施细则编制工作。建立体系化的管理文档框架，将组织、制度和人员这三个方面的问题通过流程和表单表达出来，并明确相关责任单位。

（雷京）

【精细化开展信息安全检查工作】年初，市地税局参照专业测评公司的测评表，制定市地税局信息系统安全巡检工作的具体检查工作项，每项赋予一定分值，客观的给检查的区县局打分，一方面可以较好地让市局看到各区县局开展安全保障工作的差别，另一方面可以让区县局有的放矢的开展整改工作，加大督促整改力度。6月—10月，市地税局完成各区县局的现场信息安全巡检工作，同时带领北京信息安全测评中心对部分区县局的机房进行实地检测。通过结合新的检查项，发现安全管理上存在的问题，并针对有安全问题的区县局下发整改通知，督促完成安全整改。

（雷京）

【配合总局做好金税三期试点环境安全管理】4月9日，市地税局与国家税务总局电子税务管理中心及安全处就昌平培训中心金税三期试点环境建设工作进行沟通，明确网络接入方案和安全管理思路，并制订网络实施方案和安全管理方案。4月17日，重新制定除总局提供的系统软件以外的其他硬件设备、软件、工程实施及维护费用等详细预算。6月初，完成《北京市地方税务局金税三期总局试点环境网络安全管理办法》并提交给总局。

（雷京）

【开展信息安全等保测评】4—6月，北京信息安全测评中心对市地税局开展信息系统安全风险评估现场测评工作。市地税局配合北京信息安全测评中心开展现场资产评估、管理安全测评、等级保护备案变更相关工作。重新梳理机房结构图、拓扑图、各系统资产清单；安全管理方针、制度、操作规程、执行记录；安全建设及实施方案等工作内容。通过此次评测，共整理出风险点共1517项，按照脆弱性等级共分为五个等级。截至年底，北京地税已完成整改风险点共402项，约占全部风险点的26.5%。其中，五级风险点已整改百分比为85.71%，四级风险点已整改百分比为31.33%，三级以下风险点已整改百分比为25.92%。已组织各相关运维公司完成对所有等保三级系统高危风险点的整改梳理工作，为信息系统的安全运行提供保障。

（雷京）

【北京市经济和信息化委员会到地税局调研】5月29日下午，北京市经济和信息化委员会副主任童腾飞带领电子政务处、信息资源中心、首都之窗和信息化项目评审中心一行6人到市地税局调研。市地税局副局长郝硕博，科技信息处、信息中心、安保中心副处级以上领导干部参加座谈。市地税局简要介绍信息化工作情况，金税三期工程基本情况以及对市地税局信息系统的影响，2013年和2014年市地税局信息化工作重点。双方就市地税局在审信息化项目进一步沟通了情况。北京市经济和信息化委员会对北京市着重推广的法人库、一证通、经济领域数据整合共享3项重点工作介绍简要情况，对需要市地税局配合的工作事项进行沟通。

（崔犇）

【企业数据交换项目工商查询接口正式上线】7月30日，市地税局企业数据交换项目工商查询接口正式部署上线。为市工商局提供查询税务登记信息、提请吊销信息、纳税人信用登记信息、加解锁信息和欠税信息。两局实现企业基础信息共享，市地税局通过共享平台可以实时查询企业和个体工商户的工商登记信息及股权转让信息，并且可以通过该平台向工商部门发送非正常户、证件失效户、欠税户、注销户等信息，从而加强对全市税源户的监管，堵塞征管漏洞。

（崔犇）

【加强信息安全培训】7月，市地税局组织市局各处室税务干部、各区县局信息化管理部门税务干部进行培训共计90人次。市地税局在年初即开始调研各区县局的信息安全培训需求，根据需求制定培训课件和教材，保证信息安全专业化培训起到预期效果。

（雷京）

【完成内网同互联网的物理隔离】9月1日，市地税局全系统实现内外网物理隔离。为加强内部办公网保密管理，确保内部工作信息的安全，市地税局对内部专网和互联网实施物理隔离，内部专网使用内网专用计算机，新建一套无线互联网，工作人员通过外网专用计算机访问互联网。

（魏志刚）

【完成金税三期第一阶段业务系统改造】9月18日18:00至20日18:00，市地税局加班35小时，按照国家税务总局金税三期第一阶段网络建设的总体目标和省级广域网改造的各项标准规范，完成市局内部IP地址和域名解析的重新规划设计、部署调整，使其符合总局新规，将市局全部46个业务系统的割接切换，区县局机关和税务所窗口系统服务测试，全市地税系统各信息化业务系统运转正常。为完成该业务系统改造，市局信息化部门共30人次加班，组织各服务提供商114人次具体实施，分别利用9月18日18时至19日凌晨3时、9月19日9时至20日凌晨2时、9月20日9时至18时开展工作。各区县局、分局参与改造及测试工作893人，市局共受理测试咨询电话191个。

（崔犇）

【恢复同总局的网络连接】11月15日，信息中心恢复市地税局与国家税务总局的网络连接，并完成市地税局国标税控发票系统和公路内河货运发票系统与总局的联网。信息中心收集整理各部门与总局联网的需求，将逐步实现各部门及各应用系统与总局的网络连接。市地税局10月向总局电税中心提出恢复与总局联网的请示，11月14日得到总局批准。

（魏志刚）

【支持税收政策法规有效落实】年内，市地税局完成47个信息化升级改造项目工作，为征管改革提供技术支持和保障。积极配合“营改增”扩围工作，做好数据查询统计与技术支持，确保改革平稳有序运行。实现国标税控明细数据网上报数、授权，和发票明细数据的采集，全面落实新发票管理办法和信息管税要求，为深化数据利用创造条件。开发耕地占用税升级改造项目，实现耕地占用税税源管理、减免税管理、征收管理和报表查询等业务需求，落实国家税务总局工作要求。推广个人出租房屋税收管理系统，实现各代征点机打完税凭证。上线运行财税库银横向联网批量扣税项目，减少75%手工税票。

（崔犇）

【金税三期工程各项准备工作有序推进】年内，市地税局实现自动向总局集中征管数据,上线运行向总局自然人数据库（个税部分）上报数据项目，完成核心征管业务数据定时向总局集中，满足国家税务总局数据分析与管理的需要项目。配合总局在昌平培训中心的“金税三期测试工作”，积极协调各方面资源，短时间内搭建“测试环境”。按照总局金税三期对省市计算机房的要求，完成市局机房环境调整，待总局金税三期省级实施方案确定后，依据方案对市局机房进行设计，做好基础环境准备。组织业务处室开展金税三期业务培训，了解金税三期业务架构、核心征管业务需求和上线前的准备工作事项，初步进行业务准备。配置总局金税三期标准组编制《税务数据字典设计规范——征求意见稿》，为向金税三期过渡预作数据准备。

（崔犇）

【完成内外网物理隔离】年内，市地税局组织实施完成局内外网络物理隔离项目，完成市局车公庄、马甸、档案处办公区和干部培训中心、老干部活动中心、昌平容灾中心6个办公区的无线网络建设，将办公桌面终端与用于连接国际互联网的个人终端进行物理隔离，降低办公桌面终端被攻击概率，提高工作秘密信息的安全性。

（崔犇）

【加强设备管理】年内，市地税局完成了332台台式机、224台笔记本、150台打印机等办公设备的采购配发工作，完成市局处室临时性的设备调配工作，完成7批次硬件设备报废工作。全市各区县局、分局也依据自身实际情况，完成了办公设备的更新，满足工作需要，改善了办公条件，提高了工作效率。

（崔犇）

【加强专业技术培训】年内，市地税局组织开展6期专业技术培训，培训市区所信息化部门干部约600人。全市各区县局、分局也开展大量形式多样、卓有成效的专业技术培训，对提升北京市地税系统干部的信息化能力，发挥重要作用。

（崔犇）

【建设运维服务管理系统】年内，市地税局完成运维服务管理系统软件开发、系统测试以及上线运行工作，系统运行正常，实现对信息系统维护工作的电子化，改变了自建局以来IT运维长期手工作业的工作模式，涵盖市地税局的应用服务支持、运行服务监管、事件处理等三方面的工作内容。实现效果有：1. 建立全局IT资源库。2.建立全局运维文档库。3. 实现运维事件处理的电子化。4.建立运维公司日常工作平台，完善对运维公司日常维护工作监管。5.建立运维工作记录数据库，对运维工作中产生的各类数据进行记录和存储。

（张连勇）

【制订规划完善信息安全建设工作】年内，市地税局对现有信息系统的安全状况和防御措施进行全面梳理，历时几个月时间制定市地税局信息安全整体规划，使开展完善信息系统安全建设工作有了依照，并有针对性地提出分步建设的目标和内容。完成抗DDOS攻击系统和WEB应用防火墙系统的部署工作，有效的防御互联网上的各种攻击，尤其是在国际黑客组织对我国政府网站的攻击期间，市地税局网站和各业务系统没有出现安全问题。

（雷京）

【完成计会税收收入同步分析台账模块开发】年内，市地税局开发完成“计会税收收入同步分析台账”模块，有效缓解税收收入计会综合查询系统压力，提高税务干部对收入规划核算相关数据的查询、统计效率。

（张鹏）

【完成北京地税网上报税桌面版上线】年内，为减少“4006022366”技术服务热线接报纳税人投诉量，彻底解决核心征管外网应用与高版本IE浏览器和JRE的兼容性问题，在不修改北京市地方税务局现有核心征管系统外网应用程序的前提下，市地税局完成北京地税网上报税桌面版的上线工作。

（张鹏）

北京市地质矿产勘查开发局

【概述】年内，北京市地质矿产勘查开发局（以下简称市地勘局）完善网络基础设施建设，购置一批服务器和网络设备，将局内的出口带宽增加到50M，建成“北京城市地质安全保障服务系统”和“北京岩溶水资源信息系统”；梳理和汇总城市地质工作的成果，提出建设“首都地质资源环境承载能力监测预警平台”，指明信息建设目标。

（李小龙）

【开展办公用计算机和涉密文件保密检查】3月18日，市地勘局印发《关于开展办公用计算机和涉密文件资料保密检查的通知》，决定在全局开展一次办公用计算机和涉密文件资料专项保密检查。该通知规定了检查目的、检查内容、检查方式及检查要求，明确了专项保密检查目录，要求采取自查方式对照22项内容进行检查。

（李小龙）

【召开CBD地区“玻璃地球”建设试点研讨会】3月26日，市地勘局副局长刘连刚主持召开CBD地区“玻璃地球”建设试点研讨会议，观看多参数系统三维建模演示，听取城市地质安全保障服务系统开发最新进展汇报，讨论CBD地区“玻璃地球”试点建设可行性及技术路线。通过多参数的三维建模软件和保障服务系统的数据分析功能，基本能够满足“玻璃地球”试点研究的功能需求，决定利用上述基础平台建设完成试点工作。

（李小龙）

【研讨突发地质灾害预警和清洁能源利用】7月12日，市国土局、怀柔区政府、市地勘局、市国土局怀柔分局在怀柔召开怀柔区突发地质灾害预测预警系统建设和清洁能源利用等工作座谈会。市地勘局就北京城市地质灾害预测预警系统、清洁能源（地热资源、浅层地温能、再生水热能）开发情况和已取得的土壤地球化学、浅层地温能资源调查与评价等方面的成果进行介绍，与会人员围绕相关问题进行研讨交流，双方就积极推进北京市突发地质灾害监测预警系统、推动清洁能源在怀柔区的利用及开发、充分利用土壤调查评价及浅层地热能调查评价项目成果等事项达成广泛共识。

（李小龙）

【建（构）筑物地质安全监测系统通过评审】7月23日，市地勘局邀请原国务院参事、勘察大师王秉忱，市规划委、市住建委、北京城建科技促进会等专家组成专家组，对市地热院牵头的“北京市重大建（构）筑物工程地质安全监测系统关键技术研究与示范工程”立项申请书进行评审。专家组认为，开展“北京市重大建（构）筑物工程地质安全监测系统关键技术研究与示范工程”建设，对解决城市人口的快速增长和密集的工程建筑给城市带来的一系列环境地质问题（地面沉降、地裂缝、活动断裂、地下水位变化等）诱发的工程地质安全问题具有指导作用和战略意义，将为北京市城市规划、城市建设、城市运营，特别是地质灾害应急处理提供重要决策依据，一致同意通过评审，建议进一步修改完善并尽快立项实施。

（李小龙）

【大兴迭隆起岩溶水流数值模型评审获优秀】10月21日，市水文队组织中国地调局、清华大学、北京师范大学及市地勘局专家，对中国地质大学（北京）承担的北京岩溶水资源勘查评价工程项目“大兴迭隆起岩溶水流数值模型”成果报告进行评审。专家组认为，项目运用国际先进的软件建立三维地下水流数值模型，开展地下水可开采量评价，预测不同开采方案下地下水位变化趋势，对岩溶水源地保护区进行划分，提出岩溶水合理开发利用措施和保护建议，报告数据扎实、内容完整、条理清晰，一致同意通过评审，评定为优秀级。

（李小龙）

【房山、西山岩溶水数值模拟终期评审优秀】10月，市水文队组织中国地调局、中国地质大学以及市地勘局专家分别对北京岩溶水资源勘查评价工程中清华大学承担的“房山岩溶水数值模拟”和首都师范大学承担的“西山岩溶水数值模拟”成果报告进行终期成果评审。专家组经质询和讨论，认为针对研究区两个课题均建立研究区的水文地质概念模型和三维地下水流数值模型，进行地下水补给资源评价和可开采资源评价，拟定对不同开发利用方案进行模型预测，并提出开发利用可能引起的地质环境问题和相应保护措施，技术路线合理、方法先进，内容全面，达到项目预期目标，符合项目管理要求，成果将为区域岩溶水开发利用提供技术支持，一致同意通过评审，评为优秀级。

（李小龙）

【公路高边坡地质灾害监测系统通过评审】11月21日，市交通委、市国土局与市地勘局联合组织召开“极端天气条件下保持道路交通畅通物联网应用示范工程第五标段：公路高边坡地质灾害监测系统”中期评审会议。与会专家听取项目承建单位市地研所的汇报，观看系统演示并进行了质询，认为项目建设依据《北京市发展和改革委员会关于批准极端天气条件下保持道路交通畅通物联网应用示范工程初步设计概算的函》批复内容，完成合同规定的阶段性建设任务，完成所有野外外场监测设备安装施工、数据接入和数据共享、公路高边坡地质灾害监测系统开发；经过一年试运行，系统性能稳定且基本满足设计要求,一致同意项目通过中期评审，建议进一步提高自组网工作的稳定性，对系统分级预警模型的阈值进一步开展研究，加强系统对公路交通保畅的技术支持。

（李小龙）

【举办北京城市地质安全保障服务系统培训】12月4日，市地勘局举办北京城市地质安全保障服务系统培训会，北京超维创想信息技术有限公司的技术人员详细讲解该系统的功能和操作，并进行互动答疑。局属相关单位、局信息处相关人员参加培训。

（李小龙）

【梳理地质业务成果】12月23日，市地勘局局长刘辉主持召开局长办公会，研究决定对城市地质工作的成果做系统的梳理和汇总，并对有关事项进行了部署。副局长刘连刚主持召开专题会议，各主管局长亲自牵头，截至12月底，市地勘局制作完成了“首都地质资源环境承载能力监测预警平台工程分布图”、遥感影像图及一个预警平台模型，并形成文字报告，向有关部门建议将已经形成的成果与首都主体功能区规划、首都经济圈发展规划进行衔接与整合，加大“八大监测预警系统”——北京市地面沉降监测预警系统、北京市地下水环境监测预警系统、北京市地热与浅层地温能开发利用地质环境影响监测预警系统、北京市突发地质灾害监测预警系统、北京市平原区活动断裂监测预警系统、北京市土壤地质环境监测预警系统、北京市重大建构筑物及地下空间地质安全监测预警系统、北京市重大线性工程地质安全监测预警系统建设步伐，构成全市地质安全保障服务体系，建成完善首都地质资源环境承载能力监测预警平台，与政府相关部门共享和开放，将监测数据应用于国土空间规划、城市布局、城市功能区划及重大工程建设规划，为政府部门管理和决策提供基础支撑作用。

（李小龙）

【市政务地理空间信息共享数据被访问居首】年内，市地勘局向市政务地理空间信息平台提供的数据受到各委办局关注，被访问次数超过9857次，跃居被访问次数列表首位。2010年，市地勘局成为第一批参与市政务地理空间信息共享工作的市属局级单位，向市政务地理空间信息平台提供了包括基础地质、地下水资源与环境、土壤地球化学、地壳稳定性等七大类共享数据目录。2011年，又为该平台提供七大类共计43个图层数据，促进部门业务流程的优化、整合，为实现政府各部门之间高效的信息共享和业务协作，带动政府信息化水平全面提高贡献力量。2012年，被访问次数为2062次。

（李小龙）

【完成北京城市地质安全保障服务系统建设】年内，市地勘局完成北京城市地质安全保证服务系统建设，系统主要实现“地下水环境监测网”和“地面沉降监测网”两个监测网的数据接入、处理和分析，构成完整的“地下水环境分析系统”和“地面沉降分析系统”；实现地勘业务跨专业、跨系统的综合分析；通过“北京市政务信息资源共享交换体系”和市级各委办局进行数据交换与共享，通过专线与“国土资源部”“中国地调局”等国家相关部委进行数据交换与共享。3月，通过初步验收，经过试用行后，于7月26日通过市发展改革委最终验收。

（李小龙）

【完成岩溶水信息系统建设】年内，市地勘局完成岩溶水信息系统建设，系统利用现代地理信息系统技术，建设“北京市岩溶水资源信息系统”，包括数据管理及服务系统和岩溶水资源分析系统。实现对北京市岩溶水资源管理的信息化，使岩溶水资源信息的收集、整理、录入、存储、分析能够快速、准确、便捷地实现，提高岩溶水资源开发利用管理工作的效率，有效地为管理决策提供信息支持，从而实现北京岩溶水资源的信息化管理。1月12日，召开北京岩溶水基岩地质三维模型建设专家研讨会，与会专家围绕该项工作中收集资料情况、剖面图绘制、基岩三维模型深度、同一地区不同时期地质成果的不同认识、多比例尺三维模型管理等问题进行交流探讨。8月，通过专家评审，专家认为该系统满足合同及设计要求，软件开发相关文档齐全，实现了北京市岩溶水资源的信息管理、专业分析、成果综合展示等功能。

（李小龙）

北京市高级人民法院

【概述】年内，北京市高级人民法院（以下简称市高级人民法院）以服务审判管理，促进司法公正高效；服务平台建设，落实和推动司法公开；服务执法办案，保障各项工作高效运行为目标，着力推进信息化与司法审判等各项工作的有效融合。在信息化建设中运用“一库两平台”顶层设计理念，打造北京法院审判信息资源库，完善以“信息球”为核心的对内管理和服务平台，建设以“北京法院审判信息网”为载体的对外公开和服务平台，围绕服务法院审判执行和司法公开等核心工作，全面推进信息化建设、管理和应用工作。10月，最高人民法院在市高级人民法院召开“人民法院信息化工作会议”，向全国法院重点推介北京法院“信息球”立体运行模式。市高级人民法院荣获“2013年推动中国信息化进程突出贡献奖”；被工业和信息化部授予“移动电子政务安全本示范单位”；市高级法院信息技术处荣获全国法院信息化工作先进集体。

（叶欣）

【举办“信息球”司法统计工作培训班】3月13—15日，北京市法院2013年“信息球”司法统计工作培训班在国家法官学院北京分院举办。全市三级法院司法统计人员和信息技术人员，市高级法院各审判业务庭、研究室、审管办相关人员近80人参加培训。市高级人民法院信息技术处处长王岚生对运用“信息球”创新司法统计新机制取得的成果进行总结，副处长余贵清主持培训工作，对做好2013年司法统计工作提出重点和要求。各院信息技术办主任对促进信息化与审判业务融合发展的工作思路进行研讨。信息技术处孙冰、李晌就“‘信息球’司法统计常见问题及注意事项”“如何应对北京法院组织结构变化下的司法统计工作”进行深入细致的讲解。东城、西城、丰台、石景山、密云等五家法院就新模式下如何做好法院司法统计工作作经验介绍，各院司法统计人员对新机制下司法统计的工作方式进行分组讨论。华宇信息技术公司运维工程师就数据质量监控规范、司法统计口径适应性修改、31项指标与司法统计对应关系等问题进行说明。

（叶欣）

【两大案件信息系统功能升级发布会召开】 3月20日，市高级人民法院分别召开北京法院新民诉法和新刑诉法案件信息系统功能升级发布会。发布会演示了两大案件信息系统升级功能，业务庭室对系统进行确认，并一致表示新增功能符合新民诉法和新刑诉法修改后审判工作的实际需要，促进信息化与审判业务的深度融合。

（叶欣）

【最高法院行装局调研信息化工作】 3月21日，最高人民法院司法行政装备管理局局长王少南、副局长吴少军等一行五人到市高级人民法院调研指导信息化工作。院长慕平表示，北京法院将以承办全国法院信息化工作现场会为契机，梳理总结信息化建设发展的经验做法，并积极向上海、广东等先进法院学习，推动北京法院信息化工作科学发展。信息技术处处长王岚生介绍北京法院信息化发展历程和取得的各项成果，重点汇报构建“信息球”立体运行模式的设计思路、服务理念和工作成效。副处长余贵清就首次人民法院信息化工作现场会的筹备情况进行汇报。王少南对北京法院信息化工作给予高度评价，并对现场会筹备工作提出要求：一是要充分发挥“领军”优势。“信息球”的实践代表了法院信息化发展方向，要向全国法院重点展示“信息球”先进理念和建设成果。二是要充分发挥创新优势。北京法院在信息化建设、应用、管理三个阶段依托机制创新，积累了丰富的经验和好的做法，要认真总结，为推动全国法院信息化工作提供有益的借鉴。三是要充分发挥管理优势。北京法院的信息化经过近二十年的建设发展，在信息化运维管理机制、信息化项目审批以及招投标工作规范等方面实现管理的严格、规范、科学，应当予以总结推广。

（叶欣）

【京沪鹏蓉法院进行信息化发展战略合作】 3月28日，市高级人民法院举行京沪鹏蓉法院信息化发展战略合作签约仪式。市高级法院副院长索宏钢，最高人民法院司法行政装备管理局处长王德进，京沪鹏蓉法院处长王岚生、曹红星、牛南征、张保川出席签约仪式。签约仪式后，四家法院开展信息化发展战略合作第一次交流。

（叶欣）

【《人民法院报》报道北京法院信息化工作】 5月8日，《人民法院报》头版以《神奇“信息球” 服务显魔力——北京法院信息化审管新模式提升审判质效》为题，对北京法院以信息化强化审判管理、提升审判质效工作进行了报道。报道以“信息球”为促进信息化与司法审判、司法人事、司法行政等各项工作的深度融合所发挥的作用为切入点，详细介绍北京法院积极探索机制创新，建立“信息球”服务审判管理、科学考评和领导决策新机制，为推动法院各项工作全面协调可持续发展所做的不懈努力和取得的显著成效。

（叶欣）

【举办信息化系统运维工作培训班】 5月14—16日，北京市法院2013年信息化系统运维工作培训班在国家法官学院北京分院举办。全市三级法院信息化主管领导和信息网络工程师，市高级法院各审判业务庭、综合部门相关人员近80人参加培训。最高人民法院司法行政装备管理局副局长吴少军对《人民法院信息化五年发展规划》进行解读。市高级法院信息技术处处长王岚生对2013年北京法院信息化工作进行部署，提出发展目标，即“运用严谨的逻辑分析程序规范司法行为；运用大数据建立业务信息智能分析体系；运用现代移动技术建立法官和当事人、法院和公众之间的信息交互体系”，并明确下一阶段工作思路及任务。信息技术处孙冰、胡葵铭、杜锋、李响和华宇信息技术公司运维工程师分别就“信息球”司法统计，设备采购，远程庭审，安全等级保护，电子签章，案件信息系统关于新刑诉法、新民诉法适应性修改，数据运维及数据质量控制等内容进行培训。参训人员就“如何促进信息化与审判业务融合发展、提升信息化服务审判业务能力”进行分组讨论，提出建议和意见。

（叶欣）

【与工行北京分行查、冻一体化办公】5月24日，市高级人民法院与中国工商银行北京分行举行查、冻一体化办公系统签约仪式。最高人民法院执行局副局长张根大、中国工商银行总行法律事务部副总经理刘泽华、市高级法院副院长索宏钢、执行局局长张美欣、工商银行北京分行副行长季爱东等出席签约仪式。中国工商银行北京分行和市高级人民法院相关部门负责人参加签约仪式，中央电视台、中央人民广播电台、北京电视台、北京人民广播电台对签约仪式进行现场报道。

（叶欣）

【黑龙江省高级人民法院调研信息化工作】6月18日，黑龙江省高级法院院长张述元一行七人到市高级人民法院，就法院信息化建设等工作进行考察交流。张述元一行参观市高级人民法院信息集控中心，信息技术处处长王岚生详细介绍市高级人民法院信息化建设情况以及“信息球”的建设构想和实施情况。张述元表示，黑龙江高院正在加大力度投入信息化建设，加强审判管理工作，北京高院的经验具有很强的参考和借鉴意义。

（叶欣）

【市纪委书记调研科技防腐成果】6月19日，市委常委、纪委书记叶青纯到市高级人民法院，就反腐倡廉依法行政教育基地工作进行调研，院长慕平陪同调研。市纪委驻市高级法院纪检组组长高晓陵在调研座谈会上进行了汇报。调研期间，叶青纯一行参观市高院信息集控中心和数字化法庭，对科技防腐的信息化建设成果给予高度评价。

（叶欣）

【最高法院执行局调研信息化工作】6月26日，最高人民法院执行局局长刘贵祥、信息室负责人刘涛等一行到市高级人民法院执行局调研信息化建设及执行指挥协调中心筹备情况。院长慕平与最高法院执行局领导会面，副院长索宏钢、执行局局长张美欣、执行局各庭负责人陪同调研。

（叶欣）

【信息化工程第六次验收暨资产移交会召开】6月27日，市高级人民法院召开北京法院信息化工程第六次验收暨资产移交会议。副院长周继军、索宏钢出席会议，办公室主任王玉良、司法行政处处长谭宝民、信息技术处处长王岚生等参加会议。信息技术处副处长佘贵清就移交项目资产作情况汇报，国研信息工程监理公司作项目竣工验收报告。通过验收后，王玉良、王岚生分别在《北京市高级人民法院信息化工程项目第六次资产移交文件》上签字，资产移交至办公室。

（叶欣）

【审判业务数据库信息安全管理工作会召开】7月5日,审判业务数据库信息安全管理规范工作会议在大兴法院召开。市高级人民法院信息技术处全体人员以及西片各中、基层法院的信息技术主管领导和工程师参加会议。信息技术处处长王岚生介绍召开会议的背景和目的，要求各法院信息技术部门高度重视审判业务数据库管理工作，并针对管理规范提出意见和建议，完善管理规范，做好审判业务数据库的各项管理工作。副处长佘贵清详细讲解《北京法院审判业务数据库系统安全管理规范（征求意见稿）》。各中、基层法院的信息技术主管领导和工程师介绍各院审判业务数据库的管理情况，并针对管理规范提出详细的建议和意见。

（叶欣）

【举办信息技术服务人员等级测评考试】7月13日，市高级人民法院举办信息技术服务人员等级测评考试，全市法院230余名技术服务公司人员参加考试。政治部副主任、教育培训处处长吴久宏，信息技术处处长王岚生、副处长佘贵清和西城、东城、海淀、大兴等法院信息技术部门负责人，对六个考场进行巡视，并对考试组织工作的规范细致及井然有序的考场秩序给予充分肯定。根据测评结果向技术服务人员颁发北京法院信息技术服务上岗证书。

（叶欣）

【组织人大代表观摩假释案件远程视频庭审】7月19日，市高级人民法院邀请部分市人大代表到司法部燕城监狱开展减刑、假释案件远程视频庭审观摩暨座谈活动。人大代表们在燕城监狱的远程视频法庭内旁听了一名在押罪犯假释案件的庭审。市高级法院与燕城监狱设置了全国第一个监狱内的远程视频法庭。

（叶欣）

【完成北京法院案件信息管理系统调整工作】8月20日15时至21日6时，北京法院案件信息管理系统调整工作完成，管辖关系顺利切换，系统运行正常。案件信息管理系统调整工作涉及第一、第二、第三中级人民法院以及西城、房山、大兴、朝阳、通州、顺义、怀柔、平谷、密云九个基层人民法院，是北京法院自信息系统运行以来首次涉及全市范围的数据调整切换，数据迁移量大、业务逻辑复杂，调整工作涉及市高院信息技术人员，各中级、基层法院信息技术人员，通信运营商、软件开发商、运行维护等技术服务公司人员，系统调整覆盖全市法院全流程、全业务，并具体到每个人员、每起案件，对管理的精细化、高效能提出了高要求。信息技术处组织召开协调会25次，模拟演练和系统测试8次，发布全市通知及规范4次，百余人协同工作，共投入五千多人日，全市法院信息技术人员密切配合，相关工作人员加班加点工作，完成此次案件信息管理系统调整工作。

（叶欣）

【三中院弱电和信息化项目通过验收】9月3日，北京市经济和信息化委员会组织专家在第三中院召开“北京市第三中级人民法院弱电和信息化项目竣工验收专家评审暨资产移交工作会”。第三中院弱电和信息化项目建设了基础网络设施、高清庭审系统、审判业务应用、信息安全体系，满足审判业务需求，保障三中院以审判为中心的各项工作。同时，实现多项应用创新，建成全市首家信息安全三级等级保护的法院，全国首家全部庭审信息、安防监控、数字法庭等采用全高清技术的法院。专家评审组实地考察数字法庭、远程法庭、立案大厅、绿色信息机房和信息中心，听取各承建单位的工作汇报，经过质询和讨论，一致同意通过验收。会议最后举行信息化项目资产移交仪式，资产移交至第三中院办公室。

（叶欣）

【移动公共平台建设征求意见座谈会召开】9月6日，市高级人民法院召开北京法院移动公共服务平台建设工作征求意见座谈会，北京市律师协会副会长张小炜、副秘书长陈强等9名律师应邀参加会议。市高级人民法院立案庭庭长何通胜介绍立案庭诉服办与信息技术处协调配合，运用移动互联技术，探索构建北京法院“移动公共服务平台”的相关情况。信息技术处处长王岚生介绍“北京法院”APP应用程序的预期功能、信息来源、发布渠道、建设进展等相关工作情况，并现场演示“北京法院”一期APP服务功能。出席会议的律师代表对北京法院作为全国首家以APP形式创新司法为民举措、落实司法公开的做法给予高度赞扬，并现场通过二维码扫描下载“北京法院”一期APP程序。随后，律师代表与第三中院、海淀法院、东城法院三家试点法院从完善二期动态信息内容、拓宽法院与律师沟通渠道、丰富服务律师及法官功能、保障信息准确及时、推动立案标准统一等方面，提出意见建议。

（叶欣）

【人民法院信息化工作现场会召开】10月9日，人民法院信息化工作现场会在市高级人民法院召开，全国高级法院、计划单列市中级人民法院分管信息化工作的院领导、信息技术部门负责人及各地受表彰的先进集体和个人代表120人参加会议。院长慕平代表北京法院致辞。最高人民法院审判委员会专职委员贺荣作《以务实作风贯彻落实会议精神和部署》的讲话。现场会观看八省市高级法院信息化工作汇报视频，信息技术处处长王岚生从信息化建设理念、思路和做法介绍北京法院在信息化建设、应用、管理等方面的情况。副处长佘贵清从立案、审理、执行和法院管理等方面在信息集控中心进行现场汇报，与会领导及代表认真观看现场展示，细心听取讲解，并就关心的问题进行现场提问和交流。

（叶欣）

【北京市法院信息化建设领导小组成立】10月25日，市高级人民法院成立北京市法院信息化建设领导小组。领导小组负责组织领导全市法院的信息化建设工作，统一制定信息化建设工作整体规划和重大工作举措，统筹解决信息化建设工作中的重大问题；统筹管理全市法院信息化工作协调发展，促进信息与业务融合，推进司法信息公开；领导小组定期向市高级法院党组报告工作。

（叶欣）

【发布“北京法院”APP司法公开应用程序】10月25日，市高级人民法院发布“北京法院”APP司法公开应用程序。该应用程序提供五项服务，分别为：法院要闻，即向公众公开法院工作动态；公告发布，即公开鉴拍变卖等四类公告信息查询；诉讼指南，即提供原告举证须知、民事案件立案须知等7种不同形式的诉讼指南，方便公众了解诉讼流程，提示诉讼风险；法院导航，即提供三级法院不同办公区、派出法庭的案件管辖范围、地址、乘车路线、联系电话、对外接待时间等信息及导航服务，便利当事人参与诉讼，减轻诉累；诉讼工具：提供诉费计算、人身损害赔偿、劳动争议费用计算三类诉讼工具。

（叶欣）

【北京法院信息化工作现场会召开】11月8日，市高级人民法院在第三中院召开北京法院信息化工作现场会，院长慕平出席会议并讲话。会议的主要任务是贯彻落实人民法院信息化工作会议精神，准确把握面临的新形势、新机遇，研究制定《北京法院信息化五年发展纲要（2013—2017）》，全面部署北京法院信息化工作的任务目标和具体措施。慕平从四个方面就做好新时期北京法院信息化工作全面部署。一是要认真总结经验，进一步统一思想、振奋精神、再接再厉，推动信息化建设向前发展。二是要学习好、领会好、贯彻好人民法院信息化工作会议精神。三是要明确首都法院信息化建设的目标和任务。四是要加强组织领导，通过具体工作措施狠抓工作落实。市高级法院副院长王明达主持会议，副院长孟祥就《北京法院信息化五年发展纲要（2013—2017）》的起草情况作简要说明。信息技术处介绍了北京法院“司法公开”信息化建设总体方案。第三中院院长索宏钢，全市各级法院信息化工作主管院领导及信息部门负责人、市高级法院信息化建设领导小组成员等60余人参加会议。

（叶欣）

【查冻一体化办公系统建设推进会召开】11月8日，市高级人民法院执行局执行一庭负责人张永忠、指挥中心办公室及信息技术处相关人员，与北京市银行业协会联合召集工商银行北京分行等15家驻京商业银行，就推进建立执行查冻一体化办公系统进行座谈。张永忠介绍建立查冻一体化办公系统的工作目标、进展情况。工商银行北京分行的项目负责人对该行研发的查冻一体化办公系统进行演示和讲解，与会人员就如何推进建立查冻一体化办公体系进行讨论。

（叶欣）

【协调北京市经济和信息化委员会推进司法公开平台建设】11月13日，市高级人民法院信息化领导小组办公室邀请北京市经济和信息化委员会电子政务处处长潘峰一行到高级法院就北京法院司法公开平台建设相关事宜进行现场办公。信息技术处处长王岚生介绍北京法院开展司法公开“一库两平台”筹建的情况。潘峰一行就项目建设方案提出了指导意见，希望北京法院能够充分利用审判信息资源，加强案件的数据分析，特别是加强对案件类型、征信信息的分析，为北京市政府提供更多更有价值的高质量数据，服务和保障首都经济社会发展。潘峰一行还就市高院信息技术处与北京市经济和信息化委员会电子政务处之间相关工作进行现场办公，协调解决数字法庭和三大平台建设的信息化立项、评审工作以及“北京法院”APP应用程序下载平台等问题；同意北京法院使用北京市经济和信息化委员会电子政务“互联网云”承载“北京法院审判信息网”，同意使用北京市经济和信息化委员会位于密云的灾备中心承担北京法院部分数据存储工作，同意将北京法院作为北京市移动政务网试点单位。

（叶欣）

【工信部信息化部等调研信息化工作】11月15日，工业与信息化部信息化推进司处长章晓杭带队时代远景研究院、工业与信息化部电信研究院、中国标准化研究院、中建科28所及13室研究室等八人到市高院调研北京法院信息化工作机制，为下一阶段工业与信息化部开展全国云平台建设和电子政务标准化研究提供实践参考。北京市经济和信息化委员会电子政务处副处长水海峰陪同调研。信息技术处处长王岚生就北京法院信息化发展的历程和经验进行总体介绍，副处长佘贵清从贯彻落实北京法院信息化工作会议精神，探索建立基于公众需求的信息化立体服务模式出发，着重介绍北京法院司法公开“一库两平台”建设的整体框架和实施方案。章晓杭一行认为北京法院信息化发展从进程上看已经走在全国信息化发展的前列，在需求牵引、深化应用、运维外包、整合资源等方面均积累了一定经验，为工业和信息化部下一阶段开展全国云平台建设和电子政务标准化研究提供了许多有益的借鉴：一是建立了基于大数据的应用一体化模式，解决了以往资源分散、共享不便的难题；二是从顶层设计出发，建立了一套有效的数据和应用模型，解决了以往重建设、轻应用，信息孤岛现象严重的问题；三是创新运维服务外包模式，采购社会化服务，优化了信息资源配置，促进了信息化与业务的深度融合。

（叶欣）

【裁判文书上网公开工作视频会议召开】11月22日，市高级人民法院召开北京法院裁判文书上网公开工作视频会议。会议要求认真贯彻落实最高人民法院关于裁判文书上网公开的精神和要求，采取四项措施，确保自2014年1月1日起实现全市三级法院全部裁判文书上网公开的工作目标。

（叶欣）

【信息化发展战略合作协议签约仪式举行】11月27日，市高级人民法院与北京华宇软件股份有限公司“信息化发展战略合作协议暨三大平台软件开发项目签约仪式”在市高级人民法院举行。签约仪式后，北京华宇信息技术有限公司将先期派驻市高级人民法院40名软件研发技术人员，与信息技术处协同工作，加快推进北京法院司法公开三大平台建设速度。

（叶欣）

【调研推进司法公开三大平台建设工作】12月2—5日，市高级人民法院副院长孟祥带队信息技术处赴一中院、二中院、西城法院、朝阳法院、海淀法院、大兴法院进行实地调研，介绍北京法院司法公开三大平台建设情况，听取各院业务需求和相关工作汇报，并就司法公开三大平台实施方案和试点工作进行沟通。北京市法院信息化建设领导小组办公室积极探索建立高院信息技术处、试点法院、软件开发公司“三方联动”工作机制。就审判流程、裁判文书、执行信息“三公开”和网上立案、电子送达“两服务”分别商定第一批试点法院，确保第一时间在三级法院进行软件测试，及时发现问题，及时反馈修改，并根据审判业务需求及时调整完善。确定一中院、二中院、西城法院、海淀法院、朝阳法院为裁判文书公开试点法院；西城法院、朝阳法院、大兴法院为探索网上立案试点法院。

（叶欣）

【国务院办公厅到市高院学习信息化工作】12月6日，国家行政学院组织国务院办公厅司处级电子政务与政府管理创新培训班40余名学员到市高级人民法院学习交流，现场教学电子政务精细化运维管理与信息化立体服务模式。学员们对北京法院信息化服务业务的水平和运维服务管理机制、资源整合与立体服务模式、司法公开三大平台建设等工作给予高度评价。

（叶欣）

【开通北京法院审判信息网】12月31日，北京法院审判信息网开通暨裁判文书上网发布仪式在市高级法院信息中心举行。院长慕平按下启动北京法院审判信息网按钮。自2014年1月1日起，北京市三级法院将统一通过北京法院审判信息网，实现裁判文书公开和部分审判流程、执行信息公开，同时试运行网上立案、电子送达服务。北京法院审判信息网作为三级法院统一的司法公开和诉讼服务平台，实现了八项公开和十项服务。具有六大功能：一是实现信息同步公开。该网与中国裁判文书网数据同步，及时公开北京法院裁判文书，并提供个性化的查询检索功能。二是促进公众了解法院。公众通过法院公告、法官信息、开庭信息、案件查询、诉讼指南、法院指引等了解全市法院案件审理、法院地址、人员组成等相关信息。三是减轻当事人诉累。提供网上立案、文书样式、指导文件等服务，减少当事人往返法院次数，便利其参与诉讼。四是拓宽监督渠道。公众可通过该网观看具体案件的庭审过程。五是推进普法宣传。及时发布全市法院重大部署、重要会议、重要通报及查办的重大案件，汇集展示各级法院工作中的创新实践、成果经验等，践行“阳光司法”。六是提供数据服务。提供法规查询、诉讼工具、数说审判等服务，内容丰富，数据权威，方便实用。

（叶欣）

【完成人民法庭远程视频庭审系统建设】年内，人民法庭远程视频庭审系统运用集约化方案，通过对视频系统扩容为全市60个人民法庭提供不间断双向图像信息服务。5月30日，市高级人民法院信息技术处对全市人民法庭远程视频庭审系统进行联网测试，该系统实现了四项功能：一是可将最高人民法院召开的全国法院视频会议以及其他业务信息同步传输到全市人民法庭；二是可将高院视频会议信息、庭审信息、教育培训等信息传输到全市人民法庭，可实现高院、中院、基层法院、法官学院、小红门信访楼与全市人民法庭视频互联互通；三是新增加了第一、第二、第三中院自主控制管理视频功能，可进行辖区内法院和人民法庭之间视频会议和远程庭审；四是新增加基层法院自主管理视频功能，可进行所辖人民法庭视频会议、案件审理、远程接访、业务交流以及其他双向视频交流活动。

（叶欣）

【建立“按日绩效”机制】年内，市高级人民法院通过构建“信息球”立体运行模式，整合北京法院十二年来的400多万件案件数据信息，法官仅需录入数据信息即可自动生成各项质效指标，司法统计报表由原先的五至十天人工完成转变为一至两小时内自动生成，实现了审判工作的“按日绩效”功能，使得法院审判工作跨越到用“数据”全面评析业务工作质效的新阶段，为审判管理、质效评估、领导决策提供了更加详尽的信息服务，有效提升审判质效。31项质效评估指标中有17项同比大幅上升。

（叶欣）

【建立“信息球”司法统计机制】年内，市高级人民法院依托“信息球”系统，实现司法数据的统一生成、维护、发布、应用。一是建立健全组织机构和岗位职责。从高级法院到全市各级法院，均成立信息技术科（办）等专门机构，配备专门人员负责司法数据管理工作，开展数据监控、校核和管理、数据质量定期通报等工作。二是构建数据质量管理和保障体系。建立数据质量标准和规范，解决统计口径不一致、人工调整数据、数据录入不规范等问题；开发司法统计数据管理和监控工具，自动发现数据质量问题，为法官提供智能提醒服务，避免信息录入不及时、不准确；定期通报全市案件信息修改情况；建立数据质量管理和考核制度，明确相关主体的责任。三是建立司法统计数据与审判质效指标关联机制。“信息球”与案件信息管理系统对接，所有数据信息均来源于案件信息管理系统，自动生成司法统计报表，按日自动生成四级案件质效评析结果，在全市范围对各项指标自动排名。根据司法统计报表中的各项审判数据，为法官开展专题调研提供专项分析服务。7月15日，最高人民法院发布通报，对北京市石景山区人民法院技术室、第二中级人民法院办公室书记员厉智宇、朝阳区人民法院技术办公室书记员王楠等先进集体和先进个人予以通报表扬。

（叶欣）

【加强移动电子政务信息安全工作】年内，市高级人民法院在加强移动电子政务建设的同时不断推动全市法院信息安全体系建设。在全国法院首家建成安全交换平台，保障内外网信息交互的安全性和稳定性，实现全市法院通过高院安全交换平台统一出口对外发布公开信息；依托“信息球”自动生成各类司法信息，通过安全交换平台将上述内部信息服务于社会公众和外部单位，为实现公开信息的“快、全、准”，推进司法公开，推动社会征信体系建设提供了坚实的技术保障；开通WiFi无线网络，提升信息服务能力。被工业和信息化部评为“移动电子政务安全本示范单位”。

（叶欣）

【获得推动中国信息化进程突出贡献奖】年内，市高级人民法院坚持“统一领导、统一规划、统一建设、统一管理”原则，运用顶层设计，不断加强审判信息资源的整合利用，信息化工作取得显著成效，信息技术处处长王岚生荣获2013年度“推动中国信息化进程突出贡献奖”。该奖项旨在表彰2013年为中国信息化事业做出重大贡献的杰出信息化领导人士，候选人包括从事信息化政策、法规制定、推进信息化发展、领导国家重大项目的政府、企事业单位的信息化参与者，由《计算机世界》报在其主办的中国“IT两会”（中国IT财富年会、中国信息主管年会）上颁发，全国仅有八人获奖。

（叶欣）

北京市工商行政管理局

【概述】年内，北京市工商行政管理局（以下称市工商局）在市委、市政府及国家工商总局的领导下,依据顶层设计，进一步提高工商数据综合分析应用水平，推进信息化项目建设与管理工作，提升运维智能化水平， 为公众、企业、社会提供高效便捷的信息服务。具体包括：通过数据交换平台，推进市工商局与国家工商总局和市属各委办局间数据共享；通过工商数据综合平台，出具各类专题报告10余篇，为市领导决策提供支持；北京市企业信用信息网上线运行，为公众提供企业信用信息查询服务；依据职能改革和登记制度改革相关要求，着手进行登记系统改造需求设计和市食药局信息化设备切分工作。北京工商信息化建设已经进入数据挖掘应用平台化、运维服务云智能化和数据共享开放化阶段。

（程秀丽）

【北京市企业信用信息网上线运行】12月20日，北京市企业信用信息网升级改造后上线运行。新版网站作为市政府推进市企业信用体系建设的基础平台，为市各级政府部门及社会公众提供内容丰富、功能完备的企业信用信息服务。新版网站按照“企业名下归结果”总体思路整合企业信用信息。将企业的基础信息、许可资质信息、提示信息、警示信息和良好信息五大类，集中在企业名下统一展示；新版网站开发了任职限制“黑名单”查询功能，凡被列入“黑名单”者，在一定时期内不得担任企业法定代表人、公司高级管理人员或者外国企业常驻代表机构的首席代表或代表； 新版网站采用类似“百度”“谷歌”的信息检索界面，设置单一查询输入框，利用全文检索技术，实现多角度搜索企业信用信息的功能。

（程秀丽）

【建立数据共享机制】年内，市工商局与市地税局、市统计局、中关村管委会等多家政府部门通过多次沟通协调，建立数据共享机制。截至12月底，已通过该平台向国家工商总局和市属各委办局用户提供数据6800万条次，向区县分局和业务系统提供数据3278万条次。

（程秀丽）

【撰写专题报告】年内，市工商局围绕经济和产业发展的热点和重点，撰写了《2012年北京市市场主体发展情况报告》《北京市金融业企业分析报告》《北京市科技型企业分析报告》

《北京市服务业企业分析报告》《企业生命周期分析》等多篇专题报告，每月联合编写的《北京市市场主体发展情况快报》按期报送相关领导，为领导决策提供支持。5月，市工商局就数据综合分析与决策支持工作分别向国家工商总局副局长马正其、总局办公厅副厅长药建英作专题汇报，得到各位领导的充分肯定。

（程秀丽）

【数据交换平台进入试运行阶段】年内，市工商局对现有数据交换模式进行改造，拟建成独立于数据中心之外的数据交换平台，该项目已通过初步验收进入试运行阶段，已在正式环境中开放接口，与国家工商总局和市属各委办局间开展数据交换。该平台是企业信用数据交换平台的管理平台，实现交换数据的统一运行监控和质量管理；为数据自动归集和数据共享服务建设集中统一的数据共享交换管理平台，实现对共享交换过程和共享交换内容的全流程、智能化、可视化监控与管理，也为数据归集和数据共享服务接口的动态配置，灵活扩展提供平台支撑。

（程秀丽）

【完成年度信息化项目申报工作】年内，市工商局向北京市经济和信息化委员会申报了案件系统升级改造项目、档案系统升级改造项目、人力资源系统升级改造项目、网格系统升级改造项目等四个项目。项目通过招标，进入实施阶段。

（程秀丽）

【用信息技术支持食品安全职能划转】年内，按照市委、市政府的统一部署，市工商局完成食品安全职能及相关人、财、物的划转工作。将与食品安全监管职能相关的业务系统所设计的软件、硬件从工商局的整体信息化框架中切分出来，切实保障在划转过程中系统稳定运行。在划转期间，没有出现影响社会稳定的市场秩序问题和食品安全问题。

（程秀丽）

北京市公安局

【概述】年内，北京市公安局（以下简称市公安局）在市局党委的坚强领导下，认真贯彻落实市委、市政府实施“智慧北京”和公安部“金盾工程”的各项部署，按照整体规划、顶层设计、分步实施的工作思路，在北京市经济和信息化委员会的大力支持下，全力推进公安科技信息化建设，完善全局信息化建设规划管理体系，强化重点领域及基础设施保障，重点保障服务于重大安保任务的重点项目的建设和使用。全力推进核心业务信息系统的应用建设，提升对警务工作的支撑能力，进一步发展政务公开、强化了内部资源共享和数据整合，同时加强与局外各单位的数据共享。与此同时，市公安局瞄准建设最安全城市的目标，将推动平安北京建设作为首都公安的重要责任，坚持公安信息化建设为全市服务的原则，既满足自身高速增长的公安业务需求，也为全市信息化建设和应用提供支撑。

（连晓敏）

【开展居民身份证登记指纹信息工作】1月1日，市公安局在燕山和亦庄开发区两个分局进行先期试点，对指纹采集工作流程、采集标准等进行测试，以确保居民身份证登记指纹信息工作顺利实施。6月1日，全市户籍派出所申领、换领、补领居民身份证登记指纹信息工作全面展开，有效防范冒用居民身份证以及伪造、变造居民身份证等违法问题的发生。

（闫建斌）

【“平安北京”微信平台开通】3月11日，市公安局开通首个通过腾讯微信认证的省级公安机关官方微信平台“平安北京”，主要通过每天精选1个主题进行策划，用图文、语音等形式向网民发布警务资讯、安全提示等信息。截至年底，“平安北京”微信平台已拥有两万余名粉丝。

（赵峰）

【开门评警实效提升】4月，市公安局进一步完善首都之窗“户籍派出所述职述廉工作专栏”功能，优化“交流互动”栏目网民意见建议提交和办理情况反馈接收方式，增加市局、分局和派出所三级统计汇总功能，2013年网上述职述廉工作扩展到351个户籍派出所和4080个社区网上警务空间，进一步提升社区警务公开和队伍管理水平，在涉及评价的1662件网帖中，87%的网民对派出所警务工作表示满意。

（闫建斌）

【警用反恐装备展召开】5月15—17日，市公安局与中国科协联合筹办第五届中国（北京）国际警用装备及反恐技术装备展览会（以下简称第五届警用反恐装备展）。展览会展出面积达3万平方米，云集了来自法国、德国、荷兰、以色列、捷克、瑞典、新加坡、美国、韩国、日本及中国内地和香港特区等国家和地区的254家国内外知名企业。展出展品包括警用车辆、直升机/无人机、船艇，安检器材，防爆排爆设备，刑侦技侦器材，计算机通讯、视频监控，安全防护，应急保障器材，生命探测仪、侦查眼球、头盔式夜视仪、高清晰远距离夜视仪、热成像仪等近十几大类警用装备和反恐技术装备。武警总部司令员王建平,公安部副部长、市委常委、北京市公安局局长傅政华，中国科协书记处书记张勤，公安部科技信息化局局长厉剑等领导参观展览，并对展览效果予以肯定。人民公安报、光明日报、北京电视台、北京电台、人民网、中国警察网、美联社、中国新闻社海外中心等30余家境内外媒体对第五届警用反恐装备展进行深度报道。

（李晓波）

【公安科技周活动召开】5月19—25日，市公安局围绕“科技创新·推动平安中国建设”主题开展公安科技周活动。通过组织各类公安业务培训和科普专题活动，借助执法账号和政务微博等多种平台发布科普信息，发放科普宣传材料，开展市民公共安全教育与科普宣传活动。

（姜思思）

【出入境窗口单位视频监控系统建设完成】5月，市公安局建设完成全市出入境窗口单位视频监控系统，共接入350路监控镜头，覆盖全市各分县局接待大厅和派出所受理点。一是实现每一个服务柜台和咨询台设有定焦图像和双向拾音设备，覆盖民警和群众的互动沟通情况，与群众直接接触场所设有全景监控。二是实现出入境管理信息系统和视频监控系统整合联动，照相、受理、收费、快递和发证环节的业务信息与监控图像实时叠加，可以通过申请人资料信息定位监控图像。系统在全市出入境管理部门和纪检监察部门广泛应用，加强对重大活动或应急事件中的远程现场管理与监督力度。

（杨怀亮）

【首都综治科技创安专项组全体扩大会召开】6月7日，市公安局召开首都综治委科技创安专项组2013年全体扩大会电视电话会议。公安部副部长、市委常委、首都综治委副主任、科技创安专项组组长、北京市公安局局长傅政华，市政府副市长张延昆，市委政法委副书记、首都综治办主任滕盛萍，市公安局副局长董小兵，首都综治办副主任许继慧出席会议。首都综治委科技创安专项组30个成员单位领导、专项组办公室成员及联络员在主会场参加会议。22个区县相关领导共计600余人在各分会场参加会议。会议由傅政华主持。张延昆就进一步推进首都科技创安工作做讲话。

（刘翀）

【技防大普查全面开展】 6月7日至8月31日，市公安局组织市相关委、办、局和各区（县）在全市范围内开展安全技术防范系统普查工作，共普查社会单位19787家，对视频监控探头、入侵报警系统、出入口控制系统、停车场（库）管理系统和电子巡更系统等进行普查，基本实现对全市重点单位场所区域技防系统建设情况、应用状态、管理水平、防范效能的整体掌握。

（林彬）

【防汛应急演练技术演练工作开展】 6月，市公安局组织北京移动、北京联通和北京电信进行"110"电话报警系统和"12110"短信报警系统防汛应急演练。通过演练，进一步强化电信运营商下属各部门之间的协调配合，检验各运营商对"110"电话报警系统和"12110"短信报警系统的应急保障能力。

（赵晋石、田昊）

【基于PGIS的综合应用项目验收】 8月29日，市公安局基于PGIS的综合应用项目终验完成，该项目实现了面向全警的业务数据综合查询、民警个性化采集，面向业务警种的重大活动安保、标绘推演、综合业务叠加空间分析、轨迹展现及分析、区域数据专题图渲染、路径分析、业务数据采集上图等模块和实有人口管理系统，实现电子地图数据的购置和更新，集成五环以内主城区基础街景地理数据库，丰富警用地理信息应用。

（赵文霞）

【"法庭毒物分析公安部重点实验室"换届】 10月19日，市公安局举行法庭毒物分析公安部重点实验室学术委员会聘任仪式，公安部副部长、北京市公安局党委书记、局长傅政华为新一届"法庭毒物分析公安部重点实验室"学术委员会主任、中国工程院院士刘耀，学术委员会副主任、中国工程院院士丛斌颁发聘书，并为北京市公安局院士工作站揭牌。

（姜思思）

【公安部重点实验室获批建设】 12月2日，市公安局"警务物联网应用技术公安部重点实验室"获批建设。该实验室是市公安局联合公安部第一研究所以"公安物联网应用技术"为方向申报的，推荐市局科信部主任贾胜文为实验室主任，中国工程院院士邬贺铨为实验室学术委员会主任。

（姜思思）

【出入境证件网上预约受理系统建成】 年内，为方便广大群众办理出入境业务，市公安局建设"出入境证件网上预约受理系统"，京籍和非京籍人员均可通过出入境证件网上预约受理系统，在线填写申请表，按需预约办理出入境证件的时间、地点，缩减办理出入境证件时长，简化办理出入境证件手续，还可在线查询办证进度，有效提升出入境管理工作的服务水平。截至12月，"出入境证件网上预约受理系统"访问量已达1010万次，预约受理系统已受理网上办证申请45万件。10月，公安电子政务网站"出入境证件网上预约受理系统"被电子政务杂志社和电子政务理事会评为"2013政府网站网上办事类精品栏目"。

（杜小强）

【标准化建设不断推进】 年内，市公安局组织全局标准制定工作，共组织完成"工业γ射线移动探伤安全防范要求"等5项地方标准的制定。1月21日，申报“北京市公共安全领域服务标准化”国家级试点项目并已立项；组织公共安全产品行业审查工作，12月底，按照公安部的统一部署，会同公安部第一研究所对本市14家生产企业的执法记录仪进行公共安全行业产品抽查。

（李晓波）

【荣获公安部科学技术奖和基层技术革新奖】年内，经公安部科信局公示，市公安局获得2013年度荣获公安部科学技术奖三等奖2个；第三届公安部基层技术革新奖10个，其中二等奖2个，三等奖6个，优秀奖2个。11月1日，市公安局科技信息化部作为科技管理部门，获得第三届公安部基层技术革新奖优秀组织单位奖。

（姜思思）

【出入境证件照片采集实现社会化】年内，市公安局建设出入境证件照相社会化系统，将申请人在专业照相馆采集的照片供前台申请使用，提高照片的质量，减少群众办理出入境证件现场照相排队等候时间。截至年底，社会化照相馆共拍摄上传照片6500余张。

（杨怀亮）

【全市公交专用道电子监控系统全面开展】年内，为切实保障市政府公交优先发展战略的实施效果，市公安局全面开展公交专用道电子监控系统建设工作，通过在长安街、平安大街、朝阳北路等交通主干路的公交车道上方安装768套固定式违法监测设备，以及在35条公交线路的1000辆公交车上安装车载移动违法监测设备，对违法进入公交车道行驶的车辆实施有效的监测。

（刘冬、王爱伶）

【区域交通信号控制系统点位增加400处】年内，市公安局在城六区（东城、西城、朝阳、海淀、丰台、石景山）及通州区、亦庄地区重点路口共增加400处交通信号控制点，并配建200套高清视频检测设备，在检测路口流量信息同时实时监控路口交通运行状态，扩大既有区域交通信号控制系统的覆盖范围。

（刘越伟）

【15条线路信号配时出城协调工作完成】年内，市公安局在晚高峰交通出城压力较大的放射线，开展主干道信号绿波协调效果专项优化工作。按照未堵先疏的原则，根据晚高峰出城流量较大的特点，重点优化晚高峰时段主干道信号绿波协调效果。年内，共完成15条线路、74处路口，总长度共计24.5千米的联络线。通过绿波协调优化工作，减少停车次数和车辆等待时间，提高车辆通行能力，车辆平均旅行时间减少10.8%，取得较好效果。

（刘越伟）

【政务信息共享工作不断完善】年内，市公安局加强与各政府部门的工作交流与沟通，不断扩大政府信息共享范围，建立政务数据长效更新机制。2月，与北京市经济和信息化委员会、卫生局、民政局建立卫生、公安、民政三部门间的居民死亡信息三方共享机制，每季度对各自掌握的数据进行交换与核对。3月，与市民政局签订信息共享机制，每月更新婚姻登记、殡葬管理等五类数据，突破长期以来局外数据更新不及时的难题。7月，正式形成与市高法的信息共享机制，获取市高级人民法院执行信息等数据280万余条。

（赵文霞）

【派出所微博微信警务试点工作开展】年内，市公安局开展派出所警务微博微信警务试点工作，城六区分局在政治中心区、社会治安状况相对复杂或网上虚拟社区相对活跃的地区，确定一个社区网上工作基础较好的派出所作为试点。通过明确警务信息上网发布审核流程，就新浪微博、腾讯微信的功能设置，警务网帖的编写方法和发布要求进行针对性培训，为各试点派出所进行新浪微博的网络认证和推广，并设计微博主页模板，提高派出所警务微博社会影响力和规范化水平。

（闫建斌）

【首都“119”接处警系统完成升级改造】年内，市公安局完成首都“119”接处警系统与装备管理、灭火救援业务管理、警务管理、政工管理等业务系统的集成改造以及相关网络基础环境改造、外围系统接口开发和基础技术系统集成的工作，初步实现全市“警情集中受理、统一调度处置、全程录音录时、数据集成共享”的接处警系统运维管理共享新格局。

（闫利军）

【消防GIS与PGIS平台实现对接及数据共享】年内，市公安局完成消防GIS与PGIS平台对接，实现地理信息平台服务以及数据资源的最大共享及应用，为消防监督执法、灭火作战、抢险救援提供地理信息服务支持，为各相关业务系统和区县消防支队二级指挥中心提供统一、标准的GIS服务，广泛应用于首都消防部队“119”报警信息定位、图形化调度、导航、水源搜寻、火灾影响范围分析、灾害趋势分析、执勤作战预案制作、消防队站部署规划、消防安全重点单位管理、图像信息管理等各个方面。

（闫利军）

【消防综合应急救援课题开展研究】年内，市公安局与中国科学院地理科学与资源研究所联合开展“消防综合应急救援地理空间数据管理系统及应用”课题研究，立足于消防一体化业务信息系统、数字化预案管理系统、火灾隐患情报信息系统、图像综合集成平台、3G图像传输系统等系统等平台基础，研究跨结构化多源消防地理空间数据的一体化查询处理、高效空间算子与函数，以及查询处理优化技术，可按空间位置或关键词快速检索并汇总与地点或主题相关的各类消防数据资源，实现声、像、图、文一体化的内容高效搜索、结果快速汇总、数据实时存取，为快速应急救援综合辅助决策提供支撑。

（闫利军）

【消防一体化业务应用不断深化】年内，市公安局进一步深化消防一体化综合业务平台、消防监督管理系统和社会公众服务平台各系统应用，建立统一的、跨部门共享的信息采集、审核、应用、考评管理体系。强力推动移动办公、移动执法终端应用，依托已建成的消防移动接入系统，完成移动指挥和移动执法终端的采购、开通及配发工作，全面应用于防火、灭火工作的数据实施采集、快速处理，实现业务工作网上受理审批、网上公开结果，网上监督和考评，全面实现灭火救援、防火监督、部队管理、后勤保障等各项业务工作管理信息化、一体化。

（闫利军）

【物联网示范工程完成建设并自行验收】年内，市公安局物联网示范工程完成建设及自行验收。“政治中心区”综合管理物联网应用示范工程作为全市城市安全运行与应急管理物联网建设的重要组成部分，于2013年完成全部系统建设任务，并完成系统的安全等级保护备案，完成市局物联网支撑平台与全市物联网支撑平台的数据对接，并向市应急办提供了图像及数据信息。配合市发展改革委完成物联网示范工程项目的初设方案的联审，开展并完成项目的自行验收。

（姜思思）

【深化公安电子政务网站建设】年内，市公安局大力推进公安电子政务网站建设。截至2013年年底，已建设完成新闻、公示、服务、办公、互动5个频道35个栏目，发布警务报道、区县警讯、提示通告、招录信息、安全防范常识、优秀民警事迹等信息1万余条，公示涉及治安、公交、内保、交通、消防、网安、出入境、人口等部门的行政办事服务事项9类138项，提供259部法律法规查询和全部派出所、出入境、交管业务办理窗口的地图查询，网站页面年浏览量达4400余万次。网上电子政务系统实现部分行政办事、服务事项的一站式办理，年内为群众办理各类业务近90万件次。

（杜小强）

【“平安北京”取得丰硕成果】年内，“平安北京”与网民真诚沟通交流并积极开展网民互动活动，取得丰硕成果。截至年底，“平安北京”微博粉丝总数已超过740万人，其中新浪微博粉丝超过628万，位居全国政务微博人气榜第二位（“公安部打四黑除四害”排第一），并在2013年全国政务微博年终排名中位居政法微博和公安微博第二位（“公安部打四黑除四害”排第一），并获评人民网第三届网络舆情监测创新管理奖。

（赵峰）

北京市国家税务局

【概述】年内，北京国税局信息化队伍以提升团队凝聚力为核心愿景，以“讲服务、讲奉献”为核心价值理念，以“科技引领、顶层设计”为导向，以“双线突破”为路线图，内线实施了网络、安全、机房、设备、应用系统五位一体监控建设，外线搭建移动平台、内网优化、外网整合的三大架构。有力的承载了北京国税局规范税收征管一线，发展纳税评估和税务稽查两翼的“一线两翼”及专业化平台建设，深化数据应用、保障营改增等核心工作，使北京国税信息化建设迈出坚实的一步。

【建设金税三期网络】截至年底，市国税局用于支撑全市的所有业务系统的核心网络共有分局级网络节点22个，市局到分局全部采用联通10M MSTP线路作为主用线路，歌华10M SDH线路作为备用线路，主备线路采用负载分担方式工作接入市局数据中心。税务学会、怀柔培训中心、注册税务师协会、北京税务学校4个节点作为市局分支单位，通过1条联通2M SDH线路直接接入市局数据中心。办税厅及税务所结点共115个。普通型办税厅及税务所节点共96个全部采用4M MSTP线路作为主用线路，备用线路为4M MSTP线路，主备线路采用负载分担方式工作接入分局级结点。一站式服务大厅或外派窗口型厅所级节点19个，这类节点只有一条主用线路，采用2M或4M MSTP、2M郊区以太等广域网线路接入分局级结点。在内网全面部署税务总局的三期信息安全防护体系，部署的产品包括防火墙、入侵检测系统、瑞星防病毒系统、北信源桌面管理系统、安全审计系统、数据库审计系统、内网准入系统、安全基线检测系统、上网行为管理系统及WEB漏洞扫描系统等，上述系统运行稳定，确保信息系统安全平稳运行。

（胡佳）

【加强队伍建设】截至年底，市国税局从事信息化工作的人员共160名，占全市税务系统人员的2.15%，各区县分局共109名，仅占区县级税务工作人员的1.68%。全市信息化队伍具有高级工程师3名，中级电子工程师48人。市国税局组织全市信息化工作人员培训及技术研讨会19次，389人次，共计1500人天，培训内容包含网络安全、综合征管、防伪税控等应用系统运维等；参加税务总局组织的技术人员培训22次，56人次，共计272人天；参加税务总局组织的专题会议20次,共35人次，共计139人天。

（朱光涛）

【部署横向互联网】年内，横向互联网仅部署在市国税局机关数据中心，用于与其他政府部门、事业单位交换电子数据，与内部办公网逻辑隔离。横向互联网现有4条 2M MSTP和8条SDH专线，分别接入北京移动VPDN机房、北京市政务外网、北京移动短信网关、北京联通短信网关、税库银横联网、银联网、CFCA网、电子发票数据交换网。

（胡佳）

【对应用系统运行维护】年内，市国税局全力做好65个系统的运维工作，实现对业务工作的有力支撑。主要工作包括监控系统运行，解决系统各类故障、进行各类系统备份等。全年接受总局系统升级、测试等工作共220项，其中完成综合征管等14类应用系统升级50次，完成综合征管、出口退税等7类业务系统的技术测试共170项。完成综合征管等5类系统健康检查19次，全年共受理9917份问题提交单，调整银行代码300余个，核心征管系统（CTAIS）问题提交单7459份,解决防伪税控、出口退税、税控收款机、货运发票等系统的运行维护问题600余个，车购税问题1000余项，售付汇问题处理100余次。全年完成93台加解密服务器专用读卡器的证书发行工作。全市签订税库银实时缴款三方协议的纳税人累计597059户，比上年同期增加19.53%。发行平台成功发行电子申报纳税人资格总户数为108198户，注销25户。网上认证户开户数139976户，全年网上认证票量约2968万份，远程抄报税开户数152377户。网上申报户数745520户，全年普通发票真伪查询约2204万户次。此外，还对30余个重要系统数据库进行日常数据库备份，系统升级数据库备份相关工作、表空间管理、每日系统健康状态检查、系统优化调整等工作。

（曹阳）

【建设信息化基础设施】年内，市国税局机关机房分为南北两个，共800平方米，4台UPS电源，在用服务器153台，虚拟服务器527台，小型机14台（595小型机8台、570小型机4台、780小型机2台），存储设备4台（EMC存储3台、HDS存储1台），共部署各类计算和存储环境161台次，其中正式环境91台次，测试和临时系统70台次。第四季度，在全市部署机房环境监控系统，对市国税局局机关及各区县局机房的温湿度、烟感、漏水及空调和UPS运行情况进行监控，并实现统一管理统一报警功能。

（曹阳）

【分析利用数据】年内，市国税局共完成北京市各业务处室、市政府等单位提出的数据查询需求683个。其中，清册类查询335个、汇总类查询348个，热点涉及营改增、小规模纳税人税控开票与申报比对，股权转让涉税信息统计等方面的查询统计工作。

（朱光涛）

【开发自主软件】年内，市国税局共完成业务需求开发30个，主要有移动平台建设、事项横向管理系统、网上办税服务厅、网上申报系统适应性改造、第三方数据交换平台建设、财税一体化平台建设、所得税优惠备案、出口退税网上预审项目、代开发票系统、“营改增试点企业税负变化申报表”功能调整等。

（朱光涛）

【参加北京市的“营改增”工作】年内，北京市营改增范围继续扩大，市国税局制定《营业税改征增值税改革试点工作分解计划表》，梳理出全市27项技术保障工作；并开展历史数据测算、应用系统测试验证和“营改增”运行数据监控三方面核心工作。截至8月底，共完成业务部门数据分析需求9个，出具统计分析表23张。8月，征期上线新增值税网上申报系统的一窗式比对应用程序，将涉及“营改增”纳税人及非防伪税控一般纳税人都纳入一窗式比对范围；调整网上申报程序，完成新增行业、申报表及对小规模纳税人2万元以下的免征功能的调整，确保10月全国推开“营改增”工作的第一个征期正常申报。配合市财政局调整“营改增试点企业税负变化申报表”功能，包括网上申报及大厅录入系统的功能，实现对新增行业的支持，完成未申报纳税人由系统自动生成数据发送到财政局的功能。

（朱光涛）

【完成各应用系统测试升级】年内，市国税局作为税务总局技术支持分中心,完成税务总局信息化工作部署118项，其中对综合征管等14类应用系统进行补丁升级50次，完成核心系统参数修改34次，完成综合征管等5类系统健康检查32次，系统类巡检2次；完成综合征管、防伪税控、出口退税业务系统的19项测试和试运行工作，并对设在怀柔培训中心的税务总局金税三期测试环境进行迁移。

（朱光涛）

国家质量监督检验检疫总局信息中心

【概述】年内，国家质量监督检验检疫总局信息中心（以下简称质检总局信息中心）充分发挥对质检信息化发展的行政管理和技术保障作用，紧密围绕质检工作十二字方针，坚决贯彻总局党组的重大决策部署，以全面落实党中共十八大精神、深入开展党的群众教育实践活动为契机，以推进信息化与质检工作深度融合为目标，不断探索构建中国特色质检信息化工作体系，努力构建“数字质检、智慧质检”。

（李静）

【信息化规划工作有序推进】年内，质检总局信息中心认真贯彻落实《质量发展纲要2011—2020年》和《“十二五”国家政务信息化工程建设规划》，注重顶层设计，有效发挥信息化战略支撑作用，不断加强统筹规划。密切联系发展改革委、环保部、卫生计生委、安监总局、食药总局等部委，成立质检领域“十二五”政务信息化工程建设规划项目编写工作组，制订周密计划，启动实施并完成进出口食品安全监管、安全生产监管、生态环境保护、能源安全保障、全民健康保障以及法人基础信息库等涉及质检职能的政务需求分析报告的编制、需求分析建模仿真数据准备、项目建议书等工作任务，为有效支撑质检事业科学发展奠定了基础。质检总局信息中心密切联系发展改革委、工业和信息化部等国家信息化主管部门，牵头承担国家电子商务示范城市创建项目工作，与发展改革委高技术产业司共同起草发布《关于进一步促进电子商务健康快速发展有关工作的通知》（发改办高技〔2013〕894号），组织总局有关业务司局和直属事业单位对2013年质检电子商务试点工作思路进行研讨。举办质检电子商务试点项目中期检查和工作研讨会，对2012年度组织实施的质检电子商务试点项目进行集中的中期检查，对2013年质检电子商务试点内容进行进一步研讨，为下一步工作的开展奠定良好的基础。

（李静）

【信息化管理水平不断提升】年内，质检总局信息中心组建检验检疫信息化标准化技术委员会，完成《检验检疫信息系统建模规范》等16个标准规范的修订工作，编制《检验检疫信息系统开发技术规范》和《检验检疫信息系统数据交换规范》2个行业标准。地方两局在总局指导下，编制出台一批信息化项目管理、网站建设、网络运维、信息安全等标准规范和制度。开展对总局机关、直属单位和各直属检验检疫局信息化绩效考核工作，将信息化工作实际与绩效考核指标相融合，以绩效考核为抓手，提高质检系统对信息化工作的积极性、主动性。举办以“大数据时代的信息化发展趋势”为主题的质检大讲堂活动，以视频会议的方式将信息技术发展前沿动态向全系统干部职工传播。举办总局成立以来最大规模的面向全系统信息化主管部门负责人培训班，组织赴美信息化管理与电子政务顶层设计高级培训班，面向专业技术人员的金质工程软硬件技术、网站建设技术培训班，提升信息化工作者的业务素质，进而提升信息化管理水平。

（李静）

【信息化理论研究逐步深入】年内，质检总局信息中心研究探索中国特色质检信息化工作之路，总结质检信息化发展规律，不断加强与国内外IT公司、高等院校、科研院所的战略合作。《数字质检发展战略及关键应用技术研究》《全国质量信息资源共享关键技术研究》《检验检疫业务需求分析方法及应用技术研究》等公益性科研项目取得阶段性成果。各地质检信息化科研理论成果不断深化，2013年质检信息化科研项目在“科技兴检奖”评选中获得二等奖3个、三等奖8个。总局信息化的前瞻性探索、理论研究逐步深入，为探索中国特色质检信息化工作体系奠定理论基础。

（李静）

【质检网站群建设成绩突出】年内，质检总局网站在第十二届（2013年）中国政府网站绩效评估中再创佳绩，连续5年保持第二名的好成绩。在“中国优秀政务平台”评选中质检总局网站被评为“2013年度中国最具影响力政务网站”，在“中国政府网站互联网影响力”评估中国务院16个直属机构中排名第一，得到总局领导的肯定。在做好总局网站日常维护的同时，优化网站公众留言渠道，完善升级公共留言系统。年内，质检总局网站点击数超过10亿次，较好地发挥了与公众互动的作用。不断强化舆情收集分析工作，为办公厅提供舆情日报227期，共计1816篇文稿，为总局领导的决策提供有力的支撑。继续开展质检网站群绩效评估工作，全面提升质检网站群建设水平。

（李静）

【质检业务系统建设稳步推进】年内，质检总局信息中心认真执行《国家发改委关于加强和完善国家电子政务工程项目建设管理的意见》相关要求，探索物联网、云计算、大数据在口岸移动执法、电子检验检疫基础平台建设在特种设备监管、强制计量检定、执法打假、应急处置指挥和领导科学决策中的深入应用，加快推进新技术在质检核心业务的应用，不断创新监管模式；中国电子检验检疫主干系统建设、进出口电子监管系统升级改造和在全国范围推广应用取得积极进展，通关单联网核查系统实现与口岸管理部门的信息共享、互联互通；计量、特种设备、“12365”、企业质量档案、产品质量信用等质监信息化建设取得新进展，质量诚信体系建设稳步推进；质检总局绩效考核平台正式上线运行，支撑质检总局2013年度绩效考核工作；充分发挥总局综合行政信息应用平台的资源优势，认真抓好总局综合行政管理信息应用平台（三期）建设；产品质量信用信息平台、“12365”系统、电子监察系统取得新进展；认证认可信息化建设、国家技术标准资源服务平台等在建项目进展顺利。

（李静）

【质检信息资源整合与共享建设有效推进】年内，质检总局信息中心谋划开展质检信息资源目录体系、数据交换及数据共享等标准规范的制定工作。按照总体规划、分步实施的原则，重点建设国家级质检信息资源数据整合与共享服务平台和地方两局信息资源整合与共享服务分平台，最终实现国家、省、地市三级质检信息资源整合与纵向共享服务以及质检系统与中央、地方相关部委及厅局的横向数据共享与交换，为满足领导科学决策、跨部门业务协同、社会公众服务提供数据支撑和信息服务。组织开展全国质量信息资源整合调查，完成质检行业信息资源分类、信息资源核心元数据规范（初稿）的编制工作。

（李静）

【信息化服务水平大幅提高】年内，质检总局信息中心成立专业运维队伍，建立ITIL运维管控平台，编制《运维服务手册》，实现保障视频会议近200次无故障，对总局客户端PC设备日常维护超过2000次，开展系统日常巡检近5000次；完成绿色机房空调、小型机机房、蓄电池及线路、机房视频监控的改造工作，完成总局局域网网络核心改造工作；编制完成总局应急指挥系统建设框架方案；顺利实施广州数据中心PC服务器虚拟化改造和一键式灾备系统切换，为质检信息化工作开展提供保障。在中国计算机用户协会机房设备应用分会主办的2013年度（第五届）中国优秀数据中心评选活动中，荣获“2013年度中国数据中心优秀运维管理”奖。

（李静）

【信息化安全保障能力不断增强】年内，质检总局信息中心深入贯彻落实国家信息安全决策部署，重点抓好信息安全检查、等级保护、信息通报等工作。起草制定质检行业信息安全等级保护标准规范；组织开展等级保护信息系统测评工作，推进信息安全等级测评师队伍建设；开展信息安全检查工作，做到信息安全严密监测、及时处置，消除信息安全隐患；组织完成全国两会、十八届三中全会期间网络与信息安全通报工作；组织召开2013年度信息安全工作会议。被国家网络与信息安全信息通报中心评为2013年度国家网络与信息安全信息通报工作先进单位。

（李静）

北京市国土资源局

【概述】年内，北京市国土资源局（以下简称市国土局）信息化工作以服务支撑、深化应用为主要内容，以创新驱动为主线，积极探索云计算、大数据、移动互联网、物联网等新技术的创新应用，稳步推进北京智慧国土建设。北京市国土资源综合监管平台在横向上，全面覆盖行政许可和服务类事项；在纵向上，涵盖市局和16个区县分局、59个国土所，日均访问量超过10万次，全面支撑土地管理生命周期“批、供、用、补、查”、矿产“勘、采、用、储、查”和地质灾害监测、预警、预报、应急等管理业务行为全过程，实现了5个100%，即100%业务覆盖、100%网上审批、100%带图作业、100%综合统计、100%网上公开。年内，市国土局主管信息化工作副局长谢俊奇荣获“中国电子政务年度人物”称号，北京市国土资源综合监管平台荣获2个国家级奖项，7月荣获中国地理信息科技进步奖二等奖（第一名），2月荣获“2012年中国信息化（国土资源领域）二等奖”（第一名）。市国土局信息中心取得地热及浅层地温资源监测数据采集传输系统、监测管理与分析监测系统2项软件著作权；土地信息数据元系列标准正式发布成为北京市地方标准。重点开展6个方面的工作：一是加强信息化统筹，二是强化数据汇交，三是加强监测监管，四是推进决策支持，五是推行智慧办公，六是探索国土云建设。

（谢俊奇 尹岷）

【建立健全分局国土所信息化工作管理机构】年内，按照《北京市国土资源局关于建立区（县）国土资源分局信息化工作管理机构的通知》（京国土信〔2013〕202号）的要求，市国土局16个区（县）分局建立分局信息化工作领导小组和信息化工作办公室，建立起由分局“一把手”负总责、各部门（单位）专人负责、齐抓共管的分局信息化工作管理体系。分局信息化工作领导小组由分局局长担任，主管信息化工作副局长任副组长，成员由各科室、所属事业单位和国土所行政正职担任。分局信息化工作办公室由1名科级干部担任，并配备至少1名专职信息化工作人员。

（张克锋 张宁）

【“一张图”信息资源共享和开发利用】年内，“一张图”综合数据库实现全局数据集中汇交更新，为精细管理提供精准数据。截至12月，“一张图”综合数据库形成遥感影像、基础地形、地理环境、行政审批、国土资源规划、土地专题管理、矿产专题管理、地质环境专题、国土执法、委办局共享等共10个专题数据，1350个数据图层，其中市国土局生产383个图层，与45个委办局共享967个图层，累计数据量达20TB，全面支持市国土局行政审批、监管、决策、服务等各项应用。

（黎维军 武瑞芳）

【网站群建设全面提升服务水平】年内，市国土局出台《北京市国土资源局政府网站群考评工作实施方案》，建立网站群量化考评机制，确保网站群内容与服务的权威性、准确性和时效性。完成网站群系统安全加固工作，保障网站群在网络结构、系统主机和应用软件等方面的安全，提升政府网站群整体安全性；启用网站群静态发布功能，缩短网站群用户浏览响应时间，增强网站群抗压能力。开展内网网站功能改造提升用户体验，优化网站群内容管理系统性能、新增和完善系统功能，提高网站群服务效率和服务质量，增强主站和分站之间的数据整合、交换和管理能力，制定标准接口规范、开发应用接口，加强对网站群业务应用的整合、集成，实现外网网站与综合发布系统的对接，开展外网网站栏目梳理，完成储备中心、矿产管理和地质环境信息整理合并，统一业务结果公示数据标准，实现门户网站与各分局分站数据的双向联动。完成外网网站改版，提升公共服务能力，新外网网站12月28日上线运行。

（石帅 王晨）

北京市纪委监察局

【概述】年内，北京市纪委监察局（以下简称市纪委监察局）不断加强纪检监察信息化工作研究，转变工作思路，改进工作方法，努力适应反腐倡廉建设新形势、新任务的要求，从网络基础设施建设、业务应用系统开发、信息安全平台整合、信息化设备运维以及科技反腐探索几个方面积极构建全市纪检监察信息化体系，不断运用信息网络技术创新成果，把解决突出问题、满足业务需要作为信息化建设的出发点和最终落脚点，为党风廉政建设和反腐败工作提供更加有力的科学支撑和技术保障。

（李寅超）

【完成综合办公平台开发】年内，市纪委监察局完成综合办公平台开发工作。平台部署在电子政务内网上，整合了旧版办公系统十四个功能模块，集成腾讯通RTX系统、信息网后台管理系统、视频空间管理系统、内网邮件系统，实现系统内统一的身份认证。办公平台作为信息化建设平台的统一入口，提供安全的策略审计功能，即实现对现有系统的整合，为今后的系统建设搭建一个基础平台。

（李寅超）

【升级政务网站】年内，市纪委监察局完成北京市纪检监察网升级工作。新版网站保留在线举报和在线投诉功能，版面设计、栏目设置、安全防护等方面做了整体改进。改版后，页面内容更加丰富，界面更加美观，易用性显著增强。新设廉政论坛、海外观察专栏，加大反腐倡廉工作宣传，升级在线举报短信验证平台，网络反腐手段、途径显著提高、拓宽。

（李寅超）

【重新设计内网网站】年内，市纪委监察局重新设计内网网站。网站新设廉政要闻、北京动态、是与非、网络舆情、廉政风险防控、行政监察、机关党建和青年园地栏目。完善内网视听空间栏目。开发市纪委论坛，并根据社团组织功能划分不同版块，方便干部职工在内网上沟通、交流、学习并分享自己的工作、生活心得。升级后，网站风格简洁明快，模块划分清晰。针对网站信息更新不及时等问题，充分调研各室厅需求，优化十多个室厅的子页面。明确栏目内容业务室厅审查负责制，完善信息发布统计模块，增加发布、点击排行功能。

（李寅超）

【强化网络反腐】年内，市纪委监察局建设完成网络舆情分析系统，实现对互联网特定信息的主动采集、自动搜索、聚类分析和监控管理，为更高效地开展互联网舆情监督管理工作提供技术支撑平台。

（李寅超）

【开发完成绩效督查信息系统】年内，市纪委监察局开发完成绩效督查信息系统，该系统包括专项督查管理、决策督查管理、通知单管理、督查与反馈管理、绩效考核管理五大功能，保证了督查督办工作的开展、落实、跟踪和管理，为决策提供依据。系统实现决策督查和专项督查工作的结合开展，促进督查工作的开展由经验型向规范性转变，最终实现督查督办和绩效考评工作的制度化、常态化、规范化和科学化。

（李寅超）

【积极探索廉政风险科技防范途径】年内，为贯彻落实中央纪委十七届四次全会“积极推进廉政风险防范机制建设，善于运用现代科技手段惩治和预防腐败，加强对行政权力运行的全过程、全方位监控”精神，市纪委监察局运用信息化科技手段，积极探索廉政风险防控方式，组织开展三维廉政风险预警与综合防控平台、全市电子政务监督平台的研究工作，取得初步理论成果。

（李寅超）

北京市监狱管理局

【概述】年内，北京市监狱管理局信息化工作以增加系统集成性、集约型和智能性为出发点，以促进业务软件精细化为根本，以扩大资源中心数据覆盖为中心，以深化业务软件精细化应用为重点，完成市局应急指挥中心、罪犯收押系统、干警执法流媒体数据智能采集分析平台等信息系统建设。

（刘晶）

【收押系统正式上线运行】1月7日，北京市监狱管理局在天河监狱进行收押系统上线运行启动仪式，市局政委魏书良参加系统启动仪式强调，收押系统的上线运行标志着北京市监狱管理局收押工作新时代的开启。

（刘晶）

【干警执法流媒体数据采集课题通过验收】1月23日，北京市监狱管理局召开“干警执法流媒体数据智能采集分析平台”课题结题验收会。市科委、北京工业大学、市信息资源管理中心、市统计数据管理中心、中关村产品检测和质量服务中心的评审专家听取“干警执法流媒体数据智能采集分析平台”的建设和应用情况汇报，同意该项目通过验收。

（刘晶）

【应急指挥中心项目终验评审】4月25日，“全国监狱信息化一期工程——北京市监狱管理局应急指挥中心建设项目”终验测评会在北京市监狱管理局召开。司法部、市发展改革委等专家组成评审组，对应急指挥中心项目的整体结构、安全体系、数据底层结构以及项目相关文档进行验收评测。专家认为，应急指挥中心在数据整合、决策支持方面进行创新与探索，为首都政法系统信息化建设起到了促进和示范作用。

（刘晶）

【召开狱务公开管理系统软件评估试用会】9月10日，在北京市监狱管理局召开狱务公开管理系统软件评估试用会，司法部监狱管理局以及北京、山西、吉林等省市监狱局相关人员参加会议。会议听取市监狱局狱务公开系统研发、部署和整体运行情况，并围绕进一步做好全国监狱信息化一期工程软件开发推广工作进行研讨。

（刘晶）

【完成应急指挥中心系统数据校准完成】年内，北京市监狱管理局信息技术处联合狱政处、教改处、刑罚处、生产处、生活卫生处、组织处，对各处室运行的业务系统进行数据上的横向比对。历时两个月完成指挥中心业务数据校准工作，提高全局信息数据资源精准程度。

（刘晶）

【劳动生产与数字点名系统数据互通】年内，北京市监狱管理局在女子监狱进行劳动生产系统与数字点名系统数据联合、交换工作，实现罪犯出入劳动场所内工时、定额自动录入，全面提高干警工作效率，减轻干警工作压力，减少由人为因素导致的数据问题。

（刘晶）

【监法信息资源共享及业务协同系统获创新应用奖】年内，北京市监狱管理局“监狱-法院信息资源共享及业务协同系统”被电子政务理事会评为年度电子政务创新应用奖。监法互联是北京市监狱管理局深入开展数据信息共享和跨部门业务系统的一项重要工作，提高服刑人员基础数据采集系统自动化程度。通过统一的数据源头，为数字化收押流程提供良好的数据资源，同时也为整体数据流媒体系的完善及业务协同的深入打下良好的基础。

（刘晶）

北京市交通委员会

【概述】年内，北京市交通信息化整合并扩大交通信息资源，加强信息发布和应用；改进出租车运营模式，加强出租行业管理；推进公共自行车服务；提升交通运行监测与服务水平。逐步搭建和完善覆盖运管、路政、执法的信息化系统，提高行业信息化管理和监管水平、安全管理和应急事件处置能力，以及为出行者提供动态精准的信息服务能力。

（鲍枫）

【视频会议系统建设】5月3日，北京市交通委员会视频会议系统建设工作正式启动，北京市交通信息中心会同首发集团及项目建设单位用1个月时间完成委内各分会场的安装调试工作，包括更新升级视频会议系统核心设备（MCU）。在委视频会议系统现有29个分会场基础上，新增宣教中心、交通职业学院等43个分会场。公交保卫总队的18个分会场也于9月建设完成，标志着委系统已具备90个分会场召开视频会议的能力，系统能够与市政府、市应急办、交通运输部视频会议系统实现无缝对接，任何分会场可以进行多组会议组网等功能。

（鲍枫）

【TOCC二期工程获批复立项并启动招标】9月，北京市交通运行协调指挥中心（TOCC）二期工程获得市发展改革委批复立项,项目建设周期为16个月。TOCC二期工程在一期工程建设和应用的基础上，以构建各级协同工作平台为抓手，促进综合交通运输的信息资源共享，推进综合交通运行协调体系建设，进一步完善TOCC运行监测手段，提升交通决策支持的应用效能，加强多种运输方式间精细化协调联动，提高公众出行交通信息服务水平。12月，项目完成初步设计招标，启动项目监理及各工程标段招标工作。

（鲍枫）

【交通安全应急综合指挥中心工程完成终验】9月，“北京市交通委门头沟区交通安全应急综合指挥中心示范工程”项目完成终验。该项目自2012年4月开始实施，在门头沟区作为试点，结合先进的信息技术，进行深入探索和专项研究。该项目实现交通运输安全资源台账、应急指挥、应急值守、应急管理、应急演练、动态安全监管、重点工作管理等功能，通过安全应急体系与业务行业工作的结合，提出促进应急平台与日常行业管理相结合的模式创新、实现了区域资源可视化、应急指挥智能化、数字采集电子化、行业监管动态化、日常工作信息化。该项目有利于加强交通运输行业城乡一体化统筹管理，进一步完善北京市交通应急体系，为构建首都远郊区县交通安全应急指挥体系起到示范作用。

（鲍枫）

【园博会综合交通监测系统建设应用】年内，“第九届中国国际园林博览会综合交通监测系统”基于2013年核高基国家科技重大专项应用示范课题——“基于安全可靠基础软硬件的实时业务类应用研究与示范工程——特大城市重大活动综合交通应急保障系统应用研究与示范”进行建设。系统实现四大功能：监测轨道、公交、出租等交通基础设施运行状况；监测园区客流变化情况；统计交通运行数据；预测交通运输变化趋势。面向政府、企业和公众提供组织协调、指挥调度、出行服务。整合接入园区客流、停车场、路况、轨道进出站客流、公交、出租车、气象、积滞水等的实时数据，累计采集、上报和生成数据记录超过9500万条，数据量超过30G。系统部署在市交通信息中心、市交通委员会运输管理局、市交通执法总队、轨道交通指挥中心，市交通委所属综合运输处、TOCC等相关处室，园博会交通保障部、园博会交通安保指挥中心、安保指挥中心等园博会服务部门，公交集团、京港地铁、地铁运营公司等服务企业，累计开通企业用户36家。

（鲍枫）

【极端天气道路交通保畅物联网工程建设】年内，极端天气道路交通保畅物联网示范工程构建覆盖地上和地下的交通、环境传感器网络。新建和接入物联网气象传感器300余处，覆盖全市域，实现交通干道气象监测，实时获取全市实时降雨量、降雪、能见度信息。新建和接入100处重点下凹式立交桥积滞水监测，打造符合物联网架构的重点桥区路面积滞水监测系统。新建北京市域范围内高速公路19处道路气象监测站，实时获取能见度、路面摩擦系数、路面积滞水、结冰、积冰、雾霾、沙尘、大风、高温等相关信息，实时监测道路气象状况、加强特殊天气的预警功能。在示范公路高边坡、公路桥梁布设感知设备，实时公路边坡位移、桥梁健康等信息。建设开发极端天气保持道路交通保畅物联网主题监测系统、重点桥区积滞水监测系统、道路交通气象实时监测和预报系统、公路高边坡地质灾害监测系统、重点桥梁健康状况监测系统、道路实时路况监测系统。

（鲍枫）

【轨道交通安全防范物联网应用工程建设】年内，轨道交通安全防范物联网应用示范工程建设完成该项目在大客流冲击严重的车站、重点换乘站，安装激光客流检测和图像监控设备，实现客流流量和密度的实时监测和预警预报；在政治敏感车站部署核区域监测设备、门式监测设备、化学有害有毒气体监测设备，实现全站核化反恐监测。利用物联网感、传、知、用技术，实现轨道交通安全运营管理与预警监测的智能化。北京市轨道交通安全防范物联网应用示范工程项目作为全国首例针对轨道交通大客流冲击的集物联网感知、预测、应急处置与面向公众提供信息服务于一体的物联网应用成功案例，已取得示范作用与社会效益。

（鲍枫）

【北京市出租汽车统一特服号电召系统建成】年内，北京市出租汽车统一特服号电召系统“96106”建设完成，6月1日0时正式上线，总体运行稳定，电召订单成功率稳步提升。截至11月底，“96106”电话叫车成功率稳步在70%左右，四小时保障订单成功率保持在99%。依据《北京市出租汽车手机电召服务管理实施细则》，市交通委对各手机叫车软件进行改造，推出“96106”版手机叫车软件。在市交通委门户网站开通基于电子地图的“出租车扬招站查询”服务，发布600个扬招站的具体位置、站点编码、所在区域、车位数量、停车位类型等信息。针对出租车扬招站相对密集五个热点区域金融街、天坛、平安大街、中关村南大街、东直门内大街，开通快速定位功能，方便乘客、驾驶员快速查找定位。

（鲍枫）

【省际客运实名制联网售票系统建设完成】年内，北京市省际客运实名制联网售票及运营管理服务系统建设完成并投入运行。项目建设集实名制联网售票及行业安全运行监管、站务综合管理服务、数据共享交换于一体的省际客运行业信息化管理系统，实现省际客运监管、实名制售检票及公众出行服务、站务综合管理服务三大功能。实名制售票系统覆盖114个站内售票窗口、74个站外售票代理点和2个售票网站。

（鲍枫）

【公共自行车服务统计评价系统建设】年内，北京市交通委员会建设北京市公共自行车服务统计评价系统。建成公众服务、运行监测、统计分析、服务评价、信息填报等应用子系统完成。实现对东城区、西城区、朝阳区、丰台区和石景山区5个区域500多个网点的实时监测，对租还情况、周转率、租车人行为等进行统计和分析，向市区两级行业管理人员提供行业管理支持和领导决策数据支撑；通过公共自行车网站和易信公共账号发布5个城区和3个远郊区县的公共自行车服务指南、服务公告、服务电话等信息，制作750个网点电子地图数据，为公众便捷出行提供出行信息服务。

（鲍枫）

北京市教育委员会

【概述】年内，市教委贯彻落实市委、市政府实施“智慧北京”和教育部“三通两平台”的战略部署，围绕国家“十二五”时期教育信息化核心工作，把教育信息化建设的重心放在“全面提升信息化对教育现代化的保障能力，运用信息技术实现教育教学模式的变革和个性化学习方式的转变，建成与智慧北京相适应的功能齐全、服务高效的教育服务体系，充分发挥教育信息化在教育改革中的革命性作用，促进优质教育资源共享”系列工作上来。重点实施北京市中小学数字校园、北京教育管理公共服务平台省级数据中心建设等项目，深入推进业务系统的建设，加强教育行业信息安全工作，加快推进首都教育信息化建设。

（张豫）

【第十四届学生电脑作品评出获奖作品412件】3月25—28日，北京教育网络和信息中心在顺义区组织北京市第十四届师生电脑作品评选活动，对学生电脑作品初评、总评。共有950件学生作品参评，评出获奖作品412件。

（赵保和）

【全市学生机器人竞赛81队获奖】5月4—5日，北京教育网络和信息中心在东城区一七一中学组织全市第十四届学生机器人竞赛活动。共有138支代表队参赛，81支代表队获奖。

（沈亚玲）

【“市中小学教学优秀课例库建设”完成】5月22日，“北京市中小学教学优秀课例库建设”项目在北京教育学院召开总结会，标志着“北京市中小学教学优秀课例库”建成。该项目共建成95门课例合计380段视频，每门课例由课前说课、课堂实录、课后反思、专家点评四部分组成，内容涵盖小学、初中、高中3个学段的13个学科，前后参与录制的一线优秀教师及培训专家180余人。该课例库为北京市中小学教师培训提供网络案例资源，实现教师培训资源的数字化，方便中小学教师可以灵活安排自己的学习时间和地点，为教师继续教育提供新的培训方式与手段。

（田原）

【北京教育信息技术高峰论坛举办】5月28日至6月1日，以“大数据时代的教育信息化整合创新”为主题的2013年北京教育信息技术高峰论坛在北京会议中心召开。教育部教育管理信息中心、中央电化教育馆及市教委、北京市经济和信息化委员会领导出席论坛。全市各高校、各区县、各中小学校信息化负责人员300余人参加论坛。

（张潇）

【第一批数字校园验收及评估】6—12月，市教委组织开展北京市第一批中小学数字校园实验工作验收及评估。根据“校级验收、区县级验收、市级验收”的三级逐步验收机制，市教委委托北京教育网络和信息中心具体完成各校验收工作，梳理总结在数字校园建设过程当中，区域整体推进思路、规划设计、工作成果等。

（吕航）

【开展全市教育行业网络与信息安全检查】7—9月，市教委信息化办公室及相关处室、各区县教委联合开展对全市教育行业进行网络与信息安全检查工作。检查涉及市教委直管直属单位、市属高校、各区县教委共81家单位，梳理出重要网络和信息系统539个，其中面向社会公众提供服务的数量为176个。根据检查出的主要问题和薄弱环节，各单位制定改进措施，完成整改。

（张豫）

【市学籍信息数据与教育部完成对接】7—11月，市教委以北京市中小学管理信息系统为核心，进一步规范和完善数据体系，建立数据核查和监管机制，在全市范围内建起一套完整、规范的学生学籍基本数据库；并在此基础上，与教育部的全国中小学生学籍数据库实现学籍数据对接，7月完成区校培训工作，11月完成1762所学校、1099617名学生数据。

（周航）

【第三批数字校园评审与认定】9—10月，市教委启动并完成第三批中小学数字校园实验校评审与认定工作。通过区县推荐、实地考察、方案汇报、专家评审等环节，最终确定33所第三批数字校园实验校。

（吕航）

【网络直播初中教师基本功展示活动】10月26—29日，北京数字学校对北京市初中教师基本功培训和展示活动进行网络同步直播。该网络直播面向北京市全体教师开放，5个直播频道分别同步播出语文、数学、英语、历史、物理5个学科的展示全过程，让老师都能通过网络实时分享到精彩的基本功展示内容，充分发挥网络技术的优势。共有教师10000余人通过网络直播进行远程活动观摩。

（沈亚玲）

【电脑作品评审总结表彰与研讨会召开】11月21—22日，北京教育网络和信息中心在大兴区召开师生北京市第十四届师生电脑作品评选活动总结表彰与研讨会。中央电教馆和市教委、北京教育网络和信息中心领导出席会议并讲话。24位指导教师和获奖教师做交流研讨，18个区县作总结交流，最终通过自评、互评等环节评选出区县最佳组织奖10个。

（赵保和）

【北京数字学校开展寒假网络活动】12月，北京教育网络和信息中心配合北京市教育科学研究院基教研中心完成北京数字学校寒假网络活动。活动主题为“数字寒假，快乐成长”，由“传统文化过大年”“品味书香，幸福成长”“我的学校我做主”“英语口语网络大赛”“外交官带你看世界”5个子活动组成。活动共3万余名学生参加活动。

（沈亚玲）

【北京市“三通两平台”工程相关技术指南发布】12月，北京教育网络和信息中心发布北京市“三通两平台”工程建设相关技术指南，发布内容为《北京市“宽带网络校校通”网络升级优化技术指南》和《北京市“优质资源班班通”教室无线接入技术指南》，为北京市“三通两平台”相关建设提供技术指导和参考依据。

（沈亚玲）

【全市中小学学生卡发放完成】截至12月31日，北京教育网络和信息中心完成全市中小学学生卡发放工作。对新入学学生免费发放学生卡，对丢卡的学生进行补制和发放，全年共发放证件卡46万张、学籍卡36万张。

（刘杨玉倩）

【京澳科普网站设计与交流活动举办】年内，市教委和澳门教青局举办“2013年北京—澳门学生互联网交流计划——‘互联网改变我们的生活’”科普网站设计与交流活动，北京教育网络和信息中心提供相关支持，并组织专家跟踪指导。活动历时一年，建设5个围绕“互联网改变我们的生活”主题的科普网站和15份深度研究报告。7月26日，在北京171中学举办现场答辩会，评选出最佳探究过程奖1名、最佳网页制作奖1名、最佳知识演示奖1名、最具吸引力奖1名、最具科学表达力奖1名和团队合作精神奖若干名。

（沈亚玲）

【建设市教委机关电子政务管理系统】年内，市教委办公室组织完成信息资源共享平台（OA系统）、档案管理系统、教育信息文件传输系统、视频会议系统、电子政务邮箱系统的升级、改造、清理工作，建立健全相关系统的账户管理机制。信息资源共享平台（OA系统）实现各类公文流转1301次；档案系统收录1996—2013年52900条档案条目；通过文件传输系统共享信息10条，下发各类应急、重要通知27个；通过教育部视频会议系统，组织北京市教育系统各级单位召开网络视频会议共计14次；通过市政府应急视频会议系统，组织教育相关部门，参加市政府应急视频会议共52次。领导决策平台内容更新50余条。

（姜华）

【省级数据中心建设方案编制完成】年内，按照教育部相关文件要求，北京教育网络和信息中心完成《教育管理公共服务平台省级数据中心建设方案》编制，并通过教育部所组织的专家评审。

（张潇）

【中等职业学校信息化建设调研完成】年内，市教委职成处组织全市中等职业学校填写《北京市中职学校信息化建设与发展状况调研问卷》。调研涉及基础设施、资源与应用、校园网络安全、教育信息化投资、保障措施和其他六部分内容61题，收到各学校填报的完整问卷43份。

（项明）

【推进17个课改专业教学资源库建设】年内，市教委指导中等职业学校17个课改实验学校及专业，开发建设课改课程资源库，实现优质教学资源共建共享。年内，完成专业遴选和项目启动工作，研究制定《北京市中等职业教育课程改革教学资源建设方案》，从建设目标、建设内容、技术标准、呈现形式四个方面对北京中职专业教学资源库作了界定。

（项明）

【教师信息化应用能力教学比赛】年内，市教委举办北京市中等职业学校信息化教学比赛暨全国职业院校信息化教学大赛选拔赛，来自22所学校的82名教师参加了多媒体教学软件、信息化教学设计和信息化实训教学3个项目的现场比赛。经专家组评选，9名教师获得一等奖，15名教师获得二等奖，23名教师获得三等奖。在全国职业院校信息化教学比赛中，北京市职业院校表现突出，获得14个一等奖、4个二等奖、2个三等奖。

（项明）

【北京市征兵报名系统试用一年】年内，北京市冬季征兵系统正式投入使用，按照市、区县、高校和乡镇街道470个用户使用权限分级管理，具备应征报名、资格审核、跟踪管理、退役就业、统计分析、信息投送、用户管理七大功能，并可实现与“征兵工作管理系统”和“征兵体检系统”的数据交互。该系统已经过一年的试用期。

（张海涛）

【“伴随成长父母学院”项目启动】年内，市教委联合北京市教育学会等部门利用信息化手段，正式启动“伴随成长父母学院”家庭教育公共服务项目。面向全市秋季入学的所有小学一年级学生家长，通过每周发送彩信，以及微信公共账号、北京数字学校网站同步发布的方式，免费为学生家长提供家庭教育指导和服务，内容包括“温馨提示”“我在长大”“身心和智能”“优秀做父母”“亲子共成长”“成长面面观”“营养和保健”等七个方面的信息，已有近6万名小学一年级学生家长参与此项目。

（冯雪）

【北京第一批信息化试点单位建设初见成效】年内，北京市基础教育信息化试点的18家单位、职业教育5家单位，高等教育2家单位以及1个专项试点单位，信息化试点相关工作有序稳步推进，部分试点学校已经完成配套基础设施建设。从全市总体情况看，各级各类学校试点单位均按照试点工作实施方案要点实施，推进顺利，涌现出典型案例。试点工作已进行1年。

（张豫）

【特色教育资源库建设项目影响力提升】年内，北京市属高校特色教育资源库建设项目在整理项目成果、调研项目共建共享方案基础上，完善项目管理流程和文件，完成10所高校此项目申报、中检及验收工作，推进专项试点项目《高等学校特色专业优质资源共建共享机制探索》实施。截至年底，已建成396个涵盖服装、电影等11个领域的主题资源包，整合图片208.4万张，音视频8.3万个，文字3620.6万字，网页设计14.4万个，特色资源精品建设取得新进展，民国服饰研究资源库等15个主题资源包被评为2012年度优秀主题资源包,特色资源在学院教学和科研中深入应用，促成一批特色教育资源建设研究成果，教育价值与社会效益进一步凸显。

（张豫）

【推进高校系统电子政务内网建设完成】年内，市委教育工委办公室配合市机要局和市密码管理局，做好市属高校北京市电子政务内网整合建设方面的工作。联系各市属高校进行部署推广，使用，优化机密级及以下文件的传输和紧急文件发送的应用功能。市属高校内网整合建设已基本完成并开始应用。

（秦蕾）

【北京教育资源网运营与服务渐趋成熟】年内，北京教育资源稳步提升，延续“教师先选择，政府后服务”的成熟模式，采用电子货币机制，为全市中小学教师提供数字化教育资源服务。截至12月，网站共有条目类资源69万余条，其中包括免费资源31万条、计费资源38万条；资源服务频道18个，包括国家基础教育资源网、高校特色资源网、中小学数字图书馆、龙源期刊、读秀知识库、人大附中网校等。

（吕航）

【市教工委实施IT服务外包】年内，为加强信息资源的利用效率和安全保障，市委教育工委办公室实施通过IT服务外包，对信息化日常办公采取一站式服务模式，形成规范的IT服务流程。有专门的IT人员进行技术保障支持，做到全面监控、预防故障、实时告警、迅速定位、故障分析、快速处理。

（秦蕾）

【北京获全国校园电视评比12个金奖和2个金犊提名】年内，北京教育网络和信息中心组织北京市相关单位参加由中央电教馆和中国教育电视协会组织的第十届全国校园影视评比活动。北京市获得2个金犊提名奖和12个金奖，北京教育网络和信息中心获得优秀组织奖，马东被评为该活动的先进工作者。

（曾姣）

【北京市义务教育入学管理平台建立】年内，市教委建立北京市义务教育入学管理平台，对全市范围内学龄儿童进行信息网上采集，实现小学入学从信息采集到入学接收全程管理信息化。年内，系统共收录171661条采集信息，并与学籍系统实现互联，实现从入学到学籍的无缝对接。通过信息采集可以实时掌握北京市小学入学适龄儿童人口分布情况，学校入学进度，积极应对小学入学高峰，及时做好小学入学规划，确保适龄儿童按时接受义务教育。

（周航）

【北京市中小学管理信息系统升级改造】年内，北京市中小学管理信息系统拥有学籍管理、教学管理、教学评估、报送数据统计报表等功能，通过系统升级，与教育部全国学籍系统实现无缝对接。

（周航）

【中小学教师远程培训达6670人】年内，北京市中小学教师教育网，网址为http://www.bjte.net，完成系统升级改造，并在北京市中小学教师“十二五”公共课远程培训项目中大规模应用。培训采取网络自学与辅导员在线辅导相结合的方式，培训内容为“教师职业理想与道德”和“学科教育心理学”两门公共必修课。累计培训学员66070人，共建立网络班级590个，涵盖海淀区、西城区、平谷区、延庆区等8个区县全体一线教师。

（吴建伟）

北京市科学技术委员会

【概述】年内，北京市科学技术委员会（以下简称市科委）通过北京科技成果产业化情报系统继续为科技决策提供辅助支撑，促进政务信息资源的共享利用。在上年对市科委系统所有专家信息资源梳理的基础上，对专家库进一步补充完善。

（蔺平）

【科技成果资源共享】年内，市科委通过北京科技成果产业化情报系统为科技决策提供辅助支撑，为职能部门推动产业化工作提供依据，为科技成果产业化链条的相关机构提供信息，促进科技资源的高效配置和综合利用，实现科技成果与产业需求有效对接。北京科技成果产业化情报系统涵盖来自权威部门的上亿条科技数据，包括全国各地区、各行业经省、市、部委登记认定的科技成果，北京地区的国家级科技计划项目数据库包括973、863、支撑计划，中外专利，期刊论文、学位论文、会议论文、中外标准、法律法规和国外共享开放的外文文献等科技文献资源，社会化媒体信息，以及规模企业、对外贸易等国家统计数据，是国内数据资源汇聚程度较最高的平台之一。情报系统为科委各业务处室、直属单位及社会用户提供多项数据共享服务，包括对6142万篇的全国科技期刊、会议、学位论文等的查询及部分全文下载，对223万篇国外开放外文文献的检索，对404个大陆平媒、92个网媒、520个海外平媒的科技新闻查询和提供今日科技实时信息服务，对97万条国家登记科技成果数据检索，对6085万条中外专利信息查询，对全国700多万家规模以上企业的查询，对16万个国家计划项目的查询等，以及为委领导及各处处长提供科技舆情动态报告100份。

（蔺平）

【专家数据库新增1400余名】年内，市科委在上年建设专家库及收集专家数据基础上，在2013年度共新增各类专家1400余名，共有31730名专家。专家库面向全委系统开放，对科技项目的各类评审活动提供专家数据支持。

（蔺平）

【科委网站建设】年内，市科委网站作为政府信息公开的第一窗口，除更新发布机构职能、法规文件、规划计划、行政职责和业务动态以外，还向社会公布经认定的332家科技研发机构、235家实验动物许可单位、41家北京市高新技术产业专业孵化基地、8000家高新技术企业、103家技术先进型服务企业、265个北京市重点实验室、209个工程研究中心、243家科普基地、30家科技企业孵化器、20家产业技术创新联盟名单等信息。

（蔺平）

【全年公开政府信息97条】年内，市科委主动公开政府信息97条，没有出现迟报、缓报、误报、错报现象。没有出现相关的行政复议、诉讼事件。按照市政府信息公开办和市财政局的统一部署，政府信息公开加强重点公开工作，向社会主动公开了“2013年预算情况”和“2012年度决算、‘三公经费’及行政经费”信息。主动公开一系列科技支撑食品药品安全监管的信息；主动公开有机污染物治理工程技术示范成果、污染水体修复与水环境管理信息化技术论坛信息；主动公开北京发展电动汽车的新近动态和未来发展目标信息；主动更新和发布市科委的机构职能类信息，主动公开市科委规范性文件，对新发布的相关政策进行及时解读；主动公开市科委承办市政府的重要实事和折子工程以及进展情况；主动公开全市科技发展业务统计数据，主动公开北京地区县以上独立科研机构的科技统计调查、北京市高新技术企业调查、国家级科技计划项目执行情况调查、技术市场交易情况登记、高技术产业情况调查、现代服务业调查等多种综合或专项统计调查等统计数据，及时反映全市科技创新发展指数和发展高新技术、现代服务业对经济发展所作出的贡献情况；对市科委行政许可事项和行政审批事项不收取行政事业性收费信息予以说明；主动公开市科委在建设对接国家重大专项、科技支撑产业振兴工程、科技支撑民生工程和中关村示范区建设等重点任务中相关的政策、措施和实施进展情况，展示科技对全市重点领域的支撑作用；详细公开“行政执法主体及依据条款”“行政执法依据目录”“行政执法职权及依据条款”及“行政执法”职权分解；主动公开有关实验动物以及技术市场领域依法行政执法检查等信息。

（蔺平）

【面向业务的知识管理服务系统建设】年内，市科委按照“内部知识积累沉淀，外部资源

（情报系统整合资源）业务知识化，实现内外部资源统一整合，构建科委知识管理体系”的思路，进行面向业务的知识管理服务系统的建设。通过文档管理系统的建设，实现科委业务处室内部及跨部门之间的知识资源共享、沉淀及传承，并通过PC客户端实现资源的自动上传、自动分类。同时，针对内部的OA系统，实现了系统之间的架构对接以及数据互通；以科技立方资源为基础，以业务需求为导向，构建专题知识板块服务，实现知识专题的快速生成、并满足用户在手机端可以灵活的定义需要的专题服务信息，随时随地的浏览关心的最新专题动态的需求；开发应用分析工具，国家计划项目速查等工具，提高平台易用性，实现信息+工具+服务三位一体化业务支撑服务模式。

（蔺平）

【监察系统建设】年内，市科委监察系统开展一期建设，利用现有的委内政务信息网络，以构建横纵贯通的委内监察数据网络为技术目标。实现了11项行政许可、审批事项监察，市自然基金项目管理业务监察，实现督察督办、统计分析及信息展现等功能，完成与市级平台数据报送系统的对接。支持监察处与科委内部各部门横向、监察处和上级部门纵向监察业务协同。

（蔺平）

【自然科学基金网络化工作平台三期建设】年内，北京市自然科学基金网络化工作平台三期建设,会议评审系统及会议评审专家遴选模块的投入使用，所有会议评审专家名单均采用计算机随机遴选方式产生，自动化和管理两个学科评审组试点采用计算机评审的方式，通过计算机投票和统计票，提高工作效率，维护会议评审的公平性和公正性，减少人工选择专家的弊端。在通讯评审工作中，系统中改进通讯评审分组方式，在评审项目数量与上年基本相同的情况下减少评审专家1954名。通讯评审工作历时52天，比上年缩短36天。

（蔺平）

北京市粮食局

【概述】年内，在“粮安工程”和“智慧北京”的大背景下，北京市粮食局（以下简称市粮食局）按照《国家粮食局关于印发〈大力推进粮食行业信息化发展的指导意见〉的通知》要求，积极推进北京市粮食行业信息化的发展。市粮食局认真落实市委、市政府的工作部署，做好稳运行、保安全、强产业等重点工作，利用市、区县两级储备粮油的吞吐轮换机制和北京市粮食购销竞价交易平台调节市场供求和价格。发布粮食供求和价格信息，稳定市场预期。加强应急保障机制建设，应急供应网点由342个增加到673个。开展全市范围内的粮食和食用油库存检查工作，实现“守底线，保安全，惠民生、促发展”的工作目标。

（胡月婷）

【“北京粮食”网站改版】年内，市粮食局按照首都之窗的相关安全技术及栏目要求，对“北京粮食“网站进行改版。新版网站采取红色为主的色调，在页面布局及栏目设置上都力求做到便捷，在让市民了解市粮食局信息的基础上，突出为市民服务这一重点。新版网站实现政民积极互动，网上审批工作办理等职能。

（胡月婷）

【**办公自动化和价格监测子系统验收完毕**】年内，北京粮食安全实时监测管理信息系统（一期工程）项目中的办公自动化子系统及价格监测子系统验收完毕。该系统是依托北京市电子政务网络，利用成熟先进的信息技术，建立满足市政府及各有关部门粮食管理业务需求的粮食安全实时监测信息系统，准确反映北京市粮食储备、市场粮情信息的动态变化，完善粮食信息监测体系和粮食质量监控保障体系，促进全市粮食行业信息化、网络化发展，提升北京粮食安全监测、预警和科学管理水平，提高政府对粮油市场的监控能力。办公自动化子系统试运行，能够完成公文处理、邮件收发通知公告发布、会议申请、车辆申请等需求。价格监测子系统按照市与区县两级监测网络要求建立，涵盖全市16个区县六大类监测点，从2004年的88个监测点调整完善到105个监测点，包括粮食批发市场15个、粮食集贸市场11个、粮油加工企业16个、粮油购销企业6个、粮食收储企业10个、粮油零售企业或超市47个。监测品种涵盖粳稻、小麦等原粮品种，以及粳米、面粉、食用油等成品粮油品种。监测内容包括价格和一部分监测点和品种的购、销、存量。系统按照需求可生成北京粮油市场日报、周报、月报，及时反映市场价格波动。北京粮食安全实时监测管理信息系统（一期工程）项目于2010年12月开工建设的。

（胡月婷）

北京市旅游发展委员会

【**概述**】年内，北京市旅游发展委员会（以下简称市旅游委）信息中心致力于新一代旅游信息化发展战略，充分发挥信息化对旅游产业发展的支撑与引领作用，推动新一代信息技术在旅游产业广泛应用，以信息化促进首都旅游的“资源多样化、服务便利化、管理精细化、市场国际化”。中心为加快推进信息化与旅游产业的深度融合，有效整合和开发旅游信息资源，以资源整合带动服务整合，加强资源共享和互联互通，促进旅游产业要素流动，加快旅游产业资源整合，加速旅游产业转型升级，推动旅游产业综合竞争力提升。

（寒威）

【**信息化领导小组第一次会议召开**】6月6日，市旅游委信息化领导小组会议暨专家咨询委员会第一次会议召开，市旅游委党组书记、主任、信息化领导小组组长邹伟南出席会议。鲁勇向信息化专家咨询委员会代表俞慈声颁发聘书，市旅游委委员、信息化领导小组副组长邹伟南宣读市旅游委信息化工作机构人员名单，信息化办公室负责人就市旅游委信息化建设情况和2013年重点工作做汇报，与会专家还审议了《北京旅游信息化发展规划（2013—2015年）》。市旅游委信息化专家咨询委员会委员、市旅游委信息化办公室成员、联络员及相关处室负责同志共50余人参加会议。

（寒威）

【**北京旅游网获第十四届“首都旅游紫禁杯”先进集体奖**】9月25日，市旅游委和市人力社保局主办的第十四届“首都旅游紫禁杯”评选工作总结大会在长富宫饭店举行，全市100个集体获得首都旅游紫禁杯集体奖，200位从事旅游及相关领域工作的人员获得首都旅游紫禁杯个人奖。北京旅游网获得紫禁杯先进集体奖。北京旅游网是北京旅游委官方网站，每年有来自中外的900万个访问用户，浏览页面共计4000万次。每年近10万人在北京旅游网上预定各种安全可靠的北京旅游产品和服务，总体满意度高达97%。北京旅游网在全球ALEXA排名55000位左右，正在逐步接近伦敦、纽约、新加坡等国际一流城市旅游门户网站。

（寒威）

【“i游北京”北京旅游手机应用发布】9月26日，市旅游委正式发布“i游北京”手机应用软件，利用手机APP为来京游客提供出行前、出行中以及出行后的一条龙服务。手机APP的服务器端一共集成近60万条数据，涵盖全市672家景区数据、40家景区监控数据、畅游商城3000条数据、22家重点景区的导游导览数据、1445家旅行社数据、6379个导游数据和21438条旅行社团体数据。12月12日，“i游北京”手机APP已经完成中文版6次版本发布（安卓和苹果系统），英文版（ibeijing）2次版本发布（安卓和苹果系统）。

（寒威）

【区县旅游咨询和信息服务交流活动举办】11月1日，市旅游委信息中心在延庆县开展区县旅游咨询服务和信息服务工作交流活动。全市16个区县旅游委（局）旅游咨询工作主管领导和咨询中心负责人、国家信息中心信息化研究部电子政务处负责人以及北京旅游网的业务人员参加交流活动。第十四届“首都旅游紫禁杯”先进集体获奖单位——延庆旅游咨询服务中心介绍旅游咨询工作经验；国家信息中心信息化研究部电子政务处负责人介绍北京旅游网站测评结果分析；与会人员就咨询服务和旅游网站建设等问题进行研讨；收集和整合区县旅游产品资源。

（寒威）

【信息化工作培训会召开】11月27日，市旅游委信息中心组织召开信息化交流和培训工作会议。宣传贯彻市旅游委旅游信息化发展规划，明确信息化项目申报要求，交流各单位在信息化建设中的经验和意见，并听取各单位对网站建设的建议。市旅游委机关处室联络员、区县信息化部门代表和相关公司人员约60人参加了会议。

（寒威）

【市旅游委召开信息化工作会议】12月25日上午，市旅游委召开信息化工作会议，党组副书记、副主任、信息化领导小组副组长宋宇出席并作总结讲话。市旅游委信息化领导小组、信息化专家委、信息办、联络员及相关处室负责人参加会议。会上，宣布新调整的委信息化领导机构人员名单，通报市旅游委2013年信息化项目建设进展及2014年处室申报信息化项目情况，明确2014年市财政信息化项目下达方式及相关要求；各项目建设处室汇报2014年建设项目内容及预期目标。与会专家就开展北京旅游信息化建设，积极建言献策，就系统整合、顶层设计、统筹规划、职能边界、新技术应用、平台与系统的关系，提出意见和建议。

（寒威）

【天安门咨询站引用4G技术服务游客】年内，天安门旅游咨询站落成开业，游客可以在天安门咨询站免费体验移动4G的畅快，下载“i游北京”APP，360度虚拟旅游北京重点景区，体验高科技带来的智慧旅游的魅力。咨询站内的触摸屏查询机特别内置了景区360度全景导视图，游客在此可身临其境般浏览景区景色。

（寒威）

北京市民防局

【概述】年内，市民防局健全民防信息化建设集中统管机制，出台《北京市民防局关于进一步加强民防信息化建设集中统管的意见》和《北京民防科学技术研究课题管理暂行办法》，将民防信息化建设、民防科研工作纳入科学、规范、制度化管理轨道。以信息化条件下人民防空应急准备为牵引，围绕“大力加强信息化基础设施建设，积极推进信息化应用与研究，强化制度建设与管理，确保通信保障任务落实”四个重点环节，全面开展信息化研究、建设、训练、运行维护管理工作。

（言芳）

【应急通信保障任务完成】4月20日，在雅安地震救援中，北京民防卫星通信系统与四川省人防办、雅安市等地市级人防办完成多点组网通信，并与北京电视台联通，共保障电视直播9段、19小时，首次民防指挥通信车跨省、跨部门互联互通，第一时间将灾区的清晰画面传送到北京，首次为首都新闻媒体提供现场直播保障。

（言芳）

【训练45名民防通信（短波）志愿者】6月2日，市民防局与市无线电委员会共同组织45名民防短波志愿者开展以危险地带、恶劣天气、山区营救等为背景，以天线、电台架设，报文收发为内容的应急通信演练，为遂行复杂条件下完成通信保障任务奠定基础。市民防局已连续四年组织民防通信（短波）志愿者开展训练。

（言芳）

【市民防局被评全国人防训练比武优胜集体】9月，市民防局代表队参加北京军区人防训练比武竞赛，取得“团体总分第一名”的成绩，被国家人防办公室评为“全国人防训练比武竞赛优胜集体”。在设置的13个专业单项竞赛中，11个专业单项16人次获奖。其中通信、信息类比赛两个单项第一，7人次获奖。

（言芳）

【指挥信息平台建设】年内，市民防局指导各区县民防局开展指挥所信息系统新建和升级改造，继续开展街乡指挥平台信息系统建设，全市完成9个区县指挥信息平台升级改造任务，新建街乡指挥信息平台18个，民防三级指挥信息平台日益完善。

（言芳）

【建设人防卫星通信系统】年内，按照人防卫星通信系统建设要求，市民防系统完成市和15区县卫星地面站加装人防卫星通信设备任务，全市人防体制卫星通信系统建设工作全部完成，提高民防卫星组网通信能力，强化应急通信保障能力。

（言芳）

【北斗卫星导航定位与时统系统建设】年内，市民防局和区县民防局加装北斗卫星设备，建成北斗卫星导航定位系统、时统系统，实现北斗卫星短报文指令传输，北京人防北斗系统进入实际应用阶段，提高人防最低限度应急通信保障能力。

（言芳）

【建设人防高点监控系统】年内，市民防系统新建12处人防高点监控点，扩大市应急指挥中心对全市重点区域监控图像的选择控制范围，为春节期间重点区域烟花爆竹监控和市、区县政府领导应急指挥决策提供图像信息保障。

（言芳）

【人防工程审批管理信息系统项目启动】年内，市民防局启动人防工程审批管理信息系统（三期）建设，围绕人防工程建设申报审批业务流程，实现人防工程建设网上审批，提高业务审批效率。

（言芳）

【民防信息化人才队伍训练制度化】年内，市民防局采取分期分批集中培训，各区县自行训练，选派业务骨干参加北京市经济和信息化委员会、国家人民防空办公室组织的电子政务培训、人防数据工程建设、人防信息系统综合集成、人防信息防护等专业培训；按照《机动指挥通信系统训练大纲》《区县民防局信息系统运行维护管理规定》要求，组织全市民防系统开展机动指挥通信车、短波电台、警报报知系统、网络系统测试与维护培训，每周定期开展短波通信网日常通信联络训练。

（言芳）

北京市民政局

【概述】年内，北京市民政局（以下简称市民政局）发布《首都民政事业改革发展纲要（2013—2015年）》，提出首都民政事业改革发展的“社会化、产业化、信息化、体系化”目标，明确民政信息化发展的方向和任务。北京民政信息化建设紧紧围绕信息化顶层设计和“数字民政”二期项目开展，着力推进信息资源共享、网站专题建设、视频会议改造、社区信息化建设等重点任务。

（蔡晋昌）

【“数字民政”二期项目正式启动】7月，“数字民政”二期项目获市发展改革委立项批复，总投资3808万元，9月完成全部招投标工作，确定项目建设和监理单位，10月底在市民政局机关召开项目启动会。该项目以社会福利、养老、居民经济状况核对、数据资源中心和民政公共服务以及民政信息化基础设施升级等为主要建设内容，以提高民政部门公共服务能力和精细化管理水平为根本目标。

（蔡晋昌）

【民生领域信息资源共享建设】年内，市民政局加大民生领域信息资源共享工作，1月和3月，分别与市住建委和市卫生局及公安局签署信息资源共享协议，开始正式向以上单位提供婚姻登记、火化数据等信息资源共享，为北京市购房申请家庭信息核验及死亡人口信息共享工作提供数据支撑。

（蔡晋昌）

【提升网站为民服务能力】年内，市民政局网站工作着重加大政府信息公开力度，规范公开流程、明确部门职责，敦促各部门把政府信息公开工作摆上重要日程，在财政预算决算和“三公”经费公开、推进行政审批信息公开、对发布政策的解读等方面，重点加大工作力度，提高网站信息和服务质量。10月底，全市享受最低生活保障救助和低收入救助人群的相关信息开始在互联网进行公示，接受广大群众监督。

（蔡晋昌）

【社区服务信息化应用系统建设】年内，市民政局加大社区服务信息化建设力度，着力推进“北京市家政服务公共信息平台”的建设，该平台于10月底完成开发任务，11月进入测试及试运行阶段；开发建设了集“信息查询”“服务申请”“社区动态”主要功能于一体的“96156”手机应用客户端——“首都社区服务”，方便社区居民通过手机在线接入“96156”平台，查询服务信息，申请“96156”便利服务，关注社区动态。

（蔡晋昌）

北京市农业局

【概述】年内，北京市农业局（以下简称市农业局）立足全市“智慧北京”发展大局，围绕北京都市型现代农业建设的核心任务推进信息化建设。制定并落实《2013年信息化工作要点》，着力加强农业信息化顶层设计，推进信息化与农业现代化融合发展，修订印发《北京市农业局信息系统升级改造项目管理办法（试行）》，强化电子政务管理，研究制定印发《北京市农业局信息维护工作绩效考评办法》，进一步明确信息维护组织机构及职责分工，建立信息维护工作监督考核机制，并通过申报奖项，巩固信息化工作成果。

（马占通）

【全局政务网上服务平台建设】年内，市农业局开展全局政务网上服务平台建设，对原网站进行全面改版升级。改版建设以用户需求为导向，按照北京市政务网站考评要求和政府网站建设与管理规范，对原有网站重新进行了栏目规划、页面设计、功能开发、系统实施，主要包括网上服务基础平台、公众互动平台、网上服务应用平台、移动终端应用及服务监测平台等功能模块，并结合当前移动互联网的发展趋势，推出移动终端应用——北京智慧农业，包括苹果版和安卓版。该应用提供农业资源查询、信息发布、休闲农业推广等功能，汇集北京市农业资源机构的相关信息，便于查询使用，并通过结合GPS定位实现地图查询、路线导引等服务。该应用能够及时发布农业政策、新闻资讯等农业信息，促进农业生产、消费等环节的信息沟通。应用支持微博分享、用户评分等功能，便于用户反馈和交互。

（马占通）

【全局信息化建设情况调研】年内，市农业局组织开展信息化建设情况调研。调研工作在全局范围开展，包括18个机关处室和23个局属事业单位。调研主要内容包括信息化工作组织结构、基础设施建设、信息系统建设、信息资源建设、运维体系建设、信息化资金投入等情况，以及信息化工作需求、存在问题及建议。调研采取发放调查问卷的形式为主，配合实地走访、集中座谈等其他形式开展。

（马占通）

【北斗定位导航系统应用于农机】年内，市农业局参与中国第二代卫星导航系统重大专项，开展基于北斗的农机高效作业和精确调度项目建设。根据北京农机作业、调度指挥实际需求和项目建设目标，建设基于北斗（BDS），集成应用地理信息系统（GIS）、遥感技术（RS），研制开发监控型、调度型等多种农机北斗终端，构建面向农机服务组织和大户的作业和调度系统。

（马占通）

【应用遥感监测技术服务农业生产】年内，市农业局实现遥感监测技术在农业上的应用，纳入市“面向政府的遥感小卫星星座即时服务系统与示范工程”项目中，能够获取“北京二号”小卫星星座高分辨率遥感数据服务（1米全色和4米多光谱数据）。

（马占通）

【物联网技术在农业领域应用项目申报】年内，市农业局推进物联网技术在设施农业上的应用。通过与北京派得伟业信息技术有限公司合作的形式，完成“国家物联网示范项目——北京设施农业物联网示范应用项目”的申报。

（马占通）

【顺义万亩示范区信息化建设】年内，市农业局协同市农科院、顺义区农委、水务局、农机局等部门推进“节水灌溉智能控制”“农机智能作业”两项智能应用，着力。完成顺义万亩示范区基础信息的采集，田间气象传感终端、农机作业计量、工况监测终端的研发和部署，搭建顺义万亩示范区综合信息平台。另协调北京市经济和信息化委员会在顺义万亩示范区率先开展北斗技术、4G无线通信技术的应用。

（马占通）

【“菜篮子”工程信息系统建设】年内，市农业局建成“菜篮子”工程信息系统,实现“菜篮子”工程数据资源的集中管理和相关信息系统的集成整合。系统实现为提高“菜篮子”产品自给率提供决策参考，为提高“菜篮子”产品控制率提供决策参考，为保证“菜篮子”产品质量安全提供决策参考，为提高“菜篮子”产品应急保障能力提供决策参考四个方面的功能。系统整合全市蔬菜、水产和畜牧行业生产数据，并与已建成的农产品信息综合平台实现对接，为全面、深入分析“菜篮子”产品供需形势，开展全市“菜篮子”产品供应保障决策提供信息支撑。

（马占通）

【“12316”热线区县分中心建设】年内，市农业局在大兴区、昌平区、延庆县开展北京12316热线区县分中心建设，形成市、区两级的农业信息服务模式。热线根据区县分中心项目建设、系统升级改造和专家队伍的变化，对《专家管理制度》给予完善，调整专家聘期，明确专家职责，逐步建立专家服务标准，完善农业服务专家队伍和专家管理机制，提高热线服务的专业化水平。根据服务需求，增加北京油鸡、蜜蜂、养生菜、温室水果栽培等方面的专家，完善专家队伍结构，提高热线服务能力。

（马占通）

【蔬菜提质增效信息服务】年内，市农业局组织开展“12316”助力蔬菜提质增效信息服务。利用“12316”专家队伍和服务渠道，继续推进“百名专家进菜园、百项技术到地头”活动。整合蔬菜优良品种信息、市场行情信息、“百项技术”等内容，开发农业信息触摸屏查询系统，集成双向视频服务功能，并为25家设施蔬菜标准园安装部署55寸的触摸屏查询一体机。为设施蔬菜标准园提供内容可选、操作简便、可视直观的信息服务，提升设施蔬菜标准园现代技术装备，为服务蔬菜产业提质增效提供支撑。

（马占通）

【农产品产销服务系统获农牧渔业丰收奖】年内，市农业局“农产品产销信息集成分析技术及综合服务系统”获农业部农牧渔业丰收奖三等奖。市农业局在完成国家“十一五”科技支撑课题“果蔬价格短期预测系统研究与示范”的基础上，建成“农产品产销信息集成分析技术及综合服务系统”，深化农产品市场行情监测预警工作，强化农产品市场行情信息资源、信息系统、分析技术向科技成果的转化，并集成农产品市场信息采集技术、分析技术、信息推送服务技术，组织开展成果的推广和应用。

（马占通）

【“12316”热线入围智慧北京优秀示范应用成果】年内，“北京“12316”农业服务热线建设与应用”入围第二届智慧北京大赛20项优秀示范应用成果。北京“12316”农业服务热线应用现代化服务热线建设模式，建立全市统一的农业综合服务呼叫中心，构建一体化的农业信息综合服务体系。

（马占通）

【农产品质量安全监管信息系统（二期）建设】年内，市农业局建成北京市农产品质量安全监管信息系统（二期），实现农产品质量安全信息动态管理，通过检测推动检打联动，通过资质审查带动监管，达到保障全市农产品质量安全的目的。

（马占通）

【实验室信息管理系统（二期）建设完成】年内，市农业局完成兽药、饲料、生鲜乳及畜产品实验室信息管理系统（二期）建设，实现样品初始登记、检验任务分配、检验过程跟踪、检验结果记录、数据审核、检验报告编制上报等各环节的信息化管理。

（马占通）

【种子管理站种子无线执法体系建设完成】年内，市农业局完成北京市种子管理站种子无线执法体系建设。该体系利用现代无线通信技术的最新成果，让执法人员通过高科技手段对企业进行巡查、执法，及时发现隐性的违法行为等问题，提高工作效率，增强农业管控能力，构建专业化、数字化的农业行政管理体系。

（马占通）

【农机作业信息服务系统建设完成】年内，市农业局完成北京市农机作业信息服务系统建设。市农业局以各郊区（县）农机信息服务为基础，整合全市农机信息资源，实现全市农业生产信息汇集农机分布情况整理、农机作业适时调度、农机政策及实用技术宣传等内容，掌握外省市农机进京需求，为京郊农民和外省市农机服务者提供有效的供求作业信息沟通服务，同时为京郊农机外出服务者提供外省市农机作业需求信息服务。

（马占通）

【动物疫情指挥系统、移动通信系统建设】年内，市农业局完成重大动物疫情指挥系统、移动通信系统建设。该系统是实施应急预案的工具，具备日常管理、风险分析、监测监控、预测预警、动态决策、综合协调、应急联动与总结评估等功能。

（马占通）

【农业环境评价信息系统建设完成】年内，市农业局完成北京市农业环境评价信息系统建设。该系统具有农业环境监测数据的分类管理，快速上传、及时查询等功能，实现了农业用地基于不同标准的科学评价和农业区划的划分，能够为用户迅速准确并且可视化的提供农业环境评价和区划的信息和结果，对确定全市绿色食品、有机食品和无公害农产品适宜生产区提供了系统支撑。

（马占通）

【农机监理业务管理平台项目建设完成】年内，市农业局完成农机监理业务管理平台项目建设。通过农机监理业务管理，实现北京市农机牌证、农机驾驶证、农机事故、农机保险、农机安检及其相关人员的培训、考核、管理等相关业务的信息化管理。

（马占通）

【畜牧环境信息与预警系统建设完成】年内，市农业局完成畜牧环境信息与预警系统建设。该系统包括畜牧环境信息系统和畜牧环境监测预警系统，环境信息系统通过采集、处理、储存养殖场（户）的环境信息，及时掌握养殖场（户）基础信息动态，为政府管理决策提供依据；畜牧环境监测预警系统通过对优势养殖区域的典型养殖场进行实时动态监测，根据《畜禽环境质量标准》《畜禽场环境污染控制技术规范》等技术标准对养殖环境质量现状、畜牧业污染现状进行综合评价，及时报警。

（马占通）

北京市气象局

【概述】年内，北京市气象信息化工作围绕率先实现气象现代化建设任务，全面推进网络升级改造工作。扩大与中国气象局的网络资源共享，完成“国家突发公共事件预警信息发布管理平台”系统北京市部分的安装联调工作，对区县气象局信息系统进行整体规划与部分改造，依据IP地址的统一分配标准对通州区气象局进行IP地址切换试点工作，加快建设气象业务应急备份系统。

（张晓玲）

【光缆万兆链路实现核心直联】年内，与中国气象局间主备两条光缆的万兆链路实现核心直联。通过核心交换机实现链路捆绑，捆绑后总带宽可达到每秒4万兆字节，并可实现链路的冗余互备。5月，国家气象中心为市气象局共享集合预报指导产品，并开通国家级气象业务内网。7月，中国气象局新一代高性能计算机系统第一个子系统建设完成后，市气象局科研和业务人员可直接申请使用国家气象信息中心高性能计算机资源。

（张晓玲）

【园博园观测站采用3G方式进行数据传输】5月，丰台园博园气象观测场建设完成，U盘式3G卡方式通信链接不稳定，数据传输经常中断。后更换无线通信模块，修改数据采集软件，7月，园博园观测站实现3G方式稳定传输数据，数据整合到全局区域自动站合成文件，可通过市气象局LDAD业务系统查看园博园自动站数据。园博园自动站是市气象局第一个采用3G方式进行数据传输的自动站点，为下一步大范围更好地利用3G方式进行自动站数据传输提供技术思路。

（张晓玲）

【预警信息发布平台系统安装联调完成】6月，按照中国气象局要求，市气象信息中心配合系统集成商中国软件与技术服务股份有限公司进行“国家突发公共事件预警信息发布管理平台”系统北京市部分的安装、调试和联调工作。该系统实现通过预警发布管理平台，把模拟的预警信息发送到国家突发事件预警信息网站上，收集回执反馈信息。

（张晓玲）

【气象宽带网络优化系统建成】9月，市气象信息中心技术人员配合北京网康科技有限公司完成“全国气象宽带网络优化系统” 在北京市气象部门的全部施工及路由器的配置调整工作。“全国气象宽带网络优化系统”简称CMANet网络优化系统，是监测预警工程项目的重要组成部分，可对市气象局与中国气象局间的实时业务传输进行优先保证。

（张晓玲）

【高性能计算能力得到提升】11月5日，利用国家科技部修购专项资金购买的曙光集群计算机正式落户市气象局。11月底，设备安装及调试工作完成。项目建成后，市气象局高性能计算能力可达到每秒90万亿次（90TFlops），存储能力达到300TB，为科研和业务现代化提供更好的计算环境。

（张晓玲）

【通州气象局率先完成IP地址切换】11月25日，通州气象局完成IP地址的切换工作，访问中国气象局内部网站更加灵活方便，为以后其他各区县气象局的网络IP更换积累经验。

（张晓玲）

【5家单位完成信息网络建设和业务站搬迁】年内，市气象局提出区（县）级综合气象业务平

台建设和改造指导方案，包括业务工作平台、视频会商、办公平台及环境装修、通信机房等的功能定位及部署。年内，完成对昌平区、门头沟区、房山区、丰台区4个气象局和南郊观象台5家单位的信息网络规划建设及业务平台搬迁工作。

（张晓玲）

【房山气象业务应急备份中心建设】年内，市气象局加快房山气象业务应急备份中心建设。建设内容包括机房环境支持系统、通信网络应急备份系统、关键业务应急备份系统、电视会商应急备份系统（含大屏幕显示系统）和业务培训教学系统等5个子系统。基本完成机房环境支持系统建设，4月，利用4台服务器及磁盘阵列采用虚拟化技术初步搭建数据备份的试验运行环境，并完成大屏幕显示系统的建设、运行工作，5月，初步搭建气象信息综合分析处理系统（MICAPS）试验环境平台。

（张晓玲）

北京市人民政府法制办公室

【概述】年内，北京市人民政府法制办公室（以下简称市法制办）认真贯彻落实《北京市政府法制信息化建设2011—2015年规划》，依据年度信息化重点工作任务和折子工程，推进电子政务建设，推动北京市政府法制信息化工作。对“行政复议信息管理系统”进行升级改造，完善系统功能。完善OA办公自动化系统，进一步丰富内容、整合资源，促进信息共享。开展构建行政执法信息服务平台工作，进一步加强和改善行政执法工作。同时，在政府法制信息宣传和政务网站建设管理方面取得新的进展。

（刘莎）

【行政执法信息服务平台初步设计完成】2月，市法制办作为主责单位推进行政执法信息服务平台建设。系统建设及应用覆盖市法制办、16个区县政府法制办、54个市级行政执法部门和约710个区县行政执法部门。用户覆盖各级行政执法人员约10万人；市和区县行政执法部门的法制机构约2000人，以及社会公众。该项目建设主要：依托北京市电子政务网络，制定4个标准规范，建设1个信息资源库、1个应用支撑平台、5个应用系统、2个门户网站和IT基础设施。项目年底完成初步设计报告的编制工作并上报。

（窦辉）

【法制办网站全年发布法制信息825条】年内，市法制办加强网站信息宣传工作。通过网站共发布全市政府法制信息825条，转载刊登各主流媒体法制新闻与理论文章共707篇。市法制办通过网站公开征集2014年政府规章立法项目建议并公布北京市法规规章草案12项，其中地方性法规草案4项、政府规章草案8项，通过网络共收集意见854条，同时及时通过网站公布对公众意见的征集采纳情况。

（王一超）

【“行政复议信息管理系统”升级改造】年内，市法制办对“行政复议信息管理系统”进行升级改造，并于12月23日在全市复议机构试运行。新版系统按照“以用户为本、辅助办案、方便管理、保障统计”的理念，简化案件分派、审批程序，强化当面接待、案件办理的辅助功能，完善和丰富统计、考核指标体系。

（刘莎）

【完善OA办公自动化系统】年内，市法制办在原有栏目基础上增设、调整和修改部分栏目及内容，并设计新版OA首页。在原有功能模块的基础上，结合工作程序的变更情况，进一步改造和提升工作流程和功能，丰富信息承载量，优化部分工作流程，促进信息共享和交流。

（刘莎）

北京市审计局

【概述】年内，北京审计信息化工作以服务审计中心工作为重点，在巩固信息化建设成果的基础上，结合《北京市审计局关于加快推进审计信息化建设的实施意见》及《北京市审计局关于推进审计信息化建设的工作方案》安排和要求，着力推进全市审计机关开展“信息化建设年”活动、审计专业数据库建设、北京审计信息管理系统实现市区两级互联互通，以及信息技术应用等重点工作，提升审计信息化整体水平，支持和保障全年审计任务的全面完成。

（曹新华）

【市局高清视频会议系统竣工验收】3月15日，专家听取市局高清视频会议系统的建设情况和系统试运行效果情况，并按照专家程序进行实地检查和测试，并做出通过竣工验收的意见。同时，专家对系统的应用提出要求，希望市局在审计远程会商方面多加使用，充分发挥系统的应用效能。

（曹新华）

【金审工程三期项目立项申报】11月18日按照《审计署关于落实金审工程三期项目地方建设投资计划的通知》的要求，市审计局结合审计信息化建设实际，研究提出《北京金审工程（三期）项目建设方案》，并报市发展改革委审批。

（曹新华）

【“信息化建设年”活动】年内，全市审计机关开展“信息化建设年活动”。在市局审计内网站开设“信息化建设年活动”专题栏目，在《北京审计》“信息化建设”专栏中刊登12篇介绍全市审计机关信息化建设方面的优秀文章，市局计算机中心3人合作撰写的《信息化审计管理模式实践探索》荣获审计署2013年度“国家审计信息化持续发展研究”论文评选优秀奖，并编入《中国计算机审计研究报告》；在市局审计内网搭建RTX 软件平台；开展“信息系统审计”课题研究；在全市审计机关组织开展信息化建设“创先争优”评选活动。

（曹新华）

【市专业审计数据库建设完成】年内，市审计局建成市财政、社保、住房公积金等专业审计数据库，其建设内容是技术需求论证、技术架构设计、系统开发部署、数据模型搭建等方面，开展的住房公积金审计项目中，充分利用住房公积金审计数据库数据，数据分析发现13处问题疑点，形成有价值的审计线索；在开展的养老基金审计项目中，更新已建成的社保审计数据库部分数据，并在此基础上开展审计数据的筛查和分析。

（曹新华）

【审计信息管理系统实现市区两级互联互通】年内，北京审计管理系统实现市区两级的互联互通，完成市局京OA与区县OA系统的互联互通功能模块及市区两级审计专网的改造，搭建市局与17个区县审计局应用京OA系统传输审计数据的审计管理系统交互平台，实现全市审计机关的审计项目计划自动报送和归集、市区联动审计项目管理、行政公文收发、审计信息报送、审计数据库共享等功能。

（曹新华）

【审计业务作业信息化推进】年内，市审计局电子账目的审计项目，100%应用计算机技术取数、分析等现场审计。其中，91%应用署AO，其他应用广联达等审计软件。应用范围涵盖行政机关、企业、医院、学校等不同行业，大部分审计项目实现对业务数据和财务数据的关联分析，有效拓宽审计范围，深化审计内容。全市审计机关共形成AO应用实例及计算机审计方法84篇，其中市局16个单位36篇，区县审计局9个单位48篇。在审计业务管理方面，市审计局和17个区县审计局（含燕山审计局）共有771个审计项目应用京OA系统实施审计管理，部门预算执行审计项目全部应用京OA进行审计项目管理，规范项目计划制订、实施方案、审计内容记录等环节的基础工作。

（曹新华）

【老干部处等办公接入市局网络完成】年内，市审计局协调北京市经济和信息化委员会解决市电子政务外网接入的问题，全部完成，全面实现市局主办公区与驻外办公的方庄办公区、老干部处及审计干部培训中心的审计专网互联互通，为市局内部无纸化办公和审计高清视频会商系统应用提供网络保障。

（曹新华）

【审计信息化队伍培训】年内，市审计局。采用集中培训、分散培训和现场指导3种方式，对全局审计业务人员、系统操作人员进行京OA操作指导培训。举办署AO认证考试培训班和市局第8期计算机中级培训班，全市审计系统90多人参加培训，50多人通过审计署组织的AO认证考试和审计署计算机中级资格考试。

（曹新华）

北京市人口和计划生育委员会

【概述】年内，北京市人口和计划生育委员会（以下简称市人口计生委）推进全员人口信息系统建设和应用，在信息系统支持业务应用、人口信息资源共享应用，在信息化管理基础性工作方面取得新进展。完善市人口计生业务办公综合性服务平台，加强办公系统和网络的日常运维工作，完成全员人口管理信息系统决策支持子系统升级改造项目的建设工作，积极征求各处室对信息化的需求；完成北四环办公区搬迁后的政务外网联通工作；建立信息化运维巡检制度，进一步完善信息安全体系，强化内部机制建设。

（市计生委信息中心）

【人口信息系统决策支持子系统建设完成】6月，市人口计生委开展全员人口管理信息系统决策支持子系统的升级改造信息中心配合信息处完成对决策支持子系统的项目验收和上线服务工作，系统将人口基础信息与经济、社会、资源、环境等多维度信息有机集成，对全市人口问题的决策形成重要数据支撑。

（市计生委信息中心）

【北四环办公区搬迁的政务外网联通完成】10月，信息中心配合办公室，根据搬迁任务部署，向北京市经济和信息化委员会协调政务外网问题，并制订方案，完成新租用办公区的政务外网光纤接入工作。完成药具站、协会两个新租用办公区的弱电布线工作。完成药具站的计算机终端接入维护工作。盘点北四环办公区视频会议设备资产，整理视频会议搬迁改造方案，分步骤完成视频会议设备的搬迁改造工作。完成北四环办公区政务外网、互联网、全员人口信息系统的搬迁工作。

（市计生委信息中心）

【完善信息安全体系】11月，市人口计生委建立巡检制度，加强安全运维工作，及时、高效开展网络和系统维护，确保业务系统和网络的安全运行，保障人口计生各项业务系统的正常运转。建立网络与信息安全事件应急响应机制和信息安全测评机制，建立信息共享共用的安全保密协议制度。制定人口计生信息安全认证电子证书管理规定、人口计生信息化系统项目应急保障方案、外网网站管理办法等制度。

（市计生委信息中心）

【完善市人口计生业务办公综合服务平台】年内，市人口计生委对公务员门户网站内容进行更新、完成OA系统升级改造工作；组织调研公文办理程序开发，对OA公文办理进行升级改造。完成委内人员数字证书的电子签章。对短信平台进行升级改造。完善会议通知系统和市领导决策服务平台。完成OA、统一认证管理系统、会议通知管理系统、领导决策服务平台、档案管理系统的安全运维服务工作。

（市计生委信息中心）

北京市人民代表大会常务委员会机关

【概述】年内，北京市人民代表大会常务委员会机关按照《2010—2015年北京市人大常委会机关信息化建设规划》要求，围绕常委会中心工作，全力抓好信息化规划、建设和运维管理3个关键环节工作，推进信息化项目实施。

（王璐璐）

【市人代会网络服务保障任务完成】1月，市十四届人大一次会议网络服务，完成各项技术保障任务。为代表提供现场服务，解决代表计算机使用问题40个；计算机室接待代表网上提交建议、打印材料、收发邮件、查阅资料39人次；门户网站制作市十四届人大一次会议专题，发布信息2380条，总浏览量超过12万次；代表议案建议网上提交、交办系统”及网络线路运行稳定、正常，保障1316余件代表议案建议的网上提交和交办。

（王璐璐）

【区县人大信息化工作座谈会召开】3月，市人大常委会办公厅召开区县人大信息化工作座谈会，传达学习全国人大《2012—2017年人大机关信息化建设规划》有关精神，听取市人大常委会机关传达落实规划的有关安排，以及对区县人大贯彻落实规划工作的建议。

（王璐璐）

【机关电子政务内网局部改造完成】5月，经过线路施工、计算机安装调试、使用推广、接入市电子政务内网四个阶段的工作，机关电子政务内网局部改造项目完成竣工验收。改造后机关接入政务内网的节点增加为25个，基本覆盖各办公室和办公厅的政务处室，实现了常委会机关与市委、市政府、市政协、市高级法院、市检察院等单位的互联互通，满足机关各厅办室办理代表建议和与“一府两院”信息交换的实际需要。

（王璐璐）

【常委会机关门户网站升级改造完成】9月，常委会机关互联网门户网站升级改造项目完成试运行，通过竣工验收。升级后的网站围绕“宣传人民代表大会制度的重要窗口、人大信息发布的重要渠道、服务市人大代表和社会公众的重要平台、联系广大人民群众的重要桥梁”的功能定位，设置16个一级栏目、46个二级栏目，增加全文检索、网站地图、视频点播、常委会公民旁听网上申请、信访信箱等10个功能，采用先进的云计算技术以提升性能和可靠性。网站正式上线后运行稳定，点击率及浏览量大幅提高。

（王璐璐）

【机关信息化建设领导小组会召开】11月，市人大常委会机关信息化领导小组召开会议，听取领导小组办公室对2013年机关信息化建设工作的总结及下一阶段工作考虑、机关办公系统建设初步技术方案的汇报。市人大常委会副秘书长、办公厅主任、领导小组副组长张清主持会议，市人大常委会秘书长、领导小组组长赵义出席会议并讲话，领导小组及办公室成员出席会议。

（王璐璐）

北京市水务局

【概述】年内，北京水务信息化围绕水务中心工作，严格落实水资源管理制度，在安全迎汛、中小河道治理、水污染治理、节水排水等核心业务和社会热点问题方面，引入“智慧北京”“智慧水务”的发展理念，不断提高信息化应用绩效，切实提升水务业务精细化管理水平和公共服务能力。

（王昊）

【水利部人员调研郊区水务建设】4月19日，水利部农水司副司长顾斌杰、财政部农业司副司长张岩松率队对市郊区水务建设与管理工作进行专题调研。调研组一行参观昌平区村镇供水管理平台，听取昌平区水务局的村镇供水工作汇报，深入了解昌平区供水发展状况、设施运行情况、水质监测情况解，对昌平区在城乡一体化发展中做好供水安全保障予以肯定。

（孙迪）

【ET遥感图集编印完成】4月25日，ET（蒸散量）遥感图集编印工作完成。市水务局通过“全球环境基金（GEF）海河流域水资源与水环境综合管理项目”的实施，引入利用卫星遥感监测ET的一整套技术，建成集遥感数据处理、ET计算、成果储存与发布等功能为一体的ET遥感监测系统。图集汇编ET遥感监测原理和利用遥感技术监测的2003—2010年北京年ET数据、官厅水库全流域、密云水库全流域、怀柔水库流域年ET数据、典型城市绿地奥林匹克公园、朝阳公园年ET数据。图集汇编的ET数据可为北京市农业用水、防洪等水资源管理提供数据支撑。

（毛德发）

【洪水预报调度系统开发完成】5月7日，密云水库管理处组织召开密云水库洪水预报调度系统项目进度汇报会，管理处相关负责人、防汛办公室相关成员及中国水利水电科学研究院与北京清流技术发展有限公司项目组成人员参加会议。密云水库洪水预报调度系统是在密云水库现有雨水情信息系统的基础上，基于计算机、通信、数据库、GIS、数据处理与分析和可视化技术等，通过综合信息管理系统、洪水预报系统、洪水调度系统、中长期径流预报系统等应用系统的建设，提高密云水库洪水预报调度的信息化水平和防汛指挥能力，为密云水库防洪调度决策提供依据。该项目于2012年10月完成招、投标，并与中标单位签订技术开发合同，已基本完成系统的开发工作。

（王泽勇）

【国家水专项研究成果通过专家验收】5月28日，市水务局组织专家召开国家水专项成果“北京市城市水环境系统设施监控预警决策支持平台示范工程”验收会，来自中国水科院水环境所、清华大学环境科学与工程系等单位的业内专家与会。课题组针对研究内容、研究背景、任务及完成情况、北京示范工程系统进行汇报，与会专家认为该研究完成任务书的相关要求，系统功能模块设计合理，业务流程清晰，用户界面友好；示范工程实现与国家级城市水环境系统设施监控预警管理信息平台的数据共享交换；实现日常监控、模型分析、风险识别、预警处置、后评价等业务流程功能，为实际工作中决策提供技术支撑。

（张小娟）

【市水务局赴市农研中心调研统计信息平台】6月5日，市水务局相关工作人员前往北京市农村合作经济经营管理办公室就小农水项目资产入账进行调研，参观的统计平台

（李黔湘）

【市监察局人员调研市水务业务系统建设】6月26日，市监察局副局长刘东波带队到市水务局调研业务系统信息化及监察平台的建设情况，局总工程师陈铁及相关部门人员参加调研。市水务局信息中心对业务系统信息化建设概况及监察平台进行简要汇报和系统演示。刘东波建议要加强水务业务系统的信息化建设，要利用信息化手段加大对重大工程、重大项目、重大资金、重大事件应急处置等方面的监管力度。并建议项目新建或升级改造时要将廉政风险防控纳入方案设计中，实现业务线与监察线的融合。陈铁要求各相关处室从本部门职责出发，认真梳理和分析业务流程及风险点，逐步推进水务各项业务的信息化建设工作，实现业务系统与监察平台同步考虑、同步设计、同步建设，逐步实现水务全部业务工作的网上监察。

（郑丽）

【水利部及淮委调研北京市水资源管理系统建设】7月5日，水利部水专项工作组率淮委水文局到市水务局调研水资源管理系统的建设及应用情况，市水务局简要汇报已建的水资源管理系统的整体规划、建设过程、应用情况，详细演示系统的主要功能，双方在建设模式、信息展示方式、建设经验等方面进行细致交流。

（任旭）

【水库移民信息化规划通过评审】7月16日，市水务局组织召开“北京市水库移民信息化规划”专家评审会。水利部移民开发局、北京市经济和信息化委员会及局内相关专家对规划内容进行审查，移民中心、信息中心、自动化所等相关单位主要负责人参加会议。专家组听取项目业主单位及设计单位的汇报，审阅规划设计报告。经过质询与讨论，专家组认为“规划”内容符合水利部移民开发局要求，同时满足全市水库移民管理业务需求及局信息化建设总体要求。专家组同意“规划”通过评审。

（王昊）

【参加2013年京台青年科学家论坛】8月20日，市水务局参加在京举办的2013年京台青年科学家论坛，局总工程师陈铁以《严格水资源管理促进水资源可持续利用》为题作专题发言，发言从北京的基本市情和水情、严格水资源管理的主要措施、面临的挑战和对策等三个

方面向与会人员介绍北京水资源情况。

（杜静）

【市网络与信息安全检查组检查网络安全】10月22日，北京市经济和信息化委员会牵头的市网络与信息安全检查组对市水务局网络与信息安全工作进行现场检查。检查组采用技术和管理相结合的检查方式，主要从安全事件应急情况、电子邮箱使用管理情况、网络边界安全防护情况、服务器安全防护情况、网络设备安全状况、门户网站安全防护情况、信息安全监控情况、信息安全服务外包等方面，对市水务局网络与信息安全进行检查。检查组认为市水务局网络与信息安全工作技术防范措施完善，安全管理制度健全。

（梁磊）

【PDA应用推广会召开】11月15日，市水务局召开“PDA终端巡检系统应用推广会”，局信息中心、河湖管理处、凉水河管理处、东水西调管理处及水政监察大队等单位参加会议。局信息中心对巡检系统升级改造整体情况进行介绍，通过软件升级、硬件更换和制定要求等方面保障系统后续深入应用，并对下一步的试运行提出要求。会上下发编制完成的《北京市水务应急指挥平台系统使用管理要求（试行）》。

（赵柘）

【防汛指挥中心会商调度系统通过审查】11月28日，北京市防汛指挥中心会商调度系统及硬件设施改造项目方案评审会在数字北京大厦召开，评审会由北京市经济和信息化委员会组织，市信息化专家委员会、北京航空航天大学、东城区信息化办公室、北京市经济信息中心、北京工业大学等业内专家方案通过专家评审。

（姚硕）

【内城河湖管网水位流量监测系统通过验收】12月6日，北京市经济和信息化委员会在市水务局组织召开“内城河湖管网水位流量监测系统项目”的终验专家评审会,专家组听取局信息中心等相关单位的汇报，并观看系统功能演示，项目可实现实时采集城区河湖排水管网的水情信息，实时监控城市河湖及排水设施的运行动态，提高防汛及雨洪管理水平，提高城市河湖排水效率，为保障汛期城市运行安全工作提供信息化支撑。专家组认为项目完成全部建设任务，试运行期间运行稳定，文档齐全，符合验收相关要求，同意项目通过终审验收。

（郑丽）

【市级山洪灾害监测预警平台完成建设】12月27日，市水务局组织召开北京市山洪灾害防治县级非工程措施建设项目竣工验收会议。验收会由市水务局副局长潘安君主持，国家防总、海委、市水务局、市气象局、市财政局、市国土局和市防汛办等单位参加。会议听取项目建设施工、监理等汇报，查阅验收文档，经质询讨论后，同意项目通过验收。

（杜静）

【官厅山峡防汛卫星雨水情遥测系统升级】12月31日，市水务局组织召开官厅山峡防汛卫星雨水情遥测系统改造项目竣工验收会议。会议听取项目建设施工、监理等汇报，查阅验收文档，经质询讨论后，同意项目通过验收。

（杜静）

【信息化促进全市水土保持管理精细化】年内，全市水土保持从山区到平原、从郊区到城市，全面推进精细化管理。结合全市水土保持普查，将全市划分为1085条小流域单元，逐个单元摸清植被覆盖、土地利用、土壤侵蚀、污水垃圾和养殖污染负荷等基础数据，实现以小流域为单元的定量化管理。全市水土保持，在自然条件、经济社会情况以及泥石流、水蚀、风蚀等限制性因素分析基础上，将全市小流域划分为11种类型，结合功能区保护，确定每条小流域水土保持功能和防治方向。以土壤侵蚀模数和径流系数为控制指标，以小流域为单元，管理和约束全市范围内城乡生产建设行为，建设生态清洁小流域，防治水土流失，保护水土资源。运用3S、网络等技术，建立市、区共享的水土保持核心业务管理系统信息平台，实现监督、监测、治理动态管理，以信息化促进管理精细化。

（杨坤）

北京市司法局

【概述】年内，北京市司法局（以下简称市司法局）立足北京市司法行政工作全局，紧密围绕中心工作，以贯彻执行新刑事诉讼法和落实司法部《全国司法行政信息化建设规划》为契机，推进信息化和电子政务建设发展，开展电子政务深入应用，完成全年电子政务工作任务。

（朱立民）

【“零点报告”行动技术保障任务完成】12月31日，司法行政系统监管安全工作“零点报告”行动成功举行，标志着首都司法行政系统监管场所实现连续17年监管安全“四无”目标，社区矫正工作实现无脱管、无漏管，社区矫正工作质量稳步提升的目标。

（朱立民）

【推进司法行政系统管理信息化项目应用】年内，市司法局在市司法局、区县司法局和街道乡镇司法所推进含社区矫正、安置帮教、人民调解、司法所业务等子系统的基层司法平台应用，提升司法行政工作在特殊人群矫正管理、社会矛盾化解、法律服务等方面的作用，维护社会安全稳定；继续推进含司法鉴定管理子系统、司法鉴定在线服务子系统司法鉴定管理系统应用，提升司法鉴定业务监管。

（朱立民）

【律师执业证书实现条码管理】年内，市司法局开发程序，实现律师执业证书的条码管理。通过应用条码，律师执业证书可以被快速识别，为律师信息查询、律师培训登记、律师考核等业务工作提供了技术支撑。条码技术的应用为律师管理工作提供空间，在重点律师管理、律师办案管理、律师数据共享等工作中应用这项技术。

（朱立民）

【改造视频会议系统升级】年内，市司法局对原有视频会议系统进行功能升级，提高会议操作人员对会议的调度，控制能力，增加信号转换设备，实现对市政府视频会议高清信号的录制和转发功能。同时，规范视频会议系统申请使用流程，明确视频会议系统安全管理的要求，细化会场管理和设备管理的职责，提高视频会议系统管理水平，保障系统稳定运行。

（朱立民）

【全年未发生信息安全事故】年内，市司法局修订完善规章制度10余个，明确信息安全事件的分类、等级、处置原则、责任分工、处置流程等内容，逐步形成有效应急工作机制。通过巡检和日志分析及时发现网站安全策略、病毒、系统漏洞等方面的问题，及时对网站和服务器进行加固，更新杀毒软件，消除信息安全隐患。组织开展定期安全巡查12次，信息安全预案演练3次，渗透测试2次，解决数字证书驱动、权限问题360次，新做证书175人次，为各处室解决信息安全问题200余次。全年未发生信息安全事故。

（朱立民）

【日常运维任务完成】年内，市司法局处理网络服务请求730次，解决网络及机房设备故障12次，处理计算机、打印机硬件故障554次；为各处室在内网平台发布信息1450条，解答律管系统、内网咨询2150次；外网网站发布信息750条；接收转交领导信箱信件155条，投诉485条，咨询1322条，页面浏览量9529701次。

（朱立民）

【机房供电系统升级改造项目建设完成】年内，市司法局更新UPS主机、电池等设备，实现市司法局不间断电源的双机冗余功能，提升机房设备用电的安全性。

（朱立民）

北京市体育局

【概述】年内，北京市体育局（以下简称市体育局）按照《北京市体育局信息化2013年工作计划》，保障局网络信息系统安全运行，全年网络信息无安全事故。年内，新版网站上线运行顺利；网络系统运维外包工作逐步成熟；进一步加强舆情信息采集力度，为领导决策提供辅助信息。

（杨薇）

【新网站上线运行】4月，市体育局网站系统升级改造项目建设工作完成，建成新的体育局网站群软硬件平台、体育市场安全监管系统和裁判员管理系统。市体育局聘请专业安全服务公司，对新网站系统进行渗透测试及漏洞扫描，共发现3个高危漏洞、1个中危漏洞、6个低危漏洞，及时通知软件开发商进行加固，完成加固后，又对网站进行二次安全测试，经测试无安全漏洞后新网站方上线试运行，在2个月的试运行期间，完成网站数据迁移、信息录入、培训、测试、安全加固等各项准备工作。

（杨薇）

【更换UPS电池160块】6月，市体育局针对UPS电池严重老化的现象，对UPS电池进行重新采购。更换全部160块UPS电池，经过加电、断电测试，其产品性能、指标完全符合要求。

（杨薇）

【重大会议网络信息安全保障】年内，为确保全国“两会”及十八届三中全会顺利召开，市体育局成立安全保卫工作领导小组，按照计划对网络安全设备、主机、重要应用系统进行漏洞扫描工作；对机房网络设备网络延迟值、CPU使用率、端口速率流量、服务故障总体运行情况进行监测统计；将未经安全加固和有高危漏洞的业务系统都暂行关闭；每日对机房及UPS电池机房进行安全巡检；将两个机房内的七氟丙烷消防灭火气体罐，返回原厂进行安全检测、气体补充，并对消防系统的主机、报警、灭火装置等进行检测；网站信息发布人员进行严格自查，要求严格执行网站信息发布流程、保证信息内容的准确率；在会议召开期间，实行24小时值班制度，保障网络系统安全运行无事故发生。

（杨薇）

【紧抓日常安全管理及应急方案建设】年内，市体育局制定专业人员值守计划，由信息中心领导带班，网站管理人员和网络管理人员分别排班，实行安全运维24小时值守，确保无重大安全事件发生。针对节（假）日及重大活动期间IP应急视频指挥系统根据应急委要求，实行24小时持续运行，保持通话模式，确保应急指挥畅通。对局政务网站和政务系统进行一次安全测评。对34台windows系统主机和类unix系统主机进行配置审计和安全漏洞扫描，对3部oracle数据库和2部SQL server数据库、6台IIS主机、1台apache主机、19台网络安全设备进行安全配置审计，并对局11项业务系统中的14部web应用系统进行渗透测试。通过测试，共发现236个漏洞，其中高风险漏洞有19个、中风险漏洞有89个、低风险漏洞有122个、信息系统漏洞有6个。10月，针对上述风险，完成对网络系统的漏洞修复工作。

（杨薇）

【网站发布信息2500多条】年内，市体育局网站共更新发布各类信息2500余条，解答市民咨询139件，建设北京市第九届全民健身体育节和第十二届全国运动会专题；在第十二届全运会期间，信息中心人员第一时间对比赛消息进行发布，共发布全运会赛事信息226条，比赛图片80余张。市体育局定期对网站运行状况进行检查，发现网页错误、漏洞能够及时处理。网站全年总页面浏览量3380万次，较上年增长102%。

（杨薇）

【政务信息数据收集及共享】年内，市体育局信息中心与局、相关业务处室合作，对市体育局业务资源进行整理，形成北京市体育局政务信息资源需求目录、共享目录和公众服务目录，并对相关委办局提出的35项政务信息资源共享需求进行反馈。与市气象局、市规划委等单位开展政务信息资源共享工作。信息中心配合局群体处，开展北京市群众体育电子地图信息采集工作，统计范围包括全市16个区县及开发区、燕山地区的全民健身路径工程、全民健身团队、体育生活化社区、体育特色村等9项群众体育数据，总共整理数据14630条。

（杨薇）

【网络系统运维外包服务项目建设】年内，市体育局开展对网络系统的日常运维工作，实现对局机关的全部应用系统及其相关的网络等设备的整体监控、事件预警、手机短信报警、故障管理、知识库建立等功能，以保障各业务系统、网络系统的正常运转，使应用系统的安全运行得到科学的运维保障。同时，完成对备份系统软件升级工作；邮件系统迁移工作；网络调整工作；机房电路改造工作；环境监控系统与运维监控平台集成工作。

（杨薇）

【办公系统升级改造】年内，市体育局开展办公自动化系统升级改造工作，建立市体育局内网门户、在线办公、移动办公平台。

（杨薇）

【《网络信息参阅》编印79期】年内，市体育局共编印《网络信息参阅》79期，集录信息447篇，共计27.8万字。

（杨薇）

【日常网络、服务器维护】年内，市体育局由专人负责对各业务系统的运行状态进行严格监控，全年对门户网站文件更新26次，全年业务系统未发生数据丢失以及停止响应超过1小时事件。实时对各业务系统所依托的服务器的软、硬件使用情况进行监控，定期查看业务系统日志及数据备份情况，定期修补操作系统补丁；主机系统运行基本稳定，无故障发生。共完成应急视频会议系统和电视电话会议系统测试及会议召开技术保障共计60次，包括：会议召开技术保障20次；视频会议测试联调40次；春节、国庆、十八届三中全会期间保障市应急办视频会议系统全天24小时开机，并提供技术支持。通过运维监控平台对市体育局38台网络设备内存、CPU、端口流量进行7×24小时实时监测，对出现的故障通过短信形式告知运维人员紧急处理。对19台安全设备的内存、CPU、端口流量进行7×24小时监测，对出现的故障，告知运维人员紧急处理。每天由专人负责对机房基础环境巡检2次；安排专业公司对机房空调每月巡检1次；对机房消防安全每季度检查1次；对机房UPS电池系统每季度巡检1次。

（杨薇）

北京市统计局

【**概述**】年内，北京统计工作围绕全市“稳增长、调结构、抓改革、惠民生”的发展目标，结合首都统计信息化发展规划，以信息技术应用和信息安全保障为重点，完成北京与国家统计联网直报平台并轨等工作，提升信息化对核心业务的支撑能力，确保各项统计任务顺利推进，为政府管理、社会服务及企业决策提供较好的统计服务。

（王晓路 马达）

【**北京与国家联网直报平台并轨完成**】年内，市统计局按照“满足国家需要、反映北京特点、企业影响最小”的并轨设计原则，准确设计并轨衔接方案，细化并轨实施步骤。将北京联网直报调查制度进行调整，明确标识其中的“国家制度报表”。迁移历史数据2亿多笔。借用设备搭建模拟过渡环境，采取周末或夜晚暂时关闭原北京平台等措施。建立运行监控机制、填报进度通报机制和呼叫服务中心，实时掌握系统运行性能，解答企业电话咨询，保障年报数据采集任务完成。

（王晓路 马达）

【**宏观数据库入库数报表达2.4万张**】年内，北京市宏观经济与社会发展基础数据库新增数据表1115张，数据27万笔，文献资料5602篇。宏观库系统入库数据表2.4万张，入库数据230万笔，入库文献资料16万多篇，满足政府、部门、社会三个层次用户对数据资源和数据分析的需求。 该数据库是全国首个立项建设的宏观库，一期项目于2012年6月正式上线运行，面向公众提供服务。北京市宏观数据库包含国民经济核算、财政与税收、资源环境、人民生活等37个应用主题和世界城市、功能区建设、节能减排、新农村建设等22个应用专题。

（王晓路 马达）

【**统计遥感系统应用成效显著**】年内，市统计局完成小麦、玉米面积遥感测量，设施农业占地面积遥感测量，小麦、玉米遥感预产，小麦、玉米遥感实产，绿色植被覆盖度遥感测量，植被净初级生产力（NPP）遥感测量，地表动土工程遥感测量和土地利用覆盖八大专题的24期测量统计任务，生成遥感矢量数据、影像数据、成果数据共计82份。通过遥感测量，监测到各个时期冬小麦实际生长情况，小麦、玉米面积测量精度高于95%，小麦、玉米遥感测产精度高于97%，各项测量精度均达到统计上报要求。

（王晓路 马达）

北京市卫生局

【概述】年内，按照北京市卫生信息化项目管理办法以及有关规定，北京市卫生局在原有项目统筹管理的基础上，加强项目的前置审核评审，同时开展项目建设考核评估工作，加强信息化项目建设的过程监管。按照国家卫生计生委要求，在北京地区试点推行应用居民健康卡。编制区县卫生信息平台、血液管理信息等标准规范。推进新农合系统、社区卫生服务信息系统、妇幼保健信息系统二期、医联码系统、基本药物采购系统等重点项目建设和应用。做好网上卫生信息服务，扩展网上卫生信息服务渠道和形式；拓展网站行业管理范围，将网站评议工作的测评范围由原来的100家扩大到300余家。加强信息安全保障和卫生行业信息安全等级保护，提高卫生信息系统的安全防护能力和水平。

（张世红）

【区县卫生信息平台技术规范初稿完成】1月23日，启动编制《北京地区区县卫生信息平台技术规范》工作。规范面向北京市各区县卫生局及其信息管理部门，说明市级卫生信息平台与各区县信息平台的关系及对接方式，提出区县卫生信息平台的参考模型，对区县卫生信息平台应具备的功能和安全支撑环境等技术要求进行规范，明确区县卫生信息平台从医疗卫生机构采集的健康档案和电子病历相关数据内容规范，以及向市级卫生信息平台上传的数据、具体格式及采集/上传流程规范等，是规范北京市各区县卫生信息平台建设的技术文件。经过多次征求专家意见并予以修改，年底形成《北京地区区县卫生信息平台技术规范（征求意见稿）》。

（单既桢）

【外事管理系统完成验收】1月，北京市卫生局出国考察成果信息管理系统完成验收，系统包括出访考察前计划申报，考察结束后对考察对象、目的、内容、实景、成果、转化及效果追踪等功能。该系统实现出国考察成果及考察资源的高度共享、延展实效的创新模式，同时通过科学的计划与严格的审批制度，有效降低出国成本，实现不出国亦能掌握先进医学知识，扩大内部共享、共学机制，提高首都医护人员及科研人员整体水平。

（顾晓晖）

【项目规范化管理】3月22日，市卫生局印发《2013年北京市卫生信息化项目申报指南》，规范各单位卫生信息化项目申报工作。全年审核项目39项，其中市属医院信息化项目19项，公共卫生及其他方面信息化项目20项。为落实北京市经济和信息化委员会《北京市市级信息系统升级改造项目验收管理办法（试行）》，市卫生局共报送北京市新社区卫生服务综合管理信息系统等5个系统的投入使用申请。12月，召开重点卫生信息化项目绩效考核专家评审会，就2010年以来北京市经济和信息化委员会批复的16个重点信息化项目进行绩效考核评估。

（顾晓晖）

【信息安全检查】5月23日，市卫生局与市公安局联合下发《关于做好2013年信息系统安全等级保护监督检查工作的通知》，对北京市8家卫生行业开展信息安全联合检查。7月29日—8月9日，联合检查办公室选取了各医疗机构核心业务系统进行抽查，抽查内容按照自查中发现的主要问题为主，对各单位信息安全保障工作及信息安全等级保护制度落实情况进行检查，检查内容主要包括重要信息系统定级备案工作、信息安全管理制度制定落实、信息安全技术防护措施以及信息安全应急值守等。检查结果表明，各单位信息安全工作尤其是等级保护工作开展顺利，完成等级保护定级备案工作，安全管理制度制定完善，基础设施建设完备，应急措施充分，信息安全水平高。检查发现安全管理制度体系不完善，信息系统定级不准确，物理安全受限，服务连续性保障艰难测评整改进展缓慢等问题。

（郑攀）

【加强信息安全保障】6月，市卫生局完成各区县卫生局、海淀区公共委、各三级医院及各直属单位的风险评估工作，并根据评估结果及试点工作经验，完成差距分析及安全整改建设方案的设计工作。研究并草拟了《北京市卫生行业网络与信息安全事件报告管理办法》。8月，市卫生局组织10家三级医院召开信息安全项目专家评审会。12月，召开信息安全培训会，会议内容包括对《北京市卫生行业网络与信息安全事件报告管理办法》进行解读、市公安局相关单位总结年度信息安全检查工作、北京市信息化项目评审中心对信息系统申报流程进行培训。

（郑攀）

【卫生信息化建设工作研究部署会召开】11月27日，市卫生局召开卫生信息化建设工作研究部署会，副市长杨晓超主持会议。会议听取市卫生局关于卫生信息化工作的专题汇报，并就下一步工作进行研究部署。会议指出，卫生信息化建设工作的最终目标是实现卫生信息资源共享，市各有关部门要高度重视卫生信息化建设工作，作为本市医药卫生体制改革和信息化工作的一项重点内容，要在现有卫生服务网络建设的基础上，加强信息互联互通，按照“需求先行、顶层设计、整体规划、分步推进”的原则，加快推进全市卫生信息化建设工作。

（单既桢）

【居民健康卡的发行及应用】年内，市卫生局以区县为试点推进居民健康卡的发行及应用工作。7月，通州区启动居民健康卡建设工作；11月，北京市公共卫生信息中心起草了《北京市居民健康卡发行应用管理办法（试行）》，并征求相关部门的意见。截至年底，通州区已完成了前期33万新农合人群的数据采集，并向新农合居民正式发卡431张，居民健康卡能够在通州区永乐店社区卫生服务中心、潞河医院、东直门医院东区使用。协和医院和中日友好医院等也已启动居民健康卡工作。

（陈臣）

【医联码发放及门急诊信息采集】年内，市卫生局完成全市52家医院接口改造工作，其中49家医院已发放医联码，30家医院开始上报门急诊信息。共上传医联码信息471.2万条，门急诊信息2341.5万余条。医联码在东城区得到推广实施。

（单既桢）

【妇幼保健网络信息系统二期项目推广】年内，妇幼保健网络信息系统二期项目基本完成基础档案管理、妇女保健子系统、儿童保健子系统、卫生统计报表系统、数据挖掘与分析、数据监测管理平台及信息交换平台，实现了妇幼保健业务中的市统及国统报表的填报及自动汇总功能，同时实现了相应的率表。市统及国统报表共计30组，包括主表和明细表。12月5日，该项目完成初验。截至年底，应用系统的机构数为2053个，注册用户数为7402个，业务数据超过1000万条。

（周丹）

【社区卫生服务综合管理信息系统改造完成推广】年内，市卫生局全面推广使用新社区卫生服务综合管理信息系统，16个区县均已建立区级社区卫生服务综合管理平台。各基层机构结合应用不断完善该系统，按照市卫生局“阳光长城”血糖筛查和血脂筛查等需求，以及卫生局财务处关于发票全面改革的需求，完成信息系统的改造。

（顾晓晖）

【办公自动化系统实现行政办公无纸化】年内，市卫生局办公自动化系统实现行政办公无纸化。办公自动化系统用户包括市卫生局、市医管局、市中医局、市卫生局直属事业单位及全市所有三级医院。截至年底，市卫生局OA中已办理收文2586件，发文268件，呈批件2件，决策督查25件，重点工作进展情况25件，政府信息公开470件，政务信息管理1871件，史志年鉴资料14件。

（顾晓晖）

【完善新型农村合作医疗管理信息系统】年内，市卫生局对新型农村合作医疗管理信息系统的大病报销、按照DRG付费等功能进行完善，支持平谷区开展新农合支付方式改革。推进新农合系统与医院信息系统接口改造，已在怀柔、延庆、顺义和平谷4个远郊区县的8家二级医院、28家社区卫生服务中心，通过与医院和社区信息系统无缝衔接，实现了新农合实时结算报销。12月，新型农村合作医疗管理信息系统升级改造项目由市公共卫生信息中心组织完成招投标。

（史森）

【基层医疗卫生信息系统试点项目完成】年内，5家试点区县的基层医疗卫生信息系统试点项目通过了经信委审批，市财政局将资金下拨到各试点区县卫生局，其中西城区、海淀区、顺义区各500万元，密云县、延庆县各650万元。

（郑攀）

【网站评测达336家】年内，医疗卫生系统网站考核评议新增了一、二级医院网站的测评。测评网站包括区县15家、卫生部门13家、三级医院52家、一级和二级医疗机构256家，共计336家网站，其中区县卫生局网站平均绩效得分63.87分、卫生部门网站平均绩效得分71.22分、三级医院网站平均绩效得分73.86分、一级和二级医疗机构网站平均绩效得分38.73分。

（徐利剑）

【北京卫生信息网全年发布信息10274篇】年内，市卫生局网站发布各类信息10274篇，同时做好网站专题建设及主题活动建设，制作了H7N9禽流感、医患的故事、北京市第五次国家卫生服务调查等专题；整合资源，做好网站在线服务；完善市民主页卫生服务，新增新生儿筛查、卫生状况查询等服务。

（徐利剑）

【信息系统等级保护安全整改申报完成】年内，市卫生局完成了信息系统等级保护安全整改建设项目的申报工作。指导市属北京世纪坛医院、朝阳医院、地坛医院、儿童医院、安定医院、胸科医院、友谊医院、佑安医院、中医医院、首都儿童研究所完成信息安全整改项目的申报工作。

（郑攀）

北京市文物局

【概述】年内，北京市文物局信息化建设在北京市“十二五”规划的指导下，围绕“科技北京、人文北京、绿色北京”的发展主题，继续以局信息中心为信息化发展、建设主体部门，以业务工作为核心，进一步加大自主创新力度。完成全年信息化基础建设工作，电子政务运维和应用系统保障工作。在确保全年信息安全无事故的基础上，根据文物执法业务工作需求开发了北京市文物局文物安全与执法管理信息化系统，并投入使用。

（姚宇江）

【文物安全与执法管理信息化系统试运行】年内，市文物局完成文物安全与执法管理信息化系统的开发工作，于12月投入试运行。系统使用3G无线通信网络和北京市无线政务平台等公用政务资源。通过移动执法终端实时将执法信息和巡查图片传输到核心数据服务器，实现对文物保护单位的动态执法和执法信息综合管理。文物安全与执法管理信息系统是全国文物执法工作中的首个移动执法系统，被国家文物局作为全国示范项目列入2013年科研调研课题。

（姚宇江）

原北京市广播电影电视局

【概述】年内，原北京市广播电影电视局落实宽带北京行动计划的任务分工，推进下一代广播电视网络建设、组织实施高清交互机顶盒推广普及、推进三网融合、做好重点综合示范工程信息化基础设施服务等工作。加强电子政务和信息安全管理，把保障信息安全放在更加突出位置，以综合业务服务平台（二期）为牵引，开展电子政务顶层设计，整合政府资源，推动机关无纸化办公,重点完成推进综合业务服务平台（二期）的应用，搭建全局电子政务基础平台，支撑全局中心工作。强化政府网站管理，加强栏目合作共建，丰富网站为民服务信息，提高信息公开力度，注重服务公众和政民互动水平的提升。严格保障信息安全，保证全年信息安全无事故。以应急演练为手段，增强干部队伍技术水平和服务能力。

（原北京市广播电影电视局科技处）

【增强运维和安全服务】4月，市广电局统一安装正版杀毒软件，推动全局信息技术产品国产化，由专业的服务商定期进行检查和升级，保持对计算机病毒以及网络恶意攻击的高效防护能力。7月，加强运维监督，市广电局严格选择系统运维服务商，完善信息系统运行维护监督机制，将运维服务纳入规范管理。7—10月，市广电局对全局电子政务网络与信息系统进行全面检查，查补漏洞，强化制度；在重大活动以及节假日期间，强化值班制度，24小时保证技术力量快速到位，确保全局业务系统的安全稳定运行，全年未发生重大信息安全事故。

（北京市广播电影电视局信息中心）

【新增高清交互机顶盒50万户】年内，全市新增高清交互数字电视用户50万户，累计达到380万户。高清交互平台提供169套数字电视节目包括高清节目21套，3D 节目1套，还有16套数字广播节目；在线视频节目近3万小时；提供政务资讯、公共教育、文化娱乐等36项交互应用服务和108套时移回看频道；自“高清回看”上线以来，“电视回看”日均点击量达到200万次以上。

（原北京市广播电影电视局科技处）

【推进三网融合业务发展】年内，IPTV业务于2月开始试商用。截至年底，IPTV用户发展到11.16万户；歌华有线宽带接入用户23.8万户，“歌华飞视”用户29万户。市新闻出版广电局作为三网融合工作协调小组办公室，通过组织召开试点单位协调会、三网融合业务需求对接会、IPTV业务试商用工作座谈会等多种形式推动三网融合工作。对试点单位提出安全播出、规范宣传等要求，使三网融合业务在保证信息安全和有序竞争的前提下开展。按照广电总局关于IPTV集成播控平台的验收要求，市新闻出版广电局督促北京电视台完成了IPTV集成播控平台验收准备工作，已向总局提出验收申请。

（原北京市广播电影电视局科技处）

【落实下一代信息基础设施综合示范工程】年内，歌华有线公司配合丽泽金融商务区，落实了有线电视在金融商务区中的管线和基站规划；紧密结合石景山区域规划及北京市整体规划，编制了《新首钢高端产业综合服务区有线广播电视网络规划方案》。在《未来科技城有线广播电视网络规划方案》的基础上，编制了块区安置项目的详细规划；积极配合推动海淀区北部生态新区建设下一代信息基础设施。

（原北京市广播电影电视局科技处）

【完善居住建筑信息基础设施施工验收流程】年内，市新闻出版广电局落实关于民用建筑通信及有线广播电视基础设施建设管理的相关要求，开展新建商品住宅小区有线广播电视网络工程建设验收工作。共受理验收127项，同比增长了218%。促进新建民用建筑有线电视工程与主体工程同时设计、同时施工、同时交付使用。

（原北京市广播电影电视局科技处）

【基础核心平台搭建】年内，市广电局综合业务服务平台（二期）经过前期的调研、设计、开发等环节后，业务功能已经全部开发完成，为保证系统功能达到设计目标，市广电局加强对功能和安全的监管，进行多次系统测试。4月，按照市广电局对信息化项目安全性的管理要求，开发公司完成3轮平台系统功能内部测试，包括功能、性能和安全测试，并针对每轮测试发现的问题进行修改和完善。5月，为检验系统的实际应用效果，市广电局在全局范围内进行了用户测试，由信息化部门成员组成的项目小组直接参与测试及整改的全过程，强化监管力度。7月，邀请专业的第三方测试机构，对系统功能、安全、性能进行测试，对可整改的缺陷进行修正，并进行第二轮回归测试，全面确保系统性能。8—9月，市广电局完成第二轮用户测试，并进行全局范围的系统使用和维护培训，做好正式上线的准备。10月，综合业务服务平台（二期）正式上线运行，系统重点实现了市广电局各类公文的网上全流程审批，优化办公用品申领等功能，增强档案管理功能，丰富资金支出和网络传真功能，全面地将日常办公从繁杂的纸面工作转移到高效的网络上来。

（北京市广播电影电视局信息中心）

【政府网站服务功能加强】年内，市广电局信息中心加强局政务网站的运维管理，围绕功能整改、安全加固和栏目共建等方面重点开展工作。3月，市广电局组织召开“政务网站工作会议”，通报2012年局政务网站考核情况，部署2013年局政务网站工作要点，针对2012年市广电局网站考核报告中涉及的问题和专家考评组提出的建议，进行全面整改，提高网站服务水平。7月，组织全局政务信息化联络员进行电子政务培训，提升干部信息化水平。9月，组织召开“局政务网站共建栏目座谈会”，邀请新影联、北京影视动画协会等合作共建单位进行座谈，继续保持密切联系机制，研讨多样的服务模式，为百姓提供丰富、权威的生活信息，全年共组织相关单位和业务处室座谈4次。11月，组织召开“政务网站工作会议”，通报2013年政务网站栏目运行维护、信息更新的统计情况，并按照北京市经济和信息化委员会关于2013年全市政务网站考评工作的文件要求，部署相关工作。11—12月，完成2013年电子政务绩效考核——政务网站考评工作，并就网站内容和安全管理工作，听取专家组意见，完善网站栏目维护和安全维护方案，提高安全风险防范能力。

（北京市广播电影电视局信息中心）

【开展3次应急专项演练】年内，市广电局针对机房监控和报警系统共开展3次专项应急演练，进行了2次专业技术培训，模拟网络设备故障和恶意攻击事件，检验机房安全防范能力，提高团队应急处突水平。

（北京市广播电影电视局信息中心）

北京市新闻出版局

【概述】年内，市新闻出版局结合网络工作的实际情况，扎实推进信息化工作的开展。互联网接入带宽30M，机房总面积150平方米，运转服务器20台，安全设备12台，网络设备34台；政务公开网站全年访问量近22.6万人次，业务系统注册用户3.9万人次，全年办理各类行政许可及服务类事项43.4万件，公示业务审批结果44.3万多条，达到应公示事项的100%；安全方面，强化风险防范意识，积极排查信息安全风险点。进行月度安全检查12次，每周进行专人安全值守，形成值守报告40份，每月两次对网站访问日志进行分析，形成检查记录24份，每月对网站数据进行完全备份，节假日和重要时期对网站服务器进行实地安全检查，共进行了7次，全年局域网运行平稳，未发生重大安全事故。

（陈喆）

【开展信息化顶层设计工作】8月，市新闻出版局完成局信息化顶层设计与咨询项目招标工作，开始进行设计工作。信息中心已完成对局内13个处室和6个全额拨款事业单位的调研，涉及68人，收集各类资料近百份，初步完成信息化现状评估和需求分析工作。

（陈喆）

【推进印刷产业促进平台建设】年内，市新闻出版局首次实现印刷企业年度核验和新闻出版统计制度的统一平台填报，提高工作效率,提升北京地区印刷企业数据上报的准确率；实行在京和进京印刷委托书备案，印刷产业促进平台包括行业监管、诚信监管、产业服务和产业发展引导4大子系统32个模块，涵盖企业设立、变更、年度核验、印刷委托书等行政许可及服务类事项，质检报告、奖惩信息等诚信内容，通知公告、行业动态、培训信息等服务信息以及人才信息、重点项目库等产业发展工作。10月1日至12月10日，已办理5000多件备案工作，在提升工作效率的同时，提高了印刷委托书的管理精细度。

（陈喆）

【局机房改造工作完成】年内，市新闻出版局通过改造机房配电系统、机房防水、综合布线系统，更新UPS，处理除尘保湿隔音及墙面，增加环境监控系统，提高机房的密闭性和稳定性，消除了机房漏水的安全隐患，使机房主要设备达到了双路供电的要求，进一步提升市新闻出版局信息化基础设施的支撑能力。

（陈喆）

【内部业务应用完善】年内，北京市新闻出版局，通过内部办公系统处理局收发文1100多件，财务事项1500多件。通过网站公布“出版单位设立”“报刊年检”“作品自愿登记”等各类业务审批结果34万余项，利用在线“行政服务大厅”办理各类行政许可及服务类事项和各类年度核验38万余项，其中包含导入30多万项作品自愿登记事项。优化了发行员网上报名系统，提高系统的易用性。

（陈喆）

【网络与信息安全未发生重大事故】年内，市新闻出版局，组织各运维单位对网络、机房、服务器、终端等各方面进行安全风险点排查并做好日常安全维护的常态化管理。共进行月度安全检查12次，每周进行专人安全值守，形成值守报告40份，每月两次对网站访问日志进行分析，形成检查记录20份，每月对网站数据进行完全备份，节假日和重要时期对网站服务器进行实地安全检查，共进行7次。定期定时完成机房、各业务系统、网络设备和附属设备的巡检，共形成工作日报248份，工作周报40份，运维记录248份，各类设备巡检记录248份。与上年同期相比，局内办公电脑出现问题的数量呈下降趋势，重装系统、系统优化、软件故障等常见问题分别比上年同期下降了30%、10%和12%。全年局域网运行未发生重大安全事故。

（北京市新闻出版局）

【推进电子政务应用】年内，市新闻出版局申报“北京地区报刊产业综合服务平台建设项目”和“局信息系统基础设备更新改造项目”，配合北京市经济和信息化委员会技术评审工作，保证项目通过评审获得批复。沟通市财政投资评审中心进行项目预算评审，保证通过财评，获得追加资金。通过“北京地区报刊产业综合服务平台项目”建设，实现对样报样刊的电子化存档和信息化审读，报刊出版行业基础数据库的建立，对北京地区报刊单位产业发展相关的各项信息的深化管理，对内部的公文管理、业务办理和行业信息查询等系统的移动延伸和整合，对现有业务流程重新梳理和信息化再造，并搭建相应的软硬件基础平台。通过“信息系统基础设备更新改造项目”，更新局内部分2007年以前购置的服务器等设备，达到替换包括维修困难、故障率增高和性能降低的硬件设备，并增加DMZ区以提高局内业务系统的安全性，达到保证系统平稳运行，提高业务应用处理能力的要求。

（陈喆）

北京“12330”

【概述】年内，北京“12330”召开了连续开展了6年的“知识产权保护数据分析”结题会；举办了“商业秘密保护和管理”“知识产权进高校”等系列讲座；开展了“知识产权保护”“北京软件企业知识产权保护”“企业知识产权维权”等的培训；参加了“国际通信信息展服务模式交流会”；进驻“大学生科技创新及专利成果展”。

【知识产权保护数据分析结题会召开】4月15日，北京“12330”召开《2012年度北京地区知识产权保护数据分析》结题会。全市与知识产权保护相关的执法部门、司法部门、举报投诉中心等14家课题成员单位的部门负责人参会。会议由北京“12330”主任王连洁主持。《北京地区知识产权保护数据分析》课题已经连续开展6年。2012年数据呈现北京市知识产权刑事案件有所增长，涉及网络、软件等新兴、疑难案件凸显等新特点。

（北京“12330”）

【京交会科博会服务完成】5月22—26日，第十六届中国北京科技产业博览会在北京国际展览中心举行。北京“12330”、市工商局“12315”、市知识产权局执法处共同进驻展会，设立知识产权保护办公室，为参展商及观众提供知识产权公共服务。会上，北京““12330””共解答参展商与观众咨询近20件，走访参展商400余家，发放调查问卷120份、《展会知识产权保护指导案例》等宣传资料1300余份。北京“12330”组织30余名大学生保护知识产权志愿者协助开展知识产权保护工作。大学生志愿者除了走访参展商、发放宣传资料外，还首次尝试对参展商品的专利信息标注情况进行查看。志愿者共查看了10余种产品，记录了43个专利号。通过检索，北京“12330”发现了4个已经失效的专利，已及时转交市知识产权局执法处处理。5月28日至6月1日，中国（北京）国际服务贸易交易会（简称京交会）在国家会议中心举行。市知识产权局牵头设立第二届京交会知识产权保护办公室，北京“12330”协助办公室开展展会知识产权服务工作。会议期间，北京“12330”共走访参展商120余家，完成《参展商知识产权状况调查问卷》69份，发放北京“12330”印制的《展会知识产权保护指导案例》《中国企业出国参展知识产权保护指南》等宣传资料5100余份。组织来自北京外国语大学等5所高校的34名大学生保护知识产权志愿者参加展会，协助北京“12330”开展服务工作。

（北京“12330”）

【商业秘密保护和管理讲座举办】6月4日，中关村大学科技园联盟北航科技园“12330”工作站在北京柏彦大厦举办软件企业商业秘密保护和管理讲座。园区近20家企业代表参加了讲座。讲座会由保护知识产权志愿专家针对商业秘密基础知识、软件企业商业秘密概述、软件商业秘密民事诉讼策略、软件企业商业秘密保护工作建议等问题进行了讲解。

（北京“12330”）

【开展知识产权保护培训】7月11日，北京电子信息制造企业知识产权保护培训与座谈会召开，北京电子商会秘书长燕军、北京“12330”副主任李建荣主持会议。京东方科技等20家北京电子商会会员企业的法务、知识产权工作负责人参加会议。来自国家知识产权局专利局电学发明审查部的志愿服务专家讲解了“电子信息领域专利申请实务”，重点解释了专利申请审查中常见问题及解决对策、如何答复专利审查意见通知书等问题。来自北京市第一中级人民法院知识产权庭的志愿服务专家结合具体案例以“侵犯商业秘密案件的司法保护”为题，详述了商业秘密案件如何审理、案中保全申请及费用等内容。此次培训活动是北京电子信息领域制造企业系列培训的第一期。

（北京“12330”）

【举办北京软件企业知识产权保护培训】7月30日，北京“12330”与北京软件行业协会联合举办“北京软件企业知识产权保护培训”。北京“12330”副主任李建荣主持会议。清华同方等100余家企业的软件工程师、专利工程师参加培训。国家知识产权局专利局电学发明审查部的志愿专家结合具体事例讲解“计算机软件领域专利申请的撰写及检索”和用现有技术进行检索及专利申请中的常见问题与解决对策等问题。中国版权保护中心计算机软件登记部的志愿专家以“计算机软件著作权的登记”为题，讲解登记申请表的填写、登记审批流程及登记常见问题解析等内容。

（北京“12330”）

【走访调研】8月16日，北京“12330”主任王连洁一行赴东城区中小企业服务中心调研，区科委副主任李伟冰等参加调研。王连洁表示北京“12330”将与东城区知识产权局一起，对中小企业服务中心重点服务的企业进行梳理、分析，按照不同需求举办有针对性的培训；指导中小企业服务中心筹备建立北京“12330”

工作站，完善东城区中小企业公共服务平台和“1+X”服务模式。8月22日，北京“12330”到北京互象动画有限公司进行走访服务。来自北京律协的公益律师作为首都保护知识产权志愿专家参加走访。9月13日，北京“12330”组织国家工商总局商标局、商标评审委员会的4名志愿专家走访当当网。志愿专家上门有针对性地为企业提出的典型问题提供服务。

（北京“12330”）

【参加服务国际通信信息展】9月24日—27日，北京“12330”与市知识产权局执法处共同进驻“2013年中国国际信息通信展览会”。来自国家知识产权局专利复审委员会的6名审查员及北京科技大学的10名大学生保护知识产权志愿者参加展会服务。展会期间，知识产权保护办公室解答知识产权咨询5件；走访参展商200余家，完成《参展商知识产权状况调查问卷》89份，发放北京“12330”《展会知识产权保护指导案例》等宣传资料1000余份。

（北京“12330”）

【市领导到北京“12330”调研】10月10日，副市长戴均良到北京“12330”进行“知识产权服务创新驱动发展战略”专题调研。听取北京“12330”开展知识产权举报投诉和维权援助服务工作的做法、举报投诉的工作流程和典型案例等汇报，了解中关村知识产权促进局以及有关知识产权中介服务机构情况，并指出要按照总书记习近平提出的“加强知识产权保护”要求，努力打造知识产权保护首善之区。

（北京“12330”）

【举办服务模式交流会】10月23日、25日，北京“12330”分两期举办了分中心、工作站服务模式交流会，全市近40家分中心、工作站参会。会议介绍了北京“12330”与东城区、西城区、朝阳区、石景山区、通州区分中心等单位共同开展的8项专项服务工作情况和工作经验。专项服务更加着重对某一行业领域中的典型企业或事件提供全流程的跟踪指导，在解决企业具体问题的同时，摸索出该领域内知识产权保护服务工作的着力点和关键点，进而形成一套可以在行业内复制推广的工作经验，供其他企业参考。会议对分中心、工作站如何根据服务对象特点，明确服务目标和方式进行了梳理。各分中心、工作站就自身服务企业的有益模式进行交流。

（北京“12330”）

【举办知识产权进高校系列讲座】10月25日，“知识产权进高校”系列讲座在中国政法大学举行。讲座以“专利权”为主题，来自国家知识产权局光电技术审查部电学处的志愿专家围绕中外专利制度的发展历史、专利申请流程以及专利的应用三部分内容为学生们进行了讲解。约40名法学专业知识产权方向学生参加活动。讲座由国家知识产权局机关团委主办、北京12330与国家知识产权局初审流程部共同承办的知识产权进高校系列讲座的第三期活动，首都保护知识产权志愿服务总队中国政法大学校园服务站参与组织筹备。

（北京“12330”）

【举办企业知识产权维权培训】10月29日，望京创业园“12330”工作站举办了“企业知识产权维权”培训。园区内20余家企业的知识产权管理、法务和技术人员参加培训。志愿专家结合具体案例从如何保护自己的权利和不要侵犯他人权利两方面讲解了企业在经营过程中的知识产权保护相关知识，并就软件升级版本与登记版权的关系、正确使用商标及签订技术合同的注意事项等问题通过案例的形式进行讲解。

（北京12330）

【进驻大学生科技创新及专利成果展】11月23—24日，北京“12330”进驻“第二届首都大学生科技创新作品与专利成果展”，设立展会知识产权举报投诉服务工作站，来自两家代理机构的4名志愿专家参加展会服务。展会期间，共解答知识产权相关咨询5件，走访参展高校41所，发放首都保护知识产权志愿服务总队宣传折页、《北京“12330”知识产权漫画读本》等宣传资料200余份。

（北京“12330”）

北京市银监局

【概述】年内，中国银行业监督管理委员会北京监管局信息化建设按照中国银行业监督管理委员会的信息化总体框架和发展规划要求，完成了以银行业监管信息系统为核心的业务系统、办公系统以及其他辅助系统的建设工作。年内，北京银监局以“科技工作促进监管工作”为目标，在不断加强信息科技风险监管工作的同时，服务全局。

（王峤、张亚军、梁峰）

【搭建信息科技交流平台】年内，北京银监局组织搭建北京地区银行业金融机构信息科技交流平台，推动辖内银行开展信息科技沟通交流和管理经验分享，提升辖内金融机构信息科技管理水平。9月13日，北京银监局组织召开北京地区银行业金融机构信息科技联席会议，北京银监局信息科技主管局领导、各机构监管处室负责人、部分科技监管骨干以及华夏银行、中国民生银行、北京银行、北京农商银行代表参加了会议。会议围绕“民生银行新核心系统介绍”和“互联网金融安全”两大主题展开。会议还邀请了外部公司的安全专家介绍了当前互联网金融的信息安全形势以及国内外典型案例，对新兴电子渠道的潜在风险做了提示，在信息安全管控方面提出新颖的理念和思路。

（王峤、张亚军、梁峰）

【整合办公系统资源】年内，北京银监局开展新版综合办公平台推广和上线工作，通过办公系统资源整合，实现多个办公系统和业务系统的无缝对接，简化办公流程，提升信息系统用户体验和监管工作效率。历时3个月，完成软硬件部署、参数联调、内部测试、局内培训、全局公测和上线使用。新版综合办公平台将邮件系统、即时通信系统以及部分监管业务系统进行整合，利用统一用户系统实现了“多系统分类授权，用户单点登录”的目标。通过与电子政务传输系统的对接，提高公文流转速度，简化办公流程，提升监管工作效率。

（王峤、张亚军、梁峰）

【推进EAST系统建设】年内，北京银监局贯彻落实省局版EAST系统（银监会现场检查分析系统）试点要求，8月底完成省局版EAST系统安装部署和测试数据导入工作。秉承由小到大、由易到难的原则，选定村镇银行作为试点机构，12月初完成试点银行的数据导入和分析建模工作。EAST系统按照“法人采集、集中分析、联动检查、全面评价”的应用理念，通过集中采集银行信息系统中的基础数据，对银行业务进行分析、检查和评价。

（王峤、张亚军、梁峰）

【深化EAST系统应用】年内，北京银监局首次应用EAST系统对某银行信用卡业务进行了检查。调取了该行发卡系统、审批系统、交易监测欺诈系统和客服系统18张数据库表约40G的数据，通过检查分析，提出监管意见14条，并指导该行在检查过程中及时止付了35个风险账户，关停了1家收单商户。通过在现场检查中深化应用EAST系统，将检查人员的监管经验和计算机分析技术相结合，实现了对银行业务风险的“精确制导”和“准确打击”，提升现场检查工作效率，取得良好的监管成效。

（王峤、张亚军、梁峰）

北京市园林绿化局

【概述】年内，北京市园林绿化信息化工作按照《国家林业局关于进一步加快林业信息化发展的指导意见》的要求，全面贯彻落实党的十八大和第三届全国林业信息化会议精神，围绕全市园林绿化工作重点，优化园林绿化信息化顶层设计方案，完善首都园林绿化政务网建设，开展国有林场苗圃信息化建设，推进网上审批系统升级改造，构建网上监察服务框架，完成林业示范省和中国信息林建设，采取有效措施保障信息系统安全，信息化工作取得新突破。

（赵丽君）

【中国信息林建设】5月9日，中国首片信息林落户永定河畔的第九届中国（北京）国际园林博览会的北京园展区内。市园林绿化局完成网络环境部署；建设传感器和微型气象站；应用二维码技术给信息林中的每棵树建立电子身份证，管理人员可通过其记录和查看树木的养护情况，公众也可以通过扫描获得树木的基本信息，给树木留言，参与“互动”。建设“中国信息林”（xxl.forestry.gov.cn）网站，8月17日正式上线运行。

（赵丽君）

【完成信息化顶层设计】年内，在2012年的基础上优化完善了《北京市园林绿化信息化顶层设计方案》，明确了指导思想、建设原则、总体思路、建设目标和重点任务，增强园林绿化信息化规划的前瞻性、科学性和实用性。

（赵丽君）

【首都园林绿化政务网站建设】年内，首都园林绿化政务网主动公开各类信息3700条，行政许可结果2500余条；发布“《北京市湿地保护条例》政策解读”“保护湿地 保护地球之肾—北京湿地保护”“绿水相融绘新城—滨河森林公园”等15个园林绿化特色专题，提供了25项便民服务；与“首都之窗”门户主站共同策划“北京公园”手机客户端的应用正式登录苹果商店，下载量超过12800个，累计发布299个公园的中英文信息，更新数据信息600余条，用户总评分4星半。

（赵丽君）

【绿化资源动态监管系统项目建设】年内，市园林绿化局申报的《北京市园林绿化资源动态监管系统项目》通过北京市经济和信息化委员会重点信息化项目专家评审、市发展改革委投资项目评估、政府投资项目节能登记申请及备案、政府投资项目招标方案核准等流程。6月，获市发展改革委批准，项目总投资1730万元。12月18日，完成项目招投标。12月25日，召开项目启动会。

（赵丽君）

【国有林场苗圃信息化建设】年内，市园林绿化局通过对局属苗圃、林场进行全面调研和需求分析，进行系统设计、开发与建设，完成以大东流苗圃为试点的苗木管理系统建设和以北京西山林场为试点的林场信息系统建设。

（赵丽君）

【网上审批系统升级改造完成】年内，市园林绿化局完成林木移植与砍伐的用户申报界面改版及临时占用绿地附件上传优化、数据同步优化等工作；梳理规范网上监察系统的数据，调试和整理了市监察局接口和市在线服务平台接口；对城市树木移伐表进行了优化，对消息用服务器进行硬件升级改造，完成国家林业采伐信息管理系统的部署测试和对接，开展对14个区县用户的系统培训，实现林木采伐审批结果的24小时内公示。通过对系统的升级改造，提升了系统的易用性和服务水平，满足了用户对系统访问能力、服务能力、稳定性的需求。全年提供各类技术支持80余次，网上审批数量达到2000件以上。

（赵丽君）

【完成网上监察系统建设】年内，市园林绿化局通过整合网上审批系统和项目全流程管理系统，实现了对重大项目管理、临时占用绿地、城市树木移伐植业务的网上监察；与市级平台的数据共享和监察业务联动。9月，份系统运行以来共计报送数据71条。调研行政许可业务流程，分析风险点与监察点，完善各监察系统数据接入模块，实现了“两级预警、三级纠错”的监管模式。

（赵丽君）

【林业示范省建设】年内，市园林绿化局完成北京中心城区城市现状绿地、规划绿地、定线绿地的矢量化、整理入库、较正、发布成面图层等工作，共新增记录2732条。更新与维护注册公园、自然保护区、绿地认建认养等近30个图层信息。在完善内部数据的基础上，推进政府部门间数据共享与面向公众服务的工作。

（赵丽君）

北京市知识产权局

【概述】年内，北京市知识产权局在保障北京市知识产权公共信息服务平台一期工程建设成果应用绩效基础上，整合全局现有业务信息系统，扎实推进二期工程建设，全面提升北京市知识产权信息服务“硬实力”。依托信息平台和现有业务体系，全面建设北京市专利及知识产权信息服务体系，建立健全全市专利及知识产权信息服务协同工作机制，全面提升北京市知识产权信息服务“软实力”。

（刘倩）

【区域专利信息服务体系建设大会召开】1月10日，国家知识产权局推进专利信息传播利用工作暨北京市区域专利信息服务体系建设大会在亦庄生物医药园召开。副市长洪峰以及国家知识产权局、市知识产权局、北京经济技术开发区管委会相关领导出席。会上举行了国家知识产权局（北京）专利信息传播利用基地授牌仪式。

（刘倩）

【与饲料产业联盟签署合作框架协议】4月23日，市知识产权局召开国家饲料产业技术创新战略联盟（以下简称“饲料产业联盟”）签约及专利信息利用培训会。市知识产权局信息中心与饲料产业联盟签订了合作框架协议，信息中心可根据饲料产业联盟的需求，提供环境、数据支撑，对相关数据统计分析工作给予帮助和指导。饲料产业联盟推动北京市知识产权公共信息服务平台在联盟企业的应用、推广以及数据资源共享。建立专利信息服务长效互动。

（刘倩）

中关村科技园区管理委员会

【概述】年内，中关村科技园区管理委员会（以下简称“中关村管委会”）政务门户网站以用户需求为导向，政务门户网站及时、准确、全面地进行了政务信息披露，服务公众并接受监督，强化在线服务功能，细化企业办事专栏，为示范区各类创新创业主体提供中关村特色公共服务。利用物联网、移动互联网、地理空间信息技术等新一代信息技术，提升信息的采集、处理和运用能力，加强业务协同和政务信息资源共享工作。推进政府信息公开各项工作，充分发挥政府信息公开对示范区各类创新创业主体的服务作用。开展国内智慧城市建设典型案例项目的实地考察和调研座谈，征求多方意见，按照“高端引领、统一规划、分步实施、重点先行”的原则和“集约、共享、创新”的要求完成智慧中关村顶层设计，形成《智慧中关村顶层设计总体方案》《智慧中关村云平台顶层设计方案》《智慧中关村地理信息服务平台顶层设计方案》及配套文件。加强了中关村管委会网络与信息安全的保障、防护能力。

（戴力）

【网络与信息安全应急演练】3月1日，中关村管委会组织网络与信息系统安全运维方（北京数字认证股份有限公司）与基础运维方（神州数码信息系统有限公司）对门户网站开展网络与信息安全应急演练。通过演练，加强了网络与信息系统的安全工作，确保全国“两会”期间网络与信息系统的安全稳定运行，

（戴力）

【政务信息资源目录征集105条】5月，中关村管委会完成政务信息资源目录征集工作。共计提出105条政务信息资源目录，其中政务信息资源需求目录48条、政务信息资源共享目录19条、政务信息资源公众服务目录8条。

（戴力）

【政务信息资源共享】7月，中关村管委会向北京市经济和信息化委员会提供7条公共服务政务信息资源。9月，根据各单位提出的信息资源需求情况，完成响应工作，信息资源被需求数量12条，响应提供的信息资源数量达9条，并于11月反馈了政务信息资源共享应用绩效总结。

（戴力）

【智慧中关村专家论证会和评审会召开】7月19日，中关村管委会邀请相关专家召开智慧中关村专家论证会；9月13日，召开专家评审会。经讨论评审，专家组认为智慧中关村顶层设计结构严谨、定位清晰、目标明确、内容全面，具有可操作性，对智慧中关村建设具有指导作用，同意项目通过最终验收。

（戴力）

【增加微信、微博等在线服务】年内，中关村管委会门户网站，在首页增加了微信、微博相关链接，以便用户进行互动；并开辟专类对微访谈、首都直播间等活动进行实时播放。7月17日，参与制作北京市“政风行风热线”直播间节目。

（戴力）

【民意征集活动达114次】年内，中关村管委会门户网站优化领导信箱、民意征集、在线交流等栏目，落实回复领导信箱有效来信10封，开展民意征集活动114次，并适时在网上公示意见征集结果。

（戴力）

【网站更新信息6169条】年内，中关村管委会门户网站共更新信息6169条，新建或改建专题、专栏19个，包括科技前沿、人才特区、产业发展、中央政治局到中关村集体学习、2013年中关村论

坛、2013年度中关村十大系列评选、中关村—硅谷创新创业大赛、创新魂 强国梦、第二届京交会、第十六届科博会、中关村之歌、中关村支撑生态文明建设、逐梦中关村、中关村体育运动展示、2013年全国“两会”、创新创业创富故事、学习宣传贯彻十八大精神、千人计划在中关村和增强创新驱动发展新动力。

（戴力）

【多渠道推进政府信息公开】年内，中关村管委会通过中关村示范区门户网站、手机报、《创新创业中关村》电子杂志、政务微博、微信等多种渠道全面推进政府信息公开。门户网站访问量为315万人次，原创信息1348条，网站更新信息6169条，重点加大了政策法规类、财政预决算类、“三公”经费和行政经费信息的公开力度；共发送手机报46期，累计发送信息55万余条；电子杂志由双周刊改为周刊，共发送电子杂志42期，累计覆盖用户252万人次。新浪微博共发布微博6000多条，累计被转发评论17.5万条次，同700多人次网友进行互动，粉丝数近47万；制作微专题30多个、微访谈4期、微直播2期次，组织微博线上、线下活动共11期次。新增的人民、腾讯微博账号分别发布微博1000余条，其中原创微博994条，微博累计转评量达5200多条次，覆盖人次达5987万，粉丝增长迅速，分别达到10万和112.3万。腾讯政务微信“创新创业中关村”自7月8日正式开通以来，订阅用户达2465人，累计推送最新资讯超过500条，回复网友咨询100多人次。

（戴力）

【政策信息宣讲和培训】年内，中关村管委会开展一区十六园先行先试政策宣讲活动20余场，对“新四条”和“1+6”系列先行先试政策进行了重点宣讲和深入解读，吸引了各分园管委会、区县相关委办局、高新技术企业、重点企业相关负责人5000余人参加；组织各类特色创业服务活动600多场，创业讲坛22期，搭建成功企业家、风险投资家、专家学者和创业者之间互动交流的平台；组织企业改制上市和代办挂牌培训会、企业与创投对接的融资路演会、银企对接会、并购重组培训会近50场，推动科技金融创新政策信息服务。各类培训活动服务示范区各类型企业、金融机构、科研单位等近2万家次。

（戴力）

【参与大型活动发布信息】年内，中关村管委会参与第十六届中国北京国际科技产业博览会 、第二届中国（北京）国际服务贸易交易会、2013年中国国际工业博览会 、第十五届中国国际高新技术成果交易会 、第十七届京港洽谈会 、2013年中国国际云计算技术和应用展览会等15场大型活动，以科博会、京交会、高交会、工博会等国家级高新技术展会为平台，集中展示了一批自主研发的重大关键技术，推出一批具备核心竞争力的高科技企业和行业引领者，展示产品超过2000项，观众人数超过40万人次。

（戴力）

【政府信息公开和咨询】年内，中关村管委会通过政府信息公开工作系统主动公开政府信息126条，其中机构职能类信息3条，法规文件类信息12条，业务动态类信息115条；接受公民、法人及其他组织政府信息公开方面的咨询3937人次，其中现场咨询1016人次，电话咨询2921人次。

（戴力）

【开展信息化系统应用调研】年内，中关村管委对信息化系统在有关行业和政府管理与服务中应用情况开展了进一步调研，对海淀园管委会、朝阳区数据开放应用中心、中关村企业信用促进会、中关村技术交易所、中关村不动产商会及中关村科技创业金融服务集团的信息化应用和建设水平进行了调研。

（戴力）

【制定智慧中关村实施方案并征求意见】年内，依据《“智慧北京”行动纲要》《“智慧北京”顶层设计总则》《“智慧北京”顶层设计指南》《中关村国家自主创新示范区发展规划纲要（2011—2020年）》相关文件精神，结合示范区实际情况，根据示范区的空间范围和具体功能需求，中关村管委会研究拟定《智慧中关村顶层设计总体方案（送审稿）》《智慧中关村云平台顶层设计方案》《智慧中关村地理信息服务平台顶层设计方案》及配套文件，并征求中关村创新平台各工作组及处室、相关委办局及各分园管委会的意见。

（戴力）

【申报智慧中关村建设项目】年内，中关村管委会完成了融合数据中心、中关村创新平台协同办公和重大项目审批系统项目及移动办公及经费远程审批系统的申报工作，并按照北京市经济和信息化委员会批复意见开展项目需求调研工作。

（戴力）

【网络与信息安全自查】年内，中关村管委会对电子政务网络与信息系统从安全技术防护措施、安全管理等方面进行了全面的自查，并完成《中关村科技园区管理委员会2013年电子政务信息安全检查工作报告》。

（戴力）

【信息系统安全保护等级备案】年内，中关村管委会对项目经费管理子系统与外网项目申报子系统、政务门户网站和综合办公信息系统分别进行了评级，并通过了信息安全等级测评二级的定级工作。

（戴力）

北京住房公积金管理中心

【概述】年内，北京住房公积金管理中心在完成信息化建设和各项基础运维工作的基础上，为适应新形势下信息化发展要求，不断提高自身信息化管理水平，编制了信息化发展五年规划，并用信息化技术支撑了北京市住房公积金各项业务的开展和服务的深化。

（郭芳）

【信息化发展规划及顶层设计报告完成】年内，北京住房公积金管理中心完成了《2013年—2017年信息化发展总体规划》及《信息化建设顶层设计研究报告》的编制工作，加强了信息化建设的科学性、前瞻性及可持续性。

（郭芳）

【推进公积金个人贷款差别化功能开发】年内，北京住房公积金管理中心按照北京住房公积金管理委员会第十三次全体会议精神，完成住房公积金贷款管理系统中差异化贷款功能的开发工作，保证住房公积金个人贷款差别化政策工作的顺利开展。

（郭芳）

【开展专项应急预案编制和应急演练】年内，北京住房公积金管理中心继续细化并编制专项应急预案。为验证专项应急预案的有效性，开展异地数据恢复专项应急预案的演练工作,评估数据恢复应急事件处理所需时间，检验了灾备中心备份数据的完整性、可用性、准确性，完善数据恢复应急事件处理操作流程。

（郭芳）

北京市住房和城乡建设委员会

【概述】年内，北京市住房和城乡建设委员会（简称“市住房城乡建设委”）信息化与电子政务工作围绕全委重点工作部署，在电子政务建设和管理上取得新成效。数据共享机制基本建立；项目管理完善，系统建设和升级改造业务调研工作有序开展；网络安全升级改造完成；运维工作更加规范。房屋生命周期应用主线有力地支撑了房地产市场和住房保障各项业务正常开展，升级购房资格系统，建成房屋生命周期平台海淀分中心；企业和人员生命周期应用主线行政审批平台企业版块（一期）正式上线，建筑市场评价系统结果评价应用良好；升级工程管理14个业务系统；政务内网、门户网站分别进行了全新改版并上线运行。

（张贺 朱玓）

【深化房屋全生命周期平台应用】年内，市住房城乡建设委在公共服务方面，新增权属登记办理短信通知和网站进度查询等便民功能，提升公共服务能力；在落实房地产宏观调控政策方面，规范购房资格审核工作，出台预售资金监管办法，完善购房资金监管流程；在业务基础数据利用方面，通过业务在房屋平台补充楼栋图元及信息111幢，修改楼栋信息209幢，继续推进房屋权属历史档案整理工作，将丰台区5500余栋楼历史档案整理结果导入交易权属测试系统，初步实现历史档案成果在线系统利用；在房屋基础数据共享方面，完成全市公开版底图脱密工作，与区县建立多种数据共享方式，支持西城区进行区域内房屋普查，并以海淀区为试点建成房屋生命周期平台分中心。

（张贺 朱玓）

【企业资质和人员资格应用系统运行稳定】年内，市住房城乡建设委将建筑市场评价结果作为信用标应用于全市建筑企业招标投标工作，促进部门间信息的互通共享，提升市住房城乡建设系统的公共信息服务水平；开发行政审批平台企业版块（一期）建筑业企业资质系统已上线运行，实现资质外网申报、内网审核、分级办理、量化审查，并对市住房城乡建设委行政审批事项实行统一管理；实现中央企业及外地进京备案系统与交易中心之间的数据连动，为外地企业招标投标提供便利。保证执法工作平台运行稳定，对执法人员开展案卷评查，加强执法人员基于平台的在线执法工作；推动质量检测机构管理系统上线，实现对全市质量检测机构资质信息的电子化管理。保证人员注册及考务系统稳定运行，清理网上办事大厅组织机构的错误代码或重复的企业账户，实现与其他业务系统的数据分离，确保数据独立。

（张贺 朱玓）

【工程全生命应用主线各业务系统建设】年内，市住房城乡建设委推动建设工程安全质量监督动态考核信息平台稳定运行，并完成施工许可新平台、起重机械备案新系统开发；实现农房档案管理系统新平台上线运行；优化建材采购备案系统（含老旧小区）、安全监督备案系统、建筑施工企业安全生产许可证系统及危险性较大部分项目工程动态安全管理系统等的流程和功能，推动工程管理各项工作开展。

（张贺 朱玓）

【新版内外网门户上线】年内，市住房城乡建设委实现新版内、外网门户上线。在新版内网门户方面，策划了“首页”，完善政务中心、业务中心、数据中心、舆情中心、学习中心、服务中心六个“中心”建设，开发课题管理、知识库等子系统，并重新设计了办公桌面；加强政务内网信息安全工作，并将政务、业务、数据、舆情、学习、服务等信息聚集为一体，着重体现网站的实用性、全面性。在新版外网门户方面，优化栏目建设规则，形成以信息公开、服务大厅、政民互动、房屋管理、工程建设、住房保障为核心的栏目结构，推进网上政务公开；制定简单易懂的网上办事指南、新建商品住宅交易等热点服务专题；优化答疑解惑系统，新增手机短信提醒功能；重新策划网站页面，升级搜索引擎，更新英文网站内容。

（张贺 朱玓）

【建立网络安全运维体系】年内，市住房城乡建设委完成网络安全改造，升级网络带宽，推动网络整体平稳运行；搭建并全面使用信息化综合运维管理平台，实现业务系统运行及日常办公设备维护的电子化、流程化管理；清理软、硬件设备资产，编制容灾备份应急预案，建立一套完整的网络安全运维体系。

（张贺 朱玓）

【开展数据共享和交换】年内，市住房城乡建设委加强内部各业务系统之间的数据共享，以及与其他委办局、区县的数据交换，并实行数据质量监控，确保基础数据库共享交换数据的准确性。全年市住房城乡建设委基础数据库为住房城乡建设部，市工商、人力社保等13个部门提供数据共享交换服务541项次。

（张贺 朱玓）

经济领域信息化

【**综述**】年内，北京市研究推进两化深度融合工作的政策措施。开展两化融合评估工作。推进两化融合和电子商务试点示范，推进电子商务发展及重点领域两化融合工作。

（北京市经济和信息化委员会经济信息化处）

制造业信息化

【**概述**】年内，北京市完成年度两化融合工作计划制订。“利用信息技术促进教育、科技、文化、卫生、体育等领域新兴服务业发展”的政策研究及全市企业信息化、电子商务发展状况调查开展。北京市信息化区域发展水平评估工作、北京市两化融合区域发展水平评估工作、北京市企业两化融合整体性试点评估工作展开。市属国有企业和中小企业两化融合有序推进。

（北京市经济和信息化委员会经济信息化处）

【**两化深度融合工作推进大会召开**】10月12日，两化深度融合专项行动计划重点工作推进大会在北京召开，全国工信系统、有关行业协会、研究机构及200多家重点企业参加了会议。工业和信息化部副部长杨学山指出，各地工信系统要认识推进两化融合工作的重要性、紧迫性和复杂性，要真正理解推进两化融合在整个工业转型升级、工业由大变强的重要作用；并要理清工作思路，明确目标任务、重点工作、切入点和路径。工业和信息化部信息化推进司重点介绍“企业两化融合管理体系”标准建设和推广行动、企业两化深度融合示范推广行动、工业云创新行动等有关工作的进展情况。发布行业两化融合评估系列成果和标杆企业，以及企业企业两化融合水平测度通用指标体系。工业和信息化部情报所启动了中国信息化和工业化融合咨询服务联盟和平台，并以企业两化融合水平测度为抓手，交流“行业两化融合水平整体提升”“区域两化融合分级分类推进”“第三方两化融合咨询服务能力增强”“企业两化融合对标发展”等方面的典型做法。

（北京市经济和信息化委员会经济信息化处）

【**初步形成《智慧园区建设规范》**】年内，北京市经济和信息化委员会对中关村软件园等10多个产业园区开展调研，了解各类产业园区的管理模式、运作机制和特色服务，掌握产业园区信息化基本情况。在调研基础上，结合各产业园区管理部门提出的新创意、新思路、新想法，多次组织召开专家研讨会，从智慧园区基本概念、特征、标准规范体系结构和框架、指标项设计等方面展开研讨和交流，与规划处沟通，初步形成《智慧园区建设规范》。

（北京市经济和信息化委员会经济信息化处）

【**组织企业参加两化融合评选活动**】年内，北京市经济和信息化委员会组织了北京市重点行业具有代表性的38家企业参加了全国首次开展的国家级信息化和工业化深度融合示范企业评选活动，共24家（央企8家、市企16家）被评为2012年度两化深度融合示范企业，占总数的11%。

（北京市经济和信息化委员会经济信息化处）

首钢总公司

【概述】年内，首钢从推进信息化和工业化深度融合、走新型工业化道路的高度，以提高钢铁业的运行质量和效益为重点，推进信息化建设与应用，为首钢“一业多地”管控和板材生产提供了平台支撑，促进首钢由传统管理向现代管理转变，由规模效益型发展向品种质量效益型发展转变，信息系统成为首钢生产经营管理的重要平台，为首钢高端板材生产经营管控、提高质量、降低成本提供了重要的支撑。

（温立文）

【首钢迁钢获市国资预算资金专项支持】3月，首钢迁钢公司先后完成申报材料的起草、提报和答辩，包括提交项目申报书、项目可行性研究报告、JIO软件报表、申请项目资金的请示等材料。迁钢质量过程控制项目通过初审、专家评审和市国资委审定等环节。8月，经市国资委主任办公会审定，拟给予200万元的资金支持。12月，200万元资金拨付首钢总公司。

（温立文）

【举办外埠钢铁企业信息化讲座】6月20—21日，在首钢办公大楼通过视频会议的形式，举办外埠企业信息化讲座，长钢、水钢、通钢、贵钢四家企业的公司领导、生产、销售、供应、技术质量、财务成本、设备、工程项目、信息化等部门负责人及业务骨干248人参加讲座。讲座内容结合首钢外埠钢铁企业的信息化实际和需求，由首钢总公司信息部组织专业人员总结首钢十年来信息化建设经验和教训，分五大专题形成文档材料，包括首钢信息化总体情况，一业四地ERP系统建设，一业四地MES系统建设及对一、二级系统要求，IT基础平台及信息安全，设备资产管理系统、仓储运输管理系统、客户营销服务系统、智能一卡通系统等其他应用系统。

（温立文）

【采购电子商务平台项目立项实施】7月，首钢集团采购电子商务平台项目正式立项，并启动实施。项目以行业政策法规为标准，围绕钢铁企业供应链管理流程，依托首钢设备采购、原燃材料采购及工程建设招标等业务的实际需求，建设包含招标采购、比价采购、竞拍采购及单一来源采购四种灵活的采购模式的电子商务系统平台及配套的安全体系，通过以在线交易服务为主的商业模式，实现集团采购业务的集中管控，实现资源共享及采购业务的公平、公正和公开。先后完成业务调研、业务规划设计、系统设计与开发等工作。12月，形成5个一级流程和18个二级流程，完成全部89个功能开发。

（温立文）

【首钢贵钢建设期ERP项目上线】8月，首钢贵阳特殊钢有限责任公司新厂区工程建设期ERP项目正式启动。ERP系统的管理范围包括所有在建工程项目的全程管理，包括工程项目立项和可行性研究、初步设计和概算、施工合同管理、工程物资、财务决算和工程转固、项目信息、总账会计、应付账会计、固定资产会计、工程会计、工程材料会计、工程设备会计、材料采购计划、供应商基础信息跟踪、材料及设备采购管理、材料及设备仓储管理、物料主数据管理等。ERP系统主要包括：项目管理模块（PS）、财务管理模块（FI）、成本管理模块（CO）、物料管理模块（MM）、程序开发（ABAP）。完成需求调研、蓝图设计、系统开发、上线准备等各阶段工作。12月，系统成功上线。

（温立文）

【进口矿信息化项目立项】10月，首钢集团进口矿信息化项目立项。搭建集团层面进口矿物流管理平台，实现进口矿装船、船舶动态、港存、发运等物流信息、价格信息和质量信息的集成；实现与质量、价格、信用证的实时集成；实现中首进口矿管理业务与各基地ERP、各基地MES的系统集成。搭建集团层面的进口矿计划管理平台，实现矿粉平衡计划、炉料平衡计划、月生产计划、原料互供计划、资源到达计划、装船分配计划、港厂库存管理、内陆发运计划和到港出库价格管理等信息集成；实现与各基地ERP、各基地MES、BW数据仓库的系统集成。开发信息综合展示功能。12月，完成物流平台主要功能和接口开发，经过测试，上线运行；完成进口矿价格趋势展示及接口开发等。

（温立文）

【集团经营管理平台项目上线】年内，首钢建立准确的绩效考核指标体系，将信息化平台数据真正用于绩效考核，同时面向经营管理业务主题，规范业务规则，积累数据资源，构建多维报表，展示趋势图形，有效服务于经营分析与决策，构建了首钢集团经营管理平台，实现了考核指标、专业分析、经营活动分析、考核数据核对、外埠钢铁企业重点管控指标、首钢经营日报等内容的展示，实现与OA系统的集成登录、数据采集等功能。共有26个单位接入首钢集团经营管理平台，包括8个考核确认及专业管理单位、11个被考核及生产运营单位和7个外埠钢铁企业。5月，KPI考核的52个指标上线运行。

（温立文）

【组织远程财务专业信息化培训】年内，首钢总公司信息部与劳动工资部、计财部、北京首钢自动化信息技术有限公司、培训中心等单位通过远程教育系统对“一业多地”财务专业人员进行信息化培训。

（温立文）

【视频会议系统改造项目完成】年内，首钢对视频会议系统MCU、终端设备及终端LED显示系统设备进行升级改造，完成总公司月季园视频会议系统、总公司陶楼视频会议系统、销售公司视频会议系统的安装和改造。在销售公司设立了具有独立组会权限的“虚拟管理平台”。全年新接入视频会议终端23个，召开视频会议991次。

（温立文）

【信息系统大修改造项目完成】年内，首钢组织完成信息系统大修改造项目，包括防篡改网关、专线防火墙、三地专线扩容、内网终端管理系统升级、网络改造、互联网防火墙、视频网关改造及网络核心交换机更新等。

（温立文）

【推进正版化软件工作】年内，按照北京市正版化软件联席会议办公室的要求，首钢总公司信息部组织商谈、签订合同并完成总公司微软操作系统软件采购工作。组织北京首钢房地产开发有限公司、中国首钢国际贸易工程公司、北京京西重工有限公司、北京首钢股份有限公司完成正版化软件工作，通过北京市正版化软件联席会议办公室检查组的验收。

（温立文）

商业物流信息化

【明伦高科新产品下线】1月10日，北京明伦高科科技发展有限公司自主研发的智能移动物流信息配载终端LIT安卓版2.0正式生产下线。该设备采用最新的三星芯片，在除常规平板电脑功能外，还具备电话、导航、3G、高清输出、标准USB接口、打印接口等功能。

（尹玲利）

【完善货运电子商务系统】8月，北京铁路局货运电子商务系统完成班列系统的迁移；9月底，实现货运电子商务短信服务，增加零散白货“敞开受理、随到随办”、计算机排队装车等功能。货运电子商务系统采用ORACLE数据库、WEBLOGIC中间件、AIX应用服务器等配置，使用电信、铁通两条快速网络通道，通过12306网站链接，实现客户通过互联网提报受理货物运输需求、旬方案提报、货物班列预定、货物接卸管理、预约物流服务、货车在途查询等功能，达到“敞开受理、先到先得”等目标。

（苑晓明）

【“发啦”物流公共信息平台受表彰】12月12日，北京明伦高科科技发展有限公司研发的“发啦”物流公共信息平台作为唯一平台应用解决方案，在2013年中国集成电路产业促进大会暨第八届“中国芯”颁奖典礼上与其他北斗芯片研发、生产厂商共同得到表彰。

（尹玲利）

【铁路运输信息集成平台建设】年内，北京铁路局多次组织召开实施铁路运输信息集成平台推进工作会。6月初开始，调度所、运输、货运、机务、电务、信息化处等部门合作。7月21日，按总公司技术要求路局集成平台正式运行，平台提供的功能全部实现。

（庞子魁）

电子商务

【深化大型工业企业电子商务应用】年内，北京市经济和信息化委员会和市国资委、市信息化专家委联合开展国有企业CIO培训，组织北京能源投资（集团）有限公司、北京首都旅游股份有限公司等十个典型集团总部企业就两化融合和电子商务开展情况进行初步评估。组织专家和企业调研北汽福田、中石油等大型企业，研究制造业企业利用电子商务转型升级的思路。

（北京市经济和信息化委员会经济信息化处）

北京当当网信息技术有限公司

【概述】当当网（www.dangdang.com）成立于1999年，由科文公司、美国老虎基金、美国IDG集团、卢森堡剑桥集团、亚洲创业投资基金（原名软银中国创业基金）共同投资成立。是综合性中文网上购物商城，是国内首家在美国上市的B2C电子商务企业，是中关村国家自主创新示范区首批“十百千企业”企业，是商务部首批认定的电子商务示范企业。当当网成立

14年来，稳居全球中文图书网上发行首位，占据线上图书零售43%以上、全国图书零售1/3以上市场份额，在库图书近100万种。当当网（一直致力于产品、技术和服务的创新，相继推出实现移动购买功能的手机当当网、网上自助式的退换货系统、订单跟踪查询系统、个性化推荐软件、定制图书业务、自主研发基于云计算的电子书发行平台、触摸式“都看”在线移动阅读器等革命性的产品和服务，提升了当当网的商品交付能力、用户体验和平台黏性，并成功积累起低价、诚信的消费品牌形象。面对电商行业激烈的市场竞争，当当通过大力发展开放平台战略，百货、服装等产品以“自营+开放平台”的经营模式全年保持95%的高增速。

（赵岩）

【注册用户超过6000万人】年内，当当网注册用户已超过6000万人，其中活跃用户2090万，同比新增注册用户1070万。平均每天有400万顾客光临，30万人完成交易，每月有3000万人浏览当当网各类信息。

（赵岩）

【全年新建21个物流中心】年内，当当网在11个城市建设了21个物流中心，库房面积超过50万平方米，同时向超过1600个城市提供当日达、次日达、晚间送、三小时达、上门刷卡、上门退换货、上门退款等专业化服务。

（赵岩）

【经营模式转型】年内，当当网总交易额100亿，同比增长53%；每月销售商品超过2000多万件；14年间业绩增长3000倍。从当当网开拓百货业务以来，年均增速都在100%以上；第三方平台交易额同比增长超过300%，其中服装和婴童同比超过500%；经营模式从单一自营成功转向“自营+开放平台”。

（赵岩）

【云计算开放服务平台】年内，当当网建设面向中小微企业的云计算开放服务平台，已有近万个商家入驻。当当网自有服务器几千台，通过使用自主研发的协同过滤、数据挖掘、数据仓库等新算应用、RFID物联网技术以及自主研发的其他技术，不断创新网上购物的新体验。自第四季度起，增加对大数据处理的设备和人员投入，用来建设动态模型，以提升网络的数据挖掘技术、客户分析和针对性营销跟踪技术。

（赵岩）

【发展数字出版业务】年内，当当网精细化数字出版业务，建设网络出版发行平台和数字内容聚合服务平台，依托当当多年积累的出版领域资源，创新数字产品业务发展模式，深入开展数字内容的研发、生产和销售，构建市级销售发行平台，建立起多品种、多终端、好产品、好体验的数字业务发展模式。

（赵岩）

北京京东世纪贸易有限公司

【概述】京东集团是仅次于亚马逊，世界第二、中国第一的自营式网络零售商。自2004年涉足电子商务领域以来，连续9年保持200%的速度增长。已拥有1.8亿用户和超过4万家供应商。京东建立起覆盖全国的智能物流网络，在全国租赁、建设、储备超过300万平方米的大型物流中心，构建了由七大一级物流中心、27个城市仓储中心、1453个配送站点组成的覆盖全国1300多个区县的自建物流体系，拥有超过3万人的专业物流团队，在业界率先推出极速达

（100分钟送达）、夜间配、“211”限时达服务（一天2送）、GIS包裹实时跟踪系统、售后100分、售后上门取件、先行赔付、大家电安装、就地退换货等专业服务，以全供应链的优势为用户带来端到端的网购体验。京东拥有近4000人的高级研发团队，在云计算、大数据、移动互联网领域承担了多项课题。京东自主研发的电商交易、客户服务、物流系统，可支持千亿量级的交易规模。京东技术创新体系，还向产业链上下游提供开放服务，建立面向电子商务全产业链的综合技术支撑体系。

（甘莉）

【正式启用JD.COM域名】 3月30日，京东域名正式更换为JD.COM，并推出名为“Joy”的卡通金属狗吉祥物形象，同时对首页进行改版。

（甘莉）

【推出夜间配、极速达配送服务】 5月31日，京东（JD.COM）物流推出了“夜间配”“极速达”等配送服务。从5月31日起，只要消费者在当日15:00前下单并勾选“19：00—22：00”时段配送的选项，京东可安排配送员在当日晚间19:00—22:00送货上门。该服务覆盖包含北京、上海、广州、成都、武汉、沈阳6个城市。3小时送达的“极速达”服务，是为消费者提供的一项个性化付费增值服务，如消费者需要“极速达”配送服务，在结算时可选择“在线支付”的方式，并在下单时勾选“极速达”选项，货品会在订单支付成功后3小时内送货上门。“极速达”服务支持每日08:00—20:00间下单，支付成功后3个小时内派送完毕；20:00之后支付成功的，将在次日11:00前完成配送。若因京东原因造成未按时送达的，京东承诺全数退还运费。

（甘莉）

【首张电子发票在京东诞生】 6月27日，副市长程红、国家税务总局征管和科技发展司副司长杨培峰、商务部电子商务和信息化司副巡视员聂林海、北京市国税局局长吴新联、市商务委主任卢彦等领导莅临京东集团总部，对电子发票试点工作进行调研，并现场见证了中国电子商务领域首张电子发票的诞生。京东宣布相关系统正式上线，进入试运行阶段。在“电子发票”实施的初期阶段，其所覆盖的服务范围是面向北京地区购买图书、音像商品的个人消费者。相关消费者可以选择开具普通纸质发票或电子发票。京东的相关技术系统与北京市国税局的发票管理系统实现对接，消费者在订单完成后，可以从京东商城下载电子发票留存，也可以在市国税局的发票管理系统中查询到相关的电子发票。这也标志着中国电子发票的发展首次进入了广泛的应用阶段。5月初，经市政府批准，国家税务总局、市商务委、市国税局启动了此次电子发票项目，并选取京东作为项目的试点单位，项目组攻克了税控加密防伪、电子签章、二维条码、大数据存储及利用、发票赋码等关键技术，成功完成首期试点项目。

（甘莉）

【京东家电行业峰会举办】 10月16日，京东举行主题为“赢变革·创未来”的2013年京东（JD.COM）家电行业峰会，包括海尔、美的等数百家家电品牌企业代表参加，工业和信息化部运行监测协调局副局长高素梅、京东集团首席营销官蓝烨、京东集团副总裁兼家电事业部总经理闫小兵等出席了此次峰会。会上京东家电正式发布未来三年的战略规划，承诺将始终坚持追求供应链效率提升和降低运营成本的原则，不追求利润最大化，真正让利于合作伙伴和消费者。京东集团副总裁兼家电事业部总经理闫小兵公布了京东家电未来三年的战略目标，即到2016年京东家电的销售额达到1100亿元，并提出了建立新型厂商关系、扩大销售区域、持续提升购物体验、搭建专业家电资讯平台、寻求多样化厂商合作模式五大发展策略。会上京东正式发布了《京东家电供应商合作白皮书》以及《京东家电价格与特色服务白皮书》。通过白皮书，闫小兵向京东家电的战略合作厂商承诺“三年内不提升合同政策点位，给予最优付款与结算方式，共享基于真实消费行为的大数据资源，并促进账目透明化。”根据白皮书条款，从10月16日开始，购买京东自营家电产品的消费者自订单完成后的30天内，如果遇到原产品价格在京东有调低的情况，可享受价格保护，京东会将差价部分返还给消费者；同时，京东承诺消费者在京东购买自营家电产品可以获得更省心的退换货政策和更贴心的服务，商品一旦发生质量问题（凭厂家检测单），30天内可退货，180天内可换货。白皮书也提出：“京东坚持渠道成本最优化的市场竞争模式，反对垄断，并承诺在品质保证、售后安装、服务定期评比等方面精益求精，以持续提升消费体验。”

（甘莉）

【“青春”闪亮上线】11月5日，京东（JD.COM）正式上线名为“京东·青春”的全新导购产品（http://qingchun.jd.com/），该导购产品集结近50家时尚品牌，其设计颠覆了B2C平台以销售为主的渠道概念。产品主推的关注功能、活动文案、甚至价格等电商产品的必备元素，都通过鼠标交互的形式被隐藏起来。

（甘莉）

【JDPhone计划发布】11月，京东集团（JD.COM）正式宣布推出“JDPhone”计划。中兴旗下高端品牌努比亚全新上市的nubia Z5S（大牛）和nubia Z5S mini（小牛2）成为首批入选该计划的手机。以首批入选的努比亚大牛、小牛两款机型为例，在具体的软硬件配置、所支持的网络制式及最终的市场售价方面，京东都通过大数据分析深度参与。在芯片、屏幕以及摄像头等核心部件的采购方面，京东利用本身的渠道优势帮助对产业链进行整合，从而实现用户需求与产品研发、定价的对接。nubia Z5S（大牛）和nubia Z5S mini（小牛2）两款手机，分别采用了性能强劲的高通骁龙800和600的芯片，均配备了后置1300万像素、前置500万像素的索尼超强摄像头和夏普高清显示屏，以及十几种极具人性化的拍照和美肤功能，并且能够支持目前所有3G网络制式，真正让用户实现全网随意切换。最终零售价分别定为1999元和1499元。

（甘莉）

【京东团购更名京品惠】年内，京东团购更名为“京品惠”，并设立了二级频道页面。改名之后的“京品惠”以通过巨资买断形式，联合众多知名中高端连锁餐饮企业和知名糕点企业以及电影院线、卡拉OK、足疗、滑雪等各类生活服务品牌，提供给广大消费者超低折扣的独家储值卡。首批拿到“京品惠”橄榄枝的品牌企业已有俏江南、印象小馆近50家企业。

（甘莉）

企业信息化

【中小企业信息化工程实施】年内，北京市通过开展“腾计划”“青云计划”“企业健康成长计划”等一系列公益活动，引导企业应用信息化手段，提高中小企业信息化应用能力，实现转型升级。青云计划全年组织活动近40场，覆盖企业达12000家，同比新增企业8400家，提升中小企业信息化推广力度。

（北京市经济和信息化委员会经济信息化处）

【开展企业信息化及电子商务发展状况调查】年内，北京市经济和信息化委员会与市统计局联合启动2012年北京市企业信息化及电子商务发展状况调查工作，完成调查指标体系修改。组织召开区县企业信息化及电子商务调查工作培训会，与市统计局共同组织并完成了2000家规模以上工业企业调查统计人员的培训、企业数据的填报、数据分析汇总，形成1727家企业信息化数据库。

（北京市经济和信息化委员会经济信息化处）

【推进“工业云”创新服务】年内，北京市经济和信息化委员会推进北京市“工业云”创新服务。支持北京数码大方公司和北京市计算中心联合建设完善北京市“工业云”服务平台，提供“一个平台、多种应用服务、多种专业资源”的“1+N+N”服务体系。

（北京市经济和信息化委员会经济信息化处）

【“北京市工业云创新服务联盟”建立】年内，北京市经济和信息化委员会引导优质服务商建立“北京市工业云创新服务联盟”，支持联盟企业制定服务公约、完善服务内容，建立咨询、培训、服务、维护等专业服务规范。

（北京市经济和信息化委员会经济信息化处）

【推动中小企业电子商务深度应用】年内，北京市经济和信息化委员会支持中小企业电子商务发展，开展了促进中小企业信息化指导意见的研究，计划提出支持北京市中小企业开展电子商务应用的政策措施。在西城区、大兴区等区县开展了电子商务培训工作，上千家企业参与了培训，一批中小企业与电子商务平台实现对接。推动中搜在线、慧聪、敦煌网等中小企业公共服务平台发展。

（北京市经济和信息化委员会经济信息化处）

北京暴风科技股份有限公司

【概述】北京暴风科技股份有限公司是视频播放技术与软件产品开发企业、中国优秀的互联网视频服务运营企业，是国家认定的高新技术企业，中关村“十百千”工程企业，中关村“瞪羚计划”重点培育企业，北京信息网络产业30强企业。公司自2007年1月成立以来，以持续的技术创新为核心竞争力，在“万能播放、编解码压缩、高清、3D”等视频核心技术领域取得领先地位。公司推动科技与文化融合项目，无线和在线客户端产品快速发展，月覆盖量达到行业第二，获得德勤亚太500强企业称号。

（北京暴风科技股份有限公司）

【市场占有率跃居行业第一】11月，暴风影音第四季度市场占有率跃居行业第一。据艾瑞iUserTracker数据显示，全月影音播放软件使用时间达18亿小时，有效使用时间达7.2亿小时，占总有效使用时间的40.1%。暴风影音，首创的3D播放，左眼高清，5.1立体环绕声都给用户带去了良好的观影感受。年内，暴风影音相继推出IOS移动端3D版，安卓端省电播放功能，可延长一倍观看时间。手机暴风影音的安装用户总量超过2亿户。

（北京暴风科技股份有限公司）

【再度上榜德勤亚太500强】12月6日，德勤有限公司宣布"2013年德勤高科技、高成长亚太地区500强名单"，暴风同499家上榜的公司荣列高成长企业榜。这是暴风第二次获得此奖项。

（北京暴风科技股份有限公司）

北京北咨信息工程咨询有限公司

【概述】北京北咨信息工程咨询有限公司（以下简称"北咨信息"）为北京市工程咨询公司全资子公司，是从事信息化建设全过程咨询的专业化咨询机构，获得发展改革委颁发的工程咨询单位资格证书乙级资格和工业和信息化部颁发的信息系统工程监理单位甲级资质。北咨信息为各类企业所提供的信息化咨询及监理服务项目300余个，所涉及的领域包括智能交通、数字旅游、数字医疗、数字社区、数字校园、公共安全、视频会议和监控、应急保障、物联网技术应用、通信工程、网络机房建设等，具有丰富的咨询经验和成功案例。北咨信息已通过质量、环境、职业健康安全管理体系认证，在项目实施全过程中严格遵循和执行质量、环境及职业健康安全管理体系的目标和要求，以顾客需求为导向，为客户提供高质量的监理及咨询服务。

（北京北咨信息工程咨询有限公司）

【工程项目获多个奖项】2月，北咨信息所承担监理工作的"永定河循环管线（门城湖—宛平湖）工程"被北京市水利工程协会评为"2011年度北京市水利系统局级优质工程"。5月，北咨信息参与的"北京市城市安全运行和应急管理领域物联网应用示范工程建设实施方案"，经过资格审查、专家初评、专家组复评、学术委员会审议和向社会公示等环节，获得"2012年度全国优秀工程咨询成果二等奖"。12月19日，第二届中国移动杯"智慧北京"大赛颁奖大会在京召开。北咨信息参与完成的"北京气象灾害应急防御服务解决方案"和"北京历史文化地理信息系统解决方案"经过专家初评、6场分赛路演、专家综合评审等各环节，分别获得大赛的优秀解决方案奖和入围优秀解决方案奖。

（北京北咨信息工程咨询有限公司）

【通过中国中小企业协会信用评级AAA评定】9月，经中国中小企业协会对公司的信用状况严格的审核和评定，评价结果为AAA。

（北京北咨信息工程咨询有限公司）

【针对智慧城市评价方法的研究与应用】年内，北咨信息加强对智慧城市的研究，先后承担了北京市丽泽金融商务区、北京未来科技城等园区的信息化规划及实施方案的研究工作。公司研究团队基于当前智慧城市评价指标体系的相关研究和应用，结合智慧城市发展水平评价的实践需求，立足城市和地区的特色，提出了一种目标导向的智慧城市评价方法。该目标导向的智慧城市评价方法包括评价指标体系通用框架及应用模型两部分。在实际咨询工作中，以评价指标体系通用框架为基础，并结合被评对象的发展定位，可定制更有针对性的评价指标体系以开展评价工作，然后再依据评价分析结果，提出建设内容和实施路径，辅助指导被评对象后续的智慧城市建设工作。

（北京北咨信息工程咨询有限公司）

博雅软件股份有限公司

【概述】博雅软件股份有限公司（原“青鸟软件股份有限公司”，以下简称“博雅软件”）隶属于博雅集团，是博雅集团的核心企业之一。博雅软件长期服务于活跃在新经济转型时期各行业的客户，坚持向“大软件、大服务”的方向发展和迈进。其主要业务覆盖咨询服务、软件开发、系统集成以及运维服务四个核心业务领域，并积累了一定的专业技术和服务经验，与众多家国际著名管理咨询公司和软硬件厂商结成战略合作联盟，为客户提供信息技术服务和应用软件解决方案及相关服务。

（博雅软件股份有限公司）

【韩立柏团队加盟博雅软件】1月6日，博雅软件与行政事业管理软件专家韩立柏及其团队在中国技术交易大厦举行合作签约仪式。韩立柏及其团队正式加盟博雅软件，双方在行政事业管理软件业务方面将进入一个全方位、深层次、宽领域的业务合作新时期，为博雅软件在政府软件领域的战略布局做好准备。

（博雅软件股份有限公司）

【多种资质级别提升】4月15日，博雅软件通过中国信息安全测评中心的审核，获得国家信息安全服务资质（安全工程类一级）证书。6月18日，博雅软件通过市住房城乡建设委和市规划委的审核，获得建筑智能化工程设计与施工二级资质。7月16日，博雅软件股份有限公司及其子公司华际信息系统有限公司顺利通过了ISO 20000 IT服务管理体系认证。7月25—27日，博雅软件通过了北京赛西认证有限责任公司的专家组审核的ISO四体系。11月22日，博雅软件通过复评审核，获得计算机信息系统集成一级资质证书。

（博雅软件股份有限公司）

【获得多个奖项】5月，工业和信息化部运行监测协调局公布2013年（第十二届）中国软件业务收入前百家企业名单，博雅软件荣获“第十二届中国软件业务收入前百家企业”称号。5月30日—6月1日，在第十七届中国国际软件博览会上，博雅剩油余分析软件V1.0荣获金奖，博雅IT运维管理平台系统软件V7.0”荣获创新奖。11月15日，“2013年（第六届）中国软件和信息服务业企业信用评价发布会”在湖北武汉举行，会议发布了48家2013年度信用企业名单及等级，博雅软件通过复评荣获“中国软件和信息服务业信用评价AAA级企业”称号。

（博雅软件股份有限公司）

博彦科技股份有限公司

【**概述**】博彦科技是亚洲领先的IT服务外包公司，具备全球范围内的交付能力。博彦科技为全球客户提供IT咨询、应用程序开发和维护、ERP和BPO（业务流程外包）等服务。作为一家提供端对端ITO和BPO服务的领先企业，博彦在垂直行业里专注于医药、金融服务、电信工程等领域，积累了丰富的经验，与行业内的领先企业保持了良好的合作关系。

（博彦科技股份有限公司）

【**微软西安外包交付基地设立**】1月18日，博彦科技微软外包交付基地在西安启动。博彦科技西安分公司继博彦科技与微软在北京、上海成立博彦微软外包交付基地之后，成立博彦微软西安外包交付基地。依托西安的人才、产业、文化优势博彦西安将逐步升级为博彦集团关键交付与研发创新中心，参与“移动、商业智能、云计算”等高端解决方案的战略实施，支持博彦关键客户的全球项目。

（博彦科技股份有限公司）

【**视觉设计业务团队整合**】1月，博彦科技完成对杭州杰杰科技有限公司视觉设计业务团队的整合，杭州杰杰近200名的视觉设计专业人才加入博彦科技。标志着博彦科技将正式进军UED（User Experience Design）领域。此次整合也是博彦科技继收购美国ACHIEVO CORPORATION和参股北京网鼎系统集成有限责任公司之后的又一次收购。

（博彦科技股份有限公司）

【**“北航—博彦智慧应用联合工程中心”成立**】4月25日，博彦科技与北京航空航天大学联合举行“北航—博彦智慧应用联合工程中心揭牌仪式暨颁奖捐赠典礼”，北航—博彦智慧应用联合工程中心正式成立。

（博彦科技股份有限公司）

【**与欧创集团成立合资公司**】6月14日，博彦科技和欧创集团合资成立亚创博彦（北京）科技有限公司（以下简称“亚创博彦”）。欧创集团将持有合资公司51%的股份，博彦科技持有合资公司49%的股份。亚创博彦将在中国开展业务运营，提供有关智能系统的软件工程和研发服务。10月22日，亚创博彦（北京）科技有限公司成立庆典仪式在北京中关村软件园举行。

（博彦科技股份有限公司）

【**博彦科技台湾子公司正式成立**】年内，博彦科技在台湾正式成立全资子公司Beyondsoft Taiwan Ltd.（中文名称：博彦科技有限公司）。台湾子公司成立，主要是作为枢纽的角色，成为博彦科技在亚太地区的交付中心，利用博彦服务客户的卓越平台和最佳实践，整合亚太地区的人才资源、技术资源，以更好地满足现有客户在整个亚太地区及各个市场的多样化需求，并为现有客户提供更好的支持和服务。

（博彦科技股份有限公司）

达内时代科技集团

【概述】年内，达内时代科技集团（简称”达内”）致力于培养面向电信和金融领域的Java、C++、C#/.Net、软件测试、嵌入式、PHP、安卓、iOS等方面的中高端软件人才，主办、承办发现IT创新型人才等大型赛事，参与行业高端论坛，推出最新行业紧缺技术课程等活动。

（韩冰）

【国际认证网络工程师联合培养合作项目】7月17日，达内IT培训集团与中立的认证考试开发商美国计算行业协会CompTIA在北京举行国际认证网络工程师联合培养合作项目新闻发布会。宣布达内公司将直接引进美国计算机行业协会最新技术和原版教材，达内网络培训课程的学员毕业合格并通过国际认证考试后，美国计算机行业协会将为其颁发美国计算机行业协会CompTIA的网络工程师国际认证证书，达内参加网络培训课程的学员将具有美国计算机从业者职业资格。

（韩冰）

【与百度合作培养新型网络营销人才】11月27日，达内时代科技集团与百度营销大学合作签约仪式在北京举行。百度营销大学授权达内网络营销学院为培训合作伙伴，与达内共同打造中国首个“应用型网络营销培训课程”。

（韩冰）

【登陆纳斯达克】年内，达内成功登陆美国纳斯达克证券交易所，成中国IT教育第一股。此次首次公开发行的美国存托股票（“ADSs”）定价为每股9.00美元，在承销商未行使超额配售权的情况下，达内共发行1530万股ADSs，其中1150万股由公司发行，380万股由老股东献售，总募资额为1亿3770万美元。达内的ADSs于2014年4月3日在美国纳斯达克全球精选市场开始交易，交易代码为“TEDU”。

（韩冰）

【推出平面设计国际认证课程】年内，达内培训数字艺术学院与美国Adobe公司在北京对外宣布，达内培训数字艺术学院将直接引进美国Adobe公司的原厂技术和培训教材。天津达内UID培训增开课程，为美国Adobe公司在中国的合作伙伴及其他需要高级设计人才的公司培养具有国际认证的高级设计人才。

（韩冰）

【数字艺术学院启用教育域名tedu.cn建站】年内，达内时代科技集团通过易名中国成功购得域名tedu.cn,现已启用为达内数字艺术学院的官方网站。tedu.cn是由达内集团的英文名字Tarena的开头字母T加上教育的英文缩写edu而成，有达内教育之意。

（韩冰）

北京地铁公司

【概述】年内，北京市地铁运营有限公司（简称“北京地铁公司”）按照公司“信息化发展规划”的整体部署，推进基础网络的建设；同时，开展信息系统等级保护、软件正版化、地铁新线文件审核、建立公共服务信息发布平台、服务热线系统升级改造等工作。全年信息化投入资金达到2800余万元。

（庞峥）

【开展信息系统等级保护】6月，北京地铁公司组织所属四个运营分公司及通号分公司、机电分公司和供电分公司，迎接市公安局和市公交总队对新开通的6号线、8号线、9号线、10号线、15号线、昌平线、亦庄线、房山线进行生产信息系统的调研。9月，市公安局和市公交总队对6号线TIAS系统以及8号线信号系统的信息安全监督检查，共查出问题6项。北京地铁公司对查出问题进行了落实整改，并将整改结果报市公安局和市公交总队。11月，北京地铁公司组织开展管理信息系统安全风险评估，对地铁官方网站、集团版OA系统、财务物资信息化系统和运营管理信息系统进行安全风险评估、整改及复测。12月，北京地铁公司组织召开信息系统重新定级专家评审会，对信息系统的安全等级进行重新评定。评审后重新定级的二级和三级信息系统共计15个。

（王玉兰、庞峥）

【软件正版化】年内，北京地铁公司组织所属车辆装备公司完成本部主要业务部室的软件正版化的部署，共采购安装操作系统70套，Office办公软件70套。

（王玉兰、庞峥）

【组织审查地铁新线建设各阶段文件】年内，北京地铁公司审查北京地铁3号线、12号线、17号线、新机场线、房山线北延规划方案，审查6号线西延、昌平线二期西段初步设计文件，审查6号线西延、8号线、16号线、燕房线工程运营安全专篇及运营设备设施造型安全专题报告等，从乘客需求、运营管理、运营安全和设备功能等方面进行了全面审查，提出意见和建议869条，采纳率达到90%以上。

（王兰珍、庞峥）

【总结2012年年底开通线路存在425条问题】年内，从客流预测、建设时序、运力不足、安全运营、乘客服务、设备设施维护维修等方面，对2012年年底开通的6号线、8号线、9号线和10号线在规划、设计及建设中存在的问题进行总结，共计425条，为下一步的新线设计、建设提供借鉴。

（王兰珍、庞峥）

【为乌鲁木齐轨道交通提供技术咨询】年内，北京地铁公司编制出《乌鲁木齐轨道交通1号线运营筹备及服务管理咨询合同书》及《乌鲁木齐轨道交通1号线运营筹备及服务管理总体工作方案》。编制完成组织机构及定岗定编、员工招聘及培训方案在内的人力资源方案初稿；开展建设前期咨询工作，配合乌市轨道交通1号线建设及设计单位，提供技术联系与支持。

（王兰珍、庞峥）

【为越南河内轻轨项目提供技术咨询】年内，北京地铁公司按照越方要求，编制完成2A号线组织机构及定岗定编、员工招聘及培训方案在内的人力资源方案；编制完成越南2A号线轨道交通咨询与培训合同。应商务部要求，组织完成越南河内轻轨项目官员培训工作。

（王兰珍、庞峥）

【电动客车信息管理系统开发】年内，北京地铁公司结合自身实际，开发了一套电动客车信息管理系统。系统分为车辆计划排表、车辆电子履历及车辆维修日常记录三部分，为运营组织提供可靠依据，并将对各运营分公司实现车辆的统一管理，以达到车辆使用、维修及保养数据的完整性，提高车辆规范化管理，为地铁的安全运营提供更多优质的车辆，保证乘客的出行。这套系统已经在运营三分公司、四分公司进行试点。该项目共投入资金35万元。

（石磊、尉倩、庞峥）

【系统设备故障数据库管理系统建设】年内，北京地铁公司建立了一套设备故障数据库管理系统，以解决使用手工方法统计对故障信息很难进行追溯与分析的问题。系统实现：建立系统设备故障信息数据库；生成系统设备故障分类；系统设备故障信息检索3个功能。该项目共投入资金15万元。

（刘博、舒雨生、尉倩、庞峥）

【公共服务信息发布平台建立】年内，北京地铁公司建立了集文字、图片、音频、视频信息于一体，以官方网站、新浪微博、腾讯微博、官方微信、官方APP等为主要载体的公共服务信息发布平台，为乘客提供地铁运营服务、地铁换乘查询。全年共发布信息1.1万余条，其中突发运营信息类信息300余条。北京地铁官方网站的日均访问量突破2万人次，微信关注用户超过4万人次，手机客户端下载超过3万人次。官方微博在新浪、腾讯的影响力排名均有提升，荣获新浪交通系统十大微博奖项、新浪微博最佳应用奖以及2013年度“腾讯微博亲民服务奖”。

（孟晓栋、庞峥）

【**服务热线系统升级改造完成**】年内，北京地铁公司完成地铁服务热线系统升级改造，座席数增加至12个，系统新增短信功能、突发信息语音播报功能、夜间非人工服务时段增加首末车自动语音查询功能。优化乘客信息办理流程，全年来电接通量为26.8万件，同比增长4.9万件，日均接通率由50%左右上升到95%；通过现场当日联系为乘客解决的问题共计4320件，简化转办、调查、回复等复杂环节，提高了办事效率。

（孟晓栋、庞峥）

【**管理信息网络硬件平台建设**】年内，通信信号分公司推进管理信息网络硬件平台的建设，在机关办公楼内加装接入交换机和桌面交换机，机关11个科室从原有的DSLAM入网方式过渡到以太网入网方式；通过光电转换器等网络通信设备将公司所辖的10个维（检）修项目部接入公司的管理信息网络平台，累计完成安装、调试各类以太网交换机28台，光纤熔接186站点，综合布线3800米，接入用户390个，实现了北京地铁通信信号分公司11个机关科室、10个维（检）修项目部网络的基本覆盖。

（李劭昕、庞峥）

【**网络应用系统建设开发**】年内，通信信号分公司依托管理信息网络平台开展公司网络应用建设，发挥网络信息资源共享优势。3月1日，完成公司视频会议平台建设，实现通信信号分公司机关与分布在北京地铁8条地铁线上的10个维（检）修项目部间高质量的视频会议功能；9月1日，完成北京地铁通信信号分公司网络版综合档案管理系统的开发，12月1日，上线试运行，系统的开发运行提高了档案工作的管理水平，方便用户的使用，发挥档案的资源优势。

（李劭昕、庞峥）

【**信息网络安全管理**】年内，北京地铁通信信号分公司通过对在接入交换机处对接入公司网络的终端设备实施IP、MAC、PORT的三元绑定实现杜绝非法用户的接入；通过对视频会议主机进行域控管理，防范了因为误操作造成视频会议主机无法正常工作的情况发生；通过用户IP、网段与档案管理系统中用户权限的绑定，实现了非授权用户对档案管理系统的非法访问。

（马宁、庞峥）

【**运营四分公司网络设备机房远程监控管理**】年内，北京地铁公司对运营四分公司所属范围的35个网络机房加装了监控摄像头，实现远程监控管理，实时掌握每个网络机房的状态，发现问题可及时采取应急预案，降低安全隐患，解决了机房分散不便于管理的问题。

（付雪华、庞峥）

东软集团股份有限公司

【**概述**】东软集团（以下简称“东软”）是中国最大的IT解决方案和服务供应商。年内，基于应用云平台支撑从端到云的统一构建快速而安全的应用，提供了一系列产品来应对B2B2C/

G2B2C模式下移动互联网、物联网、社交网络、情景感知、大数据、云计算的需求。

（陶词）

【开发智慧校园知识管理平台】年内，东软为众多大学提供数字化校园平台、数字媒体播放系统等全面解决方案和产品，东软自主开发的东软智慧校园知识管理平台，其目的是建设基于教学资源的知识管理平台，实现教育现代化与信息化，有效地提高教学质量和教学效率，扩大教育规模，解决教育公平化。东软智慧校园知识管理平台采用模块化设计，将数据、基本展现和效果实现分开，使软件稳定性强，并有良好的复用性和可扩展性。平台实现了跨平台设计，在Web、Android、iOS多个平台下均可运行。通过视频内容搜索技术及人脸识别技术，实现基于课堂教学视频和图片资源的快速、精确搜索。客户端应用程序启动快，时间不超过3秒。

（陶词）

【开发医疗自助服务终端】年内，东软为医疗卫生行业的信息化建设以及个人健康服务提供从硬件到软件、从技术到服务的全面解决方案。东软医疗自助服务终端采用模块化设计，将数据、基本展现和效果实现分开，并有良好的复用性和可扩展性，最终将实现符合先进标准的金属键盘和身份证读卡器。

（陶词）

【开发航空公司机上娱乐项目平台】年内，东软协助航空公司客户打造区别于传统机上娱乐供应商提供的服务的空中平台。建设匹配业务发展及规模化运营要求的自动化地面运行管理平台以及机上内容审核、发布等流程控制的地面内容管理平台，统称为地面平台。1月18日，“智能客舱”在CA1501航班上成功测试包括呼唤铃、机上里程升舱等10个大项18个小项服务；1月31日，EASA向航空公司颁发机载WIFI系统STC证书；3月19日，《航空公司机载卫星移动通信业务试验飞行方案》通过了工信部的安全评估；5月9日，完成WiFi2.0飞机改装。5月11日，航空公司组织交通部、工信部和民航局的领导和专家成功进行了机上互联网审核验证飞行。通过测试，地空通信讯号稳定，信息数据传输速度到达既定要求。全球卫星通信互联网航班体验飞行圆满成功。

（陶词）

北京二六三企业通信有限公司

【概述】北京二六三企业通信有限公司（以下简称“263”）是国内领先的企业邮箱服务提供商和统一通信服务，长期致力于为用户打造企业级办公通信服务平台。年内，艾瑞咨询等相关调研报告显示，“263”企业通信核心产品“263”企业邮箱继续保持市场占有率第一。8月，在深度调研市场需求以及行业发展前景下，“263”企业邮箱产品及服务全面战略升级为“263”云通信平台及服务。截至年底，“263”云通信平台服务于10万家企业，超过300万用户，已经成为企业信息化建设和通信服务的重要支撑平台。

（施建忠）

【获评企业邮箱服务商第1名】1月，“263”企业通信获评“2012年企业邮箱服务商十大顶级品牌”奖项第一名。“263”企业通信是一家专注于企业级通信产品的通信服务商，专注企业通信领域已超过10年，在企业级通信的产品运营管理与客户服务体系的成熟度方面相对较高。深化产品创新也是“263”为企业用户提供极致服务体验的关键保障之一。

（施建忠）

【建立授权服务中心】 6月，“263”企业通信在深圳建立授权服务中心，以加深本地化服务水平。授权服务中心不仅让“263”云通信的服务延伸到本地销售端，使得本地化服务更加契合客户需求，赢得客户的认可与信赖。

（施建忠）

【荣获第十七届中国国际软件博览会金奖】 6月，在由工业和信息化部、市政府等联合主办的第十七届中国国际软博会上，由“263”企业通信研发的“263”企业邮箱从国内外600余家软件企业申报的2000余件软件产品中脱颖而出，荣获第十七届中国国际软件博览会金奖。

（施建忠）

【产品战略升级为云通信服务】 8月，“263”企业邮箱产品及服务全面战略升级为“263”云通信平台及服务。将传统IT服务与电信增值服务有机结合，可以为用户提供企业邮箱、电话会议、企业网盘、即时通信、网络视频会议、全球呼叫、企业短信、网络传真等多种服务，使用户在任何时间、任何地点，通过任何终端都可获得高效、安全、智能、统一的融合通信服务。作为一款基于云计算架构的统一通信产品，“263”云通信平台在云计算以及移动互联网技术的支持下，打破了局限在办公区域的沟通方式，实现真正意义上的无障碍办公，助力企业用户实现轻松办公。

（施建忠）

【荣获最具影响力品牌奖项】 10月，由中国电子信息产业发展研究院举办的主题为“建立智能柔性的IT架构”2013中国网络主管论坛上，“263”企业通信荣获2013年中国网络主管调查最具影响力品牌奖项。

（施建忠）

【荣获最佳统一通信服务提供商奖项】 12月10日，在中国计算机报社等单位联合主办的“2013年中国信息产业经济年会”上。“263”企业通信荣获大会颁发的“2013年最佳统一通信服务提供商”奖项。

（施建忠）

北京护航科技有限公司

【概述】 北京护航科技有限公司是一家专注于IT运维服务的高科技服务企业，公司前身是联想集团“MIS部”和“IT系统运营服务事业部”，2005年由联想控股有限公司投资正式成立。公司设立了以北京为中心，上海、深圳、厦门为重点，覆盖全国650余个主要城市的服务网络，是国内为数不多的同时具备ISO 27001信息安全管理体系认证、ISO 20000 IT服务管理体系认证和ISO 9001质量管理体系认证的IT运维服务提供商，并自有研发团队。护航科技在IT运维服务领域持续保持优势，为电信、互联网、制造、金融、证券/保险、电广/传媒、交通/能源、教育、政府/军队等领域提供专业的IT运维服务。2008年，护航为北京奥组委，以及奥运赞助商美国国家广播公司、柯达、联想等组织和企业提供了全程的现场技术支持服务，保障了北京奥运会IT环境的正常运行，得到了奥组委的高度好评。2009年，受国家工信部软件服务业司邀请，参与制定ITSS（IT Service Standards，信息技术服务标准），护航是ITSS全权成员单位，多个标准的编写单位，并于2013年7月全国首批通过了ITSS符合性评估认证。2010年，护航为世博会提供了全程的技术支持，包括委内瑞拉等多个场馆，为世博会的圆满举办贡献了自己的力量。护航曾连续三年获得商务部颁发的“杰出IT外包贡献奖”，成为国内同行业企业的唯一代表，此外护航还获得“中国服务外包企业最佳实践50强”“中国服务外包最佳商业模式”“中国最佳外包服务商”“中国100强外包成长型企业”“北京信息网络产业创新企业30新”“海淀创新企业”“绿色IT外包服务贡献奖”“IT运维最佳外包服务提供商”等诸多奖项，引得业界瞩目。现为微软金牌合作伙伴及Oracle金牌合作伙伴。

（北京护航科技有限公司）

【“IT网络离线安全体验”获公安部认可】9月，北京护航科技有限公司携“IT网络离线安全体检”产品参加中国互联网安全大会。“IT网络离线安全体检”是基于网络及安全设备的配置文件对网络进行全自动化的综合验证、快速检测的专用工具，用于保障企业网络的完整性、安全性及合规性。“IT网络离线安全体检”采用与生产网络非接触的工作原理，依据信息安全等级保护管理办法、ISO 27001、PCI等10余套国际、国内及行业标准，快速出具受检网络和安全设备的检查报告及整改建议，并提供仿真修改和后续网络运维咨询服务，解决了传统的人工网络检测方式，缩短了大规模网络设备的安全检测时间。“IT网络离线安全体检”获得了公安部的认可并被列入警用装备，在全国大范围推广使用；护航科技与公安部信息安全等级保护评估中心联合研发的网络检测客户端也已进入配发阶段。根据企业的不同需求，护航科技推出“IT网络安全离线体检”私有云、公有云、客户现场交付以及与公安部信息安全等级保护评估中心合力打造的云数据中心等四种个性化服务交付方式。

（北京护航科技有限公司）

【助力中石化信息安全建设】12月，护航科技与中国石化集团公司，联合公安部信息安全等级保护中心就建设“云网络安全管理及自动化仿真检测平台”达成项目合作协议。该平台的部署是护航科技自主研发产品“IT网络安全离线体检”工具以云服务模式在中石化集团进行落地，帮助中石化集团从网络管理人员自查、网络管理监督以及网络安全审计三个方面实现准确、高效和有据可依的安全检测，同时保障安全、无风险的网络实施、监督及事后审查活动，平台的部署，为集团构筑安全、强健、稳定、可扩展的网络基础构架打下坚实的基础。

（北京护航科技有限公司）

【智能IT服务机器人研发成功】年内，中国IT运维大会（第四届）在京举行，护航自主研发的智能IT服务机器人凭借独特的创新思路，赢得现场观众广泛认可，智能IT服务机器人是护航科技在IT运维服务领域十余年来的经验总结，通过智能机器人实现企业内部的自助问答，受理终端用户提出的咨询、服务请求以及故障申报，用最有效的方式推广用户自助的IT服务并大幅降低企业的IT运维成本。“智能IT服务机器人”通过对自动化处理、智能化管理等现代IT运维管理模式的运用，最大限度地提升了终端用户获取IT服务的便捷性，并实现用户感受的标准化，是IT运维服务领域的一次突破性创新。

（北京护航科技有限公司）

【通过ITSS运维《通用要求》符合性评估】年内，护航科技通过了ITSS运行维护《通用要求》标准符合性评估专家评审组的评估，成为全国首批获取ITSS认证的企业。

（北京护航科技有限公司）

【改善残联活动中心信息化水平】年内，护航科技配合首都信息发展股份有限公司进行市残联分布在全市西城区、朝阳区、海淀区、延庆县、昌平区、房山区等六个区县的残疾人活动中心的信息化基础建设工作。截至年底，完成170余个残疾人活动中心信息化基础建设工作，完成约1000余台残疾人专用计算机的综合布线、计算机组装部署、特殊软件安装与调试、网络搭建与维护等工作；完成综合布线任务总长约5000米；累计投入近800个工作人日。为残疾人量身定制计算机日常使用软件，让残疾人员感受到了更贴心的IT服务。

（北京护航科技有限公司）

北京互信互通信息技术股份有限公司

【概述】北京互信互通信息技术股份有限公司（以下简称“互信互通”）是一家专业的视频应用管理平台及解决方案提供商，互信互通结合自身专业的视频监控应用技术，对各行业用户开发出符合其日常工作习惯的软件产品，针对性打造公安省级国标联网、公安大卡口联网、公安网上督察系统、省域交通运输综合图像管理系统、省域高速公路联网视频管理系统、手机看店、社会资源接入等专业解决方案，积极推动中国智慧城市、平安城市、智能交通、国土安全等应用领域建设，为公安、电力、交通、金融、铁路、能源、农业、校园、环保及电信运营商等行业用户提供大规模联网、大范围整合、大容量承载并结合行业深度应用的专业化音视频监控整体解决方案。

（王棂霞）

【获“企业信用等级AAZC-”证书】10月26日，互信互通荣获由联合信用管理有限公司北京分公司颁发的“企业信用等级AAZC-”证书。

（王棂霞）

【发布扁平化指挥和勤务管理系统】12月，互信互通正式发布扁平化指挥和勤务管理系统。系统按照国家关于推进“三化”建设、提高“六种能力”的重大决策部署，突出信息化手段的引领作用、现代化手段的支撑作用，努力建设人机交融、结构严谨、功能齐备、多种要素共同作用，集“情报研判、警务调度、打防指导、应急管理”于一体。

（王棂霞）

北京华博创科数码科技有限公司

【概述】年内，北京华博创科数码科技有限公司在原有政府型客户的基础上，开辟了另一条公司发展线路——高校信息化路线，与包括北京舞蹈学院、中央财经大学、中国环境管理干部学院等诸多高校建立合作。公司利用已有底层平台的优势，开发各高校所需的各类信息化系统、产品，协助学校推进了信息化发展，给广大师生都带去了便利。

（张倩芳）

【推进高校信息化应用】年内，北京华博创科数码科技有限公司参与北京舞蹈学院的学生管理系统项目的工作。建设了包括学籍管理、入校管理、基本信息管理、奖学金管理、勤工岗位管理、困难生管理、学生展示管理、心理咨询预约管理、就业动态管理等等。基于B/S结构的高校学生工作管理信息系统的研究、使用和维护也会对学生信息管理起到积极的作用。系统的投入使用方便于学生信息的更新、维护和查询,增加数据的可靠性提高了管理水平。

（张倩芳）

北京歌华有线电视网络股份有限公司

【概述】年内，歌华有线积极推进有线电视向数字化、双向化、高清化发展，新上线“最爱迪士尼”、“华数高清”付费节目包和公共教育、电视营业厅等栏目应用，全力打造集政府信息平台、文化共享平台、行业应用平台、便民服务平台、用户娱乐平台于一体的高清交互数字电视新媒体。同时，歌华有线充分发挥首都新媒体信息综合服务平台和文化产业发展投融资平台的作用，全力加强新媒体建设、三网融合业务拓展和资本运作，积极发展视频、数据、语音等多种业务，全新推出语音遥控器、高宽带试验产品、歌华宽带电视、飞视跨屏和家校新时空等新业务、新应用，为首都公共文化服务和信息化建设，为首都文化产业大发展大繁荣做出了积极贡献。

（北京歌华有线电视网络股份有限公司）

【获准建立融合业务平台实验室】8月，北京歌华有线电视网络股份有限公司获准建立国家新闻出版广电总局下一代广播电视网（NGB）融合业务平台实验室。公司积极开展NGB融合新业务创新研究，为总局制定相关技术政策、开展技术试验、推广创新业务和展示应用成果提供支持。

（北京歌华有线电视网络股份有限公司）

【“语音遥控器”问世】9月，北京歌华有线电视网络股份有限公司与科大讯飞信息科技股份有限公司合作推出的“语音遥控器”在海淀区中科院青年公寓高清交互数推现场进行了试点发放。“语音遥控器”利用语音识别、云计算、蓝牙等新技术实现了机顶盒功能的扩展，用户可以通过“语音指令”实现频道切换、节目查询、天气查询、航班查询和栏目跳转5个基本功能。用户总数超过30万户。

（北京歌华有线电视网络股份有限公司）

【互联网电视业务试验推出】12月，北京歌华有线电视网络股份有限公司与百视通公司合作试验推出“歌华宽带电视”业务，面向12M、22M宽带用户在内网进行试验推广。

（北京歌华有线电视网络股份有限公司）

【高清交互新媒体平台建设成果显著】年内，北京歌华有线电视网络股份有限公司高清交互数字电视平台在线视频点播节目已近4万小时（其中高清节目万余小时）；“时移回看”频道从34个增至69个；各项交互应用30余项；视频点播日点击量突破70万次，电视回看日点击量突破220万次;完成了“益民书屋”“智慧金顶街”“图书博物馆”等高清交互应用的开发上线工作。

（北京歌华有线电视网络股份有限公司）

【家庭宽带业务再创新高】年内，北京歌华有线电视网络股份有限公司推出高清交互机顶盒与家庭宽带捆绑策略，开展两次宽带升级活动，推出5个系列宽带产品及12种组合营销套餐，开展35M、55M和110M大带宽产品试验，实现了家庭宽带业务发展再创新高，用户达到23.8万户，较上年净增4万余户。

（北京歌华有线电视网络股份有限公司）

【集团数据业务稳步发展】年内，北京歌华有线电视网络股份有限公司签约多个专网专线项目，开通1000多条线路，累计开通2.5万线；发展IP电话业务800线，累计超过3400线；完成“三网融合云服务平台”中融合通信子系统建设并试用；按照客户对无线网络的不同需求，推出了基于有线电视的综合集成等新业务产品。

（北京歌华有线电视网络股份有限公司）

【歌华飞视业务快速发展】年内，北京歌华有线电视网络股份有限公司发展飞视个人用户14万户，累计达26万户；建设飞视热点1000余处，累计达1500处；推出飞视跨屏、微信业务和移动短信订购服务；与北京电信合作，在北京南站公共Wi-Fi下同时实现电信上网与飞视服务；开发“家校新时空”教育服务平台并展开推广工作。

（北京歌华有线电视网络股份有限公司）

【北京大样本收视数据研究中心运行情况】年内，北京歌华有线电视网络股份有限公司筹建的“北京大样本收视数据研究中心”已形成北京地区各频道收视率，北京电视台各频道栏目收视率，各卫视节目北京地区收视率，高清交互平台应用、节目及广告点击率等多种数据分析产品，定期为政府机构和各省级电视台提供。

（北京歌华有线电视网络股份有限公司）

国研信息科技有限公司

【概述】年内，国研信息科技有限公司在软件平台开发、数据库开发建设、信息化项目运维与信息系统工程监理等多方面研究领域取得了进展，完成了经济社会政策研究信息化支撑平台、北京市通州区城乡全覆盖网格化社会服务管理平台、智慧化社会服务管理平台、北京市价格监测会商系统、电子商务数据库、北京市朝阳区财政支出管理信息系统平台升级及监测朝阳区图像信息管理系统运维、北京顺义社会服务管理网格化信息系统运维、朝阳部分信息化项目启用集中式监理及运维监理、北京医疗保险信息系统工程监理等多个重点项目。

（国研信息科技有限公司）

【重点污染源自动监控能力建设一期项目】7月，由市环保局主办，国研信息科技有限公司北京国研监理作为第三方监理机构的重点污染源自动监控能力建设一期项目通过项目初步验收。项目的建设完成，可针对大型燃煤锅炉、重点工业废水排放单位、污水处理厂和危险废物处理厂等近250家重点排污企业实现排污在线数据采集和污染源在线数据监测；通过整合污染源相关的各类业务信息，利用数据交换平台和资源管理系统提供的数据共享、交换、采集、发布等手段，在统一的重点污染源门户进行信息的传递与发布，实现各类污染源数据的“一套数”“一个库”“一张图”，使环保部门能够自动检测主要污染物的排放情况。

（国研信息科技有限公司）

【网格化社会服务管理平台建设】9月，国研信息科技有限公司北京国研网络数据开始实施通州区城乡全覆盖网格化社会服务管理平台建设项目。以实现通州区全区一张网、发现处理两条线、三级管理、四级网络体系的正常运行。通过这种运行模式，实现了社会服务管理工作全社会参与、全方位城乡覆盖、全天候运行、全区域平安的目标。

（国研信息科技有限公司）

【电子商务数据库正式上线运营】9月，国研信息科技有限公司国研网正式推出电子商务数据库，满足用户对电子商务产业资讯信息和研究报告的需求。数据库通过动态跟踪电子商务产业有关的新闻动态、研究报告、统计数据、政策法规等信息，下设9个一级栏目，库存文献超过24000篇，日更新约50篇。

（国研信息科技有限公司）

【科技创安一期工程项目顺利验收】12月，国研信息科技有限公司北京国研监理作为项目监理单位，由海淀区经信委主办的海淀区科技创安工程项目（一期）完成验收。项目提升了区图像信息管理系统的应用水平，实现社会化服务管理创新，打造了区城市化服务管理一体化平台的目标。北京国研监理在项目实施过程中按照项目监理的规划，对涵盖海淀区28个街镇的施工建设，采用现场旁站及巡检的方式，协助海淀区政府完成了几百台摄像机、硬盘录像机、光端机、视频转发服务器和矩阵主机的到货验收、长期深入施工现场，连续进行监督检查，发现问题并协助集成商完成现场立杆和摄像头的安装。针对多街镇、多集成商、多供货商的情况，北京国研监理制定了标准的项目文档模板和有效的沟通机制，审核了上百套的街道竣工文档，组织召开20余次街道验收会，使项目顺利通过验收。

（国研信息科技有限公司）

【维护朝阳区图像信息管理系统】年内，国研信息科技有限公司北京国研网络数据承接朝阳区视频信息春节、“五一”、“十一”等节日及其重大活动的保障任务，负责朝阳区全区的1个区共享中心，含1个图像管理维护中心、45个街乡汇聚节点、50个派出所监控指挥中心、5个河道指挥中心、1个区应急指挥中心、10个专项应急指挥中心、1620个新建视频源的系统参数配置、运行监控管理和视频源设备维保。

（国研信息科技有限公司）

【维护顺义区社会服务管理网格化信息系统】年内，国研信息科技有限公司北京国研网络数据负责维护顺义区城管监察执法局网格化指挥中心平台，以保障本区内履行综合监管职能，对网格内各部门、单位管理责任、管理效果进行监督，并将各部门、单位的管理效果进行通报、上报区领导。网格化监控对象：一级网格：全区。二级网格：19个镇、6个街道、15个功能区。三级网格：92个社区、426个行政村。

（国研信息科技有限公司）

【维护北京市互联网舆情监管系统】年内，国研信息科技有限公司北京国研网络数据负责保障北京市网管办舆情系统正常运行，配合网管办监看北京市属地管理范围内网站和境外网站等内容，发现危害意识形态安全、政治稳定等信息，对违法违规信息及各级主管部门的管理要求，对各级指令和网上出现的有害信息的情况进行存档、统计。

（国研信息科技有限公司）

【启用集中式监理及运维监理服务】年内，国研信息科技有限公司北京国研监理完成朝阳部分信息化项目集中式监理项目，其中重点工作是朝阳区图像资源信息管理系统及其运维监理服务。使运维方有效地保证朝阳区的所有区、街乡两级用户单位，实现全区范围内5000个视频源、45个街乡汇聚节点以及各指挥中心图像的调用、查看和管理等运维工作顺利开展。此外集中式监理工作还包括新增区内监控点位建设、社会图像资源整合、GIS平台和特殊服务网站等多个信息化建设项目的监理。北京国研监理主动担当咨询式监理及渐进式运维改进的推动者，通过故障处理、前端视频源、存储系统等多项检查，监督重大活动和汛期图像的保障等日常运维监理，以及老旧供电电缆更换、迁移摄像头点位监控的重点监理工作，及时发现运维总调度人员培训、备品备件、街道机房环境和摄像头污渍等运维过程中的问题。还编写若干朝阳区图像管理系统运维项目管理制度建议稿，包括运维项目管理制度、运维服务流程和运维工作规范三部分，并逐步完善相关的流程和制度。

（国研信息科技有限公司）

【打造智慧安居示范工程】年内，国研信息科技有限公司北京国研监理被聘请作为第三方项目管理及监理单位，成功实施了将天安门地区整体防控体系研究建设等系列智慧城市成果落地的永定路街道智慧安居示范工程一期建设项目。项目通过智慧公共安全、智慧医疗以及智慧社区的建设内容，搭建一个社区安保全区域监控、居民健康全程监护、生活信息多渠道及时发布的智慧安居示范区。

（国研信息科技有限公司）

【北京医疗保险信息系统工程监理】年内，国研信息科技有限公司北京国研信息工程监理咨询有限公司为北京医疗保险信息系统（以下简称医保信息系统）提供全程式监理服务。整个项目以北京市经济和信息化委员会为建设单位，以市人力社保局为主要用户单位，以总体统筹负责制的模式由首都信息发展股份有限公司负责整个工程从系统设计、系统建设到系统运营维护的全过程。医保信息系统已经存储了13万余家用人单位，涵盖各类参保人群计1000多万人的各类数据，建成了覆盖全市26个医保经（代）办机构和近1800余家定点医疗机构的网络平台。

（国研信息科技有限公司）

乐视网信息技术（北京）股份有限公司

【概述】乐视网成立于2004年11月，2010年8月12日在中国创业板上市。乐视网是唯一一家在境内上市的视频网站，也是全球第一家IPO上市的视频网站。乐视网的市值已经由上市之初的30亿元增长为400多亿元，是创业板市值最高的公司。乐视致力于打造垂直整合的“平台+内容+终端+应用”的生态模式，涵盖了互联网视频、影视制作与发行、智能终端、大屏应用市场、电子商务、生态 农业等，日均用户超过5000万户，月均超过3.5亿元。乐视网创造了多项全球或中国第一：中国用户规模第一的专业长视频网站，全球第一家推出自有品牌电视的互联网公司，中国第一家拥有大型影视公司的互联网公司，中国第一家提出内容自制战略的公司。

（林通）

【垂直整合生态模式显成果】年内，乐视网在行业内首创“平台+内容+终端+应用”的生态模式，包含4层架构九大引擎。九大引擎包含平台层的云视频平台和电商平台；内容层的内容制作和内容运营；终端层的硬件及LetvUI系统；应用层包括Letv Store、视频搜索、浏览器，让电视成为互联网生活的大屏延展。在平台端，乐视构建起云视频开放平台和电商平台，其中，云视频平台具备业界最大的带宽储备规模，总量超过2Tb/s，平台总存贮数量100PB，超过 200个节点遍布全球各个角落。乐视电商平台正式运营不足一年，日均访问用户已经突破250万人，已经跃居垂直电商前五名，为乐视生态提供了巨大的空间。在内容端，乐视生态拥有乐视网、乐视影业、花儿影视等内容公司，其中乐视网具备国内最全正版影视版权库，涵盖100000多集电视剧和5000多部电影；并正在加速向自制、体育、综艺、音乐、动漫等领域发力，实现内容的精品化和差异化。在内容运营方面，乐视网月度覆盖用户超过3.5亿人、日均浏览量超过2.5亿次，其中移动端日均播放量超过1亿次，大屏日均播放次数超过1000万次。乐视智能终端环节由超级电视、乐视盒子、LetvUI等共同构成。乐视智能终端由CP2C模式打造。在乐视生态应用端，Letv Store是专为智能电视打造的中国第一智能电视应用市场，是国内首个面向开发者开放的智能电视应用开放平台，拥有3000多款电视应用。

（林通）

【云视频开放平台储备规模领先】年内，乐视云视频开放平台具有业界最大的带宽储备规模，总量超过3.5Tb，平台总存贮数量1000PB。260多个CDN节点遍布全球，是全球最大的云视频平台之一。

（林通）

【乐视超级电视上市】年内，乐视基于完整生态推出超级电视。乐视TV开售的 Max70、X60、S40、S50四款产品，每一款上市首月即成为销量冠军。超级电视采用顶级的硬件配置和领先的产品设计，并标配世界领先的电视操作系统Letv UI、最全影视库、第一电视应用市场。

（林通）

北京农商银行

【概述】年内，北京农商银行围绕打造“流程银行、特色银行、精品银行”经营发展目标，紧随市场发展，创新加快信息化建设步伐，致力于保信息系统稳定运行，应用系统建设，开发、测试、运维管理体系完善，风险管理深化等，增强信息科技可持续发展能力。全年生产应用系统112个，较年初增加13个，同比增长13%；账务业务量达3.44亿笔，同比增长9.21%，日均业务量94.29万笔，交易总金额约21.36万亿元，同比增长18.86%。

（郑英春）

【现金管理系统建设】5月18日，北京农商银行投产现金管理系统，系统包括客户关系管理、资金流动性管理、收付款管理、虚拟资金池管理、定活理财、专项委贷、批量代收付、报表管理、收费管理、证书管理等功能。已正式接入北京燃气集团、玉渊潭工农商总公司、农信银等集团客户，并完成住总集团、首发集团等5家公司的个性化开发。

（郑英春）

【卡风险侦测系统建设】6月29日，北京农商银行投产卡风险侦测系统，实现对银行卡交易风险的实时（毫秒、秒级响应）、准实时（时延1小时以内）、非实时（T+1日）监测分析和预警，对持卡人的交易行为、商户和ATM收单行为进行分析、比对、报告和处理，保证客户资金安全，防范银行卡欺诈事件发生。

（郑英春）

【IC卡正式发卡】6月，北京农商银行推广应用IC卡系统，年内共发卡近1万张。系统应用智能卡技术，具有借记账户、电子现金账户，可支持闪付支付的商户进行小额快速消费，并在顺义区、怀柔区的居民健康卡、民政社保卡等行业应用，为持卡人提供一卡多用、安全便利的服务。

（郑英春）

【对公信贷管理系统二期建设】7月6日，北京农商银行完成对公信贷管理系统二期全部功能投产，包括客户管理、客户评级、授信额度管理、授信申请审批等18个功能模块，实现从贷前申请、贷中审批到贷后检查的覆盖信贷业务全流程的系统硬控制；对信贷影像功能的优化，使影像内容更加全面，实现无纸化审批。

（郑英春）

【移动支付终端系统通过鉴定】8月29日，北京农商银行金凤凰掌上交易宝—移动支付终端系统通过中国人民科技司组织的科技成果技术鉴定。鉴定认为该系统设计合理、功能丰富，2012年1月应用以来，运行稳定、效果显著，处于国内同类系统先进水平。

（郑英春）

【凤凰福农信用卡系统建设】9月14日，凤凰福农信用卡系统投产。系统是依托信用卡、面向涉农客户的融资产品，具有按日贷款、大额分期、溢缴款计息等特色。主要实现福农信用卡柜面渠道受理功能，包括用信申请、用信交易明细查询、用信申请记录查询等，可增加信用卡业务盈利点，推进农村金融产品和服务方式的创新。

（郑英春）

【村镇银行代销理财产品系统建设】10月19日，北京农商银行投产山东省青岛市即墨村镇银行代销理财产品系统，支持该村镇银行代销我行理财产品，满足当地客户理财需要，提升青岛即墨村镇银行在当地的竞争力。

（郑英春）

【《数据治理机制研究与实践探索》成果】12月23日，北京农商银行《数据治理机制研究与中小银行实践探索》，荣获中国银行业监督管理委员会颁发的2013年度银行业信息科技风险管理课题研究成果奖。经过深入学习、实践探索与研究，北京农商银行确立了数据治理机制的基本原理与理论基础，进行了数据治理机制建设的实践探索，初步摸索出一套适合中小规模商业银行的数据治理机制建设方法论。

（郑英春）

【信息科技制度、建设体系化】年内，北京农商银行开展信息科技制度集中建设，构建三级、三类科技制度架构体系，制定发布覆盖项目管理、运行管理、安全等科技全领域共33项办法、细则及工作手册；开展技术标准体系建设，发布标准4项，在建标准18项。

（郑英春）

【运维自动化项目建设】年内，北京农商银行致力于运维自动化项目建设，启用生产用户管理系统，对200余台服务器、网络及安全设备的用户操作进行集中管理，强化运维操作事前管理、事中控制和事后审计；启动应用监控项目一期建设，应用于柜面、个人网银、企业网银3个关键应用系统；完善IT运维管理系统，方便支行通过该系统报告故障，提出网络变更、司法查询等需求，随时直观查看处理进度；部署数据中心时间服务器，确保各环境系统时间准确一致，便于分析解决与系统时间关联的问题。

（郑英春）

【推出互联网金融产品】年内，北京农商银行陆续推出互联网产品，其中电子账户平台向用户提供全新的电子开户方式及多种充值渠道，客户群不再受限于行内用户，可广泛用于互联网支付结算；农商快捷支付系统提供多种注册入口引导用户使用，简化网上在线支付流程；在手机银行上增加微信服务渠道和二维码功能，着重为客户提供产品营销、业务咨询等服务；速递易产品将快递智能派件与银行自助服务相结合，成为社区银行便民店吸引客户的有力手段。

（郑英春）

【**数据仓库数据平台及应用系统建设**】年内，北京农商银行投产了数据仓库一期全行数据平台及管理报表、历史数据查询、数据补录等3个应用子系统。数据平台实现全行核心、信贷、中间业务、网上银行等37个业务系统、1490张数据表的入库，主要业务系统历史数据存储周期达到3年以上，支持账户信息、交易明细、交易对手信息的历史数据查询；从数据平台获取批量数据的应用系统包括个人客户关系管理系统等11个，投产数据接口文件110余个。

（郑英春）

【**监控报警联网项目（二期）实施**】年内，北京农商银行实施监控报警联网项目（二期），共完成276个网点的联网实施，汇总项目一期实施网点，共计完成336个网点、13个金库的监控报警联网，网点完成率为63.3%，金库联网率为86.7%。全行统一远程监控报警管理平台正式建立，安保防控管理水平提升。

（郑英春）

北京排水集团

【**概述**】年内，北京排水集团推进信息化建设进程，在“十二五”信息发展规划的指引下，陆续完成防汛信息服务系统、泵站视频监控系统升级、车辆GPS 定位系统与车载视频系统整合等一系列业务管理系统建设。

（王雪梅）

【**汛前升级泵站视频监控系统**】4月，北京排水集团泵站视频监控系统完成升级并上线运行，升级后系统监控覆盖了水厂、泵站、桥区、易积水点等视频覆盖范围，增加了单兵、车载等移动视频，实现了在开展水厂污泥管廊等危险区域作业、管网的有限空间作业、外出应急抢险作业等重点安全监管的作业过程中可以进行全程可视化监管和远程指挥；在防汛抢险过程中，可以将道路桥区积水情况、防汛抢险现场作业情况等实时传回调度指挥中心，为防汛指挥决策提供实时视频资料。

（王雪梅）

【**智能化建设工程获资金支持**】5月，北京市经济和信息化委员会发布《关于公开征集2013年北京市支持信息化发展项目的公告》，北京排水集团调度指挥中心智能化建设工程符合提高城市运行管理水平、服务民生、服务社区、服务农业农村、服务社会信用体系建设和促进经济发展的信息化应用项目申报要求，获得北京市经济和信息化委员会300万元财政补贴资金支持。北京排水集团“调度指挥中心智能化建设工程”集防汛车辆定位与调度、汛情雨情和工况监控与预警、重点部位和现场视频监控、智能化调度与数据分析于一体，在防汛保障和应急处置时为指挥决策者和调度人员提供实时、动态的一线情况，及时、有效的预测预警，详细、准确的抢险资源布控信息，科学的数据分析，支持领导指挥决策，提升抢险队伍联合调度能力。

（王雪梅）

【**防汛信息服务系统上线**】6月，北京排水集团防汛信息服务系统上线运行，项目获得国资委100万元资金支持。防汛信息服务系统采集并整合集团厂、网、站的实时运行情况，城区气象和雨水情数据，防汛队伍布控情况，桥区和易积滞水点视频等各方数据资源，实现对城区

93座雨污水泵站和8座水厂的运行状况、112组防汛抢险单元位置和现场图像，城区气象、雨情实时数据的“动态感知、资源整合、智能分析、辅助决策”，为集团联合指挥调度、防汛指挥、应急处置提供了有力的技术支撑和基础保障，提高了城市精细化管理水平和“北排服务”能力，确保城市安全稳定运营。

（王雪梅）

北京荣之联科技股份有限公司

【概述】北京荣之联科技股份有限公司（以下简称“荣之联”）成立于2001年，是国内领先的数据中心解决方案和服务提供商。荣之联已在深圳证券交易所上市。近年来，荣之联加大对新技术、新产品的研发力度，在新一代数据中心建设、云计算、大数据、移动互联等领域形成了技术优势，还长期优化技术创新机制，确保公司屡屡推出具有行业前瞻性和市场竞争力的解决方案及服务产品。并将业务拓展到物联网、电子商务、智慧城市等领域，加强了客户覆盖能力，在能源、电信、金融、制造、政府和生物医药行业都保持着增长势头。

（付伟）

【获评百家最具影响力信用企业】9月，人民银行营业管理部、北京市经济和信息化委员会、市金融工作局和中关村管委会等部门联合主办了2013年信用中关村系列活动，荣之联凭借良好的信用等级、优良的企业信用价值、优质的客户服务以及在中关村信用体系建设中发挥良好的带头作用，被评为百家最具影响力信用企业。

（付伟）

【获云计算标准工作组优秀单位奖】12月，第三届中国云计算标准化研讨会及全国信标委云计算标准化工作组第二次全会在北京举行，荣之联是云计算标准工作组的成员单位，从2012年加入云计算标准工作组以来，积极参加工作组的标准制定科研工作，荣之联被授予云计算标准工作组优秀单位奖。

（付伟）

【入选“十百千工程”重点培育企业】年内，荣之联入选中关村“十百千工程”重点培育企业。荣之联在新一代数据中心建设、云计算、大数据等领域形成了技术优势，企业自主研发共计获得了33项计算机软件著作权和22项软件产品。研发的实力得到了相关政府部门和行业专家的一致认可，获得了计算机信息系统集成一级资质认证和CMMI3级认证。

（付伟）

【多个产品获新技术新产品认定】年内，荣之联的“高性能计算资源管理和作业调度系统”“荣之联基础设施云管理平台”“动漫云渲染管理平台”3项产品成功获得中关村新技术新产品认定。荣之联持续加大科研投入和自主创新力度，已经在云计算和大数据领域开发了多项产品，并取得相关自主知识产权。“荣之联基础设施云管理平台”已经在生物医疗、车联网等行业取得了成功应用。

（付伟）

软通动力信息技术（集团）有限公司

【概述】年内，软通动力信息技术（集团）有限公司（以下简称“软通动力”）的发展模式从传统外包向技术创新型公司转变，通过在非线性增长型业务的突破，形成全新的战略格局，在未来的竞争中持续保持领先。

（软通动力信息技术（集团）有限公司）

【大数据和移动互联能力提升】年内，软通动力在移动互联及大数据能力建设上取得了成果，以移动互联网为突破点连接物联网纽带，打造端到端IT服务新模式，所实施的APP覆盖衣食住行等16个行业，其中包含豆瓣电影、去哪儿网、搜狐视频、“12306”等用户数量巨大的知名APP。大数据挖掘分析的能力建设也在软通动力多部门中开展。其中，面向保险行业的大数据卓越中心（CoE）通过对保险相关大数据与分析系统方案的整合、完善、扩展（包括对于保险公司进行整体经营情况分析、客户分析（ECIF、ACRM）、公司风控分析、财务分析以及一些业务专项分析（如车险业务品质管理分析、客户分类与流失分析）），为客户提供更多有价值的数据方案，提升和稳固软通动力在保险行业内的核心竞争力。

（软通动力信息技术（集团）有限公司）

【与华为建立战略合作关系】1月24日，软通动力控股有限公司与华为技术有限公司合资组建的软通动力技术服务有限公司在东湖高新区正式挂牌成立。软通动力与华为合资中整合双方优势，实现战略互补，共同提升企业级市场的核心竞争力，共同开拓全球市场。通过有效整合双方在各行业领域的业务、技术、人才和市场等资源，实现战略互补、互利共赢，并加强在全球范围内协同创新，共同打造契合并引领市场发展的企业级行业解决方案，提升公司的核心竞争力。

（软通动力信息技术（集团）有限公司）

北京赛四达科技股份有限公司

【概述】北京赛四达科技股份有限公司成立于1998年3月，是海淀区中关村科技园区的一家高新技术企业。公司注册资金4700万，2010年完成股改，是一家专业从事虚拟现实技术和模拟仿真的企业，为用户提供虚拟现实应用系统及相关产品的研发、生产和销售，涉及虚拟制造与可视化、虚拟训练及模拟仿真、虚拟科研及科普仿真等业务。主要服务于军事部队、国防科研、教育院校、政府机构和制造企业等。

（王玉华）

【完成三维视景仿真系统开发】6月，北京赛四达科技股份有限公司与海军航空工程学院合作完成《三维视景仿真系统》项目的开发。三维建模系统包括多窗口、多视角的人机界面，能够使用户身临其境的用不同的视角站在不同的位置观察场景中的物体；赛四达地景数据库创建平台支持数据库重用，采用自动重用技术，通过公共数据源和公共处理方式，输出高质量的崭新的数据库。生成的3D地型数据库可输出多种格式，支持更多扩展性输出和整合处理功能，其接口与界面都是开放的。

（王玉华）

【研发直升机模拟器视景系统】年内，北京赛四达科技股份有限公司为孔军某型号直升机提供数十个通道的模拟器视景系统设备。某型直升机模拟器是“十一五”时期重点科技项目，可以为直升机飞行员提供更加生动，更为逼真的训练环境，使飞行员在模拟器里训练也能达到实际飞行的训练效果。此项目周期为2—3年，公司为此直升机模拟器提供全球最先进的模拟器专业图形发生器，为用户量身定制特定区域的高精度地景数据库，具有特殊仿真效果。

（王玉华）

【赛维交互式虚拟训练系统开发】年内，北京赛四达科技股份有限公司独立开发赛维交互式虚拟训练系统平台。平台以计算机技术、建模与仿真技术、虚拟现实技术和数据库管理等多种技术为手段，集虚拟教学、虚拟训练、虚拟考核、训练数据开发和训练管理等多种能力为一体的软件平台，兼容多款虚拟引擎，是一款适用于各类军民用装备设备、支持各个层次装备使用、维护训练要求的无纸化、数字化、虚拟化的交互式训练内容开发、管理和发布平台。

（王玉华）

【赛维数字样机维修性分析系统开发】年内，北京赛四达科技股份有限公司针对国独立开发赛维数字样机维修性分析平台。平台致力于产品维修性设计分析与评价、产品维修性演示验证和产品维修规程验证与核查。在虚拟维修性设计与分析中赛威数字样机维修性分析平台可以充分利用电子样机，采用仿真手段对产品进行人素分析（包括维修作业用力分析、可达性分析、维修操作空间分析、可视性分析以及维修性安全分析等），及时发现并反馈设计缺陷；另一方面赛威数字样机维修性分析平台可以采用建模与仿真或其他分析、综合的方法，评定产品的维修性水平是否符合规定的要求。

（王玉华）

【获得4次软件著作权】年内，北京赛四达科技股份有限公司新取得4项软件著作权，分别是赛维交互式虚拟训练系统、赛维数字样机维修性分析系统、嵌入式并行计算负载均衡系统、嵌入式并行计算通信系统，其中1项发明专利正在申请当中。

（王玉华）

盛世光影（北京）科技有限公司

【概述】盛世光影（北京）科技有限公司（以下简称“盛世光影”）于2007年9月3日注册成立，注册资金1008万元。致力于城市地标建筑、政府公共活动、博物馆、主题公园、科技馆、规划馆、企业行业展馆、地标商场、商业展示、商业活动等领域的以声光电多媒体互动体验为基础的整体解决方案与工程实施。公司拥有ISO 9001质量管理认证、PMI国际项目管理认证等多项管理资质与行业认证。为中国移动、华为、北大方正集团等知名企业，以及美国、法国、阿联酋、越南等国家成功实施了智能多维体验工程。与大学（清华大学、三峡大学、华中科技大学、中央民族大学、中国逻辑与语言大学等高等院校）及科研机构（国家新媒体实验室、中国科学院自动化研究所等）合作，建立产学研究的创新体制，培养专业人才。参加全国各地科技产业博览会数十届，积极交流分享先进技术与科研产品，荣获各种荣誉奖励证书，在2010年上海世博会中国馆内北京馆的设计中成功实现对机械臂、LED屏、声光电设备的集成控制。公司在美国拉斯维加斯、迪拜等国进行科技展示，并先后在英国、澳大利亚、日本进行学术访问与科技交流，与当地知名设计机构建立合作关系。

（盛世光影（北京）科技有限公司）

【完成永定楼工程建设】年内，盛世光影完成门头沟区永定楼工程建设。永定楼的建设不仅是将永定河文化推上更高层次的重要举措，也是一项改变全区环境面貌的民生工程。永定河公园以永定楼为主题景观，永定河观景台、永定河文化墙、永定河母亲雕塑为辅助景观，体现了门头沟区和永定河悠久的历史文化和崭新的城市面貌，成为一道独具魅力的风景线。永定楼的内部结构凸显在其“回”字形的特殊设计，同时增加了其在空间设计上难度与挑战。总体设计采用厚重的砖墙、古道、过街楼等元素精彩呈现。

（盛世光影（北京）科技有限公司）

【完成首都机场T3航站楼故宫印象项目】年内，盛世光影完成首都机场3号航站楼故宫印象项目建设。本项目由故宫博物院和盛世光影联合设计研发，包括视频播放区和互动区。视频播放区播放的10多部经典视频片中有介绍故宫总体概况的《故宫是座博物馆》，再现紫禁城营建过程的《朱棣肇建紫禁城》等。中外旅客在走下飞机后，就能浏览到故宫博物院的珍品，领略博大精深的中华民族智慧和文化精神。在互动区，观众可通过“陶瓷魔境”节目把玩故宫镇馆之宝“鸡缸杯”，通过全息投影“玉器幻象”节目欣赏红山文化代表作“大玉龙”，也可以浏览故宫博物院网站和电子画廊。所有节目内容均以中英文进行双语演示，广大中外旅客在“中国第一国门”可以感受到中华文化的无穷魅力。

（盛世光影（北京）科技有限公司）

石化盈科信息技术有限责任公司

【概述】年内，石化盈科信息技术有限责任公司（以下简称“石化盈科”）构建起完整的IT服务价值链，服务内容涉及咨询规划、信息工程监理、IT基础设施系统集成、解决方案设计与实施、应用软件开发设计和IT系统运维等领域。公司注册资本由1亿元增至3亿元，营业收入突破20亿元，连续8年跻身国家工信部公布的“中国软件业务收入百强企业”，年度排名第41位。

（石化盈科信息技术有限责任公司）

【中石化生产执行系统获“863”立项资助】7月，由石化盈科承担的中国石化企业生产执行系统（MES）再获国家“863”立项资助。本项目面向石化和冶金行业，基于制造过程数据实时采集，突破生产计划优化排程、生产设备远程监控、生产能耗和排放实时监控、生产质量和物流实时溯控、生产全流程信息智能分析和优化等制造执行关键技术，形成一系列具有自主知识产权的石化和冶金行业 MES 产品。对提高我国石化行业核心竞争力，实现可持续发展，促进两化的深度融合，形成MES自主核心技术体系，及培育产业化空间具有深远意义。

（石化盈科信息技术有限责任公司）

【获“中国软件杯”企业突出贡献奖】8月24—27日，由工业和信息化部、教育部、江苏省人民政府联合主办的第二届“中国软件杯”大学生软件设计大赛决赛在南京召开，石化盈科荣获组委会颁发的“企业突出贡献奖”。全国116支队伍进入到决赛阶段，石化盈科所出赛题“基于安卓的文件浏览与PDF格式转换软件”被近30支的决赛队伍选择，在最终的获奖队伍中，1个一等奖和2个二等奖均出自本赛题。

（石化盈科信息技术有限责任公司）

【中石化会计集中核算系统获创新成果奖】8月，石化盈科承建的“中国石化集团公司会计集中核算项目”在中国石化集团公司第22届管理现代化创新成果评比中荣获一等奖。通过前瞻性国际化的系统设计，满足了超大型集团企业成员企业众多、业务复杂多样，以及国际化战略的需要。构建形成了中石化集团公司规范统一的核算标准体系和刚性的标准执行机制，提升了会计核算水平并有效管控财务风险。

（石化盈科信息技术有限责任公司）

【获软件产品和信息服务创新奖】9月5日，石化盈科参加第九届中国（南京）国际软件产品和信息服务博览会，荣获 软件产品和信息服务创新奖。工信部副部长杨学山、江苏省副省长史和平及南京市政府相关领导参观了公司展台，了解公司相关产品和解决方案。

（石化盈科信息技术有限责任公司）

【助力SAP中国商业同略会】11月20—21日，SAP全球最高级别的客户大会—SAP中国商业同略会在国家会议中心举行。石化盈科参展，向公众展示了石化盈科在 ERP系统、业务公开系统、数据仓库和“云资金”管理平台软件等解决方案方面所取得的成果。石化盈科与SAP签署了战略联盟备忘录，双方将在云计算服务领域方面展开深度合作，包括共同打造云平台、建立实训基地及开拓市场等合作方向。

（石化盈科信息技术有限责任公司）

【独资子公司更名】12月6日，石化盈科独资子公司北京大容卓越电子商务有限公司更名为北京长城电子商务有限公司。子公司致力于电子商务平台运营服务，将为中石化集团及大型集团企业提供电子化采购管理的经验和电子商务平台面向社会推广。

（石化盈科信息技术有限责任公司）

【中石化资金集中管理信息网络系统获奖】12月，石化盈科承建的“中国石化资金集中管理信息网络项目”在中国石化集团公司2013年度科学进步成果评比中荣获一等奖。系统充分借鉴国内外资金管理先进理念，开发并建成国际大型集团化企业大规模资金集中管理系统，为中国石化集团总部及所属全资和控股分（子）公司提供了统一的资金业务处理平台，创造性地实现了银行总分账户体系下跨法人、多币种的全球化资金集中管控。

（石化盈科信息技术有限责任公司）

【入选18家ITSS体系认证企业之一】年内，石化盈科成为首批18家信息技术服务标准（ITSS）体系认证企业之一；获得由发展改革委、工业和信息化部、财政部、商务部、税务总局联合颁发的2013——2014“国家规划布局内重点软件企业”证书；继续保持中国软件企业信息最高等级3A评级。年内，国家“建筑智能化工程设计与施工一体化一级资质”和“安防一级资质”均已通过公示，即将取得证书。

（石化盈科信息技术有限责任公司）

【工业软件研发成果显著】年内，石化盈科继续以工业软件为产品研发主要方向，重点研发流程行业具有竞争优势的软硬件产品。7月，中国石化生产执行系统（MES）再获“863”立项资助；8月，研发企业级工程项目管理平台产品在镇海试点；9月，国产化炼化企业能源优化套件在中国石化集团内5家企业试点；10月，研发第三方物流管理平台并探索运营服务方式；公司持续加大在物联网、移动应用、3D打印等新技术领域的研发投入。

（石化盈科信息技术有限责任公司）

【新获软件著作权9项】年内，公司新获软件著作权9项、软件产品登记证5项。公司累计拥有软件著作权59项、软件产品登记证书23项。

（石化盈科信息技术有限责任公司）

【BOT新业务模式投入运营】年内，石化盈科试点开展建设—运营—移交（BOT）模式下的

IT基础设施及应用服务，发挥公司在交付整体解决方案方面的技术优势和资金优势，增强市场拓展能力和长期盈利能力。以长城能化、香港自保公司和电子商务的需求为契机，确立了BOT模式下的产品定价、成本核算、服务水平协议等内容。作为业务配套工程，公司自主投资建设的BOT大型机房已经投入使用。

（石化盈科信息技术有限责任公司）

【推广主数据管理（MDM）系统】年内，石化盈科自主研发的主数据管理（MDM）系统已在中国石化集团、中国船舶集团、中广核集团、中国节能集团、陕煤集团等20家大型集团企业中推广使用。系统能够帮助企业规划数据标准体系，结合企业业务流程对主数据创建、审核、配码、分发、修改、冻结等全生命周期进行管理。实时监测业务系统对主数据的需求，向业务系统分发所需要的主数据信息，形成一个数据标准化服务的面向服务架构（SOA）平台，是企业信息标准化建设的基础平台。该系统与国际同类软件产品相比，具有实施周期短、费用低、操作人性化、可扩展性强等优势。

（石化盈科信息技术有限责任公司）

北京首都创业集团有限公司

【概述】年内，首创集团积极推动信息化工作，作为核心管控系统的财务管理和人力资源管理系统一期工程建设已展开，为下一步的集成应用打下了坚实的基础；各个所属公司已建成支撑业务与管理的立体式信息化体系，在业务运营中发挥关键作用。信息化已经成为集团的核心竞争力和业务发展的驱动力。

（陈子龙）

【信息化“三五”发展规划】年内，集团信息化建设始终围绕满足集团战略发展大局，为领导经营决策服务，为企业发展变革服务，为管理创新服务。在“三五”规划中，集团将通过建设创新协同系统、集团管控系统、业务运营系统等应用平台，打造集团的大数据和云服务中心、信息服务中心、协同系统运营中心、集团管控流程中心，为最终实现创新型互联网金融打下基础。

（陈子龙）

首都信息发展股份有限公司

【概述】年内，首都信息发展股份有限公司（以下简称“首信公司”）作为“智慧城市”运营商和“智慧城市”方案提供商，继续承担着“智慧北京”的重要信息化基础设施和重大信息化应用工程的建设运维工作，为首都的政务公开和信息惠民提供全面IT服务。在社会保障信息化领域，在市卫生局、市人力社保局的领导下，方便非北京医保患者看病就医的“京医通”项目稳步推广，工伤及生育保险持卡实时结算项目正式启动。

（费明洁）

【“京医通”项目试点扩面推广】年内，首信公司作完成“京医通”服务项目的建设和后期运营服务工作。“京医通”服务项目是由市卫生局、市医院管理局联合北京银行共同发起的一项惠民便民工程，面向非北京医保患者提供服务。该项目借鉴北京市其他政府项目的运营模式，由市卫生局、市医院管理局代表政府作为项目主管单位，采取“服务外包”、政府购买服务方式实现，由北京银行作为项目建设投资单位。开通“京医通”的试点医院已达到14家，累计发卡68.54万张。

（费明洁）

【工伤、生育保险持卡实时结算项目启动】年内，首信公司根据《2013年度医疗保险信息系统工作任务》及医保系统上线计划，充分利用已建立的北京市医保信息系统，完成了项目相关工作：全年发布4个版本，涉及14个需求项，涉及医院端医保业务组件、医保核心组件、经办审核结算系统及系统接口等相关系统的改造，针对改造完成相关培训，完成工伤人员制卡发卡工作，为工伤、生育保险持卡实时结算项目的正式启动做好准备。

（费明洁）

北京天源科创风电技术有限责任公司

【概述】“大力发展清洁能源和可再生能源，促进能源结构优化”和“节能增效，推动建立节约型生产方式和消费模式”是国家“十二五”规划提出的重要建设内容。北京天源科创风电技术有限责任公司（简称“天源科创”）依托深厚的风机制造背景和多年的风电场技术服务实践，在风力发电领域形成风电项目“一站式”服务业务体系架构，在风电场运行监控、风机状态评估、风电项目后评估、运行维护、风电场管理等方面研发出智能数字化系统。并在公司已有的技术和研发团队的基础上，不断拓展业务，开发出用于节能增效的能效管理系统。

（周调调）

【能效管理平台节能效果良好】年内，天源科创针对当前节能减排面临的严峻形势，利用计算机软件技术、计算机网络技术、自动监测技术、通信技术和相关的专业技术，开发节能减排计量、统计、监测、监察、优化、信息化于一体化的能效管理平台。平台涉及传感器、无线传感网、工业网等物联网技术、数据库技术、数据挖掘技术、先进控制技术、动态规划技术，能针对企业的煤、油、水、电、气（汽）等能源的能耗计量数据实施在线集中采集，实现动态监测、分析诊断、综合统计、能源预测、能源调度、优化排产等功能，从而合理计划和利用能源，降低企业的能源消耗，提高经济效益。共有5家企业试用该平台，在不同厂家不同设备运行状况下，该平台的使用能提高的节能空间在5%—20%左右。

（周调调）

北京铁路局

【概述】北京铁路局信息化处（信息技术所）是北京铁路局信息化工作归口管理部门，是全局运输组织、客货营销、经营管理和安全保障的信息处理中心。负责信息资源维护管理并提供技术指导和支持，承载客票预发售、调度综合管理信息、货运制票、计算机列车确报、车站运输管理信息及办公系统等40余项计算机应用项目运行。全处设综合科、技术科、安全科、设备技术科、网络技术科、运行调度科、维修技术科及软件研发一、二、三部和系统维护科，下设北京、天津、石家庄电子所3个局控附属机构。定员273人，现员229人，具有高、中级技术职务人员分别为65人、85人。

年内，全局信息技术系统围绕“深化、具体、有效”工作思路，为确保运输安全、实现客货营销等生产经营目标提供技术保障。

（梁秀勋）

【完善货运电子商务系统】8月，北京铁路局货运电子商务系统完成班列系统的迁移。9月，实现货运电子商务短信服务，增加零散白货敞开受理、随到随办、计算机排队装车等功能。铁路货运电子商务系统是铁路局向客户提供在线办理货运业务的新渠道，信息公开透明、直接面向社会市场。货运电子商务系统采用ORACLE数据库、WEBLOGIC中间件、AIX应用服务器等配置，使用电信、铁通两条快速网络通道，通过“12306”网站链接，实现了客户通过互联网提报受理货物运输需求、旬方案提报、货物班列预定、货物接卸管理、预约物流服务、货车在途查询等功能。

（苑晓明）

【铁路运输生产信息系统数据服务平台】9月，北京铁路局铁路运输生产信息系统数据服务平台投入使用。铁路运输生产信息系统数据服务平台是按照近些年的铁路信息规划中信息资源共享的总体思路和运输生产各部门的迫切需求，研发依托于铁路局运输生产信息的服务平台。平台整合调度、确报、货票、车号识别、货运计划、现车等各种运输生产信息，并进行了全面的集成和整合处理，以列车、机车、货车追踪、现在车、货物为主题，提供确报信息、车辆追踪、货物追踪、现在车分布、装卸作业查询和大点车、作业车、特殊货物预警分析等功能。

（张海泉）

【津秦高铁客服信息系统开通】12月1日，津秦高铁全线正式开通，票务、旅服系统正式投入使用。北京铁路局信息化处按照《信息化处高铁、客专客服信息系统预介入工作管理办法》和《津秦高铁客服信息系统工程督导说明书》的要求，组织现场督导，对施工中存在的问题及时盯控整改，保证了工程建设质量。在验收阶段，信息化处作为信息工程组长单位，配合铁路总公司静、动态验收评审及安全评估，顺利通过初步验收。

（苏征）

【高铁（客专）客服系统维护管理】年内，北京铁路局信息化处坚持执行“日碰头、周交班、月总结、季考核”的工作制度，参加各高铁车站的月总结、季考核工作会，对车站及维保公司的工作进行指导，完成高铁（客专）客服系统维护管理工作。1月，信息化处与客运处、有关车站共同组织天津、塘沽、北京南站2012年四季度维保考核专题会议，对维保单位2012年四季度的合同履行情况进行了统计和梳理。2月26日，信息化处组织2013年度京津线维保合同签字仪式，信息化处处长代表路局与维保单位签订了2013年京津线各站客服系统维护合同，并对甲乙双方的工作提出了明确要求。为了规范质保期内高铁客服系统维护工作，信息化处与车站、集成商反复沟通协调，由信息化处、天津西、石家庄、北京西站分别与集成商签订了路局端、各站客服系统设备维护补充协议，规范了维护工作制度和标准。以维保合同及维护补充协议为依据，信息化处将全局所有高铁、客专站的客服系统巡检工作均纳入“大运维管理信息系统”进行全过程管理。

（张兰、韩岩）

【铁路运输信息集成平台建设】年内，按照铁路总公司《关于实施铁路运输信息资源整合工作的通知》文件及有关电报、会议要求各铁路局实施铁路运输信息集成平台，北京铁路局多次组织召开推进工作会。6月初，调度所、运输、货运、机务、电务、信息化处等部门合作。7月21日，按总公司技术要求路局集成平台正式运行，平台提供的功能全部实现。

（庞子魁）

北京网动网络科技股份有限公司

【概述】年内，北京网动网络科技股份有限公司（以下简称“网动”）专注云视讯领域的技术与服务，帮助客户解决其遇到的问题和挑战。网动A8云视讯平台，有效解决了各行业客户在多种视讯平台间互联互通的瓶颈问题，协助客户构建智慧云应用，为客户提供从软件到硬件设备、从新平台搭建到现有信息平台整合的综合解决方案，其中全媒体融合通讯终端，打通信息“孤岛”，提高了应急指挥决策的有效性和联动反应速度。

（北京网动网络科技股份有限公司）

【举办A8超凡视界新品发布会】4月16日，网动在北京友谊宾馆举办“网动A8超凡视界”新品发布会，百余名重点客户受邀参加了此次会议。网动首个平台级产品——“网动A8云视讯平台”集“多媒体视讯应用”“多协议融合”“智能数据融合交换”“云应用”为一体，A8平台中的无纸化会议系统以其全面的会议功能、高保密性管理、绿色环保低碳及易学易用等优势同样受到广泛关注，强大的数据处理和文档共享能力，为用户的办公提供了极大的方便，成为客户网络办公的首要选择。网动凭借A8平台做依托，推出了针对党政机关、军队部署、教育培训、住房建筑等多个行业的解决方案，解决了多种行业在视讯应用方面的多种瓶颈问题。

（北京网动网络科技股份有限公司）

【参加中国国际信息通信展览会】9月24—28日，网动携全媒体融合通讯终端及新一代网动视频会议系统亮相2013年中国国际信息通信展览会智慧城市专题馆。网动全媒体融合通讯单元吸引业内专家及国内外友人的广泛关注，它把现有主流通讯终端的音视频及数据信息全面贯通、重组、分发、推送，适用于多种行业应用场景。例如，在首长督查、应急指挥中，对于公安、交警、人防、城市管理等部门应对突发事件的联动需求，网动全媒体融合通讯单元可以灵活地将各部门已建会议系统进行互联互通，接通音频应急指挥系统，调入各部门监控画面，拨通固定电话、手机、对讲机及可视电话，与3G、WiFi无线链路下的智能手机和平板电脑互通。全面满足不同部门、不同视讯系统的快速整合，打通信息“孤岛”，提高应急指挥决策的有效性和联动反应速度。此外，网动的产品还广泛应用到企业集团大规模培训、远程教学、军队可视化演习、视讯医疗、车辆定损等多个领域。

（北京网动网络科技股份有限公司）

【获最佳云视讯解决方案奖】12月5日，网动受邀参加2013年CTI论坛行业应用及市场分析主题沙龙暨2013年度CTI论坛编辑推荐奖活动，并荣最佳云视讯解决方案奖。网动凭借行业领先的云视讯技术及专业的视讯服务已为政府、军队、能源、金融、保险、教育、医疗等多种行业提供了云视讯解决方案，涵盖视频会议、远程培训、视频定损、视频接访、首长督查、应急指挥、紧急调度、部队通信等方面的实际应用。

（北京网动网络科技股份有限公司）

新博卓畅技术（北京）有限公司

【概述】新博卓畅技术（北京）有限公司前身为新奥博为技术有限公司原医疗网络事业部，多年来一直致力于区域卫生信息化的建设和医疗软件的研发，在卫生信息化领域拥有丰富的行业经验，为各级卫生主管部门和医疗机构提供解决方案和产品服务。年内，公司在医疗信息化零域不断开拓，各地项目进展顺利，受到了各界人士的肯定与支持，在区域卫生信息化建设、医疗大数据产品不断推出新产品。

（武佳）

【入选德勤—亦庄高科技、高成长20强】9月5日，新博卓畅技术（北京）有限公司荣获2013年德勤—亦庄高科技、高成长20强称号。2013年德勤—亦庄高科技、高成长20强是由北京经济技术开发区和德勤华永会计师事务所联合举办的高成长企业评选活动，该活动旨在发现北京经济技术开发区技术水平高、发展潜力大的科技型中小企业佼佼者，从而集中力量，协助其持续健康发展，通过提升品牌影响力和核心竞争力，打造“亦庄创造”品牌。20强榜单中，前3家公司三年平均增长率从334%到601%。北京经济技术开发区各部门今后将持续关注和重点支持以20强企业为代表的高科技、高成长型中小企业发展，进一步扶持企业迅速增长，打造开发区产业结构调整和经济社会发展新的生力军。

（武佳）

【认定为高新技术企业】11月11日，基于对核心自主知识产权、科技成果转化能力、组织管理水平和企业成长性四方面指标的综合评定。新博卓畅技术（北京）有限公司被市财政局、市科委会、市税务局、市地税局联合批准认定为高新技术企业。

（武佳）

北京华生恒业科技有限公司

【概述】年内，北京华生恒业科技有限公司在信息化建设方面取得了长足的进展。完成公司云计算平台的建设并通过了验收；在美国投资组建生物信息公司AccuraScience LLC.；面向欧美企业用户开展高端生物信息服务；研发基于Android系统和Web平台的肿瘤个体化基因检测服务平台移动App，进军移动医疗领域。

（北京华生恒业科技有限公司）

【华生恒业在美成立合资公司】6月，华生恒业瞄准美国生物信息高端数据分析市场，联合美国两位华裔生物信息学专家，注资成立美国精赛恩科技有限公司AccuraScience LLC.，位于艾奥瓦州Johnston。公司业务以高通量测序数据分析为主，涉及生物信息数据分析各领域，主要面向以企业用户为主的高端客户。公司运行半年实现盈利。

（北京华生恒业科技有限公司）

【华生癌症诊疗基因知识库上线】年内，华生癌症诊疗基因知识库上线。整合全球可公开的癌症相关领域的数据库20余种，涉及癌症、基因、突变、药物、通路等五大概念，成为统一的知识库系统，网址为http://oncoscape.hsgene.com/。

（北京华生恒业科技有限公司）

【参与国际科技合作基地建设】年内，华生恒业联合解放军总医院（301医院）肿瘤内科、北京迈基诺生物科技有限公司、美国约翰霍普金斯路德维格肿瘤研究中心、美国Personal Genome Diagnostics（PGD）、AccuraScience公司组建基于新一代基因组测序的癌症个体化诊疗体系研发北京市国际科技合作基地获市科委批准。

（北京华生恒业科技有限公司）

北京旋极信息技术股份有限公司

【概述】年内，北京旋极信息技术股份有限公司（以下简称“旋极信息”），以国内领先的嵌入式系统整体解决方案提供商的身份不断加快自身技术发展速度，为广大用户提供业界领先的技术、产品和服务， 公司主要致力于提供面向国防军工的嵌入式系统测试产品及技术服务、嵌入式信息安全产品（包括金融领域USBKey产品，税控领域税控盘产品）和嵌入式行业智能移动终端产品及技术服务。

（党云）

【创新项目获北京市科学技术奖】2月21日，在市政府召开了科学技术奖励大会暨2013年科学工作会议上，旋极信息的《航空数据总线故障注入系统的开发与应用》项目荣获北京市科学技术奖三等奖，这是公司第一次获得北京市人民政府颁发的科学进步奖。蔡厚富、付景志、彭时涛、潘世杰、梁西全、万波等6人获得北京市科学技术奖三等奖。

（党云）

【获评海淀园十大“智”愿服务集体】3月5日，海淀园工委在中关村国家自主创新示范区展示中心召开海淀园推进精神文明建设工作暨学雷锋活动“双十”表彰大会上。旋极信息荣获海淀园十大“智”愿服务集体。

（党云）

【入选工业企业培育试点企业】4月10日，旋极信息入选2013年工业品牌培育企业单位。工业品牌培育企业名单由工业和信息化部评定，旨在指导一批实施品牌战略企业建立完善品牌培育管理体系，提高品牌培育的能力和绩效。通过对工业企业各领域品牌培育方法开展专题研究，提出有针对性的指导意见。完善工业品牌培育的制度措施和工作机制，为加快培育一批具有国际影响力的自主品牌奠定基础。此次发布的工业企业培育试点企业全国范围内共有260家，北京地区入选企业共14家，旋极信息名列其中。

（党云）

【员工获首都劳动奖章】4月25日，旋极信息研发中心硬件部军工组主管潘世杰荣获由市总工会颁发的首都劳动奖章，这是旋极信息工会会员迄今为止获得的最高荣誉。潘世杰2008年进入旋极信息任高级工程师，在军工装备产品电磁兼容性设计、可靠性设计、自动化测试领域取得了多项技术创新。2012年12月，作为旋极信息IceBlade 故障注入系统的设计者之一，潘世杰荣获市科学技术三等奖。

（党云）

【电子收费POS机投入使用】4月，旋极信息研发的POS机投入使用。北京道路停车项目在西城区进行了首个电子收费系统试点工作，试点选择在北京市繁华的商业地带西单地区。西单大悦城北侧华远北街占道停车场，停车管理员手持POS机上岗，以往人工的票据单变成电子收费凭证。停车电子收费将覆盖城区3万多个路侧车位，车主可以直接刷卡支付停车费。通过实行电子收费系统后，可以减少车主与停车收费员出现的纠纷，保障双方的权益。

（党云）

【嵌入式系统测试技术服务“神十”】6月26日，旋极信息多项嵌入式系统测试技术再次服务神舟飞船，协助神舟十号载人飞船圆满完成飞天任务。旋极信息共有三大类测试技术服务“神十”：一是拥有自主知识产权的Systemverify嵌入式目标码测试工具。二是旋极信息系列地面系统检测设备——天线地面测试设备、信号源模拟设备、中继终端系统地面检测设备等。三是MC/DC测试工具，用于载人航天A/B级软件的单元测试阶段。作为国内领先的嵌入式系统整体解决方案提供商，旋极信息已为现役神舟系列飞船和空间站提供了嵌入式测试技术服务，并开始新技术的储备和研发。

（党云）

【员工获优秀思想政治工作者称号】6月，旋极信息党支部书记、董事长陈江涛被市委授予“优秀思想政治工作者”荣誉称号。陈江涛先进事迹的材料《发挥思想政治优势，促进高科技企业发展》，入选由北京出版社出版的《身边榜样——北京市第十一届“双优”表彰典型集》，本届100名获奖个人中仅有34人入册。

（党云）

【获“电平转换系统”发明专利】7月10日，旋极信息提交的专利“电平转换系统”得到了国家知识产权局、专利局的正式授权。本专利于2010年12月24日提出申请，经严格的初步审查、实质审查和公示，在两年半以后才获准授权。发明专利顺利通过实质审查，有效保护公司自主研发的技术。

（党云）

【获全国营改增税控盘供应商评比第1】7月，国家信息安全工程技术研究中心对全国5家“营改增”税控盘供应商进行产品综合检测评比，根据生产环节中的坏盘率和使用环节中的坏盘率等多项数据综合汇总考核，旋极信息“营改增”税控盘在5家供应商中位列第1。

（党云）

【成功申报中关村商标促进资金】9月，旋极信息申报2013年度中关村商标促进资金中的“驰名和著名商标资助”项目，顺利通过审批。获得促进资金30万元。中关村商标促进资金是中关村管委会依据《中关村国家自主创新示范区商标促进专项资金管理办法》专项安排的鼓励资金，为进一步推动中关村国家自主创新示范区的商标促进工作，提升示范区企业商标注册、使用、管理和保护能力。

（党云）

北京云基地企业管理有限公司

【概述】自2010年8月16日创立，北京云基地已经汇聚20多家创业公司，上海、深圳、香港、台北和美国硅谷的云基地也相继成立。云基地具有投资、孵化、服务、管理和拓展五大功能，通过汇聚云计算领域自主知识产权的创新公司、人才和资本、政策资源，“云基地创造”“基金+基地”模式已深入人心。通过设在云基地二层云计算展示厅，以及云基地参与的中国云计算大会、重要行业会议和博览会等各项活动，云基地全方位展示“中国云时代坐标“的形象和实力。特别是由云基地主导打造的“云世界大会”，汇聚政府领导、行业精英、领袖专家和高端客户，共同分享、探索云的力量，已成为行业聚焦的盛典。

（吕光）

【云基地获中关村十大新锐品牌】1月16日，2012年度中关村十大系列评选榜单发布会在中关村展示中心举行，云基地凭借近两年来在云计算领域的前瞻远瞩和引领示范作用成功入选“2012年中关村十大新锐品牌”。受到了社会各界的广泛关注。

（吕光）

【参加中国国际云计算技术和应用展览会】4月7日，以“云领发展 化云为业——创新 转型 兴业 服务”为主题的2013年中国云计算技术和应用展览会暨研讨会于北京国际展览中心开幕。北京市“祥云工程”的示范基地——云基地及云系企业天云软件、天云大数据、大数据实验室、友友系统、天地超云、天维信通、中云网、天云趋势、云端时代、捷库动力等组团参展。展会现场，天地超云的云安全管理系统及云计算高温一体机，天地云箱的Mini云箱、集装箱数据中心、仓储式模块化数据中心，思创银联的云端pad成果展现了云基地硬件领域创新成果；天云大数据的大数据产品及解决方案，天云软件的SkyForm云平台,天云趋势的Elaster云成，捷库动力的移动学习平台，云端时代的桌面云平台等设备管理系统，天维信通及京联云的解决方案,友友系统的CloudWare云计算操作系统及SmartDB、SmartFS、DataCell等展现了云基地软件领域的创新成果。

（吕光）

【参加第十六届中国北京国际科技博览会】5月22—26日，第十六届中国北京国际科技产业博览会在北京举行。北京云基地重点展示云计算技术的应用成果，包括软件产品、云管理平台、大数据平台和一体机云及云计算在电力、银行、公安等行业中的应用，向与会者全面展示云基地“云生态系统”形象。

（吕光）

【参加第五届中国云计算大会】6月5—7日，第五届中国云计算大会在北京开幕。本届大会以“大数据大带宽推动云计算应用与创新”为主题，历时3天，来自全球的云计算专家讲师180多位，专题论坛逾20场，以“国际性、行业性、社交性、全面性及专业性”五大特色引人入胜。大会围绕着“云计算与大数据、云计算数据中心、开源云计算、云计算核心技术架构、云计算平台与应用、云计算安全、云终端与移动互联网”七大技术专题论坛，数十场专题演讲、讲座、论坛和专业培训异彩纷呈。云基地入驻企业——友友系统携全新CloudWare系列云计算基础软件产品亮相大会，同时，在“云计算与大数据”专题论坛上，友友系统的架构师康华带来了主题为“基于云计算技术的大数据分析平台”的演讲。6月6日，第五届云计算大会暨“云基地参观交流日”在亦庄云基地举行，上千名与会者来到云基地，进行参观交流。

（吕光）

【举办中国云·移动互联网创新大奖赛·2013】10月18日，中国云·移动互联网创新大奖赛2013（ICOME2013）——“玩转大数据”颁奖典礼在北京航空航天大学报告厅举行，包括布谷云提醒、Bench4Q、WESEE、北航ACT队、海马、香港四方创意、HadoopVision等17支进入复赛团队成员，中国云产业联盟单位领导以及数十家主流媒体共同见证了这一时刻。Ideastar、LCLL、Rucasu、海马、PDL@NUDT等参赛团队分别摘取商业创新类和人才技术类大奖。中国云·移动互联网创新大奖赛从7月1日开始报名到举行10月18日颁奖典礼，提交报名参赛团队263支，最终提交的有效作品68件。大奖赛分为商业创新、人才技术以及企业揭榜悬赏三类赛题，包括初赛报名、赛题选定、作品提交、专家评审、现场答辩和颁奖典礼等环节。

（吕光）

【天云软件获最佳云计算平台解决方案奖】11月14日，2013年第六届中国信息主管年会在北京新世纪日航饭店正式召开。天云软件作为国内首家分布式系统软件厂商，凭借核心产品SkyForm云管理平台卓越的行业解决方案，荣膺2013年最佳云计算平台解决方案奖。天云软件CEO张福波博士荣膺2013年中国行业信息化领军人物奖。

（吕光）

【2013年云世界大会定义云时代】12月12日，北京·亦庄云世界大会在亦庄创意生活广场举行。大会持续12个小时，分12个版块，共有98位演讲者，150家以上中外媒体，3000多位中外嘉宾参与20场专题论坛和新品发布活动。本届云世界大会以“Cloud Now @ CHINA ”为主题，围绕“趋势发展的世界云”和“自主创新的中国云”两大主线。来自硅谷的云计算顶级专家，云计算领域顶级的公司与中国互联网及云计算领域的领导企业、风云人物，通过技术、创新、投资、趋势等方面的碰撞，解读云计算本质、趋势、创新创业机会。同时，与会者可以通过大会现场的云计算展区零距离接触到中国云计算这几年的发展成果。

（吕光）

【2013年中关村大数据日开幕】12月13日，2013中关村大数据日在中关村云广场酒店开幕。大会通过搭建大数据领域内高端、专业交流沟通平台，围绕全球大数据发展趋势与应用实践、探讨中国大数据发展现状和未来、中国大数据道路探索与阶段性成果以及产业政策、资本市场对大数据关注焦点等核心问题，广泛邀请全球技术创新者、应用实践者、政策制定者和资本推动者共同参与，为中国大数据建设培植良好的产业氛围和发展环境，思想云集，创意云聚。

（吕光）

【云基地携手亚马逊】12月18日，云基地和亚马逊AWS（Amazon Web Services）携手合作，市政府和宁夏回族自治区政府宣布将在宁夏、北京两地共同建设、发展和推广云服务。通过“前店后厂”这样创新方式，联通位于北京和宁夏两地的云计算基础设施，为中国各个地区的客户提供服务。

（吕光）

中国联合网络通信有限公司北京分公司

【概述】年内，中国联合网络通信有限公司北京市分公司（以下简称“北京联通”）大力提升全市光网建设，继续完善全市移动通信网络（包括地铁线路和高铁线路）覆盖，促进全市三网融合试点工作，通过升级IPv6，推出平安校园、居家养老等信息化应用，积极促进全市移动互联网产业健康发展。完成多项重大活动的通信保障任务：包括全国“两会”、“神舟十号”各项任务，以及其他重大外事访问和在文化、体育等方面的重要活动；持续提升本市紧急求助热线“12345”的技术平台实力和业务服务水平，首创首都高校团体乒乓球挑战赛，为“社区青年汇”和养老机构送实惠。北京联通获得“2013年中国最佳呼叫中心外包奖”及“全国推广服务先进典型经验单位”“2013年中国通信网络规划优化先进单位”“2012—2013年度通信行业节能管理创新先进单位”等殊荣。

（崔艳艳）

【完成“神舟十号”载人飞船通信保障任务】6月26日，北京联通“零障碍”完成本次载人飞船任务的各项通信保障任务：包括“神十”卫星发射、返回、两次交会对接、首次太空授课、首次实施航天器绕飞交会实验、天地对话等。为完成本次保障任务，北京联通共出动5323人次干部员工，出动车辆864辆次，在要害通信管线，进行不间断的密集巡查，巡查长途干线、图像传送等重要管线设备共计2558皮长千米。

（崔艳艳）

【完成多项体育活动通信直播工作】1月8日，北京联通通过KU/C卫星系统在首钢体育馆为中央电视台直播传输了中国CBA篮球联赛2012—2013赛季常规赛第20轮，北京队主场迎战辽宁队比赛，传输时间200分钟。1月29日，北京联通通过KU卫星系统为CCTV-5完成在光纤体育馆举行的2012—2013赛季中国男排联赛决赛北京对八一第一场直播，传输时间180分钟。2月4—5日，北京联通通过KU/C卫星系统在石景山体育场为CCTV同时直播传输了首届贺岁杯世界搏击王者争霸赛，直播时间300分钟。3月15—17日，北京联通通过C段卫星系统在水立方为2013FINA世界跳水系列赛北京站提供服务，传输时间615分钟。3月17日，北京联通通过KU/C卫星系统在北京朝阳体育中心为中国男子足球甲级联赛新赛季北京八喜的第一场主场比赛提供服务，传输时间155分钟。4月29日—5月5日，北京联通通过KU/C卫星系统在京城马汇（北京）国际马术俱乐部为2013年国际马联（FEI）场地障碍世界杯提供卫星直播服务，传输时间1150分钟。5月21日，北京联通通过KU/C卫星系统在鸟巢圆满完成2013年国际田联世界田径挑战赛北京站的卫星直播服务，传输时间600分钟。6月5—6日，北京联通通过KU/C卫星系统在水立方为2013年国际泳联水球超级总决赛提供卫星直播服务，传输时间737分钟。10月11—15日，北京联通通过KU/C卫星系统为2013环北京自行车赛提供卫星直播服务。10月12—15日，北京联通通过KU/C卫星系统在昌平拉菲特城堡酒店为“第八届世界数独竞标赛”提供卫星直播服务。10月20日，北京联通为北京国际马拉松赛提供全程卫星直播服务，传输时间600分钟。11月13—14日，北京联通通过C卫星系统在水立方为短池游泳世界杯（北京站）的比赛提供卫星直播服务，传输时间764分钟。12月6—7日，北京联通通过KU/C卫星系统在鸟巢为2013年世界单板滑雪巡回赛（沸雪）北京站的比赛提供服务，传输时间540分钟。12月12—18日，北京联通通过KU/C卫星系统在北京国际会议中心为第四届世界智力精英运动会提供7天的卫星传输服务，传输时间总机2585分钟。12月21—22日，北京联通通过KU/C卫星系统在鸟巢为国际雪联举办的“自由式空中技巧世界杯”提供服务，传输时间610分钟。

（崔艳艳）

【完成多项经济文化活动通信直播工作】4月16日，北京联通在天坛公园祈年殿为第三届北京国际电影节开幕式提供卫星直播传输服务。5月19日，北京联通在北京农业展览馆为2013年北京科技周活动开幕提供卫星直播传输服务，传输时间620分钟。6月27—29日，北京联通为韩国总统朴槿惠访华的在京系列活动提供通信保障服务。10月22日，俄罗斯总理梅德韦杰夫来华访问，北京联通在天安门为欧洲广播联盟及俄罗斯媒体提供现场新闻卫星传送，传输时间195分钟。11月30日，北京联通在远望楼宾馆为中国版权协会主办的第六届中国版权年会暨“移动互联网时代下的版权运营与保护”主题论坛提供通信保障服务。12月10—12日，北京联通为“2013年CCTV中国经济年度人物评选”和“2013年央视财经论坛”活动提供通信保障服务。

（崔艳艳）

【全网宽带客户实施第二次宽带提速】5月16日，北京联通召开主题为“联通宽带大提速、点亮智慧北京城”的新闻发布会，为本市全网客户实施第二次宽带提速。本次提速的核心内容是“两个免费”和“两项服务”。“两个免费”：一是提速免费，特别为铜线客户普及4M速率；二是光纤客户免费体验高速冲浪，后付费公众光纤客户体验速率最低20M，最高可达100M。“两项服务”：一是提供客户在线申请光纤改造的服务，客户通过在北京宽带网上自助查询小区光纤覆盖情况，光纤已覆盖小区客户可通过客户端在线申请光纤改造，光纤未覆盖小区客户可在线申请“光改团购”；二是开展“网龄双回馈”的服务，按照客户宽带网龄，直接回馈宽带提速体验时长及多倍宽带消费积分。截至年底，北京联通光纤网络已覆盖全市近70%的居民住户，近95%的北京家庭都可选择北京联通光纤宽带服务。

（崔艳艳）

【荣获中国通信网络规划优化先进单位奖】7月25日，由工业和信息化部指导，中国电子信息产业发展研究院及通信产业报社，三大运营商及中国通信标准化委员会、工业和信息化部通信科技委等权威机构联合承办的2013年度（第六届）中国通信网络规划优化大会召开，旨在更好交流多业务时代通信网络规划优化之道，探讨如何提升用户感知，提升网优效率，促进通信网络规划优化最新技术与方案的交流与产业链合作。会上，北京联通荣获2013年中国通信网络规划优化先进单位称号。

（崔艳艳）

【北京市经济和信息化委员会赴北京联通调研】8月5日，北京市经济和信息化委员会主任靳伟、副主任童腾飞、副主任毛东军等一行八人到北京联通调研，北京联通总经理汪世昌、副总经理戚其功带领公司其他主要部门的领导参加了交流。戚其功做了题为《宽带战略 智慧北京》的专题汇报。汇报了“北京信息化基础设施提升计划”各项任务的完成情况，北京联通落实宽带北京行动计划工作的进展情况，以及北京联通参与政府信息化、农村信息化、行业信息化等社会信息化工作的建设成果，并提出在光纤到户国家强制标准执行、政府信息资源共享等方面，需要得到北京市经济和信息化委员会的相关支持。针对北京联通提出的建设受阻等困难，北京市经济和信息化委员会协调相关部门出台相关措施，为加快首都信息化建设创造良好的政策环境和社会氛围。

（崔艳艳）

【推智慧社区居家养老服务】8月15日，北京联通召开“居家养老信息化 点亮智慧北京城”的智慧社区居家养老项目发布会，市委社会工委、北京市经济和信息化委员会和近百家街道办和企业代表出席了发布会。在市政府提出的“智慧北京”行动纲要中，智慧社区居家养老服务是智慧北京的重要组成部分，即以家庭为核心、以社区为依托、以专业化服务为依靠，为居家老人提供以解决日常生活需要为主要内容的社会化服务。智慧社区居家养老项目是北京联通开发的居家养老服务信息化平台，是关爱老年人身心健康的积极尝试。平台集成亲情呼叫、预约挂号、亲朋畅聊、急救、家政服务等多种为老人量身定制的服务，其终端是一部精巧的“e键通”话机，通过终端的简单操作可以为老年人提供助急、助医、助精神慰藉、助亲情联络等服务。老年客户群只需安装这部简单的终端，就可享受由信息化带来的居家养老的便利。

（崔艳艳）

【获通信行业节能管理创新先进单位称号】9月5—6日，由工业和信息化部指导，中国通信企业协会通信网络运维专业委员会承办的第四届通信行业节能减排大会在京召开，本届会议的主题是“深度挖掘节能潜力推进绿色通信发展”。会上，北京联通荣获2012—2013年度通信行业节能管理创新先进单位称号，以肯定和表彰北京联通通过强化技术实景测试环节、强化项目后评价环节、组织合同能源管理项目、组织重点IDC节能项目、重点关注环境温度管理、提高节能宣传活动参与度等具体措施圆满完成了年内的各项节能减排指标，为通信运营商节能减排新技术推广应用、管理制度创新等方面发挥的带头示范作用。北京联通副总经理戚其功荣获2012—2013年度通信行业节能管理创新先进个人称号。

（崔艳艳）

【获推广服务先进典型经验单位称号】9月28日，首届中国服务质量年会暨中国服务质量联合推进工程启动仪式隆重举行。北京联通的社会监督员制度广受好评，北京联通也因此被授予推广服务先进典型经验单位的称号。社会监督员制度是北京联通为进一步提升服务质量，广泛听取社会群众意见，而引入的外部社会监督员制度，社会监督员每两年聘任一届，从2009—2013年已聘任两届，聘请的社会监督员主要来自国家及北京市监督管理机构、通信行业、新闻媒体、教育行业等社会监督专家与专员，社会监督员从服务窗口、业务政策、网络质量等多维度进行全方位监督，同时提出改进建议和服务提升要求。北京联通指定专人负责社会监督员意见的收集以及问题的反馈与工作的改进。

（崔艳艳）

【IP城域网正式接入全球IPv6网络】10月29日，北京联通完成下一代互联网（IPv6）试商用专项工程北京IP城域网出口核心节点与集团骨干网的对接工作，此举标志着北京联通IP城域网正式接入全球IPv6网络，为本市的互联网、物联网、云计算等应用的拓展开辟了更大的空间。

（崔艳艳）

【城市光网建设取得进展】年内，北京联通大幅提高城市光网的承载能力，加快部署光纤到户工程，保证新建住宅、办公及商用楼宇直接光纤到户，已建楼宇分类分批光纤到户。通过实施北京联通“宽带中国专项行动”，全年共计新增86万个光纤端口，新增FTTH覆盖家庭用户84.9万户，累计覆盖家庭用户数达到540万户，超额完成“宽带中国专项行动”既定的520万户的任务指标。

（崔艳艳）

【移动通信网络（3G）建设情况】年内，北京联通通过对城区（市区、县城）覆盖空洞补盲，攻克困难基站建设，完善乡镇覆盖和旅游景点、景区覆盖，以及实现室内的深度覆盖等方法继续提升本地3G网络质量。截至年底，基站规模已经达到2.6万个。其中，3G基站1.4万个，市民可普遍享受21M的3G网络带宽，部分热点区域的3G网络已升级到42M。

（崔艳艳）

【IPTV直播频道增加至106路】年内，北京联通安装IPTV的用户已可收看到106路直播频道，包括中央台的多个频道、北京电视台的各个频道、各省级卫视频道，以及留学世界、风云足球等频道，还有多个高清频道供客户选择。“一根网线看电视，宽带影院搬回家”的IPTV是由北京联通推出的通过宽带网络传送电视等节目的互动视频服务，是三网融合的主流应用。与传统的有线数字电视相比，IPTV业务最大的优势是视频双向互动和丰富的多媒体内容选择。IPTV的直播时移、回看和点播栏目均提供2倍速至32倍速的快进/快退，还能通过用户直接输入希望到达的播放时点实现“想看就看、想停就停”。

（崔艳艳）

【提升高铁沿线3G网络质量】年内，北京联通对北京至天津，北京至上海和北京至广州的三条高速铁路（北京段）沿线的3G网络进行大规模的升级扩容改造，使网络质量优良率分别从年初京津往返程的81%和80%提升到95%和94%；京沪往返程的64%和79%提升到95%和98%；京广往返程的79%和72%提升到98%和99%。京津、京沪去程（北京段）的主叫接通率都已达95%以上；京广去程和三条高铁线路的返程（北京段）的主叫接通率均达到100%。

（崔艳艳）

【做好地铁线路信号覆盖工作】年内，北京联通紧跟本市地铁线路建设步伐，全面提高移动网络覆盖水平，2G网络覆盖地铁线路达到14条，3G网络覆盖地铁线路达12条，除地铁昌平线、房山线外，其他地铁线路都已完成网络覆盖。北京联通地铁线路的移动通信网络的建设重点也从原来的站厅、站台转移到隧道内部、换乘通道等易产生覆盖问题的区域，同时对已覆盖3G网络的地铁区域进行扩容优化，更新线路设备，大幅提升了系统容量和吞吐量。各条地铁线路在扩容后的数据业务流量全面攀高，语音话务量在忙时大幅增加，但网络拥塞程度大幅降低，掉话率明显下降，网络质量显著改善。

（崔艳艳）

【建成首个光纤入户示范培训基地】年内，北京联通在大兴黄村建成京城首个光纤入户示范培训基地。光纤入户示范培训基地共设置服务规范区、示范展示区、多媒体教学区和实操培训区四个功能区，其中示范展示区实景展示从局端到客户家庭的12个规范施工场景和IPTV等业务安装操作环境。参训学员可通过在培训基地的系统学习，全面掌握光纤入户规范化操作技能和服务要领。从7月15日起，北京联通连续开展了光纤入户人员持证上岗培训工作，年内累计参训人员2500人，大幅提升光纤入户服务水平。

（崔艳艳）

【首推公话账号便民服务】年内，北京联通推出公话账号便民服务，提供除手机之外的公话紧急通信需求解决方案。公话账号业务面向北京联通固话和移动客户，客户只需将手机或固话号码作为账号，其服务密码作为账号密码，在北京联通所属的IC卡及“201”公用电话终端上拨打“1608888”，根据语音提示即可拨打本地和国内长途电话，话费通过手机或固话账户收取。

（崔艳艳）

【推出“绿色上网”服务】年内，北京联通面向有学龄儿童的家庭客户推出“绿色上网”服务，旨在为孩子提供一个健康、洁净、安全的网络环境，家长通过设置孩子的上网访问权限和时间，可以屏蔽互联网上不良信息，控制聊天软件使用，合理安排孩子上网访问内容，防止孩子长期沉迷于网络。

（崔艳艳）

【推出“平安位置-E宝”腕表手机】年内，北京联通推出“平安位置-E宝”儿童腕式手机来保护孩子的安全。“平安位置-E宝”具有GPS全球定位系统，家长可通过短信、网页或手机客户端等方式随时查询孩子的位置信息，也可设置预定时间，系统会在预定时间自动发送孩子的位置信息给家长，比如是否已经到学校，是否已经到家等，家长还可通过登录服务网站，查询孩子特定时间段的行动轨迹来了解孩子的活动情况。同时，家长还可规划孩子的安全活动范围，当孩子超出所设定的范围时，家长会自动收到报警信息，以避免发生危急事件。另外，家长在必要时还可远程启动自动监护功能，当家长拨打孩子终端时，会启动自动接听功能，可以监听孩子所处周边环境，及时获知孩子的周边信息，从而判断孩子所处环境的安全性。而当紧急遇险时，孩子可通过手机的SOS键一键报警，求救信息会第一时间发送到家长的手机上，以便家长及时救助。当孩子终端由于电量过低而关机时，系统还可自动发送短信至家长手机。

（崔艳艳）

【打造“智慧工体”】年内，北京联通对工体的3G网络进行全面升级改造，为该体育场特殊话务场景量身定制高灵活性、高效率的“智慧工体”通信服务解决方案。随着“智慧工体”项目的完成，彻底解决了观众在工体上网难的问题。可容纳6.4万人的北京工人体育场原有的通信网络已经难以负荷观众越来越多的通信信息需求，尤其是在重大比赛日，电话掉线、网络不通等现象时有发生。

（崔艳艳）

【举办高校乒乓球挑战赛】年内，北京联通与高校团体联合举办“乒乓在沃”高校乒乓球挑战赛。本次比赛历时3个月，赛事共覆盖全市的63所高校，累计参赛人数达1500余人。6月16日，“乒乓在沃”北京联通高校乒乓球挑战赛校际决赛在北京邮电大学体育馆举行，最终北京邮电大学、北京工业大学、北京航空航天大学取得了学生混合团体赛的前三名，北京大学医学部、中国政法大学、清华大学、北京电影学院、首都医科大学燕京医学院获得了教职工男女单打的前三名。

（崔艳艳）

【推出“社区青年汇”流量专属优惠活动】年内，北京联通与团市委、北京青少年网络文化发展中心合作，在暑期共同推出了面向北京青少年的“社区青年汇网络流量专属优惠套餐”活动，旨在更好的宣传推广社区青年汇，为社区青年汇提供优质的专属网络服务，青年通过参与活动可以一次性获增50M全国流量包。合作双方在北京市350家社区青年汇推广了此项优惠服务，众多青少年享受到实惠。

（崔艳艳）

【助力非紧急救助服务中心“12345”热线发展】年内，北京联通配合市政府完成“12345”政务微博平台的制度建设、流程设计、业务培训、系统环境搭建、风险点评估等工作，并组织了近30位具备丰富经验的员工和管理人员构成运营团队。“12345”微博的粉丝数量已增至3万多个，平台发布便民服务信息逾5000条。4月9日，副市长张延昆到北京市非紧急救助服务中心“12345”热线调研，参观了“12345”热线工作环境，了解了“12345”热线的受理流程和处理情况。在非紧急调度指挥平台，副市长张延昆听取了北京联通“12345”热线运营团队的工作汇报，围绕当前城市综合治理问题进行了具体探讨，提出“12345”热线要紧紧围绕本市重点工作，做好热线受理，为政府决策、为市民生活做出更大贡献的希望。11月15日，冬季供暖正式启动，为确保供暖首日市民的诉求得以顺利受理，北京联通“12345”热线运营团队共安排233人次支持供暖咨询工作，使咨询电话的接通率达到99.05%，完成11533件市民来电问题的接听和派单。

（崔艳艳）

【助力为北京松堂关怀医院架设信息桥梁】年内，北京联通克服无管道、无杆路、日常维护难度大等困难，专门为北京松堂关怀医院铺设了一条光纤，并开通20M宽带业务，为总院与分院进行快速沟通与协同管理提供了硬件保障，也为院中老人们架设起对外联系的信息桥梁。北京松堂关怀医院是国内第一家临终关怀医院，是一所集医院、福利院、敬老院为一体的综合性医疗机构，该医院成立至今，已为18000多位老人带去了诚挚的关怀。北京松堂关怀医院在全国各地设有分院，通信线路成为总院与分院联系的桥梁，拓宽了医院对外联系的通道。

（崔艳艳）

【完成京城汛期通讯保障工作】年内，北京联通完成汛期通讯保障工作。6月28日、7月4日、7月8日、7月14日是本市暴雨黄色预警防汛重保时段，根据市通信保障和信息安全应急指挥办公室的指示，紧急启动防汛应急保障预案，确保京城汛期的通信畅通。

（崔艳艳）

【完成全国“两会”通信保障工作】年内，北京联通实现“两会”102000小时里“零故障”高效运行，全面完成“两会”的各项通信保障工作。创造五个“保障之最”：“场所最多”保障场所涵盖人民大会堂、28家代表委员驻地酒店，为历年通信保障场所最多；“人员车辆分布最广”，北京联通共派出通信保障人员62058人次，其中现场保障人员2934人次、车辆7203辆次为历年最广；“保障历时最长”，共提供15天通信保障支持，为历年最长；“双路比例最高”，代表委员驻地酒店全部实现双上联，交换机双上联比例100%，为历年最高；“无线覆盖最全”，代表委员驻地酒店实现2G、3G和Wlan网络的无缝全覆盖，为历年最全。

（崔艳艳）

【荣获中国最佳呼叫中心外包奖】年内，北京联通先后为150余个各类大中小型客户提供了外包服务解决方案，获得各界好评和业界的肯定，荣获2013年中国最佳呼叫中心外包奖。

（崔艳艳）

中国烟草总公司北京市公司

【概述】年内，北京市烟草公司积极推进一体化“数字京烟”建设，完成“贯通、融合、提升”的阶段性目标。将信息技术与卷烟商业电子商务进一步融合，满足实时形成零售户订单、实时削减库存、实时跨行结算、实时分拣配送、实时线路优化，更好地满足北京卷烟市场供应。

（郁红）

【信息化技术支撑创新卷烟营销模式】年内，北京市烟草公司推出新业务流程和业务模式，推进信息化建设。开发了统一订货平台，对原有的电话订货、网上订货、手机订货各种订货方式进行整合，基本实现零售户订货不限时间、不定周期的订货服务；开发了跨行网上结算系统，支持零售户在订货时自主选择银行进行结算，实现了由代扣到自主、由固定结算银行到自由选择银行、由线下到线上转变等。

（郁红）

【开发卷烟经营管理决策系统】年内，北京市烟草公司组织开发经营管理决策系统，加强经营管理决策工作的信息化支撑。完成综合展示分析系统，实现对经济运行、市场营销、专卖管理、物流体系等企业经营管理全方位的集成分析和动态展示；开发市场调控系统，实现市场状态分析评价，市场限销、停销策略的信息系统管理；收集整理了业务规范、制定信息维护和发布制度。

（郁红）

【卷烟零售终端业务集成新平台建设】年内，北京市烟草公司继续推广应用终端业务集成平台，配合各区县完成新旧终端系统的切换。全市16个区县中的15个区县已全部完成新旧系统切换工作，推广零售户使用终端业务集成平台户数共计1563户。实现了北京烟草从批发环节向零售环节，从内向外延伸，形成面向工商零三维一体面向消费者的营销体系。

（郁红）

【推动数据资源的规范整合和利用】年内，北京市烟草公司以“三条总线”建设为基础，实现系统在应用、流程、数据层面的全面整合。以订单管理中心建设为依托，围绕零售客户订货核心，抽象相关服务，初步形成服务标准，搭建SOA基础平台，实现“服务总线”落地，实现关键服务资源的抽象和复用，提高系统柔性。以经营管理决策系统建设为中心，围绕零售客户入网、零售客户订货等关键跨系统、跨部门的流程，搭建统一流程管理平台，实现“流程总线”落地，推进流程集成，强化过程管控。以数据中心（一期）项目建设为重点，通过全面分析梳理企业信息资源目录，制定统一信息资源标准、数据交换标准和数据管理规范，实现“数据总线”落地，推进数据资源的统一规范、集成整合和共享利用。

（郁红）

【建设卷烟打假情报信息指挥系统】年内，北京市烟草公司完成卷烟打假情报信息指挥系统项目建设。卷烟专卖管理工作结合网格化管理需求，以“三化融合”（网格化、差异化、信息化）为主线，实现人员的网格管理信息图形化的展示功能，试点单位使用情况良好，基本满足业务需求，并已融入北京烟草经营管理决策系统之中。通过“专卖内管系统升级项目”建设，对内管与档位相关模块进行了调整，共完成三次升级，内容涉及32位码输入校验、32位喷码相关的统计查询、部分半年预警改为每月预警。系统运行稳定，保障北京烟草内部管理监督的业务工作。

（郁红）

【搭建烟草公司私有云】年内，北京市烟草公司完成企业私有云搭建。通过对小型机、PC服务器、存储设备等计算、存储资源进行虚拟化整合，实现子计算与存储资源共享、按需配置资源和动态调整应用的三大目标。完成移动办公系统全面应用，增强办公协同水平，新增加门户待办功能，实现个人代办工作的集中提醒、简化操作。探索手机支付新应用，丰富用户新体验，通过SIM卡或SD卡与银行卡绑定，为零售户提供了手机支付的新方式，实现从订货到支付的一次完成。围绕客户经理、市场监管员等一线工作人员，开发移动工作平台，提高一线人员的工作效率。围绕管理决策层，着手探索移动位置感知与位置信息服务，通过平板电脑、智能手机实时查询相关的信息，实现全方位实时掌握企业运行状态，提高管控能力。

（郁红）

中金数据系统有限公司

【概述】中金数据系统有限公司（以下简称“中金数据”）是云计算运营服务商、信息系统和数据中心外包服务商，致力于基础设施资源和专业人才资源的社会化服务，帮助客户提高信息技术系统和业务运作管理的安全性和效益，帮助客户提升核心竞争力。中金数据以自主建设运营、覆盖全国核心经济区域的大规模、高等级数据中心为基础，以符合国际和国家规范标准的运行管理体系和专业的服务团队为保障，以面向行业的整体解决方案为价值体现，以社会化服务和合作共赢为发展方向，提供数据中心基础设施和信息系统运营外包管理服务，提供灾难备份和业务持续性管理服务，提供云咨询、云集成、云运营服务。中金数据已经为众多高度依赖信息技术系统来运作其关键业务的行业客户提供了专业的外包服务，覆盖全国性以及地方各级银行、保险、政府机构、交通运输、互联网、大型制造业和外资企业等行业客户。

（孙健）

【入选“十百千工程”重点培育企业】1月8日，中金数据作为新一代信息技术类企业,凭借企业收入高速增长、产品研发大量投入以及广泛参与业界标准建设等优势，顺利通过专家的评议,成功入选“十百千工程”第三批重点培育企业。

（孙健）

【获计算机信息系统集成二级企业资质】2月6日，工业和信息化部和北京市经济和信息化委员会等评审专家通过了中金数据关于计算机信息系统集成二级企业资质的申请。工业和信息化部正式授予中金数据系统有限公司计算机信息系统集成企业资质（贰级）证书。该资质是中金数据从事计算机信息系统集成的综合实力的体现，标志着中金数据在软硬件开发、系统集成和服务领域取得了长足的进步。

（孙健）

【举办电子政务云研讨会】4月9日，由中金数据主办的北京市电子政务云座谈研讨会在中金数据召开，会议旨在讨论如何加快部署北京市电子政务云，讨论北京电子政务发展如何走集约化的发展道路。北京市经济和信息化委员会领导参与并主持会议，各区县信息化部门代表、云计算企业代表出席会议。

（孙健）

【获“纳税信用A级企业”荣誉】5月27日，市国税局和市地税局将通过纳税信用信息管理系统和媒体向社会公告本次获得A级纳税信用资格的企业名单。中金数据获此荣誉，有助于提高与合作伙伴、客户间的信任度，增加了在各项竞标、商务谈判、资质申请中客户和专家对中金数据的认可度。

（孙健）

【协助中国农业银行完成灾难恢复演练】5月30日，中金数据协助中国农业银行实施了中国农业银行2013年数据中心信息系统业务级灾难恢复演练。通过演练，提高中国农业银行总行和各分行应对灾难性突发事件的能力。演练以农行总行为主导，总行的各业务部门、职能部门、相关技术部门以及农行全国各分行共同参与。演练通过了全国分行营业网点的业务验证，业务验证成功率为99.94%。中金数据作为演练的协助方，为农行提供了业务连续性管理系统CeBCM4.0的技术支持、环境监控和全程操作指导。通过演练，提高农业银行的灾备意识，验证灾难恢复组织指挥体系的有效性，提高农业银行信息系统的应急响应能力，促进总行部门之间，总、分行之间的协同合作。演练达到了银监会关于业务连续性演练的监管要求。中金数据还帮助新光海航、安诚保险、凯德置地、晋商银行、合众人寿、中银保险、邯郸银行、秦皇岛银行等客户完成灾备演练。

（孙健）

【获两项金软件奖项】6月19日，由中国电子信息产业发展研究院主办的2013年中国方案商大会暨（第十五届）金软件金服务颁奖盛典落下帷幕，中金数据获得中国金软件·银行业BCM软件最具影响力企业奖和中国金软件·图书发行行业ERP及物流管理系统软件最具应用价值解决方案奖。中国金软件金服务调查评选已经成功举办15届，“2013年第十五届金软件金服务榜单”是受中国方案商专业委员会委托，由中国信息产业发展研究院历时三个多月调查而评选得出，是中国软件和信息服务业最客观、最权威的奖项评选活动之一。

（孙健）

【与保险报业开展战略合作】7月23日，中金数据与中国保险报业股份有限公司在北京正式签订业务合作协议。双方根据消费者对保险信息的市场需求，就新媒体创新业务展开深度合作。《中国保险报》与中金数据开展系列业务合作是保险报业加快从传统报业向现代新型传媒企业转型的重要一步。保险报业董事长赵健与中金数据董事长杨洁在签订合作协议后认为，国家提出今后3年信息消费年均增长20%以上，中国保险信息消费潜力很大。双方表示，将依托保险行业唯一的专业媒体和先进的云计算技术支持，优势互补开发保险信息消费产品，为更多保险消费者提供专业信息服务。

（孙健）

【承担中关村创新云一期项目建设】年内，中关村现代服务业试点项目在中关村现代服务业网站公示，中金数据作为项目的支持单位，承担中关村创新云一期项目建设。中关村创新云项目包括建设支撑云计算和大数据分析的基础运行环境、建立IPv6下一代互联网体系、建设企业虚拟专用云管理平台、建设政府软件产业管理基础平台、建设中关村创新孵化平台等内容。中关村创新云平台基于下一代互联网，是融合了数据中心集群、大数据应用、云计算服务、多群体聚合平台以及移动化“云+端”模式的创新型综合服务平台，并整合了基础资源、数据、应用、融资、创投、政府服务等核心创新要素，以云计算的方式及相关服务为企业创新过程提供支持，挖掘平台运营产生的信息价值。

（孙健）

【教育云平台联手江苏凤凰】年内，中金数据推出教育云平台。中金数据多媒体数字教育图书云平台打破传统的教育信息化边界，提出了全新的教育信息化概念，集教学、管理、学习、分享、互动交流于一体，为教育部门、学校、教师、学生、家长及其他教育工作者，打造一个体系完整、安全可靠、成熟易用、快速实施、成本低廉的一体化解决方案。其中，教育云创新产品中金智慧测评系统1.0与江苏凤凰达成意向合作。

（孙健）

【中金数据物流与ERP系统领跑行业】年内，中金数据物流与ERP系统、商流系统等项目在山东省、甘肃省、陕西省、山西省等地新华书店集团的顺利实施。中金数据拥有自主产权的中金物流与ERP管理系统是一套针对流通领域采购营销、仓储运输、配送连锁等业务需求而设计的大型企业一体化管理软件，把出版管理、发行管理、物流管理及财务、决策融为一个平台，提供了全线产品。系统适合于商业、物流业、制造业、文化产业，在出版发行行业得到了广泛的应用，已在11个省（区）的省级发行集团和部分出版集团得到应用，在行业中占有最大市场份额。

（孙健）

【与上海动联携手推出“动码云”】年内，中金数据与上海动联信息技术有限公司共同发布升级版的安全身份认证服务“动码云”（CAaaS）。“动码云”是一种基于动态密码技术，保障用户身份信息不可假冒、不可篡改、不可抵赖，从而保障交易安全、数据安全的高等级身份认证服务。此次双方强强联合,启用新的“动码云”联合运营品牌标识,旨在高标准打造第三方安全身份认证服务标杆。中金数据与上海动联推出的升级版“动码云”，是在上海动联原“动码云”平台基础上，对应用软件平台和基础设施环境进行全面升级，将“动码云”平台搭建到中金数据高等级数据中心内进行运营，形成北京、上海、广州三大中心节点，并互为灾备，以保障服务永续。中金数据北京、上海、广州、烟台的全国数据中心布局将为“动码云”三大中心节点运行提供基础支撑。

（孙健）

【中金数据首次外包国内航空企业关键业务系统】年内，中金数据与中国国际航空股份有限公司开展合作，共铸数据中心外包服务项目。中国国航的电子商务系统是其所有业务系统中最重要的票务、会员管理和营销渠道。通过本次项目，中金数据将为国航提供电子商务系统的机房外包服务。中金数据此次与国航合作，是中金数据成立以来，首次进入航空和重大交通运输行业市场，也是国内航空企业关键业务系统的首次服务外包。

（孙健）

【获IDC和ISP业务牌照】年内，中金数据通过工信部IDC/ISP业务牌照审查，并获批此牌照。中金数据作为国内高等级数据中心运营服务提供商，此轮获得IDC/ISP业务牌照，表明中金数据具备全部开展IDC和ISP业务的资质，拥有过硬的基础设施硬件水平，具有完善的岗位人员分配制度，满足工业和信息化部要求的各项指标。IDC和ISP均属于增值电信业务经营许可证里的种类称号，IDC（Internet Date Center）代表可以经营增值电信业务中的数据中心业务，包括服务器租用、主机托管等业务。ISP（Internet Service Provider）代表可以经营增值电信业务中的因特网接入服务业务，包括互联网接入、信息接入等增值业务，开展这些业务的企业必须拥有IDC/ISP业务牌照。

（孙健）

北京中科红旗软件技术有限公司

【概述】北京中科红旗软件技术有限公司（以下简称“红旗”）通过提供高品质的Linux产品和服务，开创全新的计算体验，帮助企业增强整体竞争力，提高个人工作效率。红旗软件实现了主营业务的全面盈利，形成以北京为总部，在广州、上海等地设有分公司的架构，并拥有立体的销售渠道和遍布全国的服务网络。红旗软件提供的产品涵盖了高端Linux服务器操作系统、集群系统、桌面版操作系统、嵌入式系统以及技术支持服务和培训等领域，用户广泛分布在政府、邮政、教育、电信、金融、保险、交通、运输、能源、物流、媒体和制造等各个行业。

（晓黎）

【Linux桌面版被列入考试科目】3月，红旗LinuxDesktop 6.0操作系统正式服务于各地区人力资源社会保障部体系的计算机应用能力考试。在本年度人力资源与社会保障部计算机应用能力考试科目中将增加4个科目，“Linux桌面应用技术科目”的内容为红旗LinuxDesktop 6.0操作系统。

（晓黎）

【桌面版V8.0全新发布】年内，红旗琢磨版V8.0发布。红旗琢磨版V8.0全面符合国家制定的Linux的标准，并完全符合LSB4.1的认证标准，同时在系统多个方面取得了实质性的进展。最新的稳定内核3.6.11及驱动，使系统具备更好的硬件兼容性，提升了无线支持能力；KDE升级到4.10。

（晓黎）

北京中太汇鑫技术有限公司

【概述】北京中太汇鑫技术有限公司是长期从事煤矿综合自动化、信息化的集成公司，通过多年工程实践与探索，提出了基于物联整套综合自动化解决方案，解决了煤矿生产、安全、经营管理数据孤立及各部门信息不共享的局面，实现了煤矿经营管理、职能管理、生产管理的集成，达到管控一体化。中太汇鑫针对井下通风量与主通风机之间联动难题，采用模糊控制原理，建立风机模糊控制模型，解决了通风量与风机之间匹配。采用灰色理论，基于大数据分析原理，建立煤矿安全环境预测灰色系统模型，为煤矿环境安全预测提供了科学手段。

（北京中太汇鑫技术有限公司）

【加大物联网煤矿综合自动化建设】年内，北京中太汇鑫技术有限公司加大物联网的矿井综合信息化的规划设计，主要包括物联网应用架构设计、IT基础设施架构设计、接口设计、应用平台设计等内容。通过物联网煤矿的建设，建立跨地域、跨业务、高度集成、高效运作、安全可靠的综合信息处理平台，以信息化推动安全生产保障水平的增强，以信息化带动企业管理水平的提高，增强企业的竞争力，促进煤业集团公司战略目标的实现。

（北京中太汇鑫技术有限公司）

【建立矿井通风机模糊控制】年内，基于矿井通风系统是一个复杂系统，与矿井开拓、提升运输、采矿方法、开采顺序、采准布置方案关系十分密切，具有很强的随机性。矿井通风系统具有很强的模糊性。很多变量难以预测，很多原始数据及预测方法的误差带来模糊性，根据《煤矿安全规程》，当瓦斯浓度达到或超过1.5%时，要及时排放瓦斯，增加通风量；但为了节能，在浓度0—1.5%时，局部通风机可以与瓦斯浓度成比例地改变。以瓦斯浓度偏差作为输入量值，创造性地建立模糊论域，确定模糊控制规则。有效解决了矿井通风系统安全问题。

（北京中太汇鑫技术有限公司）

北京中文在线数字出版股份有限公司

【概述】年内，北京中文在线数字出版股份有限公司（以下简称“中文在线”）以“融合产业、共赢未来”为目标，立足企业，放眼行业，主办、承办文化创意、数字出版等高端大型活动，在行业内外引发热议，20000余人次参与活动，集中展示中文在线在数字版权、运营管理和渠道建设方面取得的经验和成果的精粹，提高了中文在线品牌知名度、美誉度和影响力。与此同时，发起成立的中国首家培养网络文学原创作者的公益性大学，在行业内起到积极的引领示范作用。

（李佳）

【承办数字出版龙头企业高层沙龙】2月19日，2013年在京数字出版龙头企业高层沙龙在北京举行。沙龙活动由中国新闻出版研究院主办，中文在线承办。国家新闻出版广电总局、中国新闻出版研究院相关领导，以及中文在线、龙源数字传媒、航天数字传媒公司、北大方正电子公司、同方知网、亚马逊、当当网、人民军医出版社、中国教育出版传媒集团、高等教育出版社、北京大学出版社、中国出版集团数字传媒公司等出版单位及数字出版龙头企业高层，30余人出席了沙龙。参会嘉宾各抒己见，就“当前数字出版产业分析”“2012年数字出版产业回顾”“2013年数字出版展望”“数字出版产业联盟”等问题进行深入交流与讨论。

（李佳）

【刘云山视察中文在线】6月8日，中共中央政治局常委、中央书记处书记刘云山到中文在线调研。刘云山详细了解中文在线全媒体数字出版模式的运营情况，体验了手机阅读、互联网阅读、手持阅读设备、数字图书馆、有声读物等中文在线多个数字出版产品。刘云山高度肯定中文在线是文化大繁荣大发展背景下科技与文化融合的代表企业，支持中文在线做大做强。

（李佳）

【承办第五届数字出版博览会】7月8日，由国家新闻出版广电总局、科技部、工业和信息化部、中科院为支持单位，中国新闻出版研究院为主办单位，中文在线为承办单位的“第五届中国数字出版博览会”在北京国际会议中心盛大开幕。全国人大常委会委员、教科文卫委员会主任委员柳斌杰出席开幕式并致辞，国家新闻出版广电总局副局长孙寿山做主题报告。开幕式由国家新闻出版广电总局科技与数字出版司司长张毅君主持。部分省、自治区、直辖市新闻出版局负责人，出版集团、传媒集团负责人，海内外演讲嘉宾，以及来自全国新闻出版、数字技术、高等院校、图书情报、科研机构、电信网络、动漫资讯、民营企业的代表共计1000余人出席了开幕式。本届数字出版博览会为期3天，主题为“科技融合出版、技术提升业态”。

（李佳）

【成立中国首家网络文学大学】10月30日，在中国作家协会指导下，由中文在线发起的中国首家培养网络文学原创作者的公益性大学——网络文学大学，在北京孔庙国子监彝伦堂宣布成立。莫言担任网络文学大学名誉校长并亲授网络文学大学第一堂课。来自纵横中文网、创世中文网、百度多酷文学网等多家国内知名网络文学原创网站的总编辑、作者们共同见证了这一时刻。网络文学大学获得了中国作家协会、鲁迅文学院的大力支持，鲁迅文学院原常务副院长白描、副研究员王祥等出任导师。石钟山、人海中、周德东、曾子航等知名作家，网络文学评论家马季、北京大学中文系副教授邵燕君等学者，中国青年出版社副编审庄庸等出版社资深编辑，中国作协会员酒徒、骁骑校等知名网络作家，也都担任网络文学大学的导师参与网络文学大学的教学工作，从培养网络文学作者着手，推动作者职业化进程，促进网络文学健康发展。

（李佳）

【建立微传播平台】年内，中文在线建立微传播矩阵，横跨微博、微信两大社交媒体，设立"译讯""政事儿""in科技""读书""Fun你"等多个微传播栏目。其中，"译讯"为中文在线独家微栏目，通过搜索数字出版行业国际动态，第一时间内编译并发布，力在打造国内数字出版行业权威发布平台。中文在线官方微博、微信公众平台聚合文字、图片、音频、视频等多种社交媒体功能，通过新媒体信息特点开展"微"活动，通过和订阅用户建立有效沟通，树立行业品牌。

（李佳）

【开发国内首款移动创作软件】年内，中文在线开发的国内首款移动写作客户端"汤圆"在安卓市场独家首发。"汤圆"是中文在线团队开发的一款写作APP，拥有较好的阅读功能、强大的写作功能以及作者与粉丝紧密的互动功能。作者在"汤圆"里写作，软件可以协助作者把碎片整理集中为一体，自动成书。同时汤圆还具有离线写作功能。通过"汤圆"，读者还可以与作者及时互动，并利用平台给喜欢的书和作者赠送虚拟礼物。

（李佳）

北京紫光百会科技有限公司

【概述】北京紫光百会科技有限公司（以下简称"紫光百会"）致力推进大数据时代下智能交通未来发展，针对智能停车行业孕育了许多新的技术产品，首创智能停车云平台，利用互联网、移动终端、车载设备将停车场信息实时发布，用于缓解城市停车资源建设缓慢与停车需求快速发展之间的矛盾，进而为交通信息与城市规划提供底层数据支持，促进动静态交通的和谐发展，并为市民在寻车停车位时提供了便捷的服务。同时，大力推广城市停车诱导及引导技术产品的应用，为城市建立统一的停车诱导便民服务和应急指挥平台创造良好的基础。作为智能交通系统（ITS）的组成部分，紫光百会在停车行业（静态交通行业）中已经具备了完善的信息技术、数据通信传输技术、电子传感技术、控制技术及计算机技术等，并在国家出台的智慧城市建设策略支持下，指导了停车、云计算、数据存储分析等的合并运作，目标是完成全方位实时、准确、高效的综合管理系统。

（北京紫光百会科技有限公司）

【无忧停车网手机应用发布】年内，紫光百会发布无忧停车网新版手机客户端，主要功能包括：将北京市各个停车场信息、路径导航、车位预订等功能提供给市民实现停车诱导；通过移动终端或寻车设备引导客户寻找车辆和查询停车时间及费用；支持电子支付功能（支付宝、微信、银联等）；已覆盖5000多个停车场，其中动态停车数据2000多个，停车场深度数据和动态数据已经签约共享给高德软件有限公司、北京四维图新科技股份有限公司、北京搜狗科技开发有限公司、北京世纪高通科技有限公司、北京腾瑞万里信息技术有限公司、车托帮（北京）移动科技有限公司、中国移动通信集团公司、中国电信集团公司等互联网服务商，成为停车场数据格式的标准。

（北京紫光百会科技有限公司）

【推广新一代图像识别引导技术】年内，紫光百会新一代图像识别引导技术广泛应用，通过在每个车位上安装一个图像采集设备，通过服务器对采集数据分析来判断停车位的空、满状态，并控制车位状态指示灯变化；通过车位状态指示灯的红绿状态、场内引导屏上的空余车位数的变化，引导车辆迅速入位，解决驾车者停车难的问题。公司还推出了扫二维码寻车功能。顾客不但可以通过寻车机查找车辆停放位置，还可以通过手机扫描二维码即可查询车辆停放位置。

（北京紫光百会科技有限公司）

【首创扫二维码支付停车费】年内，紫光百会运营的无忧停车网携手支付宝在北京40余家停车场首推扫二维码支付停车费的活动，相比传统的现金缴费、刷卡缴费，扫描二维码缴纳停车费带来了改变，这项业务的开通开创了停车场智能管理的新篇章。手机即拍即用，顾客车辆出场时只需打开支付宝扫描岗亭或收费员提供的二维码，使用支付宝完成停车费支付即可。无忧停车网是利用物联网和云计算技术创建的“智慧停车云平台”，顾客可以通过互联网，移动终端、车载导航设备等享受方便快捷的停车导航、车位预定、错时停车、在线支付等服务。

（北京紫光百会科技有限公司）

北京华戎京盾科技有限公司

【概述】2012年11月29日，北京外企人力资源服务有限公司与中国华戎控股有限公司在京签署战略合作协议，双方将在人才外包、人事服务、猎头招聘等多个领域开展广泛合作。该协议的签订为双方实现优势互补、合作共赢，在高科技服务领域展开深入而广泛的合作奠定了基础。

北京华戎京盾科技有限公司（以下简称“华戎京盾”）在FESCO与中国华戎的共同努力下于2013年8月22日正式成立，注册资金1000万元。华戎京盾是一家高新技术企业，在高科技安全技术领域有着雄厚的科技实力和巨大发展空间。该公司拥有国内领先的IT运维专有技术，致力于成为高科技、高技术领域里的运营维护专家。

华戎京盾自主研发的IT综合运维平台与安防综合运维相结合的运维服务是其现阶段主要开展的业务。在提供综合运维服务、坚持自主研发运维平台的同时，华戎京盾将在系统集成及信息化建设方面为社会提供更多服务。

截至年底，华戎京盾获得了2项专利授权、6项著作权、中关村高新技术企业认证、ISO 9001质量管理体系认证、5项软件产品登记及软件企业认定，并计划于2014年继续申请多项计算机软件著作权及专利。

华戎京盾计划在2014年继续强化围绕视频监控相关领域的产品开发，坚持主推综合运维服务业务，同时不放松产品销售与系统集成业务的发展，力争在综合运维服务领域实现突破，完成布局华北的网络建设。

（宋佳音）

【综合运维平台】华戎京盾凭借在软件开发和实施方面的丰富经验，在充分吸收国内外先进网络管理理论的基础上，结合国内IT管理现状，研制开发出了综合运维管理平台。该平台包括了两大核心系统，即综合运维监控系统和综合运维服务管理系统。其中，综合运维监控系统包含了三大子系统：IT综合网管系统、机房动力环境监控系统、视频故障诊断系统。

华戎京盾综合运维管理平台将以往对网络、服务器与业务应用、安全设备、客户端PC和机房动力环境等的分割管理进行了有效的整合，实现了全面监控与集中统一管理；并融入了基于ITIL理念的IT服务管理，实现了技术、功能、服务三方面的有机结合，从而提高了企业IT系统的运行管理水平和服务能力，为企业生产和日常办公提供高效、贴身的保障。

（宋佳音）

【运维流程管理系统】　运维流程管理系统作为综合运维平台的重要组成部分，与ITSM产品相关内容联系密切，特别是表单定义、组织机构定义及其管理、权限管理、数据流管理等。该系统也是实现基于ITIL的综合运维管理平台的核心。

企业实施运维流程管理系统，有助于进行完善的服务管理。在各个流程管理中，可以直接与各个业务部门相互作用，做到快速响应，合理整合企业资源，从而实现对业务功能及流程的重新设计，降低成本、缩短周转时间、提高质量和增进客户满意度。客观上为企业带来经济及社会效益。

（宋佳音）

【IT综合网管系统】网络管理越来越重要，是业务连续性、系统整合、应用服务的基础。复杂异构的网络环境给IT管理工作带来了巨大的挑战。各种品牌的网络设备、网络连接关系等如果没有有效管理措施，当网络出现问题时，来电响应式的管理根本无法满足业务发展的需要。这就可以借助管理系统实现对IT的治理。另外，管理系统还能为投资决策提供量化依据。

IT综合网管系统通过拓扑管理、设备管理、性能管理、安全管理以及告警管理，实现了客户复杂网络环境透明化及事前、无人值守管理，给客户决策提供依据，达到高效管理目的。

（宋佳音）

【视频故障诊断系统】视频故障诊断系统是一种智能化视频故障分析与预警技术，通过对图像的分析与处理，对人为或物理因素导致的视频图像异常状况，进行诊断并发出报警，以提醒用户与相关维护人员注意，保障系统的正常运行。该系统采用先进的计算机视觉算法，能够对常见摄像机故障做出准确判断并发出报警信息。

（宋佳音）

【机房综合动力环境采析系统】本系统是专为现代计算机及网络通信机房而设计的多功能监控产品，该产品可监控机房交流电压、蓄电池电压（或环境湿度）、环境温度，配合相关的传感器可监控烟雾、漏水、非法入侵、空气开关跳闸、瞬间断电等警情，一旦机房相关参数出现异常，系统会通过手机短信、电子邮件在第一时间通知相关管理人员，确保机房设备出现故障能够及时解决，并可通过RS–232智能通信接口，进行组网集中管理，查看相关记录，方便大型企业的管理，并可随时通过短信查询实时数据信息。该产品广泛应用于电信、广电、电力、水利、金融、交通、能源、公安、监狱、部队等不同领域和行业。

（宋佳音）

社会领域信息化

【综述】年内，北京市协调推进社区信息化建设，编制了“智慧村”考核认定指标体系，策划智慧社区系列服务应用推广活动。推进成立首都农业农村信息化服务联盟，建立统一的信息发布系统。推进农业农村信息化应用技术规范建设，不断创新农村信息化试点示范应用。开展了“十二五”中期社区信息化建设评估工作。统筹推进社会信用体系建设工作大力推进社会信用体系建设试点示范。推进社会信用体系建设重点工作。

（北京市经济和信息化委员会）

社会公共服务信息化

【概述】年内，北京市继续加强社会公共服务信息化的建设力度，推出“北京服务您”手机软件，手机可以登录市民主页，打造全市信息消费平台，开始市民卡项目的推广。

（北京市经济和信息化委员会）

【推出“北京服务您”手机软件】年内，由市应急办、北京市经济和信息化委员会、市气象局共同合作开发的“北京服务您”手机客户端软件正式上线，这是一款市政府为公众提供的统一、权威、及时、可靠的移动终端应用产品，只要市民在手机上安装“北京服务您”应用软件，就能随时随地在手机上了解天气预报、交通出行等各类资讯。

（人民网）

【政府信息化打造信息消费平台】年内，北京市政府与中国移动联合开通市民主页，并能够通过手机登录。在北京市民主页上，市民不但可以实时查询城市路况、航班及个人公积金信息，还可以完成预约挂号、公共事业缴费等203项消费和服务。

（北京市公共信息服务中心）

社保卡信息化建设

【规划建设市民卡信息资源数据库】年内，北京市经济和信息化委员会提出《北京市民卡多应用顶层设计》的要求，并在前期已经建成的市民卡信息共享服务系统的基础上，利用已建成的对外提供数据共享服务的基础环境及技术条件，初步规划建设北京市民卡信息资源数据库并开发在线定制应用。

（北京市公共信息服务中心）

【市民卡信息共享服务平台运维监管】年内，北京市经济和信息化委员会建成市民卡信息共享服务平台的运维监管与数据应用环境。方便对市民卡前期基础环境系统日常运维及监测,新建远程监管及数据应用环境，实现对系统的日常监管及数据统计分析。

（北京市公共信息服务中心）

【市民卡试点推进项目】年内，市民卡试点项目推进。把大兴区村庄社会化管理项目作为试点项目，并在大兴区榆垡镇进行的“流动人口居住证”试点中应用了市民卡项目研发的技术成果，验证市民卡一卡多用试点项目的可行性，社会效益凸显。

（北京市公共信息服务中心）

【“京医通”项目试点扩面推进】年内，开通“京医通”的试点医院已达14家，累计发卡68.54万张，减少我市非医保患者重复办卡所带来的不便，真正做到统一样式、统一功能、统一服务，实现医院间跨院无现金结算。随着项目的进一步建设，“京医通”卡将承载患者身份识别、基本健康信息存储，患者就诊信息资源整合与数据共享，具有预付费小额支付功能的电子钱包等五大功能。“京医通”卡和北京市社会保障卡将实现所有在北京医疗机构享受医疗服务人群的全覆盖。

（费明洁）

【启动工伤、生育保险持卡实时结算项目】年内，首信公司根据《2013年度医疗保险信息系统工作任务》及医保系统上线计划，利用已建立的北京市医保信息系统，完成了项目相关工作：全年发布4个版本，涉及14个需求项，涉及医院端医保业务组件、医保核心组件、经办审核结算系统及系统接口等相关系统的改造，针对改造完成相关培训，完成工伤人员制卡发卡工作，工伤、生育保险持卡实时结算项目的正式启动。

（费明洁）

公积金管理信息化

【信息化发展规划及顶层设计报告完成】年内，北京住房公积金管理中心完成《2013—2017年信息化发展总体规划》及《信息化建设顶层设计研究报告》的编制工作，明确未来五年的信息化工作目标、任务及发展方向，为新系统建设及信息化发展奠定基础。

（郭芳）

【专项应急预案的编制和应急演练】年内，为确保信息系统安全稳定运行，在《关于印发〈北京住房公积金管理中心综合信息管理系统安全应急综合预案〉（试行）的通知》的基础上，北京住房公积金管理中心继续细化并编制专项应急预案。为验证专项应急预案的有效性，开展异地数据恢复专项应急预案的演练工作,以评估了数据恢复应急事件处理所需时间，检验了灾备中心备份数据的完整性、可用性、准确性，完善数据恢复应急事件处理操作流程。

（郭芳）

人口管理信息化

【开启居民身份证登记指纹信息工作】6月1日起，本市户籍派出所申领、换领、补领居民身份证登记指纹信息工作全面展开。在居民身份证中加入指纹信息，可以有效防范冒用居民身份证以及伪造、变造居民身份证等违法问题的发生，准确甄别持证人的身份。公安机关对采集、传输、存储包括指纹信息在内的公民个人信息，采取了严密的安全保护措施。

（闫建斌）

应急管理信息化

【电话及短信报警系统防汛应急演练】6月，北京市公安局组织北京移动、北京联通和北京电信进行“110”电话报警系统和“12110”短信报警系统防汛应急演练。

（赵晋石、田昊）

城市管理

【概述】年内，中国智慧城市产业联盟在北京成立，有关领导及多名院士等出席，各省北京市经济和信息化委员会、联盟成员企业200余人参加会议。联盟成立仪式后举行了“智慧城市论坛”，长春市、延吉市、无锡市、包头市等地方领导与联盟企业互动。北京排水集团“防汛信息服务系统”上线运行，为集团联合指挥调度、防汛指挥、应急处置提供了有力的技术支撑和基础保障。

【防汛信息服务系统上线运行】6月，北京排水集团“防汛信息服务系统”上线运行，该项目获得国资委100万元资金支持。“防汛信息服务系统”采集并整合了集团厂、网、站的实时运行情况，城区气象和雨水情数据，防汛队伍布控情况，桥区和易积滞水点视频等各方数据资源，实现对城区93座雨污水泵站和8座水厂的运行状况、112组防汛抢险单元位置和现场图像及城区气象、雨情实时数据的动态感知、资源整合、智能分析、辅助决策，为集团联合指挥调度、防汛指挥、应急处置提供了有力的技术支撑和基础保障，提高城市精细化管理水平和“北排服务”能力，确保城市安全稳定运营。

（王雪梅）

【中国智慧城市产业联盟成立】10月10日，中国智慧城市产业联盟在北京成立。国务院参事、中国电子商会会长曲维枝，工业和信息化部信息化推进司秦海以及多名院士等出席，各省北京市经济和信息化委员会、联盟成员企业200余人参加会议。中国智慧城市产业联盟由中国电子商会、中国航天科工集团、中国航天科技集团等国内百余家大中型企事业单位、研究机构发起并建立。大会审议和通过联盟章程。联盟成立仪式后举行智慧城市论坛，北京市经济和信息化委员会副主任童腾飞在会上就智慧北京发展和产业合作发言，长春市、延吉市、无锡市、包头市等地方领导与联盟企业互动。

（北京市经济和信息化委员会电子政务与信息资源处）

文化事业

【概述】年内，北京市加强公共文化设施规范化、标准化、数字化建设。建立基层文化建设考评机制，将公共文化建设列入区县政府绩效考核指标体系。启动第一次全国乡镇综合文化站评估定级工作，实施基层文化站设施、管理、服务、活动和特色“五达标”第三方评估。推动全市乡镇综合文化站“建、管、用”迈上新台阶。完成全国第五次图书馆评估工作，首都图书馆获得自评估工作开展以来的首个满分，并荣获市级法治文化建设示范点称号，全市有17个区县图书馆评估为一级馆。完成全市500个社区文化中心标识规范工作。稳步推进数字化社区建设，新建200个数字文化社区，对已建成的100个数字文化社区加强了运营管理和服务推广。推动24小时自助图书馆体系建设，在全市大型社区等公共场所开通了134台24小时自助图书机。在农村文化室实施“四网合一”工程，已有8个区县2659个村完成了合网工作。北京画院的网上美术馆建设取得进展，“三百石印富翁——齐白石的金石心迹展”“搜妙创真——松石斋藏陆俨少书画精品展”网上美术展建设完成，实现展览永不落幕，拉近市民与艺术的距离。重点文化设施建设稳步推进，北京文化活动中心完成所有审批工作，顺利进入工程实施阶段；北方昆曲剧院完成院址合作改造意向的相关工作；北京画院业务楼改造工程开始进入前期审批阶段；北京交响乐团首都音乐厅的选址工作有序开展。全市42个重点镇文体活动中心项目进展顺利。

（北京市文化局）

网络文化

【文化数码产业博览会】10月2—4日，2013年北京文化数码产业博览会在国家会议中心召开。市文化资产监督管理办公室书记张慧光、主任周茂非，市旅游发展委员会委员邹伟南以及北京市经济和信息化委员会相关领导等出席开馆仪式。博览会参展企业120多家。其中，市旅游委的智慧旅游展位引人关注，通过科技数码展示现代科技旅游的内涵。中关村海淀园展区将文化与科技充分融合，智能机器人、科技互动区等等处处体现科技的内涵。本届博览会期间，以推介会的形式促成了中美总商会与北京易中和广告传媒有限公司、台北动漫联盟与中海天和科技有限公司签订友好合作协议，文化与科技融合是此次博览会最大的亮点。

（北京市经济和信息化委员会）

【互联网普及率居全国首位】年内，北京市网民规模达到1556万人，年增长率6.7%。互联网普及率75.2%，比全国平均水平高29.4个百分点，北京市互联网普及率稳居全国首位。

（北京市经济和信息化委员会）

【北京市域名总数全国第三】年内，北京市域名总数为186万个，占全国域名总数的10.1%，位居全国第三位。

（北京市经济和信息化委员会）

【IP地址总数全国第一】年内，北京市IPv4地址总数为8472万个，占全国IPv4地址总数的25.65%，保持全国第一。

（北京市经济和信息化委员会）

【网站数量发展情况】年内，北京市网站数44万个，占全国网站总数的13.7%。北京市网站数量同比增长10%。

（北京市经济和信息化委员会）

【网民性别结构调查】年内，根据北京互联网发展中心调查，可知北京市男女性别比例为58：42，明显大于全国平均水平。男性较全国平均水平高2个百分点。男性比女性高出16个百分点，与上年男女性别差异基本一致。

（北京市经济和信息化委员会）

【网民年龄结构】年内，北京互联网发展中心调查结果显示，北京市网民年龄较成熟，20岁以上用户群比例均高于全国平均水平，其中50岁以上高出全国8.4个百分点。而20岁以下的用户比例为13.5%，比全国平均水平低12.4个百分点。

（北京市经济和信息化委员会）

【网民学历结构】年内，根据北京互联网发展中心调查，可知北京市网民学历水平较高，大专学历网民比例为12.9%，高出全国平均水平2.8个百分点，大学本科及以上的网民占比高达30.2%，比全国高出19.4个百分点。而高中、中专、技校及以下学历群体占比均低于全国平均水平，其中初中学历用户比例较全国平均水平低11.8%。

（北京市经济和信息化委员会）

【网民职业结构】年内，根据北京互联网发展中心调查结果显示，北京市网民结构中学生是第一大上网群体，比例为21%，低于全国平均水平4.5个百分点。网民中第二大群体为企业/公司一般职员，占整体的18.6%，高出全国平均水平7.2个百分点。其次为个体户/自由职业者，再次为退休人员。

（北京市经济和信息化委员会）

【收入结构】年内，北京市网民收入水平高于全国平均水平，3000元以上各收入段的网民比例均高于全国水平。而北京市网民中500元以下及无收入者占比为9.8%，比全国低11个百分点。北京市网民中收入在3001元—5000元的群体为最大用户群，比例为22.8%，比全国高出7个百分点；其次为2001元—3000元用户群，比例为17.8%，与全国水平持平。

（北京市经济和信息化委员会）

【网民城乡结构】年内，北京互联网发展中心调查结果显示，北京市网民城乡结构比为82.5：17.5，城乡差距显著，但是乡村网民比例较上年的15.5%提升了2个百分点。

（北京市经济和信息化委员会）

【网民上网情况】年内，北京互联网发展中心调查结果显示，北京市网民上网时长为30.3小时，比全国平均水平长5.3个小时。北京市网民家中接入互联网的比例达90.8%，单位、学校和公共场所的互联网接入比例明显高于全国水平。北京市网民搜索引擎的使用率略高于全国平均水平6.8个百分点，达到86.1%，位居北京市第二大互联网应用，进入稳定发展的阶段。

（北京市经济和信息化委员会）

【互联网基础资源】年内，北京互联网发展中心调查结果显示，北京市互联网基础资源发展仍旧稳居全国领先地位。其中，IPv4地址数保持全国第一，域名拥有量位居第三，网站拥有量仅次于广东省。与2012年年底相比，IPv4、域名总量和网站总量继续保持增长态势，尤其是在CN域名增长带动下，北京市域名总量大幅增长47.6个百分点。

（北京市经济和信息化委员会）

【网民网络应用情况】年内，根据北京互联网发展中心调查，可知北京市网民除博客/个人空间和微博外，其余各项互联网应用使用率均高于全国水平。其中，网络购物高出全国15.7个百分点，电子邮件高出13.7个百分点，网上支付高出10.1个百分点。北京市网民商务类应用一直保持较好的使用水平，各项使用率均明显高于全国平均水平。其中，网络购物和网上支付高出全国平均水平超过10个百分点。网络购物使用率比全国平均水平高出15.7个百分点，网上支付使用率高出全国10.1个百分点。这与北京市经济发展状况，以及北京市网民结构特征相关。北京市网民学历高、收入高，带动商务应用的发展。

（北京市经济和信息化委员会）

【交流沟通类网络应用情况】年内，根据北京互联网发展中心调查，可知即时通信是北京市网民使用率最高的互联网应用，比例为87.8%，较全国平均水平高1.6个百分点，比上年增加2.3个百分点。即时通信服务一直是网民最基础的应用之一，其直接创造商业价值能力有限，更多的来自增值服务的开发。各项交流沟通类网络应用中，博客/个人空间和微博的使用率低于全国平均水平。其中，博客/个人空间较全国低8个百分点，微博则低于全国2.3个百分点。与上年度相比，博客/个人空间使用率下降了6个百分点，而微博则大幅下降15.8个百分点。北京市社交网站应用使用率为52.8%，比全国平均水平高7.8个百分点，较上年底下降了1.5个百分点。虽然社交网站使用率在下降，但是社交元素已经置入进越来越多的互联网服务中，成为互联网应用的基本元素，促进各应用发展。

（北京市经济和信息化委员会）

【网络娱乐类应用使用率】年内，根据北京互联网发展中心调查，可知北京市网民网络娱乐类应用使用率均高于全国平均水平，网络音乐、网络视频和网络文学与上年相比也有不同程度的增长。网络游戏的使用率则低于上年年底4.1个百分点，网络游戏整体用户规模增长空间有限。但是与整体网络游戏用户规模不同，手机端网络游戏用户呈现出快速增长的态势，中国网络游戏用户在快速向手机端转化。

（北京市经济和信息化委员会）

【网民商务交易类应用使用率】年内，北京互联网发展中心调查结果显示，北京市网民商务交易类应用使用率均明显高于全国平均水平，其中网络购物和网上支付高出全国平均水平超过10个百分点。网络购物使用率比全国平均水平高出15.7个百分点，较上年的差距增加了4.1个百分点。北京市网民网上支付使用率为52.2%，高出全国10.1个百分点。商务类应用使用率均高于上年同期水平。

（北京市经济和信息化委员会）

【网民网络购物使用率情况】年内，根据北京互联网发展中心调查，可知网络购物在北京市网民中一直保持着较好发展。购物体验的提升，购物环境的优化，以及网络购物法规的完善推动了网络购物使用率的持续走高。北京市网民网络购物使用率较上年底增长了10.1个百分点，是所有互联网应用中年增长最为显著的。

（北京市经济和信息化委员会）

【网上支付情况】年内，北京互联网发展中心调查结果显示，网上支付在北京市网民中使用情况较好，一方面是北京市网民在网络购物方面的增长直接推动了网上支付的发展；另一方面，越来越多的平台引入支付功能，扩展了支付渠道；最后，如打车等线下服务与网上支付深入结合，增加了网上支付的使用。北京市网民网上支付较上年同期使用率增加4.1个百分点。

（北京市经济和信息化委员会）

【网民团购使用率】年内，北京互联网发展中心调查结果显示，北京市网民团购使用率是商务类应用中最低的，为28.9%，但是与上年相比却增加了7.1个百分点，是第二大使用率增长最快的互联网应用。团购的发展主要得益于手机端的快速发展。团购服务在手机端与地图、旅行、生活信息服务等领域的进一步融合，推动团购向网民群体的快速渗透，整个行业也在不断向线下生活服务领域纵深发展。

（北京市经济和信息化委员会）

手机移动

【手机网民数量规模增长】年内，北京市手机网民规模达到1236万人，在整体网民中占比为79.4%，较上年增加170万人。与全国平均水平相比，北京市网民手机上网比例略低于全国平均水平0.6个百分点。

（北京市经济和信息化委员会）

公共卫生

【概述】年内，北京市制定血液管理信息系统相关行业标准，编制北京地区区县卫生信息平台技术规范。推进北京地区居民健康卡的发行及应用及医联码发放及门急诊信息采集。启动海量信息处理与数据挖掘关键技术的研发项目、妇幼保健网络信息系统二期项目、北京市基本药物集中采购系统建设项目、基层医疗卫生信息系统试点项目、新社区卫生服务综合管理信息系统、新型农村合作医疗管理信息系统等。

（北京市卫生局）

【编制北京地区区县卫生信息平台技术规范】1月23日，市卫生局启动编制《北京地区区县卫生信息平台技术规范》工作。规范面向各区县卫生局及其信息管理部门，说明市级卫生信息平台与各区县信息平台的关系及对接方式，提出区县卫生信息平台的参考模型，对区县卫生信息平台应具备的功能和安全支撑环境等技术要求进行规范，明确区县卫生信息平台从医疗卫生机构采集的健康档案和电子病历相关数据内容规范，以及向市级卫生信息平台上传的数据、具体格式及采集/上传流程规范等。年内，经过多次征求专家意见并予以修改，形成《北京地区区县卫生信息平台技术规范（征求意见稿）》。

（单既桢）

【制定血液管理信息系统相关行业标准】年内，受原卫生部政策法规司委托，市公共卫生信息中心与相关单位合作，组织血液管理信息行业标准的制定工作。该标准针对全国血液管理行业通用的规则和规范，在北京市《血液管理信息系统指标代码体系与数据结构》地方标准的基础上修订升级为行业标准，为全国血液管理信息系统的建设提供统一的标准规范指导，方便全国性血液资源共享的实现。至年底，形成了标准的基本框架。

（史森）

【推进北京地区居民健康卡的发行及应用】年内，市卫生局以区县为试点推进居民健康卡的发行及应用工作。7月，通州区启动居民健康卡建设工作；11月，市公共卫生信息中心起草《北京市居民健康卡发行应用管理办法（试行）》，并征求相关部门的意见。至年底，通州区已完成前期33万新农合人群的数据采集，并向新农合居民正式发卡431张，居民健康卡能够在通州区永乐店社区卫生服务中心、潞河医院、东直门医院东区使用。协和医院和中日友好医院等也已启动居民健康卡工作。

（陈臣）

【启动海量信息处理与数据挖掘关键技术的研发项目】3月，市医院管理局与市公共卫生信息中心联合启动基于海量信息处理与数据挖掘技术在医药分开监管系统关键技术的研发及示范应用项目。项目是市医院管理局为配合公立医院改革中医药分开工作，委托市公共卫生信息中心向北京市科委申请的绿色通道项目。旨在通过建立一个统一、规范、标准化的医管局海量信息处理与数据挖掘平台，有效指导、管理市属医院在医药分开中的用药管理。这是提升医院精细化管理水平的基础工作，是市医管局推进医药分开的重要抓手，也是医药分开政策在北京平稳落地的重要依托，是政府出台医改政策的重要依据。项目在对5家试点医院医药分开数据进行深入挖掘的基础上，研究与各市属医院数据平台的对接，进而研究医药分开政策推进的可行性。年内，完成了项目的申报、立项、招投标以及合同签订工作，并于年底组织全市市属医院召开项目启动会。

（单既桢）

【医联码发放及门急诊信息采集】年内，市卫生局完成全市52家医院接口改造工作，其中49家医院已发放医联码，30家医院开始上报门急诊信息。截至12月，已上传医联码信息471.2万条，门急诊信息2341.5万余条。此外，医联码在东城区得到推广实施。

（单既桢）

【妇幼保健网络信息系统二期项目】年内，市卫生局继续在全市所有承担妇幼保健服务与管理工作的医疗保健机构进行推广妇幼保健网络信息系统。基本完成基础档案管理、妇女保健子系统、儿童保健子系统、卫生统计报表系统、数据挖掘与分析、数据监测管理平台及信息交换平台，实现了妇幼保健业务中的市统及国统报表的填报及自动汇总功能，同时实现了相应的率表。市统及国统报表共计30组，包括主表和明细表。12月5日，该项目完成初验。截至12月，应用系统的机构数为2053个，注册用户数为7402个，业务数据超过1000万条。

（周丹）

【新社区卫生服务综合管理信息系统】年内，全市已全面推广使用新社区卫生服务综合管理信息系统，16个区县均已建立区级社区卫生服务综合管理平台。各基层机构结合应用不断完善该系统，按照市卫生局“阳光长城”血糖筛查和血脂筛查等需求，以及卫生局财务处关于发票全面改革的需求，完成了信息系统的改造。

（顾晓晖）

【新型农村合作医疗管理信息系统】年内，市卫生局对新型农村合作医疗管理信息系统的大病报销、按照DRG付费等功能进行完善，支持平谷区开展新农合支付方式改革，在逐步减轻农村参合居民疾病经济负担基础上，探索有效的补偿和支付办法，促进医疗机构提高诊疗服务质量与工作效率，保证新农合制度可持续运行。推进新农合系统与医院信息系统接口改造，截至12月，已经在怀柔、延庆、顺义和平谷4个远郊区县的8家二级医院、28家社区卫生服务中心，通过与医院和社区信息系统无缝衔接，实现了新农合实时结算报销，方便农民看病就医。12月，新型农村合作医疗管理信息系统升级改造项目由市公共卫生信息中心组织完成招投标。

（史森）

【食品标准管理信息系统】4月，为保证新增食品安全标准备案工作的顺利进行，市卫生局组织开展了食品安全标准备案等相关业务需求调研、进行信息系统开发，并部署使用，为卫生局食品标准处的企业食品标准的备案等工作提供了信息化支持。

（张世红）

【北京市基本药物集中采购系统建设项目】3月，市卫生局正式启动北京市基本药物集中采购系统建设；6月，完成项目招投标；10月，市发展改革委批复项目初步设计概算。该项目目标是建立北京市基本药物集中采购平台，对已有的社区平台和药品综合管理系统进行集成改造，实现基本药物的统一管理；建设辅助决策支持系统，为完善药品监管政策提供辅助决策支持；建设互联互通实时监管的采购环境，实现全市基本药物集中采购全流程业务管理功能，满足基层医疗机构应用需求，最终实现通过北京市卫生局基本药物管理部门对基本药物的统一管控，为政府和监管部门提供决策支持服务。

（顾晓晖）

【基层医疗卫生信息系统试点项目】年内，5家基层医疗卫生信息系统试点区县项目通过了北京市经济和信息化委员会审批，市财政局将资金下拨到各试点区县卫生局，其中西城区、海淀区、顺义区各500万元，密云县、延庆县各650万元。市级平台项目方案经过相关评审，资金正在申报过程中。

（郑攀）

教育信息化

【概述】年内，北京市认真贯彻落实市委、市政府实施“智慧北京”和教育部“三通两平台”的战略部署，围绕国家“十二五”时期教育信息化核心工作，把教育信息化建设的重心放在“全面提升信息化对教育现代化的保障能力，运用信息技术实现教育教学模式的变革和个性化学习方式的转变，建成与智慧北京相适应的功能齐全、服务高效的教育服务体系，促进优质教育资源共享”等系列工作上来。重点实施北京市中小学数字校园、北京教育管理公共服务平台省级数据中心建设等项目，深入推进了业务系统的建设，加强教育行业信息安全工作，加快推进首都教育信息化建设。

（张豫）

【第十四届学生电脑作品评审工作】3月25—28日，北京教育网络和信息中心在顺义组织北京市第十四届师生电脑作品评选活动，共有950件学生作品参评。经过初评、总评，412件作品获奖。

（赵保和）

【组织全市学生机器人竞赛】5月4—5日，北京教育网络和信息中心在东城区一七一中学组织北京市第十四届学生机器人竞赛活动。共有138支代表队参赛，其中81支代表队获奖。

（沈亚玲）

【北京市中小学教学优秀课例库建设项目】5月22日，北京市中小学教学优秀课例库建设项目在北京教育学院召开总结会，标志着北京市中小学教学优秀课例库建成。该项目共建成95门课例合计380段视频，每门课例由课前说课、课堂实录、课后反思、专家点评四部分组成，内容涵盖小学、初中、高中3个学段的13个学科，前后参与录制的一线优秀教师及培训专家达180余人。该课例库为北京市中小学教师培训提供了大量鲜活的网络案例资源，实现了教师培训资源的数字化，方便了中小学教师可以灵活安排自己的学习时间和地点，为教师继续教育提供了新的培训方式与手段。

（田原）

【研究设计教育资源共享服务平台】9月，北京教育网路和信息中心组织开展数字化教育资源共享服务机制、标准与信息化支撑平台的研究与设计工作。针对北京市数字化教育资源建设分散、重复投入、相互独立等突出问题，北京教育网络和信息中心立足首都教育发展大局，探索建立资源共享服务平台，形成一个资源整合、管理与服务的载体，并以基础教育资源元数据为抓手，通过打通沉淀在区县、学校的“资源孤岛”，凝聚优质教育资源，为学校教师提供一站式服务。同时，为市、区、校多级资源建设与应用的开展提供有力支撑。年内，完成需求分析、总体设计、专家论证等主要工作，为资源开发与应用推进奠定了良好基础。

（吕航）

【网络直播初中教师基本功展示活动】10月26—29日，北京数字学校对北京市初中教师基本功培训和展示活动进行了网络同步直播。本次网络直播面向北京市全体教师开放，5个直播频道分别同步播出语文、数学、英语、历史、物理5个学科的展示全过程，让老师都能通过网络实时分享到精彩的基本功展示内容，充分发挥网络技术的优势。共有教师10000余人通过网络直播进行了远程活动观摩。

（沈亚玲）

【举办电脑作品评审总结表彰与研讨会】11月21日至22日，北京教育网络和信息中心在大兴召开师生北京市第十四届师生电脑作品评选活动总结表彰与研讨会。24位指导教师和获奖教师做交流研讨，18个区县作总结交流，最终通过自评、互评等程序评选出区县最佳组织奖10个。

（赵保和）

【数字学校开展寒假网络活动】12月，北京教育网络和信息中心配合北京市教育科学研究院基教研中心完成北京数字学校寒假网络活动。本次活动的主题为“数字寒假，快乐成长”，由“传统文化过大年”“品味书香，幸福成长”“我的学校我做主”“英语口语网络大赛”“外交官带你看世界”5个子活动组成。活动丰富学生的寒假生活，促进学生的沟通交流，帮助学生全面健康成长。共有3万余名学生参加此次活动。

（沈亚玲）

【建立“三通两平台”工程相关技术指南】12月，北京教育网络和信息中心发布北京市“三通两平台”工程建设相关技术指南，为北京市“三通两平台”相关建设提供技术指导和参考依据。本次发布的内容为《北京市“宽带网络校校通”网络升级优化技术指南》和《北京市“优质资源班班通”教室无线接入技术指南》。

（沈亚玲）

【第一批数字校园验收及评估】年内，市教委依据《北京市中小学数字校园实验项目管理办法）》中相关工作要求，组织开展北京市第一批中小学数字校园实验工作验收及评估。根据“校级验收、区县级验收、市级验收”的三级逐步验收机制，市教委委托北京教育网络和信息中心具体完成了各校验收工作，并总结在数字校园建设过程当中，区域整体推进思路、规划设计、工作成果等。

（吕航）

【京澳科普网站设计与交流活动】年内，市教委和澳门教青局举办“2013年北京—澳门学生互联网交流计划—‘互联网改变我们的生活’”科普网站设计与交流活动，北京教育网络和信息中心提供相关支持，并组织专家跟踪指导。活动历时一年，建设了5个围绕“互联网改变我们的生活”主题的科普网站和15份深度研究报告。7月26日，在北京171中学举办现场答辩会，评选出最佳探究过程奖1名、最佳网页制作奖1名、最佳知识演示奖1名、最具吸引力奖1名、最具科学表达力奖1名和团队合作精神奖若干名。

（沈亚玲）

【市学籍信息数据与教育部数据库完成对接】年内，北京市中小学管理信息系统与教育部的全国中小学生学籍数据库实现学籍数据对接。7月，完成区校培训工作，11月完成1762所学校、1099617名学生数据的对接。

（周航）

【第三批数字校园评审与认定】年内，市教委启动并完成第三批中小学数字校园实验校评审与认定工作。通过区县推荐、实地考察、方案汇报、专家评审等环节，最终确定33所第三批数字校园实验校。

（吕航）

【中小学学生卡发放完成】年内，北京教育网络和信息中心完成全市中小学学生卡发放工作。对新入学学生免费发放学生卡，对丢卡的学生进行补制和发放，全年共发放证件卡46万张，学籍卡36万张。

（刘杨玉倩）

【编制教育管理公共服务平台省级数据中心建设方案】年内，按照教育部相关文件要求，北京教育网络和信息中心完成《教育管理公共服务平台省级数据中心建设方案》的编制，并通过教育部所组织的专家评审。

（张潇）

【开展中等职业学校信息化建设调研】内年，市教委组织本市中等职业学校填写《北京市中职学校信息化建设与发展状况调研问卷》。调研涉及基础设施、资源与应用、校园网络安全、教育信息化投资、保障措施和其他等六部分内容61题，通过对调研问卷数据分析，对本市中职学校信息化建设状况做了一次摸底，形成了一份调研报告，为下一步工作提供了依据。

（项明）

【推进职教课改专业教学资源库建设】年内，市教委指导中等职业学校17个课改实验学校及专业，开发建设具有职业教育特色、架构合理，安全可靠，服务重点产业发展的课改课程资源库，实现优质教学资源共建共享。年内，完成了专业遴选和项目启动工作，研究制定《北京市中等职业教育课程改革教学资源建设方案》，从建设目标、建设内容、技术标准、呈现形式四个方面对北京中职专业教学资源库做了界定，为下一步具体实施指明路径和方向。

（项明）

【举办教师信息化应用能力教学比赛】年内，市教委组织举办北京市中等职业学校信息化教学比赛暨全国职业院校信息化教学大赛选拔赛，来自22所学校的82名教师参加了多媒体教学软件、信息化教学设计和信息化实训教学3个项目的现场比赛。经专家组评选，9名教师获得一等奖，15名教师获得二等奖，23名教师获得三等奖。在全国职业院校信息化教学比赛中，北京市职业院校表现突出，获得14个一等奖，4个二等奖，2个三等奖。

（项明）

【启动“伴随成长父母学院”项目】年内，市教委创新家庭教育指导方式，联合北京市教育学会等部门利用信息化手段，正式启动“伴随成长父母学院”家庭教育公共服务项目。面向全市秋季入学的所有小学一年级学生家长，通过每周发送彩信，以及微信公共账号、北京数字学校网站同步发布的方式，免费为学生家长提供家庭教育指导和服务，内容包括温馨提示、我在长大、身心和智能、优秀做父母、亲子共成长、成长面面观、营养和保健七个方面的信息，力求为小学一年家庭长提供针对性和系统的家庭教育具体指导和帮助。已有近6万名小学一年级学生家长参与此项目。

（冯雪）

【第一批信息化试点单位建设初见成效】年内，基础教育信息化试点的18家单位、职业教育5家单位、高等教育2家单位以及1个专项试点单位的信息化试点相关工作稳步推进，工作进度合理，部分试点学校已经完成配套基础设施建设。从全市总体情况看，各级各类学校试点单位均按照试点工作实施方案要点实施，效果良好、进度合理，涌现出典型案例。

（张豫）

【特色教育资源库建设项目】年内，北京市属高校特色教育资源库建设项目在整理项目成果、调研项目共建共享方案基础上，完善项目管理流程和文件，完成了10所高校此项目申报、中检及验收工作，推进专项试点项目《高等学校特色专业优质资源共建共享机制探索》实施。已建成396个涵盖服装、电影等11个领域的主题资源包，整合图片208.4万张，音视频8.3万个，文字3620.6万字，网页设计14.4万个，特色资源精品建设取得新进展，民国服饰研究资源库、安徽花鼓灯、民族文化奇葩——景泰蓝艺术、中国古塔（二期）等15个主题资源包被评为上年优秀主题资源包,特色资源在学院教学和科研中深入应用，促成了一批特色教育资源建设研究成果。

（张豫）

【推进高校系统电子政务内网建设】年内，市委教育工委配合市机要局和市密码管理局，做好市属高校北京市电子政务内网整合建设方面的工作。联系各市属高校进行部署推广，并在工作中逐步使用，进一步优化机密级及以下文件的传输和紧急文件发送的应用功能，提高办公效率，扩大工作资源。市属高校内网整合建设已基本完成并开始应用。

（秦蕾）

【教育资源网运营与服务】年内，北京教育资源稳步提升，延续“教师先选择，政府后服务”的成熟模式，采用电子货币机制，为全市中小学教师提供数字化教育资源服务。截至年底，网站共有条目类资源69万余条，其中包括免费资源31万条，计费资源38万条；资源服务频道18个，包括国家基础教育资源网、高校特色资源网、中小学数字图书馆、龙源期刊、读秀知识库、人大附中网校等。

（吕航）

【市教工委实施IT服务外包】年内，市委教育工委办公室实施通过IT服务外包，在年内对信息化日常办公采取了一站式服务模式，形成了规范的IT服务流程。有专门的IT人员进行技术保障支持，做到全面监控、预防故障、实时告警、迅速定位、故障分析、快速处理，提高运维响应和解决问题速度，保证了内部应用平台和处室网站群的正常运行。

（秦蕾）

【全国校园电视评比获优】年内，北京教育网络和信息中心组织北京市相关单位参加由中央电教馆和中国教育电视协会组织的第十届全国校园影视评比活动。在该活动中，北京市获得了2个金犊提名奖和12个金奖的较好成绩，北京教育网络和信息中心获得优秀组织奖，马东被评为该活动的先进工作者。

（曾婠）

【升级电子化学籍管理】年内，在市、区、校各级教育管理机构的共同努力下，以CMIS系统和学生卡为核心，借助和依靠电子化学籍管理，积极稳妥地推动纸介质学籍管理向信息化电子学籍管理转化这项重大变革。

（周航）

【建立义务教育入学管理平台】年内，市教委建立北京市义务教育入学管理平台，对全市范围内学龄儿童进行信息网上采集，实现小学入学从信息采集到入学接收全程管理信息化。共计收录了171661条采集信息，并与学籍系统实现互联，实现从入学到学籍的无缝对接。通过信息采集可以实时掌握北京市小学入学适龄儿童人口分布情况，学校入学进度，积极应对小学入学高峰，及时做好小学入学规划，确保适龄儿童按时接受义务教育，对于全市学龄人口的信息化管理、实现全市统筹具有重要意义。

（周航）

【升级改造中小学管理信息系统】年内，北京市中小学管理信息系统与教育部全国学籍系统实现无缝对接。北京市中小学管理信息系统以服务和优化教育教学管理应用为导向，基于学校业务功能而架构；拥有学籍管理、教学管理、教学评估、报送数据统计报表等功能；可实现学校与教育行政部门的互动，并可实现与其他系统应用软件的无缝对接，从而达到教育数据的一致性、标准性和规范性。

（周航）

【开展中小学教师远程培训】年内，北京市中小学教师教育网（http://www.bjte.net）完成了系统升级改造，并在北京市中小学教师"十二五"时期公共课远程培训项目中大规模应用。培训采取了网络自学与辅导员在线辅导相结合的方式，培训内容为"教师职业理想与道德""学科教育心理学"两门公共必修课。累计培训学员66070人，共建立网络班级590个，涵盖了海淀区、西城区、平谷区、延庆县等8个区县全体一线教师。公共课远程培训实现了优质培训资源共享，得到了中小学教师的欢迎和好评。

（吴建伟）

交通信息化

【概述】年内，公交集团信息化建设依据集团公司信息化“十二五”规划和《公交集团公司提升信息化水平2013—2015年行动计划》，围绕实现“基础网络立体化、信息安全体系化、运营调度智能化 、乘客信息服务多样化 、安全防范可视化 、经营管理电子化、管理控制一体化”的目标，在信息基础平台、智能运营调度系统、企业管理信息系统、安全防范管理系统、乘客信息服务系统五方面开展工作，积极深化应用信息系统和信息技术，推动企业精细化科学化管理，提升核心竞争力。为广大市民提供安全、快捷、便利、舒适的公共交通服务，为全面推进“人文北京、科技北京、绿色北京”和中国特色世界城市建设提供交通保障。

（孙国萍）

地面交通信息化

【“定制公交”电子商务平台上线运行】9月1日，公交集团公司开发的“定制公交”电子商务平台上线运行。该平台利用互联网及电子商务技术，实现定制公交商务班车从出行需求调查到班车线路发布、销售、用户预订、支付等一系列工作的网上操作，便于市民享受多样化的公交出行服务。截至年底，已开通定制公交线路45条，每天运送乘客1700人次。

（孙国萍）

【公交集团手机版官网上线运行】12月，公交集团公司推出的基于移动智能终端的北京公交网手机版上线运行。北京公交网手机版包括公交查询、线路动态、公司新闻、票务信息、商务服务等功能模块，涵盖北京公交网的主要内容。乘客只需通过手机或其他移动智能终端登录网址www.bjbus.com或www.bjbus.com/wap，即可浏览北京公交网手机版的内容，了解公交动态信息，查询公交换乘方案。

（孙国萍）

【5658辆公交车实现车内Wi—Fi覆盖】年内，公交集团在255条公交线路的5658辆公交车上安装了车载无线上网设备，累计安装5963辆公交车。通过车载无线上网设备实现了车内Wi-Fi（无线网络）覆盖，乘客使用带有Wi-Fi功能的移动终端可便捷访问互联网和公交车上的本地网络。公交车上的本地网络提供公交查询、新闻新闻等信息，方便乘客在公交车上查询乘车信息。

（孙国萍）

轨道交通信息化

【铁路干线调度设备实现国产化】10月11日，中国铁路总公司新调度大厅调度通信系统正式开通启用。作为铁路行车最高级别指挥调度机构的核心枢纽，干线调度系统采用北京佳讯飞鸿电气股份有限公司的新一代MDS3400型调度交换机和最新触摸屏调度台，实现了铁路干线调度设备完全国产化，改变了几十年来一直被进口设备垄断的局面。干线调度是铁路调度通信网最高指挥机构，位于调度通信网的核心，通过数字中继以辐射状连接全国各铁路局调度，相邻铁路局的调度系统之间也以数字中继通道相连作为直达路由，从而组成一个复合星型网络结构的干线调度通信网。

（北京市经济和信息化委员会电子信息产业处）

城际交通信息化

【首个公路专用雨情传感器安装到位】5月26日，首个高速公路雨情传感器在京港澳高速南岗洼泵站安装就位。首发集团投资1000余万元，集中对所辖9个泵站进行改造。改造工程包括排水工艺、电气设备、自动化及信息化、土建等方面。

（北京电视台）

车辆管理信息化

【物联网管理系统建设继续推进】年内，北京市经济和信息化委员会继续推进朝阳区、东城区、西城区三个区路侧停车场物联网管理系统建设。物联网管理平台的研制及试运行顺利实现，完成75个停车场，共计6375个停车位的建设，其中32个停车场参与市交通委组织的路侧停车电子收费试运行工作，为路侧停车位的监测提供有效数据支持。

（北京市经济和信息化委员会信息化基础设施处）

环保信息化

【概述】年内，北京市重点污染源自动监控能力建设（一期）项目数据中心建设进入收尾工作，对辐射安全许可证系统接口开发完成。综合监察平台项目建设，环境监测管理系统建设，环境违法信息共享建设取得重大进展。

（陈海宁、陈华、黄广平、潘飞）

【自动监控能力数据中心试运行】3月21日，重点污染源自动监控数据中心项目顺利通过专家组的初步验收，进入试运行，协同承建方全面梳理项目剩余工作，制订工作计划，跟踪系统的运行状况，不断优化和完善系统。

（陈海宁、陈华、黄广平、潘飞）

【综合监察平台项目建设】5月7日，市环保局综合监察平台项目正式试用。平台包括七大模块，涵盖了市环保局监察处的全部日常监察管理工作，实现了对市环保局建设项目环保审批系统、建设项目环保验收系统、辐射安全许可证管理系统、机动车车型目录审批系统等系统、环境执法查处分离系统等五大重点信息化应用系统中一级风险点的实时监控。作为市监察局电子监察平台建设14个试点单位之一，已经实现与全市一级监察平台的对接，能够及时将告警信息传送到一级平台。

（蒋昕、白钰）

【索英电气获批重大科技成果转化项目】5月，北京索英电气技术有限公司提交的《应用于大规模储能系统的高效集中型储能双向变流器产业化项目》获得市科委审批通过，获批为北京市重大科技成果转化和产业统筹项目，并获得扶持资金800万元。该项目的成功申报，将有利于提升北京索英电气技术有限公司储能双向变流器生产制造能力和新产品的研发能力，提高公司储能双向变流器产品的生产规模和盈利能力，实现长远可持续发展的战略目标。同时，项目的成功建设也有利于促进储能产业的发展与可再生能源的利用，助益于打造坚强智能电网，保证电力安全，解决可再生能源发电并网难题，最终实现发展绿色经济、建设低碳城市、实现可持续发展的长远目标。

（尹玲利）

【桑德研究中心正式成立】6月20日，市科委正式公布北京市重点实验室和北京市工程技术研究中心认定名单，桑德北京市小城镇污水处理与回用工程技术研究中心正式成立。6月27日，北京市小城镇污水处理与回用工程技术研究中心2013年度科技创新基地培育与发展工程专项项目——气动生物转盘工艺技术与设备研发项目成功获批，获得研发经费资助50万元，项目实施周期为1年。北京市小城镇污水处理与回用工程技术研究中心的成立，对推动公司小城镇污水处理事业的发展具有重要的战略意义，也充分体现桑德集团在污水处理方面的技术优势。

（尹玲利）

【首个20尺集装箱移动储能设备成功应用】6月，由北京索英电气技术有限公司承接的中国南方电网公司《分布式模块化储能系统关键技术研究项目》正式完成交付，这标志着中国第一个MW级的集装箱式可移动储能电站正式诞生。该集装箱式移动储能电站是以20尺的集装箱做载体，内置2台500千瓦储能双向变流器、250千瓦小时的电池及储能监控系统，以实现高集成度、大容量储能的储能设备，具有占地面积小、安装灵活、移动性扩展性好、高可靠性、持续供电能力强等特点。该系统可灵活与光伏、风电、电力电网等配置使用，适用于电网调峰调频、微电网建设、新能源并网调节、海岛、应急电源等场合，并可实现任意增容，组成大容量储能电站。该系统在中国南方电网公司分布式移动储能项目中得到首次运用，标志着中国智能、高效、可靠的绿色电网建设之路又迈进了坚实的一步，为中国分布式储能技术的应用及推广奠定坚实的基础。

（尹玲利）

【利亚德荣获两项荣誉】11月11日，由科技部批准，国家半导体照明工程研发及产业联盟（CSA）等单位发起主办的第十届中国国际半导体照明论坛（CHINASSL2013）在北京举行。利亚德喜获第十届中国国际半导体照明论坛联盟颁发的第三届优秀成员单位和激情十年最具影响力企业两项荣誉。

（尹玲利）

【**技术研发成果通过专家鉴定**】12月9日，由北京格林雷斯环保科技有限公司自主研发的《垃圾渗滤液浓缩液MVR（机械式蒸汽再压缩）技术》通过了北京环境卫生协会组织的成果鉴定。该成果核心技术是采用絮凝预处理加MVR技术的工艺对渗滤液浓缩液进行处理，运行结果表明，该系统出水率可达90%且达标排放，为解决渗滤液浓缩液处理的难题提供了可行的方法。该成果的创新点在于，采用特制絮凝剂，通过絮凝预处理减缓蒸发器在运行过程中的结垢问题，延长设备的连续运行时间至15天；自主研发的MVR蒸发器能在蒸汽压缩回路不停工的情况下，实现在2小时内完成对蒸发器内部结垢的清洗。该技术解决了MVR处理渗滤液中遇到的难题，使其节能减排的优势得到发挥。该技术成果整体水平达到国内领先，有较好的工程推广应用价值。

（尹玲利）

【**利亚德光电获三项大奖**】12月24日，由慧聪LED屏网组织筹办的LED行业十佳品牌评选颁奖典礼在广州海航威斯汀酒店隆重举行。利亚德光电股份有限公司凭借年内的辉煌业绩，荣获"LED行业杰出贡献奖""十佳户外广告场馆应用屏"，利亚德光电董事长李军也当选十佳风云人物，共三项大奖。本次LED屏十佳评选活动主题为"变革铸就机遇，品牌创造未来"，希望通过表彰2013年度对中国LED屏行业具有重大品牌影响力和行业推动力的先进企业、行业人士，提升品牌价值，倡导专业品质。

（尹玲利）

【**环境监测管理系统建设**】年内,市环保局完成环境监测管理系统开发工作。该系统包括社会化能力认定、持证上岗管理、监测处首页框架和行政管理系统区县修改等几个部分，该系统实现了社会化能力认定工作全流程网上办理，通过认定的企业信息自动推送到市环保局网站公开，充分保证信息公开的及时性和权威性。

（陈华、蒋昕、王晓爽）

【**环境违法信息共享建设**】年内，市环境信息中心协调人员，组织开发公司，用两个月的时间完成了环境违法信息共享建设，确保市环保局与人民银行关于企业违法信息共享工作的顺利进行。

（蒲铮）

【**辐射安全许可证系统接口开发**】年内，市环境信息中心完成北京市辐射安全许可证管理系统与国家辐射管理系统的接口开发工作，并于9月27日在全国率先上线运行。

（蒲铮）

社区信息化

【概述】年内，北京市召开第四次智慧社区建设工作月度交流调度会，编制了社区统一信息发布系统。

（北京市经济和信息化委员会社会信息化处）

【第四次智慧社区建设工作月度交流调度会】6月25日，北京市经济和信息化委员会会同市社会办、市民政局组织召开北京市第四次智慧社区建设工作月度交流调度会，各区县社会办负责人和十九个试点街道主管领导参加会议。会上大兴区交流智慧社区建设情况、应用效果和运行模式，现场参观大兴区观音寺街道金锐社区服务中心智能化居家养老服务模式。

（北京市经济和信息化委员会社会信息化处）

【搭建老年人智慧化、信息化服务平台】年内，东城区北新桥街道为老年人搭建智能化、信息化综合服务平台。主要包括家庭服务、紧急求助、医疗保健、安全监控、精神慰藉等五大内容。老人可通过社区服务热线，即可获得购物、送餐、家电维修、洗衣、理发、定期探望、生活照料、亲情陪伴等便捷服务。

（新浪网）

【《北京市智慧社区认定管理办法》编制完成】年内，北京市全面启动智慧社区试点建设工作，在全市16个区县选取512个社区参加首批智慧社区建设试点，部署智慧社区建设试点总结验收工作。北京市经济和信息化委员会会同市社会办、市民政局，编制了《北京市智慧社区认定管理办法》。

（北京市经济和信息化委员会社会信息化处）

【社区统一信息发布系统建立】年内，北京市通过搭建统一信息发布系统，实现服务信息统一发布模式，整合了包括楼门电视、北京智能交通信息亭、外网网站、内网门户、社区之窗信息屏、短信平台等多种信息发布系统，将街道信息化建设从信息集成的分散独立发布阶段推向信息集成的统一信息主动推送服务阶段。

（北京市经济和信息化委员会社会信息化处）

农业信息化

【概述】年内，首都农业农村信息化服务联盟正式成立，“智慧村”考核认定指标体系编制完成。

（北京市经济和信息化委员会社会信息化处）

【首都农业农村信息化服务联盟成立】7月30日，由北京市农林科学院、工业和信息化部电子科学技术情报研究所（简称“电子一所”）、北京中电瑞达电子技术有限公司、中国联合网络通信有限公司北京市分公司、北京派得伟业科技发展有限公司、中商联动（北京）科技有限公司等13家企事业单位联合发起成立的首都农业农村信息化服务联盟（简称“联盟”）第一届理事会在电子一所召开。工业和信息化部信息化推进司副司长秦海、中国互联网协会常务副理事长高新民、北京北京市经济和信息化委员会副主任王学军、市农委城乡经济信息中心主任刘军萍等出席会议并做重要讲话。联盟第一届理事会的召开，通过了联盟章程，确定了理事长、副理事长以及秘书长人选。

（北京市经济和信息化委员会社会信息化处）

【编制《“智慧村”考核认定指标体系》】年内，北京市经济和信息化委员会会同市农委研究制定《“智慧村”考核认定指标体系》，在怀柔区、房山区、平谷区等区县组织开展“智慧村”应用试点建设。先后走访了20余个行政村和农民专业合作社，组织开展平谷区、延庆县、昌平区、大兴区、门头沟区、房山区等地规划以及指导意见落实情况考察调研。

（北京市经济和信息化委员会社会信息化处）

【开展《葡萄酒生产管理信息技术规范》地方标准研究】年内，北京市经济和信息化委员会组织农业信息技术研究中心，研究开展葡萄酒生产管理信息数据元规范研究，为建立北京市葡萄酒生产管理信息技术规范地方标准奠定基础。

（北京市经济和信息化委员会社会信息化处）

【农业农村信息化在门头沟区试点示范应用】年内，北京市经济和信息化委员会在门头沟区北京益农缘生态养殖专业合作社部署财务管理和进销存管理信息系统、生产过程数字监控系统应用，总结信息化在山区农村农业养殖业合作组织中的应用模式及应用效果，探索研究信息化在实现农副产品溯源，保障农副产品质量安全中的积极作用。

（北京市经济和信息化委员会社会信息化处）

【延庆县农业农村信息化试点示范应用】年内，北京市经济和信息化委员会在延庆县辉煌云上葡萄园部署种植园气象、土壤墒情等环境监测系统，探索运用信息化手段提高葡萄产量及品质的思路与模式，为推动葡萄种植、葡萄酒酿造、酒庄特色旅游以及相关产业带信息化应用提供研究基础。支持延庆县北菜园联合社以及顺义北郎中农工贸集团的信息化应用项目，开展农产品溯源、农业生产ERP应用，以及农产品电子商务的应用示范。

（北京市经济和信息化委员会社会信息化处）

【怀柔区“智慧村”试点建设】年内，北京市经济和信息化委员会在怀柔区宝山镇超梁子村部署视频监控、安防系统，建成电子商务网站，组织培训。提升村级治安及综合治理水平，为特色农产品销售以及村级民俗旅游找到了新的出路，提高农民的信息能力，探索“智慧村”建设思路和途径。

（北京市经济和信息化委员会社会信息化处）

社会信用运行体系

【概述】年内，北京市经济和信息化委员会召开了2012年北京市社会信用体系建设工作总结会，部署了2013年工作任务；举办了“信用中关村”系列活动；开发了信用培训竞赛系统；起草《推进我市社会信用体系建设研究》的课题报告；开展了北京市工程建设领域守信激励和失信惩戒制度建设试点工作、企业诚信创建试点工作以及海淀区中小企业信用体系试验区的建设工作，并推荐诚信建设典型单位和个人。

（北京市经济和信息化委员会社会信息化处）

【召开社会信用体系建设工作总结会召开】1月16日，北京市经济和信息化委员会组织召开了2012年北京市社会信用体系建设工作总结会。北京市社会信用体系建设联席会议成员单位业务处室负责人、各区县主管部门负责人和部分信用服务机构负责人参加了会议。会议部署了2013年工作任务。北京市经济和信息化委员会副主任王学军出席会议并讲话。会后印发《2013年北京市社会信用体系建设重点任务》。

（北京市经济和信息化委员会社会信息化处）

【举办“信用中关村”系列活动】9月6日，中关村管委会、北京市经济和信息化委员会、人民银行营业管理部、市金融局在中关村联合举办了“信用中关村”系列活动——北京中关村企业信用促进会成立10周年暨2013年中关村信用双百企业发布会。相关政府部门、金融机构、担保机构、保险机构、创投机构、信用中介机构和高科技企业的代表参加了活动。活动总结回顾北京中关村企业信用促进会成立10周年的发展历程，表彰发布2013年中关村信用双百企业和信用星级企业，商业银行和担保机构与双百企业进行企业融资授信签约，中关村管委会授予中关村软件园“中关村信用示范基地”称号。

（北京市经济和信息化委员会社会信息化处）

【中国城市商业信用环境指数连续三年排名第一】9月8日，2013年中国城市商业信用环境指数（CEI）发布，在全国35个大城市CEI综合评价中，北京连续三年排名第一，上海排名第二位，深圳位居第三位。中国城市商业信用环境指数（CEI）由中国管理科学研究院诚信评价研究中心联合中国市场学会信用工作委员会等专业机构组织测评，用于反映中国各城市信用经济发展状况、市场信用交易水平、市场经济秩序好坏、诚信道德高低、社会信用体系建设成果等。

（北京市经济和信息化委员会社会信息化处）

【开发信用培训竞赛系统】年内，北京市公共信息服务中心配合人民银行营业管理部开展《征信管理条例网上有奖知识竞赛》活动，开发了信用培训竞赛系统。活动历时两个月，共有近9000名参赛者参与，覆盖北京市各区县和不同年龄层次，宣传政策法规，普及信用知识。竞赛开展期间，系统运行安全稳定，无事故，保障了竞赛及宣传活动的开展。

（北京市公共信息服务中心）

【起草社会信用体系建设研究课题报告】年内，北京市经济和信息化委员会起草《推进我市社会信用体系建设研究》的课题，研究分析社会信用体系的内涵与实质、国务院机构改革精神及我国社会信用体系建设情况，提出北京市社会信用体系建设的现状及存在的问题和北京市社会信用体系建设工作思路及建议。

（北京市经济和信息化委员会社会信息化处）

【守信激励和失信惩戒制度设立试点】年内，北京市经济和信息化委员会会同市工程治理办、市监察局，开展北京市工程建设领域守信激励和失信惩戒制度建设试点工作。在市住房城乡建设委、交通委、水务局开展行业建设试点，在大兴区、顺义区、房山区开展区县建设试点。各试点主管部门和区县加强组织领导，积极推进信用信息共享交换，建立健全市场主体信用档案，开展信用等级评价等工作，试点工作取得初步成效。

（北京市经济和信息化委员会社会信息化处）

【开展了企业诚信创建活动试点工作】年内，北京市经济和信息化委员会按照协会组织、自愿参与，试点先行、稳步推进，注重实效、确保质量的原则，选择积极性较高、基础条件较好的北京医药行业协会、北京电子商会、北京室内装饰协会、北京家具行业协会，开展诚信创建试点工作。成立了组织领导机制，制定工作方案和评价指标体系，组织召开启动大会，推进企业诚信创建活动试点工作。

（北京市经济和信息化委员会社会信息化处）

【海淀区中小企业信用体系试验区建设】年内，北京市经济和信息化委员会会同和海淀区经信办推进中小企业信用体系试验区工作。海淀区以破解中小微企业发展融资难、内部规范管理和运营难、市场拓展难、研发创新难、孵化服务获取难等问题，启动“海帆计划”，为入选“海帆计划”的企业提供了优先的政策支持，并加强政策和信用监管。会同人民银行营业管理部、海淀区经信办以及北京银行中关村分行等单位，在海淀园企业服务大厅设立征信服务窗口，有效地整合政府部门的行政资源与行政职能，满足园区政府部门和中小企业征信服务的需要。

（北京市经济和信息化委员会社会信息化处）

【开展诚信建设典型评选工作】年内，北京市经济和信息化委员会会同有关委办局和社会团体开展诚信建设典型评选工作。推荐中关村科技园区管理委员会为市（地）诚信建设典型，推荐什刹海街道办事处为县（区）诚信建设典型，推荐北京二商王致和食品有限公司、北京三元食品股份有限公司、北京小米科技有限责任公司作为企业诚信典型，推荐于滨、马小兰、张志强作为个人诚信典型。

（北京市经济和信息化委员会社会信息化处）

信息化环境

【综述】年内，北京市有关部门继续起草、审议、制定相关文件，健全信息化标准规范体系，开展有关信息人才的培训工作，提高大众的信息素质和能力，继续为信息化的发展提供优化环境。

（北京市经济和信息化委员会网络安全处）

政策

【概述】年内，北京市经济和信息化委员会发布了《关于印发2013年北京市社会信用体系建设重点任务的通知》和《北京市经济和信息化委员会关于做好信息技术服务外包安全管理工作的通知》，印发《宽带北京行动计划（2013—2015年）》，起草了《推进我市社会信用体系建设研究》的课题报告和“政务数据资源网相关政策”；制定了“两化融合重点工作任务计划”和“两化深度融合行动计划工作方案”；完成了163号令修订初稿。

（北京市经济和信息化委员会网络安全处）

【163号令修订完成初稿】年内，北京市经济和信息化委员会开展《北京市公共服务网络与信息系统安全管理规定》的修订工作，组织召开多次修订意见征求会，并召开有市公安局、市国家保密局、市网信、市通管局等单位参加的意见征求会，根据各单位意见对内容进行修订完善，形成修订初稿。

（北京市经济和信息化委员会网络安全处）

【印发社会信用体系建设重点任务的通知】4月10日，北京市经济和信息化委员会、市发展改革委、中国人民银行营业管理部联合发布《关于印发2013年北京市社会信用体系建设重点任务的通知》。该通知规定2013年北京市社会信用体系建设重点任务，包括加快完善本市社会信用体系建设政策法规，加快信用信息基础设施建设，推进信用信息共享交换，建立守信激励和失信惩戒联动机制，深化政府信息公开推进政府诚信体系建设，推进企业信用体系建设工作，开展中小企业信用体系建设试验区工作，支持区县开展社会信用体系建设工作，深入开展工程建设、食品、商务等重点行业和领域信用体系建设，继续开展社区信用体系建设，推进信用管理人才队伍建设，推进信用服务业发展，开展诚信宣传教育活动，加强组织领导和监督检查。

（北京市经济和信息化委员会网络安全处）

【发布做好信息技术服务外包安全管理通知】6月17日，北京市经济和信息化委员会发布《北京市经济和信息化委员会关于做好信息技术服务外包安全管理工作的通知》，强调从明确信息技术服务外包安全管理工作的职责分工、认真做好信息技术服务外包的相关准备工作、规范选择信息技术外包服务机构和服务人员、严格管理和监督信息技术外包服务的过程、加强对信息技术外包服务安全管理工作的检查等五方面加强信息技术服务外包安全管理工作。

（北京市经济和信息化委员会网络安全处）

【印发《宽带北京行动计划（2013—2015年）》】6月8日，市政府印发《宽带北京行动计划（2013—2015年）》，明确发展目标是2015年建成城乡一体的光网城市、移动互联的无线城市、建成高速便捷的宽带城市。实施光网城市建设工程、无线城市建设工程、下一代广播电视网络建设工程、物联网基础设施建设工程、下一代互联网工程、三网融合推进工程、下一代信息基础设施综合示范工程等一批重大工程。完善居住建筑信息基础设施设计和施工验收流程。制定一批重点规划、标准和政策及相关保障措施。

（北京市经济和信息化委员会）

【起草政务数据资源网相关政策】8月20日，北京市经济和信息化委员会组织起草的《关于做好通过北京市政务数据资源网向社会开放政务数据相关工作的通知》《北京市政务数据资源网数据下载与使用指引》正式发函，在本市97家委办及区县征求意见。

（北京市经济和信息化委员会）

【制定“两化”融合重点工作任务计划】年内，北京市经济和信息化委员会制定了《2013年北京市“两化”融合重点工作任务计划》，提出要协同推进信息化与一、二、三产两化深度融合四大领域23项任务，明确推进目标和具体分工。

（北京市经济和信息化委员会网络安全处）

【两化深度融合行动计划工作方案】年内，为落实工业和信息化部《2013年两化深度融合创新推进专项行动工作方案》和《2013年北京市两化融合重点工作任务计划》，北京市经济和信息化委员会，制定《北京市经济和信息化委员会2013年两化深度融合行动计划工作方案》，提出5个方面15项具体任务，进一步明确委内产业处协同推进信息化产业两化融合的目标、任务和具体分工，强化委内协调推进机制。

（北京市经济和信息化委员会网络安全处）

【起草社会信用体系建设研究课题报告】年内，北京市经济和信息化委员会起草《推进我市社会信用体系建设研究》的课题，研究分析社会信用体系的内涵与实质、国务院机构改革精神及我国社会信用体系建设情况，提出北京市社会信用体系建设的现状及存在的问题和北京市社会信用体系建设工作思路及建议。

（北京市经济和信息化委员会网络安全处）

法规

【概述】年内，经市第十四届人民代表大会常务委员会第五次会议首审，第七次会议二审，市人民代表大会通过并颁布了《北京市促进中小企业发展条例》；发布了《800兆无线政务网管理办法》；已完成120家单位征求意见，修订了《北京市政务外网管理办法》，计划于近期组织专家会讨论后，形成报主任办公会的审议稿。

（北京市经济和信息化委员会研究室）

【《北京市促进中小企业发展条例》颁布】2月，北京市经济和信息化委员会会同中小企业处以及市政府法制办、市人大财经办及法制办等部门，召开面向区县、委办局、企业的立法征求意见会，集中修改完成法规送审稿、起草说明、条文注释稿、国内外立法比较等材料，经委主任办公会审议通过，上报市法制办审查。6月19日，市政府常务会审议通过后提交市人大审议。7月

24日，市第十四届人民代表大会常务委员会第五次会议首次对《北京市促进中小企业发展条例（草案）》进行审议；11月20日，市第十四届人民代表大会常务委员会第七次会议进行了二次审议。12月27日，市人民代表大会通过了《北京市促进中小企业发展条例》。

（北京市经济和信息化委员会研究室）

【修订《北京市政务外网管理办法》】年内，北京市经济和信息化委员会针对政务外网应用需求变化和政务物联数据专网的快速推进应用，开展《北京市政务外网管理办法》修订工作，已完成120家单位征求意见，基本完成征求意见的梳理，计划于近期组织专家会讨论后，形成报主任办公会的审议稿。

（北京市经济和信息化委员会电子政务及资源管理处）

【发布800兆无线政务网管理办法】年内，完成了《北京市800兆无线政务网管理办法（2013年修订版）》发布工作。

（北京市经济和信息化委员会）

标准规范体系

【概述】年内，北京市经济和信息化委员会组织编制《北京市TD-LTE政务专网总体技术要求》等六项规范，以便完善TD-LTE政务专网系列规范体系；发布《软件研发成本度量规范》，目的是帮助软件研发涉及各方科学、一致地进行成本度量。但鉴于目前的标准中没有包含软件研发成本度量过程中所需要的估量模型、行业基准数据及其在不同场景进行成本估算的详细步骤和方法，因此本项规范尚待继续完善。

（北京市经济和信息化委员会信息化基础设施处）

【完善TD-LTE政务专网系列规范体系】年内，北京市经济和信息化委员会组织编制《北京市TD-LTE政务专网总体技术要求》《北京市TD-LTE政务专网基站设备技术要求》《北京市TD-LTE政务专网基站设备测试方法》《北京市TD-LTE政务专网核心网设备技术要求》《北京市TD-LTE政务专网核心网设备测试方法》《北京市TD-LTE政务专网核心网接口IOT测试方法》等六项规范，完善TD-LTE政务专网系列规范体系。

（北京市经济和信息化委员会信息化基础设施处）

【发布《软件研发成本度量规范》】11月8日，工业和信息化部软件服务业司委托中国软件行业协会系统与软件过程改进分会牵头组织编制《软件研发成本度量规范》在北京中关村软件园隆重发布。本次发布的《软件研发成本度量规范》规定了软件研发成本度量的方法及过程，包括软件研发成本的构成、软件研发成本度量过程、软件研发成本度量的应用。目的是帮助软件研发涉及各方科学、一致地进行成本度量。但标准中没有包含软件研发成本度量过程中所需要的估量模型、行业基准数据及其在不同场景进行成本估算的详细步骤和方法，因此需要制定标准的应用指南，以便相关各方针对不同的应用场景、正确使用行业数据和模型，有效开展软件研发成本度量相关工作。

（北京市经济和信息化委员会）

人才建设

【**概述**】年内，北京市经济和信息化委员会举办2013年北京“系统集成企业总裁培训班”，同参会的企业高管进行深入的交流；开展了“信息安全技术”咨询和培训工作，以及“电子政务信息安全持证上岗培训”，并在培训后进行受训人员上岗证书的年检考试，进而提高北京市政务信息安全管理水平。同时，组织开展信息安全服务工程师资格的考试。

（北京市经济和信息化委员会软件与信息服务业处）

【**举办系统集成企业总裁培训班**】8月2—3日，在北京市经济和信息化委员会、海淀区经济和信息化办公室的指导下，北京软件和信息服务交易所（以下简称“软交所”）、市信息化协会联合承办的2013年北京系统集成总裁培训班在中关村知识产权大厦软交所会议室举办，来自北京市30余位系统集成企业负责人参加了培训。本期培训由培训班班主任——软交所副总裁罗明雄主持，分别围绕产业发展、资本市场、创新营销、信贷融资融资、互联网时代的渠道拓展等话题同参会的企业高管进行深入交流。

（北京市经济和信息化委员会软件与信息服务业处）

【**信息安全技术咨询和培训工作**】年内，北京市经济和信息化委员会组织完成本市101家政府部门204名信息安全岗位工作人员参加的培训及考试。

（信息安全测评中心）

【**组织信息安全服务工程师资格考试**】年内，北京市经济和信息化委员会组织完成申请北京市电子政务与重要行业信息安全服务能力企业的信息安全服务（高级）工程师资格考试，共有9家企业1275人参加。

（信息安全测评中心）

【**开展电子政务信息安全持证上岗培训**】年内，北京市经济和信息化委员会开展第三期电子政务信息安全人员持证上岗培训。会议邀请了市公安局、市保密局、市密码管理局、国家信息技术安全研究中心、北京信息安全测评中心、市政务应急处置中心等单位的有关专家分别就国家及本市今年安全检查方案、信息安全等级保护与分级保护工作全流程、密码使用、信息技术服务外包安全管理、全市应急体系、应急预案及演练、监测预警、容灾备份、新形势下信息安全态势等有关内容进行授课和培训，并在培训后进行北京市电子政务信息安全人员上岗证书年检考试。培训提高政务信息安全人员的实际操作水平，从而提高北京市政务信息安全管理水平。全市101家单位204名信息安全岗位工作人员参加了此次培训及考试。

（网络安全处）

行业协会

【概述】年内，北京市行业协会和产业联盟在促进信息化相关产业及政策的发展工作中，进一步发挥积极作用，为加快北京市信息化建设的发展和市场经济的建设起到了应有作用。

北京电子商会

【概述】年内，北京电子商会参加工业和信息化部组织的年报审查，汇总全系统全年的经济运行数据，做好电子信息制造业经济运行数据汇总审核工作，向北京市经济和信息化委员会提供本年度经济运行分析。年内，组织会员单位参加系列培训研讨活动、组织会员单位开展交流展示活动。

（北京电子商会）

【做好电子信息制造业经济运行数据汇总审核工作】年内，北京电子商会接受北京市经济和信息化委员会经信委委托，协助做好北京电子信息制造业经济运行数据的统计、汇总、监测及分析工作，向北京市经济和信息化委员会汇报100多家企业的主要经济指标的数据。每年参加一次工业和信息化部组织的年报审查，汇总全系统全年的经济运行数据，根据年报的统计数据，向北京市经济和信息化委员会提供本年度经济运行分析。负责全国电子信息百强企业北京地区的组织评比工作，汇总、审核企业报送材料，上报工业和信息化部。北京市经济和信息化委员会及相关委办局组织的北京市企业诚信创建活动试点工作，电子商会作为试点协会之一参与。

（北京电子商会）

【组织会员单位参加系列培训研讨活动】年内，电子商会组织北京航星科技有限公司、北京兆维电子（集团）有限责任公司、同方股份有限公司等企业参加了2013年度高新技术企业资格认定、复审准备与后期维护专题培训。为了促进企业与乌兹别克斯坦的贸易交流，电子商会组织企业参加了中国—乌兹别克斯坦投资贸易合作研讨会。受市工业经济联合会委托，电子商会邀请同方股份有限公司、北京仲达集团等会员单位的20多名企业高层领导参加在京西宾馆举行的2013年经贸形势报告会。组织会员电子控股集团等企业参加了中国北京国际科技产业博览会的主题为“加强自主创新与再造实业精神”的中国战略性新兴产业发展论坛活动。组织会员企业参加了在国家会议中心举行的2013年中国中小企业投融资交易会，并参加了同期举办中国中小企业发展论坛等活动。

（北京电子商会）

【组织会员单位开展交流展示活动】年内，北京电子商会组织京东方等企业参加了由市科委主办的2013年北京跨国技术转移大会（2013ITTC）。与苏宁云商销售有限公司合作，联合开展大型专属员工福利团购会活动。与央视网合作，为企业在央视网上做免费的推广服务。组织会员企业京东方科技集团股份有限公司、北京北广电子集团有限责任公司等企业参加第二十四届中国哈尔滨国际经济贸易洽谈会。组织旅之星科技有限公司参加在国家会议中心举办的2013年北京文化数码产业博览会。组织北京爱德发科技有限公司、爱国者数码科技有限公司等10家企业参加了在中国上海举行的第十五届中国国际工业博览会。组织京东方科技集团股份有限公司、北京航星科技有限公司等30多家会员企业到天津北辰区、天津武清区京滨工业园进行招商考察活动。举办北京电子商会成立20周年庆典及新春联谊会，共有220多位政府和企业领导参加联谊活动。与深圳电子商会、元器件交易网共同主办2012年华芯邦杯优质供应商评选电子行业百强企业颁奖盛典。

（北京电子商会）

北京服务外包企业协会

【概述】年内，根据商务部服务外包及软件出口信息管理系统统计数据显示，北京市共签订服务外包出口合同4586份，协议金额57.4亿美元，同比增长30.2%。其中，离岸服务外包执行额48.3亿美元，同比增长35.6%,继续保持强劲增长势头，其中，美国、日本为北京最主要的发包国。北京以ITO为主，已形成以示范区为核心、各具特色、协调发展的格局。服务外包企业强强联合的大规模企业合并和海外并购不断深化、面向高端的KPO进一步向纵深发展，大量服务外包企业通过整体解决方案和借助新兴技术实现高端化转型，这些已经成为北京服务外包产业发展的新特点。政府相关政策的持续推动，在帮助服务外包企业走出发展瓶颈，提升国际服务外包市场核心竞争力等方面的作用至关重要。

（陆渝）

【参加NASSCOM领袖大会】2月13—15日，由印度国家软件及服务业协会（NASSCOM）主办的2013年NASSCOM印度（国际）软件及服务业领袖大会（以下简称NASSCOM大会）在孟买市举办。市商务委副主任倪跃刚带团、服贸处张华雨随团，由北京服务外包企业协会组织软通动力、博彦科技等北京服务外包骨干企业参加了2013年NASSCOM大会。代表团此次出访印度不仅参加2013年NASSCOM大会的相关活动，还在NASSCOM大会上整体宣传北京服务外包产业，打造“北京服务”品牌；并借助NASSCOM大会的平台，全方位立体式推介京交会；与NASSCOM副总裁阿米特进行座谈，介绍北京服务外包产业的整体优势以及邀请印度NASSCOM组团参加京交会；与印方企业进行交流座谈，促进中印两国企业的交流与合作。

（陆渝）

【中国服务外包人才基石工程启动】3月20日，在2013年中国服务外包领军者年会上，国家服务外包人力资源研究院、中国服务外包校企联盟秘书处执行主任、产业发展中心主任王瑞宣布中国服务外包人才基石工程正式启动。基石工程是由国家服务外包人力资源研究院为解决中国服务外包产业目前面临的人才数量不多、质量不高、人才断层等问题的系统工程。从国家层面，将国家标准、地方教育资源、政府、人才培训和服务机构相结合，通过与不同地方政府合作，针对当地的人才特点，为当地打造一套完整的区域可持续的人才产业链，更重要的是把人才发展成为当地的产业特色，有助于从根本上解决人才荒问题。

（陆渝）

【服务外包示范区第三批签约仪式】5月3日，海淀区商务委、北京服务外包企业协会与新思软件、路通世纪、北方新宇三家企业分别签署《海淀服务外包示范区共建协议》。海淀区商务委副主任闫小弟、北京服务外包企业协会理事长曲玲年出席签约仪式。“政企协共建”活动始于2011年，该活动针对满足一定业绩及增长率条件的企业，由海淀区商务委及协会共同为企业服务，支持企业快速发展的模式。海淀区本着“成熟一家即签署一家”的形式贯彻此活动，先后有20家企业成功被评选为骨干企业。

（陆渝）

【举办中国（北京）国际服务贸易交易会】5月28日，第二届中国（北京）国际服务贸易交易会（简称“京交会”）在北京召开。市长王安顺，商务部常务副部长姜增伟，京交会组委会副主任、商务部部长助理仇鸿出席开馆仪式。本届京交会紧紧围绕“服务贸易：价值提升新引擎”的主题，举行峰会、专业大会、推介洽谈、综合展示、主题日活动、权威发布6类活动。2000余平方米的服务外包城市联展展区将城市与重点企业相结合，综合展示各服务外包示范城市的重点服务外包行业的发展历程、现状和未来拓展方向。作为服务外包领军城市，北京展区从城市整体、示范区及企业发展等角度展示了服务外包产业发展的成果。

（陆渝）

【海淀区加强与秦皇岛服务外包平台合作】10月，秦皇岛市商务局与海淀区商务委签订《服务外包产业合作协议书》，双方将加强服务外包平台间的合作，以秦皇岛经济技术开发区、北戴河新区、北戴河经济技术开发区和海淀区北部生态科技新区、中关村科学城以及中关村软件园为发展服务外包产业的主要平台，加强平台间在产业聚集、业务分包、国际化等方面开展实质性合作。根据协议，双方将深化商务主管部门间的合作。推动双方政府间服务外包项目合作，积极支持双方企事业单位、社会组织在服务外包方面的交流与合作。同时，促进服务外包企业间的合作，支持鼓励服务外包企业在双方区域交流融合发展。加强双方信息交流，推动双方服务外包培训机构间、培训机构与服务外包企业间的合作交流，推进专业人才相互交流，实现资源共享，共赢发展。

（陆渝）

【中国信息技术服务与外包产业联盟成立】11月15日，中国的NASSCOM——中国信息技术服务与外包产业联盟成立，是中国软件和服务外包领域第一个完全由行业企业和机构自发发起的非营利性组织，标志着中国服务外包产业从此向着更加科学有序的方向前进。新当选的联盟理事长曲玲年表示，联盟将发挥卓越的引领与组织作用，有效整合行业资源，代言企业需求，搭建沟通平台，促进产业政策的制定，促成各方的实质性合作。

（陆渝）

【技术出口合同登记专题培训】11月29日，北京服务外包企业协会为北京市服务外包企业在中关村软件园举办了一场技术出口合同登记专题培训。来自市内40余家服务外包企业的60多位财务等方面的相关人员参加了此次培训。为了指导企业更好地进行技术出口合同登记，特别邀请了市商委服贸处主管技术出口合同登记的负责人巨振乐为企业做了专题培训。

（陆渝）

【亚马逊云业务落地北京】12月18日，亚马逊公有云业务Amazon Web Services正式落地中国。入华后的亚马逊将采用前店（北京）加后厂（宁夏中卫）模式，联合云基地建设、发展和推广云服务，向位于中国各地的客户提供云服务。亚马逊AWS的入华，在推动中国云计算发展的同时，也加剧了国内公有云市场的激烈竞争。

软件服务商、硬件服务商、电子商务企业，都已经开始布局云计算版图，并把云计算纳入到企业未来重点发展的战略当中，向云计算服务转型的跨界融合趋势越来越明显。

（陆渝）

【服务外包行业研究专著相继出版】年内，由业界资深专家曲玲年著写的《中国服务外包发展的见证与思考》，由云华时代创始人郭昕、研究总监孟晔联合编写的《大数据的力量》，由现上海服务外包研究中心副主任金世和编著的《中国服务外包产业研究与实践》及鼎韬公司的《服务外包产业大变革时代的来临——智慧服务业概念白皮书》等行业研究著作相继出版发行。

（陆渝）

【印发《关于进一步促进服务外包产业发展的复函》】年内，在中国服务外包面临内部规模、市场、技术和服务等方面的成长瓶颈，外部全球外包市场萎缩、运营成本上升、信任危机、人才缺口及竞争红海的产业环境之下，国务院办公厅印发《关于进一步促进服务外包产业发展的复函》。此文件延续并完善了示范城市发展服务外包的政策措施，并在鼓励企业创新升级、服务外包中高端人才培养、加快国际营销网络建设、促进服务外包离岸在岸协调发展等方面为中国未来3至5年内服务外包的发展提出了具体的指导意见。新的政策更符合产业发展的阶段特征，为中国服务外包从低附加值的产业链低端向高附加值的高端转型发展指明了方向。

（陆渝）

【中国服务外包上市企业完成私有化】年内，尚华医药、亚信联创、文思海辉相继宣布完成私有化，柯莱特、软通动力也宣布即将私有化。至此，中国在美上市的软件外包企业基本都已宣布或完成从美股市场退市，中国服务外包领域开始“集体私有化”。美国资本市场下行，中国在美上市的服务外包企业融资能力大幅下降，再加上国内服务外包行业已行至拐点，亟须调整产业架构，进行转型升级，因此服务外包企业不得不通过私有化的方式从美国资本市场退出，以更加灵活、果敢的方式转变公司的商业模式和服务方式，来实施激进的或隐私的策略。

（陆渝）

北京市科学技术协会

【概述】年内，北京市科学技术协会（以下简称“市科协”）找准信息化工作切入点，不断提升电子政务支撑科协工作水平，扎实推进蝌蚪五线谱建设，积极搭建市科协枢纽型社会组织服务管理平台，完善科协人才库系统，不断增强科协系统大团体网络联络平台功能，努力探索网站采编机制，不断充实网站内容，精心组织信息化科普活动，为市科协在建设“人文北京、科技北京、绿色北京”的大局中发挥重要作用，履行枢纽型组织职能，积极参与首都社会建设，提供信息化服务和保障。

（张孝军）

【百万家庭数字生活技能大赛活动】5月，北京百万家庭数字生活技能大赛启动。5—8月，开展了网上知识竞赛、数码摄影竞赛、区县家庭赛选拔赛、家庭赛决赛、提高全民信息能力培训、展览与咨询、海报进社区等活动，内容涵盖智慧北京、物联网、三网融合、智能家居、移动数字终端、数字电视等知识。7月，家庭赛选拔赛活动在中国科技馆举办，经过各区县选拔的16支区县家庭代表队、区县科协、妇联的工作人员共200多人参加比赛。8月，决赛在朝阳区中国传媒大学举行。决赛着重考察选手对智慧北京、三网融合、物联网、智能家居、宽带应用、智能手机、数字电视等知识的掌握水平，通过五个环节的比拼，朝阳区获得一等奖。据统计，整个大赛参与人数达70万人，网上知识竞赛参与人数达33万人，宣传海报在全市1000多个社区进行了张贴，在全市的社区、学校、军营举办了100多场培训、讲座、咨询、展览等活动。

（张孝军）

【推动全民信息能力培训活动服务基层】年内，为推进北京市提高全民信息能力科普活动的开展，市科协举办主题为“信息惠民、健康生活”的培训活动，培训活动结合智慧北京及智慧城市建设，组织有关专家为社区居民、农民科技人员、青少年、驻区部队和残疾人开展提高全民信息能力培训活动，向市民宣传普及信息科普知识。根据各区县科协的个性化培训需求，举办“利用信息技术促进旅游发展”“信息技术与科技创”“科技摄影与百姓生活”“网络科普与生活”“节能环保与健康生活”“中老年人常见病防治”“青少年多媒体作品设计”等内容的知识讲座，海淀区科协还通过科普文化课堂的形式将90余名院士和科学家的信息发到基层科普单位，免费为市民举办信息技能培训；东城区科协将培训工作纳入全年工作计划，面向社区居民和青少年开展科技创新、健康生活和环境保护等知识培训；平谷区科协结合当地种植特点，面向农业科技人员和村干部开展信息技能培训。10月，共组织举办信息培训80余场，受益人数达15000余人次。在培训期间，以信息科普五进基层的形式组织开展北京科技周信息科普大型展示活动，以及信息科普进山区、进农村、进社区、进学校、进公园等活动，举办信息科普讲座、信息科普展览、信息科普知识竞赛和信息科普大篷车活动，开展信息技能、数码产品、环保健康、汽车安全、农村信息化、阳台蔬菜种植、青少年多媒体作品制作和康复医疗专家咨询。发放信息科普图书、信息科普环保宣传袋等各类信息技能宣传材料18000余（册）份，受益人数达35000余人次。向房山区科协等基层科普单位赠送《2012年北京市提高全民信息能力科普展板》。组织有关专家编写了市民网络科普知识读本之五《物联网与百姓生活》，并通过信息科普进基层活动发放到区县科协、街道、社区农村和山区。

（张孝军）

【蝌蚪五线谱网站建设】 年内，蝌蚪五线谱网站对技术平台进行优化调整，以跟踪热点、不断更新科普内容为主，开展丰富多样线上、线下推广活动，使得网站影响力不断扩大。通过优化站内、站外搜索引擎系统，开发与新浪微博、腾讯微信等100多家主流网站的分享和社会化用户登录功能，对SNS社区的互动功能进行调整优化并增加线上活动投票平台等网站功能优化；对网站整体进行WAP版页面的设计制作，开发支持安卓和苹果操作系统的手机客户端；新增开发在线答题系统；建立了基于云平台环境的运维制度，安全策略和备份机制。制作完成了50期热点科评，50期探索解密专题，40期生活新知专题；采编科技快讯文章9804篇;录制人物访谈5期；策划撰写百科问答1816篇。整理收集图书、科普手抄报等类型科普资源1008条。编辑科幻资讯540条、原创科幻小说95篇、科幻画259幅。撰写科学家故事和发明故事273

篇。“五问北京”栏目，按照“衣、食、住、行、娱”进行选题，策划撰写了北京城内72条主要街道及相关地理点科普文章144篇。10月31日，“蝌蚪五线谱”正式加入北京地区网站联合辟谣平台，发布《关爱青少年安全上网10大秘籍》等辟谣文章122条。开展线上线下宣传推广工作，提升网站影响力。新浪官方微博共发布5550条微博，拥有371849名粉丝；微信平台有微信粉丝41576名；豆瓣小组平台已加入人数为19959名。

（张孝军）

【持续推进北京数字博物馆建设】年内，北京数字科普协会继续承担北京数字博物馆项目建设，维护、充实和完善北京数字博物馆平台、科学与艺术数字博物馆、北京民俗数字博物馆、神农百草园和动物数字博物馆。配合市科协网站发布系统改造升级，协助完成北京数字博物馆等数字博物馆网站的迁移升级工作。

（张孝军）

【召开北京数字博物馆研讨会】5月30—31日，北京数字科普协会在首都博物馆举办 2013年北京数字博物馆研讨会。来自北京市、上海市、浙江生、西藏自治区、甘肃省等省市自治区的240多位与数字博物馆（科技馆）建设相关的专家学者参加了研讨会。大会共收到投稿论文70多篇，同时举办北京数字博物馆推动文化创造活力展，并进校园巡展。中国传媒大学出版社正式出版论文集《数字博物馆发展新趋势》。

（张孝军）

【举办智慧博物馆沙龙】8月22日，在房山历史文化旅游集聚区举办智慧博物馆沙龙，围绕智慧博物馆主题，中国文物信息中心、市文物局、北京地区博物馆专家20多人展开讨论。

（张孝军）

【青少年信息学奥林匹克竞赛活动概况】年内，在市科协和市教委的领导下，在各有关单位和学校的大力支持下，北京市青少年信息学奥赛活动取得丰硕成果，北京选手在各项竞赛中均取得了优异成绩。年内，北京市共有721名选手参赛，44名选手荣获提高组一等奖。北京市小学生科普日活动是集科普知识有奖问答、与专家网上互动、程序设计友谊赛等多种活动形式于一身全市性小学生科普活动，2013年共有341名小学生参加，小学生整体水平较往年有所提高，有奖知识竞赛也有效促进了信息学知识的普及。

（张孝军）

北京软件行业协会

【概述】年内，北京软件行业协会在北京软件和信息服务产业中发挥沟通政府与企业、国内与国外两个桥梁作用。除了向企业提供双软代理、投融资、知识产权、人力资源等常规服务外，协会重点推出政府项目申报渠道和项目辅导服务。完成《北京软件和信息服务业发展报告：2013》和《在京建设软件和信息服务外包高端产业基地的报告》研究编辑工作，协办第十七届中国国际软件博览会，荣获第一批“社会组织示范基地”荣誉称号。

（王丽君）

【举办国家资金支持申报工作培训会】1月24日下午，北京软件行业协会受北京市经济和信息化委员会的委托，举办北京市软件和信息服务企业申报2013年度国家各类项目及专项资金支持申报工作培训会。本次培训会邀请了北京市经济和信息化委员会软件与信息服务业处项目负责人给软件和信息服务类企业进行政府项目、资金支持申报辅导，到会企业120余家。软件与信息服务业处项目负责人详细介绍2013年度国家及北京市各类项目及专项资金支持申报一般规则、要点及企业申报注意事项，同时就软件与信息服务业项目储备库建设有关情况作了介绍。

（王丽君）

【参与建设软件项目储备库】1月，北京软件行业协会受北京市经济和信息化委员会的委托，参与建设2013年度北京软件和信息服务业项目储备库（简称软件项目储备库），征集入库项目。2月18日，北京软件行业协会共收到申报项目258件，项目主要分布在云计算（云服务）、导航和位置服务、移动互联网、下一代互联网、物联网、三网融合等战略新兴产业。建设北京市软件与信息服务业项目储备库后，企业可以随时提出入库申请，北京市经济和信息化委员会与申请单位交流，对项目进行前期论证与申报辅导，对符合入库要求的项目批准进入储备库进行储备。待政府投资或资助项目申报通知指南发布后，北京市经济和信息化委员会将优先从储备库中选取项目推荐。

（王丽君）

【参加NASSCOM大会】2月13—15日，印度国家软件及服务业协会（NASSCOM）主办的2013年国际软件及服务业领袖大会（NASSCOM India Leadership Forum，简称NASSCOM大会）在印度经济中心城市孟买举办，北京软件行业协会秘书长龙飞率博彦科技股份有限公司、软通动力信息技术有限公司等北京软件外包企业负责人参加。北京软件企业代表团参加了大数据、云计算、技术培训等多场论坛活动，并与印度本地的部分软件企业进行了业务与技术的交流。代表团还参观博彦科技股份有限公司在印度收购的分公司，与企业负责人就印度产业政策、行业发展环境、服务外包前景、员工岗前培训等话题进行深入交流。

（王丽君）

【获第一批社会组织示范基地荣誉称号】2月27日，在市社团办组织召开的2013年社会团体建设工作会上，北京软件行业协会获得第一批社会组织示范基地荣誉称号，有效期两年。

（王丽君）

【召开游戏企业出口工作座谈会】3月1日，北京市经济和信息化委员会组织召开游戏企业出口工作交流座谈会。完美世界（北京）网络技术有限公司等企业代表参加了座谈会。市文资办的相关负责同志与会共同研究我市游戏企业出口面临的形势和对策。各参会企业介绍了本企业出口工作开展情况和迫切需要解决的问题。会议就建立我市软件出口统计体系，游戏软件出口海外渠道创建、组建出口企业联盟，实施自主产品出口计划，提升产业国际影响力等工作进行了研讨，确定由北京软协益智分会牵头，成立游戏软件出口工作小组，编制游戏软件出口工作方案，推动游戏产业出口工作新发展。会议还就引导企业开发高质量的教育游戏软件工作进行了研讨。

（王丽君）

【完成软件和信息服务业发展报告】5月，北京软件行业协会完成北京市经济和信息化委员会的委托课题项目《北京软件和信息服务业发展报告：2013》，对北京软件和信息服务业上年总体情况、重点领域、新兴领域、投融资、人才、技术发展进行了全面调研和分析。

（王丽君）

【第十七届软博会北京软件周开幕】5月27日至6月1日，由北京市经济和信息化委员会主办，北京软件行业协会等单位承办组织的第十七届中国国际软件博览会北京软件周举办，活动围绕“建成有世界影响力的中国软件名城北京”的主题，整合展览展示、论坛、峰会、报告发布等活动资源，展示北京软件产业发展成果，研讨产业发展面临的紧迫问题。5月30日至6月1日，北京软件和信息服务企业组团参加2013年中国国际软件博览会（以下简称“软博会”），北京软件行业协会组织搭建软博会北京馆，全面展示北京软件和信息服务业的名企、名人、名品、名园。本着“高端+专业”的思路，软件周组织系列强档活动，有开源大会、投融资论坛、北京软件名人论坛等。北京软件名人论坛邀请业界、政届、学届名人，共同研讨软件在未来的作用，讨论如何把握软件革命带来的机遇和挑战。组委会邀请来自世界各地的专业人士参观展览，还将针对软件出口、服务外包等主题进行专题研讨，北京—新加坡ICT企业商务对接会也在软件周举行。由北京市经济和信息化委员会指导的“2013年北京信息网络产业新业态创新企业30新遴选活动”在软件周期间揭晓创新企业30新名单。

（王丽君）

【东南亚考察团交流成果】6月24日，中国北京·泰国曼谷信息软件开发合作推介洽谈会在泰国曼谷举办，两地参会代表就软件行业的发展情况、趋势以及今后合作方向进行了交流和探讨。中泰双方企业就跨国并购、人才外包、相关业务等进行了商务对接。北京市经济和信息化委员会副主任姜贵平出席会议。姜贵平表示，北京北斗等位置导航产业日趋成熟，希望能够和泰方合作，共同推动位置导航服务在泰国的普及。泰国软件园董事长Mr.ChalermpolTuchinda介绍泰国软件、通信以及科技行业的发展情况。北京市经济和信息化委员会软件处、北京软件行业协会参加会议，北京华胜天成科技股份有限公司（简称华胜天成）等14家企业参加会议。泰方15家企业参会，并介绍合作项目需求。泰国软件园董事长Mr.Chalermpol Tuchinda邀请北京软件行业协会东南亚考察团代表参观了软件园内的Xsense公司，观看了Triple I Geographic 公司的路演。6月25日，代表团参观在曼谷市内的两家国内企业，趣游科技以及华胜天成。趣游科技作为国内的游戏公司，在泰国正推广网页游戏产品。华胜天成作为国内的系统集成企业在泰国也设有分公司。6月28日，主任姜贵平及北京软件行业协会东南亚考察团拜访了信威公司在柬埔寨金边的分公司。信威柬埔寨公司于2012年3月成立，业务涉及云数据服务、内容服务、视频、音频、电子商务、功能手机、设备服务等。

（王丽君）

【组织中关村现代服务业试点项目辅导会】11月6—7日，北京市经济和信息化委员会委托北京软协组织举办了为期两天的中关村现代服务业2013年试点项目辅导会。由北京市经济和信息化委员会软件与信息服务业处（以下简称“软件处”）相关负责人给已申报“中关村现代服务业2013年试点项目”的企业进行“一对一”申报辅导，参会企业包括北京软协会员企业神州数码、启明星辰、南昊科技、同方股份等22家企业。软件处相关负责人与申报企业就申报项目的项目名称、项目背景、项目建设内容、经济效益及社会效益、投资情况、建设周期等内容进行了深入的交流和探讨。企业提出申报项目中遇到的难题和疑惑，软件处相关负责人也一一解答。

（王丽君）

【CEO互访活动—走进“超图”】7月26日，北京软协CEO互访活动第二站于在北京超图软件股份有限公司举行。围绕“智慧城市”建设企业契机的主题，协会20位副会长及部分常务理事参加活动，北京市经济和信息化委员会软件处处长姜广智出席活动。超图总裁宋关福围绕GIS平台软件、GIS应用软件和GIS云服务三大业务领域，介绍关于“智慧城市”建设中地理信息系统软件在城市建设各领域的实际应用。与会企业家参观了超图公司的GIS应用虚拟技术展厅。会长王维航引领大家重点讨论了“智慧城市”建设的发展情况，企业合作契机以及面对的问题。会后成立工作小组，由协会秘书处牵头，每家副会长单位指派专人参与工作组，共同制定“北京软件智慧企业白皮书”推进企业联合工作。

（王丽君）

【召开软件企业知识产权培训会】7月30日，北京市保护知识产权举报投诉服务中心（简称“北京‘12330’”）和北京软件行业协会共同主办的“软件企业知识产权”主题培训顺利举行，来自北京地区100多家协会会员企业参加了培训。北京“12330”副主任李建荣主持培训。国家知识产权局专利审查员王雪莲和中国版权保护中心专家程晨受邀为报名企业培训，内容涉及计算机软件领域专利申请的撰写及检索，著作权的登记流程等。

（王丽君）

【人才服务与培训分会正式起航】9月，北京软件行业协会人才服务与培训分会已经获得北京市民政局的正式批准，并核发“社会团体分支机构登记证书”和行政许可证书。北京软件行业协会人才服务与培训分会是由相关的软件企业、大中专院校、各类培训机构、从事软件行业的专业人士等自愿组成，并且经北京社会团体组织办公室批准成立的行业性组织。

（王丽君）

【召开智慧城市对接会】10月29日，由北京市经济和信息化委员会主办的北京智慧城市供给需求对接会召开，北京软件行业协会智慧城市建设联合体（以下简称联合体）亮相，联合体以推动智慧城市建设为目标，整合联合体内各方资源，建立与政府沟通的机制，建立统一市场宣传的平台，促进成员单位的自身发展。联合体由北京华胜天成科技股份有限公司、用友软件股份有限公司、广联达软件股份有限公司、北京超图软件股份有限公司、太极计算机股份有限公司、北京北斗星通导航技术股份有限公司及神州数码（中国）有限公司等单位组成。

（王丽君）

【“赢商”总裁班正式开班】11月3日，北京软协“赢商”总裁班于正式开班，20多位协会会员企业的董事长、总裁、总经理参加了学习。培训班邀请了ActionCOACH（赢商教练）公司的企业教练进行指导和分享。ActionCOACH公司的企业教练田平和20多位企业家一起探讨了什么是成功的企业，企业为什么不成功，企业成功的关键是什么以及成功企业的企业主具有什么样的特质等看似简单却没有引起足够重视的问题，引发了与会企业家的深入思考和讨论，取得了良好的效果。北京软协“赢商”总裁班是一个系列学习活动，将围绕如何打造一个成功的企业这个主题，探讨企业经营管理中面临的各种问题，如企业愿景与使命、客户、市场、独特的卖点（USP）及承诺、销售、团队建设、组织结构、企业系统、关键绩效指标（KPI）设定、制订计划等。

（王丽君）

首都互联网协会

【概述】首都互联网协会（原北京网络媒体协会）成立于2004年10月26日，是依法在北京登记注册并提供互联网信息服务的机构及相关的教学、科研等机构与个人自愿联合发起成立，是经北京市社会团体登记管理机关核准登记的非营利性社会团体。现任会长是北京市互联网信息办公室主任佟力强，现有会员104家。本协会接受业务主管单位中共北京市委宣传部、社会团体登记管理机关北京市民政局的业务指导和监督管理。

（首都互联网协会）

【召开推进党组织建设工作会】1月22日，首都互联网协会党委召开北京属地商业网站推进党组织建设工作会。会议通报了北京属地主要商业网站党建工作调研情况，同时启动了网站党组织关系接转工作和20余家网站党组织的筹建工作。

（首都互联网协会）

【网络媒体大联欢举行】2月1日，由北京市网管办、首都互联网协会主办，以“唱响好声音网聚中国梦”为主题的网络媒体大联欢在北京大学生体育馆隆重举行。国家互联网信息办公室副主任李伍峰、中宣部新闻局副局长葛玮以及中宣部舆情局、市委宣传部、市公安局、市广电局、市通信管理局等主管部门负责人参加。来自千龙网、新浪等50余家网络媒体的总经理及2000余名员工参与了网络媒体大联欢。

（首都互联网协会）

【春节网络庙会上线】2月3日，首都互联网协会携手13家会员网站主办的“癸巳年春节网络庙会·2013网络大过年”正式上线。活动由千龙网、新浪、搜狐、网易、百度、凤凰网、优酷网、第一视频、人人网、西陆网、开心网、北京广播网、互动百科13家网站主办，将互联网与庙会文化相结合，把传统的春节庙会搬到互联网上，打造具有网络特点的“春节庙会”。

（首都互联网协会）

【召开网站自律专员负责人工作座谈会】3月1日，首都互联网协会组织召开“两会”期间网站自律专员负责人工作座谈会。会议总结对中共十八大期间表现突出的首都互联网站进行了表彰和奖励。首都互联网协会负责人对“两会”期间组织自律专员举报相关违法和不良信息工作进行了动员和部署。新浪等25家建立自律专员工作机制的网站相关负责人参会。

（首都互联网协会）

【召开“两会”报道专项工作会】3月4日，首都互联网协会党委召开“两会”报道专项工作会。市网信办主任、首都互联网协会党委书记佟力强出席会议并讲话。千龙网等北京属地39家主要网站的党组织负责人和党员代表参会。会上，通报了首都互联网协会党委推进网站党建工作的进展情况，并对“两会”期间的网站党建和实际业务工作进行了部署。

（首都互联网协会）

【召开新闻评议专业委员会会议】3月11日，首都互联网协会新闻评议专业委员会召开本年度第四次会议，对北京属地重点网站的全国“两会”宣传报道情况进行评议。千龙网、新浪等网站新闻负责人、网民代表、相关管理部门负责人及专家学者参会。评议会向首都互联网协会成员单位提出要求，各相关网络媒体要坚持前期好的做法，严格按照相关法律法规和有关部门要求，搭建好网民获取信息、交流意见平台，服务全国“两会”宣传报道，让网民实时了解“两会”、走进

"两会"、参与"两会"。

（首都互联网协会）

【孩子手机上网问题微访谈活动】3月22日，首都互联网协会妈妈评审团联合新浪微博"对话教育名家"栏目举办以"孩子手机上网家长有哪些困扰"为主题的微访谈活动。此次微访谈邀请了国家二级心理咨询师、知心热线知心姐姐谷金玉老师，为妈妈评审团成员及广大微博网友就家长们普遍关心的孩子手机上网问题答疑解惑，展开互动交流。

（首都互联网协会）

【召开微博客发展管理若干规定评议会议】3月22日，首都互联网协会新闻评议专业委员会召开本年度第六次会议，对北京属地网站贯彻《北京市微博客发展管理若干规定》，尤其是自2012年3月16日规范微博老用户真实身份信息注册工作一年来的情况进行评议。市政府新闻办、市通信管理局、市公安局、全国组织机构代码查询服务中心、全国公民身份证号码查询服务中心等单位相关领导，行业专家学者和新浪、搜狐、网易、搜房网、和讯、移动微博等6家微博网站负责人参会。

（首都互联网协会）

【微公益活动评议会召开】4月17日，首都互联网协会新闻评议专业委员会召开本年度第九次会议。新浪、搜狐、网易、凤凰网、搜房网、和讯、移动微博7家微博客网站代表及网民、专家代表就微公益活动开展情况进行总结评议。评议会希望网站微公益平台在今后的工作中不断探索创新公益与微博的结合方式，形成行业合力，创建互联网公益联盟微公益平台联动机制，共同推动社会公益建设、推动企业履行社会责任、共建健康向上的网络文化。

（首都互联网协会）

【搭建互联网救助平台】4月20日，四川省雅安市芦山县发生7.0级地震，首都互联网企业纷纷在第一时间搭建"地震寻人平台"，依托搜索引擎技术开展网上救援活动。首都互联网协会发出倡议，号召互联网企业互通数据资源，加入到全网寻人行动中来。百度、新浪微博、腾讯微博、奇虎360、搜狗及一淘等互联网企业积极响应，首次实现了在自然灾害中共同搭建开放、合作、共享的互联网救助寻人。

（首都互联网协会）

【举办"5·12"社会责任日座谈会】5月17日，首都互联网协会召开"首都互联网行业'5·12'社会责任日座谈会"。来自中宣部舆情局、国家互联网信息办公室网络新闻宣传局、北京市互联网信息办公室的相关负责人以及业界专家和39家互联网站代表参加了座谈会。座谈会总结梳理了近年来首都互联网站在履行社会责任方面所做出的重要贡献，推出了"首都互联网企业社会责任十大公益事件"。

（首都互联网协会）

【调研匈牙利互联网发展状况】5月29日至6月6日，首都互联网协会带领千龙网、新浪、搜狐、网易、百度、凤凰网、和讯等七家网站十余名先进员工代表前往匈牙利考察中国企业"走出去"、参与国际竞争、实行本土化向国际化转变的情况，并实地调研匈牙利互联网发展状况。

（首都互联网协会）

【《新浪微博社区公约》运行一周年评议】7月4日，首都互联网协会新闻评议专业委员会召开本年度第十一次会议，对《新浪微博社区公约》运行一周年情况进行评议。来自新华网、中新社等媒体的记者评议员及市网信办相关部门负责同志参会。评议会充分肯定《新浪微博社区公约》运行一年多来取得的成绩，希望新浪微博继续完善规则体系，强化机制运行，以更主动的方式推送正能量，以更有力的方式打击网络谣言，以更安全的措施保护公民隐私，为净化网络社会生态环境做出新的贡献。

（首都互联网协会）

【发布《2013年垃圾短信报告（上半年）》】9月26日，首都互联网协会新闻评议专业委员会召开2013年度第二十一次会议暨北京地区网站联合辟谣平台建设进展情况新闻通气会。北京地区网站联合辟谣平台发布《2013年垃圾短信报告（上半年）》。报告数据来源于中国内地1100万名搜狗号码通用户举报的9800条垃圾短信。

（首都互联网协会）

【市属新闻媒体加盟网站联合辟谣平台】9月29日，北京市互联网信息办公室、首都互联网协会在北京青年报社召开首都互联网协会新闻评议专业委员会2013年第二十二次会议，北京日报、北京人民广播电台、北京电视台、北京晚报、北京晨报、北京商报、北京娱乐信报、法制晚报、竞报、新京报、京华时报等11家北京市属新闻媒体加盟北京地区网站联合辟谣平台，传统媒体与网络媒体实现合力辟谣。

（首都互联网协会）

【“微博益起来”大型公益活动】10月17日，首都互联网协会新闻评议专业委员会召开2013年度第二十四次会议。在北京市互联网信息办公室、首都互联网协会指导下，新浪微博正式启动“微博益起来”大型公益活动。此次活动通过微博平台强大的资源整合能力和微公益的品牌号召力，集结广大网友、名人明星、媒体企业等各方力量，共同掀起一场具备全网影响力、人人都能参与的公益行动，共同成就互联网界的一场公益盛事。

（首都互联网协会）

【“蝌蚪五线谱”加入联合辟谣平台】10月31日，首都互联网协会在北京科技活动中心召开首都互联网协会新闻评议专业委员会2013年度第二十五次会议暨北京地区网站建设进展情况新闻通气会。市科协主办的科普网站“蝌蚪五线谱”正式加入联合辟谣平台，联合辟谣平台、蝌蚪五线谱网共同发布关爱青少年安全上网十大秘籍。

（首都互联网协会）

【推出儿童安全桌面产品】11月7日，首都互联网协会妈妈评审团与互联网公司360联合推出儿童安全桌面产品，从互联网安全、网络内容及产品应用等多个方面，为少年儿童提供一个安全、健康、绿色的上网环境，让孩子开心，家长放心。

（首都互联网协会）

【北京电视台正式加盟联合辟谣平台】11月22日，首都互联网协会新闻评议专业委员会召开2013年度第二十七次会议，北京电视台正式加盟联合辟谣平台，并宣布《一辨真伪》栏目正式开播。

（首都互联网协会）

北京市闪联信息产业协会

【概述】年内，北京市闪联信息产业协会在标准制定、标准产业化推广、品牌宣传、国际合作等方面开展工作，全面推进协会发展，并为将示范区建设成为全球有影响力的科技创新中心贡献力量。

（杜菲）

【参展CES】1月8—11日，在美国拉斯维加斯举行的2013年国际消费电子展（CES）上，闪联产业联盟展示了基于闪联国际标准的创新应用与产品—TCL享屏智能电视和LinkSee A5以及“PC to TV”等在内的“智慧互联”新品。LinkSee A5无线高清影音伴侣采用Andiroid操作系统，具备多屏互动功能，实现无线互联、无线投屏，支持将手机、平板电脑、笔记本端的PPT、音乐、视频、图片等资源无线传输到电视端显示，真正实现了小屏“变身”大银幕的视觉新体验。闪联还在智慧教育领域推出了享屏大屏幕互联教育一体机解决方案，该设备具备电视、电脑、投影机、电子白板、功放音响等诸多功能于一体，减少设备投入成本，空间占用小，操作更便捷等优势。该解决方案解决了教学设备布线难问题，实现设备间的无线互联、文件的无线传输、屏幕的无线投影，笔记本、台式机、平板电脑等教学移动终端可将屏幕内容以无线方式在大屏幕一体机上显示，学生还可用电子书包将作业提交到大屏幕一体机上显示。

（杜菲）

【闪联标准入围十大标准化事件】1月10日，在第五届电子信息产业标准推动会暨中国电子信息行业社会责任年会上，公布了2012年度电子信息产业十大标准化事件。“闪联”全系列标准正式成为国际标准入围，入选理由为：“IEC国际标准化组织向全球正式发布由我国主导制定《信息设备资源共享协同服务 第21部分应用框架》《第3部分 基础应用》《第5部分 设备类型规范》《第6部分 服务类型规范》等4项国际标准，与之前颁布的3项国际标准共同构成完整的‘闪联’国际标准体系，标志着3C协同互联领域实现了国际标准中国创造，对中国信息技术、消费电子和通信技术的协同发展和产业竞争力的提升具有重要意义。”

（杜菲）

【获创新创业驱动奖】1月15日，在北京国家会议中心举行的2013年搜狐科技财富论坛上，北京市闪联信息产业协会获得2012年度创新创业驱动奖，闪联信息技术工程中心有限公司获得2012年度创新创业卓越企业奖。

（杜菲）

【参展科博会】5月22—26日，在第十六届中国北京国际科技产业博览会上，闪联产业联盟以“闪联互联创新技术 · 助力智慧城市建设”为主题亮相科博会中关村示范区自主创新成果展。闪联推出了白色家电智能化解决方案，展示的海信微博空调实现了闪联跨界互联智能化。通过闪联跨界互联服务器与移动互联网社交应用进行无缝绑定，用户通过微博就可以远程遥控空调调节温度；遇到异常天气或重度污染的情况，空调也会发送微博或者私信告知用户，使用户可以快速了解天气变化和空气质量。闪联还展示了84英寸、82英寸等带有无线传屏功能的大屏幕智慧教育触控一体机产品以及智能电视产品和LinkSeeA5、A6+、A8高清播放系列产品，无线高清共享器201、501系列等产品。

（杜菲）

【参展SINOCES 2013】7月11—14日，在青岛国际会展中心举行的2013年中国国际消费电子博览会（SINOCES 2013）上，闪联产业技术创新战略联盟组织中科开元信息技术（北京）有限公司、北京华录北方电子有限责任公司等10余家联盟企业共同参展，以“云联世界 · 智享未来”为主题展示了智慧教育、智能家居、智能用电、智能音频、智慧影音等基于闪联国际标准的10余个技术解决方案及50余款互联互通产品。其展示的支持闪联享屏多屏互动技术的高清播放器、无线音频、无线存储、智能电视、智能手机及无线路由器等产品，可通过内嵌的闪联标准，实现无缝实时互通功能，消费者通过一部智能手机，就可以无线将手机中的内容共享至智能电视、高清播放器和无线音箱上播放。闪联还展示了智能用电解决方案，用户只要将PLC适配器插上电源插头之上，即可利用电线充当LAN线作传输。适配器采用支持128-bitAES的加密技术，可提供210Mbps的传输速率支持影音、视频等数据的传输，可与电脑、IP电话、互联网电视等多种终端设备连接。

（杜菲）

【与衢州市教育局签订战略合作协议】8月22日，在中关村管委会、衢州市政府战略合作协议签约仪式上，闪联产业技术创新战略联盟与衢州市教育局签订了战略合作协议，共建“智慧教育”信息化示范项目。根据协议，双方将共建衢州“智慧教育”项目实施方案、新技术示范基地及产品产销渠道。

（杜菲）

【参展IFA电子展】9月6—11日，在德国柏林举行的2013年德国柏林国际电子消费品展览会（2013IFA）上，闪联以“云联世界·智享未来”为主题展示了内嵌闪联国际标准的LINXEE系列产品，包括LINXEE R110无线便携路由器、LINXEE P400超薄型移动电源、移动电源与路由器结合一体的3G无线路由器LINXEE R200等。闪联还推出智能LED灯LINXEE-HA200+，可将手机或PAD与智能网关一起连入家庭局域网，通过Wifi和Zigbee传输功能，智能控制多个LED灯光的开光、可根据场景或心情变换照明颜色。

（杜菲）

【参展深圳高交会】11月16—21日，在深圳会展中心举行的第十五届（深圳）中国国际高新技术成果交易会上，闪联产业技术创新战略联盟以“云联世界·智享未来”为主题设置了智能家居、智能互联等主题专区。在智能家居专区中，闪联展示了以Linxee智能家庭网络中心H200为核心，将智能灯泡、智能插座、智能烟雾探测器、智能灯座、智能无线网络摄像头、智能燃气探测器等“微智能”产品整体联动起来的智能家居系统。通过H200，可以远程用电脑、手机、PAD调节和查看家里的“微智能”产品。闪联展出的LINXEE手机爱TV-高清无线影音传输器VM100，可在没有网络的环境将手机、PAD、笔记本中多媒体内容无线传输到电视上播放，轻松分享本地文件。该产品具有一键投屏功能，可进行会议、商务演示，还具有在线影视功能，可把家中的高清电视升级为网络电视，并可兼容众多游戏。

（杜菲）

【2013年闪联标准推动奖颁奖】12月19日，闪联产业技术创新战略联盟举办的2013年闪联标准推动奖颁奖仪式在北京马哥孛罗酒店举行，闪联合作伙伴及会员代表共80余人出席了颁奖仪式。闪联为在推动闪联标准应用、标准制定、标准技术研发等工作中做出突出贡献的8位联盟厂商代表颁发了2013年闪联标准推动奖，分别是：海信集团有限公司李玉军、KETI 郑喜教、中国电子技术标准化研究院杨宏、四川长虹电器股份有限公司刘孟红、意法（北京）半导体研发有限责任公司孙国滨、深圳市云动创想科技有限公司曾德钧、飞利浦（中国）投资有限公司顾洁、闪联孙志勇。

（杜菲）

北京通信信息协会

【**概述**】年内，北京通信信息协会承办的科博会智慧城市论坛、两岸通讯产业合作及交流会议、北京香港经贸洽谈会，京台合作等论坛等取得了圆满的成功，继续合作主办“智慧北京大赛”“北京创新30新”等活动。协会“移动电子政务产业联盟”承担工信部移动电子安全本示范城市项目，取得阶段成果。为会员牵线搭桥促进企业走出去，举办多场企业走出去法律知识培训。

（王燕元）

【**北京市经济和信息化委员会领导到曙光公司调研**】1月23日，北京市经济和信息化委员会副主任童腾飞、北京通信信息协会常务副理事长陈信祥、秘书长王旭东等一行到曙光进行调研。北京市经济和信息化委员会资源管理中心、市项目评审中心的相关领导陪同调研。曙光公司总裁历军、首席执行官王正福，曙光云计算公司总裁聂华、曙光公司副总裁邵宗有等参与调研工作汇报和交流。调研人员一行参观了曙光体验厅，研发实验室等，并详细了解曙光的自主创战略和产品，产品节能、机房整体解决方案，云计算服务战略发展及目前取得的成果。

（王燕元）

【**调研大用软件有限责任公司**】3月6日，北京市经济和信息化委员会副主任姜贵平，软件与信息服务业处副处长仝海威、尤靖，市交通委委员薛江东，北京通信信息协会常务副理事长祖荫长、秘书长王旭东，北京金银建科技发展有限公司总经理唐飚、总工程师谭理想等一行到大用软件有限责任公司调研。大用软件总经理田中领介绍了企业基本情况和远景发展规划，赵琨霄演示了大用公司相关产品及成功案例，讲解了动态导航终端、出租车综合终端、北斗系列产品、道路巡检系统及室内导航解决方案等研发成果。薛江东希望大用在北斗智能导航领域加大研发力度，深化北斗产品在行业用户尤其是出租车行业的应用，提供质量可靠、技术先进、价格合理的产品。姜贵平强调北斗是国家战略，要大力发展，扩大应用，希望大用公司积极参与，提出在新产品研发过程中特别是跟外方合作时要注意知识产权的保护，在提升产品性能的同时，要尽量控制降低生产成本，为用户提供质优价廉的产品和服务，更好地打造建设“大用”品牌。

（王燕元）

【**组织科博会智慧北京专题展启动会**】3月8日，北京通信信息协会组织召开第十六届科博会智慧北京专题展启动工作会，北京市经济和信息化委员会经济信息化处、社会信息化处、提升办、装备处、医药处、科技处、汽车处等处室领导出席会议，会议由处长潘锋主持。会上，潘锋介绍了智慧北京专题展的背景和精神，协会秘书长王旭东介绍了智慧北京专题展方案及“智慧城市论坛”方案。第十六届科博会智慧北京专题展被列为北京市经济和信息化委员会2013年重要活动之一，与会人员重点围绕如何办好第十六届科博会提出了各自的意见和建议。

（王燕元）

【**两岸产业资讯化合作促进会来访**】3月14日，中华海峡两岸产业资讯化合作促进会会长冯定国、资拓宏宇国际股份有限公司总经理林懋修等到访北京通信信息协会。协会常务副理事长陈信祥对冯定国一行来访表示欢迎，向对方介绍了协会及与台湾交流合作的情况。双方并确定要建立长远的合作关系，共同推进两岸的产业发展。王旭东介绍了“2013年智慧城市论坛”的组织情况，并邀请冯定国组织企业参与。

（王燕元）

【召开科博会智慧北京专题展企业动员会】3月15日，北京通信信息协会组织召开了2013年科博会智慧北京专题展企业动员会，全市90多家企业120多人出席会议。北京市经济和信息化委员会电子政务处处长潘锋向企业传达了主办科博会智慧北京专题展的主要精神，介绍了展览的整体思路和方案，以及同期举办的“2013智慧城市论坛”方案，动员各企业积极参加智慧北京专题展和智慧城市论坛活动。

（王燕元）

【IET主席到访协会】4月8日，英国工程师学会IET、SFIA基金会主席Mike Bridgefoot、IET北京办事处主任韩以文和齐俊平一行来访北京通信信息协会。常务副理事长陈信祥向来宾介绍协会，Mike介绍SFIA的背景及业务发展，会见后双方达成了在SFIA项目推广及其他方面合作的意向，共同推动SFIA在中国的推广发展工作。

（王燕元）

【举办科博会智慧北京专题】5月22日，北京通信信息协会组织的科博会北京专题开展。本届专题展从3月开始筹备，主题是“智慧北京、精彩生活”，展示了与市民生活密切相关的衣食住行游购娱等方面智慧城市愿景和成就。

（王燕元）

【中韩智慧城市创新应用推进联盟成立】5月23日，在“2013年智慧城市论坛”期间，北京通信信息协会与韩国始兴产业振兴院共同倡议，联手中韩两国的业界知名企业，在北京市经济和信息化委员会的支持下，成立了“中韩智慧城市创新应用推进联盟”，并签署了有关协议文件，开辟了中韩产业间国际合作交流的窗口。

（王燕元）

【与两岸产业资讯化合作促进会签订合作协议】5月23日，北京通信信息协会与台湾“中华海峡两岸产业资讯化合作促进会”签订了战略合作协议，双方将就推进产业合作和交流、服务智慧城市建设开展合作。

（王燕元）

【举办2013年智慧城市论坛】5月23—24日，北京通信信息协会主办的“2013年智慧城市论坛”圆满结束。活动为20余家协会会员单位提供了演讲机会，集聚了35家单位演讲及技术产品和应用方案展览展示。智慧城市论坛已成为宣传北京、建设北京、促进北京、推动产业的平台。

（王燕元）

【组织移动电子政务示范城市方案说明会】6月8日，北京通信信息协会受北京市经济和信息化委员会委托，组织召开移动电子政务示范城市方案说明会，市经信信息化委副主任童腾飞出席会议。资源中心宁振宇介绍了移动电子政务示范城市项目。移动电子政务示范城市由工业和信息化部信息化推进司牵头，在众多方案中筛选出标准、安全、可用的移动电子政务方案，研发符合中国国情的移动电子政务终端产品及方案，推进中国移动电子政务的安全健康发展。中国信息协会副会长胡小明、北京航空航天大学聂大同教授也对方案背景、内涵及意义进行了说明。协会秘书长王旭东介绍了协会几年来推进移动电子政务工作所取得的成果，移动电子政务联盟在配合该示范项目的工作重点。参加会议的企业有北京电信、北京移动、北京联通、中兴通讯、联想集团、首都信息、太极计算机、大用软件、傲天动联、数字认证公司、网秦、世纪东方、时代凌宇、创原天地、E人E本（全称）等。

（王燕元）

【组织节能减排课题专家会】6月8日，北京市经济和信息化委员会对北京通信信息协会承担的《北京市软件和信息服务业节能减排措施研究报告》项目组织验收评审会。庄梓新、王卫东、何庆立、王辉柏、李伟克5位专家出席会议。专家认为课题成果数据量大、研究深入、结构完整、观点明确、所提建议有的放矢，同意课题通过验收。北京市经济和信息化委员会软件处处长姜广智参加专家评审会并表示，专家对课题的评审意见非常周到细致，课题成果有利于支撑软件处未来几年在软件和信息服务业节能减排方面的工作。

（王燕元）

【北京市经济和信息化委员会领导到会员单位调研】6月19日上午，北京市经济和信息化委员会基础设施处处长刘霞一行，到北京通信信息协会会员单位北京傲天动联技术股份有限公司调研。傲天动联董事长范成龙介绍了公司在无线城市基础设施方面的研发及解决方案，并希望更多地参与北京无线城市建设。刘霞介绍了北京无线城市建设方向。双方就北京信息基础设施和无线城市建设交换了意见。

（王燕元）

【参加移动电子政务示范城市方案汇报会】6月22日，北京通信信息协会参加了移动电子政务示范城市方案汇报会，工业和信息化部信息化推进司电子政务处处长章晓航、北京市经济和信息化委员会副主任童腾飞出席会议。根据示范城市工作安排，北京和深圳都已制订了示范方案，协会组织电子政务产业联盟企业共同参与设计的“安全政务本”示范方案得到了工信部领导及专家的好评。

（王燕元）

【协会领导专家到会员单位调研】7月2日，理事长张英海带领北京通信信息协会领导及专家一行到北京金秋果实电子科技有限公司（以下简称“金秋果实”）调研。金秋果实董事长刘振江介绍公司在应急广播系统、机柜研发及生产以及企业文化建设方面的基本情况，并播放了企业宣传片。

（王燕元）

【组织平谷区中小企业信息化培训】7月3日，北京通信信息协会组织平谷区中小企业开展信息化培训。近70家企业、106人参加培训。培训重点是引导企业更深入了解信息建设的重要性和必要性，强化中小企业建设信息化的意识。

（王燕元）

【组织智慧城市建设研讨会】8月14日，北京通信信息协会组织召开“中兴通讯智慧城市建设研讨会”。市政府秘书长彭凯，北京市经济和信息化委员会电子政务处处长潘锋，北京市经济和信息化委员会原副主任阎冠、庄梓新教授等专家参加了会议。中兴通讯股份有限公司副总裁弓月中介绍了公司在智慧城市建设方案与实践的基本情况，包括设计的理念、核心能力、政务数据处理分析能力、基于云计算的共享能力、面向各种技术开放能力以及多级防护、鉴权、加密的安全能力，并介绍了GOTA4S多媒体集群解决方案。

（王燕元）

【组织政务安全工作座谈会】8月20日，北京通信信息协会组织移动电子政务产业联盟成员参加工业和信息化部在深圳举办的“移动电子政务安全政务本系统试点工作座谈会”。会上，工业和信息化部信息化推进司电子政务处章晓航处长指出，北京市经济和信息化委员会与深圳经贸委在试点工作中的重点是要加强组织实施，明确服务模式、服务对象，做好顶层设计，方案要清晰，并因此带动产业发展。

（王燕元）

【召开北京文化数码产业博览会启动会】8月28日，受北京市经济和信息化委员会电子政务处、市国有文化资产监督管理办公室产业处委托，北京通信信息协会组织召开了2013年“北京文化数码产业博览会”企业动员会。北京市经济和信息化委员会电子政务处处长潘锋和市文资办产业处副处长常泽鲲到会讲话，向企业介绍了“第一届北京文化数码产业博览会”有关情况。

（王燕元）

【协办两岸通讯产业合作及交流会议大会】8月27—28日，由中国通信企业协会与台湾工业技术研究院共同主办，北京通信信息协会协办的“两岸通讯产业合作及交流会议”在台湾台中市日月千禧酒店召开，会议主题为“把握契机、共荣发展”。台中市市长胡志强出席此次会议，经济部次长杜紫军担任大会主席，工业和信息化部副部长暨通信企协会长刘利华为大陆赴台代表团团长出席大会。28日，北京通信信息协会与台湾电机电子商业同业公会共同主办了“两岸宽频应用与商机探讨”专题论坛。会上，大唐移动与台湾工业研究院、台湾威达共同签署了战略合作协议，并宣布将在台中市区联合建设TD-LTE试验网。同时，大唐联仪和联发科也就共同开展TD-LTE终端芯片与仪表测试签订了合作协议。

（王燕元）

【举办银河培训工程培训会】9月25日,北京通信信息协会在大兴举办了“银河培训工程：工业云创新行动”培训会，得到大兴区经济信息化委的支持，同时得到北京浩鸿达科技有限公司的支持。共有400余人参加培训会。

（王燕元）

【召开移动电子政务安全本示范对接工作会】9月29日，北京通信信息协会组织召开移动电子政务安全本示范对接工作会。中兴、华为、一人一本、爱国者等终端厂商，三大运营商，集成商等企业参加会议。北京市经济和信息化委员会、市城管、市应急办、市高法以及部分区县经济信息化委相关负责人出席此次会议。会上，北京市经济和信息化委员会电子政务处及资源管理中心负责人介绍了项目的推进情况，并详细地介绍了实施方案，明确工作责任。

（王燕元）

【组织对外投资宣贯推介会】10月15日，北京通信信息协会策划承办企业对外投资政策宣贯推介活动在北邮科技大厦多功能厅举办了首场报告会。北京市经济和信息化委员会对外合作交流处处长王佐，北广科技、同仁堂等近160位企业高层及代表到会。市商务委外贸运行处副处长张越扶做了“境外投资管理、国家鼓励政策和北京对外投资合作特点”报告、北京舟之同律师事务所高级合伙人成慧律师做了“企业走出去的法律实务、的方式方法”的报告，中兴通讯学院秦天刚讲师交流了中兴通讯走出去的成功经验报告及经验教训。

（王燕元）

【承办京港经贸洽谈会专题论坛】10月23日，北京市经济和信息化委员会主办、香港特区政府资讯科技总监办公室协办、北京通信信息协会承办的第十七届北京·香港经济合作研讨洽谈会专题推介—京港智慧城市建设和可持续发展研讨会在北京饭店E座玛瑙厅举行。研讨会以“推动创新驱动、交流创新成果、共享创新应用”为主题，为市民带来全新的智慧生活。香港特区政府资讯科技总监办公室赖锡璋、北京市经济和信息化委员会副主任童腾飞到会致辞。北京市经济和信息化委员会电子政务处副处长刘旭发布了北京智慧城市需求，北京丽泽商务区冯蕾介绍了丽泽商务区关于智慧城市的指标要求、发展模式，市卫生局信息中心谢学勤副主任介绍了北京医疗信息化需求。香港建筑学会会长、北京亦庄移动硅谷的林云峰教授，香港金融管理局助理总裁李建英，工业和信息化部电信研究院政策与经济研究所所长鲁春丛，香港物流及供应链管理应用技术研发中心总监唐志鸿，神州数码信息服务集团数据技术中心史文钊总经理做了主题演讲。北京通信信息协会常务副理事长宋俊德教授主持圆桌论坛，讨论的主题是：如何使物联网应用到物流。京港两地近百人参加会议。

（王燕元）

【举办企业对外投资政策宣讲会】10月25日，北京通信信息协会与丰台区经济信息化委在丰台区振海大厦联合举办“北京市企业对外投资政策宣讲会暨现代企业信息化提升培训”，50余家企业代表到会培训。11月8日，在密云举办了“中小企业对外投资政策宣讲会”，140多家企业代表参加了培训。11月21日，与怀柔经信委联合举办“企业对外投资政策宣讲会”，近70家80多人参加会议。

（王燕元）

【举办银河工程工业云设计平台培训会】10月30日,北京通信信息协会联合北京电子商会和北京市汽车行业协会在北邮科技大厦2层多功能厅成功举办了银河工程北京市工业云创新行动培训会。

（王燕元）

【组团赴韩国交流考察】11月5—9日，北京通信信息协会组织以协会常务副理事长祖荫长为团长的一行十人交流考察团，赴韩国进行为期五天的交流活动。在韩期间，考察团得到韩国前总理吴明先生的热情接见。考察团参访了韩国大数据中心、韩国东部集团、KTI公司、韩国大明生命科技等，与韩方就智慧城市建设进行了广泛交流。

（王燕元）

【组织会员考察天津津南开发区】11月21日，北京通信信息协会接受天津津南经济开发区管委会邀请，组织协会会员到天津津南开发区考察交流。津南经济开展区管理委员会主任张顺弟、副主任刘家萍、副主任赵海玲、副主任邵强等领导接待了考察企业。管委会领导向考察企业详细介绍天津津南开发区，包括建设规划、发展规划、目前建设情况及各期支持政策等，并就有关政策问题进行了咨询。

（王燕元）

【举办京台科技论坛分论坛】11月27日，在台北晶华饭店，北京通信信息协会与台湾区电机电子工业同业公会共同主办“京台科技论坛——京台智慧城市建设与发展分论坛”，共130余人参加。台湾电机电子工业同业公会副秘书长罗怀家，北京通信信息协会常务副理事长祖荫长共同主持了大会。市委常委姜志刚参会，市政府副秘书长朱炎做了主题发言。协会常务副理事长祖荫长等人还出席在台湾宜阑召开的智慧城市交流活动。

（王燕元）

【举办“三网融合”培训会】12月6日，受市广播电影电视局委托，北京通信信息协会举办了“三网融合”工作培训会。市广播电影电视局科技处处长陈煜出席会议并讲话。市广电局、北京市经济和信息化委员会、市财政局、市通管局以及各区县广电系统、企业代表100余人参加。

（王燕元）

【召开移动电子政务产业联盟工作会】12月16日，北京通信信息协会在北邮科技大厦组织召开移动电子政务产业联盟工作会。工作会总结了过去的工作及遇到的问题，并提出交流解决办法。工作会还对“移动电子政务产业联盟”

今后定位、发展方向、服务内容等做了讨论。

（王燕元）

【组织企业到外省市调研交流】12月18—22日，北京通信信息协会组织部分企业赴黑龙江、吉林等地考察，拜访了黑龙江省工业和信息化委员会，听取了黑龙江省工业和信息化系统利用外资和企业走出去情况，黑龙江省走出去、引进来的优秀企业，以及支持企业开拓国际市场的政策、经验等。12月20日，考察团在吉林延吉市参观当地的通讯等信息化基础设施建设，并与中国联通延吉分公司、中兴通讯吉林分公司的领导交流了高速宽带网络建设与应用情况，企业间进行合作交流。12月21日，考察团参观北京金秋果实电子科技有限公司位于吉林图们市的物流集散港。

（王燕元）

【启动公益无线Wi—Fi第三方监测平台建设】年内，北京电信通电信工程有限公司承建北京公益无线Wi—Fi第三方监测运维平台。北京公益无线Wi—Fi——“MyBeijing”已得到社会广泛认可，用户数突破了220万。未来公益Wi—Fi将做到几个统一，用户手机只需一次认证即在多地自动接入方便使用。12月11日，经信委信息化基础设施处、北京通信信息协会、北京电信通及三个运营商的网管及规划人员一起，共同研讨了统一接口数据规范。

（王燕元）

【入选首批社会组织示范基地】年内，北京通信信息协会被市民政局评选为北京市第一批社会组织示范基地，有效期2年。此次评选是市民政局社团办根据《关于建立北京市社会组织示范基地的决定》京民社发〔2012〕501文件精神，在全是范围内开展了北京市社会组织示范基地评选工作，经社会组织申报、市社团办审核、专家委员会评审、网上公示等流程后最终确定。

（王燕元）

中关村IT专业人士协会

【概述】中关村IT专业人士协会成立于2000年9月，主要工作集中在人才领域。协会现有五大品牌活动中的四个集中在中高端人才领域——始于2001年的HR调查，始于2002年的培训系列活动，始于2007的中关村人才论坛，始于2009年的HR委员会系列活动，始于2002年的CEO沙龙（始称早餐会）、项目管理等半数以上的活动也集中在人才领域。1月28日，经市民政局批准，中关村IT专业人士协会正式更名为中关村人才协会。

（董效芬）

【完成两委会换届工作】1月4日，中关村人才协会培训委员会和人力资源委员会换届工作会议在翠宫饭店举行。协会执行副理事长王钧、秘书长李志英及两委会新老委员出席了本次会议。会上，协会执行副理事长王钧介绍了两委会的发展历程，对两委会2013年的工作情况作了总结，并代表协会感谢所有委员一直以来的大力支持和所做的贡献。原培训委员会副主席、朗亿成国际投资有限公司人事行政总监王亮和原人力资源委员会主席、天极信息发展有限公司人事行政部总监薛燕分别代表两委会，向大会作了2012年工作报告。两位主席分别回顾了一年来所做的工作，并就工作中需要改进之处提出了很多建设性的意见。根据协会专业委员会工作条例的规定，本次会议选举产生了两委会新一届执委名单，两委会当选执委分别选举产生了新一届两委会主席、副主席。经过竞选环节的激烈竞争，培训委员会最终选举朗亿成国际投资有限公司人事行政总监王亮担任主席，博彦科技股份有限公司副总裁张靖担任副主席；人力资源委员会选举北京合纵科技股份有限公司人力资源总监张银昆担任主席，东软集团（北京）有限公司人力资源总监盖龙佳和北京东方国信科技股份有限公司人力资源总监李瑛担任副主席。两位主席分别发表了就职演说，两委会新老委员结合协会2013年的工作计划和两委会各自职能，提出建议。

（董效芬）

【举办第九届中关村人才论坛】1月9日，中关村人才协会主办的第九届中关村人才论坛——“强化组织能力和人才能力建设，迎接用工成本挑战暨2012年度中关村IT业人力资源状况调查报告发布”活动在翠宫饭店举行。来自中关村园区企业的50余名总经理、副总经理、HR总监和专业人士参加了论坛活动，协会副理事长、首都信息发展股份有限公司总裁汪旭和协会秘书长李志英出席，协会人力资源委员会主席、北京合纵科技股份有限公司人力资源总监张银昆主持论坛活动。协会人力资源委员会委员、北京启明星辰人力资源总监谢奇志发布由中国人民大学劳动人事学院专业团队撰写的《2012年度中关村IT业人力资源状况调查报告》。本届论坛的主讲嘉宾——埃森哲咨询公司赵佳慧总监，围绕企业关注的“高用工成本”问题，通过对翔实数据的分析，提出要通过强化组织能力和人才能力建设来应对企业“高用工成本”的挑战。论坛上，协会人力资源委员会委员、博雅软件股份有限公司副总裁闫轶卿；协会人力资源委员会委员、时代集团总裁助理兼人力资源总监郑荣；协会人力资源委员会主席、北京合纵科技股份有限公司人力资源总监张银昆等，结合企业案例发表了演讲。在论坛的互动环节，与会人员就工作中碰到的疑惑和困扰与演讲嘉宾进行了探讨。

（董效芬）

【举办企业移动应用项目管理挑战培训】3月27日，中关村人才协会在翠宫饭店举办主题为“企业移动应用项目中的管理挑战”的培训活动。北京高森明晨科技有限公司服务运维总监、产品总监，协会项目管理委员会委员吕永生担任主讲。IGT科技开发（北京）有限公司产品质量经理，协会项目管理委员会委员张学海先生主持活动。整个课程围绕企业移动应用项目案例，为大家分享在企业移动项目开发中经常遇到的典型问题和挑战，以及处置对策；围绕一个基于SaaS服务模式的企业移动应用平台，着重探讨移动应用项目与ERP/CRM等传统项目的差异和管理中面临的新挑战，内容涉及范围管理、成本控制、人力资源管理、测试和质量控制等方面。共有20家会员企业的项目管理等代表参加此次活动。

（董效芬）

【举办“一把手下午茶时间”活动】4月9日，中关村人才协会与北京启承转合管理顾问有限公司共同举办的“一把手下午茶时间”系列活动在中关村嘉华大厦举行。活动以“一把手可能的误区和盲区”为主题，特邀原西安杨森制药公司的总裁谢炳福为主讲嘉宾，与参会的10余位企业家一起分享了工作经验和存在的陷阱。协会理事郑志文主持了此次活动。谢炳福围绕“一把手可能的误区和盲区”主题，重点分析了各类组织“一把手”由于个体的不同而导致的各种误区，并分享了如何有效避免这些误区和盲区的方法和经验。现场参会的嘉宾结合自己的工作实践，反思过去工作中的一些误区，并就典型案例进行了重点分析。

（董效芬）

【举办中国—东盟自由贸易区政策宣讲报告会】5月16日，在首信培训学院，中关村人才协会和北京电子电器协会共同主办了“走进中国—东盟自由贸易区，企业国际化发展新机遇”为主题的政策宣讲报告会。来自中关村园区企业的百余位代表参加了本次活动。报告会特别邀请了东南亚商务专家、中国—东盟商务理事会中方秘书处常务副秘书长许宁宁作为主讲嘉宾。许宁宁介绍了中国—东盟自由贸易区的基本情况，讲解了中国—东盟自贸区的零关税等优惠政策，并逐一分析了东盟各国的发展状况与潜在商机，同时对中关村园区企业走进东盟提出了很好的建议。在互动环节，许宁宁就中国—东盟之间的投资、贸易、留学等问题回答了企业的提问。中关村人才协会秘书长李志英，北京电子电器协会会长邓昌浩、秘书长刘元秀等协会领导出席了本次活动。

（董效芬）

【举办劳动合同法修正案相关培训】5月16日，中关村人才协会翠宫饭店举办了主题为“劳动合同法修正案与最新司法解释深度解读暨企业员工关系处理十大问题应对”的培训活动，此次培训的讲师是劳达集团创始人魏浩征。来自30多家企业的60多位代表参加了此次培训。课程内容共计十大部分，分别为：用工模式的选择问题；未订立书面劳动合同的处理；合同变更的形式要求；无固定期限劳动合同的问题；培训与服务期的问题；竞业限制的问题；有关劳动合同解除、终止的问题；有关经济补偿、赔偿的问题；有关外籍人员的法律适用问题；有关程序问题。

（董效芬）

【参加中国项目管理办公室（PMO）发展大会】6月7—8日，中关村人才协会参加在北京化工大学召开第二届中国项目管理办公室（PMO）发展大会。本届大会由项目管理培训师大联盟联合北京化工大学共同主办。本届大会以“机遇与挑战——当下中国企业PMO发展之道”为主题。原国际项目管理协会副主席、中国（双法）项目管理研究委员会副主任、北京大学教授薛岩发表了“PMO的发展趋势”主题演讲。17位国内知名专家和PMO实践精英先后在会上做了演讲。参会代表就工作中遇到的疑点、困惑纷纷向嘉宾求解问计，嘉宾一一作答。

（董效芬）

【举办教练式管理培训活动】6月26日，中关村人才协会在翠宫饭店举办了主题为“教练式管理”的培训活动。活动特邀的主讲老师为东软集团（北京）有限公司人力资源总监、协会人力资源委员会副主席盖龙佳。国鑫集团人力资源总监、协会人力资源委员会委员孔洁主持了此次活动。盖龙佳为大家介绍了教练技术的基本理念，进而介绍了作为教练的作用。教练文化的目的就在于通过充分激发人的学习能力、创新能力、沟通能力等潜能，提高生产力，促进企业的高速发展，对于建立学习型组织和团队自我管理有独特作用。还为学员讲解了有效沟通的技巧以及CROW模型（即：聚焦目标、分析现状、挖掘资源、行动责任）的具体应用和实践，通过案例分析与理论相结合的方式进行了系统讲解。

（董效芬）

【举办项目管理培训活动】7月3日，中关村人才协会在翠宫饭店举办“IT服务管理沙盘演练”项目管理培训活动。惠普IT管理学院高级顾问、中科院研究生院兼职教授、IT服务管理和项目管理专家赵学梅专题做了演讲，赵学梅为到场学员引入了HP race to result-SM 沙盘演练，仿真模拟IT 部门的运作，将IT服务管理的思路融会贯通其中，帮助学员体验如何实现IT

管理从无序到有序的转变，把握与业务部门建立有效沟通的最佳方法，最终实现成本与高性能间的相互平衡。

（董效芬）

【举办第十届中关村人才论坛】8月6日，由中关村管委会支持和指导、中关村人才协会主办的第十届中关村人才论坛在神州数码科技广场隆重举行。本届论坛的主题是“激发人才正能量，铸造企业中国梦——关键人才的吸引、使用与培养”。中关村管委会副主任杨建华、中组部人才局五处处长张志刚、市委组织部人才处处长于淼、中关村管委会人才处处长李志磊、中关村人才协会理事长刘淮松等出席论坛，来自示范区企业等各界共500余人参加了本届论坛。本届论坛汇集了政府官员、企业家、研究机构、学者和咨询机构等权威人士，聚焦中关村“641”产业人才资源领域里最佳实践和前沿话题进行深度探讨和交流，尝试为中关村人才特区如何更好发挥关键人才的作用找到办法和捷径。主论坛特邀中国人民大学劳动人事学院院长曾湘泉、北京中文在线数字出版股份有限公司董事长兼总裁童之磊、乐普（北京）医疗器械股份有限公司总经理蒲忠杰、致行教育科技（北京）有限公司创始人董事长孙振耀四位主讲嘉宾，分别围绕“中国劳动力市场的挑战及对策”“如何吸引关键人才，共筑企业梦”“如何用好关键人才，激发正能量”“关键人才战略与企业持续发展”四个热点主题发表演讲，并在现场就关注的话题和与会者进行互动。在论坛高端对话环节，《创业家》杂志总编辑兼社长牛文文、清华科技园董事长梅萌、微软亚太研发集团人力资源总监林磊对主讲嘉宾的演讲做出点评。四个分论坛则分别以“人才投资与管控分论坛”“劳动法与员工关系分论坛”“打造卓越领导力分论坛”“由内而外，激发潜能分论坛”为主题。在论坛开幕式上，中关村人才协会发布了其新的标识。论坛期间，还举行了“中关村人才指数”调查启动仪式。

（董效芬）

【举办“有效面试技巧”培训】8月27日，中关村人才协会在翠宫饭店举办了“SMART HR”系列培训，主题为“有效面试技巧”。培训特邀讲师为安世亚太科技股份有限公司人力资源部经理、协会人力资源委员会委员崔晓琰，国鑫集团人力资源总监、协会人力资源委员会委员孔洁主持。协会会员及相关企业人力资源人士参加了培训。崔晓琰以多年的工作经验为在座学员介绍了有效的招聘流程和方法建议，以及适当的面谈技巧和测评方法。本次培训课程采用问题讨论、案例讨论、角色扮演等多种授课方式，在介绍相关面试技巧的同时重点为学员讲解了面试前、面试中以及面试结束后应注意的事项，使学员在轻松的课堂环境中学习到了适合自己的应聘方法。

（董效芬）

【举办CEO沙龙活动】9月25日，由中关村人才协会举办的CEO沙龙活动到了著名“车库咖啡”，以“走进车库咖啡，感悟创业之路”为主题，邀请了车库咖啡创始人苏菂和唐创投资董事长杨勇两位嘉宾，吸引了30余位企业CEO参加。12月6日，与CSDN网站、五五私人董事会共同举办了“传统行业如何驾驭大数据”CEO沙龙活动。本次活动由中关村人才协会CEO沙龙委员会主席、CSDN创始人兼董事长蒋涛主持，中关村人才协会秘书长李志英出席沙龙活动并致辞，60多位企业CEO出席了沙龙活动。

（董效芬）

【举办管理人员培训项目设计和实施培训】10月17日，中关村人才协会举办“管理人员培训项目的设计和实施”课程，希望通过分享,提升会员企业HR专业人士对管理人员培训项目的运作能力，为中小企业的发展助力。此次培训邀请到了广联达软件股份有限公司人才开发管理中心学习发展经理，协会培训委员会委员刘东进与大家一同分享。宜信公司总部人力资源部招聘主管、协会培训委员会委员陈麟杭主持了活动。刘东进以所在企业为例，根据自身多年的工作经验，与大家分享实际工作中的一些方法，为在座学员讲解如何依据公司规模和不同发展阶段建立公司不同系列人员的培训项目。同时，还为大家介绍了培训项目策划过程中涉及的一些问题和需要注意的细节，以及培训项目实施过程中所包含的内容与要素。

（董效芬）

【开展小企业薪酬体系建设培训活动】11月7日，协会举办主题为“如何突破中小企业薪酬体系建设中的难点”的培训活动。特邀主持人为博雅软件集团副总裁、协会人力资源委员会委员闫轶卿。乐元素人力资源总监、协会人力资源委员会委员王璇主持了培训活动。闫轶卿首先为大家讲解了薪酬体系的基本理论与企业通行的薪酬体系，结合案例重点为学员讲解中小企业薪酬体系建设中的难点、核心步骤、突破办法以及中小企业薪酬体系建设的框架。来自20多家会员企业的50多位学员参加了此次培训。

（董效芬）

【举办国际猎头与国际人才发展研讨会】11月11日，由中关村人才协会、国际猎头顾问协会和中国国际人才专业委员会联合主办的“2013国际猎头与中国国际人才发展研讨会”在北京召开。本次研讨会以“中国高端国际管理人才的机遇、需求和挑战”为主题，重点探讨面对全球化经济的挑战，未来中国的国际人才政策现状与走势。会上，中关村人才协会理事长、太极计算机股份有限公司总裁刘淮松致辞。他介绍了中关村国家自主创新示范区在吸引国际化人才方面的创新举措,与会议嘉宾分享了中关村人才协会在促进园区人才发展方面所做的工作，并代表主办方对出席会议的嘉宾表示欢迎。研讨会分为四大圆桌论坛，分别探讨高管人才对中国企业全球化战略发展的重要作用、全球高端人才的挑战、中国公司招募全球高管人才所面临的挑战、中国企业对全球人才的保留与发展所面临的挑战。会上，理事长刘淮松、主席Peter Felix和会长王辉耀分别代表中关村人才协会、国际猎头顾问协会和中国国际人才专业委员会签署了战略合作协议。三家机构将在跨国人才及国际猎头方面进行深度合作，为中关村乃至中国引进优质国际人才提供专业服务。出席本次研讨会的特邀领导和嘉宾还有国家外国专家局副局长刘延国，商务部中国国际经济合作学会会长崔明谟，中关村园区管委会副主任马胜杰、副主任周国林，中国人事科学院院长、中国人才研究会常务副会长吴江，美国亚利桑那州立大学副校长、中国人才学专家Denis Simon等。

（董效芬）

【举办营改增税收政策解读会】11月13日，由中关村人才协会与北京技术市场协会在翠宫饭店共同举办“技术合同认定登记培训及营改增税收政策解读会”。北京技术市场管理办公室的部长张平和海淀区国税局专员齐菲做了相关内容的讲解。齐菲介绍了“营改增”的优惠政策、技术合同中的免税内容、需提交的备案资料，以及免税项目的注意事项。张平为参会学员做了技术合同认定登记的相关介绍，内容包括技术合同的分类、技术合同应具备的基本条款、技术合同的认定条件、技术合同认定登记的流程、税收减免的相关要求、“营改增”税收优惠政策的办理等。近60位会员企业代表参加了此次活动。

（董效芬）

【召开第三届中国项目管理培训年会】11月23—24日，中关村人才协会作为项目管理培训师大联盟的特邀支持单位协助举办了第三届中国项目管理培训年会暨2013年度中国优秀项目管理培训师评选颁奖盛典。大会主题为“中国项目管理培训：百花齐放下的光荣与梦想”。原国际项目管理协会副主席、中国（双法）项目管理研究委员会副主任、北京大学教授薛岩首先发表了“基于结果的项目治理”的主题演讲，结合世行、亚行案例就项目治理做了全面阐述。24位项目管理知名专家和知名企业PMO负责人在年会做了精彩发言。项目管理专家、培训师、企业项目管理人士及相关培训、媒体人员等近400人出席了本次年会。年会上还举行了项目管理培训课程推介分论坛。项目管理著名培训师陈潺潺、罗志坚、于兆鹏、熊恩泰、陈和兰、孔争昕先后推介了各自特色课程。2013年度十大中国优秀项目管理培训师、十大新锐项目管理培训师在年会上受到了表彰。

（董效芬）

【举行京台产业合作大会人才专题分论坛】11月27日，由中关村人才协会、台北内湖科技园区发展协会共同主办的第十六届京台产业合作大会（原京台科技论坛）人才专题分论坛在台北圆满闭幕。中关村人才协会理事长、太极计算机股份有限公司总裁刘淮松代表协会出席论坛并致辞。北京市台办经济处处长刘清、中关村管委会人才处处长李志磊出席论坛并讲话，中关村和台湾企业及相关单位代表共70余人参加了本次论坛。本次人才专题分论坛以“共建海峡两岸人才交流平台”为主题，旨在通过京台两地重点行业人才领域的交流，分享借鉴人才管理和服务方面的优秀经验，促进京台两地人才管理水平再上一个新台阶。同时，通过合作共建海峡两岸人才交流平台，探讨京台两地人才合作新模式，深化两地人才交流合作，进而推动京台两地产业的融合。论坛由广联达软件股份有限公司副总裁刘谦和台北内湖科技园区发展协会副理事长黄富琮共同主持。中关村人才协会秘书长李志英出席论坛。论坛上，北京交控科技有限公司董事长郜春海、北京北斗星通导航技术股份有限公司副总裁黄治民、太极计算机股份有限公司人力资源部总经理许锦力代表北京企业发表主题演讲，财团法人信息工业策进会数位教育研究所黄进烽博士、104信息科技集团猎才派遣事业群副总经理吴丽雪、特波国际股份有限公司总经理萧世贵分别代表台湾企业发表主题演讲。论坛还设计了圆桌互动交流环节，双方围绕人才战略、人才引进、人才管理及人才发展趋势展开深入的交流和热烈讨论，取得良好的效果。中央电视台4套《海峡两岸》栏目记者现场采访了理事长刘淮松，并对论坛进行了报道。论坛期间，中关村人才协会一行还参访了内湖科技园区、新竹科技园区、财团法人资讯工业策进会、台北内湖科技园区发展协会等机构，并就今后进行制度性交流达成合作意向，共同把人才论坛建成固定性的人才交流平台。

（董效芬）

【举办第五届中国人力资源博览会】12月7日，由中关村人才协会协办的第五届中国人力资源博览会暨2013年人力资源年终盛典在北京举行。本届论坛由“三人行人力资源公益学习论坛”发起，立足企业HR最关切的幸福感话题，以“激发员工正能量、实现幸福企业梦”主题，邀请政府领导、专家学者、知名企业家、

HR管理专家、HR高管、HR媒体专家及各界HR专业人士深度互动，共同探讨幸福管理，激发员工正能量，并将“幸福管理”和职场建设、企业发展有机结合起来，着力提升企业幸福指数，探讨切实可行的推进“幸福管理”建设的方法和思路。协会会员企业和相关企业、机构的业内人士近700人参加了会议。

（董效芬）

【召开项目管理委员会总结计划会】12月13日，中关村人才协会项目管理委员会2013年总结暨2014年计划会议召开。会议对项目管理委员会2013年的各项工作进行总结，并制订了2014年的工作计划。项目管理委员会主席蒋松（太极计算机股份有限公司业务管理部总经理）、副主席孙晓玫（首都信息发展股份有限公司城市信息服务中心总经理），以及项目管理委员会委员吕永生（北京高森明晨科技有限公司服务运维总监、产品总监）、张学海［IGT科技开发（北京）有限公司项目总监］、王钢［IGT科技开发（北京）有限公司资深软件测试经理］、冯国鑫（北京联合永道软件股份有限公司高级副总裁）、陈雄越（北京联众电脑技术有限责任公司管理中心总监）、王立杰（百度敏捷教练）、吴晶（北京启明星辰信息技术股份有限公司资深项目经理）等出席了会议。会上对2014年的工作计划及将要开展的培训、研讨活动展开了深入讨论，包括“项目管理从零开始”“IT项目管理那些事儿”“精益管理与持续性创新”“项目经理招聘与面试模拟”等议题。会议决定由蒋松继续任下一届项目管理委员会主席，孙晓玫任副主席。

（董效芬）

【举办人才建设与继任计划培训】12月18日，中关村人才协会在翠宫饭店举办了题为“人才建设与继任计划”的培训活动。培训特邀讲师为北京合纵科技股份有限公司人力资源总监、协会人力资源委员会主席张银昆。安世亚太科技股份有限公司人力资源经理、协会人力资源委员会委员崔晓琰主持活动。张银昆结合自身工作实际，讲解了人才建设与继任计划和企业核心竞争力的关系，人才建设与继任计划的实施前提、实施步骤、具体细节。

（董效芬）

中关村科技企业家协会

【概述】年内，中关村科技企业家协会推出“三个委员会”（科技产业促进委员会、市场开拓委员会、投融资委员会）和“两个中心”（会员服务中心、咨询顾问中心），构建以企业家思想推动企业发展的资源及智慧平台，旨在为中关村科技企业发声、为中关村科技企业服务。“为企业发展科技产业服务”是协会新一届理事会提出的宗旨，“更大范围团结和凝聚企业家群体的力量，更好地为中关村国家自主创新示范区建设服务”成为协会寻求新突破的工作重点。

（尹玲利）

【获工作优秀单位称号】1月30日，中关村协会联席会表彰大会暨2013年迎新春联欢会在腾达大厦举行。中关村管委会副主任杨建华，中关村协会联席会主席、北京民协会长王小兰出席会议并讲话。会上，协会联席会常务副主席杨建平宣读了2012年中关村协会联席会表彰决定。中关村科技企业家协会获颁“中关村协会组织工作优秀单位”以及“中关村协会信息工作优秀单位”。

（尹玲利）

【市场拓展部首期内训】2月25日，中关村科技企业家协会特邀协会副会长单位，北京东方信联科技有限公司技术总监李延超为秘书处员工带来了一场T-IPNS系统培训会，帮助大家深入解读四网融合智慧城市驻地网解决方案。这次培训是协会市场拓展部展开的企业新技术新产品系列内训第一讲，旨在让秘书处员工更加全面、深入了解会员企业的新技术新产品。T-IPNS是东方信联综合移动通信、互联网、新一代互联网、移动互联网、物联网、云计算和新一代广播电视用户网等技术要素构成的一个全新网络系统。

（尹玲利）

【召开科技企业互助基金说明会】3月1日，北京民协召开首场科技型小微企业互助合作基金说明会，包括爱帮聚信（北京）科技有限公司在内的20余家协会会员企业派代表参会。会议详细介绍了互助基金的运作模式，并就企业提出的融资问题请业界专家进行了现场解答。

（尹玲利）

【召开首场标准研讨会】3月12日，中关村科技企业家协会召开电子数据中心和通信基站综合能耗限额标准专家研讨会。会议由协会执行常务副会长朱希铎主持，中国标准化研究院技术总监王立建、工业和信息化部电信研究院实验室主任蒋京鑫、中国联通中讯通信设计院节能研究室副主任侯永涛等9位专家出席会议。会议重点研讨该项标准能耗指标及计算方式。

（尹玲利）

【举办创业成长沙龙】3月21日，70余位中关村科技企业家协会会员企业负责人及创业者参加题为“如何正确地激励团队”的创业成长沙龙活动。活动由中关村企业家天使投资联盟与创业成长互助同盟联合组织，彼得·德鲁克管理学院讲师仲艳松通过“内在激励与外在激励的思辨”“如何防止反激励”“金钱以外的激励实践”“德鲁克关于激励的三个观点”“如何对待绩效低的员工”等话题与参会者共同探讨如何正确激励员工以及打造一个富有激情的工作团队的具体措施。

（尹玲利）

【召开第七届会员大会】3月28日，中关村科技企业家协会在北大博雅酒店召开了第七届会员大会暨“两会”归来话“两会”活动。会上，会员代表听取并通过了第六届理事会理事长王小兰、监事长戴焕忠、执行常务副会长顾小锋分别对第六届理事会工作、财务工作、协会章程修正案及会费收取办法等情况的报告。会议选举产生了第七届理事会、监事会组成人员，姜鹏明当选为第七届理事会理事长，尹为东等30人当选为副理事长；戴焕忠当选第七届监事会监事长，郑忠秀等10人当选为副监事长。选举后，第七届理事会、监事会分别召开了第一次会议。新一届理事会成立了“三个委员会”、“两个中心”即：投融资促进委员会、市场开拓委员会、科技产业促进委员会、会员服务中心以及咨询顾问中心。“两会”归来话“两会”活动随后举行，全国政协委员、时代集团总裁王小兰，全国人大代表、小米科技CEO雷军以及全国人大代表、用友股份有限公司董事长王文京（书面发言）为与会企业代表解读两会，分析宏观经济形势，判断未来经济走势。

（尹玲利）

【市领导到协会调研】4月11日，市委常委陈刚、市委副秘书长傅华、中关村管委会主任郭洪等领导到中关村科技企业家协会调研。在协会秘书处，陈刚听取了协会会长姜鹏明对北京民协各项服务职能的介绍。陈刚指出，社会组织未来的地位与价值将日益凸显，他希望北京民协坚持创新，积极服务中关村国家自主创新示范区发展。协会执行会长朱希铎以及薛向东、孙陶然、廖峰、黄显勇、许宁跃、祁燕6位常务副会长参与接待。

（尹玲利）

【协会获得殊荣】4月12日，中关村科技企业家协会入选由海淀区社会建设工作办公室、海淀区民政局评选的构建社会主义和谐社会中做出显著成绩的企业名单，共有92家单位入选。

（尹玲利）

【与北辰区签署战略合作协议】5月22日，天津市北辰区委常委、常务副区长李连庆到访中关村科技企业家协会，协会执行会长兼秘书长朱希铎、首席顾问张本正以及常务副秘书长戴双接待来访。双方在如何促进中关村企业入津发展等话题展开探讨，并签署战略合作协议。

（尹玲利）

【举办技术标准专项政策培训交流会】5月23日，中关村科技企业家协会与中关村技术标准创新交流服务中心共同举办中关村技术标准专项政策培训交流会。会上，中关村技术标准创新交流服务中心苏静梅从政策背景、资助内容、申报流程、申报注意事项和标准资助政策等方面为与会者解读了企业在申请中关村技术标准项目中可能遇到的问题。36家会员企业的40位企业技术标准化负责人参加此次培训。

（尹玲利）

【海淀区领导调研北京民协】6月6日，海淀区副区长、海淀园管会主任孟景伟，常务副主任梁捷，海淀园副主任、服务体系建设处处长阎秀敏，副主任、产业规划发展处处长孟涵共同调研中关村科技企业家协会。协会会长姜鹏明介绍了协会换届后的发展情况、工作内容和未来计划，强调协会将会更大范围地团结和凝聚企业家群体力量，以此为优势，为中关村国家自主创新示范区建设服务。在听完协会基本情况介绍后，孟景伟对北京民协在政府和企业之间发挥的作用和取得的成绩给予肯定，表示今后海淀园管委会将与协会进行更为密切的沟通和联系，特别是在投融资、产学研转化等领域开展切实有效的合作，共同探索和挖掘出一条契合园区政府科研创新、机制创新以及服务创新的道路。

（尹玲利）

【召开政府资金申报及扶持政策培训会】6月8日，为了解决北京市中小企业寻融资、难融资的问题，由北京市经济和信息化委员会小企业服务中心主办，中关村科技企业家协会、市中小企业投融资服务平台共同协办的“国家银河培训工程——政府资金申报及创新融资扶持政策培训会”在京召开。会上，北京市经济和信息化委员会小企业服务中心相关负责人就政府专项资金支持的重点方向，和有关政策为与会企业做重点解读；市中小企业投融资服务平台负责人介绍了平台相关情况、融资政策、政府专项资金申报流程，以及申报时的注意事项等。近50家协会会员企业派代表参加。

（尹玲利）

【召开科技企业家人才培育发展研讨会】6月14日，中关村科技企业家协会、中国科学政策研究会、北京科学研究中心等单位组织召开创新驱动与科技企业家人才培育发展研讨会。中关村科技企业家协会执行会长兼秘书长朱希铎、中国科学院科技政策与管理科学研究所所长穆荣平、中共中央办公厅调研室原副主任于维栋、科技部人才交流开发服务中心副主任高昌林等8位中关村资深专家学者出席会议并就关于如何培育科技创新人才话题做主题发言。会上，中关村科技企业家与专家围绕企业家的成长环境及发展中遇到的问题等进行了探讨。北京神州龙芯集成电路设计有限公司、北京中天金谷科技股份有限公司、北京颖诺凯胜科技有限公司等12家协会会员企业负责人或代表出席会议。

（尹玲利）

【召开首都调解服务机构发展状况座谈会】7月8日，中央综治委综治二室副主任卢仓报、中央综治委综治二室处长严曦、最高人民法院司改办处长付育、司法部基层司人民调解处主任科员刘建东等一行领导造访中关村科技企业家协会，就调解服务机构发展状况与中关村企业家商事调解中心等市各调解机构展开座谈。来自中关村企业家商事调解中心、北京仲裁委调解中心、中国互联网协会调解中心、工业和信息化部电子知识产权中心争议解决中心、贸促会电子商务调解中心、百度调解中心等10余家调解机构负责人和代表近40人参加座谈。会议由北京调解联盟秘书长郭玉忠主持，中关村科技企业家协会会长、海淀区人民调解员、中关村企业家商事特邀调解员姜鹏明，协会执行会长兼秘书长朱希铎一并接待来访。

（尹玲利）

【与全国股转系统公司举行座谈会】7月18日，由中关村科技企业家协会投融资委员会主办的“全国中小企业股份转让系统公司与协会会员座谈会”在北京民协大会议室举行。全国股份转让系统公司总经理助理隋强、挂牌业务部总监胡益民、市场发展部总监孟浩等出席座谈会，解读了“新三板”新策，对企业挂牌融资过程中遇到的问题和疑惑进行解答。中关村科技企业家协会会长姜鹏明、常务副会长廖锋，以及会员企业负责人或代表近20人参加了座谈。会上，姜鹏明就协会换届后的全新工作模式和工作特点进行相关阐述，指出该座谈会是北京民协切实为会员企业服务而推进的一次有益尝试，并表示协会将根据会员企业实际需求，整合具有一定影响力的券商等机构资源，促成具备条件的中小企业会员实现挂牌上市。

（尹玲利）

【举办新老会员交流座谈会】7月31日，中关村科技企业家协会举办了新老会员企业见面会，会议在会员企业——万源企业会议室召开。与会企业用提炼关键词的形式简要介绍了各自企业的情况，执行会长兼秘书长朱希铎介绍了协会的工作框架和“3+2”服务体系的具体内容，表示希望会员企业多多利用协会这一资源平台，寻找市场与上下游合作机会，协会也会帮助企业解决遇到的各种问题。会上，北京银行中关村分行（协会常务副会长单位）副行长徐中兴解读了当前的经济金融形势；常务副会长、小米科技副总裁祁燕通过多年的企业公关管理案例强调了企业做好政府公关的重要性，希望企业家借助协会的平台在思想上共享，在资源上分享；常务副会长、突破电气董事长林海青则从企业家精神方面建议企业家以协会为平台，寻找心灵与思想的支撑；协会副会长、美髯公总经理朱荣辉凭借与协会多年的合作经验讲述利用协会平台促企业发展的益处。

（尹玲利）

【召开天使投资第四届第二次股东会】8月28日，中关村企业家天使投资联盟注册的北京中关天使投资管理有限公司召开了第四届第二次股东会，45位股东或其代表出席会议。会议由公司上任执行董事王小兰主持，张本正代表联盟对公司成立以来的运行和投资项目现况做汇报。会议审议并通过了《关于股东实名注册的议案》《关于变更公司法定代表人的议案》《关于修改公司章程设立董事会的议案》《关于变更公司监事会并选举监事会主席的议案》《关于委托中关村科技企业家协会负责主持制定增资扩股方案的议案》。

（尹玲利）

【**举办公证助力企业发展交流活动**】8月28日，海淀区司法局和中关村科技企业家协会在皇苑大酒店联合举办了第15期"法律·商业"系列沙龙——"公证助力企业发展"交流活动。海淀区委常委、区委副书记、政法委书记刘鸿，市司法局党委委员、纪委书记邓建生，海淀区司法局党组书记李良轩等领导出席会议并致辞。交流会以"服务新兴文化产业，共创海淀文化新区"为主题，旨在为海淀区企业与全区公证行业搭建平台，降低企业在纠纷出现后而承担的高昂成本。来自中关村科技企业家协会等6家协会及公证处、律师事务所、市（区）司法系统、协会会员企业负责人等近百人参加了本次活动。

（尹玲利）

【**召开科技旅游商品分赛评审会**】9月5—6日，中关村科技企业家协会在裕龙大酒店组织召开了"北京礼物"科技旅游商品分赛评审会。共有电子技术、安全保健、生态环保等领域的29家企业的54件作品参加评审。市旅游委、中关村管委会、海淀区旅游委、"北京礼物"旅游商品大赛组委会、中关村科技企业家协会有关领导及相关行业专家受邀组成评审组，围绕参赛作品的创新性、科技性、时尚性、纪念性、工艺性、实用性、市场性进行专业评审。10月10日，在"北京礼物"旅游商品大赛颁奖仪式上，北京美尔斯通科技发展股份有限公司的骨传导耳机获金奖，爱国者电子科技有限公司的旅行多功能手环、米科技有限责任公司的小米盒子等50余件中关村科技产品分获银奖、铜奖及优秀奖。科技旅游商品分赛是中关村企协承办的具有重大社会影响的赛事活动，是市场开拓部承担政府职能转移工作的一次有益尝试，拓展了中关村企协与市相关政府部门合作的新渠道。

（尹玲利）

【**举办"新三板"政策实务培训**】11月20日，由中关村管委会和中关村科技企业家协会共同组织的"新三板"政策实务培训会在裕惠大厦举行。活动特邀中关村管委会科技金融处副处长岳冬立、西部证券股份有限公司总经理助理程晓明博士先后就新三板政策和成果、新三板挂牌操作实务及最新发展动向进行主题演讲。国信招标、格林雷斯、艾威康等会员企业代表50余人参加了本次培训。协会常务副秘书长戴双出席此次活动。

（尹玲利）

【**承办中国轨道交通企业"走出去"论坛**】11月27日，由商务部主办、中关村科技企业家协会承办的中国轨道交通企业"走出去"论坛在裕龙大酒店成功举行。活动围绕中国轨道交通产业如何实现升级发展，企业如何顺利"走出去"，以及主要国家的投资发展机会和政策环境等议题进行对话，旨在帮助中国企业更好地了解世界轨道交通产业的发展趋势，掌握市场最新动向，搭建沟通平台，推动与具有轨道交通市场发展潜力国家之间的合作。来自泰国、南非驻华大使馆代表、产业专家及轨道交通相关企业代表等150余人参加了本次论坛。中关村企协常务副秘书长戴双、副秘书长沈逢佳出席本次活动。

（尹玲利）

【**召开十八届三中全会政策解读研讨会**】11月28日，中关村科技企业家协会会长工作会暨十八届三中全会政策解读研讨会在北大博雅召开。会议由协会执行会长兼秘书长朱希铎主持，姜鹏明、周明陶、顾小锋、邵凯、黄显勇、朱荣辉等协会领导以及近150家会员企业负责人或其代表出席会议。会议特邀中共十八大代表、北京城市学院党委书记刘林，以“十八大会议决定和中关村企业家的抉择”为题为与会企业家解读了十八届三中全会中的政策信息，为中关村企业家传递了重要的政策信号，他认为未来十年中国的政治纲领已经基本成型，政府也将在管理方式上逐步做出调整，发挥市场的决定性作用，为企业营造更好的政策环境。著名经济学家、北京大学教授张维迎以“中国经济增长和体制改革”为题，强调经济要发展就是要靠企业家精神。

（尹玲利）

产业联盟

全国节能减排标准化技术联盟

【概述】全国节能减排标准化技术联盟（以下简称“节能减排联盟”）是在国家节能减排相关主管部门的支持和指导下，由科研院所、大专院校、行业协会、检测与认证机构、企业、非政府组织等单位共同发起和参与，以加强节能减排标准化合作与交流为目，致力于推进中国节能减排标准化工作，集公益性、服务性和学术性为一体的非营利性技术组织。节能减排联盟成立以来，一直致力于形成节能减排标准化的顶层合力和协调机制，打造领先性联盟标准，构建适应市场、技术领先、需求导向、优势显著的节能减排标准化技术创新体系，提高中国节能减排标准的有效性和国际影响，打破发达国家在节能减排方面新的绿色技术贸易壁垒。

（陆晓爽）

【召开节能减排公益与社会责任分论坛】7月19日，节能减排联盟和中国光华科技基金会共同承办的“节能减排公益与社会责任分论坛”在生态文明贵阳国际论坛2013年年会上召开。生态文明贵阳国际论坛秘书长章新胜，国务院参事、科技部原副部长刘燕华，国家发展和改革委员会副秘书长赵家荣，节能减排联盟理事长王忠敏，中国光华科技基金会理事长兼秘书长任晋阳，贵阳市副市长刘玉海，贵阳市国资委主任王建忠等领导出席论坛并发表讲话，来自全国各地的政府官员、专家学者、企业家代表以及媒体记者共同出席了本次分论坛。节能减排联盟与节能减排公益基金正式成立启动。

（陆晓爽）

【入选国家产业技术创新战略试点联盟】10月8日，节能减排联盟被科技部评选为“第三批国家产业技术创新战略试点联盟”。本次评选根据科技部《关于推动产业技术创新战略联盟构建的指导意见》和《关于推动产业技术创新战略联盟构建与发展的实施办法（试行）》有关规定，在地方和部门等单位推荐的基础上，综合考察确定的。

（陆晓爽）

【召开第三届中国节能减排标准化论坛】11月15日，第三届中国节能减排标准化论坛暨智慧能源国际峰会在北京召开。会议由节能减排联盟理事长王忠敏研究员主持，国家标准委副主任孙晓康、国家发改委环资司副司长吕文斌、国务院研究中心产业部部长冯飞和中国标准化研究院院长马林聪分别就智慧能源相关标准、政策、技术路线和关键标准等方面提出要求，并希望智慧能源产业技术创新战略联盟尽快开展工作，分工协作，快速推进智慧能源产业化工作。节能减排联盟秘书长李爱仙汇报了联盟全年的主要工作，发布《基于泛在网的建筑节能监测控制共性技术方案应用指南》等四项联盟标准。智慧能源产业技术创新战略联盟常务副理事长兼秘书长刘东汇报了智联盟基本情况和工作计划。智慧能源产业技术创新战略联盟作为节能减排联盟的专业联盟之一，于11月14日正式成立并召开第一届理事会，推选节能减排联盟理事长王忠敏兼任智慧能源产业技术创新战略联盟理事长。

（陆晓爽）

【与联合国工业发展组织举行高层会晤】11月21日，节能减排联盟理事长王忠敏、常务副秘书长潘崇超应邀赴联合国工业发展组织（UNIDO）驻华代表处交流合作事宜，与驻华代表处区域首席代表柯文斯和项目官员龙迪进行了洽谈。双方就节能减排产业发展、标准化、社会责任和可持续发展等方面的合作进行沟通交流，希望在项目开发、论坛举办、培训和宣传等方面近期开展合作。

（陆晓爽）

【启动百项能效标准推进工程】年内，节能减排联盟配合国家发改委和国家标准委启动了“百项能效标准推进工程”（以下简称“百项工程”），目标是两年内发布100项节能标准。“百项工程”是一项系统工程，相关标准制定过程涉及政府、行业、科研院所、企业、产品等众多对象。在“百项工程”实施过程中，国家标准委建立了快速通道，加快标准立项，缩短制修订周期。节能减排联盟也定期召开协调推进工作会，对标准制定的起草、征求意见、送审、批准等各个环节配合国家部委安排，都明确了分工和时间节点要求，落实责任单位，实行季度汇报。

（陆晓爽）

中关村物联网产业联盟

【概述】年内，中关村物联网产业联盟（以下简称“物联网联盟”）以应用为导向、以产业为主线、以技术为核心，以创新为动力，集聚了一批物联网行业精英，通过加强行业间协作，探寻、推广物联网商业模式。在物联网应用领域，联盟推动一批重大示范工程，促进物联网集成应用解决方案的成熟和产业化发展；在物联网产业领域，促进以科技奥运项目为代表的物联网成熟应用项目的成果转化与推广，扩大中关村优势企业市场影响力；在物联网高端传感器和芯片设计制造、网络传输、云计算与应用等方面，通过产学研合作，加快发展产业化能力；与此同时，还开展物联网相关公共平台建设，加强与其他相关产业联盟的合作，促进产学研用协同创新，开展物联网相关标准创制工作，通过标准合作，提高北京对物联网产业发展的主导能力。

（张衡）

【举办两岸物联网产业对接会】12月24日，物联网联盟和中关村管委会驻台办事处在京仪大酒店共同组织了两岸物联网产业对接会。市政府台湾事务办公室经济处处长刘清和中关村管委会驻台人员董明出席。十余家联盟企业参与对接活动。活动以“促进两岸物联网合作”为主题，围绕智慧城市建设，在智慧农业、智慧社区、智慧旅游、智能医疗、智慧交通、食品安全服务以及教育文化信息服务等方面展开交流和探讨，发现双方存在许多可以共通、合作的方案及模式，并且针对两岸物联网市场的差异性，找到了双方互补的契合点，同时达成合作的共识。

（张衡）

【参加各项论坛、展览会】年内，物联网联盟携手成员单位，理事单位共同参加了中国（北京）国际服务贸易交易会、第三届中国智慧城市技术与应用产品博览会、第四届中国国际物联网大会暨展览会、2013年中国（华东）第三届物联网技术及应用展览会、第四届中国国际物联网（传感网）博览会、第二十届国际自动识别与物联网技术展览会，并且对联盟成员的创新成果进行了展示。

（张衡）

【搭建产业化技术服务平台】年内，物联网联盟与中国Intel物联研究院建立合作关系，共同搭建产业化技术服务平台。Intel物联研究院将其研发的室内定位技术、PM2.5检测仪等物联网的重要核心技术与联盟成员单位分享，共同探索落实落地的方案。联盟成员单位朗德华、昆仑海岸和安恒环境（全称）等企业参加了技术落地实施的项目研讨会。

（张衡）

【制定推广知识管理国家标准】年内，物联网联盟组织制定知识管理国家标准，初稿已经完成并送审。在标准推广方面，组织联盟成员单位参加了智慧园博园的项目招投标，将成员单位北京中星微电子有限公司的SVCA标准推荐给北京园博会使用。北京中星微电子有限公司已经完成北京园博会时空立体成像项目，在园博会期间系统功能稳定，为园区日常运营管理、领导的决策指挥、游客的快捷游览提供强有力的技术支撑。在知识产权方面，联盟建立了物联网知识库平台，将物联网的知识和技术免费向联盟成员单位开放。

（张衡）

【联盟成员申报国家或地方重大项目】年内，物联网联盟组织企业申报工信部物联网专项资金项目，共有7家单位申报，北京旋极信息技术股份有限公司、北京易华录信息技术股份有限公司获得了国家资金支持。组织企业申报中关村战略性新型产业储备项目，同方环境有限责任公司、德信无线通讯科技有限公司、华夏星通（北京）科技发展有限公司、同方股份有限公司、易云捷讯科技（北京）有限公司、北师大科技园6家企业申报；组织企业申报中关村物联网技术联盟重大应用示范项目，北京时代凌宇科技有限公司和北京紫光百会科技有限公司基于物联网公共平台的智慧社区建设项目和智慧停车云平台项目得到了中关村管委会的认可，并得到批复。组织成员单位组成的智能民生服务和基于高自主可控计算机、超大型数据中心全过程信息安全运行管理技术攻关及产业化项目两个集群项目。

（张衡）

【举办智慧北京大赛】年内，联盟联合软交所、移动互联网产业联盟、云计算联盟、信息化协会、软件协会、通信信息协会等单位组织了第二届智慧北京大赛。大赛通过搭建智慧北京宣传和展示平台，吸引社会各界广泛参与，促进智慧北京需求与产业对接，带动物联网、移动互联网、云计算等战略新兴产业发展。申报项目共计81项，申报优秀示范应用31项、申报解决方案50项。经过专家初评、6场分赛路演、专家综合评审等环节，最终决选出10项优秀示范应用和10项优秀解决方案。优秀示范应用以及优秀解决方案均实现了智慧北京需求与产业的对接，并促成了中国移动与优秀应用和解决方案供应企业合作，就具体项目签订了合作协议。

（张衡）

中关村云计算产业联盟

【概述】年内，中关村云计算产业联盟正式完成独立专制工作，并对中关村科技园区管理委员会、北京市经济和信息化委员会、市科委等产业相关部门加大业务支撑力度，配合主管单位开展行业活动、组织重大联合攻关、推广重大应用示范、建设共性技术平台等一系列工作，全面优化和提升北京信息技术产业。

（周见敏）

【召开第一届成员大会】3月7日,中关村云计算产业联盟在翠宫饭店多功能厅召开第一届成员大会。本次大会是联盟决定转制为独立法人单位后，在市民政局社团办指导下组织召开的。会议得到了工信部、市民政局社团办、北京市经济和信息化委员会及中关村管委会等相关主管单位的支持。

（周见敏）

【完成登记注册工作】3月29日，中关村云计算产业联盟正式获得市民政局社团办批准成立并颁发“社会团体独立法人证书”。至此，中关村云计算产业联盟正式完成转制工作。

（周见敏）

【协办北京（国际）开源大会】5月29日，“2013年北京（国际）开源大会”在北京新世纪日航酒店隆重开幕。本次大会由北京市经济和信息化委员会指导，中国软件行业协会主办，中云网承办，并得到了中关村云计算产业联盟、中国云产业联盟、天云趋势等单位的支持。北京市经济和信息化委员会软件与信息服务业处处长姜广智，中国工程院院士、中国科学院计算所研究员倪光南，中国开源软件推进联盟（COPU）专家委委员刘明，CloudStack创始人/Citrix 云平台CTO梁胜、OpenStack中国社区发起人杜玉杰等领导、业界专家出席了此次盛会。大会以“开源中国 原创北京”为主题，力争让北京在世界科技发展新趋势下占据主动地位。

（周见敏）

【参展第五届云计算大会】6月5日，以“大数据大宽带推动云计算应用创新”为主题的第五届中国云计算大会在国家会议中心顺利召开。本次大会上，中关村云计算产业联盟代表北京市展示了“祥云工程”的发展历程，集中展示了云计算产业从应用创新、软件开发到硬件生产的完整产业链，实现了大规模的商业化、产业化应用，全面优化和提升北京信息技术产业，使北京成为中国乃至全球的云计算中心和战略高地。

（周见敏）

【参加信息软件开发合作推介洽谈会】6月24日，中国北京—泰国曼谷信息软件开发合作推介洽谈会在泰国曼谷举办，两地参会代表就软件行业的发展情况、趋势以及今后合作方向进行了深入的交流和探讨。北京市经济和信息化委员会副主任姜贵平出席会议。中关村云计算产业联盟秘书长刘帅在会上表示，联盟旨在为成员单位提供一个合作、交流、创新、发展的平台，形成联盟成员的优势资源互补，积极争取政府产业政策支持，促进云计算领域产学研合作，推动北京乃至中国云计算产业的发展。

（周见敏）

【参加云应用专题研讨会】7月3—5日，第五届中国国际服务外包交易博览会在西子湖畔杭州隆重召开，由北京软件与信息服务交易所承办的“云应用专题研讨会”在大会期间成功举办。北京市经济和信息化委员会软件与信息服务业处处长姜广智，中国电子学会副理事长、中国云计算技术与产业联盟副理事长刘汝林，北京软件和信息服务交易所总裁胡才勇，云基地首席顾问、云华时代智能科技有限公司董事长郭昕，中关村云计算产业联盟秘书长刘帅，中科院计算技术研究所研究员博士生导师何清等业界专家、学者和企业代表出席了此次会议，共同聚焦云应用，围绕云计算产业发展进行了深入的探讨。

（周见敏）

【参加北京产业联盟包头行活动】8月15日，北京产业联盟包头行活动在包头稀土国际大酒店拉开帷幕。内蒙古自治区、包头北京市经济和信息化委员会及稀土高新区各级领导，中关村云计算产业联盟，北京、包头相关云计算领域的企业出席了本次活动。活动现场，中关村云计算产业联盟与包头稀土高新技术产业开发区签订了“产业技术联盟合作协议”，协议的签订与实施，将为两市云计算产业园区的建设提供有力支撑，这标志着中关村云计算产业联盟推动建设标志性示范应用工程的战略性产业目标任务正在实现。

（周见敏）

【签订两岸云端产业合作协议】8月16日，在2013年中国（呼和浩特）国际云计算博览会在内蒙古国际会议展览中心开幕式上，中关村云计算产业联盟、台湾云端运算协会、内蒙古云计算产业联盟协会的三方代表签订了“两岸云端产业合作协议”。联盟将在内蒙古推进两岸企业间的交流与合作，搭建一个立体式全方位的研讨平台，与两协会共同甄选云计算项目并进行合作与开发，实现产业对接。

（周见敏）

【组织中国移动杯“智慧北京”大赛】8月22日，第二届中国移动杯“智慧北京”大赛启动大会在京顺利举行，中关村云计算产业联盟作为大赛组委会成员之一，对赛事各方面给予大力支持。大赛聚焦于智慧北京建设中的“民生服务”领域，更接地气，必将促进相关战略性新兴产业的发展，加速智慧北京建设的步伐。市委宣传部、北京市经济和信息化委员会、市科委、中关村管委会等委办局领导出席启动大会。

（周见敏）

【参加中关村论坛年会】9月12日，由科技部、中国科学院、中国工程院、国务院侨务办公室、国家知识产权局、市人民政府共同主办的2013年中关村论坛年会在国家会议中心举行，论坛主题为“科技创新与产业革命”。中关村云计算产业联盟受邀前去参会。

（周见敏）

【协办云计算产业园项目签约仪式】10月14日，中关村云计算产业联盟协办京张合作云计算产业园项目签约仪式在中关村云广场举行。张北县人民政府、拉森集团及北京国电通网络技术有限公司三方签订投资协议，投资48.5亿元，建设可容纳20万台服务器的云计算数据中心。中关村云计算产业联盟成员企业出席此次签约仪式。会后，北京市经济和信息化委员会领导和中关村云计算产业联盟领导陪同张家口市领导参观了中关村软件园，深入探讨了云计算、大数据等相关问题。

（周见敏）

【举办京台云计算产业高峰论坛大数据论坛】11月27日，以“云计算时代下的大数据应用及发展”为第四届京台云计算产业高峰论坛在台北晶华酒店举行，论坛由中关村云计算产业联盟、台湾云端运算产业协会主办。来自大陆与台湾的专家、知名学者、企业高管等云计算产业内的尖端人士参加了论坛。论坛就“大数据时代的行业机会”“Big Data于资安产业的应用实务”“云计算与大数据在远程教育中的应用与发展”“Big Data and Smart Living”“面向医疗卫生行业的大数据分析平台与服务创新”“Big DATA在警政系统的应用”等方面进行探讨与交流。

（周见敏）

园区建设

北大孵化器

【概述】年内，北大科技园（北大孵化器）通过市场机制推动大学科技园及科技企业孵化器发展的原则，服务企业，服务地区经济发展，不断完善技术创新体系及搭建公共服务平台等方式提升自身服务能力，从而孵化更多有发展潜力的符合海淀区重点产业方向的中小微型企业。在创新体系空间上进行了改造，为园区企业开辟了公共办公区，搭建了新的信息电子信息领域技术分享平台、投融资对接平台并筹备建设文化科技融合技术转移和孵化中心。对园区与北大优势学科中的新兴战略产业技术项目进行梳理和产业化对接。提出了创新型孵化器建设的思路。特别是通过开展一系列创新、创业大赛等活动，吸引更多符合海淀区重点产业方向的科技型初创型企业入驻北大科技园，服务企业发展，形成园区产业集聚的品牌效应。

（张璐）

【中关村青年联合会成立】1月10日，共青团中关村科技园区工作委员会、中关村青年联合会正式成立。中关村青年联合会按照七大战略性新兴产业领域划分界别，各界别委员人选以中关村示范区内的优秀青年企业家为主体，涵盖相关领域的政产学研金介等各类机构的优秀青年人才。经团市委、中关村管委会、中关村各分园管委会、各有关高校、相关协会等组织单位推荐以及企业自荐，在广泛征求意见的基础上，共推荐出中关村青年联合会第一届委员168名。在成立大会后召开的一届一次会议上，北京大学党委常务副书记、副校长张彦当选中关村青年联合会第一届副主席，北大科技园总经理陈赓当选中关村青年联合会第一届常委。

（张璐）

【完成上地园区项目规划调整】1月10日，市规划委会正式向海淀区政府复函下发《关于对调整海淀北部地区北大科技园上地园规划条件的有关意见》（市规函［2013］57号），批复同意园区总建筑规模由27.7万平方米调至48.8万平米。上地园区是北大科技园新十年战略发展中最重要的建设项目，园区建成后，地上地下总建筑面积接近百万平方米，总投资将达上百亿元，为海淀区带来约2000亿元的年产值，将带动周边近20平方公里区域的联动发展，实现上地从产业区向科技新城的加速转变，成为中关村国家自主创新示范区、核心区的重要发展载体，成为北京市、海淀区区域经济未来发展新的增长极。

（张璐）

【韩中交流协会会长到访】 2月26日，韩中交流协会会长金容德、韩国金浦市市长刘永录等一行十余人到访北大科技园创新中心，中关村管委会国际化业务总监曾晓东及北大科技园副总经理尉国梁接待。双方就潜在的合作展开了初步沟通洽谈。韩中交流协会会长以及金浦市各级领导到访科技园，建立了良好的沟通机制。双方均表示，期待日后会有更多的交流，探讨进一步的合作机会，共同促进中韩两国在科技园领域的双赢合作。

（张璐）

【推进包头项目建设步伐】 2月22日，北大科技园总经理陈赓陪同北京大学研究生院院长、北大工学院院长陈十一教授，北京大学组织部长郭海，工学院助理院长王荖祥教授等前往包头市访问调研，内蒙古自治区政协副主席、包头市委书记郭启俊进行接待，双方就合作共建包头北大科技园项目推进情况及进一步开展校地人才交流与合作等问题展开座谈，包头市委副书记、市长孙炜东，市委常委、常务副市长刘德君，市委常委、组织部部长索耀乐，市委常委、秘书长贺伟华，副市长张世明等领导出席座谈会。

（张璐）

【促进两岸交流】 4月2日，由北京大学与台湾十大杰出青年基金会共同举办的2013年海峡两岸大学生社团领袖交流营到访北大科技园参观学习。此次交流营主题为创新与创业，来自台湾十大杰出青年基金会的领导及多所著名高校师生来到祖国大陆进行各种交流活动，促进两岸青年增进了解，共筑友谊。北大科技园副总经理尉国梁及北大孵化器领导热情地接待了台湾同胞一行。本次交流营活动大大加深了两岸青年之间的了解和友谊，对两岸创新创业发展提供了崭新的沟通平台，同时对北大科技园创建世界一流大学科技园提供了宝贵经验。

（张璐）

【中国（南京）软件谷领导来访】 4月19日，中国（南京）软件谷管委会副主任卞艳艳、中国（南京）软件谷发展公司总经理彭金斌等领导到访北大科技园考察交流。北大工学院助理院长王荖祥、北大科技园总经理陈赓等接待了南京软件谷领导一行。 陈赓就北大科技园发展历程、发展现状及发展模式等方面进行了详细介绍，双方就大学科技园发展模式和北京大学（南京）科技园项目未来建设开发思路进行了交流探讨，并对项目下步推进工作重点达成共识。

（张璐）

【美国工程院院士到访北大科技园】 6月19日，美国工程院院士、环保领域大师Michael Hoffmann、生态建筑大师Haim Dotan教授、工程设计领域大师金雁教授等德稻专业大师及德稻集团总裁夏军一行到访北大科技园交流考察，北大科技园总经理陈赓、副总经理王国成等出席接待。双方通过洽谈会形式进行了初步相互了解，并就在电子信息、现代服务业等领域的合作可能展开探讨。德稻集团已与北京大学工学院开展合作，共同构建产学研一体化平台。北大科技园表示，希望与德稻集团建立良好的沟通机制，期待日后有更多专业方面的交流合作。

（张璐）

【举办系列讲座】 6月18日，由北大科技园与北京大学建筑与景观设计学院联合主办的北京大学生态文明与美丽国土大师系列讲座首场——

《古代经验对城市防洪涝的启示》在北大博雅国际酒店中华厅华丽开讲。北大科技园、北京大学建筑与景观设计学院、北大校友会、北京大学新闻网、《景观设计学》杂志、景观中国网等单位的专家学者、学员与海淀区相关委、办、局等多位嘉宾参加了本次讲座。

（张璐）

【海淀区委宣传部领导考察北大科技园】7月5日，海淀区委常委、宣传部部长陈名杰，率海淀区文促中心主任叶亮清，海淀区委宣传部文化组长、文促中心副主任田友贵，海淀区委宣传部办公室主任仇志荣，海淀区文促中心产业部长高洁等领导来北大科技园考察指导。北大科技园总经理陈赓，北大科技园副总经理、北大孵化器总经理王国成等领导出席接待。

（张璐）

【海淀区领导调研北大科技园】9月4日，海淀区副区长、中关村海淀园管委会主任孟景伟，海淀园管委会常务副主任梁捷，海淀园管委会副主任、服务体系建设处处长阎秀敏，中关村国家自主创新示范区核心区发展研究中心主任宋洁尘，海淀园科技发展处副处长刘莉，海淀园投资促进处副处长杜嘉宁前往北大科技园，对北大科技园及北大孵化器建设情况进行现场考察，听取了北大科技园总经理陈赓对北大科技园的总体介绍和北大科技园副总经理、北大孵化器总经理王国成关于"新时期大学科技园及特色产业基地建设与思考"的汇报。

（张璐）

【中宣部改革办领导视察北大科技园】9月10日，中宣部改革办副局长朱涛、产业处处长陈启榆、综合处副处长罗杨等人前往北大科技园，对北大科技园及孵化器建设情况进行现场考察，听取了北大科技园总经理陈赓对北大科技园的总体介绍和北大科技园副总经理、北大孵化器总经理王国成关于"北大科技园文化科技特色产业基地建设思路"的汇报。

（张璐）

【召开包头产学研合作交流会】9月13—14日，北大科技园组织16家高科技企业负责人到包头考察、交流并洽商合作。包头市委副书记、包头市长孙炜东，包头市副市长、北大工学院副院长王蓼祥，包头市政府秘书长王惠明、包头市政府办公厅副主任王建平等出席了此次北大科技园产学研合作交流会。北京工道投资有限公司、福建东源环保科技有限公司、厦门北大泰普科技有限公司、北京博绿雅建科技有限公司和中联环有限公司5家企业分别与包头北大科技园及北大工学院包头研究院签订了7个技术合作协议，涉及PM2.5去除、脱硫脱硝、等离子污水处理、陶瓷牙科材料、激光再制造等多项环保、新材料技术领域。

（张璐）

【与北大研究院签署研战略合作协议】9月16日，北大科技园与北京大学信息科学应用技术研究院签署产学研战略合作协议。北大科技园总经理陈赓、北京大学信息科学应用技术研究院院长姜玉祥、副院长蒋云及相关领导出席签约仪式。北大信息科学应用技术研究院将正式落户北大科技园联署办公，双方将依托各自在技术成果、科研开发和企业运营、园区建设等方面的优势，在应用技术研究、产学研项目发展基金、高新技术产业投资、优质教育培训、科技园区项目开发建设等方面深入合作，推动科技成果转化，大力支持学院的快速发展，以协同创新为原则，服务于国家科技创新发展战略，助推区域经济与社会的持续发展。

（张璐）

【北大创业训练营启动】9月23—24日，北大创业训练营正式开营，海闻、陈庚、俞敏洪、姚纳新、白文涛等被聘请为创业训练营导师，并为全体学员分享了经济与政策形式分析、中小企业创业扶持政策、创业家精神、创业融资等精彩课程。“北大创业训练营”是创新创业扶持计划的核心部分，旨在系统帮助北大及社会优秀创新创业人才创业成功，训练营采用集中模块化授课方式，邀请北大知名学者及创业家校友全程授课，免费提供4个模块共计12天的实战创业课程，并推出创业导师计划。北大创业训练营首期共接受报名418名，最终录取70名优秀创业者。9月24日，王恩哥校长在北大科技园会见了北大创业训练营的全体学员，对入选训练营的学员表示祝贺。9月25日，以“北大创业训练营”为核心内容的“创新北大·创业兴邦”北京大学创新创业扶持计划启动仪式在北京大学英杰交流中心阳光大厅举行。市委常委、教工委书记、中关村管委会党组书记苟仲文，北京大学党委书记朱善璐，北大科技园总经理陈赓及北大校友企业家俞敏洪，黄怒波等代表参加了此次活动。苟仲文、朱善璐、中国科学院院士许智宏和新东方教育集团有限公司董事长俞敏洪为北京大学创新创业扶持计划揭牌。

（张璐）

【科技部领导视察北大科技园】9月26日，科技部火炬高技术产业开发中心孵化器管理处处长陈晴、副处长安磊、正处级调研员隋志强、孙启新博士一行前往北大科技园，对北大科技园及孵化器建设情况进行现场考察，听取了北大科技园总经理陈赓对北大科技园的总体介绍和北大科技园副总经理、北大孵化器总经理王国成关于“北京大学创新型孵化器建设”的汇报。

（张璐）

【教育部领导视察北大科技园】9月29日，教育部科技司副司长娄晶、高新处副处长舒华前往北大科技园，对北大科技园及孵化器建设情况进行现场考察，听取了北大科技园总经理陈赓对北大科技园的总体介绍并调研了相关学科性公司。娄晶充分肯定了北大科技园紧紧围绕着北京大学应用技术领域，建设商业型应用技术研究院的举措。并指出“大学科技园应加强产学研合作，充分依托大学科技资源和人才队伍，建设成为科技研发人员释放能力为社会服务的平台”，这个平台的良性运转应跟学校的科研、学校的科技理念、学校的学科建设、学校的发展目标密切相关。大学科技园应不断提升自身的服务能力，面向未来信息社会的发展趋势和特点，建设基于网络的科技服务业创新服务综合集成平台。

（张璐）

【参加河北省国家高新区合作对接会】10月18日，北大科技园作为国家大学科技园典型代表，参加了由科技部高新司举办的国家大学科技园—河北省国家高新区合作对接会。会议旨在共同探讨国家大学科技园与新时期国家高新区实现无缝对接、有效整合科技资源、加强校地合作、提升高新区的创新能力、推动区域经济发展的新途径。陈赓及王国成应邀参会，并在会上做了重点发言与交流。

（张璐）

【成为首批海淀区文化科技园区】10月25日，在中关村科技园区海淀园管委会主办的全国首个文化和科技融合产业领域内的峰会——“2013年中国·中关村文化和科技融合产业峰会”上，北大科技园被认定为首批“海淀区文化科技园区”，北大科技园总经理陈赓代表北大科技园参加授牌仪式。此次获得认定的有北大科技园、中关村软件园、海淀移动互联创新创业孵化器等12家单位。

（张璐）

【北京大学（杭州）科技园项目完成签约】10月27日，北京大学（杭州）科技园项目签约仪式于杭州未来科技城管委会隆重举行。签约仪式由余杭区委副书记、区长朱华主持，浙江省委组织部副部长姚志文、杭州市副市长徐文光、北京大学副校长陈十一、北京大学甘子钊院士、余杭区区长朱华、北京大学工学院副院长王荽祥、北京大学信息与科学技术学院副院长蒋云、北大科技园总经理陈赓、杭州未来科技城管委会沈文南、许宏球以及来自北大工学院工程技术研究院、北大工学院杭州未来科技城研究院的多方领导来宾出席签约仪式。北京大学（杭州）科技园是北大科技园又一成功落户地方的产学研合作分园项目。

（张璐）

【签约包头北大科技园科教基地项目】11月6日，北大科技园与包头市青山区人民政府签署共建包头北大科技园科教基地项目协议,包头市副市长、北大工学院副院长王荽祥，青山区区委书记张建中,青山区区委副书记、代区长郭文焕,青山区副区长高勇等政府领导及北大科技园总经理陈赓、副总经理李永慧、助理总经理冯建新等出席此次签约仪式。北京大学（包头）科技园项目，建设地点位于包头市装备制造产业园区规划新区内，总用地面积627公顷，总规划建筑面积约44.5万平方米。园区分为科技研发区、科研成果转化区、产业发展区、综合配套服务区等四种功能区域，致力于打造高科技企业的研发基地与总部运营基地，推动包头高新技术产业发展。项目建成后可为产学研合作提供科研成果转化、产学研合作等配套服务，引入新材料、新能源、高端装备制造等项目，预计年实现产业化项目10—15个，向国家上缴税金数亿元，可解决三千人就业。

（张璐）

【深圳大学资产经营公司到访北大科技园】11月18日，深圳大学资产经营公司总经理陈喜书等一行领导到访北大科技园进行考察调研。北京大学产业党工委副书记、北京大学资产经营公司副总裁韦俊民、北大科技园总经理陈赓等出席接待，双方就大学科技园建设及管理工作展开会谈。双方就园区建设过程中的政策支撑、功能布局、建设管理及后续经营等方面开展了充分的交流探讨。

（张璐）

【贵州省领导考察北大科技园】11月21日，贵州省发改委主任付京、贵州财经大学党委副书记谌莉萍、中禾德源有限公司总经理王胜艳等领导在中关村管委会和北京企业家代表的陪同下到访北大科技园进行考察交流,北大科技园助理总经理冯建新等人热情接待了来访嘉宾。付京一行参观走访了北大科技园创新中心写字楼并详细了解了在园企业土人设计公司。双方在北大博雅国际酒店举行了座谈。

（张璐）

【开展创新创业政策宣讲德国行活动】11月,北大科技园副总经理、北大孵化器总经理王国成带队一行人赴德国走访考察，开展中关村科技园、北大科技园创新创业政策宣讲活动。11月16日，在德国慕尼黑中国塔酒店,北大科技园联合中关村科技园驻德国联络处共同举办“中关村政策宣讲活动暨北大科技园留德海外学人创新创业对接交流会”。参加活动的嘉宾有中关村科技园驻德国联络处副主任张冉，中关村科技园驻德国联络处首席顾问、慕中商务（欧洲）有限公司董事总经理薛忠，慕尼黑中国学生学者联合会主席、慕尼黑工业大学学生会主席唐彦，以及在德优秀留学生、创业人员和科技企业代表。

（张璐）

【**参加重点实验室发展研讨会**】12月14日，北京大学计算语言学教育部重点实验室发展研讨会在北京大学英杰交流中心胜利召开，北大科技园副总经理、北大孵化器总经理王国成作为科技部现代服务业领域总体组专家代表受邀出席。北京大学计算语言学教育部重点实验室是北大第一个文理交叉教育部重点实验室，依托北大信息科学与技术学院建设，由计算机科学、中文、外语、心理、哲学等相关方向研究团队组成。实验室于2009年成立，2013年正式开放运行，主要围绕中文计算、国家语言资源、语音数据、海量文本、语言信息及翻译等进行课题研究与技术开发。

（张璐）

【**调研软通动力**】12月16日，北大科技园总经理陈赓、副总经理王国成一行前往中关村软件园重点企业——软通动力信息技术（集团）有限公司实地考察调研，软通动力首席运营官冯峪及其中国战略事业群副总裁李进等领导专家出席接待。双方就如何利用信息科技支撑大学科技园建设和提升进行了讨论和交流。软通动力是中国领先的全方位IT服务及行业解决方案提供商，并在美国纽交所上市，业务范围涵盖咨询及解决方案、IT服务及业务流程外包（BPO）服务等，是高科技、通信、银行/企业金融/保险、医疗健康、电力及公用事业等行业重要的IT综合服务提供商和战略合作伙伴。

（张璐）

【**与北京大学景观设计学研究院签订战略合作协议**】12月25日，北大科技园与北京大学景观设计学研究院签署产学研战略合作协议，同时，北大科技园总经理陈赓被聘任为北京大学景观设计学研究院副院长。北大科技园丰富的企业管理及科技园区项目开发经验将与土人优质的科研创新能力与实践平台相结合，充分发挥各自优势，共同推进产学研深化合作。

（张璐）

北京经济技术开发区

【**概述**】年内，北京经济技术开发区信息化部门围绕工委、管委会全年中心工作，以国家智慧城市试点创建申报、建设为引领，坚持智慧发展、统筹规划、服务保障、整合共享，以信息化基础支撑能力和共享互通能力提升为重点，深化信息化新技术在新区经济建设社会管理关键领域的应用推广，完成了年初各项任务指标。

（高卿）

【**北京市民主页亦庄专区建成**】3月，北京市民主页亦庄专区正式上线，专区包括11个栏目、17项公共服务，开辟区域宣传优势政策、产业信息、企业需求、高新产品、公共信息服务的移动平台新渠道，对比全市各区县同类型活动，此次专区栏目上线创全市市民主页推广活动参与率、点击率、参与用户数等多项之最。

（冯若娇）

【**完成国家智慧城市试点创建申报工作**】4月，根据新区“战略产业新区、区域发展支点、创新驱动前沿、低碳绿色家园”的发展定位，北京经济技术开发区制定完成《开发区智慧城市发展规划纲要》和《国家智慧城市试点实施方案》。8月，住房城乡建设部下发通知公布,确定北京经济技术开发区等103个城市（区、县、镇）为2013年度国家智慧城市试点。

（王飞程）

【**图像信息管理平台改造主体建设完成**】10

月，北京经济技术开发区完成视频图像信息管理平台验收及试运行，实现了基于空间地理信息平台的视频调用和对前端监控设备的分级授权、远程智能检测和视频质量分析。年内，该平台已接入监控1576路，其中无线监控39路，实现开发区移动执法车、早餐工程监控、重点工地监控的有序接入，为应急管理、公共安全、城管执法、安全保密等综合管理工作的开展提供了有力的信息化支持与保障。

（王飞程）

【推进云计算虚拟平台托管工作】年内，北京经济技术开发区试点开展政务信息应用系统托管工作，完成托管系统12个；完成管委会自建虚拟化平台资源池建设，搭建虚拟机28台并全部投入运行。

（周 超）

【门户网站信息更新13538条】年内，北京经济技术开发区门户网站信息更新量14665条，网站有效页面浏览量7933181次，较上年同期增长91%；境外有效页面浏览量417129次，较上年同期增长70%。

（冯若娇）

【完成内外网统一认证平台建设部署】年内，北京经济技术开发区实现区内企业登录政府各部门对外服务系统时的单点登录和统一认证。内网统一认证平台已支撑管委会8个部门13套业务系统应用的单点登录良好运行。

（郑 超）

【深化企业法人数据整合共享】年内，北京经济技术开发区信息办与工商分局、地税分局开展企业法人信息比对，扩展企业法人库信息，为企服局提供企业信息查询服务，为科技局提供科技企业申报数据核对服务等。开发区法人库已积累法人数据8402条，其中企业法人数据8286条。

（郑 超）

【完善内网办公系统功能】年内，北京经济技术开发区完成网上督查督办管理、网上政务信息管理及办公平台升级改造的方案设计，推动工委管委各部门、驻区职能局间电子公文流转应用。年内，开发区工委发文51次，管委会各部门发文1932 次，其中电子公文数1439 次，管委会电子公文占发文总数的74.48%，系统发送会议通知75次，较上年同期增长121%。

（王飞程 冯若娇）

【推进城市监控系统建设】年内，北京经济技术开发区完成139路新增公共监控点位建设，完成重点工地扬尘及城市早餐工程监控试点建设，启动博大公园、企业文化园公共监控规划及包含12平方公里新扩区域在内的全区公共安全与城市综合管理监控体系需求规划编制，相关建设资金已被列入开发区固定资产投资计划。

（张澎涛）

【加强企业信息化扶持】 年内，北京经济技术开发区信息办组织、协调推动开发区企业进行北京市2013年信息化基础设施提升计划支持项目，“2013—2014年度国家规划布局内重点软件企业和集成电路设计企业”认定工作申报工作，支持区内企业服务和发展。

（高 卿）

【电子政务项目评审控制与进程督办】年内，北京经济技术开发区信息办立项审批项目20个，召开专家评审会12次，54个项目纳入中小型项目集中式监理，验收项目25个，对环保在线监测平台、社区信息化管理服务平台等重大重点项目紧密跟进，按照全流程监管模式对电子政务项目进行审核监管和过程控制。

（陈 晨）

北京天竺空港经济开发区

【概述】年内，北京天竺空港经济开发区（以下简称“空港开发区”）实现税收36.64亿元，地方财政留成9.78亿元。企业总产值和利润都较去年同期有较大增长，实现工业总产值459.25亿元，同比增长17.1%；实现总收入884.98亿元，同比增长1.7%；出口供货额346.64亿元,同比增长24.5%。顺义区委区政府高度重视全面深化改革，大力推进经济功能区改革调整，遵循“整合功能、优势互补、提升竞争力”的原则，11月上旬区委常委会通过了临空经济核心区组建方案，以空港开发区和空港物流基地、国门商务区为基础，组建总规划面积170平方公里的北京临空经济核心区，推动临空经济区向国际航空中心核心区转型升级。北京天竺空港经济开发区于1994年1月经市政府批准成立，位于首都机场西侧1公里，总体规划面积6.6平方公里，是首都临空经济高端产业功能区的重要组成部分。成立20年来，空港开发区走出了一条具有临空特色的“率先发展、全面发展、带动发展”之路，成为“空港国际化、全区空港化、发展融合化”的先行区和示范区。并已形成了航空物流、现代服务、电子信息、文化创意四大产业集群，总部经济发展势头良好，知名企业集聚，吸引来自20个国家和地区的490家企业入区发展，投资总额达540亿元，其中跨国公司90家，世界500强企业有21家在开发区设立了36个项目。

（裴盈盈）

【获评顺义区实施品牌战略示范园区】6月，在顺义区2013年品牌经济年会上，空港开发区被评为“顺义区品牌战略示范园区”，有利于鼓励企业发展自主创新品牌，加大企业知识产权保护力度，实现招商引资与品牌引进结合，打造创新驱动型园区。

（裴盈盈）

【合作开发取得新突破】7月31日，空港股份又与北小营镇签署合作开发镇域功能区框架协议，对北小营镇规划范围内的产业用地进行整体开发，引入优质项目。空港开发区积极响应顺义区有关加强经济功能区与镇级二、三产业基地合作的精神，加快扩区发展步伐，增强品牌带动效应，先后与赵全营镇、木林镇、龙湾屯镇、北小营镇进行合作开发。

（裴盈盈）

【招商引资引入优质资本】年内，空港开发区统筹布局，深度招商，核心区（A、B两区）共引进北京矿信财富股权投资中心、中和澳亚（北京）股份有限公司、亚洲连锁酒店集团项目等37家公司，协议投资总额15亿元，达产后年产值19亿元，年税收总额可达1.5亿元。合作共建区共引和仁科技有限公司、北京华创瑞风科技有限公司等23家，投资总额合计19.58亿元，项目全部达产后年税收可达16亿元。

（裴盈盈）

【项目建设加速进行】年内，空港开发区定期召开项目建设协调会，排查施工障碍，提高手续办理进度，集中力量抓重点项目。区内已开工企业4家，开工面积24.3万平方米；复工企业5家，复工面积44.7万平方米；竣工企业4家，竣工面积约16.5万平方米。

（裴盈盈）

【加强基础设施建设和维护】年内，空港开发区广泛收集项目建设单位对基础设施配套方面的需求，协调供水、供电、燃气、移动、电信等公用部门，为企业全力解决施工临时接水、接电和办公等难题；同时，加大基础设施维护的投入力度，对开发区A、B区道路路面进行维修，清掏雨污水市政管道。顺利完成开发区平原造林工程，完成景观林100平方米。

（裴盈盈）

【做好安全维稳工作】年内，空港开发区加大属地监管力度，全年未发生安全生产责任事故，辖区安全生产形势稳定。与130余家企业签订安全生产责任书，强化企业主体责任；全年共召开安全生产宣传培训专题会议17次，开展专项整治活动24次，检查企业498家次，下达执法文书592份，排查安全隐患311处；圆满完成属地防汛任务和“打基础、除隐患、创平安”“铁拳”等消防安全行动。

（裴盈盈）

【启动企业信息管理系统项目】年内，由空港开发区信息化小组筹划的企业信息管理系统项目在正式启动。系统主要是解决公司内部企业信息不对称、对外报送口径不一致、区内企业重复上报等问题。对开发区入区企业数据资料进行统一管理，促进各部室信息共享，提高企业资料数据的获取效率。项目进入系统框架设计阶段。

（裴盈盈）

【优化完善开发区网站】年内，空港开发区网站通过浮动游标为区内企业重大活动进行宣传推广。本着网站设计美观、布局合理的原则，根据顺义区政府信息中心对顺义网站群的统一要求，修改了部分栏目，将原来通过链接方式展现的内容直接设立为二、三级子栏目；按照顺义区网络安全渗透测试结果对网站服务器进行了漏洞修补。

（裴盈盈）

【参与“智慧顺义”顶层设计调研活动】年内，空港开发区参与顺义区经信委组织的“智慧顺义”顶层设计调研活动，就空港开发区信息化建设思路与区相关部门进行了探讨，并提出发展设想，就智慧顺义重点工程中涉及开发区的任务和职责进行确认。

（裴盈盈）

【修订网络与信息安全应急预案】年内，空港开发区依据《顺义区网络与信息安全事件应急预案（征求方案）》的总体内容，修订完成《空港经济开发区网络与信息安全事件应急预案》，保障网络信息安全，推进园区信息化建设。

（裴盈盈）

【获评第一批总部经济集聚区】年内，空港经济开发区已入驻总部企业86家，在中国（北京）国际服务贸易交易会“北京主题日”上获得授牌，成为北京市首批总部经济聚集区。享受总部型企业优惠政策，利用“空港企业园独栋写字楼聚集区”为总部型企业提供优质平台，打造以总部经济为主导的产业发展格局。

（裴盈盈）

【新增3家博士后工作站】年内，空港开发区新增安泰科技、莱茵服装、百迈克客生物3家博士后（青年英才）创新实践基地工作站。共有5家创新实践基地挂牌成立，进一步推动了空港开发区高端人才国际化、集群化、一体化发展，为首都北京的人才发展规划做出贡献。

（裴盈盈）

【成功创建小企业创业基地】年内，空港开发区完成B区标厂“小企业创业基地“认定工作，获得奖励资金200万元。B区标厂将获得市、区政府对小企业创业基地的政策支持，营造中小企业发展的良好环境。

（裴盈盈

区县信息化

东城区

【概述】年内，东城区信息化工作紧紧围绕区委、区政府中心工作，深化资源整合，以“共享、提升、创优、促进、绩效”为重点，以服务经济社会发展、服务百姓生活为主线，加快推进“智慧东城”建设，为实现信息强政、信息便民、信息兴业的目标扎实开展工作，提升经济社会信息化应用水平。东城区信息化工作办公室（以下简称“区信息办”）既是区信息化工作领导小组的办事机构，又是负责本区信息化工作的政府工作部门。内设综合管理科（监察科）、应用推广科、电子政务科；下设两个科级事业单位：东城区信息中心和东城区信息资源管理服务中心。其主要职责是统筹规划、综合协调、监督管理全区的信息化工作，全面推进电子政务、电子商务、电子社区的建设和信息资源的开发利用，组织有关信息化工作的行业管理、宣传、培训、技术服务和国内外交流合作。

（东城区信息化工作办公室）

【东城区领导到信息办调研】1月6日，东城区委常委区委宣传部部长金晖等七人到信息办调研。东城区信息办汇报了智慧东城的规划和信息化工作的开展情况，并针对2012年数字东城门户网站及信息化宣传工作进行了详细汇报。金晖听取了汇报并给予了高度肯定。

（东城区信息化工作办公室）

【加入中国智慧城市发展促进工作联盟】1月11日，由中国市长协会、中国电子信息产业发展研究院主办的“2013年中国智慧城市年会”召开，会上成立了“中国智慧城市发展促进工作联盟”，东城区信息办入选联盟成员单位。东城区信息办网格化社会服务管理创新项目获“智慧城市创新应用奖”。

（东城区信息化工作办公室）

【创建国家智慧城市试点】1月，东城区被住房和城乡建设部列为首批国家智慧城市试点。7月东城区政府与住房和城乡建设部节能与科技司、北京市住房和城乡建设委员会共同签署《国家智慧城市创建任务书》。年内，从网络基础设施、城市精细化管理、公共服务提升以及电子政务提升等方面扎实推进重点项目建设。13项重点项目有12项启动建设，其中3项任务全部完成，试点任务完成比例达到70%。

（东城区信息化工作办公室）

【网格化社会服务管理云平台通过验收】2月27日，东城区信息办组织召开东城区网格化社会服务管理云平台研发与示范应用项目验收专家评审会，国家质检总局教授级高工姚世全、北京航空航天大学教授聂大同、国家信息中心信息化部副处长张勇进、国家信息中心高级工程师汪小虎、中国联通北京公司高工吕元元等专家及信息办领导参加。专家组同意项目通过验收，并建议进一步总结提炼云平台建设和应用经验，深化应用，扩大应用范围。

（东城区信息化工作办公室）

【市交通委领导到访调研】3月5日，市交通委党组副书记、副主任张树森一行到东城区信息办调研东城区网格化社会服务管理和路侧停车场物联网工程进展情况。副区长陈之常及区信息办、区城管委领导参加了会议。张树森听取了信息办关于东城区网格化社会服务管理创新工作演示汇报以及路侧停车场物联网工程进展情况的汇报后，给予了充分肯定，并希望进一步加强与东城区的合作，依托北京市交通运行协调指挥中心（TOCC），充分利用现有资源和网格化社会服务管理创新工作的成果，建设东城区智能交通体系。

（东城区信息化工作办公室）

【市领导到东城区信息办调研】3月26日，北京市经济和信息化委员会副主任童腾飞、北京市民政局副局长李红兵到区信息办调研。副区长陈之常陪同。童腾飞强调，加强信息技术在社会公共服务领域中的应用范围；加强资源整合，做好大数据安全，推进信息资源开发利用；完善政府门户网站，更加贴近区域经济社会发展、贴近百姓生活、贴近实际需求。李红兵要求加快推进信息技术在社会建设领域中的应用，提高基层信息化建设水平。

（东城区信息化工作办公室）

【南京市考察团领导到东城区考察】4月15日，南京市考察团领导到东城区考察社会服务管理创新工作，市社会办副书记赵小卫、副主任王丽竹、区委常委宋甘澍陪同。考察团听取了东城区信息办关于网格化社会服务管理创新工作的运作模式、信息化支撑平台的建设和运行情况等方面的汇报，对东城区网格化社会服务管理创新工作给予了充分肯定。

（东城区信息化工作办公室）

【西藏政法系统考察团东城区考察】4月16日，西藏政法系统考察团领导到东城区考察社会服务管理创新工作，市政法委副书记滕盛萍、首都综治办副主任许继慧、区委常委宋甘澍同志陪同。西藏政法系统考察团一行听取了关于网格化社会服务管理创新工作的运作模式、监督考核机制等方面的汇报，并详细了解了信息化支撑平台的建设和运行情况。

（东城区信息化工作办公室）

【佛山市禅城区领导到东城区考察】4月18日，佛山市禅城区领导到东城区考察社会服务管理创新工作。佛山市禅城区区委常委、组织部部长郑作勋，区委区政府副秘书长、行政服务中心主任都红等相关领导听取了信息办关于东城区信息资源管理工作情况、东城区视频资源管理工作情况、信息化支撑平台的建设和运行情况的汇报，对网格化信息系统建设情况表示认可。

（东城区信息化工作办公室）

【内蒙古自治区领导到东城区考察】4月9日，内蒙古自治区经济和信息化委员会考察团领导考察社会服务管理创新工作。考察团先到东直门街道考察东直门街道试点工作，随后在区应急指挥楼2楼会议室，听取了区信息办关于信息化支撑平台的建设和运行情况的汇报，内蒙古自治区经济和信息化委员会党组成员、巡视员兰惠等相关领导对东城区网格化信息系统建设情况给予了充分肯定。副区长陈之常出席。

（东城区信息化工作办公室）

【市政协调研组到东城区考察】5月7日，市政协常委、市政协社法委主任吴玉华等到东城区考察社会服务管理创新工作，区委常委宋甘澍、区政府副区长汤钦飞、区政协副主席乔世怀等接待。市政协调研组听取了汤钦飞关于网格化社会服务管理创新工作的运作模式、监督考核机制等方面的汇报，东城区信息办关于信息化支撑平台的建设和运行情况的汇报，吴玉华等针对东城区网格化社会服务管理创新体系等相关问题进行提问，并听取了汤钦飞关于网格化社会服务管理创新工作等相关问题的解答。

（东城区信息化工作办公室）

【东城区信息办接待全国妇联学习调研】5月8日，东城区信息办接待全国妇联办公厅学习调研，全国妇联办公厅副巡视员石玉平听取了区信息化建设和政务网络运行维护工作的汇报，以及对此项工作的意见建议，并参观了政务网络核心机房，询问了机房的建设和使用情况。会议由东城区信息办副主任李启青主持，全国妇联办公厅信息处处长曹海清参会。

（东城区信息化工作办公室）

【视频直播“梦想北京中国三高”演唱会】5月18日，东城文化服务导航网联合首都之窗网站对2013年东城区纪念北京建都860周年“梦想北京 中国三高”演唱会进行现场网络视频直播。这是东城区首次利用互联网进行的现场视频直播，在线观看人次近600余人次。

（东城区信息化工作办公室）

【图文直播皇城低碳骑行游启动仪式】5月19日，市旅游委、东城区政府举办2013年国际旅游文化系列活动暨皇城低碳骑行游启动仪式。数字东城网站对本次活动进行了全程现场在线图文直播，提升了古都皇城文化底蕴影响力。首都之窗网站进行了同步报道。

（东城区信息化工作办公室）

【接待通州区政协考察团】5月28日,通州区政协考察团由主席王春元带队到东城区考察社会服务管理创新工作。通州区政协考察团，听取了东城区信息办关于坚持发展网格化品牌向建设智慧东城迈进的汇报以及网格化社会服务管理信息化支撑平台的建设和运行情况的汇报。

（东城区信息化工作办公室）

【数字东城地理空间框架建设通过验收】6月6日，数字东城地理空间框架建设竣工验收会在东城区政府召开。国家测绘地理信息局副局长李维森、国家测绘地理信息局国土测绘司副司长孔金辉、市规划委委员叶大华、市测绘设计研究院院长温宗勇东城区副区长王晨阳等领导参加项目验收会议。验收专家组同意通过验收。李维森肯定东城区地理空间框架建设的成果，并对在深化应用推广、加强市区两级共享等方面提出了希望。数字东城地理空间框架建设的顺利竣工，标志着东城区依托基础测绘成果与地理空间技术开拓了基础数据共享服务新格局，完善相关标准规范，并将其作为“数字东城”向“智慧东城”完美跨越的重要基础。

（东城区信息化工作办公室）

【深入推进部门协同办公系统】6月8日，东城区信息办召开了部门协同办公系统培训会，全区66家单位技术骨干参加培训。信息办对该系统的模块特点和操作方法进行了培训，互动过程中，大家对系统的背景、意义、重点、安全、疑难杂症进行了较好的交流。通过此次培训和交流，参训人员对协同办公建设的目标和建设成果有了全面的了解，为深入和全面地应用部门OA系统奠定了坚实基础。

（东城区信息化工作办公室）

【东城区领导到区信息办调研】6月25日，东城区纪委书记夏树军到区信息办调研。听取了有关信息化及廉政风险防控监察系统总体建设情况，指出信息化建设是建设现代化新东城的重要内容，东城区的信息化建设在全市领先，区信息办起到了重要的作用。

（东城区信息化工作办公室）

【参加电子政务理事会年鉴工作会】6月25—28日，由电子政务理事会主办的2013年电子政务理事会年鉴工作会议在银川市举行，来自10个国家部委、全国20个省市及院校、企业电子政务代表约160余人参加。东城区信息办做了题为《以高新技术应用，推进智慧东城建设》的主题发言，介绍了东城区在信息化工作方面取得的经验和应用成果。

（东城区信息化工作办公室）

【智慧东城行动计划项目资金审议通过】7月2日，第26次东城区人民政府常务会审议通过了2013年“智慧东城”行动计划项目资金安排。《“智慧东城”行动计划（2011—2015年）》于2011年通过区委常委会和政府常务会后，根据行动计划要求，每年设立“智慧东城”专项资金，资金既是全区信息化建设资金的组成部分，也是引导社会资金投入区域信息化建设的重要手段。经过评审论证2013年“智慧东城”行动计划项目拟支持5类工程，分别是保障体系与基础设施工程、智慧建设与宜居工程、智慧管理与服务工程、智慧产业与经济工程和智慧社区专项工程，最终审定预算7971万元。

（东城区信息化工作办公室）

【举办数字生活技能竞赛】7月6日,由东城区科协、区信息办、区妇联、区教委联合举办的主题为“创建智慧家园乐享数字生活”的数字生活技能竞赛。活动以推动“世界城市与智慧北京”建设为理念，以促进信息新技术、新业务应用，提高北京市民运用信息技术、数字技术能力为目标，达到人人享有数字化便捷生活，最终实现信息化发展成果与全民共享。“数字东城”网站对本活动全程进行了网络在线图文直播，上传现场图片27张，提升了我区数字生活技能大赛的宣传效果。北京市门户网站“首都之窗”网站也进行了同步报道。

（东城区信息化工作办公室）

【举办信息化工作培训会】7月24—26日，区信息办举办了信息化工作培训会。聘请住建部数字城市工程研究中心万碧玉总工程师、北京航空航天大学聂大同教授进行了专题授课，各单位信息化主管领导100余人参加培训。

（东城区信息化工作办公室）

【“数字东城”图文直播“八一”联欢会】7月30日,由区文化委、消防支队、龙潭街道在消防支队联合举办了“东城区庆八一联欢晚会”，“数字东城”网站对联欢会全程进行了实时现场图文直播。

（东城区信息化工作办公室）

【召开考评工作意见征集研讨会】8月5日，东城区信息办召开区内考核意见征集研讨会。总结汇报门户网站建设总体情况，并对《2013年东城区“数字东城”网站考评工作方案》进行了详尽解说。各委办局针对网站考评工作进行了深入研讨。会议以创新工作模式为契机，以传递信息科技理念为目标，明确了责任单位工作思路，充分发挥责任单位职能作用，提升了各单位间沟通协同能力，为东城区区门户网站在政务网站考评中再创佳绩奠定了坚实基础。

（东城区信息化工作办公室）

【东城区领导听取信息化工作阶段汇报】9月12日，副区长陈之常主持召开东城区信息化阶段工作会，听取区信息化建设绩效考核工作方案、电子政务网络改造方案以及区国有房屋信息管理系统相关情况介绍，对各项工作的推进进行指导，提出意见：将“智慧东城”行动计划项目纳入绩效考核范围，做好第三方测评，提高建设资金使用效率，抓紧组织网络改造技术方案的专家论证，对建设成本、可拓展性、安全性进行论证，广泛征求全区各部门的意见，尽快完善各项方案，确保信息化建设工作稳步推进。

（东城区信息化工作办公室）

【成立信息化专家咨询委员会】9月25日，东城区信息化专家咨询委员会成立大会在东城区政府召开。东城区政府副区长陈之常、北京市经济和信息化委员会副主任童腾飞和有关专家出席会议。与会专家围绕专家委下半年主要工作进行了研讨。

（东城区信息化工作办公室）

【举办促进信息消费扩大内需培训会】10月15日，东城区信息办举办促进信息消费扩大内需培训会，聘请了中国电子信息产业发展研究院副总工程师樊会文博士进行专题授课，副区长陈之常参加。区商务委、区信息办50余人参加培训。樊会文博士对当前的国家政策做了详尽说明，并在中国目前经济走向和态势为基础的前提下，阐述了发展信息消费的必要性和可行性。就信息消费促进经济等方面的问题与参会人员进行了互动交流，与会人员一致认为此次讲座主题突出，内容丰富，进一步深化了对信息消费带动经济发展的认识。

（东城区信息化工作办公室）

【赴中国海洋石油总公司交流信息化】10月21日，东城区信息办参观了中国海洋石油总公司工业展览馆，听取了中海油相关负责同志对信息化建设情况的介绍，并对信息化的未来建设进行了座谈交流，对“智慧油田”与“全员信息化”进行了沟通。区信息办从电子政务、电子商务、旅游、惠民服务等信息化建设上进行了深入的交流。

（东城区信息化工作办公室）

【区领导调研“十二五”规划纲要工作】10月23日，东城区人大常委会副主任蔡福全率相关处室负责人到信息办调研，听取了信息化“十二五”规划的工作完成情况的汇报。蔡福全对东城区信息办工作的成果表示了肯定，并要求在今后的工作中以更高的热情，提高工作的创造性与前瞻性，做到健康管理，高效工作。

（东城区信息化工作办公室）

【实施信息化建设绩效考核】10月28日，东城区第35次政府常务会审议通过区信息办制定的《关于加强东城区信息化建设绩效管理工作意见》《东城区信息化建设绩效管理考核办法（试行）》和2013年东城区信息化建设绩效考核指标体系，对98家区级国家机关和各街道办事处、承担公共服务职能的有关事业单位实施信息化建设绩效考核。

（东城区信息化工作办公室）

【电子政务呼叫中心系统完成改造和测试】10月，信息办完成电子政务呼叫中心系统升级项目的改造和测试。11月1—3日，在非工作时段进行了系统割接，经测试已满足上线试运行的各项需求，且具备15分钟内切换备用系统的应急保障能力。11月4日，系统试运行全天共接听热线电话59次，形成座席工单59个，其中16次通过工单流转由其他部门协助处理，主要为基础设施类问题，全天共回复用户电话50次，全部问题均已及时有效解决。

（东城区信息化工作办公室）

【获信息化典型案例奖】11月9日，中国信息协会主办的2013年中国城市信息化发展大会召开，全国53个城市和地区的70多家政府信息化部门和信息通信技术企业参加。东城区荣获信息化典型案例奖，并代表北京市做了题为《以高新技术应用，推进智慧东城建设》的典型发言，对智慧东城建设的初步成果及信息技术应用进行详细介绍。

（东城区信息化工作办公室）

【获中国智慧城市推进杰出成就奖】11月13日，由亚太地区城市信息化合作办公室主办的2013年中国（上海）智慧城市推进论坛召开，论坛以“智慧主推中国梦”为主题，旨在推荐行业优秀企业和最新技术,助推中国信息化之路。上海文化创意产业领导小组办公室副主任贺寿昌、中国计算机用户协会理事长洪京一、国家信息化专家咨询委员会委员高新民以及来自全国40多个城市信息化主管部门领导和中外信息产业界精英共计300余人参加了会议。东城区获2013年中国智慧城市推进杰出成就奖。

（东城区信息化工作办公室）

【**市领导到信息办调研**】12月17日,市委社会工委委员、市社会办副主任王丽竹带队，市社会建设工作领导小组到东城区检查社会服务管理创新工作，区政府副区长汤钦飞进行接待。市社会建设工作领导小组办公室的领导们听取了区委社会工委书记、区社会办主任赵小平关于东城区网格化社会服务管理创新建设情况的汇报，区信息办关于信息化支撑平台的建设和运行情况的汇报。

（东城区信息化工作办公室）

【**区领导听取关于网格化工作汇报**】12月25日, 区委常委、统战部部长周永明等听取信息办关于东城区网格化统战工作信息系统进展情况的汇报。东城区网格化统战工作信息系统的建设包括东城区网格化统战工作信息系统决策平台和东城区网格化统战工作信息系统业务系统的建设，共完成了九大模块30小模块的建设工作，方便领导对全区统战工作开展情况的及时掌握，同时为区、街道、社区、网格的日常工作、交流沟通提供平台。区委常委、统战部部长周永明对系统建设情况表示满意，并强调要做好系统上线前准备工作，保障系统的顺利上线运行。

（东城区信息化工作办公室）

【**获移动电子政务安全本示范单位称号**】年内，在由工业和信息化部信息化推进司主办的“移动电子政务安全本示范单位”评比中，东城区信息化工作办公室凭借“东城区移动电子政务平台”项目，获“移动电子政务安全本示范单位”称号。

（东城区信息化工作办公室）

西城区

【**概述**】年内，西城区信息化工作按照“智慧北京”总体建设部署，坚持统筹规划、精品服务、务实创新原则，深化“智慧西城”顶层设计，打造了一批具有西城特色的信息化精品工程，信息化服务保障环境进一步优化，全区信息化整体发展水平迈上新台阶。全年共获得各类荣誉十余项，主要有：在2013年度中国政府网站绩效评估中北京西城政府网站位列全国495个区县级政府网站的第一名,区城市运行管理系统获住建部颁发的华夏建设科学技术一等奖，区政府网站多个栏目获“2013年政府网站精品栏目”奖。

（西城区信息化工作办公室）

【**大栅栏自助导览系统已经运行**】5月，自助导览系统在大栅栏功能区试运行。前往大栅栏功能区的游客可免费下载该系统，实时获取大栅栏功能区老字号、知名企业和特色商家的历史、文化、传说等相关信息。

（西城区旅游发展委员会）

【**举办区街信息化指挥体系建设培训**】5月16—17日，西城区社会办和信息办联合举办了全区全响应区街信息化指挥体系建设培训，区相关单位主管领导及15个街道主管领导、负责人参加了培训，区委常委王旭到会并讲话。区社会办重点介绍了全响应社会服务管理概念及体系框架；区政府信息办、区城管监督管理指挥中心分别介绍了区、街两级指挥平台进展及功能；区综治办、区民政局分别通报了便民服务商圈、网格化建设等相关情况；15个街道交流了工作进展；相关业务公司就数据整合、办事平台等具体业务开展了培训。

（西城区政府社会办、信息办）

【开通“12341”为民服务一号通】8月，西城区整合行政客服热线、社区服务热线、非紧急救助热线等热线资源，开通了“12341”为民服务“一号通”，首期提供城市管理、行政服务、便民服务、社情民意和投诉举报等五项服务功能，实现了一个号码对外服务、基础数据资源共享、后台系统转办互联互通。“12341”为民服务一号通是西城区构建集门户网站、APP移动、微博微信于一体的综合信息服务体系的重要组成部分。

（西城区信息化工作办公室）

【副市长戴均良到德胜街道视察工作】8月19日，西城区委书记王宁陪同市政府副市长戴均良到德胜街道视察网格化社会服务管理工作，听取了德胜街道关于全响应社会服务管理创新工作的汇报，观看了全响应运行模式演示。

（西城区德胜门街道）

【中国电子商务经济发展论坛在西城区举行】12月18日，中国电子商务经济发展论坛在西城区举行。论坛主要探讨电子商务经济政策、互联网金融等领域的创新，中国工程院、中国社科院等科研院所和阿里巴巴、京东商城等企业均派代表参加。西城区在论坛上发表了以《着力打造电子商务创新应用示范区》为主题的演讲，获得了与会专家的一致认可。

（西城区信息化工作办公室）

【推进信息化专项规划完善和顶层设计】年内，区信息办深入推进“智慧西城”顶层设计，明确西城区信息化“三层云”的顶层设计总体框架，突出建设重点，融合创新发展，协调组织成立“智慧西城”顶层设计工作组和专家组，针对全区各部门、各街道和各行业特点分类指导、培训研讨，推动完成第一阶段顶层设计规划制定，促进辖区基础设施集约、信息资源共享和系统互联互通，满足经济社会信息需求，为实现“智慧西城”稳妥、高效、跨越发展奠定坚实的基础。全区共有51家区级部门和街道完成了部门/街道顶层设计，五个牵头部门也完成了领域顶层设计。

（西城区信息化工作办公室）

【加强信息化项目统筹管理】年内，区信息办按《北京市西城区信息化项目管理办法》规定，对区属各单位、部门、街道等申报的信息化建设项目，由区信息化主管部门统一组织审查，纳入归口管理。联合区监察局、区发展改革委、区财政局开展项目前期效能评审，由财政部门统筹资金保障。全年，共安排信息化项目134个。

（西城区信息化工作办公室）

【推进信息化基础设施建设】年内，西城区大力推进信息化基础设施建设，完成市级公益性无线宽带局域网络建设及优化工作，继续扩大公益性无线网络覆盖范围，已完成20个热点的覆盖，其中文体场所9个、旅游景区4个、商业场所3个、医疗卫生场所2个；新建设无线热点1200余个，实现33万余户光纤到户，完成30余万户高清交互机顶盒发放，完成227个4G基站建设。

（西城区信息化工作办公室）

【加强信息化基础应用系统建设】年内，为加强西城区信息化基础应用系统建设，确定以提供各类标准化应用组件为服务模式，面向全区各类应用系统建设提供基础性功能支撑，通过制定标准规范，提供一批标准服务组件。已建成统一认证服务组件、电子签章服务组件、短信服务组件，并在全区10余个业务系统中应用。

（西城区信息化工作办公室）

【试点公共数据服务网建设】年内，参考北京市政府数据资源网及国外“一站式政府数据下载网站”的成功经验，区信息办依托北京市政府数据资源网，开展西城数据公共服务网建设工作。通过网站集中发布政府部门可公开的、具有经济和社会价值的政府数据，为社会团体和个人提供政府信息资源服务。

（西城区信息化工作办公室）

【政务网站获中国政府网站区县级第一名】年内，区信息办以构建政府信息公开的重要窗口为第一要务，将“倾听民声、实现民意、服务民众”为立网之本，对“北京西城”政务网站进行了升级改版。在第十二届中国政府网站绩效评估（2013年度）中，“北京西城”政务网站位列全国495个区县级政府网站第一名。

（西城区信息化工作办公室）

【多个栏目获政府网站精品栏目奖】年内，政府网站精品栏目评选工作由电子政务理事会、电子政务杂志社主办，西城区政府网站“互动交流”“闪亮西城专版”“随手拍西城”栏目及区人力社保局网站“岗位信息发布”4个栏目获信息公开类精品栏目奖；西城旅游网的“虚拟漫游”栏目获政民互动类精品栏目奖。

（西城区信息化工作办公室）

【政府行政权力公开透明运行网上线】年内，西城区政府及68个职能部门的九大类6636项行政权力一一公开，并公布2128张“权力运行流程图”。同时，对涉及的109项行政处罚条款进行细化，制定具体处罚标准，最大限度减少公务员执法中的自由裁量空间，杜绝腐败滋生。

（西城区纪律检查委员会）

【行政事项在线服务水平稳步提升】年内，西城区行政事项在线服务水平稳步提升。西城区已全面开通695项行政服务事项的网上预审服务，公众可通过网上政务服务大厅提交事项预审申请。预审服务的开通，可减少企业、公众往返实体大厅提交申报材料的次数，节约办事时间，提高办事效率，提升行政服务水平。全年，通过区网上政务服务大厅公示的各委办局行政服务事项515项。180项办事事项实现了网上预约；515项办事事项实现了网上材料预审；324项办事事项实现了网上申报，网上申报事项相比上年增加108项。全区各委办局行政服务事项通过互联网申请的业务件数达170273件，通过各类渠道申请及办理的业务件数达508172件，网上申请件数占全部申请件数比例达33.5%，相比上年增长6.6%。

（西城区信息化工作办公室）

【建立数据监测平台】年内，中小企业数据监测平台由中小企业服务中心与北京正辰科技发展有限责任公司探索建立，在运用中小企业生命周期等理论的基础上，利用中小企业基础数据初步完成对全区中小企业基本情况的监测任务。平台的搭建有助于进一步提升我区对中小企业在政策决策过程中的科学性，推动我区中小企业的服务管理。已完成第一份《西城区中小企业发展数据分析报告》。

（西城区发展改革委员会）

【推进城市监测物联网建设与应用】年内，西城区率先利用3G物联网技术，在全区15个街道设置34个雨量监测站，实时把全区平房院落、低洼区域的降雨量上传至指挥中心，平均1.5公里布设一个监测站，实现辖区全覆盖。根据雨量情况自动发出中雨、大雨、暴雨等预警信息，通过手机发送提醒服务，建立雨量收集和监测系统，为全区防汛工作提供辅助决策支撑。完成早餐车、报刊亭、广告牌匾、资源回收站三类设施二维码管理工作，建立基础数据库，逐步实现城市运行信息化监管。

（西城区城管监督指挥中心）

【数字西城地理空间框架扩展项目通过验收】年内，数字西城地理空间框架建设扩展三维数据项目是对数字西城地理空间框架建设项目的扩展，以数字西城地理空间框架三维平台为基础，制作原宣武区20.54平方公里范围内的三维模型，同原西城区范围的模型实现无缝对接，实现三维模型的全区覆盖；项目对数字西城地理信息公共平台功能进行扩展，为城市发展和精细化管理提供辅助决策支持。

（西城区规划分局）

【为旧城保护项目提供依据】年内，西城国土分局结合什刹海阜景街建设指挥部开展的什刹海文保区风貌保护、人口疏解、基础设施改造及产业提升等工作，通过地籍管理信息系统对其一期项目，即北中轴线核心保护区什刹海地区旧城保护示范项目范围内的土地情况进行初步核查，项目范围内涉及宗地约280宗（含道路），土地登记发证29宗。

（西城区国土分局）

【人口动态监测系统投入使用】年内，依托区政务资源共享交换平台、辅助决策系统和GIS系统，整合民政、计生等人口数据资源，实现对历史数据的评估、人口发展趋势的预测预警、人口数据区域动态展示等，为领导科学决策提供数据支持。

（西城区人口与计划生育委员会）

【社区卫生服务机构试点启用“易医箱”】年内，德胜社区卫生服务中心为部分孤寡老人安装“易医箱”。“易医箱”形似杂志大小，可快速完成血压、血糖、心电图等数据的测量，并将其自动储存到街道智能化民生服务与城市管理指挥中心的健康档案。如果健康指标达到警报级别，指挥中心就会亮红灯，提示与患者取得联系，提供相关服务。易医箱是物联网技术的应用成果，它的推广应用，缓解了医疗资源的紧张，为实现医疗服务下沉提供了一条新的解决方案。

（西城区委卫生工委、卫生局、德胜门街道）

【启动智慧旅游咨询系统建设】年内，智慧旅游咨询系统建设和什刹海咨询站试点工作是按照“智慧旅游”顶层设计规划，在咨询站点总量控制的基础上，将A级景区游客中心和“北京礼物”店有机结合，利用信息化技术手段将“智慧旅游”咨询服务与“智慧旅游”电子商务、“智慧旅游”便民服务等相结合，推进旅游信息传播渠道多元化、旅游电子商务多样化和自助导游便捷化发展。

（西城区旅游发展委员会）

【电子商务发展取得成效】年内，一站式社区便民电子商务平台——“生活服务网”正式上线，1500余家社区便民服务商户入驻，服务覆盖200余个社区。区内应用电子商务的企业数占企业总数的比重超过 44 %；11家企业获得第三方支付牌照，占北京市的1/4。金融电子商务年交易额过千亿元，年度增长速度超过300%；西单商场、金象大药房、图书大厦、荣宝斋、张一元、内联升等传统商贸服务企业网上销售额实现了年度翻倍增长。

（西城区信息化工作办公室）

朝阳区

【概述】年内，朝阳区信息化工作办公室（以下简称区信息办），是全区信息化主管部门，负责指导、组织和实施辖区内信息化建设。下设电子政务与社会信息化科、软件与信息服务业科、综合管理科和信息网络中心。

（颜成园）

【启动智慧朝阳建设】年内，区信息办启动智慧朝阳顶层设计。为了更好地利用系统工程思想开展智慧朝阳建设，本着“顶层设计、长远规划，基础共建、资源共享，示范先行、全面推进，政府主导、开放合作，统一规范、保障安全”的原则进行顶层设计，顶层设计招标工作已启动，年底完成顶层设计方案的编制。

（颜成园）

【完成智慧社区建设任务】年内，按照市、区折子工程任务，全区建成20个智慧社区，通过新一代信息技术手段，在社区管理、公共服务、社区环境、社区党建等方面，创建资源全整合、社会全参与、信息全联通、过程全监督的智慧社区。以团结湖、亚运村、奥运村、麦子店等为代表的智慧社区建设初见成效。区信息办会同社会办完成全区智慧社区星级评定工作，并报北京市经济和信息化委员会审批。

（颜成园）

【建设示范性智慧园区】年内，区信息办为打造“智慧CBD”“智慧电子城”等一批示范园区，大力推进全光通信网和无线宽带在公共场所及办公楼宇全覆盖，信息化基础设施达到世界先进水平；为企业开通视频会议、信息化党建等服务平台，提升智慧管理和服务水平；在区域内建设智能停车诱导系统，缓解交通压力，创造舒适的工作生活环境；聚集一批以通信互联网、新媒体、金融信息、电子交易中心等为代表的信息服务企业，强化信息枢纽功能，优化产业发展环境。

（颜成园）

【打造智慧朝阳服务网】年内，智慧朝阳服务网被列为全年朝阳区政府折子工程，主要内容为建设一站式网上为民服务平台，通过进行流程再造和建立统一服务资源库，面向“居民、企业、投资者、旅游者”四类服务对象，提供51类政府办事和6类民生服务。12月，网站正式上线运行。

（颜成园）

【推进一批智慧城市重点领域应用】年内，区信息办开展“智慧医疗”，推广电子病历和居民健康档案，为百姓提供在线健康监测、网络预约挂号、双向转诊等便民服务；在奥林匹克公园等重要区域开展“智慧旅游”，实现景区智能监控、旅游电子商务服务等信息的实时传递和交换，提高旅游管理和服务水平；推进“智能交通”，通过信息化技术监测并分析交通运行状况，实现交通数据资源整合和共享，与市级平台协调联动，为区域综合交通运行协调提供全方位支撑。

（颜成园）

【信息服务业产业稳步发展】年内，根据统计局提供的数据，朝阳区信息服务业单位达到640家，总资产达到859.1亿元，同比增长21.3%；实现收入374.4亿元，同比增长4%；形成区级财政收入3.23亿元。

（颜成园）

【加强产业工作调研】年内，区信息办注重实地调研，加强理论研究，引导产业创新发展。通过深入开展多项课题研究，提出信息服务业发展策略完善行业投融资体制，解决中小企业融资难问题。完成一份年度信息服务业发展白皮书，为进一步推动区内信息服务业创新发展提供了有力的数据与政策支撑。

（颜成园）

【加强产业资金管理】年内，继续做好“朝阳区高新技术产业发展引导资金”管理工作，组织与去年支持的24家支持企业的60个项目签署责任书和支付确认书，委托第三方中介机构对支持企业进行专项资金审计。年内，共征集项目65个，已完成项目的初审及专家评审，形成了初步的资金支持方案，完善后上领导小组会讨论并报区领导审阅。

（颜成园）

【与推进重点龙头骨干企业引进】年内，积极推进重点龙头骨干企业微软公司在朝阳区设立分公司工作。经过与微软公司多次洽谈协商，并与区发改委、区财政局、区投促局、区国税局、区地税局等部门多次沟通协调，双方签署为期三年的战略合作协议和销售合同。

（颜成园）

【推进功能园区建设】年内，朝阳区推进电子城“移动谷”建设，促进移动产业发展，吸引移动上下游企业入驻园区，形成产业聚集和人才聚集，装修工程已经完成。调研垡头“智慧谷”，了解最新进展，组织信息服务业和电子商务企业到垡头产业区管委会考察，通过介绍垡头功能区核心区的现状和控制性规划编制情况，为下一步引进一批国内外领先企业和重大项目，打造“国际智慧谷”奠定基础。推进智慧朝阳创新展示中心建设，通过先期3D三维制作，用虚拟展现的方式来推进实体展示中心的建设。

（颜成园）

【组织参加各项大型商务活动】年内，组织召开“央企电子商务发展研讨会”，吸引央企电子商务项目在朝阳区落地。组织企业参加科博会、京交会、银企对接会、投融资洽谈会、拟上市企业对接会等商务活动，为企业创造了技术交流及成果展示的平台，营造良好的产业发展环境。

（颜成园）

【完成软件与信息服务业行业节能减排指标】年内，区信息办完成爱立信公司、IBM、世纪互联数据中心有限公司三家企业签署节能减排协议书，完成节能减排的任务和指标。充分发挥相关行业协会、产业联盟的作用，与中国信息化协会、TD产业联盟等单位开展合作，开展对企业节能工作监管、评估、考核等配套措施和标准的研究，不断提升企业节能管理工作水平。

（颜成园）

【完善基础设施提升群众生活品质】年内，全区新建小区宽带入户率接近100%，3G网络覆盖全区，推进“三网融合”应用，高清交互数字电视网络覆盖60万户家庭，在CBD、电子城等重点区域实现了无线宽带接入覆盖。全区政务专网线路完成由ATM向ASON网迁移任务，更换部分网络设备，逐步实现专网扩容，解决带宽不足问题。

（颜成园）

【推进一氧化碳中毒预警防控项目】年内，区信息办累计在13个乡、105个村安装部署联网式报警器14.3万支，利用科技手段解决了取暖季燃煤取暖间燃煤安全防护工作。进一步完善和拓展了联网式报警器监测平台的各项功能，加强对报警器插电上线等使用情况的巡检工作。项目实施以来4个取暖季累计收到一氧化碳报警39.9万条，紧急求救报警10万余条，所有报警均得到有效处理，在已安装报警器正常插电上线区域,未发生一起人员伤亡事故。该项目被授予“北京市物联网项目最佳成效奖”，并纳入市级物联网示范工程。

（颜成园）

【做好突发事件的应急保障工作】年内，区信息办利用增设摄像头、单兵视频监控等方式，将各类突发事件的现场图像传送到区级指挥中心，为领导决策调动提供技术支撑。参与全区防汛保障，汛期安排专人24小时应急值守备勤，确保图像信息系统、视频会议系统、移动政务平台和通信系统正常运行。

（颜成园）

【开展无线电宣传活动】年内，以无线电宣传月为契机，通过向全区43个街乡发放宣传材料和现场咨询等方式，向百姓普及无线电知识；通过手机、平板电脑结合二维码的方式，创新无线电台站登记、执法、巡检等工作模式，提高工作效率。

（颜成园）

【推进电子政务标准化工作】年内，区信息办在已制定的政务信息资源基础数据标准体系基础上，进一步深化全区电子政务标准化工作，修订2011年制定的一个管理办法、六个规范文件和两个应用指南的编制（“1+6+2”），拟定移动平台标准规范、GIS平台标准规范、云计算标准规范。

（颜成园）

【建立移动电子政务体系】年内，区信息办统筹管理全区移动电子政务应用开发，各单位开发各自应用放入政务应用商店，按照权限安装相应APP。整合全区人口承载力统计分析、图像监控系统、环境环保数据、交通流量、汛情防控、应急指挥等功能模块，初步形成具有朝阳特色的移动电子政务体系。

（颜成园）

【区级重点信息资源应用项目完成开发】年内，区信息办牵头建设房屋权属登记业务网上预约系统完成了系统开发、测试等工作，并在系统上线后参与系统运行专项保障工作；参与区级人口数据更新工作，会同流管办调研麦子店外籍人口服务中心建设工作，为对接市级相关部门人口数据工作提供技术支持；建设渣土智能监控系统，在10个主要在建工地出入口增设摄像头，监控渣土运输情况；参与全区网络社会管理相关问题研究，继续做好舆情监测工作，编发各类《网上舆情监测》刊物45期。

（颜成园）

【编制“十二五”中期评估报告】年内，对照信息化“十二五”规划的主要任务目标，区信息办梳理中期各项工作完成情况，实现时间过半任务过半，对进展缓慢的工作分析原因查找解决问题办法，列为督办事项，积极推动重点任务的开展，确保“十二五”规划任务目标能如期完成。

（颜成园）

【推进信息资源管理中心建设】年内，区信息办积极协调各方资源，信息资源管理中心建设取得实质性进展，选址、设计工作已基本完成，待区政府同意后进入建设阶段。

（颜成园）

【加强全区信息安全保障工作】年内，区信息办组织全区信息安全检查，完成129个政府外网网站应用漏洞评估工作，组织二、三级等保单位开展信息安全培训。截至10月中旬，全区共发生9起IV级信息安全事件，采取约谈、实地调查、发送整改建议函等方式进行处置，出具信息安全处置报告9份。提升全区信息安全管理水平，更换部分老旧设备，区政府核心机房部署应用服务及网络设备监控报警系统，调整梳理区域安全策略，对重要系统和网站进行信息安全评估。

（颜成园）

【完善信息化项目和专项资金管理工作】年内，区信息办结合廉政风险防控管理工作要求，进一步规范信息化项目和资金管理关键环节，加大对项目可行性调研、立项审核、招标文件审核、合同审核和签署、项目验收、合同款支付、档案保存等关键环节的管理力度，所有项目均按规定经集体讨论、多层把关。升级完善信息化项目管理平台，做好追加建设项目资金工作和下年度信息化专项资金预算工作。

（颜成园）

海淀区

【概述】年内，海淀区突出以城市管理、民生服务以及行政服务改革等区委区政府确定的重点工作为中心。重点对信息基础设施进行了改造提升，并在城市管理、民生服务以及行政服务改革等方面积极探索智慧城市管理的新模式。成立了智慧海淀专项工程指挥部和办公室，与区财政局共同编制《智慧海淀专项资金管理办法（试行）》，规范了智慧海淀专项资金的使用流程和管理流程；加强对网格化社会管理和服务综合信息平台、房屋全生命周期管理信息平台、综合行政服务中心信息化系统、区智慧卫生、区智慧教育等重点专项工作的技术方案研究和审核。区经信办作为智慧海淀建设工作领导小组办公室，是项目日常管理机构，负责组织智慧海淀顶层设计、项目审核和建设管理。聘请第三方项目管理咨询服务团队，为智慧海淀建设项目进行细化技术审核、建设管理和后期评估。

（傅燕丽）

【成立海淀智慧城市产业联盟】3月28日，由园区内65家IT企业自主发起的海淀智慧城市产业联盟成立。首届理事长、副理事长单位为方正国际软件有限公司、用友软件股份有限公司、中国航天科工集团第二研究院、神州数码控股有限公司、太极计算机股份有限公司、浪潮集团、同方股份有限公司等18家国内知名公司。联盟已建立组织架构，完善管理制度，成立电子政务、医疗卫生信息化、教育信息化、城市运行信息化、信息基础设施、工程咨询等工作组。

（傅燕丽）

【启动智慧海淀项目】8月30日，区经信办在海淀招商大厦组织召开了2013年度智慧海淀项目启动会。经信办通报了2013年度智慧海淀项目安排情况。下发了各单位建设项目的预审意见及《2013年智慧海淀项目操作指南》。

（傅燕丽）

【参加中欧智慧城市合作论坛】11月21日，工业和信息化部、发展改革委、欧盟通信网络内容和技术总司共同主办了“2013年中欧城镇化伙伴关系论坛智慧城市分论坛（以下简称分论坛）”。工业和信息化部副部长杨学山、欧盟委员会能源委员衮特尔·厄廷格分别致辞，信息化推进司副司长秦海主持会议。海淀区作为中欧智慧城市中方合作伙伴15个试点城市之一，参加了此次分论坛活动。海淀区副区长孟景伟作为中方四个城市代表之一，在分论坛上第一个做了主题为《智慧海淀建设实践经验报告》的发言，向与会的中欧各城市代表介绍了“智慧海淀”的建设成果及未来发展方向，并与各城市进行了交流和沟通。11月22日，欧方智慧城市代表团到海淀区进行调研，参观区城市服务管理指挥中心和中关村科技园展示中心，了解海淀区网格化社会服务管理系统的建设和使用情况，以及智慧海淀建设的整体规划和目标。区经信办和区城市服务管理指挥中心对欧方代表提出的问题进行了解答，并听取欧方代表对智慧海淀建设的意见和建议。

（傅燕丽）

【启动政务光纤网络建设规划】年内，区经信办启动全区政务光纤网络建设规划工作。区经信办与工业和信息化部电信规划研究院合作对区属新闻中心和上地实创等单位的光纤及管道资源情况进行调研，梳理了区属各委办局和街镇的业务需求，特别针对光纤网络需求量较大的教委、公安分局、卫生局及城市管理服务中心等单位的业务需求进行重点了解，初步形成海淀区政务光纤网络建设规划，为下一步光纤网络建设打下坚实的基础。

（傅燕丽）

【推进4G基础设施建设】年内，海淀区作为国家自主创新示范区核心区，充分意识到4G工程的创新和引领效应，未雨绸缪，提前布局，积极落实“宽带中国”战略部署和“宽带北京”行动计划，加快推进4G基础设施建设，为将来4G工程示范应用的试点和推广奠定了基础。北京移动已在海淀三环路以内地区及中关村、知春路、上地等重点区域建设4G基站865个，其中宏站235个，微站630个，均已开放使用，约占全市总建站数的24%，区域建设数量在全市范围内名列前茅。

（傅燕丽）

【启动综合行政服务中心信息化系统建设】年内，区经信办开展综合行政服务中心的方案设计和投资模式研究，完成了全区层面的业务事项梳理。建成后将形成一个大厅、一个网站、24小时自助政务服务站全覆盖的区、街、居“三级联动”服务模式，提升办事服务水平和政务公开。实现数据互联互通、业务协同和资源共享，打造面向企业的“一站式服务”品牌。

（傅燕丽）

【部分区域完成无线局域网络覆盖】年内，区经信办引导电信运营企业在海淀人才大厦、企业服务中心、招商大厦、上地办公中心等政务服务大厅,重点旅游景区、中关村西区、群众休闲广场等区域建设无线局域网络，政府购买服务并免费向公众开放。

（傅燕丽）

【入选电子政务公共平台试点示范单位】年内，海淀区入选“基于云计算的电子政务公共平台建设和应用试点单位”。首批基于云计算的电子政务公共平台建设和应用试点示范地区由工业和信息化部组织评选，全国18个省级地方和59个市（县、区）开展了基于云计算的电子政务公共平台试点示范的组织、申报和准备工作，最终有6个单位被授牌。基于云计算的电子政务公共平台是指由县级以上信息化主管部门，组织专业技术服务机构，运用云计算技术，统筹利用已有的计算资源、存储资源、网络资源、信息资源、应用支撑等资源和条件，统一建设并为各政务部门提供基础设施、支撑软件、应用功能、信息资源、运行保障和信息安全等服务的电子政务综合性服务平台。

（傅燕丽）

【获“智慧北京”建设综合绩效奖】年内，海淀区获2012年度区县“智慧北京”建设综合绩效奖。按照《北京市信息化工作领导小组关于制定“智慧北京”实施方案和做好2012年全市电子政务重点工作任务的通知》《北京市电子政务绩效考核管理办法（试行）》和《关于开展2012年度市级部门电子政务绩效考核和区县“智慧北京”建设专项考评工作的通知》的要求，北京市经济和信息化委员会、市密码管理局在市政府绩效办的统一要求和安排下，对全市86个部门16个区县共计102个单位进行了绩效考核，对综合、单项绩效突出的单位进行表扬。

（傅燕丽）

丰台区

【概述】年内，丰台区以“智慧北京”建设作为重大发展机遇，立足城市功能拓展区的总体定位和“一轴两带四区”的区域空间格局，聚焦构建高端产业聚集区、金融创新试验区、城乡统筹模范区、生态宜居示范区的战略目标，完成了智慧丰台的顶层设计工作。统筹推进全区的信息化发展，协助丽泽商务区、园博会、科技园区、种子大会等做好基础设施建设，积极出台政策鼓励企业加强信息化发展，启动信息化项目管理办法和标准体系建设，促进全区信息化规范、科学、互联互通发展。

（田鹤鸣）

【完成无线电管理宣传月活动】9月，丰台区经济信息化委组织开展大型无线电宣传活动，成立了工作小组，印发了《关于做好2013年度丰台区“无线电管理宣传月”活动工作的通知》，印制并发放了记事本、钥匙链、卡包等3万余件惠民宣传品，联合各街乡镇，举办主题宣传活动。为加强我区无线电管理，提高管理能力，制定并印发了《关于规范丰台区无线电管理工作的通知》，对无线电管理工作进行了明确分工，梳理调整了全区无线电管理队伍，明确了各单位相关工作负责人，将责任落实到人。全年共计审批无线电对讲机117台。

（王新梅）

【加强网络信息安全】11月，丰台区经济信息化委开展了信息技术服务外包安全管理工作，对信息技术服务外包进行了定义，明确了各单位安全管理职责，对外包服务机构和服务人员和外包服务过程进行了规范，最终梳理出丰台区信息外包服务队伍，涉及52个单位、116家公司、244人，并对每家公司的人员进行了登记。

（王新梅）

【“智慧丰台”顶层设计全区印发】12月，丰台区经济信息化委完成“智慧丰台”顶层设计。“智慧丰台”顶层设计构建了丰台信息化建设的总体框架及发展目标，包括由一个基础支撑、五类智慧应用、两大保障体系组成的整体蓝图和业务、数据两个维度的技术架构。按照“统基础、织网络、育集群、争高地、强保障”的工作思路，确定了5个大方面、22项任务、58项优先启动工程。重点打造智慧丽泽商务区、智慧科技园区、智慧园博园和智慧王佐小镇等一批智慧高地，培育金融服务业、高新技术产业、文化创意产业、旅游和会展产业和都市型产业等五大智慧型特色产业集群，构建三格合一的区域精细化管理、城乡一体的民生服务、透明高效的服务型政府和健康有序的平安城区等和谐可信四张智慧服务网，加强数据资源共享，统筹全区信息化发展，全面提升丰台区的信息化水平。

（田鹤鸣）

【落实“双进入”工作机制】年内，丰台区经济信息化委协助移动、联通、电信等运营商在丰台区开展无线通信网络建设、居民宽带提升等工程。全年累计完成了29处老旧小区和21个村的光纤改造工作，新建信息管道107.11沟公里，新增具备光纤接入能力用户13万户，光纤宽带接入户累计达到近20万户，90%家庭可实现光纤网络接入。新增2G、3G基站359个，累计4513个；新增4G基站713个，累计达到 900个；在文体娱乐场所等区域新增WLAN覆盖区域193个，累计覆盖区域1385个。新增高清交互数字电视用户38885户，累计达到449221户，覆盖率为88.91%，全区信息基础设施能力稳步提升。

（田鹤鸣）

【智慧“园博会”信息化服务】年内，园博会在丰台区举办，丰台区经济和信息化委积极为园博会打造信息化亮点，推进北斗导航应用、电信应用和物联感知等，中国移动的4G传输与梅泰诺的全视频拼接等项目在全市起到了良好的示范效应。积极协调运营商，在园博会开园前紧急布站建塔，保障展会期间信息通讯服务。提供高质量的信息化服务，包括交通指示图软件，集园博园的游、行、消费等功能于一体的网络地图搜索服务，提供了公交换乘、驾车导航、门票服务、特色景点查询等十余项综合查询服务功能，为游客提供最合理的吃、行、游的建议；提供园博园各个特色园区的实景、动态、高空俯瞰图，为没有充足时间游览的市民提供了方便。

（田鹤鸣）

【建成世界种子大会网站】年内，丰台区完成世界种子大会网站的基础建设。网站重点介绍了领导致辞、大会简介、筹备进展、种业概况、大会招商、服务指南等方面信息。2014年世界种子大会是丰台区举行的国际性大型活动，同时也是展示丰台形象，提高丰台国际化水平的重要节点。大会网站的建设也是本年度丰台区重点信息化建设项目之一。

（王新梅）

【完成移动公共服务平台建设】年内，丰台区与北京移动合作，实施WAP网站“市民主页”的20个项目设计和建设工作。拓宽公开渠道，进一步细化利用微博、WAP手机网站、无障碍网站等社会传播渠道发布涉及群众切身利益、影响面较大、重点政策文件等内容并做好与政务网站内容统一的工作。

（王新梅）

【开展热点问题在线访谈】年内，丰台区网站围绕本地区公众关注热点问题，开展“高朋常务副区长访谈——丰台区园博会各项准备工作就绪”等4项在线访谈工作。

（王新梅）

【推广液化气远程监控系统】年内，丰台区在方庄试点开展对餐馆内液化石油气设备加装安全辅助设备的工作基础上，在全区加以推广，共完成3000多个餐饮企业的建设，并采取网格化管理模式实现对液化石油气设备进行监控管理。

（王新梅）

石景山区

【概述】年内，石景山区经济信息化委按照《智慧北京行动纲要》的核心内容，以“统筹建设、资源整合、信息共享、支撑服务”的智慧城市建设主线，“推进《“智慧石景山”顶层设计规划研究》落地，强化区域经济发展服务能力、强化信息化统筹能力”的“一个推进，两个强化”工作重心，提升全区信息化应用水平。完成“智慧石景山”顶层设计；引导社会力量，重点围绕新一代宽带无线网络试点、3G无线通信品质优化、高性能光纤网络建设和有线电视高清交互改造四个方面优化区域信息化基础环境；统筹安排一批重大信息化项目建设，从促进区域产业发展、促进社会服务管理创新、促进电子政务水平提升等方面发挥新一代信息技术在推动区域经济社会转型发展，推进现代化首都新城区建设方面的重要作用。

（巨冉冉）

【统筹管理信息化建设】年内，石景山区经济信息化委以“发展环境创新、城市智能运行、市民数字生活、政府整合服务、信息基础设施提升、智慧共用平台”为突破点，统筹安排30个重大信息化项目，其中研究课题类4个，专项建设类5个，其他建设类项目21个。

（巨冉冉）

【完成“智慧石景山”顶层设计】年内，石景山区经济信息化委完成“智慧石景山”顶层设计。顶层设计从发展目标及愿景、总体架构、发展规划等方面描述了“智慧石景山”建设总体思路，明确2012—2020年三步走的建设步骤，涵盖重点工程、基础设施、资源体系、产业发展、智慧应用、服务支撑等内容，突出统筹、共享、融合、创新、服务和体制机制创新，助推“数字石景山”向“智慧石景山”跃升。

（巨冉冉）

【推进物联网综合示范应用工程】年内，石景山区承担的物联网区级示范项目进展顺利。项目完成软件平台主体开发工作，安装、整合传感器2400余个，约占总量的75%，实现对环境质量、楼宇能耗、大型游乐设施、平安校园、公园管理等领域的覆盖，并在“森林防火”“防汛指挥”“平安校园”等关键领域取得不错应用效果。森林防火领域，实现对老山郊野公园、八大处公园及法海寺三处森林密集区总面积85%以上森林区域监控，先后提供了200余次视频巡查服务，成功发现20余次林区吸烟及室外用火事件；防汛指挥领域，全年汛期共监测降雨量、积水水位等数据1000余条，提供金安桥、焦家坟、衙门口桥、莲芳桥等地区的实时视频监控服务,并向区应急、防汛、交通、市政、气象、消防等部门提供相关视频信息、预警等服务；平安校园领域，实现区内10余所校园的摄像头和红外对射全面监测覆盖，能及时发现并处置校园突发事件，在校园安全管理中起到了实际作用，达到了预期建设目标。

（巨冉冉）

【政务物联数据专网建设】年内，政务物联数据专网建设根据城区覆盖补盲、山区河滩物联网示范应用的覆盖需要，在曦景长安、八大处公园和莲石湖公园建设开通3处无线物联数据专网基站。莲石湖基站取得了一站覆盖石景山、丰台和门头沟三区的效果。全区政务物联数据专网基本实现了一般城区的网络覆盖设计目标，形成了第四张“政府管理、企业运维、服务社会”的政务网络。

（巨冉冉）

【金顶街资讯平台上线】年内，石景山区在金顶街街道开展基于数字电视高清交互平台的“社区高清交互资讯”试点建设。5月，“智慧金顶街”资讯项目正式上线，为辖区居民提供了包括新闻咨询、招工招聘、生活服务、办公指南、文化动态等与日常生活息息相关的信息，开辟了从“看电视”到“用电视”的交互方式。得到市社工委、北京市经济和信息化委员会领导高度评价，广州市萝岗区、朝阳区、大兴区等单位先后到金顶街参观交流。

（巨冉冉）

门头沟区

【概述】年内，门头沟区进一步提升了全区的信息化管理水平，落实了“智慧北京”相关工作，完成《门头沟区信息化顶层设计》的撰写，加强了网络及信息化安全保障，推进了信息化基础设施提升，重点开展了区网格化社会服务管理信息系统建设、区视频监控平台整合等项目建设，同时积极开展信息化培训和宣传工作，开创了本区信息化工作的新局面。

（刘力）

【开展各委办局政府网站评比】3月28日，门头沟区经济信息化委召开年度全区网站评比动员会，在全区范围内开展年度网站考评工作。由区信息化领导小组领导办公室牵头，联合区政府办、区监察局、区网管办等单位，并发挥人大、政协的监督作用，对全区各委办局、镇街共42个单位围绕网站内容、网站安全、网站建设技术水平和网站运行管理四个方面进行考评工作。评审过程包括专家评审、网站投票等方式，对42个单位的政务网站进行综合评比。政务网站评比工作有利于进一步完善门头沟区的门户网站组群架构，规范政务信息公开的管理，不断提高社会民众对政府工作的满意度。

（刘力）

【对已建业务系统开展绩效评估】6月25日，门头沟区经济信息化委召开项目绩效考评准备会，启动2013年度政府投资信息化项目绩效考评工作。考评对象是区民政局的“社会救助信息平台”项目和区人口计生委的“人口和计划生育综合管理平台”，考评的方式遵循本市“智慧北京”工作相关文件精神。7月17日，门头沟区经济信息化委邀请信息化专家对项目绩效考评资料进行评估后打分评定，信息化专家对项目提出了具体评估意见，项目绩效评估合格。考评结果作为部门信息化考核的重要内容和未来年度安排信息化项目资金的重要参考依据，并作为新增项目决策和立项的参考。

（刘力）

【完成《门头沟区信息化顶层设计》的编制】年内，门头沟区开展信息化顶层设计工作，完成《门头沟区信息化顶层设计》编制工作。顶层设计从发展愿景与形势、信息化发展现状与问题为起点，综合阐述了总体架构、业务架构、应用系统架构、数据资源架构、基础设施技术架构、标准政策体系和顶层设计实施方案等共九个方面的内容。顶层设计编制的完成，制定了门头沟区信息化建设的总体框架和实施路径，落实了市级统筹要求，体现了首都西部综合服务区发展特色，为“智慧北京”和“智慧门头沟”的建设夯实信息化基础。

（刘力）

【保障网络与信息安全】年内，门头沟区修订《北京市门头沟区应急通信保障预案（专网）》和《北京市门头沟区网络与信息安全事件应急预案》，并报区应急办备案。做好节假日和重要时期的保障工作：在春节、“两会”、国庆和十八届三中全会等重要节点前下发加强安全工作的通知，确保本区重要网络信息系统、网站和无线电的安全。大力开展检查与自查工作：定期对区信息中心、区统计局、区教委、区为民服务中心、区联通分公司、区歌华有线分公司等责任单位网络安全情况进行检查，要求重点单位做好节日期间、重要时期安全值守工作和应急响应工作，确保全区的网络安全。制定门头沟区电子政务网络与信息系统安全检查的工作方案，从管理和技术两方面，对全区58家单位开展安全自查工作。

（刘力）

【推进信息化基础设施提升工作】年内，门头沟区推进信息化村、宽带小区建设，引导移动、联通、歌华、电信开展信息化基础设施建设工作。无线城市建设方面，在石龙开发区、斋堂商业街、门头沟区医院等重点区域大规模开展无线城市建设工作和公益性无线宽带接入工作。新建50个热点，重点区域已建成并全部开通，共新增AP480个,累计开通150个区域，AP累计1104个，实现了热点、重点区域的全覆盖。落实光纤宽带普及提速工程方面，根据宽带业务和移动业务发展的需要，加快了宽带网络的建设，全年新增光纤覆盖小区20个，用户1.5万户；改造老旧小区和其他已建小区46个，用户1.22万户，两项共计3.8万户。WLAN站点建设：全年新增24个WLAN热点，覆盖门头沟区主要政府及商业楼宇WLAN，及重点街区、工业区。全年新建3G基站48个，2G基站32个。中国移动通信集团公司在区政府架设了TD-LTE基站2个，开通并建立TD-LTE演示网络，为4G通信的发展奠定了基础。

（刘力）

【开展网格化社会服务管理信息系统建设】年内，门头沟区经济信息化委指导区社会办在社区服务系统的基础上，以网格化为载体、以信息化为支撑，推进大峪街道网格化建设试点，邀请信息化专家小组对区网格化社会服务管理信息系统技术方案进行评审以及对项目进行初步验收，听取专家小组的意见，保障了项目完成的质量。区网格化社会服务管理信息系统已扩展至全区所有镇街，实现街道（镇）之间和居村之间无缝衔接，为群众提供零距离、精细化的服务。

（刘力）

【“智慧门头沟”服务平台项目建设】年内，通过对社工委、为民服务中心、旅游委等九个单位开展“智慧门头沟”项目综合调研，“智慧门头沟”项目总体规划已初步制定。12月24日，为加强各单位对智慧门头沟总体规划的理解、征求改进建议，门头沟区经济信息化委组织14个单位和信息化专家召开智慧门头沟总体规划研讨会。会议主要内容围绕智慧门头沟总体规划方案展开，各单位结合本单位实际情况对总体规划提出改进建议，并由信息化专家对总体规划进行综合点评。

（刘力）

【区视频监控平台整合】年内，门头沟区经济信息化委配合区科委、区应急办做好课题的技术指导，对全区9家单位的视频系统进行有效整合，整合图像视频采集点435个，对视频资源进行充分、合理、有效的利用，让视频监控相关设备、资源发挥最大效用。

（刘力）

【开展信息化培训及宣传工作】年内，门头沟区经济信息化委开展多项信息化培训及宣传工作。3月28日，召开云门户平台应用培训会，平台建设方对平台运行的机制、权限、运行使用等进行了培训，全区31个委办局、9个镇、4个街道办事处的办公室主任及平台使用人员参加了培训。联合区科协开展了家庭数字生活技能培训，培训内容主要包含了物联网、智能家居和电子商务等热点知识，同时也融入了生活中离不开的数字电视，数字机顶盒，计算机软、硬件应用等内容。开展“北京科技周”活动，协调联通、移动、电信和歌华四大运营商，开展了科技产品展示活动，与群众进行了互动式的科普宣传，并发放了相关宣传材料。开展无线电管理主题宣传咨询日活动，现场展出无线电宣传板10块，发放《无线电管理宣传手册》1000余份，普及无线电管理常识，对社区居民合理使用无线电起到了积极的引导作用。

（刘力）

【信息化工作获奖情况】年内，门头沟区被授予2012年度“智慧北京”创新创优奖，成为“智慧北京”5个创新创优区县之一。在北京百万家庭数字生活技能大赛中，获得由市科协、北京市经济和信息化委员会和市妇联联合授予的北京百万家庭数字生活技能大赛优秀组织工作一等奖，滨河西区等3个社区被评为北京百万家庭数字生活技能大赛数字魅力社区。智慧社区建设方面，市社工委和北京市经济和信息化委员会联合授予承泽苑社区、绿岛家园社区等6个社区为北京市3星级智慧社区，授予蓝龙家园社区等2个社区为北京市智慧社区。

（刘力）

房山区

【概述】年内，房山区信息化工作以助推“一区一城”新房山建设为立足点，以“顶层设计”理念引领规划，落实《智慧北京行动纲要》和“宽带北京”建设任务，信息基础设施建设进一步提升，两化融合取得突破性进展，“经济信息港”项目正式运行，中小企业信息化提升工程启动，高清交互机顶盒迅速推广，手机网站的应用，防震减灾公益服务短信平台上线，信息化项目建设投资进一步加大，电子政务和信息资源的开发利用与资源共享工作进一步加强，信息技术对各行业的支撑作用更加明显，在政务信息化、社会信息化、经济信息化等领域取得新的突破。信息化建设成果和服务惠及政府部门、企业和公众，为实现“十百千产业航母”提升工程做出了积极努力。

（刘秀平）

【建设“12322”防震减灾公益服务短信平台】1月，房山区地震局完成了全区防震减灾公益短信平台建设工作。根据房山区实际情况，本着便于管理的原则，按照地震应急志愿者、乡镇主管领导、防震减灾助理员、灾情速报员、宏观观测员进行了分组，将全区781名地震灾情速报人员分成了30个群组，其中村级灾情速报员以乡镇为单位分为25个群组。房山区地震局将定期对短信平台进行日常维护和信息更新，确保该平台在地震灾情速报工作中能够提供全面、及时的灾情信息，为房山区的地震应急指挥决策提供依据。

（陆海波）

【完成政务信息化工作调研】3月，房山区针对部门政务应用、创新社会管理应用、政务公开和政务服务应用、政府网站应用、政务信息资源开发利用、信息共享和业务协同、电子政务基础设施、政府信息系统的信息安全保障、电子政务环境等内容组织开展了全区电子政务发展情况工作调研，工作已经完成。

（刘秀平）

【农业农村信息化建设与应用获评优秀】4月26日，北京市城乡经济信息中心、北京市农村工作委员会信息中心下发《关于通报表扬2012年度北京市农业农村信息化建设与应用优秀成果的决定》，房山区经管站承担的“农村管理信息化应用”被评为2012年度北京市农业农村信息化建设与应用优秀成果。

（于青）

【统计信息网手机网站正式上线】5月20日，房山统计信息网手机网站经过一年多的设计、开发、试运行等工作正式上线运行。手机网站结合当前手机成为公众获取信息主要终端的特点，以发布统计数据、普及统计知识、展示局队风采为目的，在全市统计系统率先打造出手机版的统计服务平台。相对于房山统计信息网，手机网站着重突出“小而精”的特点，使用户能够“随时随地”享受统计服务。

（陈芳）

【城乡数字广播信息平台工程中期验收通过】5月21日，由房山区经济信息化委、区财政局组成的专家组完成城乡数字广播信息平台二期的中期验收工作。参加验收的专家有区经济信息化委副主任邱刚、正处级调研员刘荣秀、科长刘秀平，区财政局教科文副科长隗文华，区广电中心高级工程师许亚辉。由中心副主任朱惠强介绍了房山区城乡数字广播信息平台二期项目整体建设情况，北京华波音箱设备有限责任公司的相关负责人介绍了项目建设运行情况。在听取情况汇报后与会专家根据验收资料对整个项目过程进行了质询，深入了解项目运行具体情况。之后在中心相关负责人的陪同下专家对佛子庄乡镇机房和佛子庄村广播系统进行了实地抽查检验。抽验中整个广播系统使用正常，当地村民反映良好，实现了其作为房山区政策宣讲平台，及时传达党和政府声音的功能。最后专家组成员根据之前听取的汇报和相关质询情况，结合实地抽验情况通过专家组讨论一致认为，“房山区城乡数字广播信息平台二期建设项目”中期验收通过。

（许亚辉）

【“三资”监管实现全程网络化监管】5月，房山区经管站利用“制度+科技”的手段，不断创新农村“三资”监管方式，设计开发了“房山区农村‘三资’监管网络平台”，实现了农村“三资”数据电子化、智能分析实时化、电子留痕全程化、预警提示自动化、程序锁定规范化等功能。该网络平台已在全区范围内运行，通过对村级经济事项分级授权、层层审核的模式，实现了对村级“三资”事项的事前、事中、事后全过程监管。

（于青）

【466个村级农村管理信息化电脑设备全部更新完毕】5月，市农经办配发的第二批242台村

级农村管理信息化电脑设备全部验收完毕并配发至各村。房山区466个村级农村管理信息化数据采集点电脑设备全部更新完毕。

（于青）

【编制基础设施评估工作报告】6月，市政府下发了对北京市“十二五”时期城市信息化及重大信息基础设施建设规划进行中期评估的通知，房山区经济信息化委对规划涉及的城市智能运行行动计划、市民数字生活行动计划、企业网络运营行动计划、政府整合服务行动计划、信息基础设施提升行动计划、智慧共用平台建设行动计划、应用与产业对接行动计划、发展环境创新行动计划等八个方面内容进行分解、部署，收集各方资料，编制完成了房山区评估报告，并上报北京市经济和信息化委员会。

（刘秀平）

【完成区委组织部数据中心建设】6月，房山区区委组织部数据中心项目完成建设，并通过了市委组织部、区经济和信息化委、区保密局等单位以及信息化专家的验收评审。数据中心项目共分为机房装修、系统集成和虚拟化建设三个部分，其中机房装修由龙浩通信公司承建，主要包括机房改建，UPS系统、空调、门禁、视频监控、消防报警以及环境监控等；系统集成由首信科技公司承建，主要包括磁盘阵列、防火墙、入侵检测、审计以及组工专网的综合布线、服务器等设备的购买、安装和调试；虚拟化建设由神州数码公司承建，主要包括服务器虚拟化、桌面虚拟化相关软硬件设备的采购、安装等工作。

（李　冰 向高操）

【水务领域网络与信息系统安全检查工作】8月，房山区水务局组织人员按照《2013年水务领域网络与信息系统安全检查工作方案》的要求，完成安全检查工作。共检查了4个信息系统、安全管理情况、技术防护情况及应急处置及容灾备份情况。最终认定整体安全防护能力为中等。其中，网络方面主要是病毒、木马攻击等，被入侵风险低，安全防护能力为中等；信息系统方面，面临的威胁程度低，安全防护能力为中等。

（房山区水务局）

【推进组织系统协同工作平台应用】8月，房山区委组织部正式开通了房山区组织系统协同工作平台，平台设置了普通发文、正式发文、部内通知等栏目，实现了公文的网上流转、网上签批和网上传阅功能。11月，房山区委组织部组织召开了“房山区组织系统协同工作平台部署暨培训工作会”，在全区各乡镇、街道对平台的应用进行了安排部署，并对AM即时通信工具和“平台”的安装和使用方法进行了培训。

（向高操 李子君）

【防汛抗旱应急指挥调度中心工程】9月11日，房山区政府防汛抗旱指挥部办公室组织召开了防汛抗旱应急指挥调度中心工程竣工验收会。与会专家听取了建设单位和承建单位的汇报，查阅了验收文档，并进行了质询和讨论，认定项目成果达到了合同要求，一致同意通过竣工验收。工程主要包括防汛抗旱应急指挥调度中心（防汛会商室、防汛值班室、中心机房）、防汛应急值班与智能传真管理系统、北京高端制造业基地供水厂及再生水厂安全监控系统、排水泵站监控联网系统、排水泵站集中自控系统等建设任务。

（房山区水务局）

【高教园区治安监控项目完成安装联网】9月，高教园区治安监控项目完成142个点位的安装、与公安分局图像信息监控平台的联网工作。项目是由高教园区管委会向市教委申请1500万元专项资金，在园区兴建的首个治安监控项目。此项目虽未正式投入使用，但已为房山区交通支队侦破12月23日发生在园区范围内的交通事故提供了有效线索，加快了侦破速度。

（高教园区管委会）

【打造政务办公新“五台”】10月8日，房山局队上线运行房山统计信息内部网，内网建设以辅助办和加强内部交流为主要目标，搭建了房山局队政务办公的新“五台”。一是建立工作的桌台，整合了日常办公所有平台系统入口。二是设立通知的电台，采用站内消息和手机短信传达通知公告。三是开通交流的平台，建立房山统计内部论坛。四是开设培训的讲台，随时学习业务查询资料。五是打造信息的展台，信息一次上传多网发布，优化了信息采集和发布流程。

（陈芳）

【启动地震应急指挥系统平台项目】10月23日，房山区地震应急指挥系统平台项目实施启动会在房山区地震局召开。房山区经济和信息化委副主任兼信息中心主任邱刚、房山区地震局副局长曹长虹及项目中标方相关负责人参加了会议。项目中标方负责人从项目建设目标、前期工作、实施的组织架构、实施的具体内容、实施的进度安排以及相关的工作要求等方面，对项目实施的整体情况进行了具体汇报。项目各相关系统负责人对各自业务部分进行了阐述。与会各方对项目实施过程中的细节进行了深入讨论，并达成共识：该项目具有重大的民生保障意义，项目各方将共同努力，加强协作，努力打造地震应急指挥系统亮点工程。

（王春景）

【强化公共安全图像信息系统管理】10月30日，房山区第七届区政府第42次常务会同意《房山区图像信息系统建设领导协调小组成员单位及组成人员》名单，原则同意由区经信委组织编制的《房山区图像信息系统建设五年规划》，要求将建设资金纳入每年的财政预算。为落实七届区政府第42次常务会相关精神，由区经济和信息化委牵头成立了房山区公共安全图像信息系统整合与建设工作小组，由经信委副主任邱刚和区公安分局主管副局长担任，成员由区经济和信息化委、区公安分局、区信息中心相关人员组成。按照“城镇地区全覆盖、平原地区基本覆盖、山区重点部位覆盖”和统一规划，分步实施的原则，对规划方案进行进一步论证、完善，确定了2013年建设完成的一期工程内容。

（刘秀平）

【集中供热实现现代化管理】10月，房山区完成了城关西里、城中、城东、良乡鸿顺园、吴店五座大型集中供热厂建设，并投入使用，实现近期供热面积1006万平方米，覆盖小区186个、受益居民12.7万户。集中供热实现“四项突破”：一是引进安装了脱硫脱氮装置，弥补了过去只有除尘、脱硫设备而无脱氮设备的空白，可清除掉75%的燃煤排放碳氧化合物有害物质，既可改善环境和空气质量，又可减少对人体的危害；二是直接供暖变为间接供暖，将水或蒸气在锅炉内加热后送入交换站，再由交换站通过循环水泵将水送入用户中散热，既降低了能耗、又便于维修维护；三是实现了机械化、自动化控制，操作人员可通过微机完成上煤、引风、除煤、除渣等多项操作；四是第一次采用布袋除尘，改变了以往的水磨除尘。通过集中供热，实现了节能减排、减少了噪音污染、提升了供热质量、增强了服务保障能力、节省了土地资源。

（杨春柳）

【完成国家信息消费试点区申报工作】11月，房山区被北京市纳入申报全国信息消费试点省区市的七个“公共信息服务和新兴信息服务业态引领”特色示范区县之中。房山区经济信息化委组织相关部门积极遴选示范项目，认真编制试点区县申报书。11月15日，申报书上报北京市经济和信息化委员会。12月，工业和信息化部正式批准北京市成为首批国家信息消费试点市（县、区），房山区“首诚农业电子商务网络平台”项目被确定为试点区县特色项目。

（刘秀平）

【防汛应急卫星通信监测系统试点建设项目】 12月24日，房山区政府防汛抗旱指挥部办公室组织召开北京市山洪灾害防治重点部位（房山区）防汛应急卫星通信监测系统试点建设项目竣工验收会，市防汛办、区财政局、房山国土分局、区气象局、区水务局的专家以及承建方参加会议。专家听取了建设单位和承建单位的汇报，查阅了验收文档，进行了质询和讨论，认定项目成果达到合同要求，一致同意通过竣工验收。项目建成后运行稳定，遥测数据到达率及卫星电话畅通率均达到98%以上，满足技术设计方案提出的各项性能指标。系统在汛期中经受住了考验，保证了防汛应急话音通信及雨量数据传输的需要，为防汛减灾指挥决策提供了依据，发挥了较好的作用。

（房山区水务局）

【数字房山地理空间框架建设项目试运行】 12月25日，数字房山地理空间框架建设项目试运行启动及培训会在区政府第三办公区召开，北京市测绘设计研究院对系统进行培训，并部署试运行相关工作。区信息中心、区应急办、区综治办、房山公安分局、区旅游委、区教委、区社会工委、区人口计生委、区住建委、区市政市容委、房山规划分局、区交通局、区城管执法局、区水务局、拱辰街道办事处、长阳镇相关主管领导及工作人员参加会议。按照北京市规划委员会与房山区人民政府签订的《数字房山地理空间框架建设示范合作协议书》，由房山规划分局、房山区信息中心牵头，北京市测绘设计研究院作为项目技术支撑，各相关单位协作开展了数字房山地理空间框架建设。系统已完成基础地理信息数据库中基础库全部内容，框架库主体内容，专题库规划、交通、城市精细化部分专题数据建设；系统部分完成地理信息公共平台、视频图像应用平台、三维辅助决策系统、交通地理信息系统建设。项目建设成果已在政务网上部署完成，正式开始为期两个月的试运行工作。

（关亮）

【完成守信激励和失信惩戒制度试点工作】 年内，房山区被确定为“工程建设领域守信激励和失信惩戒制度建设试点区”。为落实北京市工程治理办关于开展工程建设领域守信激励和失信惩戒制度建设试点工作的要求，推进房山区工程建设领域守信激励和失信惩戒制度建设试点工作的开展，房山区经济信息化委牵头起草了《房山区工程建设领域守信激励和失信惩戒制度建设试点工作方案》，在“房山信息网”首页设置了“房山区工程建设领域项目信息和信用信息公开共享专栏”，对各试点单位的项目信息公开共享、项目信息元数据、信用信息公开共享、信用信息元数据等内容进行了规范并在专栏中进行了公开，督促各试点单位制订了守信激励和失信惩戒办法等规章制度，并对试点工作进行全面总结和迎检。

（刘秀平）

【经济信息港项目正式运行】 年内，房山区经济信息化委积极探索有效途径，创新服务企业发展的工作方式和手段，在充分调研与深入分析的基础上，创造性地提出了“无线物联房山·云聚感知龙乡”理念，集聚优质技术资源，全力打造的两化融合精品工程——房山经济信息港。房山经济信息港充分利用在电子政务信息化建设中取得的成功经验和丰硕成果，通过整合政府职能与资源，利用互联网、无线通讯网、有限电视网等多种网络通道，借助电脑、智能手机、电话等多种类型终端，构建了覆盖经信委各部门、乡镇、园区、就业基地、区内企业的信息化协作体系，搭建了产业规划布局、招商展示推介、经济运行监测、全景数字房山、智慧创新园区、企业智能服务六大数字化互动平台，建立了“数据共享系统和网络支撑平台”。11月10日，在贵阳召开的2013年中国城市信息化发展大会上，房山经济信息港项目被列为城市信息化典型案例推介，获2013年中国城市信息化服务创新奖。11月22日，平台正式上线运行。

（刘秀平）

【信息化项目评审工作加强】年内，房山区经济信息化委会同区财政局，按照“顶层设计、统筹规划、资源共享、轻重缓急和避免重复建设”的原则，对各单位上报的信息化业务应用系统、数据库、信息网络、信息化基础设施等建设项目和视频监控等综合性项目进行了科学梳理，确定了重点建设项目，力争政府投资效益最大化；对上年已审批的部分项目进行了回访监督检查，详细了解和掌握项目建设进展情况；组织专家对部分单位的信息化建设项目方案进行评审和验收。全年评审项目67个，审定金额1.6亿元，审减金额4678万余元，验收2012年建设项目11个。

（刘秀平）

【推进网格化社会服务管理平台建设】年内，房山区积极推进房山区网格化社会服务管理平台建设，组织专业机构对网格化社会服务管理信息指挥平台系统建设方案进行了评审，平台的建成将实现对全区人口、社会组织、信访等方面的网格化管理。

（刘秀平）

【完成宽带北京年度建设任务】年内，房山区实现3G信号完全覆盖主要乡镇、委办局及重点旅游景区，4G预覆盖良乡各政府部门及区内重点高校，LTE覆盖各主要办公场所及重点工业园区。家庭宽带建设工作完成既定新增投产任务和老旧小区线缆入地改造工作，WLAN建设热点百余个，实现了政府三办区，重要景区，良乡大学城及大型商业区的无线WLAN覆盖。移动、联通、歌华等电信运营商在无线信号基站、传输管道、家庭宽带光纤入户、高清交互机顶盒等信息化建设方面累计投入超过两亿元。敷设光缆310多条公里，改造双向网用户近6万户，发放数字机顶盒5万个，高清交互电视机顶盒已经累计发放了11万户。

（刘秀平）

【启动中小企业信息化提升工程】年内，房山区通过调研、摸底和策划，结合北京市经济和信息化委员会推出的“青云计划”行动。11月15日，启动了“青云计划、助企腾飞”暨房山区中小企业信息化提升工程。“青云计划、助企腾飞”工程是由房山区经济信息化委、北京用友软件公司、百度公司共同实施。结合房山区企业自身特点，将对“初创期”“成长期”“成熟期”三个不同阶段的企业进行信息化管理提升，具体包括财务管控、管理提升、品牌推广，同时对应提出了信息化提升方案。工程旨在为房山区广大中小企业提供个性化、专业化的信息化管理提升服务，进一步推动房山区中小企业信息更通畅、管理更规范、品牌更知名，实力上台阶。

（刘秀平）

【编制完成《“智慧房山”顶层设计规划》】年内，房山区经济信息化委完成《“智慧房山”顶层设计规划》编制工作。规划紧紧抓住新一代信息技术发展机遇，以全力建设人人享有信息化成果的智慧城市为目的，以普及城市运行、市民生活、企业运营和政府服务等领域的智慧应用为突破点，明确主题、聚焦重点，以需求应用为导向，以科技创新为动力，以资源整合为途径，以公共服务平台为载体，创建具有房山特色的智慧城市运营平台，充分发挥信息化在促进经济、政治、文化、社会等领域发展的重要作用。

（刘秀平）

【建立农村集体经济合同电子台账】年内，依托“北京农经管理平台”，房山区经管站组织23个乡镇根据清查后的经济合同台账内容，为1.2万份经济合同建立电子台账和网络数据库，实现了合同信息网上实时在线查询。

（于青）

【建设“农村基层组织信息系统”】年内，依托“农村管理信息系统”和“农经平台”，房山区经管站与区委组织部联合建设农村基层组织信息系统。系统共包括11张报表，219个具体指标。9月，农村基层组织信息系统基本建成，共录入各类基础数据46969条，其中党员基本信息26429条，入党积极分子基本信息1358条。

（于青）

【完成西南交通枢纽综合管理平台建设】12月，北京市西南交通枢纽综合管理平台完成建设并投入试运行。整个平台以服务北京西南交通精细化管理为目标，是集信息收集、处理、分析、交换、共享、发布和具有辅助决策功能于一体的北京西南综合信息指挥系统。综合管理平台由西南区域交通运输应急指挥系统、交通道路视频监控系统、西南区域路网交通流量监测系统、视频会议系统组成，共接入监控视频234路，应用系统12套，覆盖了房山区行业监管、执法监控、路网监控和应急指挥四大方面。通过市、区两级交通信息联动，实现交通信息资源共享，形成平战结合、多网联动、快速响应、处理有效的房山交通应急指挥调度平台。同时，作为北京市交通运行协调指挥中心（TOCC）的西南分中心，为北京市交通运行协调指挥中心（TOCC）提供数据及系统支撑。

（刘子华）

【流管办开办流管办手机报】年内，房山区流管办正式投入运行《房山区流动人口宣传教育短信平台手机报》，最大限度的发挥短信（彩信）的社会宣传作用和服务功能，以图文并茂的形式向辖区内的流动人口和出租房主进行宣传教育，房山区流管办分别针对不同阶段、不同工作、不同群体发送不同内容的手机报，有效提升了宣传教育的针对性。共计发送短信59465条；对外向流动人口发送安保提示类、出行提示类、防范提示类、宣传提示类、温馨祝福类等各类短信54325条，对内向专职流管员、各级流管办发送会议通知、活动通知、宣传品领取通知等5140条。发送《房山区流管办手机报》31期，共计12000条。针对全区各级流管干部和广大专职管理员，《手机报》还专门设有“工作动态”“管理员天地”“法律小知识”“生活小窍门”等栏目，为各级流管办和专职管理员搭建了一个交流经验，互通有无的平台，进一步加强了互动和交流，让各级流管干部、专职管理员在第一时间了解到流管部门的工作动态和热点新闻。

（杨建秋）

【防汛工作信息化保障加强】年内，房山区水务局在汛期前（3—5月）对山洪灾害监测预警平台、FTP服务器、TraFax传真群发等系统进行日常检查、调试，形成维护记录，做好汛前准备工作。在汛期中（6—9月）确保了山洪灾害监测预警平台等系统的正常运行。保证山洪灾害监测预警平台中的值班系统运行正常，完成了汛期日常报讯等工作。系统在7月1日、7月31日等几次强降雨天气过程中发挥了重要作用，及时接收天气变化情况（天气预报、雷达回波图、卫星云图），雨水情信息（全区各站点雨量实时数据、水库及河道水情），通过系统及时发送报文，做好了防汛信息的上传下达，为领导的决策提供了信息支持。在汛期后（10—12月）做好应用系统的日常维护工作。整理了汛期中系统生成的各类数据信息，核实数据的准确性。

（房山区水务局）

【推进档案馆数字化工作】年内，房山区档案馆根据档案数字化进程，制定房山区档案局（馆）关于对馆藏档案进行数字化加工三期工程的实施方案，并依据方案开展了第三期馆藏档案数字化工程。年内，区档案馆纸制档案数字化完成了87235卷件，6052679页，覆盖馆藏的43%。完成了2598分钟音视频及10836张照片的数字化备份工作。对数字化原文及挂接验收工作目前已全部完成。基层档案室数字化工作分别从两个方面推进，一是按照机关档案测评工作要求，所有参加测评单位必须进行文书、会计、照片等门类档案的数字化工作，待三年机关测评工作结束，所有档案室的档案数字化工作也将如期完成。二是区档案局（馆）于2012年3月以红头文件的形式下发接收通知，要求本区各立档单位实施档案实体和数字化副本双轨制同时接收进馆。区档案馆对6家立档单位完成双轨制进馆档案的数字化扫描工作，从源头上解决了馆藏档案数字化的根本问题。为完善配套档案软件、数字化运行设施，确保档案服务窗口的正常运行，针对档案馆现状，花费8万余元购置了阵列、硬盘，为下一步档案数字化工作奠定基础。

（王丽维）

【加强政务网络应用】年内，房山区信息中心协助市级相关部门完成区政府一办区、区政府三办区、区卫生局、区民防局四个无线政务网络地点的接入工作；协助区人力社保局完成政务网络的安全改造，变更单位接入模式，使区内政务网络更加安全可靠；完成大安山乡网络改造，变更原二层接入方式为路由模式；完成区社工委网络接入调整，分配相关VPN账户远程接入；完成区交通局指挥中心网络接入，分配四个网络地址段提供应用；参与协助区规划分局城建档案中心网络规划设计工作；完成食品药品监督管理局所属24个乡镇药监所的政务外网网络连通工作。

（张瑜）

【政务信息资源支撑经济信息港建设】年内，房山区信息中心构建完成房山区经济信息化委经济信息港数据库，将基础地理信息资源作为基础框架，实现经济信息、物联网监测信息等专题资源与基础地理信息的融合；在基础地理信息资源基础上，建立房山区基础设施数字化框架，实现基础设施资源的分类管理、查询和统计分析，能够为招商引资、区域优势的宣传等提供数字化支撑环境；将劳动力就业信息与基础地理信息整合，实现单位招聘和人员就业的属地化管理，能够为政府在劳动力就业服务政策制定方面提供更可靠的数据分析；建立面向公众的地图服务，能够实现景区路线和园区路线的个性化规划服务。

（张瑜）

【共享交换平台应用加强】年内，房山区信息中心共享交换平台支撑行政审批及电子监察平台对外提供的事项为3583项。其中，区直部门为3503项，乡镇、街道办事处为80项；在以上事项中，日常服务类为423项，行政许可类为3160项。涉及的单位包括委办局42家，乡镇、街道24家。共办理事项157251余件。

（张瑜）

【**支撑区水务局业务应用**】年内，房山区信息中心通过地理空间应用服务支撑数据采集总量为51600条，为农业灌溉用水计量精细化管理、全区种植环境监测、用水效率的提升、农产品品质的提高和长效节水提供了高效的空间信息资源服务。通过区信息资源服务体系地理空间服务系统，支撑全区水务普查工作，为区水务普查办提供全区范围内的政务空间遥感影像数据展示与比对服务，为全区境内水务元素、水系点、线、面提供点位标注和数据坐标的转换等技术支撑。所提供展示的水务业务域基础地形信息共计2类2531项。

（张瑜）

【**推进数据建设**】年内，在数据建设方面，房山区信息中心完成了政务版电子地图、影像版电子地图、地名地址数据库建设、交通专题数据、规划专题数据、兴趣点数据建设（三个街道）、城市精细化管理专题数据、地理实体等开发工作。三维数据主要包括拱辰街道完成15.8平方公里，西璐街道完成4.4平方公里。系统建设方面，完成了共享平台和公共平台系统升级，完成了界面升级、实现地址匹配、街景浏览功能，完善二维和三维数据，完善拱辰街道精细化管理系统，加入规划国土占地面积统计和建筑量统计、实现招商引资模块，开展建筑工地安全监管系统建设，实现现场施工信息在线提交、区施工面积、施工单位等数据统计，完善交通地理信息系统建设，实现应急和重点交通设施数据在线编辑维护、视频监控、应急资源查询、车辆跟踪、公交车偏轨报警，并完成系统部署，开展公众地理信息系统建设，实现数据分类查询、交通出行和旅游专题功能。

（张瑜）

【**政务网站管理与建设成果**】年内，“房山信息网”月平均浏览量达479,000次。网站共更新发布各类动态信息2946条，发布通知通告130条，干部任前公示3条，为配合阶段性活动宣传制作飘窗5条。为首都之窗区县热点栏目报送信息894条。为配合全区阶段性重点工作，设计制作了“卫生区创建”“政务服务专栏”“村民选举知识问答”和“北大学子在房山”等多个专题网站。与区纠风办合作推出了主题为共建健康城市、共享美好生活——环保篇，共建健康城市、共享美好生活——市政篇及农村集体“三资”委托监管等在线访谈栏目。配合区政务办完成了政府信息公开平台的升级建设工作。全区25个乡镇政府、43个区政府工作部门共有68个政府信息公开成员单位都在网站设立的信息公开专栏里，形成了较完善的区、乡镇政府两级政府信息公开组织体系。

（张瑜）

【**房山信息网网络宣传效果显著**】年内，房山区信息中心在特定时段，配合重点专题在房山动态和部门动态栏目适时刊登相关动态信息，如“两会”专题，学习中共十八大精神专题，学习型房山建设专题、农村两委换届选举专题等；按照各个时间节点，刊登有关部门的相关动态，如元旦、春节、端午等假日旅游；学雷锋日、儿童节、“七一”节等重点日期的工作动态。配合全区宣传重点时段，刊登了“卫生区复审、环境整治、拆除违法建设、应对极端天气、治理大气污染”等专题信息，以浮动图标及专题形式，在首页重点推介了中共十八大专题、中国梦专题、创建学习型先进区专题、北京干部教育网专题网站、工程建设领域项目信息和信用信息公开共享专栏、2013年北京“两会”专题以及北京服务您客户端下载等；制作了政务服务专栏和政务公开专栏；2013年村干部专题；国家卫生区复审宣传专题等多个专题，通过重点推介，畅通了政府和百姓之间的沟通渠道，效果明显。

（张瑜）

通州区

【概述】年内，通州区以中共十八大精神为指导，围绕建设“信息惠民”“信息强政”“信息兴业”的发展目标，结合本部门、本地区实际，有针对性地开展信息化工作，建立了完整的政务信息网络体系，在政务服务信息化、市民生活信息化、城市管理信息化、产业发展信息化等方面取得了显著成效。

（刘佳）

【新版通州区政务门户网站上线】年内，新版通州区政务门户网站（“北京·通州”，www.bjtzh.gov.cn）上线。这是通州区政务门户网站于1999年7月1日正式开通后的第5次改版，也是“北京·通州”历经十几年发展之后，首次大规模改版。此次升级改版，在页面布局、内容服务、视觉感受、用户体验等方面，均做过详细的研究与规划，坚持立足通州，面向世界，建设了以红色为基调的“首都城市副中心版”和以蓝色为基调的“国际版”。新版网站除信息内容更贴近群众、重点栏目更加突出展示、用户体验更加丰富、办事服务更加精细外，在页面风格上，致力于“大气、简洁”，在网站设计上，对当前国内外优秀政府网站的多种创新元素予以借鉴和再创新，实现形式结构新颖，色彩线条时尚，视觉感受清新。新版网站突出“首都城市副中心”全新形象，以公众需求和政务办公需求为出发点，提供全方位、多角度、多领域的政务信息和办事服务，大力提升了我区政务信息化水平。

（刘佳）

【网格化服务管理体系建设】年内，通州区成立了网格化社会服务管理工作领导小组及办公室，设立了区社会管理服务中心，聘请了设计公司、咨询公司和招投标公司，完成了项目实施方案及可研报告的编制，并获得立项批复。8月27日，完成平台建设项目及监理招投标工作。通州区按标准划分了1809个网格，并按照“专职力量+社会力量+专业力量”的模式，配备了15082人的网格工作团队。区工商、公安、市政、城管、民防、气象、安监等部门积极参与网格工作，与网格实现初步对接，专业人员已经沉入网格，初步形成了“全区一张网”的工作格局。各街道乡镇网格分中心平台建设与工作推进均按照全区的统一标准和要求，正在抓紧推进和落实。以玉桥、新华、梨园、宋庄、台湖为试点，进行了不同类型的网格化工作模式探索，为全区推进工作奠定了坚实的基础。

（刘佳）

【北京市经济和信息化委员会领导调研通州】年内,北京市经济和信息化委员会副主任童腾飞率电子政务与信息资源处、市信息资源中心、首都之窗等部门领导到区信息中心调研通州区“智慧北京”建设工作。通州区经济信息化委汇报了“智慧北京”建设的基本情况信息化基础设施建设水平、信息化发展环境、创新创优情况及2013年信息化工作思路。通州区政务门户网站整合各部门网站形成大的网站群，统一管理；数字通州地理空间构架获得国家测绘地理信息局“数字城市建设示范区”称号；电子商务发展快速，成为国家电子商务示范基地等。在发挥后发优势方面也作了较为充分的准备，在政务协同办公系统方案设计以及编制推进全区信息化实施意见等工作也做得很好。

（刘佳）

【召开信息化工作大会】年内，通州区召开信息化工作大会。制定、下发《通州区信息化建设管理办法》《加快通州区信息化建设的实施意见》《通州区政务专网管理办法》《通州区政务网站群建设管理办法》《通州区公务员电子邮箱管理办法》《关于调整北京市通州区信息化工作领导小组组成人员的通知》《关于表彰通州区信息化工作先进单位和先进个人的决定》《关于做好2013年通州区信息化工作任务的通知》等文件。北京市经济和信息化委员会主任靳伟出席会议并对通州区信息化工作取得的成绩给予了肯定。区委副书记、区长岳鹏在大会讲话中强调，推进信息化工作，是助推首都城市副中心建设的强大引擎，也是建设智慧通州、转变政府职能和工作作风、优化政务环境、提高政府办事效率的必然要求。

（刘佳）

【资源环境监测与能源监测】年内，通州区地下管线及城市部件数字化档案系统建设项目被列为政府折子工程，项目一期在通州区所辖北苑、中仓、新华、玉桥四个街道和永顺、梨园、潞城镇等城市化的区域中，将给水、排水、中水、雨水、污水、燃气、热力、电力、通讯、输油、照明、广播电视、工业、公安交通等城市基础设施及其附属设施地下管线、79类城市部件纳入数字化管理，另外还有指挥中心场地、机房和软硬件平台的建设，提高了通州区资源环境监测的能力。为推进城市基础设施绿色智能化工程建设，针对垃圾处理设施工作情况、垃圾转运情况以及垃圾填埋作业情况为116辆环卫作业车安装高清探头和GPS定位系统，配有行车记录仪99台。建立全方位安保监控系统，对环卫车辆进行全天候、无缝隙的实时监控和车辆调度，并且对同时段影像进行信息化安全记录，初步实现垃圾废物数字化管理和全程监控。

（刘佳）

【信息化基础设施建设】年内，在信息管道建设方面：共新建管道144沟公里，覆盖连接了通州区城市中心与乡镇。在光网城市建设工程方面：通州区联通、移动、电信三家公司共新增建设具备光纤到户能力用户15万户，并进行了全面提速。无线城市建设工程方面：通州区移动公司积极与属地联通、电信公司进行网络建设合作，共同建设、共享资源方式累计开通基站30个，解决了周边客户2G/3G/4G无线网络覆盖问题；累计联合建设管道50沟公里，实现了资源统筹建设；大力推进4G建设，已完成4G一期和4G二期规划，在建宏蜂窝基站90个，开通17个，在建室内基站170个，开通30个。联通公司新建4条街WLAN项目工程，新建108个公话亭。2013 WLAN业务服务，全年累计推广开通企业热点65个，建立了园区、高校、镇政府办公楼等一批无线城市示范点，形成了示范带动效应，有效支撑了政府和企业日常应用，推动了区域经济的发展。下一代广播电视网络建设工程方面：通州区高清交互数字电视完成机顶盒发放8.1万户，通州区有线电视高清交互双向网用户241886户。在政务物联数据专网建设方面，新建区卫生局组网（一期二期）工程，网络建设新建93点；新建区地税组网工程，网络建设新建113点；新建区自行车租赁项目组网工程，网络建设新建100点。

（刘佳）

【政务协同办公系统一期建设工作】年内，通州区启动了政务协同办公系统建设，按照整体部署，充分调研通州区政府现状，根据调研情况和需求分析，进行区政务协同办公系统总体架构设计、各应用系统详细设计，对系统各组成部分，根据应用集成、数据整合要求，进行程序定制开发和接口开发，实施系统集成和培训。目前已经完成了区政务协同办公门户、区政务协同主体大框架、全区大OA系统、全区电子监察系统、通州区网上审批网上许可统一管理平台（网上政务服务中心）、两办信息报送系统、即时通讯系统的建设。建立了技术支持团队，对全区进行培训。12月18日，通州区政务协同办公系统正式开始使用，系统运行稳定。

（刘佳）

【政务专网运维管理】年内，通州区建立健全并落实信息安全责任制，对日常运维、应急突发事件处理、监控、变更等做了详细规定，执行效果良好，运维记录完整,共解决网络故障193次，未发生重大网络与信息安全事件。完成了区通信保障和信息安全应急指挥部的相关工作和区应急视频会议系统的网络传输保障工作。协同区文化委做好区政府外机关软件正版化工作，完成了非正版软件的摸底统计工作。协调完成了基于政务专网开展建设了科技创安图像信息管理系统（大图像）三期技术评审工作、区域卫生信息化技术评审工作、区城管执法指挥调度与分析预警系统项目建设方案技术评审工作等。积极配合区网格办，依托政务专网建设通州区城乡全覆盖网格化社会服务管理平台。完成了区政府办和区机关事务服务中心新办公楼的弱电集成工作，包括政务专网和政务内网的迁移工作，无线网络、固定电话以及有线电视的接入等。按照北京市网络与信息安全协调小组办公室《关于开展2013年全市网络与信息系统安全检查工作的通知》，完成了通州区网络与信息安全检查工作。

（刘佳）

【“智慧北京”建设工作】年内，通州区积极推进“智慧北京”建设工作。将2013年度“智慧北京”建设工作进行任务分工，并在全区信息化工作大会上以区政府名义下发至全区各单位，明确各单位承担的重点任务。与北京市经济和信息化委员会做好协调沟通，帮助各单位解决在“智慧北京”建设工作任务中遇到的问题与困难。协助相关单位审定技术方案，参与相关系统建设招投标工作，参与多个项目的验收工作。在财政资金使用、各类资源整合上严格把关，避免重复建设，提高建设水平。

（刘佳）

顺义区

【**概述**】年内，顺义区信息化建设以《智能北京发展纲要（2011—2015年）》为指导，按照“统筹规划，需求主导，集约建设，资源共享”的原则，以“信息资源整合”为重点，扎实推进网络基础设施、门户网站和应用系统建设，形成“一张网络、两个门户、三大平台、四大系统”的发展框架，为全面实现顺义经济社会又好又快发展提供了有力的支撑和保障。

（区信息中心）

【**加快信息化基础设施建设**】年内，顺义区信息化基础设施建设投入7.43亿元，同比增长90%；新建基站275个,同比增长33%，累计1878个；管道338.07公里，同比增长71%，累计686.31公里；敷设光缆3824公里，同比增长46%，累计15985.8公里；光纤入户数279008户，光纤入户覆盖率达到88.48%；新建WIFI（WLAN）覆盖热点572个，累计1372个；新增移动用户34万户，累计125.5万户；新增有线电视用户1.1万户，累计有线电视用户17.5 万户；发放高清交互数字电视机顶盒3万台，累计发放10.6万台；公益性无线宽带1月在府前街周边试运行。

（顺义区经济信息化委）

【**公益性无线局域网开通试运行**】年内，顺义区经济信息化委积极推进公益性无线局域网建设，向广大公众提供连续三年免费的无线局域网无线接入服务。顺义联通实施了顺义区府前街无线局域网无线覆盖工程，建设了高可靠、高性能、高安全性以及高品质的无线局域网网络，覆盖区域为东大桥环岛至西环路的府前街公共区域，包括街道两侧的公园广场、公交站等。北京联通充分利用自身光纤网络资源，采用先进的光纤加无线局域网设备的技术；更换新型公共电话亭，并安装12套无线接入点设备，免费向公众提供无线局域网无线上网服务。

（顺义区经济信息化委）

【**召开“智慧顺义”顶层设计动员会**】年内，顺义区经济信息化委组织召开了“智慧顺义”顶层设计动员会，会议介绍“智慧北京”基本情况及“智慧顺义”顶层设计工作部署，就 “智慧顺义”顶层设计初步方案进行汇报说明。对“智慧顺义”顶层设计工作提出三点要求：第一，顺义区要紧跟“智慧北京”步伐，以北京市信息化排头兵为目标，扎实开展顶层设计工作；第二，要充分借鉴先进区县、国内其他省会城市、一线城市优秀经验，高标准开展“智慧顺义”顶层设计；第三，各单位要积极配合，认真学习顶层设计的意义和内涵，高度重视调研基础工作，落实区经信委具体工作要求，真实、准确、细致、全面的填写顶层设计调研表，共同做好“智慧顺义”顶层设计。

（顺义区经济信息化委）

【**全面完成顺义网城改版工作**】年内，区信息中心完成顺义网城的改版工作。改版后的顺义网城设有7个频道1220个栏目，其中整合、新建栏目327个。栏目设置充分突出“服务、便民”原则，紧贴民众需求，凸显顺义特色。结合区委、区政府工作重点和社会公众关心的热点问题，发布信息92000余条、图片近30000张，视频1000余段。连续九年被评为“北京市优秀政务网站”，总访问量达3200万次，页面总浏览量达3.89亿页。区长信箱、政风行风热线、便民信箱等栏目为广大民众提供了在互联网上反映问题和监督投诉的渠道。政风行风热线全年收到群众来信873封，办结823封，另有50封正在办理中；便民信箱收到有效来信214封，办结200封，办理中14封。

（区信息中心）

【加强顺义网城网站群建设】年内，区信息中心对顺义网城各分站进行摸底检查，并印发了《顺义区信息中心关于进一步加强顺义网城网站群建设的通知》（顺信发〔2013〕1号）。要求120多家单位就所属网站存在的问题进行限期整改，针对个别存在问题较多的网站，建议其对网站进行改版。6月，区信息中心对各分站点进行了复查，有11家单位完成了网站改版；有90余家单位丰富了网站栏目信息。对全区各单位网站管理情况进行登记备案，并开展顺义网城网站群评价工作。通过各单位改版、丰富信息，分站点的建设水平进一步提高。

（区信息中心）

【完成全国“政务公开和政务服务”试点建设】年内，区信息中心推进顺义区全程办事代理网上办公服务系统改造工作，在保留原来的全流程办事服务、场景式服务等特色栏目，以及常见问题、规章制度等常规栏目外，增设了服务公告、绿色通道、办件公示等新栏目。围绕群众和企业需求，重新设计了医疗卫生、租房住房、行业准营、年审年检等48类服务专题，形成了横向覆盖44家委办局、纵向延伸所有镇（街道）和社区（村）、共计2300余项网上办事服务事项的三级业务应用支撑体系。不断健全网上办事服务标准，探索规范化建设途径，针对各部门的每项行政职权绘制了“权力运行流程图”；针对每个办事事项，明确了事项办理部门、行使依据、受理条件、收费依据和标准等，切实方便了企业和公众办事。年内，相关单位通过该系统办理事项12.8万件，群众满意率达100%。

（区信息中心）

【深化电子政务办公服务平台建设与应用】年内，满足党政机关办公需求，区信息中心完善了通知公告、便民电话、来文办理等模块功能，以及区内文件、信息刊物等栏目的内容；增加督查督办功能模块，优化决策督查、专项督查、建议提案等网上办件流程，初步实现了日常业务与信息系统的融合；妥善解决了办公服务平台与邮件等应用系统的程序对接问题。相关单位通过办公服务平台办理政府公文2897件；接转、办理便民电话7967件；传输政务信息6301条；收发电子邮件190000封。全区基本实现了政务信息数字化、公文流转网络化、办公过程无纸化。

（区信息中心）

【加强电子政务邮件系统的使用管理】年内，区信息中心建立健全《顺义区电子政务邮件系统管理办法》，规范邮箱使用行为，明确变更、注销工作流程；定期开展邮件系统漏洞扫描与安全加固工作，切实增强了邮件系统主动防御能力。全年累计为2105个公务邮箱用户解决邮件发送不成功等问题20余个，及时做好邮件系统运维保障工作。

（区信息中心）

【完成智能社区管理信息系统应用试点工作】年内，区信息中心对日常办公、基础信息库、网格管理、领导决策等模块的功能进行了修改，整合了社区所有的业务和服务事项，包括综合治理、劳动保障、民政服务、计划生育、城市管理等，初步实现街道—片区—社区—网格管理员四级对辖区人口、房屋、公共设施、群众组织的动态管理。胜利街道办的18个居委会已完成辖区301栋楼房、17941个房屋、43593个居民、18706个家庭的数据采集录入工作，形成社区管理事务的电子台账；在全区率先实现了社区“部件、事件”网上全流程处置，为顺义推进智慧社区（村）建设起到了示范引领作用。

（区信息中心）

【有效促进政务信息资源共享】年内，充分利用市、区两级资源，区信息中心建成人口、法人、政务地理信息等6个基础数据库。归集人口数据523282条，法人数据17765条，流动人口数据214714条，出租房屋数据30633条，健康证数据221762条，为有业务需求的单位提供了数据查询、统计、比对服务。加快推进系统关联与跨部门应用工作，根据区委、区政府决策需要，整合区财政局、区统计局等47家单位的涉及经济调节、市场监管、社会管理等方面的信息，建成领导决策信息系统。根据环保局业务应用需求，积极向北京市经济和信息化委员会申报地理信息图层共享应用审批手续，为其提供良好的基础信息支撑。

（区信息中心）

【强化技术支撑与服务创新】年内，区信息中心做好市区两级电视电话会议技术保障工作，为全区各单位提供视频会议技术保障20余次，参会人员最高达1500人。对互联网舆情进行监测。一方面，监测网页、论坛、贴吧、微博中关于顺义区的虚假或不完整信息。全年累计监测网络舆情70余件，编辑报送《领导参考信息》23期72条。另一方面，针对网民在境外网站发帖增多现象，及时将自由之声等10余个境外网站列入监测范围。年内，发现北京强拆等相关帖子和图片信息20余条，为有关部门顺利开展工作提供了信息支持。

（区信息中心）

【提升信息基础设施服务能力】年内，区信息中心推进政务网络进社区工程。全年共铺设政务网络100余芯公里，接入社区居委会18个。电子政务外网用户单位累计达826家，承载各部门业务系统180个。政务外网互联网出口带宽由1000M增加至1800M，基本满足各单位多业务、大流量、高带宽的网上办公需求。

（区信息中心）

【加强网络与重要信息系统的安全防护工作】年内，区信息中心加强网络与重要信息系统安全防护工作。一是更新网络安全设备，严格按照最小权限分配法，设置安全访问策略；全面做好网络防护工作，针对不同应用系统划分单独Vlan，避免各应用系统相互影响，降低广播风暴等病毒发生的概率。二是实时监控网络运行状态，提升政务网络的安全性能。结合电子政务外网拓扑结构建立了网络监控平台，将电子政务外网重点用户纳入平台统一管理，及时监测各条线路的数据流量，形成快速预警处置机制。三是每季度对托管的服务器、网站和信息系统进行安全漏洞扫描，组织区内相关单位对存在安全漏洞的服务器和信息系统进行安全加固，切实保障信息系统安全。四是做好故障排除技术咨询工作，全年指导各单位排除网络故障180余次，实地排除故障40余次。五是建立网络与信息安全联合检查机制，督促相关单位增强安全防范意识，严格执行保密制度和计算机操作规程，最大限度消除信息安全隐患，全年未发生信息安全事件。

（区信息中心）

大兴区

【**概述**】年内，大兴区进一步加强全区信息化工作统筹管理，全面推进信息化建设及应用，开展智慧大兴顶层设计，持续推进信息基础设施建设，信息安全能力不断提升，逐步推动电子政务整合共享，两化融合工作不断深入，社会信息化建设加快，全区信息化工作进入新阶时期。

（刘莉）

【**光纤覆盖工作稳步推进**】智慧大兴农村基础设施提升建设项目共投资1054.34万元，对全区28个行政村进行光纤改造，共覆盖7624户，全面提升了农村地区网络基础设施水平。目前，大兴城区光纤覆盖率达到95%，农村地区达到90%。

（刘莉）

【**高清交互数字电视工程成绩显著**】年内，高清交互数字电视项目完成双向网改造3万户，推广高清交互数字机顶盒5.9万户，城区双向网覆盖率达到95%。

（刘莉）

【**加强800兆无线政务网管理**】为充分利用全区800兆无线政务网通信资源，规范管理流程，实现网络资源的统筹管理，开展了800兆无线政务网摸底调查，对800兆设备使用及通信质量进行检查。经核查，全区入网设备共2221台。

（刘莉）

【**加强无线电宣传力度**】为做好“2.13”世界无线电宣传日、无线电主题宣传月工作，大兴区通过大兴电视台、大兴信息网、大兴报等媒体宣传无线电管理法律法规；在中心街区悬挂宣传横幅，张贴标语；发放宣传海报、宣传手册及宣传品共千余份，向来往群众普及无线电科普知识，提高社会公众对无线电的认知和了解，倡导全社会遵守无线电管理办法，自觉维护空中电波秩序。

（刘莉）

【**加强应急安全组织建设**】为加强全区通信保障和信息安全应急工作，完善指挥部成员单位响应机制，修订《大兴区网络与信息安全事件应急预案》和《大兴区突发公共事件应急通信保障预案》两个专项预案，提升网络信息安全事件应急处置和各类突发公共事件的通信保障能力。

（刘莉）

【**网络与信息安全检查**】年内，对全区电子政务及重要工业控制系统的网络与信息安全进行自查和抽查，并对风险点和问题进行整改。

（刘莉）

【**加强应急演练**】重大节日、汛期等重点时期，区经信委协调组织指挥部各成员开展多次专项应急演练；参加全区“5·12”防灾减灾日综合应急演练工作，顺利完成通信保障任务，锻炼了应急队伍，提高应急响应能力。

（刘莉）

【**加强信息安全培训**】年内，对全区64家机关单位、160余人就网络与信息安全、网站安全管理、网络安全等内容进行培训，提高各单位信息安全意识，加强信息安全管理。

（刘莉）

【**加快推进智慧北京建设**】为更好落实《北京市信息化工作领导小组关于做好2013年智慧北京重点工作任务的通知》文件精神，加快推进“智慧大兴”建设，大兴区信息化工作领导小组下发《关于做好2013年大兴区下半年信息化重点工作任务的通知》，对全区信息化重点工作任务进行了分工和要求。年底，对全区信息化工作进行总结，完成智慧北京绩效考评工作。

（刘莉）

【组织实施智慧大兴顶层设计】为推进智慧大兴顶层设计工作，对全区43家重点单位进行信息化调研，明确各单位的现状与需求；参与智慧大兴顶层设计研讨工作，将《宽带北京行动计划》、“两化”融合等工作目标和需求纳入顶层设计；多次向北京市经济和信息化委员会、区领导进行汇报；组织区内各委办局、镇、街道、运营商和相关企业98家，分四次召开智慧大兴顶层设计宣讲会，多方征求听取各方意见和建议。根据各单位反馈意见进行了汇总分析，进一步修改完善。

（刘莉）

【强化信息化项目管理】年内，共审查区农委、环保局、安监局、网格中心等单位的5个信息化项目，涉及项目金额4474万元。通过项目技术审查，为各单位提供区政务办公平台、地理信息系统、法人库等共享资源，无须各单位单独购买，节约建设资金；对项目提出整合建设方案，实现集约建设，推动全区信息化整合共享；提出网络与信息安全建设要求，确保项目安全稳定运行。

（刘莉）

【推进政务信息资源共享工作】天网工程已整合各委办局、各镇街道、城管、交通、娱乐场所等视频图像资源；推进城市管理、安全监管、村庄社区化、社会服务管理等系统的整合共享建设。

（刘莉）

【开展企业信息化资源调查】为进一步推动两化融合工作，开展了对全区479家规模以上工业企业和108家软件与信息服务业企业的信息化资源调研，对企业信息化人员、基础设施、资金投入等情况进行深入调研。

（刘莉）

【大力推进传统企业应用电子商务】年内，组织30余家工业企业与电子商务运营商进行对接，搭建了中国西瓜交易网、中国LED交易网、中国桑葚醋交易网等8个单品网上交易平台；联合中国国际电子商务中心、北京电子商务协会、电子商务服务企业等机构，通过交流、研讨等方式，帮助区内传统企业与电子商务服务企业对接，引导传统企业开展电子商务；与北京电子商务协会、北京财经专修学院等合作，搭建区域电子商务人才交流平台，解决电子商务人才缺乏问题。

（刘莉）

【加强企业信息化培训】为推动全区工业企业应用电子商务，提高工业企业应用电子商务开拓国内外市场的能力和水平，提升企业影响力和知名度，组织区内多家规模以上工业企业主要负责人参加电子商务专题培训；组织区内17家服装行业企业开展电子商务专题培训会。通过培训，提高企业应用电子商务意识，帮助企业解决电子商务模式选择、企业对接、咨询服务等问题。

（刘莉）

【积极推动智慧社区建设】为推动大兴区智慧社区建设，区经信委协调运营商，对社区实现无线宽带覆盖，为居民提供免费的网络服务，为智慧社区信息化应用提供网络保障。年内，联合区社工委上报三星级社区23个、二星级社区2个。

（刘莉）

【大力推进信用体系建设】按照《北京市开展工程建设领域守信激励和失信惩戒制度建设试

点工作的通知》的整体工作部署，区经信委多次与市级部门和区级部门沟通，在大兴区工程建设领域项目信息和信用信息共享公开专栏建立了守信激励和失信惩戒模块，链接了市建委已建立的信息公开共享专栏，集中公开工程建设项目信息和信用信息，确保信息数据的准确性和唯一性。同时，在区建委网站上链接了市建委相关信息，实现了市区两级守信、失信信息公开的联动，得到了市级领导的肯定。

（刘莉）

【促进信息消费试点工作】按照北京市开展促进信息消费的工作要求，对全区信息资源情况进行梳理，确定以智慧大兴顶层设计为统领，以政府、企业为主体，重点围绕信息基础设施建设、智慧应用服务创新、政府信息资源整合共享、公共服务平台推广、电子商务等多方面开展试点工作，力争形成政府引导、企业主体、民众消费的模式。

（刘莉）

【软件正版化工作】为落实北京市软件正版化工作，与市版权局、软交所多次沟通，为各单位提供正版软件咨询。同时，配合区文委对各单位使用正版化情况进行检查，提供操作培训和技术支持。

（刘莉）

【通信地下管线专项治理工作】年内，开展对全区通信地下管线的安全检查、整治工作，成立大兴区信息地下管线专项治理工作治理小组，制订专项治理工作方案，建立联络沟通机制，全面开展通信地下管线专项治理工作。

（刘莉）

昌平区

【概述】年内，昌平区信息化工作结合全区信息化现状，加强信息化基础设施建设，着力推进“两化融合”，深化全社会信息化应用，积极推广信息化新技术，加快信息技术产业发展，不断提高区域信息化整体水平。

（刘晓萌）

【推进光纤到户改造工作和无线城市建设】年内，昌平区推进老旧小区光纤到户改造工作和无线城市建设，完成新建及扩容通信基站675个，建设信息管道200沟公里；建设无线宽带接入点（AP）3637个，累计达到17362个；新建有线电视双向网2.8万户，双向网络改造2.2万户，发放高清机顶盒3.88万户，全年完成4.4万户，累计推广高清交互机顶盒25.33万户。

（刘晓萌）

【提升无线网络基础设施】年内，昌平区启动无线网络基础设施提升工作。充分利用“双进入”机制，协调10个镇（街）的基站建设及非法信号放大器（即“黑直放”站）关停等相关工作。昌平区共计37个村存在“黑直放”站，现有基站共计74个，预计新增基站189个，总投资近亿元。约25个村的基站在同步建设中，占比为68%，签署协议141个，占比为75%，关停“黑直放”站近500台。

（刘晓萌）

【**完成区政府第113号折子工程**】年内，昌平区完成第113号折子工程，按时跟进工程进度，了解在实施过程中遇到问题并及时协调处理，完成年度任务：一是井盖标签管理系统建设；二是依照北京市新版《数字化城市管理信息系统技术要求》及《数字化城市管理信息系统部件和事件处置标准》完成了市区两级平台的贯标及联调测试工作；三是完成环卫车辆GPS监控系统建设；四是完成供热监管平台建设，已完成系统平台的开发及硬件采购、装修工作。

（刘晓萌）

【**推进社区基本公共服务全覆盖工作**】年内，昌平区经济信息化委涉及"第60项：'依托电脑、电话、网络、呼叫器等设施，建立社区现代信息化网络阵地，方便居民通过社区综合信息平台参与管理、反映诉求、获得服务。'"依托政风行风热线进社区系统，对社区提供服务，已完成回龙观地区的覆盖。

（刘晓萌）

【**"智慧社区"建设工作**】年内，昌平区经济信息化委配合区社会办开展"智慧社区"建设试点工作，筛取了13个社区申报市级2星级（含）以上"智慧社区"建设试点。

（刘晓萌）

【**启动智慧社区建设实施方案研究项目**】年内，昌平区经济信息化委在对社区信息化发展现状和需求调研的基础上，编制智慧社区建设实施方案，提出智慧社区建设的切入点，明确昌平区智慧社区建设目标、发展重点以及实施策略，让昌平区居民生活更智慧、更幸福、更安全、更和谐、更文明。

（刘晓萌）

【**重点功能区信息化建设开展情况**】年内，未来科技城在完成信息化总体规划的基础上，昌平区经济信息化委起草了信息化项目建议书，并报市发展改革委进行项目立项。园区内北区的管网建设已基本完成，配套建设了一体化灯杆，为打造智能园区做好基础工作；南区各条道路正处于建设阶段，有些道路已具备路灯建设条件，部分路段路灯开始建设

（刘晓萌）

【**办理相关投诉、提案工作**】年内，昌平区经济信息化委协调区属相关委办局使用电信运营商的杆塔资源办理政风行风热线、非紧急救助服务中心昌平分中心等政府服务系统转发的投诉、建议类事件，1—5月共接到与信息基础设施相关的投诉2件。办理区"四届二次政协会委员提案"两件，暨"关于利用我区移动互联技术，实现政政互动、政企互动、企企互动，加快实现昌平深度转型的建议"和"关于进一步加强昌平区信息化工作的建议"的提案。完成关于开展区政协委员提案质量综合评价表和区政协四届二次会议提案的复查补办报告。

（刘晓萌）

【**农村合作组织信息化应用试点**】年内，昌平区经济信息化委以北京卓越果品专业合作社为试点，分析合作组织信息化应用需求，编制合作组织信息化建设和应用推广方案；在试点合作组织方案应用的基础上，总结合作组织信息化应用成效，探索信息化促进合作组织信息化、产业化发展的思路及工作机制。

（刘晓萌）

【**完成产业升级与转型项目审批**】年内，昌平区经济信息化委完成区第二批产业转型升级信息化项目申报、初审工作，共申报信息化项目8个，获得资金支持项目6个，共350万元。走访北京福田康明斯发动机有限公司、北汽福田汽车股份有限公司、北京永正制药有限责任公司、北京雅丹科技开发有限公司、北京南车时代机车车辆有限公司、北京胜利穆斯林文化园

有限公司、高德软件有限公司、北京赛迪时代信息产业股份有限公司、北京慧聪国际咨询有限公司、中电六所智能系统有限公司、赛迪顾问股份有限公司等企业。

（刘晓萌）

【企业信息化及电子商务发展状况】年内，昌平区经济信息化委协助北京市经济和信息化委员会、市统计局联合开展《北京市企业信息化及电子商务发展状况调查》工作，督促区内50家企业已上报《北京市企业信息化及电子商务发展状况调查表》，并收到北京市经济和信息化委员会下发的汇总数据。完成《昌平区关于促进电子商务健康发展的落实方案》《昌平区信息消费试点申报书》文件的编制工作。

（刘晓萌）

【产业园智慧化标准规范调研】年内，昌平区经济信息化委协助北京市经济和信息化委员会对中关村科技园区生命科学园及新型工业化示范基地开展产业园智慧化标准规范调研工作，听取了园区的信息化现状汇报。

（刘晓萌）

【完成“智慧北京”建设考评工作】年内，按照《北京市信息化工作领导小组关于做好2013年智慧北京重点工作任务的通知》（京信发〔2013〕2号）等相关文件要求，对重点任务进行梳理，调研了全区21家行政单位，取得了阶段性成果，并完成了《2013年昌平区智慧北京建设考评自查报告》，上报至北京市经济和信息化委员会。

（刘晓萌）

【完成编制相关规划和工作意见】年内，昌平区经济信息化委组织相关专家对《昌平区信息化发展情况调研报告》《关于推进“智慧昌平”建设的实施意见》《昌平区〈智慧北京重点任务实施方案〉》《昌平区〈智慧北京关键指标落实方案〉》和《“智慧昌平”顶层设计》进行了评审工作，并通过专家组验收。起草了《关于理顺信息化管理体制与机制的意见》《北京市昌平区信息化建设项目和资金管理办法》《昌平区中小企业公共服务平台运行机制与服务体系研究》。

（刘晓萌）

【完善电子政务工作信息报送制度】年内，为完善信息化工作信息收集报送机制，全面反映昌平区电子政务工作动态与发展趋势，展示成绩和重大进展，为区领导科学决策提供依据，进一步完善了电子政务工作信息报送制度。

（刘晓萌）

【协调统筹各部门信息化业务】年内，昌平区经济信息化委对区属委办局信息化项目开展技术论证、评估工作，包括市政市容委网格化二期工程、监察局电子监察系统、发改委物价评估系统、审计局审计业务系统、财政局机房运维方案等。

（刘晓萌）

【应急预案修订工作】年内，按照年度工作重点和上级相关要求，昌平区经济信息化委对《昌平区网络与信息安全事件应急预案》和《昌平区无线电管理应急预案》进行细化调整，对《北京市昌平区应急通信保障预案（专网）》和《昌平区网络安全（政务网）应急处置预案》进行修订并检查其应急物资准备和管理情况，督促各电信和广电运营商对其负责的相关公共通信和有线电视网络安全预案进行修订并检查其应急物资准备和管理情况。按照区内相关部门的要求，制订农业嘉年华期间突发事件应急管理和处置工作方案。

（刘晓萌）

【完善应急技术支援队伍】年内，昌平区经济信息化委积极督促各单位切实落实相关人员和应急物资储备，完善通信保障和信息安全应急志愿者培训并更新志愿者名单，督促志愿者完成答题工作。昌平区信息安全应急技术支援队伍主要有中国联通昌平分公司、歌华昌平分公司、北京移动昌平公司、中国电信昌平分公司和区团委志愿者队伍。

（刘晓萌）

【网络与信息系统安全检查自查情况】年内，根据《北京市经济和信息化委员会、北京市密码管理局关于开展2013年全市电子政务网络与信息系统安全检查的通知》（京经信委发〔2013〕66号）文件精神，昌平区经济信息化委会同区综合行政服务中心完成《北京市昌平区2013年电子政务网络与信息系统安全检查自查报告》。

（刘晓萌）

【信息公开与诚信体系建设工作】年内，昌平区经济信息化委承担昌平区工程建设领域专项治理工作第八小组日常工作。按照市治理工程建设领域突出问题工作领导小组的统一部署和区治理工程建设领域突出问题工作领导小组的具体要求，履行"建设项目信息公开和诚信体系建设"工作组牵头单位的职责，组织专员登陆对全区纳入排查范围的建设项目的信息公开和诚信体系建设情况进行逐一排查，并将排查情况及时上报区治理工作领导小组。

（刘晓萌）

【完成无线电管理工作】年内，昌平区经济信息化委协调实际相关资源对高考和中考考点周边无线通信监控与管理，并对各考场及其周边地区进行实地巡检。完成无线电管理宣传月工作方案研讨制定等工作，组织管理无线电管理宣传月活动。完成北京干部教育网开展"无线电管理知识"课程学习。

（刘晓萌）

【完成800兆无线政务网工作】年内，昌平区经济信息化委完成公安辅警设备入网审批手续，配合市级部门完成用户满意度调查工作，完成2次网络升级事宜协调工作，协调使用单位完成信号故障上报工作。

（刘晓萌）

【完成流动人口服务管理】年内，昌平区经济信息化委根据实有办《2013年下半年昌平区加强流动人口服务管理工作折子工程》要求，细化各项折子工程具体工作内容、措施和时限，完成年度任务。根据《2013年昌平区流动人口服务管理工作双向考核评价办法》要求，制定相关考核内容的工作措施和工作计划。

（刘晓萌）

【完成软件正版化统计信息报送及检查】年内，昌平区经济信息化委完成《使用正版软件工作负责人员统计表》《使用正版软件工作时间进度表》《使用正版软件工作自查表》《区政府序列外机关行政机构情况统计表》《2013年昌平区使用正版软件工作自查报告》《昌平区使用软件资产管理制度》。对区政府序列外机关下发《关于迎接北京市"政府机关使用正版软件工作"专项检查的通知》《关于开展北京市国家机关软件正版化检查验收工作的通知》及上交材料的通知,督促各单位完成正版软件自查、上交材料及检查工作。

（刘晓萌）

【完成集中开展防雷安全大检查】年内，昌平区经济和信息化委配合区气象局区安全生产监督管理局，对四大运营商下发《区经信委关于集中开展防雷安全大检查和做好基础通信设施数据填报的通知函》，并将已统计数据上报区气象局,完成关于开展防雷安全工作的自查报告。

（刘晓萌）

平谷区

【概述】年内，平谷区信息化工作在区委、区政府和北京市经济和信息化委员会的正确领导下，以科学发展观为指导，按照建设“一区四化五谷”的要求，顺应信息化趋势，适应信息化要求，把信息社会建设作为平谷城市化、工业化和农业现代化发展的战略任务，推进经济和社会的信息化发展，深化信息技术在各领域的应用，促进平谷经济和社会的全面和谐发展。

（田伟杰）

【北京市经济和信息化委员会领导视察信息化工作】4月25日，北京市经济和信息化委员会副主任王学军到平谷区调研经济信息化工作与社会信息化工作，平谷区副区长底志欣陪同。王学军对荣涛豌豆产销合作社进行了实地考察，并在合作社召开了座谈会。会上听取了平谷区信息化发展现状及信息化工作计划和信息化重点项目的汇报。

（田伟杰）

【网络与信息系统安全检查】8月9日，平谷区将《北京市网络与信息安全协调小组办公室关于开展2013年网络与信息系统安全检查工作》（京信安协办〔2013〕2号）和《北京市经济和信息化委员会、北京市密码管理局关于开展2013年全市电子政务网络与信息系统安全检查工作的通知》（京经信委发〔2013〕66号）两个文件转发给各委办局和乡镇，正式启动2013年网络与信息系统安全检查工作，区经济信息化委、区公安分局、区交通局、区教委、区水务局、区卫生局、区保密局、区机要局、区国资委及区市政市容委将各自牵头检查相关领域的网络与信息系统安全工作。检查工作的开展将起到发现和消除信息安全隐患、预防涉密信息泄露事件发生的作用，全面提高网络与信息安全保障能力。

（田伟杰）

【召开“智慧平谷”建设工作推进会】8月30日，平谷区召开“智慧平谷”建设工作推进会。会议围绕“一区四化五谷”发展战略，研究了“智慧平谷“建设工作的总体思路和重点任务，确定加快推进“智慧平谷”建设步伐。全区73家相关单位参加会议，副区长底志欣出席并讲话。他强调，一要高度重视信息化工作，各部门协同合作；二要统一领导，加快推进顶层设计工作，引进竞争机制，整合资源，避免重复建设；三要加强信息安全保障工作，杜绝信息安全事件的发生；四要做好”智慧北京“专项考核工作，争取再创佳绩。

（田伟杰）

【北京市经济和信息化委员会领导到平谷调研】11月28日，北京市经济和信息化委员会副主任童鹏飞到平谷区调研信息化建设与“智慧平谷”顶层设计工作，平谷区副区长底志欣陪同。童鹏飞在听取平谷区经济信息化委关于全区信息化建设与“智慧平谷”顶层设计进展汇报后，对平谷区信息化工作给予高度肯定，同时也希望平谷区下一步要做好“智慧平谷”顶层设计落地工作，为“智慧北京”的建设做出示范带头作用。

（田伟杰）

【信息化基础设施建设情况】年内，平谷区信息化基础设施建设共投入资金一亿四千多万元，光纤总长度达8300多公里，光纤使用户数8.8万户，固话用户数达到12万，移动电话数量达58万，交互式机顶盒共4万多台，2G和3G网络覆盖率达到100%，建成4G基站16个，覆盖率达到5%。

（田伟杰）

【**成立信息化工作高级人才工作室**】年内，平谷区经济信息化委在区人才工作领导小组的指导和帮助下，成立区信息化高级人才工作室。工作室设主持人1人，由郑衍松博士担任，负责本工作室的统筹工作；培养对象11人，由区经济信息化委、区信息中心、区组织部、区统计局、区卫生局、区教委、区国资委、区发改委、区农委等9个单位负责信息化工作的业务骨干组成，负责工作室具体工作。工作室拟利用2年的时间，由主持人带领全体培养对象通过调研、培训、项目实践以及参与全区信息化规划和建设等方式，全面提高培养对象的业务知识，为全区信息化建设培养和造就一批高素质人才。

（田伟杰）

【**信息化全面支撑“桃花音乐节”**】年内，平谷区采取多项措施为“北京平谷第十五届国际桃花音乐节”工作保驾护航。推广“手机二维码”宣传，通过手机扫码就可以了解桃花音乐节最新的资讯、亮点活动以及交通线路图等服务信息。充分利用平谷区政府门户网站、桃花音乐节专题网站、手机版专题网站及政府微博广泛开展桃花音乐节的宣传活动。协调市政务网管中心为此次音乐节派出了应急通讯指挥车及工作团队，确保政务网络及应急指挥的畅通。无线宽带网络全覆盖音乐节草坪广场，游客可以边观看节目边免费享受无线宽带网络服务。

（田伟杰）

【**“多功能照明信息杆柱”试点落户平谷**】年内，北京市首家“多功能照明信息杆柱”示范试点落户平谷区。项目位于平谷大街和平翔路部分路段，总长度约3.5公里，将吸引社会投资500万元。8月1日，平谷区召开“多功能照明信息杆柱”应用工作会，区经济信息化委、区公安分局、区交通局、区移动公司、区城管大队及兴谷开发区管委出席，会议就各单位协同合作，全面落实该试点项目达成了共识。多功能照明信息杆柱”是在现有市政路灯杆照明功能的基础上，增加承载信息化设备的功能，可用于视频监控摄像头及无线城市建设中所需中继、网关、无线接入点（AP）等信息化设备的安装。

（田伟杰）

【**7个社区获北京市首批星级智慧社区称号**】年内，在北京市首批智慧社区建设评选工作中，平谷区共有七家社区被评为北京市星级智慧社区称号。其中，滨河街道金谷东园社区、林荫家园社区，兴谷街道园丁社区、阳光社区被评为三星级智慧社区；滨河街道金海社区，渔阳地区迎宾花园社区、海关西园社区被评为二星级智慧社区。

（田伟杰）

【**4G网络建设情况**】年内，平谷区在全市率先建成4G政务基站7个，平谷移动公司已经开通4G公用基站20个。4G网络将覆盖平谷城区90%以上的范围和平谷开发区等重要区域，为政府服务与百姓生活提供更好的无线宽带服务。

（田伟杰）

【**中小企业网效果显著**】年内，平谷中小企业网共有注册企业52家；项目备案16项，其中13项已通过，涉及金额7.5亿元；共有46家企业通过平台进行融资申请，截至2013年11月，有22家企业获得了8000余万元的银行贷款；上报相关信息215条，为中小企业提供了一个良好的发展平台。

（田伟杰）

【**农业信息网上线**】年内，平谷区农业信息网上线运行。网站包括市民服务和农民服务两大版块，市民服务分为平谷十二果、十六景、菜篮子工程、精品推介、GIS地图5个栏目；农民服务分为农业概况、政策法规、农业生产、都市农业、农业气象、绿谷农业视频、农产品市场信息7个栏目。通过两大版块，产生信息“扁担”效应，架起市民和农民之间的桥梁。

（田伟杰）

【**“智慧平谷”手机客户端投入使用**】年内，平谷区“智慧平谷”手机客户端投入使用。客户端突出“便民、利民、惠民”的特点，主要包括：平谷新闻、生活服务、平谷旅游、吃喝玩乐、平谷农业等板块，为用户提供最人性化服务及信息。

（田伟杰）

【**加强教育信息化建设**】年内，平谷区加强教育信息化建设。构建以教委为主导，教育设备中心、教育信息中心和教育研修中心为主体，建、管、用相结合的信息化管理模式。优化教育信息化基础设施建设，完成机房实时监测系统、网络运行维护系统建设，互联网接入带宽达到500M，力争建立16所数字校园。加强信息化管理，完成质量监控系统搭建和数字校园安全监控系统建设，完善网上政务办公系统。加强信息技术人才队伍建设，开展新媒体技术普及型培训，提升教师新媒体应用水平。开展信息技术与学科整合课题研究，学习新技术新媒体在教学常态中的运用，探索新型教学方法和模式，开发校本电子课程。

（田伟杰）

【**深化政府信息公开**】年内，平谷政府网设立列席区政府常务会议报名专栏——“我要列席区政府常务会议”。凡年满18周岁具有完全民事行为能力并符合规定要求的本区常住居民、政协委员、人大代表均可报名列席区政府常务会议，审核后编入列席人员信息库。列席区政府常务会议的具体人员由区政府办会同区人大、区政协和户籍所在地乡镇政府、街道办事处根据会议内容在列席人员信息库内采取随机抽取或有针对性选择的方式确定。

（田伟杰）

【**打造公众互动交流新渠道**】年内，平谷区利用“北京平谷”三大政务微博平台、幸福平谷微信平台这种新媒体互动优势，加入传统社区论坛、网站建言互动模式，全新打造集“微博+微信+论坛+网站”为一体的多方式、多类型、多途径的政民互动新渠道——“集思广‘议’共话幸福平谷”专栏，专栏充分利用新媒体的互动功能，及时发布各类权威政务信息，热点新闻，涉及公众重大关切的公共事件和政策法规方面的信息及时发布相关话题，征求民众意见。自专栏开通以来已发布争做绿色出行小达人、文明幸福家庭让爱传递、争创北京市首个国家级出口食品农产品质量安全示范区、全力打造首都生态第一区、寄语“五谷”建设、建言“平谷区创建国家环境保护模范城区”建设、平谷区政府门户网站建设我支招、网罗“幸福平谷”、我看“中国乐谷”、说说桃花音乐节等近20个话题。

（田伟杰）

【**开设创模曝光平台**】年内，平谷政府网开设创模曝光平台，通过信息化手段积极调动群众参与创模工作的积极性，变“被管理者”为“管理参与者”，努力形成环境保护全民齐参与的新局面。该平台分为使用说明、创模问题举报、创模问题曝光台、创模问题整改结果查询台等版块。公众可以通过使用说明版块，了解平台的使用方式和工作程序；通过创模问题举报板块投诉身边环境问题，重点突出环境管理中显著的、长期得不到解决的问题。通过整改结果查询台查找上传信息的采用情况以及举报问题的整改情况。

（田伟杰）

【打造网上就医服务平台】 年内，平谷区打造网上就医服务平台，全面公开平谷区二级医院就医信息。平台提供平谷区所有二级医院的出停诊信息、专家科室介绍、住院指南、在线咨询、查询服务、乘车路线等相关信息；可查询与之相关的新型农村合作医疗、基本医疗保险、生育保险政策、“一老一小”医疗等政策；了解健康常识、急救常识、家庭药箱、疫情防治等实用信息；须实现无须排队等待直接进行网上预约挂号的就医服务。

（田伟杰）

【做好网上消费参谋】 年内，平谷政府网创建“消费参谋”民生信息服务平台。通过开设消费提示、调查问卷、法律法规相关规定、经营单位投诉、消费者评价、消费争议快速解决绿色通道单位、网上投诉举报、平谷区经营单位等栏目，全面公开与消费者生活息息相关的热点信息、畅通网上投诉举报渠道，征求合理化建议。真正满足消费者需求、解决消费者的困难。

（田伟杰）

【移动政务办公平台建设推广】 年内，平谷区开发了《平谷区移动政务办公系统》，通过移动政务办公系统领导可以随时随地获取单位内部的重要信息、文件，同时方便地进行文件手写签批，有效地提高工作效率解决了传统电脑公的局限性。10月，项目被北京市经济和信息化委员会推荐为“工信部移动政务安全本应用试点”。目前移动政务办公平台手机端已经完成平谷信息、领导讲话、区政府文件、会议通知、督察与反馈、国务院文件、国务院办公厅文件、区政府办文件、日程安排、我的文件、公文管理、通讯录等模块。

（田伟杰）

【发挥官方微博效用】 年内，“北京平谷”政务微博作为平谷区委、区政府通过互联网面向社会和公众及时发布权威信息，展示政府形象，回应社会关切，引导网上热点，服务人民群众的公共信息服务网络平台。8月，新浪微博、人民微博、腾讯微博登录平谷区政府门户网站。“北京平谷”政务微博共发布涉及时政类、政策类、人文类、服务类、生活类、咨询类等信息近3000条，收到粉丝评论和转发信息10000余条，已有30余万名粉丝对“北京平谷”政务微博进行了关注。

（田伟杰）

怀柔区

【概述】年内，怀柔区信息化工作结合“建设文化科技高端产业新区、构建繁荣和谐新怀柔”发展战略，努力夯实信息基础设施和信息资源深度开发利用两项发展基础，在城市功能完善、公众服务普及、政府服务高效、经济发展品质提升等方面充分发挥信息化作用。发布并实施“智慧怀柔”重点工作任务，完成了“智慧怀柔”顶层设计工作；启动怀柔区信息化项目核准备案与审批工作；智慧怀柔示范镇乡信息化基础设施建设圆满完成，无线电管理与宣传工作取得创新进展；“两化”融合水平再上新台阶；扎实推进老旧小区信息化改造，助力APEC国际会都建设，大幅提升区域整体信息化发展水平。怀柔区荣获智慧北京“最佳应用奖”和智慧北京大赛突出贡献奖，向“智慧怀柔”又迈出了坚实的一步。

（郑立勇）

【信息化基础设施建设】年内，怀柔区互联网出口总带宽96G，新建各类信息管道50.8公里；218个村签署了“低成本信息化全能套餐建设协议”并全部完成建设任务。全区累计宽带接入网覆盖家庭住户数已达14.1349万户，其中2013年新增宽带接入网覆盖家庭住户3.7849万户。光纤接入网覆盖家庭住户数覆盖率达到97%，光纤入户率达71%。无线通信网络已覆盖地区面积为2100平方千米，无线通信网络覆盖率为100%。全区新装固定电话10862部，累计113946部。2G基站完成43个，累计1009个，；3G基站完成102个，累计751个；4G基站完成110个，累计155个；WLAN完成建设AP 948个，累计1442个。

（郑立勇）

【电子政务网络建设】年内，怀柔区电子政务网络共有两个机房分别是中心机房和网格化机房，总面积195平方米。全区各委办局、镇（街）、行政村，区镇村全部实现光纤宽带网络传输；政务网络出口带宽1.4G，已接入153家行政事业单位、16个镇（街）、316个行政村及社区。包括区域医疗系统、药品放心工程网格化系统、档案管理系统、办公自动化系统、“96156”公共服务平台及社区管理信息系统及北京市城乡居民养老保险信息系统等50多个业务系统应用于电子政务网络。

（郑立勇）

【有线电视与高清数字电视建设】年内，怀柔区累计有线电视注册用户102797户；其中高清数字电视用户为44316户；高清电视业务比率达43.11%。新增有线电视注册用户8306万户；其中高清数字电视用户为4381户。

（郑立勇）

【老旧小区弱电改造】年内，怀柔联通、移动、电信、歌华分公司共完成了21个老旧小区改造，91栋楼的弱电改造任务，四家通信公司累计投资652.25万元。

（郑立勇）

【医疗卫生方面信息化建设】年内，怀柔区完善区域卫生信息平台，缓解居民就医难题。怀柔区38.165万人口中，持有社保卡人数为20.8万人，拥有电子病历人口数为3.9965万人。对区域卫生信息平台进行了升级改造，新建了区域卫生信息交换平台、数据中心及基于健康档案的社区卫生信息系统、统计查询信息系统、应急信息管理系统等子系统，实现区域内各医疗卫生机构信息的共享和交换，优化市民整个就诊模式和就诊流程，实现社区卫生服务中心和二级医院之间的双向转诊和双向配合的医疗服务模式，引导市民小病到社区，大病到医院的就诊观念，同时还实现各医疗机构间辅助检查结果的共享，在方便就诊的同时还可以为市民节约诊疗费用，逐步缓解了“看病贵，看病难”的问题。

（郑立勇）

【政府信息公开情况】年内，怀柔区对政务门户网站“怀柔信息网”进行了升级改版，设置了“信息公开”栏目，全面、及时、准确的公开了财政预算和“三公经费”信息、保障性住房信息、食品药品安全信息、环境保护信息、安全生产信息、价格和收费信息、征地拆迁信息、以教育为重点的公共企事业单位信息等重点政府信息。公开了机构职能、政策文件、规划计划、统计信息、政府集中采购、应急管理、执法监督、捐赠救助等方面的政府信息。办事服务栏目公开了805项区级、68项乡镇街道级、68项社区（村）级办事事项，其中民俗旅游接待户资格评定、牌匾标识设置规划备案2项办事事项实现了网上预约、网上材料预审和网上申报。

（郑立勇）

【网上民生服务情况】年内，“怀柔信息网”整合本地区政务资源以及社会资源，提供了教育、就业、医疗卫生、住房、交通、文化、食品安全等领域的服务以及水、电、气、暖、通信等公共事业服务。

（郑立勇）

【提升服务整合水平】年内，怀柔区与首都之窗门户网站共建市民主页、区县热点等栏目及2013环境优美居住小区街巷胡同评选活动等专题，并积极参与“走进直播间”直播访谈栏目。共向首都之窗“区县热点”报送信息2200余条，并确保市民主页信息数据接口安全畅通，及时更新市民主页服务内容和怀柔区动态；参加“走进直播间”直播访谈栏目1次；推荐了23个环境优美居住小区街巷胡同。在“怀柔信息网”首页显要位置设置了“北京服务您”下载链接；基于全市统建的市民主页，怀柔区开辟了怀柔专区，及时更新乡镇动态、怀柔快讯、旅游动态等信息，提供电话查询、医保办理、通知公告等服务。通过信息亭、触摸屏、数字电视等基层服务终端提供社区服务的情况。怀柔区与歌华有线怀柔分公司洽谈合作依托数字机顶盒在线点播系统建设“区县风采–怀柔区”栏目，通过数字电视向怀柔区居民提供教育、医疗、就业等方面的公共服务和家政、缴费等方面的便民服务。在升级改版的怀柔信息网中增加了无障碍功能，提供页面放大缩小、字体放大缩小、改变页面配色、纯文本模式和指读服务，帮助视力障碍、听力障碍、肢体障碍人士浏览网站信息，实现政府网站浏览无障碍。

（郑立勇）

【建成新一代城管指挥中心】年内，怀柔区应用北京市城管物联网平台，整合区内固定点位视频监控、车载GPS、车载视频监控、工地噪音监控、数字集群、执法城管通等感知资源，建成了智能分析和三色态势预警系统及新一代城管指挥中心，实现基于常量体系的城市管理智能分析和三色态势预警，形成感知数据驱动的高峰勤务模式和“巡查即监察、巡查即录入”工作模式，进一步提高了城市精细化管理水平和应急处置水平，实现了从“数字城管”向“智慧城管”的跨越。

（郑立勇）

【建成病虫害实时监测系统】年内，在市园林绿化局的支持下，怀柔区利用物联网技术建设了病虫害实时监测系统，通过在重点点位布设视频监控、害虫监测等感知设备，实时获取病虫害监测数据并及时回传，有效预防大面积病虫害森林危害的发生。建成国家级监测点1个、市级监测点80个、区级监测点409个，通过系统或智能移动终端能够实时将视频监测信息报送至市园林绿化局和国家林业局监测中心，使市局和国家局随时掌握怀柔区森林病虫害发生情况，在发生森林病虫害时能够立即组织飞机防治或其他方式进行治理，快速消灭这些没有烟火的森林危害。

（郑立勇）

【建成在施工程视频监控系统】年内，怀柔区利用物联网技术建成在施工程视频监控系统，通过本地语音喊话警示和远程无线视频监控工地施工现场情况，实现在施工程的全程监管。利用该系统，大大提高了怀柔区在施工程的监管效率，提升了工程安全文明施工管理水平，为工程高标准、高质量地完成提供了强有力的技术保障。

（郑立勇）

【研发平安怀柔移动警务平台】年内，怀柔区利用移动互联网技术自主研发了“平安怀柔”移动警务平台，具有一键报警、举报中心、防范提示、警务报道、服务指南、生活资讯、我的位置七大功能。当群众通过“平安怀柔”移动警务平台报警时，公安机关可立即获知报警人的准确位置，快速为报警人提供服务，群众也可以通过“平安怀柔”移动警务平台将发现的违法犯罪线索，通过文字、照片和视频等形式及时发送给公安机关。目前，“平安怀柔”移动警务平台安装量达到了32315次，为怀柔区政府更好地服务群众、服务社会、拓展警务工作空间、提升社会治安掌控能力产生积极的牵动和影响。

（郑立勇）

【普及社管通系统服务社会网格化管理】年内，怀柔区利用移动互联网技术建设了“社管通”移动终端，具有通知发布和浏览、事项进展查询、拍照、短信推送、视频语音通话等功能，并与区级网格化社会服务管理信息系统对接，将网格员采集的社会服务管理信息通过3G网络及时上传至区级网格化社会管理服务信息系统。2013年怀柔区对社管通系统进行了推广和普及，为334个网格的网格员配备了“社管通”系统，使网格员在接收到街道网格分中心的工作单后，通过“社管通”对现场问题情况进行拍照取证、实时上传到街道网格分中心并接收分中心的处置通知等，实现问题的全程跟踪、快速处理机制，改变以往接到报案信息后需要到现场查勘再处理的工作模式，大大节约了问题处置时间。

（郑立勇）

【智能感知工程打造“智慧”雁栖湖】年内，怀柔区经济信息化委配合北京市经济和信息化委员会、市通信管理局、市广电局等各部门，与北控集团积极协调本市各大电信运营企业，全程跟进北京雁栖湖生态发展示范区通信网络规划建设，积极推进4G 等信息新技术的覆盖与应用，实现区域内公共网络2G、3G、4G、WLAN信号全覆盖，800兆无线政务、物联数据专网覆盖，可享受“飞视”服务等，以构建高性能的网络基础设施、提高区域智能感知能力、提升国际化服务能力，建设覆盖雁栖湖区域的高速有线、无线网络及高清交互数字电视网络，大幅度提升互联网接入带宽标准，实现高速信息网络无处不在、随处可接的高标准信息基础设施建设水平。满足21平方公里园区基本运行及APEC等大型国际会议所需相关信息化功能指标，并充分利用物联网、云计算、4G、高清交互电视等新技术、新应用，提高园区管理水平，展现智慧城市建设成果。

（郑立勇）

【两化融合取得新进展】年内，怀柔区推动两化融合工作，坚持走汇聚科技创新要素、力促科技成果产业转化的“内涵增长之路”，不断引导汽车、食品饮料、包装印刷、仪器装备制造等产业利用信息技术进行升级改造，大力发展数字影视文化产业、智慧旅游产业、智慧物流产业等科技服务业，促进传统产业转型升级。同时，大力发展物联网产业、云计算产业等新兴产业，培育区域新经济增长点。北龙中网、好亿家、隆鑫泰业、双得利等企业信息化建设已走在全区甚至北京市前列；信息化在企业强化管理、提高产品质量、增加企业收入、提高竞争力等方面起到了显著的推动作用；建成了怀柔土特产电子商务交易平台，成为怀柔首个“电子集市”，提升了市场开拓能力；推动物流企业开展信息化建设，大大降低了企业物流成本。

（郑立勇）

【多项两化融合规划政策标准出台】年内，在深入调研和充分借鉴市两化融合的相关政策措施的基础上，怀柔区出台多项符合区域实情、具有全局意义和战略意义的怀柔区信息化与工业化融合发展的指导意见，包括《关于印发怀柔区促进工业发展专项资金实施细则的通知》（怀发改发〔2013〕23号）、《关于印发怀柔区促进区域经济发展若干政策（试行）的通知》（怀政发〔2013〕3号）以及《怀柔区促进电子商务发展的实施意见（征求意见稿）》等文件，从资金支持、政策支持等方面鼓励和引导企业信息化应用。

（郑立勇）

【物联网助推茸鹿养殖业发展】年内，怀柔区将物联网技术创新应用到茸鹿养殖管理中，建设了RFID茸鹿养殖管理系统，并为每一头茸鹿植入一枚唯一性的RFID电子标签，通过手持机对其扫描，方便快捷的查询茸鹿母系、父系、年龄、品种、防疫、所有者等相关信息，并通过圈舍视频监控、环境自动监测等感知设备，在茸鹿饲养、配种、繁育等环节提供饲料按需分配、自动分析最佳配种方案、远程产子蹲守等服务，利用信息化提高了茸鹿科学养殖管理水平，有效解决了茸鹿养殖信息管理难、产子蹲守及散户培训难、配种耗时易出错、饲料浪费及成本核算难等茸鹿养殖管理中的四大难题。北京绿神茸鹿养殖专业合作社使用RFID茸鹿养殖管理系统后，养殖饲料花费节省约10%；母鹿发情、人工配种、输精、产仔所需人力费用节省约50%；产仔率达到87.5%，与去年同期相比提高约5%，创造价值10万元；节约纸质资料管理费用5万元，其他社会、经济效益较去年增加约15%。

（郑立勇）

【智慧旅游建设】年内，怀柔区积极构建旅游信息化服务体系，完成了多个旅游景区电子门票系统、多媒体展示系统以及人流量检测预警系统建设。为25家民俗户免费安装“民俗旅游管家”软件并定制专属二维码，实现日常通讯、客户关系维护、采购/销售管理等；重点在怀柔圣泉山景区建设智慧景区，安装高清监控摄像头、部署智能门禁系统及LED显示屏、向手机免费推送景区旅游动态信息等，全方位支撑圣泉山景区的智能化管理与服务。

（郑立勇）

【农业科技网络书屋建设】年内，怀柔区实施了农业科技网络书屋建设项目，共建成怀柔区农业局20个科室、14个镇乡产业服务中心、284个行政村的专属网络书屋，方便农民24小时自主学习农业知识和信息，了解农业前沿动态，网络书屋开通以来累计为4428人次提供了服务。

（郑立勇）

【完善中小企业信息服务体系】怀柔区积极配合全市完善中小企业信息服务体系建设，出台了一系列扶持中小企业的政策措施，协助中小企业申报国家级扶持资金项目。专项资金管理系统中共填报项目11个，其中技改项目8个，创新融资项目3个。搭建了中小企业融资信用信息服务平台，为中小企业提供在线融资服务，在政府、银行和中小企业搭建起一座桥梁，满足中小企业融资需求，帮助企业解决融资难题，利用信息化促进中小企业健康发展。

（郑立勇）

【无线电管理与宣传工作】年内，怀柔区在市无线电管理局的工作指导下，做好平时的无线电台站管理、无线电业务咨询及无线电执法工作；做好无线电宣传工作，做好世界无线电宣传日的宣传工作，重点做好9月的无线电管理宣传月工作，除集中开展宣传咨询活动外，充分利用怀柔电视台、怀柔报、怀柔信息网、经信委网站、区主干道旁电子显示屏等多种宣传媒体开展丰富多彩的宣传活动，扩大宣传覆盖面，效果显著。扎实做好800兆无线政务专网的入网审批工作。

（郑立勇）

密云县

【概述】年内，密云县以“智慧北京”建设工作为中心，结合工作实际，以开展顶层设计为重点，进一步完善工作机制，规范工作程序，扎实推进电子政务建设、信息化基础设施建设和重点项目建设，积极开展政府序列外机关软件正版化、信息化宣传与培训、无线电管理等相关工作，加大协调统筹力度，有效地推进了资源共享和互联互通。

（印明星）

【开展“智慧密云”顶层设计工作】4月，密云县成立了“智慧密云”编制工作组。与长城战略咨询合作，向县内41家重点部门发放智慧密云顶层设计调查问卷，对39家单位进行一对一走访调研，认真摸清家底和条块需求；开展经济社会发展情况分析，开展北京市区县智慧城市建设情况研究、北京市共建平台和网络基础设施研究、市级单位未来申报项目研究等3个专项研究，明确密云县信息化建设重点和可利用外部资源，为《“智慧密云”行动计划（2014—2018年）》的编制奠定基础；按照北京市经济和信息化委员会印发的“顶层设计总则、指南和参考模板”，结合县情，工作组召开多次汇报和研讨会议，完成《密云县信息化调研分析总结报告》《智慧密云顶层设计研究报告（审议稿）》《智慧密云行动计划2014—2018（审议稿）》。

（印明星）

【开展无线电管理工作】9月11日，密云县以与中国移动密云分公司协作互动，开展了一系列内容丰富、易于接受的无线电管理宣传活动。活动借助果园街道文体广场的人才招聘会和过往的密集人群，通过发放宣传材料、海报、悬挂宣传横幅、设置展板等多种方式，图文并茂的为社会公众普及了无线电基础知识及管理工作。整个活动共制作展板11块，宣传气球和条幅2条，设置咨询台4个，发放无线电管理知识宣传册700余份、宣传海报400张、宣传品1600余份。活动现场秩序井然，宣传效果好，起到了良好的社会效果。同时，还创新开拓了短信平台群发公益宣传短信和社区电子大屏幕专项宣传渠道，突破了纸质宣传品受众面窄的瓶颈，利用2万余条公益短信和鼓楼社区30余块LED电子大屏幕，有效扩大了社区内的宣传范围，极大地提高了宣传效果。

（印明星）

【推进电子政务建设】年内，密云县加强对全县电子政务外网及政府门户网站的运维和管理。印发《密云县电子政务网络与网站群管理办法》，规范全县电子政务网络和网站群的建设与管理，保障网络与信息安全；将电子政务网出口带宽由550M提高到了1000M，升级上网行为管理及流量控制等网络设备，进一步提高了政务网的运行速度。

（印明星）

【修改完善应急预案】年内，为提高密云县应对各类突发事件和完成各种重大活动任务的能力，有效的预防和减少网络与信息安全事件造成的损失，维护地区安全和社会稳定，密云县经济信息化委根据相关文件和密云实际情况，修改完善《密云县网络与信息安全应急预案》和《密云县应急通信保障预案》。

（印明星）

【推进政府门户网站改版工作】年内，密云县对政府门户网站进行全新改版工作，邀请首都之窗运行管理中心领导和专家对门户网站建设进行了业务指导，对网站的栏目、内容进行了修改和完善，拟制《密云县政府门户网站栏目更新责任表（征求意见稿）》在全县范围内广泛征求意见,现改版工作基本完成。政府门户网站的全新改版进一步提高密云县政府信息公开和网上服务水平，加快信息更新速度。

（印明星）

【加强政府门户网站互动】年内，密云县政府门户网站以“实实在在为百姓服务”为宗旨，加大互动环节和宣传力度，与首都之窗共同做了3期在线访谈栏目，做客访谈直播间的分别是密云县谈“密云县农民专业合作社发展情况”、密云县谈“石城村民俗旅游专业合作社”、密云县中医医院谈“创建无投诉岗位”，得到访谈单位和社会各界的好评。

（印明星）

【基础设施稳步推进】年内，密云县继续加大协调力度，引导电信运营商加大投入，加快推进信息化基础设施建设，完成光纤改造3万户，32个2G基站，220个3G基站，20个4G基站，免费为5.04万个宽带用户提速。

（印明星）

【深化无线城市建设】年内，密云县经济信息化委协调北京移动密云分公司在2012年无线城市试点的基础上，扩大无线信号覆盖范围，将鼓楼东大街、鼓楼街道和果园街道的4个社区加入到无线城市建设试点当中。

（印明星）

【解决京承高速密云段手机信息号覆盖问题】年内，为提升京承高速路密云段全线网络覆盖质量，密云县经济信息化委协调中国移动密云分公司和中国联通密云分公司就京承高速（密云段）手机信号覆盖问题进行了认真研究，在弱覆盖路段新建基站和隧道内安装设备，增强信号发射，以解决掉话和无信号问题。建设和改造工作已全部完成。

（印明星）

【信息化应用和推广】年内，密云县经济信息化委协调中国移动密云分公司、中国联通密云分公司和中国电信密云分公司，在县文化活动中心广场组织开展了以“共享信息资源 共建智慧密云”为主题的宣传展示活动。集中展示了三大电信运营商在密云经济社会发展及服务民众等方面的工作成果。活动中三家运营商独立设置宣传展区，宣传视频监控、环境检测、教育医疗、新农村建设、一卡通等方面的新技术和新应用。

（印明星）

【组织开展业务培训】年内，密云县为进一步加强电子政务专网网络安全，提升运维管理水平，组织召开了信息化管理员业务培训会，邀请专家对全县各委办局、镇街的50余名信息化管理员就政务专网和网站管理、网络设备日常维护及相关业务知识进行了培训。

（印明星）

【开展软件正版化工作】年内，密云县推进政府序列外机关软件正版化专项检查和整改工作，制发了《密云县政府序列外机关软件正版化专项检查整改工作方案》，并组织召开了密云县政府序列外机关软件正版化专项检查整改工作会，对所涉及的县人大机关、政协机关、县委办、检察院、法院等25家单位的937台计算机开展软件正版化检查整改。全县机关单位办公软件规范性、安全性得到有效提升。

（印明星）

【强化电子政务网络管理】年内，密云县制发了《密云县电子政务网络与网站群管理办法》。全文共分六个部分：一是总则，对《密云县电子政务网络与网站群管理办法（报审稿）》出台的目的和依据进行说明；二是电子政务网络管理，明确电子政务外网的范围、管理单位和使用规范；三是网站群管理，对网站群范围进行界定，明确责任单位并提出建设管理原则；四是上网行为管理，要求用户加强上网行为的规范管理，严禁影响电子政务网络正常运行的不良行为；五是电子政务网络与信息安全，明确安全责任单位、工作内容和注意事项；六是附则，提出了惩罚措施。

（印明星）

【完成物联网指挥中心及示范基地建设】年内，密云县利用先进的物联网技术，依托国家农业信息化工程技术研究中心开发的“BEBT AVL-100音视频多动能控制器”，对现代农业科技显示墙、多媒体矩阵接口、数字发言与音乐扩声、多媒体集成控制、音视频互动等系统进行集成。完成了中心控制单元、数码视频显示单元、基地监控无线传输带音视频对讲单元的安装调试，实现了密云科技园物联网指挥中心与北京国家现代农业科技城的对接，确保视频会议、农业科技技术交流、农业科技成果视频汇报、农业专家视频指导、示范基地展示等功能；完成了巨各庄镇天葡庄园、高龄镇祥和园蔬菜基地、经济开发区绿润板栗加工企业等基地的带音视频无线传输对讲单元的设备安装和调试，建成音视频互动模块，实现多地点、远距离的视频、音频和数据协同传输功能，可为基地提供全面动态实时展示、点到点技术咨询推广、信息发布查询、疾病诊断、科技培训等服务。

（印明星）

【形成“密云教育云”基础框架】年内，密云县创新开展了“密云教育云”的创新项目建设，主要涉及7个子项目:密云县教师教育教学综合应用门户、区域标准统一认证平台、教师个人网络存储系统、教师人事基础数据中心、网络视频点播系统、教育城域网资源搜索引擎与管理系统、教育基础数据文献库。项目建设完成后将初步形成“密云教育云”基础框架。

（印明星）

延庆县

【概述】年内，延庆县信息化工作从整体发展战略出发，结合县生态文明建设、城乡一体化发展等特色需求，从全县角度统筹规划，引领信息化发展，开发利用各种信息资源，启动各项信息化工程，全县信息化工作有了较快的发展。延庆新版网站及站群系统正式上线运行；完成“1133”三级网格化社会服务管理工作体系建设，可实现人、地、事、物、组织及网格信息的统计查询；开展“延庆县智能城市运行管理平台”建设，实现了图像共享交换平台、社会服务管理网格化系统与地理信息服务系统的无缝衔接，为智能城市运行管理平台提供基于电子地图的管理方式；启动政务物联网专网建设。

（丁建军）

【智能城市运行管理平台建设】年内，延庆县在原有政务网基础上增补光缆、电缆共187条，总长度约150公里，组建了一张图像视频监控专网；完成8个城区分中心机房改造和数据存储系统建设工作。完成城区路口、桥梁、广场、车站等重点部位128个点位的高清监控系统建设，实现城区重点部位的监控全覆盖；完成了6个小区与6个社区化村，共201台高清摄像机的监控系统建设；完成35个小区原有监控系统共840台摄像机的维修联网，所有新建及修复的监控系统已全部接入到县图像共享交换平台。完成水务局（8台摄像机）和八达岭（192台摄像机）监控系统的整合。县图像共享交换平台已整合共享了城区重点部位、公安、教育机构、水务、居民小区、龙庆峡、八达岭等单位共计2000余路监控摄像头，为应急办、综治办、公安局及下属派出所、消防队、交通队、市政、城管、社会办、各街道乡镇、社区等20多个部门和单位提供图像共享服务。开通“智能图像共享交换平台”，建设应急、综治办、社会办、市政、城管、公安局“110”指挥中心、公安内保、派出所、交通队、消防队、刑侦大队等22个指挥中心和指挥室。

（丁建军）

【空间地理信息服务系统开发平台建设】年内，延庆县完成空间地理信息服务系统开发平台建设，内容包括空间地理信息共享服务平台、地理信息专题应用、空间地理专题资源三大部分，地理信息专题应用包括网格化、警务、交通、物联网四个专题；空间地理专题资源包括网格化（人、地、事、物、组织等）、视频、交通、应急、市政、城管等多个委办局的行业图层，基础图层包括铁路站点、旅游景点、行政单位、街道驻地、乡镇驻地等50多个图层，专业图层包括楼房、平房、公交站牌、井盖等近20个图层；实现了图像共享交换平台、社会服务管理网格化系统与地理信息服务系统的无缝衔接，为智能城市运行管理平台提供基于电子地图的管理方式，操作更加直观便捷。

（丁建军）

【网格化社会服务管理系统试运行】年内，根据《延庆县关于推进网格化社会服务管理体系建设的实施方案》要求，网格化社会服务管理系统将延庆县城市运行管理及社会服务类事件事项全部纳入系统，包括5个大类、20个小类，共计424个事件事项，涉及全县54个政府职能单位、18个乡镇街道，376个行政村、30个居委会。可实现人、地、事、物、组织及网格信息的统计查询。实现GIS上的人房信息联动管理、查询。实现事件的在线登记、修改、删除、派发、再派发、上报、办结等事件流转操作，并可实现分级监督考核。完成了网格化系统的2.1版的开发，7月开始试运行，完成6个试点乡镇街道网格绘制，共有社区网格27个，村庄网格82个，微网格950个，实现“精细化管理、个性化服务、多元化参与、信息化支撑、高效化运转”的“1133”三级网格化社会服务管理工作体系。

（丁建军）

【新版网站及站群系统上线运行】年内，延庆县委宣传部和延庆县信息中心共同配合，对北京延庆网站及网站群进行全新风格的设计改版，开通1个主站和24个子站，实现统一后台管理和主子站之间便捷的信息共享，使网站及网站群运行安全、高效。

（丁建军）

【政务网络和应用系统的运维】年内，延庆县信息中心与其他单位相互配合，加强责任意识，做好政务内外网、应急视频会议专网、图像监控专网和重要信息系统的运行维护和安全保障工作。政务网、应急视频会议专网及重要信息系统运维及技术支持852次；图像监控平台运维413次。保障了“两会”、春节、“五一”、“十一”、十八届三中全会等重点时期政务网络安全稳定。保障120多个部门、15个乡镇、3个街道、28个社区、376个行政村政务网络畅通。保障北京延庆网站群、内网办公系统、应急值守系统、应急视频会议系统等重要应用系统7×24小时正常运行。

（丁建军）

【网络安全保障工作】年内，延庆县信息中心每月按时进行全县电子政务网络与信息系统安全漏洞扫描工作，对县内28个政务网络机房进行了季度巡检，整理机房环境，排查安全隐患，确保政务网络安全稳定运行，同时，完成对全县各部门及重点企业的网络安全检查工作。

（丁建军）

【开通28个社区居委会的政务网络】年内，延庆县信息中心充分利用现有政务光缆及小区监控接入线路，为28个社区居委会开通了政务网。解决居委会未接入政务网的问题。社区政务网的开通，为各居委会提供内网办公等应用，同时也为网格化社会管理系统在社区的运行推广奠定了基础。

（丁建军）

【推进信息化基础设施建设工作】年内，延庆县完成老旧小区光纤到户改造工程37530户，联通公司完成了14019户，移动公司完成了23511户；三大电信运营商共建设2G基站721个、3G基站581个，移动公司启动了4G网络一期建设工程，已建基站67个，覆盖延庆县城区域。全县完成115个无线上网（WLAN）区域建设，建设无线接入点3657个，实现了城区县政府、中医院、金锣湾等重点地区的覆盖；累计发放高清双向机顶盒35600余台，延庆城区用户机顶盒发放实现全覆盖。

（丁建军）

【启动政务物联网专网建设】年内，延庆县开展了TD-LTE政务物联数据专网建设工程，规划建设基站3个，已建2个，位于县统计局楼和县便民服务大厅楼。TD-LTE政务物联专网已覆盖城区中心区域面积93.3%左右，主要用于传感设备的连接及智能化应用。

（丁建军）

【开展信息化培训】年内，延庆县经济信息化联合八达岭开发区和延庆开发区，邀请北京市经济和信息化委员会和北京网库信息技术公司相关专家到延庆县就中小企业电子商务应用进行专题培训，50家企业参加了培训。

（丁建军）

【开展信息化调查】年内，延庆县经济信息化委联合八达岭开发区和延庆开发区完成县内50家企业信息化基本情况的摸底调查工作，完成北京市中小微企业信息化基本情况调研问卷工作。

（丁建军）

【开展无线电宣传工作】年内，延庆县利用报刊、电视、网络等多种形式宣传无线电知识。9月，延庆县经济信息化委携手川北东社区和西社区共同开展无线电宣传月活动，活动共发放无线电管理宣传手册、各种宣传画、环保购物袋等宣传品两千多份，取得了较好的宣传效果。

（丁建军）

北京市信息化工作领导体系

北京市信息化工作领导小组

北京市通信保障和信息安全应急指挥部组成人员

总 指 挥：

张　工　副市长

副总指挥：

朱　炎　市政府副秘书长

靳　伟　北京市经济和信息化委员会主任

李春良　市广播电影电视局局长

陈卫军　市通信管理局局长

李　东　市公安局副局长

成　员：

严力强　市委宣传部副部长

陈　静　市国家保密局局长

许博春　市密码管理局局长

刘印春　市发展改革委副主任

叶茂林　市教委副主任

王建新　市科委委员

毛东军　北京市经济和信息化委员会副主任

叶漫青　市公安局网络安全保卫总队总队长

薛生华　市国家安全局副局长

李红兵　市民政局副局长

王　婴　市财政局副局长

孙美玲　市人力资源和社会保障局副巡视员

王荣武　市住房城乡建设委副主任

柴文忠　市市政市容委副主任

李晓松　市交通委副主任

李海平　市农委副主任

陈　铁　市水务局总工程师

陈　文　市商务委副主任

王　鹏　市文化局副局长

雷海潮　市卫生局副局长

郝硕博　市地税局副局长

贺庆财　市工商局副巡视员

杨培丽　市广播电影电视局副局长

沈　鸿　市金融局副巡视员

程拴牢　市民防局副局长

李少明　市公安局公安交通管理局副局长

陆恭超　市无线电管理局局长

郭克利　市通信管理局副局长

王　伟　武警北京市总队副参谋长

绳立成　经济技术开发区管委会副主任

陈之常　东城区副区长

孙　硕　西城区副区长

汪　洋　朝阳区副区长

孟景伟　海淀区副区长

刘树苹　丰台区副区长

李　艳　石景山区副区长

张满仓　门头沟区副区长

吕守军　房山区副区长

洪　波　通州区副区长

盛德利　顺义区副区长

苏贵光　昌平区副区长

喻华峰　大兴区副区长

底志欣　平谷区副区长

潘临珠　怀柔区区委常委、常务副区长

郭　鹏　密云县副县长

刘　兵　延庆县副县长

第二届北京市信息化专家咨询委员会名单

京信发〔2011〕3号

主　任：杨学山　工信部党组成员、副部长
副主任：周宏仁　国家信息化专家咨询委员会常务副主任
俞慈声　北京市经济和信息化委员会原副主任、宏观规划与电子政务专委会主任
侯云春　国务院发展研究中心副主任、两化融合与信息化推进专委会主任
王安耕　中信集团公司原总工程师、信息技术与新兴产业专委会主任
邬贺铨　中国工程院副院长，中国工程院院士、网络与信息安全专委会主任
方滨兴　北京邮电大学校长，中国工程院院士
委　员：（按姓氏笔画排序）
王效杰　国家广播电影电视总局科技司司长
田　静　中国科学院高技术研究与发展局局长
石跃军　国家工商行政管理总局信息中心总工
刘纪平　中国测绘科学研究院副院长
刘铁民　中国安全生产科学研究院院长
吕卫锋　北京航空航天大学软件学院副院长
孙家广　清华大学信息科学技术学院院长兼软件学院院长，中国工程院院士
曲成义　中国航天工程咨询中心科技委员会原常务副主任
毕马宁　公安部信息安全等级保护评估中心副主任
吴世忠　中国信息安全测评中心主任
吴铸成　国家应用软件产品质量监督检验中心副主任
张　骥　东方正通科技有限公司董事长
李京春　国家信息技术安全研究中心高工
李俊峰　国家发改委能源研究所副所长
李德毅　总参谋部第六十一研究所研究员，中国工程院院士
杜跃进　国家网络信息安全技术研究所所长
汪玉凯　国家行政学院教授
陈　静　中国人民银行科技司原司长
陈全生　国务院参事室参事
单志广　国家信息中心信息化研究部首席工程师
周汉华　中国社科院法学所研究员
周成虎　中国科学院地理科学与资源研究所副所长
郑新立　中共中央政策研究室原副主任
侯欣逸　中国电子科技集团第十五研究所咨询审议委员会副主任
姜奇平　中国社会科学院信息化研究中心秘书长

贺志强　联想集团高级副总裁
赵国俊　中国人民大学信息资源管理学院院长
饶克勤　中华医学会党委书记
郭世泽　总参第五十四研究所副总工程师
高新民　中国互联网协会常务副会长
曹淑敏　工信部电信研究院院长
梁春晓　阿里巴巴集团副总裁
梅　松　市委宣传部副部长
程　旭　北京大学校长助理
董　扬　中国汽车工业协会常务副会长兼秘书长
詹榜华　北京市数字认证中心总经理
谭铁牛　中国科学院副秘书长
薛万国　解放军总医院医学信息情报所副所长

区县信息化工作领导体系

2013年东城区信息化工作领导体系

2013年东城区信息化工作领导小组

组　长：杨柳荫　区委书记
　　　　牛青山　区委副书记、区长
副组长：徐　熙　区委常委、常务副区长
　　　　金　晖　区委常委、区委宣传部部长
　　　　谢世龙　区委常委、区委政法委副书记、公安分局党委书记、局长
　　　　毛　炯　区委常委、区委办公室主任、区直机关工委书记
　　　　陈之常　副区长
成　员：李连喜　区纪委副书记、区监察局局长
　　　　高丽萍　区委组织部常务副部长
　　　　方　芳　区委宣传部常务副部长
　　　　耿学森　区人大常委会办公室主任
　　　　李铁生　区发改委主任
　　　　孙占军　区科委主任、区知识产权局局长
　　　　崔燕生　区财政局局长
　　　　谢　申　区城管委主任
　　　　李承刚　区文化委主任
　　　　杨博贤　区国资委主任
　　　　李凌波　区法制办主任
　　　　刘　健　区行政服务中心主任
　　　　葛俊凯　前门大街管委会主任
　　　　范国伟　区人民法院政治处副主任、办公室主任
　　　　贾　非　区公安分局副政委
　　　　胡家文　区档案局局长
　　　　王伟东　王府井建管办专职副主任
　　　　王贤柱　区保密办副主任、区保密局副局长
　　　　暴　剑　区委办公室常务副主任、区委保密办主任、区保密局局长
　　　　朱占勋　区委社会工委书记
　　　　袁秀江　区政府办公室主任
　　　　冯洪荣　区教委主任
　　　　魏慧明　区民政局局长
　　　　梁　岩　区人力社保局局长
　　　　孟志军　区商务委主任
　　　　张　明　区卫生局局长
　　　　李雪敏　区旅游委主任
　　　　谢霄鹏　区信息办主任
　　　　彭　湘　雍和园管委会主任
　　　　徐　龙　区政协办公室主任
　　　　李四秋　区人民检察院检委会专职委员、办公室主任
　　　　李　强　东二环建管办主任
　　　　隋涤难　区密码管理局局长

领导小组下设办公室，办公室设在区信息办

主　任　谢霄鹏　区信息办主任（兼）

东城区信息化工作办公室

主　任　谢霄鹏　　　　　　　　　　书记　李英华

副主任　李启青　赵　渊　王翠芝

综合管理科

科　长　孙涛

电子政务科

科　长　孔祥鑫

应用推广科

科　长　张博文

东城区信息中心

主　任　何震

东城区资源管理服务中心

副主任　张洁

2013年西城区信息化工作领导体系

西城区信息化工作办公室

书　记：李连防

主　任：付贵森

副主任：李 勇

副主任：马 忠

副主任：高凤荣

2013年朝阳区信息化工作领导体系

（朝政办发〔2011〕15号）

朝阳区信息化与信息服务业发展领导小组

组　长：	程连元	区长		
副组长：	吴桂英	常务副区长	阎军副	区长
	张春秀	副区长		
成　员：	刘军胜	区政府办主任丰春秋区委宣传部副部长	张勇区	发展改革委主任
			孙其军	区教委主任
	朱晟区	商务委主任	王先勇	区科委主任
	史素珍	区人口和计生委主任	张永新	区社会办主任
	张树安	区农委主任、区监察局局长	常树奇	区金融办主任
	王　臻	区信息办主任	邹立嵩	区财政局局长
	吕明杰	区人力社保局局长	刘　野	区审计局局长
	王春平	区统计局局长	师　伟	区卫生局局长
	金宏图	区保密局局长	马英晖	区投资促进局局长
	王雪梅	市规划委朝阳分局局长	王世成	工商朝阳分局局长
	明建华	区国税局局长	陈合庄	区地税局局长
	李国红	商务中心区管委会常务副主任	王文军	电子城科技园管委会常务副主任
	田巨清	奥林匹克公园管委会副主任	桑小为	定福庄传媒文化产业区管委会办公室主任
	王健金	盏金融服务园区管委会主任		
	刘大庆	垡头文化休闲产业区管委会办公室副主任	张维刚	望京综开公司总经理

朝阳区信息化工作办公室

主　任　王臻

副主任　刘卓

朝阳区信息网络中心

主　任　黄晓辉

副主任　李京

2013年海淀区信息化工作领导体系

智慧海淀建设工作领导小组

组　长： 孙文锴　区委副书记、区长

副组长： 穆　鹏　区委常委、常务副区长　　陈　双　副区长

孟景伟　副区长　　傅首清　副区长

徐永全　副区长　　龚宗元　副区长

智慧海淀建设工作领导小组成员为以下单位的主管领导：

经信办　发改委　财政局　海淀园管委会

教　委　人口计生委 住建委（房管局、征收办）

市政市容委（交通委）公共委（卫生局）旅游委

人力社保局　社会办　北部办　公安分局

环保局　水务局　城管监督应急指挥中心

监察局 审计局

智慧海淀领导小组办公室

智慧海淀领导小组下设办公室，设在海淀区经信办，负责智慧海淀建设组织协调、监督管理、项目审批和工程推进工作。办公室主任由海淀区经信办主任兼任。区政府各部门、各街镇成立相应的智慧海淀工作小组，明确工作人员，在领导小组的统一领导下开展智慧海淀建设工作。

2013年丰台区信息化工作领导体系

丰台区信息化工作领导小组

组　长： 冀　岩　区长

副组长： 刘　宇　区委常委、常务副区长

孙军民　区委常委、宣传部长

刘树苹　副区长

成　员：

尚丽艳　区政府办公室副主任

张立新　区教委主任

吴神赋　区经济信息化委主任

李秀瑛　区民政局局长

李　屹　区财政局局长

隆　重　区环保局局长

李春滨　区市政市容委主任

刘权来　区水务局局长

王　虹　区文化委主任

李小娟　区人口计生委主任

王珮琦　区社会办主任

董铁铮　区安全监管局局长

韩　伟　区统计局局长

于临溏　区旅游局局长

张尚玉　区金融办主任

梁彦梅　区政府外办主任

尚振国　区信访办主任

史卫民　区丽泽开发办主任

穆志军　区城管监督指挥中心常务副主任

杨志强　区地税局局长

李　异　区工商分局局长

李文忠　区国土分局局长

许　民　区编办主任

谷　卫　区档案局局长

周新春　区发展改革委主任

刘少华　区科委主任

胡春溪　区监察局局长

李　华　区司法局局长

李　岚　区人力社保局局长

刘　郦　区住房城乡建设委主任

肖文燕　区农委主任

刘怀生　区商务委主任

张　杨　区卫生局局长

段德珍　区审计局局长

李东明　区国资委主任

薛　红　区体育局局长

张小龙　区园林绿化局局长

刘　涛　区民防局党组书记

马士有　区民宗侨办主任

张　悦　区政府法制办主任

冯晓光　丰台园管委常务副主任

姜东升　区城管监察大队大队长

王京军　区公安分局副局长

王忠新　区国税局局长

杨　浚　区规划分局局长

刘新华　区质监局局长

王京荣　区保密局局长

何岳飞　区广电中心主任

丰台区经济和信息化委员会

主　任　吴神赋

副主任：李洪海

丰台区人民政府信息中心

主　任　郑荣康

2013年石景山区信息化工作领导体系

石景山区信息化工作领导小组

组　长：夏林茂　区长

副组长：司马红　副区长

成　员：高殿亮　区政府办公室主任
岳林华　区发展改革委主任
郝显军　区教委主任
陈　伟　区财政局局长
魏志安　区广电中心主任
李元涛　区经济信息化委主任
王亚迅　区科委主任
许景山　区监察局局长
王雪颖　区保密局局长

石景山区经济和信息化委

主　任　李元涛　区经济信息化委主任
副主任　吕志刚
彭春辉
王　惠

2013年门头沟区信息化工作领导体系

门头沟区信息化工作领导小组成员

组　长：张满仓　区政府副区长

副组长：李国庆　区经信委主任

成　员：张子玲　区委办副主任、区保密局局长

常　蓉　区委宣传部常务副部长

董立学　区委610办公室调研员

刘中阁　区教委副主任

严锡贵　区科委副主任

谷长水　区国资委副书记

王桂林　区住房城乡建设委副调研员

王宝云　区社会办副主任

吴　萌　工商门头沟分局纪检组长

孙　强　区国家保密局副局长

张丽娜　区审计局副局长

杨立新　区卫生局副局长

王元真　区投促局副局长

张和平　区质量技术监督局副调研员

王艽军　北京歌华有线电视网络股份有限公司门头沟分公司副总经理

段长悦　中国电信股份有限公司北京分公司区域主管

宋　哲　区政府办副主任

夏淑强　区委政法委维稳办副主任

侯敬志　区发展改革委副书记

张水宁　区经信委副主任

赵　威　区农委副书记

姚道俊　区商务委副主任

宏国建　区市政市容委副主任

李来喜　市规划委门头沟分局纪检组长

李庆起　区公安分局副局长

李占国　区财政局副局长

孙建新　区统计局副局长

李岿然　区人力社保局副局长

刘阿长　区交通局副局长

苏燕平　区广电中心副主任

张宝生　北京联通门头沟分公司副总经理

付　莉　中国移动通信集团北京有限公司西区分公司总经理助理

2013年房山区信息化工作领导体系

房山区信息化工作领导小组组成人员

组　长： 祁　红　区政府区长

副组长： 赵　军　区委常委、区委办公室主任

吕守军　（常务）区政府副区长

李　仲　区政府办公室主任

赵永祥　区经信委主任

成　员： 区委办、区政府办、区发改委、区教委、区经信委、区住建委、区市政市容委、区国资委、区科委、区文委、区旅游委、区农委、区人口计生委、区商务委、区社工委、区法制办、区财政局、区档案局、区人力社保局、区民政局、区水务局、区园林绿化局、区安监局、区卫生局、区统计局、区环保局、区交通局、区投资促进局、区国税局、区地税局、房山工商分局、房山规划分局、房山国土分局、房山公安分局、区保密局、区质监局、区信息中心、区广电中心、联通房山分公司、移动房山分公司、歌华房山分公司、电信房山分公司。

领导小组下设办公室：

办公地点设在区经信委，负责领导小组日常工作

主　任　任邱刚　区经信委副主任、区信息中心主任。

2013年通州区信息化工作领导体系

通州区信息化工作领导小组

总顾问： 王云峰　区委书记

组　长： 岳　鹏　区委副书记、区长

副组长：
李玉君　区委副书记、政法委书记
赵玉影　区委常委、统战部长
于世疆　区委常委、副区长
崔志成　区委常委、常务副区长
王杰群　区委常委、宣传部长
洪　波　副区长
尚祖国　区委办公室主任
王岩石　区政府办公室主任
陈国庆　区经济信息化委主任

成　员：
甄　鹏　区委组织部常务副部长
王立生　区委宣传部常务副部长
王振成　区委统战部常务副部长
孟繁虎　区纪委副书记、区监察局局长
路长程　区委保密办主任、区国家保密局局长
陈　宇　区编办主任
刘贵明　区发展改革委主任
张绍武　区教委主任
田春华　区科委主任
苏亚文　区民政局局长
李永峰　区司法局局长
张春良　区财政局局长
杨连元　区人力社保局局长
刘立新　区环保局局长
贾君刚　区住房城乡建设委主任
薄立军　区市政市容委主任
姜富龙　区交通局局长
刘雪峰　区农委主任
张冠启　区水务局局长
陈国增　区商务委主任
杜德久　区文化委主任
白玉光　区卫生局局长
刘美俊　区人口计生委主任
盛亚荣　区审计局局长
张玉震　区社会办主任
董维毅　区国资委主任
曹树常　区安监局局长
何志强　区体育局局长
潘月东　区统计局局长
刘庆生　区农业局局长
刘　卉　区园林绿化局局长
李金玺　区旅游委主任
张玉和　区民防局局长
刘青松　区法制办主任
程卫民　区信访办主任
孙士祥　市公安局通州分局副局长
赵　斌　市工商局通州分局局长
杨　唯　市规划委通州分局局长
靳　京　市国土局通州分局局长
曲　峰　市交通委路政局通州公路分局局长
纪　晔　市药监局通州分局局长
杨希迁　区质监局局长
朱兴有　区地税局局长
刘祝轩　区国税局局长
聂玉泉　区政府园区管委常务副主任
朱志高　区新城中心区建管委主任
张全启　区行政服务中心主任
王志刚　区广电中心主任
阳　波　团区委书记
冯利英　区妇联主席

杜　伟　区科协主席
安志江　区红十字会常务副会长
魏　欣　区委督查室主任
邢志超　联通通州分公司总经理
刘存明　歌华通州分公司总经理
张弘力　中仓街道办事处主任
华　飞　北苑街道办事处主任
邓忠义　永顺镇镇长
柳德利　宋庄镇镇长
孙　伟　西集镇镇长
杨　利　张家湾镇镇长
王德松　马驹桥镇镇长
何海龙　于家务乡乡长
陈宏毅　区残联理事长
高德澍　区档案局局长
王　强　区政府督查室主任
赵　磊　移动通州分公司总经理
李　铁　电信通州分公司总经理
滕永新　新华街道办事处主任
曹东波　玉桥街道办事处主任
于立东　梨园镇镇长
雷晓宁　潞城镇镇长
孝　军　漷县镇镇长
倪德才　台湖镇镇长
刘德昉　永乐店镇镇长

通州区信息化工作领导小组下设办公室：办公室设在区信息中心

主　任　陈国庆　区经济信息化委主任
常务副主任　侯康超　区经信委副主任、区信息中心主任
副主任　程行利　区监察局副局长
王　强　区政府督查室主任
谢振平　区编办副主任
联系人　石　强　联系电话：69518156
　　　　魏　锐　联系电话：69518126
　　　　樊家耀　联系电话：69518123

2013年顺义区信息化工作领导体系

顺义区信息化工作领导小组成员

组　长： 卢映川　区长

副组长： 林向阳　区委常委、区政府常务副区长

肖承继　区委常委、宣传部长

盛德利　区政府副区长

成　员： 吴耀新　区政府办公室主任、区政务信息化办公室主任

王　奎　区住房城乡建设委主任

刘振河　区农委主任

刘克祥　区教委主任

赵殿江　区财政局局长

梁　军　区档案局局长

王永宝　区政府办公室副主任、区政务信息化办公室副主任、区信息中心主任

石　磊　北京电信顺义分公司总经理

董建华　区发展改革委主任

李国新　区市政市容委主任

郭振江　区经济信息化委主任

李长勇　区科委主任

秦拥军　区商务委主任

张尚强　区人力社保局局长

杨卫东　市规划委顺义分局局长

王志亚　歌华有线顺义分公司总经理

张兴华　北京联通顺义分公司总经理

金　川　北京移动顺义分公司总经理

领导小组下设办公室：办公地点设在区经济信息化委

主　任　郭振江　区经济信息化委主任

2013年大兴区信息化工作领导体系

大兴区信息化工作领导小组

组　长： 谈绪祥　区委副书记、区长，北京经济技术开发区工委副书记

副组长： 邵　恒　区委常委、常务副区长

喻华锋　副区长

成　员： 李　达　区政府办主任

刘士忠　区经信委主任

陈　澈　区保密局局长、区委办副主任

徐曙光　区委组织部副部长

张　凌　区委宣传部常务副部长

吴志成　区发改委主任

刘振宝　区住建委主任

张丽英　区商务委主任

曹　辉　区国资委主任

孟宪金　区市政市容委主任

王　健　区文化委主任

荣俊艳　区教委主任

王自学　区科委主任

郭金江　区财政局局长

李尚贤　区监察局局长

苗　静　区审计局局长

尚　旭　区国税局局长

冯守利　区地税局局长

吴山良　区人力社保局局长

冯　波　区环保局局长

刘　华　区卫生局局长

李延国　区安监局局长

刘冬青　区质监局局长

李德强　区统计局局长

冀学光　区档案局局长

芦亚静　区国土分局局长

李金龙　区规划分局局长

高建明　区工商分局局长

赵兴利　区公路分局局长

季超宏　区公安分局副局长

巴洪栓　区广电中心主任

钱　文　区农委党组副书记

尚建刚　区社会办副主任

田　秋　歌华大兴分公司总经理

王月明　联通大兴分公司总经理

王　宇　移动大兴分公司总经理

雷雁翔　电信大兴分公司总经理

区信息化工作领导小组办公室设在区经信委，办公室主任由区经信委主任刘士忠兼任。

2013年昌平区信息化工作领导体系

2013昌平区信息化工作领导小组

组　长：张燕友　区长

副组长：周云帆　区委常委、区政府常务副区长

张　勇　区委办公室主任

苏贵光　区政府副区长

成　员：白向军　区政府办主任

唐拥军　区委组织部常务副部长

孙士军　区委宣传部常务副部长

张　华　区编办主任

刘向东　区社会办主任

裴卫东　区监察局局长

李志杰　区发展改革委主任

李成旺　区教委主任

董锦华　区农委主任

金东彪　区住房城乡建设委主任

任鹏举　区市政市容委主任

王志刚　区经济信息化委主任

陈隽磊　区国资委主任

李万佰　区科委主任

云富勇　区商务委主任

刘全新　区文化委主任

赵海英　区人力社保局局长

贺　军　区财政局局长

石彩红　区人口计生委主任

汪少群　昌平国土分局局长

段　刚　昌平规划分局局长

李春玲　区统计局局长

郭自成　区审计局局长

郑东霞　区国税局局长

于欣杰　区地税局局长

赵学功　昌平工商分局局长

王建军　区质量技术监督局局长

牟少华　区环保局局长

沈树祥　区园林绿化局局长

洪起国　区水务局局长

杨洪达　区民政局局长

张　昊　昌平公安分局局长

兰剑波　区安全监管局局长

杨冬泉　区卫生局局长

袁丽民　区旅游局主任

周　玲　区投促局局长

赵丽君　区档案局局长

刘晓梅　区广播电视中心主任

张　雯　区人民法院院长

邹开红　区人民检察院检察长

沈志强　昌平公路分局局长

张国平　昌平交通支队队长

徐德清　区经管站站长

桑先军　区综合行政服务中心主任

苏贵光　中关村科技园区昌平园管委会主任

昌平区经济和信息化委员会

主　任　王志刚

副主任　温海宁

信息中心

主任

副主任

2013年平谷区信息化工作领导体系

平谷区信息化领导小组名单

组　长：李宝峰　区委常委、常务副区长

副组长：底志欣　副区长

成　员：崔东辉　区经济和信息化委主任　　张双全　区政府办主任

王　云　区信息中心书记　　尉　新　区财政局局长

其他委办局主要领导

平谷区经济和信息化委员会

主　任　崔东辉　区经济和信息化委主任

副主任　付　强　区经济和信息化委副主任

平谷区信息中心

书　记　王　云　区信息中心书记

副主任　李　云　区信息中心副主任

2013年怀柔区信息化工作领导体系

怀柔区信息化工作领导小组

组　长： 常　卫　区长

副组长： 潘临珠　区委常委、常务副区长

周东金　区委常委、区委办主任

张　勇　副区长

成　员： 单景民　区政府办主任

李连鑫　区教委主任

周怀明　区经济信息化委主任

吕晓国　区文委主任

张同发　区统计局局长

马哲军　规划分局局长

刘　剑　区广播电视中心主任

堵凤春　区发展改革委主任

郭小卫　区科委主任

鲍晓健　区农委主任

邴秀海　区财政局局长

果洪斌　区档案局（馆）长

刘大伟　公安分局副局长

领导小组办公室：设在区经济信息化委，负责领导小组日常工作

主　任　周怀明　区经济信息化委主任

2013年密云县信息化工作领导体系

密云县信息化工作领导小组

组　长：郭　鹏　副县长

副组长：姜　博　县经济信息化委主任

成　员：

郑晓君	县政府办主任	郝加瑞	县委宣传部常务副部长
王建民	县发展改革委主任	杨华利	县教委主任
郭进茂	县委农工委书记	雷亚军	县市政市容委主任
赵　宏	县科委主任、知识产权局局长	王建中	县住房城乡建设委主任
彭兴宝	县商务委主任	崔春花	县旅游委主任
张亚东	县财政局局长	王　宇	县人力社保局局长
齐立库	县国税局局长	赵增科	县地税局局长
孙全春	县国土分局局长	郭文军	县规划分局局长
赵志强	县质量技术监督局局长	许宝生	县民政局局长
曹玉冰	县工商分局局长	任向宏	县卫生局局长
柴树来	县交通局党组书记	王国良	县政府机关事务办主任
申　袖	县委办副主任、县保密局局长	丁　勇	县公安局副局长
马士强	县广电中心副主任	祁树国	县信息中心主任
雷雁翔	电信北京分公司密云电信局局长	郑德琪	联通密云分公司经理
未立明	移动密云分公司经理	白宝林	歌华密云分公司经理

领导小组下设办公室：办公地点设在县经济信息化委

主　任　姜　博　县经济信息化委主任

副主任　李静松

2013年延庆县信息化工作领导体系

延庆县信息化与信息服务业发展领导小组成员名单：

组　长：李先忠　县长

副组长：甘靖中　常务副县长

魏　怡　副县长

刘　兵　副县长

武　岗　副县长

张素枝　县委常委、县委宣传部部长、副县长

谢文征　副县长

成　员：张留全　县政府办主任

郭永华　县发展改革委主任

史绍全　县科委主任

赵海江　县财政局局长

纪文选　世葡办主任

王丽敏　县卫生局局长

李东升　县商务委主任

程大庆　县农委主任

张景军　县审计局局长

王连友　县保密局副局长

刘荣华　延庆规划分局局长

郑东霞　延庆国税局局长

姬书玉　县档案局局长

刘宗贤　八达岭经济开发区管委会主任

石　森　县委宣传部常务副部长

马铁铃　县教委主任

孙自广　县经济信息化委主任

袁绪忠　县旅游局局长

张勇军　县公安局副局长

鲁世宽　县市政市容委主任

韩贵海　县社会办主任

赵粤来　县人力社保局党委书记

王卫东　县统计局局长

刘小光　县投资促进局局长

田素芬　延庆工商分局局长

于欣杰　延庆地税局局长

王文岳　延庆经济开发区管委会主任

王　江　东部山区农副产品加工基地管委会主任

各乡镇乡镇长、各街道办事处主任

领导小组下设办公室，办公室设在县经济信息化委，县经济信息化委主任孙自广兼任办公室主任，县经济信息化委副主任王金福和副调研员景铁军任办公室副主任。

各乡镇（街道）、各部门设立相应的信息化与信息服务业发展工作机构，有效推动本地区、本部门信息化工作。

附录

2013年北京软件和信息服务业发展统计数据

产业增速放缓，效益与质量全国领先

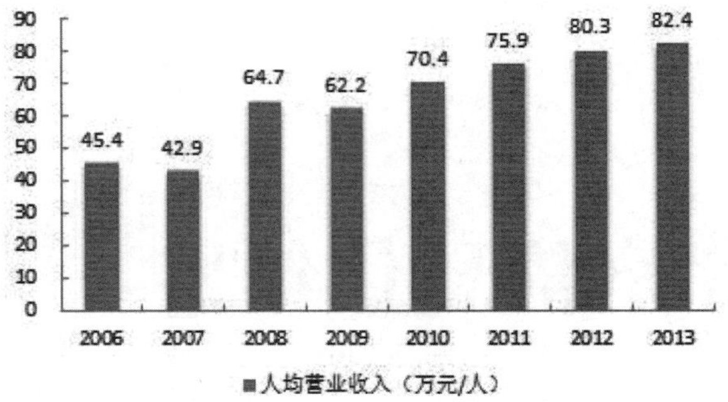

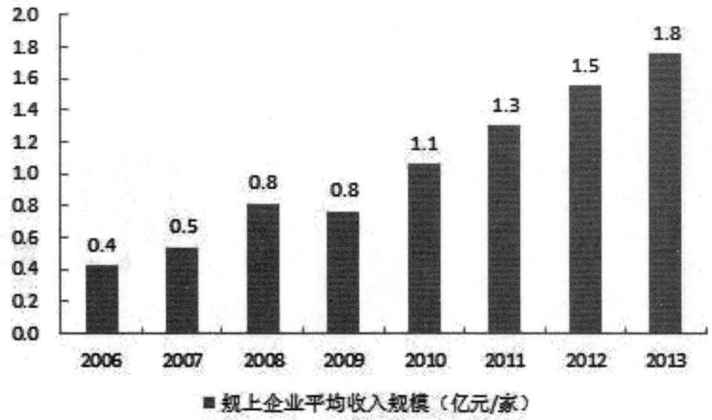

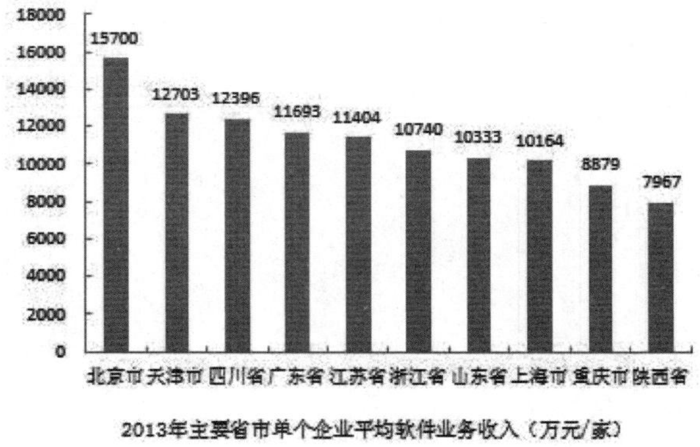

产业处于较为景气区间运行，企业对自身竞争力信心增强

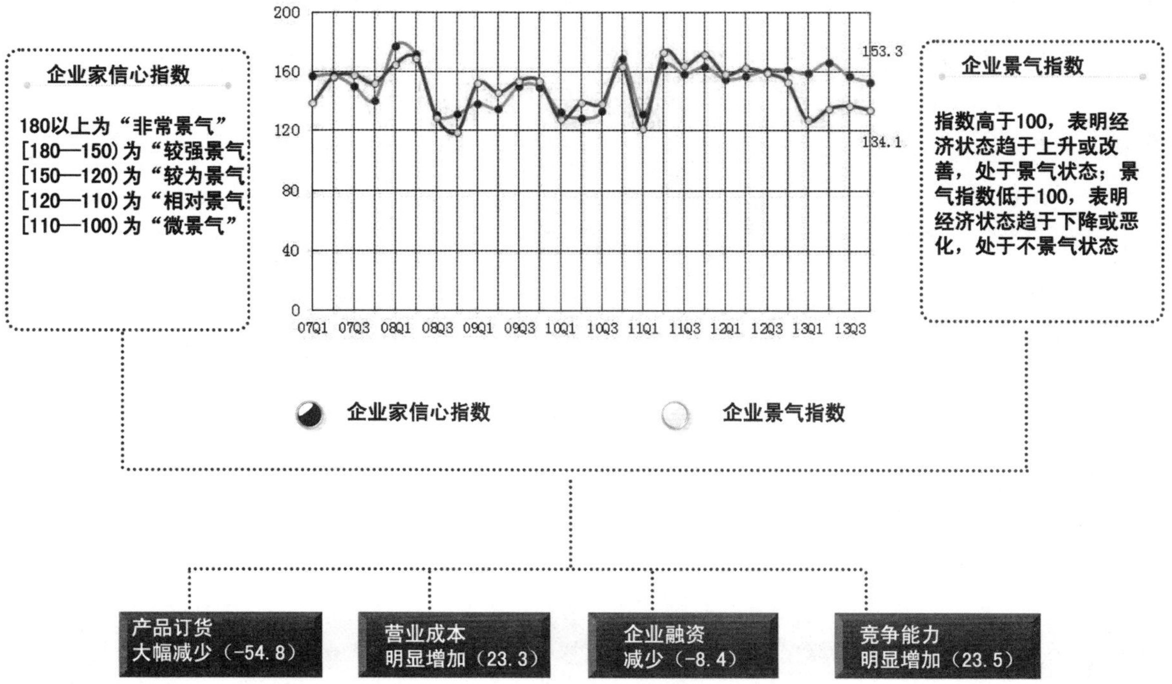

骨干企业实力突出，行业集中度进一步提高

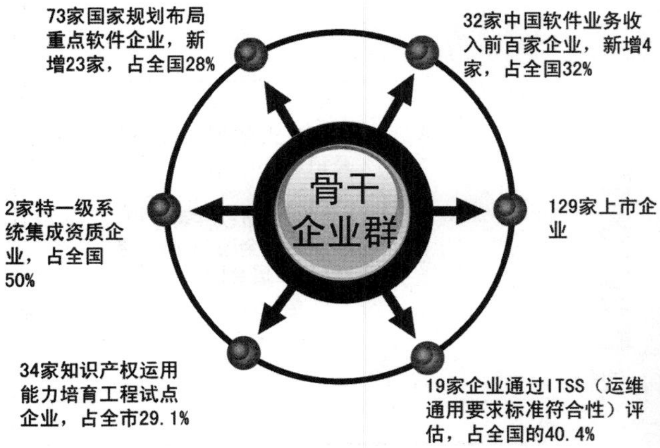

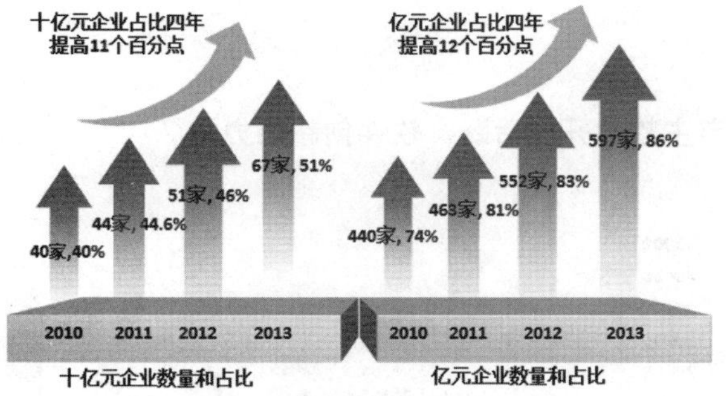

2010-2013年北京软件和信息服务亿元企业收入情况

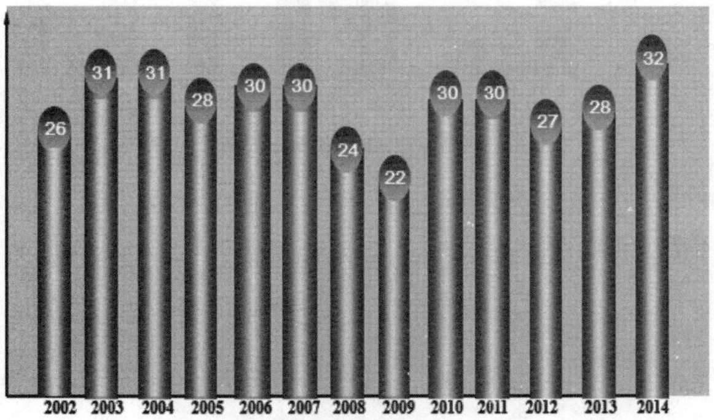

历届北京入选中国软件业务收入前百家企业数

总部型企业占据重要地位

- 跨国企业总部、外省市企业在京地区总部在北京软件和信息服务业收入规模占有重要地位，占全行业的15.3%。
- 近年来，外省市企业在京地区总部、跨国企业总部收入增速放缓。其中，跨国企业总部收入增速远低于行业增速。
- 高校系企业收入增长乏力，增速下滑或者微增长

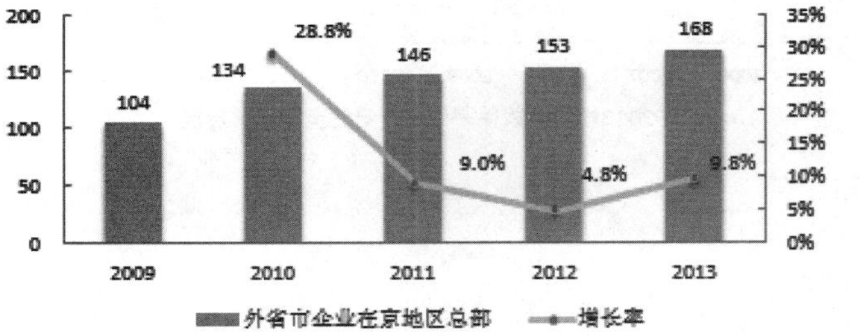

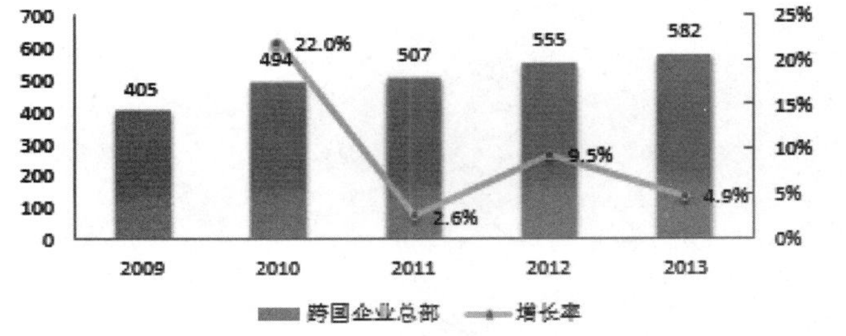

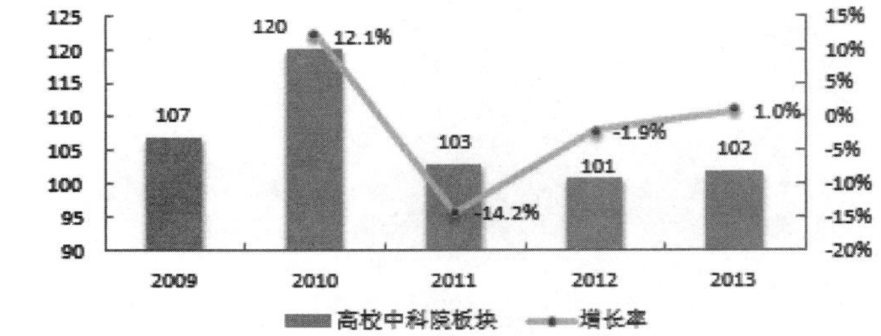

自主软件开发活跃，软件创新能力强

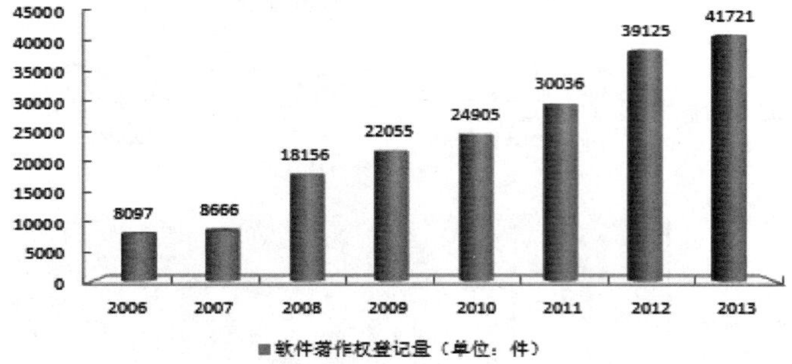

- 2013年北京软件著作权登记量为41721件，同比增长6.6%。
- 2013年我市软件著作权登记量占全国25.4%，连续8年位居全国第一。

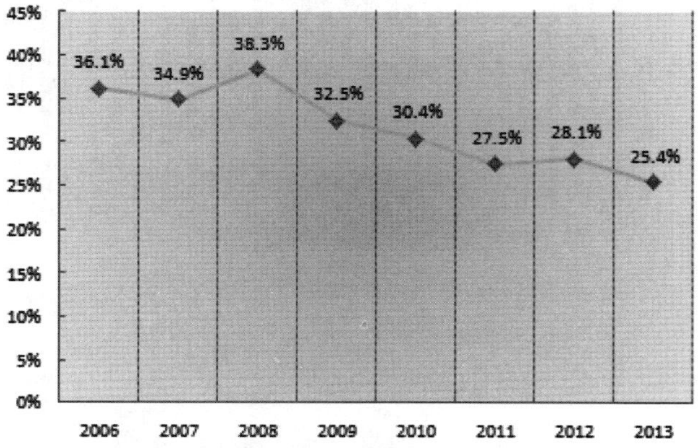

2006-2013年北京软件著作权登记量全国占比情况

名次	地区	登记量（单位：件）	占比
1	北京市	41721	25.39%
2	广东省	26535	16.15%
3	上海市	14990	9.12%
4	江苏省	14917	9.08%
5	浙江省	11863	7.22%

2013年软件著作权登记量地区前五排名

软件产品登记量快速增加

- 2013年北京地区新登记软件产品9115件，同比增长39.3%。
- 2013年我市软件产品登记量占全国21.9%，较上年增长3.6个百分点。

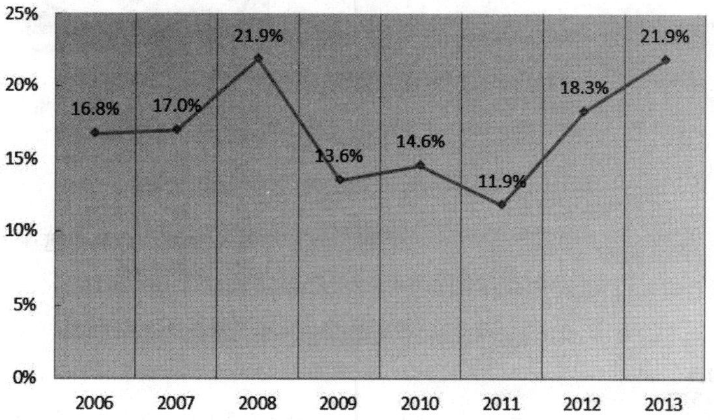

2006-2013年北京软件产品登记量全国占比情况

名次	地区	登记量（单位：件）	占比
1	北京市	9115	21.9%
2	广东省	6459	15.5%
3	江苏省	4419	10.6%
4	上海市	4320	10.4%
5	浙江省	3146	7.6%

2013年软件产品登记量地区前五排名

云计算保持快速发展

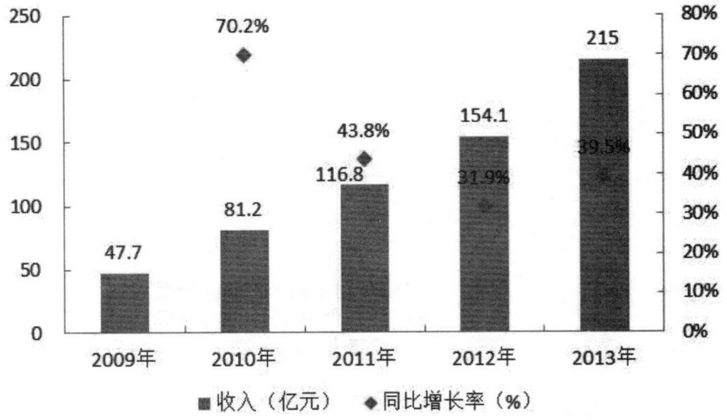

2009-2013年北京云计算产业规模

- 2013年是北京云计算产业深耕年，云计算产业营业收入约215亿元，同比增长39.5 %。
- 百度云开放联盟、金山云存储、畅捷通中小企业云、EVERNOTE笔记云四大云服务平台应用效果显著。
- 京张合作共建项目祥云云计算产业园数据中心占地面积450亩，初期将部署20万台服务器，项目总投资48.5亿元。

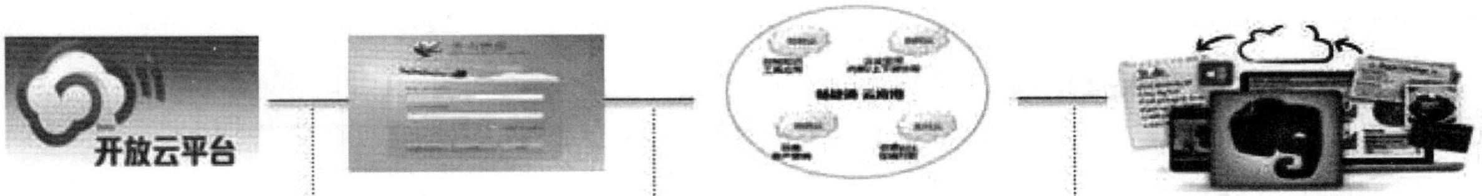

百度云开放联盟企业已超60万家，应用商店月活跃用户数过亿，每天通过百度地图服务产生的定位请求超过20亿次。

金山快盘云存储注册用户超过4500万，成为全球最大的文档存储平台。

畅捷通中小企业云服务百万家中小企业，可为企业降低15-20%的运营成本。

EVERNOTE（印象笔记）作为北京吸引国际云计算创新公司的引领示范项目，在京成立一年，中国用户增长四倍，从110万迅速扩张到400万。

导航与位置服务产业化成效明显

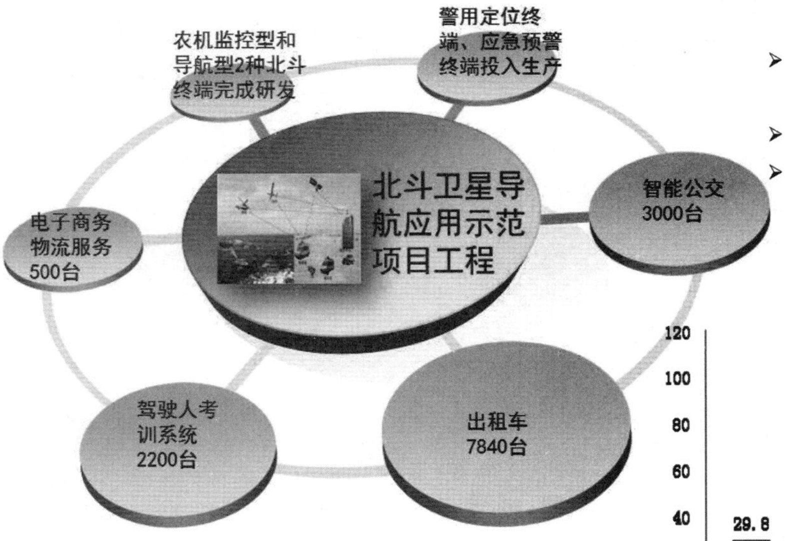

- 2013年北京导航与位置服务产业企业实现收入114亿元※，同比增长36%。
- 我市成为国家北斗卫星导航应用示范区。
- 国内最大的省级北斗产业公共服务平台投入运行。

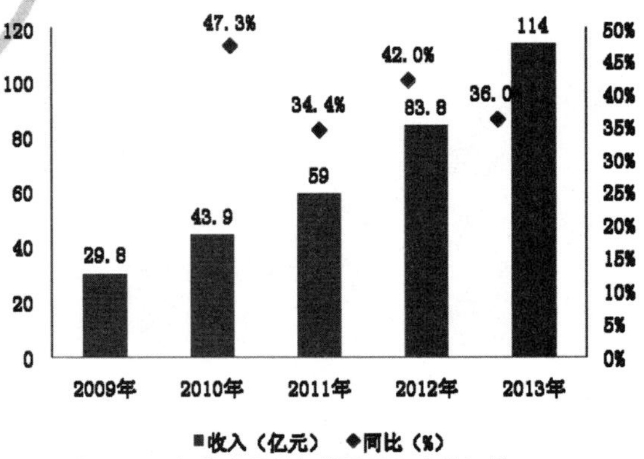

2009-2013年北京导航与位置服务产业规模

※2013年营业收入口径结合统计局数据和双软业务数据进行调整

减免税费中所得税占减免税总额的一半

➢ 2013年，北京软件和信息服务业享受税收优惠93.4亿元，同比增长31%，占企业应缴税费总额的32.2%，行业政策优势更加明显。
➢ 从减免税种看，减免的所得税占减免税总额的一半。

软件和信息服务业占现代服务业的比例在17%上下浮动

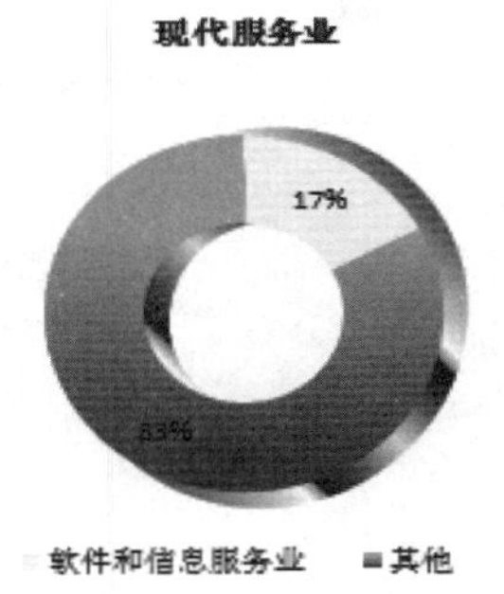

➢ 2012年，北京现代服务业增加值为9435.3亿元，软件和信息服务业作为现代服务业中的一部分，实现增加值1621.8亿元，占现代服务业的17.2%，比重保持在17%上下浮动。

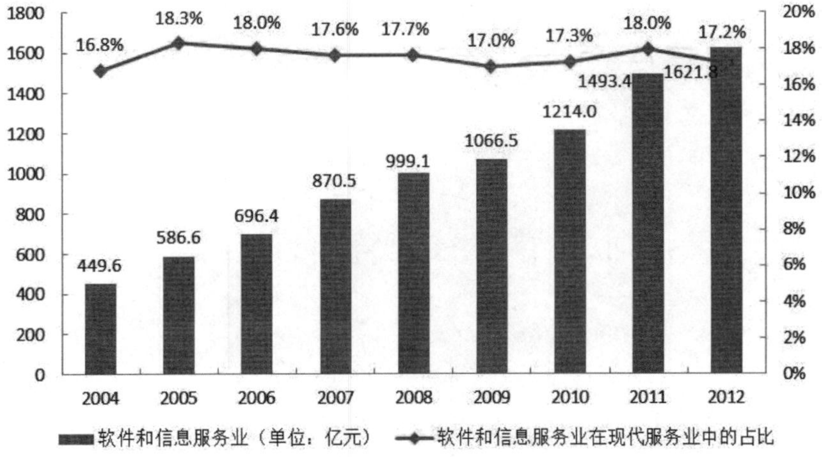

信息消费拉动相关产业产出大

•全国

信息消费每增长100元，拉动其他相关产业238元产出

•北京

信息消费每增长100元，拉动其他相关产业299元产出

	通信设备、计算机及其他电子设备制造业	信息传输、计算机服务和软件业
农业	0.011	0.008
工业	3.166	1.295
邮政运输业	0.349	0.240
商业服务业	1.045	1.764
合计	4.626	3.356

注：基于北京市2010年投入产出延长表，采用42部门投入产出表数据计算

➢ 北京固定电话用户数持续下降

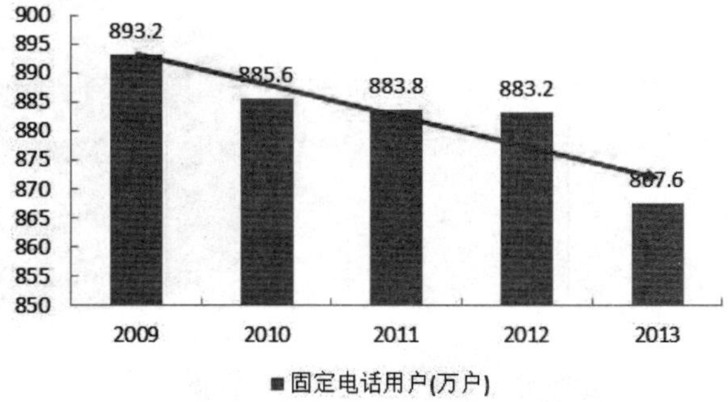

➢ 北京移动电话用户数快速增长

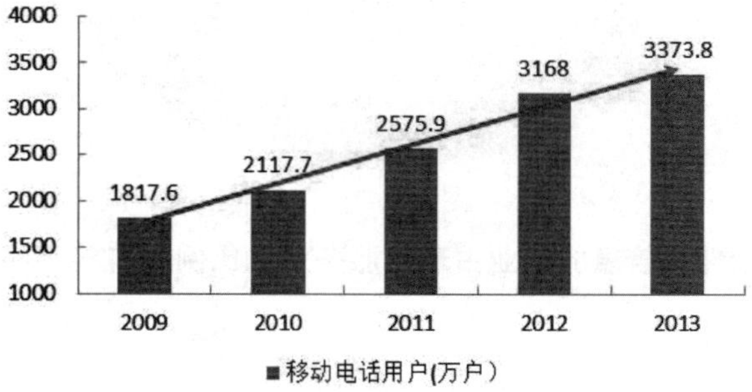

北京市教育信息化工作领导小组成员名单

组　长：线联平　市教委主任
　　　　刘　建　市委教育工委常务副书记
副组长：叶茂林　市教委副主任
　　　　付志峰　市教委副主任
　　　　李　奕　市教委委员
　　　　张永凯　市教委委员
成　员：市委教育工委办公室主任
　　　　市教委办公室主任
　　　　宣教处处长
　　　　发展规划处处长
　　　　财务处处长
　　　　学前教育处处长
　　　　基础教育一处处长
　　　　基础教育二处处长
　　　　职业教育与成人教育处处长
　　　　高等教育处处长
　　　　科学技术与研究生工作处处长
　　　　北京教育网络和信息中心主任

北京市旅游委信息化工作机构组成人员名单

一、 信息化工作领导小组

组长：宋宇

副组长：曹鹏程、王粤、邹伟南

二、 信息化工作领导小组办公室

主任：卢川

副主任：李尊敬

成员：涂卫东、康歆颖、于军、王江涛

三、信息化建设专家咨询委员会（13人）

主任：俞慈声（北京市信息化专家委员会 执行副主任）

委员：高新民（中国互联网协会 常务副会长、研究员）

李国平（北京大学政府管理学院 副院长、教授）

王安耕（中国国际信托投资公司 总工、正高工）

石宇良（北京工业大学软件学院 系主任、教授）

潘锋（北京北京市经济和信息化委员会电子政务处 处长、高工）

张秀杰（北京市发改委综合处 副处长、高工）

李广乾（国务院发展研究中心、研究员）

信宏业（国家旅游局信息中心 副主任、高工）

于施洋（国家信息中心信息化研究部 副主任、博士）

张平宗（中国移动北京公司政企客户分公司 副总经理）

张凌云（北京联合大学旅游学院 副院长、教授）

蒋骏（巅峰智业旅游文化创意股份有限公司 总裁、高工）

2013年计算机信息系统集成资质认证企业名单

表3

1	中国软件与技术服务股份有限公司	ZT110020130001	2013-10-18	2013-10-18	特一级	北京市
2	太极计算机股份有限公司	ZT110020130004	2013-10-18	2013-10-18	特一级	北京市
3	北京海鑫科金高科技股份有限公司	Z1110020131438	2013-12-09	2013-12-09	一级	北京市
4	北京久其软件股份有限公司	Z1110020131439	2013-12-09	2013-12-09	一级	北京市
5	北京佳讯飞鸿电气股份有限公司	Z1110020131440	2013-12-09	2013-12-09	一级	北京市
6	北京太极信息系统技术有限公司	Z1110020100439	2013-11-22	2010-11-22	一级	北京市
7	用友软件股份有限公司	Z1110020100440	2013-11-22	2010-11-22	一级	北京市
8	北京金信润天信息技术股份有限公司	Z1110020100441	2013-11-22	2010-11-22	一级	北京市
9	博雅软件股份有限公司	Z1110020100445	2013-11-22	2010-11-22	一级	北京市
10	金名正元（北京）科技有限公司	Z1110020100446	2013-11-22	2010-11-22	一级	北京市
11	北京合力金桥系统集成技术有限公司	Z1110020060498	2013-11-11	2006-11-28	一级	北京市
12	中盈优创资讯科技有限公司	Z1110020060501	2013-11-11	2006-11-28	一级	北京市
13	联通系统集成有限公司	Z1110020060500	2013-11-11	2006-11-28	一级	北京市
14	华迪计算机集团有限公司	Z1110020060503	2013-11-11	2006-11-28	一级	北京市
15	北京中科大洋科技发展股份有限公司	Z1110020070521	2013-11-11	2007-11-11	一级	北京市
16	高伟达软件股份有限公司	Z1110020070522	2013-11-11	2007-11-11	一级	北京市
17	中国软件与技术服务股份有限公司	Z1110020020290	2013-09-08	2002-09-12	一级	北京市
18	北京世纪瑞尔技术股份有限公司	Z1110020130615	2013-07-15	2013-07-15	一级	北京市
19	北京锐安科技有限公司	Z1110020130616	2013-07-15	2013-07-15	一级	北京市
20	北京银信长远科技股份有限公司	Z1110020130617	2013-07-15	2013-07-15	一级	北京市
21	北京航天长峰科技工业集团有限公司	Z1110020100252	2013-07-15	2010-07-30	一级	北京市
22	北京四方继保自动化股份有限公司	Z1110020100253	2013-07-15	2010-07-30	一级	北京市
23	新奥特（北京）视频技术有限公司	Z1110020100255	2013-07-15	2010-07-30	一级	北京市
24	北京大唐高鸿数据网络技术有限公司	Z1110020070256	2013-06-11	2007-06-11	一级	北京市
25	北京神州泰岳软件股份有限公司	Z1110020070257	2013-06-11	2007-06-11	一级	北京市
26	中国电子工程设计院	Z1110020070258	2013-06-11	2007-06-11	一级	北京市
27	北京赛迪时代信息产业股份有限公司	Z1110020070259	2013-06-11	2007-06-11	一级	北京市
28	赞华（中国）电子系统有限公司	Z1110020070260	2013-06-11	2007-06-11	一级	北京市
29	石化盈科信息技术有限责任公司	Z1110020060255	2013-06-11	2006-07-27	一级	北京市
30	北京中电兴发科技有限公司	Z1110020060257	2013-06-11	2006-07-27	一级	北京市
31	北京汉铭信通科技有限公司	Z1110020060258	2013-06-11	2006-07-27	一级	北京市
32	北京全路通信信号研究设计院有限公司	Z1110020060259	2013-06-11	2006-07-27	一级	北京市
33	航天信息股份有限公司	Z1110020020001	2013-02-06	2002-02-06	一级	北京市
34	通号通信信息集团有限公司	Z1110020020003	2013-02-06	2002-02-06	一级	北京市
35	北京网御星云信息技术有限公司	Z1110020020004	2013-02-06	2002-02-06	一级	北京市
36	北京市太极华青信息系统有限公司	Z1110020020005	2013-02-06	2002-02-06	一级	北京市
37	中国电信集团系统集成有限责任公司	Z1110020020006	2013-02-06	2002-02-06	一级	北京市
38	中国惠普有限公司	Z1110020030001	2013-02-06	2003-02-18	一级	北京市
39	新晨科技股份有限公司	Z1110020030002	2013-02-06	2003-02-18	一级	北京市
40	北京云星宇交通工程有限公司	Z2110020131448	2013-12-09	2013-12-09	二级	北京市
41	北京中电普华信息技术有限公司	Z2110020131449	2013-12-09	2013-12-09	二级	北京市
42	北京高信达通信科技股份有限公司	Z2110020131450	2013-12-09	2013-12-09	二级	北京市

续表3

43	北京华商电力科技中心	Z2110020131451	2013-12-09	2013-12-09	二级	北京市
44	大唐移动通信设备有限公司	Z2110020131452	2013-12-09	2013-12-09	二级	北京市
45	北京恒华伟业科技股份有限公司	Z2110020131453	2013-12-09	2013-12-09	二级	北京市
46	建投科信科技股份有限公司	Z2110020131454	2013-12-09	2013-12-09	二级	北京市
47	中科宇图天下科技有限公司	Z2110020131455	2013-12-09	2013-12-09	二级	北京市
48	阳光雨露信息技术服务（北京）有限公司	Z2110020131456	2013-12-09	2013-12-09	二级	北京市
49	中软信息系统工程有限公司	Z2110020131457	2013-12-09	2013-12-09	二级	北京市
50	北京京达来科技有限责任公司	Z2110020131458	2013-12-09	2013-12-09	二级	北京市
51	北京通号国铁城市轨道技术有限公司	Z2110020131459	2013-12-09	2013-12-09	二级	北京市
52	北京合力亿捷科技股份有限公司	Z2110020131460	2013-12-09	2013-12-09	二级	北京市
53	东软集团（北京）有限公司	Z2110020131461	2013-12-09	2013-12-09	二级	北京市
54	北京北控电信通科技发展有限公司	Z2110020100457	2013-11-22	2010-11-22	二级	北京市
55	北京浩丰创源科技股份有限公司	Z2110020100462	2013-11-22	2010-11-22	二级	北京市
56	北京市华铁信息技术开发总公司	Z2110020070552	2013-11-11	2007-11-11	二级	北京市
57	北京天融信科技有限公司	Z2110020070547	2013-11-11	2007-11-11	二级	北京市
58	北京竞业达数码科技有限公司	Z2110020070557	2013-11-11	2007-11-11	二级	北京市
59	中信国安信息科技有限公司	Z2110020100426	2013-11-11	2007-11-11	二级	北京市
60	北京联信永益信息技术有限公司	Z2110020131112	2013-11-11	2013-11-11	二级	北京市
61	能通科技股份有限公司	Z2110020131090	2013-11-11	2013-11-11	二级	北京市
62	北京环亚时代信息技术有限公司	Z2110020131091	2013-11-11	2013-11-11	二级	北京市
63	兴唐通信科技有限公司	Z2110020131092	2013-11-11	2013-11-11	二级	北京市
64	北京直真科技股份有限公司	Z2110020131095	2013-11-11	2013-11-11	二级	北京市
65	北京科海致能科技有限公司	Z2110020030254	2013-09-08	2003-09-08	二级	北京市
66	北京万里红科技股份有限公司	Z2110020030250	2013-09-08	2003-09-08	二级	北京市
67	北京大恒软件技术有限公司	Z2110020131085	2013-09-08	2013-09-08	二级	北京市
68	北京乾坤建业科技发展有限公司	Z2110020130625	2013-07-15	2013-07-15	二级	北京市
69	北京苍穹数码测绘有限公司	Z2110020130626	2013-07-15	2013-07-15	二级	北京市
70	北京天华星航科技有限公司	Z2110020130627	2013-07-15	2013-07-15	二级	北京市
71	北京京天威科技发展有限公司	Z2110020130628	2013-07-15	2013-07-15	二级	北京市
72	北京海量智能数据技术有限公司	Z2110020130629	2013-07-15	2013-07-15	二级	北京市
73	北京新媒传信科技有限公司	Z2110020130630	2013-07-15	2013-07-15	二级	北京市
74	北京安达信通系统集成有限公司	Z2110020130631	2013-07-15	2013-07-15	二级	北京市
75	北京盈想东方科技发展有限公司	Z2110020130632	2013-07-15	2013-07-15	二级	北京市
76	广联达软件股份有限公司	Z2110020130633	2013-07-15	2013-07-15	二级	北京市
77	煤炭科学研究总院	Z2110020130634	2013-07-15	2013-07-15	二级	北京市
78	北京润博星原科技发展有限公司	Z2110020130635	2013-07-15	2013-07-15	二级	北京市
79	信亦宏达网络存储技术（北京）有限公司	Z2110020130636	2013-07-15	2013-07-15	二级	北京市
80	北京安信创业信息科技发展公司	Z2110020130637	2013-07-15	2013-07-15	二级	北京市
81	普天和平科技有限公司	Z2110020130638	2013-07-15	2013-07-15	二级	北京市
82	北京融科华创科技发展有限公司	Z2110020100269	2013-07-15	2010-07-30	二级	北京市
83	北京坤腾世纪科技有限公司	Z2110020100270	2013-07-15	2010-07-30	二级	北京市
84	北京中软融鑫计算机系统工程有限公司	Z2110020100271	2013-07-15	2010-07-30	二级	北京市
85	北京汇金科技股份有限公司	Z2110020100273	2013-07-15	2010-07-30	二级	北京市
86	北京中海纪元数字技术发展股份有限公司	Z2110020100274	2013-07-15	2010-07-30	二级	北京市

续表3

87	中国普天信息产业股份有限公司	Z2110020130659	2013-07-15	2013-07-15	二级	北京市
88	北京中企天际信息技术有限责任公司	Z2110020070302	2013-06-11	2007-06-11	二级	北京市
89	北京市天元网络技术股份有限公司	Z2110020070305	2013-06-11	2007-06-11	二级	北京市
90	北京金山顶尖科技股份有限公司	Z2110020060273	2013-06-11	2006-07-27	二级	北京市
91	金航数码科技有限责任公司	Z2110020060283	2013-06-11	2006-07-27	二级	北京市
92	中国交通信息中心有限公司	Z2110020060286	2013-06-11	2006-07-27	二级	北京市
93	北京宝亮网智电子信息技术有限公司	Z2110020100240	2013-06-11	2010-06-11	二级	北京市
94	北京北控电信通信息技术有限公司	Z2110020130351	2013-06-11	2013-06-11	二级	北京市
95	航天四创科技有限责任公司	Z2110020020011	2013-02-06	2002-02-06	二级	北京市
96	北京中创信测科技股份有限公司	Z2110020020013	2013-02-06	2002-02-06	二级	北京市
97	中金数据系统有限公司	Z2110020020015	2013-02-06	2002-02-06	二级	北京市
98	北京高阳金信信息技术有限公司	Z2110020100002	2013-02-06	2010-02-06	二级	北京市
99	北京国安电气有限责任公司	Z2110020030009	2013-02-06	2003-02-18	二级	北京市
100	北京惠讯时代企业科技有限公司	Z2110020030015	2013-02-06	2003-02-18	二级	北京市
101	北京高阳圣思园信息技术有限公司	Z2110020030020	2013-02-06	2003-02-18	二级	北京市
102	北京爱特泰克技术股份公司	Z3110020060581	2013-12-28	2006-12-30	三级	北京市
103	北京北科光大信息技术股份有限公司	Z3110020060646	2013-12-28	2006-12-30	三级	北京市
104	北京蓝卫通科技有限公司	Z3110020070732	2013-12-28	2007-12-28	三级	北京市
105	北京月新时代科技有限公司	Z3110020070738	2013-12-28	2007-12-28	三级	北京市
106	北京安控科技股份有限公司	Z3110020070739	2013-12-28	2007-12-28	三级	北京市
107	北京中科嘉和科技发展有限公司	Z3110020070791	2013-12-28	2007-12-28	三级	北京市
108	北京晟德瑞环境技术有限公司	Z3110020070792	2013-12-28	2007-12-28	三级	北京市
109	北京东方金指科技有限公司	Z3110020070659	2013-12-28	2007-12-28	三级	北京市
110	北控软件有限公司	Z3110020060645	2013-12-28	2006-12-30	三级	北京市
111	北京中星世通电子科技有限公司	Z3110020131104	2013-11-22	2013-11-22	三级	北京市
112	北京神州绿盟科技有限公司	Z3110020131106	2013-11-22	2013-11-22	三级	北京市
113	北京商务中心区通信科技有限公司	Z3110020100480	2013-11-22	2010-11-22	三级	北京市
114	北京神讯信息科技有限公司	Z3110020100481	2013-11-22	2010-11-22	三级	北京市
115	北京天川科技发展有限公司	Z3110020100482	2013-11-22	2010-11-22	三级	北京市
116	北京东联世纪科技有限公司	Z3110020100484	2013-11-22	2010-11-22	三级	北京市
117	北京康拓科技有限公司	Z3110020100485	2013-11-22	2010-11-22	三级	北京市
118	北京尚洋东方环境科技股份有限公司	Z3110020100489	2013-11-22	2010-11-22	三级	北京市
119	北京阳光节点计算机网络科技有限公司	Z3110020100490	2013-11-22	2010-11-22	三级	北京市
120	易尚明天科技有限公司	Z3110020100496	2013-11-22	2010-11-22	三级	北京市
121	北京荣创信达科技发展有限公司	Z3110020100497	2013-11-22	2010-11-22	三级	北京市
122	北京新水源景科技有限公司	Z3110020100498	2013-11-22	2010-11-22	三级	北京市
123	北京市万力佳创网络技术有限公司	Z3110020030534	2013-11-22	2003-11-26	三级	北京市
124	北京航天新概念软件有限公司	Z3110020030537	2013-11-22	2003-11-26	三级	北京市
125	北京北能信通机电设备有限公司	Z3110020100494	2013-11-22	2010-11-22	三级	北京市
126	北京国遥新天地信息技术有限公司	Z3110020100500	2013-11-22	2010-11-22	三级	北京市
127	北京天鸿同信科技有限公司	Z3110020100486	2013-11-22	2010-11-22	三级	北京市
128	北京星球数码科技有限公司	Z3110020100501	2013-11-22	2010-11-22	三级	北京市
129	北京都宜环球科技发展有限公司	Z3110020131125	2013-11-22	2013-11-22	三级	北京市
130	北京麦格天宝科技发展集团有限公司	Z3110020131126	2013-11-22	2013-11-22	三级	北京市

续表3

131	北京美智医疗科技有限公司	Z3110020131127	2013-11-22	2013-11-22	三级	北京市
132	北京海澄华图科技有限公司	Z3110020131128	2013-11-22	2013-11-22	三级	北京市
133	北京欧迈特数字技术有限责任公司	Z3110020131129	2013-11-22	2013-11-22	三级	北京市
134	北京国网富达科技发展有限责任公司	Z3110020131130	2013-11-22	2013-11-22	三级	北京市
135	北京通建泰利特智能系统工程技术有限公司	Z3110020131131	2013-11-22	2013-11-22	三级	北京市
136	北京鹏润鸿途科技有限公司	Z3110020131132	2013-11-22	2013-11-22	三级	北京市
137	北京万维基业科技有限公司	Z3110020131133	2013-11-22	2013-11-22	三级	北京市
138	北京工大智源科技发展有限公司	Z3110020131134	2013-11-22	2013-11-22	三级	北京市
139	美信华成（北京）科技有限公司	Z3110020131135	2013-11-22	2013-11-22	三级	北京市
140	恒安嘉新（北京）科技有限公司	Z3110020131136	2013-11-22	2013-11-22	三级	北京市
141	北京挪拉斯坦特芬通信设备有限公司	Z3110020131137	2013-11-22	2013-11-22	三级	北京市
142	北京中教美育科技有限公司	Z3110020131138	2013-11-22	2013-11-22	三级	北京市
143	北京中电万联科技股份有限公司	Z3110020131139	2013-11-22	2013-11-22	三级	北京市
144	北京升扬时代科技有限公司	Z3110020131140	2013-11-22	2013-11-22	三级	北京市
145	北京数码易知科技发展有限责任公司	Z3110020131141	2013-11-22	2013-11-22	三级	北京市
146	北京东方天安科技有限公司	Z3110020131142	2013-11-22	2013-11-22	三级	北京市
147	中水环球（北京）科技有限公司	Z3110020131143	2013-11-22	2013-11-22	三级	北京市
148	北京博康智能信息技术有限公司	Z3110020131144	2013-11-22	2013-11-22	三级	北京市
149	艾迪艾思（北京）科技有限公司	Z3110020131145	2013-11-22	2013-11-22	三级	北京市
150	北京华录北方电子有限责任公司	Z3110020131146	2013-11-22	2013-11-22	三级	北京市
151	北京航天时代光电科技有限公司	Z3110020131147	2013-11-22	2013-11-22	三级	北京市
152	北京博亚龙辉科技有限公司	Z3110020131148	2013-11-22	2013-11-22	三级	北京市
153	北京恒昌华安信息技术有限公司	Z3110020131149	2013-11-22	2013-11-22	三级	北京市
154	北京尚水信息技术股份有限公司	Z3110020131150	2013-11-22	2013-11-22	三级	北京市
155	北京天行网安信息技术有限责任公司	Z3110020131151	2013-11-22	2013-11-22	三级	北京市
156	北京天智祥信息科技有限公司	Z3110020131152	2013-11-22	2013-11-22	三级	北京市
157	中安网脉（北京）技术股份有限公司	Z3110020131153	2013-11-22	2013-11-22	三级	北京市
158	东润环能（北京）科技有限公司	Z3110020131154	2013-11-22	2013-11-22	三级	北京市
159	北京旋极信息技术股份有限公司	Z3110020131155	2013-11-22	2013-11-22	三级	北京市
160	北京宽连十方数字技术有限公司	Z3110020131167	2013-11-22	2013-11-22	三级	北京市
161	北京太比雅科技有限公司	Z3110020131156	2013-11-22	2013-11-22	三级	北京市
162	北京中核华辉科技发展有限公司	Z3110020131157	2013-11-22	2013-11-22	三级	北京市
163	天脉聚源（北京）传媒科技有限公司	Z3110020131158	2013-11-22	2013-11-22	三级	北京市
164	北京恒合智信系统集成科技有限公司	Z3110020131159	2013-11-22	2013-11-22	三级	北京市
165	北京中联兴达软件工程有限公司	Z3110020131160	2013-11-22	2013-11-22	三级	北京市
166	青牛（北京）技术有限公司	Z3110020131162	2013-11-22	2013-11-22	三级	北京市
167	北京中太汇鑫技术有限公司	Z3110020131163	2013-11-22	2013-11-22	三级	北京市
168	北京致远协创软件有限公司	Z3110020131500	2013-11-22	2013-11-22	三级	北京市
169	大道信通（北京）科技发展有限公司	Z3110020131502	2013-11-22	2013-11-22	三级	北京市
170	民航空管技术装备发展有限公司	Z3110020131165	2013-11-22	2013-11-22	三级	北京市
171	北京朗程科讯科技有限公司	Z3110020131166	2013-11-22	2013-11-22	三级	北京市
172	北京青铜鼎软件科技开发有限公司	Z3110020131504	2013-11-22	2013-11-22	三级	北京市
173	北京汇通融业网络系统技术有限公司	Z3110020131505	2013-11-22	2013-11-22	三级	北京市

续表3

174	中铁程科技有限责任公司	Z3110020131506	2013-11-22	2013-11-22	三级	北京市
175	国建正坤数字科技（北京）有限公司	Z3110020131507	2013-11-22	2013-11-22	三级	北京市
176	北京益泰电子集团有限责任公司	Z3110020100431	2013-11-11	2010-11-11	三级	北京市
177	北京启天同信科技有限公司	Z3110020131097	2013-11-11	2013-11-11	三级	北京市
178	北京派得伟业科技发展有限公司	Z3110020070442	2013-10-22	2007-10-22	三级	北京市
179	北京金水信息技术发展有限公司	Z3110020060414	2013-10-22	2006-10-23	三级	北京市
180	北京长信泰康通信技术有限公司	Z3110020060415	2013-10-22	2006-10-23	三级	北京市
181	北京和信日晟科技有限公司	Z3110020060420	2013-10-22	2006-10-23	三级	北京市
182	北京希益丰科技有限公司	Z3110020070514	2013-10-22	2007-10-22	三级	北京市
183	北京华通伟业科技发展有限公司	Z3110020070513	2013-10-22	2007-10-22	三级	北京市
184	北京神州同正科技有限公司	Z3110020070512	2013-10-22	2007-10-22	三级	北京市
185	北京北控三兴信息技术有限公司	Z3110020070515	2013-10-22	2007-10-22	三级	北京市
186	北京鸿合电子工程技术有限公司	Z3110020070444	2013-10-22	2007-10-22	三级	北京市
187	北京北大软件工程发展有限公司	Z3110020131073	2013-09-08	2013-090-8	三级	北京市
188	北京东蓝数码科技有限公司	Z3110020131074	2013-09-08	2013-09-08	三级	北京市
189	中电科技电子信息系统有限公司	Z3110020131075	2013-09-08	2013-09-08	三级	北京市
190	北京国信博飞科技发展有限公司	Z3110020060361	2013-09-08	2006-09-12	三级	北京市
191	北京双鑫汇在线科技有限公司	Z3110020070409	2013-09-08	2007-09-08	三级	北京市
192	北京环天宇正技术发展有限责任公司	Z3110020070408	2013-09-08	2007-09-08	三级	北京市
193	北京数字认证股份有限公司	Z3110020100308	2013-08-17	2010-08-17	三级	北京市
194	北京华云星地通科技有限公司	Z3110020100310	2013-08-17	2010-08-17	三级	北京市
195	北京数字空间科技有限公司	Z3110020100311	2013-08-17	2010-08-17	三级	北京市
196	北京奥特美克科技股份有限公司	Z3110020100313	2013-08-17	2010-08-17	三级	北京市
197	北京永正信达数码科技有限公司	Z3110020100315	2013-08-17	2010-08-17	三级	北京市
198	中国航空结算有限责任公司	Z3110020100316	2013-08-17	2010-08-17	三级	北京市
199	北京银河金星科技发展有限公司	Z3110020100317	2013-08-17	2010-08-17	三级	北京市
200	北京阳光金力科技发展有限公司	Z3110020100407	2013-08-17	2010-08-17	三级	北京市
201	迈锐数据（北京）有限公司	Z3110020130680	2013-08-17	2013-08-17	三级	北京市
202	北京华电方胜技术发展有限公司	Z3110020130681	2013-08-17	2013-08-17	三级	北京市
203	北京新宏高科信息技术有限公司	Z3110020130682	2013-08-17	2013-08-17	三级	北京市
204	北京索为高科系统技术有限公司	Z3110020130683	2013-08-17	2013-08-17	三级	北京市
205	北京精英智通科技股份有限公司	Z3110020130685	2013-08-17	2013-08-17	三级	北京市
206	北京奥飞达通力电子技术有限公司	Z3110020130687	2013-08-17	2013-08-17	三级	北京市
207	北京瑞翔恒宇科技有限公司	Z3110020130688	2013-08-17	2013-08-17	三级	北京市
208	北京北方博业科技发展有限公司	Z3110020130689	2013-08-17	2013-08-17	三级	北京市
209	金舵时代（北京）科技有限公司	Z3110020130690	2013-08-17	2013-08-17	三级	北京市
210	北京宏涛嘉业信息系统有限公司	Z3110020130691	2013-08-17	2013-08-17	三级	北京市
211	北京安煤数字矿山技术工程有限公司	Z3110020130693	2013-08-17	2013-08-17	三级	北京市
212	北京中水新华国际工程咨询有限公司	Z3110020130694	2013-08-17	2013-08-17	三级	北京市
213	北京众诚天合系统集成科技有限公司	Z3110020130696	2013-08-17	2013-08-17	三级	北京市
214	北京同步科技有限公司	Z3110020130697	2013-08-17	2013-08-17	三级	北京市
215	北京讯风光通信技术开发有限责任公司	Z3110020130698	2013-08-17	2013-08-17	三级	北京市
216	北京软通博信科技有限公司	Z3110020130700	2013-08-17	2013-08-17	三级	北京市
217	北京银河万佳电子技术有限公司	Z3110020130701	2013-08-17	2013-08-17	三级	北京市

续表3

218	北京大唐志诚软件技术股份有限公司	Z3110020130702	2013-08-17	2013-08-17	三级	北京市
219	北京安普利信息技术有限公司	Z3110020130703	2013-08-17	2013-08-17	三级	北京市
220	北京联银通科技有限公司	Z3110020130704	2013-08-17	2013-08-17	三级	北京市
221	中科九度（北京）空间信息技术有限责任公司	Z3110020130705	2013-08-17	2013-08-17	三级	北京市
222	北京尚易德科技有限公司	Z3110020130706	2013-08-17	2013-08-17	三级	北京市
223	北京圣世博泰科技软件有限公司	Z3110020130708	2013-08-17	2013-08-17	三级	北京市
224	北京新锐互动商业网络有限公司	Z3110020130709	2013-08-17	2013-08-17	三级	北京市
225	北京中徽康泰科技有限公司	Z3110020130710	2013-08-17	2013-08-17	三级	北京市
226	北京创联嘉和科技有限公司	Z3110020130711	2013-08-17	2013-08-17	三级	北京市
227	北京圣邦天麒科技有限公司	Z3110020130712	2013-08-17	2013-08-17	三级	北京市
228	北京思维实创科技有限公司	Z3110020130714	2013-08-17	2013-08-17	三级	北京市
229	北京视通天地科技发展有限公司	Z3110020130715	2013-08-17	2013-08-17	三级	北京市
230	北京信利恒丰科技发展有限公司	Z3110020130716	2013-08-17	2013-08-17	三级	北京市
231	北京兴云能通技术有限公司	Z3110020130717	2013-08-17	2013-08-17	三级	北京市
232	北京合众思壮科技股份有限公司	Z3110020130719	2013-08-17	2013-08-17	三级	北京市
233	北京爱创科技股份有限公司	Z3110020130720	2013-08-17	2013-08-17	三级	北京市
234	北京太格时代自动化系统设备有限公司	Z3110020130721	2013-08-17	2013-08-17	三级	北京市
235	北京华颖利达科技有限公司	Z3110020130723	2013-08-17	2013-08-17	三级	北京市
236	北京洛斯达数字遥感技术有限公司	Z3110020130724	2013-08-17	2013-08-17	三级	北京市
237	北京圣钰佳泰科技有限公司	Z3110020130725	2013-08-17	2013-08-17	三级	北京市
238	北京大河茂源科技有限公司	Z3110020130727	2013-08-17	2013-08-17	三级	北京市
239	北京博伟伟业科技有限责任公司	Z3110020130728	2013-08-17	2013-08-17	三级	北京市
240	北京明通视讯创新技术有限公司	Z3110020130730	2013-08-17	2013-08-17	三级	北京市
241	北京鹏博士安全信息技术有限公司	Z3110020130732	2013-08-17	2013-08-17	三级	北京市
242	北京昕辰华业科技有限公司	Z3110020130734	2013-08-17	2013-08-17	三级	北京市
243	鼎兴联通（北京）网络科技有限公司	Z3110020130736	2013-08-17	2013-08-17	三级	北京市
244	北京亿达金泰信息科技有限公司	Z3110020130737	2013-08-17	2013-08-17	三级	北京市
245	北京星通联华科技发展股份有限公司	Z3110020130738	2013-08-17	2013-08-17	三级	北京市
246	北京林克森自动化系统工程有限公司	Z3110020130739	2013-08-17	2013-08-17	三级	北京市
247	北京呈创科技股份有限公司	Z3110020130742	2013-08-17	2013-08-17	三级	北京市
248	北京浩瀚深度信息技术股份有限公司	Z3110020130743	2013-08-17	2013-08-17	三级	北京市
249	北京天润新禾信息技术有限公司	Z3110020130744	2013-08-17	2013-08-17	三级	北京市
250	中国通信建设北京工程局有限公司	Z3110020130745	2013-08-17	2013-08-17	三级	北京市
251	北京宏泰博业科技有限公司	Z3110020131056	2013-08-17	2013-08-17	三级	北京市
252	北京蓝拓扑电子技术有限公司	Z3110020131057	2013-08-17	2013-08-17	三级	北京市
253	北京旷代科技有限公司	Z3110020131058	2013-08-17	2013-08-17	三级	北京市
254	北京江南博仁科技有限公司	Z3110020131059	2013-08-17	2013-08-17	三级	北京市
255	北京元鼎时代科技股份有限公司	Z3110020131060	2013-08-17	2013-08-17	三级	北京市
256	北京广通信达科技有限公司	Z3110020131069	2013-08-17	2013-08-17	三级	北京市
257	北京新思软件技术有限公司	Z3110020131083	2013-08-17	2013-08-17	三级	北京市
258	北京龙软科技股份有限公司	Z3110020130699	2013-08-17	2013-08-17	三级	北京市
259	北京国电通网络技术有限公司	Z3110020130722	2013-08-17	2013-08-17	三级	北京市
260	北京中亦安图科技股份有限公司	Z3110020130735	2013-08-17	2013-08-17	三级	北京市

续表3

261	北京鼎顺通信工程有限公司	Z3110020130733	2013-08-17	2013-08-17	三级	北京市
262	北京博达兴创科技发展有限公司	Z3110020130741	2013-08-17	2013-08-17	三级	北京市
263	北京航天理想科技股份有限公司	Z3110020130713	2013-08-17	2013-08-17	三级	北京市
264	北京品傲光电科技有限公司	Z3110020130684	2013-08-17	2013-08-17	三级	北京市
265	北京创新京安丹灵科技股份公司	Z3110020130692	2013-08-17	2013-08-17	三级	北京市
266	北京天华育鑫科贸有限公司	Z3110020130726	2013-08-17	2013-08-17	三级	北京市
267	民航数据通信有限责任公司	Z3110020130686	2013-08-17	2013-08-17	三级	北京市
268	北京联合伟世科技股份有限公司	Z3110020130662	2013-07-15	2013-07-15	三级	北京市
269	北京华深中色科技发展有限公司	Z3110020100183	2013-05-20	2010-05-20	三级	北京市
270	北京创至通达科技发展有限公司	Z3110020100174	2013-05-20	2010-05-20	三级	北京市
271	北京环亚信通信息科技有限公司	Z3110020100178	2013-05-20	2010-05-20	三级	北京市
272	北京北鹰吉成科技有限公司	Z3110020070326	2013-05-20	2007-06-05	三级	北京市
273	北京江南天安科技有限公司	Z3110020100172	2013-05-20	2010-05-20	三级	北京市
274	北京纵横兴业科技发展有限公司	Z3110020070325	2013-05-20	2007-06-05	三级	北京市
275	北京博维仕科技股份有限公司	Z3110020130370	2013-05-20	2013-05-20	三级	北京市
276	北京星立方科技发展股份有限公司	Z3110020130371	2013-05-20	2013-05-20	三级	北京市
277	北京博文欣业科技有限公司	Z3110020130372	2013-05-20	2013-05-20	三级	北京市
278	北京嘉豪天地科技有限公司	Z3110020130373	2013-05-20	2013-05-20	三级	北京市
279	飓安冠软通信技术（北京）有限公司	Z3110020130374	2013-05-20	2013-05-20	三级	北京市
280	铭基电子技术（北京）有限公司	Z3110020130375	2013-05-20	2013-05-20	三级	北京市
281	北京市新明星电子技术开发公司	Z3110020130376	2013-05-20	2013-05-20	三级	北京市
282	北京创辉源科技发展有限公司	Z3110020130377	2013-05-20	2013-05-20	三级	北京市
283	UT斯达康（中国）有限公司	Z3110020130378	2013-05-20	2013-05-20	三级	北京市
284	北京盈科通达信息技术有限公司	Z3110020130379	2013-05-20	2013-05-20	三级	北京市
285	北京天迅波科技有限公司	Z3110020130380	2013-05-20	2013-05-20	三级	北京市
286	北京明源高科工程技术有限公司	Z3110020130381	2013-05-20	2013-05-20	三级	北京市
287	北京富华宇祺信息技术有限公司	Z3110020130382	2013-05-20	2013-05-20	三级	北京市
288	北京银都新天地科技有限公司	Z3110020130383	2013-05-20	2013-05-20	三级	北京市
289	北京瑞华基业科技有限公司	Z3110020130384	2013-05-20	2013-05-20	三级	北京市
290	北京平安力合科技发展股份有限公司	Z3110020130385	2013-05-20	2013-05-20	三级	北京市
291	北京中电拓方科技发展有限公司	Z3110020130386	2013-05-20	2013-05-20	三级	北京市
292	北京英诺威尔科技股份有限公司	Z3110020130387	2013-05-20	2013-05-20	三级	北京市
293	联合永道（北京）信息技术有限公司	Z3110020130388	2013-05-20	2013-05-20	三级	北京市
294	北京秦泽博远信息技术有限公司	Z3110020130389	2013-05-20	2013-05-20	三级	北京市
295	同方鼎欣信息技术有限公司	Z3110020130390	2013-05-20	2013-05-20	三级	北京市
296	北京伟通讯联网络技术有限公司	Z3110020130391	2013-05-20	2013-05-20	三级	北京市
297	北京金和软件股份有限公司	Z3110020130392	2013-05-20	2013-05-20	三级	北京市
298	北京国遥万维信息技术有限公司	Z3110020130393	2013-05-20	2013-05-20	三级	北京市
299	北京北航冠新世纪软件有限公司	Z3110020130394	2013-05-20	2013-05-20	三级	北京市
300	北京国交信通科技发展公司	Z3110020130395	2013-05-20	2013-05-20	三级	北京市
301	北京华安天诚科技有限公司	Z3110020130396	2013-05-20	2013-05-20	三级	北京市
302	北京捷通机房设备工程有限公司	Z3110020130577	2013-05-20	2013-05-20	三级	北京市
303	北京星源辉煌技贸有限公司	Z3110020130596	2013-05-20	2013-05-20	三级	北京市
304	北京智鑫安盾数字技术有限公司	Z3110020130604	2013-05-20	2013-05-20	三级	北京市

续表3

305	北京连邦软件股份有限公司	Z3110020130606	2013-05-20	2013-05-20	三级	北京市
306	北京资旗源信息技术有限公司	Z3110020130607	2013-05-20	2013-05-20	三级	北京市
307	北京富通亚讯网络信息技术有限公司	Z3110020100177	2013-05-20	2010-05-20	三级	北京市
308	北京博望恒信智能系统工程有限公司	Z3110020070232	2013-04-18	2007-04-18	三级	北京市
309	北京中合实创电力科技有限公司	Z3110020130014	2013-03-04	2013-03-04	三级	北京市
310	北京多研硅谷科技发展有限公司	Z3110020130015	2013-03-04	2013-03-04	三级	北京市
311	中科恒源科技股份有限公司	Z3110020130016	2013-03-04	2013-03-04	三级	北京市
312	北京天一众合科技股份有限公司	Z3110020130017	2013-03-04	2013-03-04	三级	北京市
313	北京博略顺和科技有限公司	Z3110020130018	2013-03-04	2013-03-04	三级	北京市
314	北京中交紫光科技有限公司	Z3110020130019	2013-03-04	2013-03-04	三级	北京市
315	北京拓尔思信息技术股份有限公司	Z3110020130020	2013-03-04	2013-03-04	三级	北京市
316	北京东方泰坦科技股份有限公司	Z3110020130021	2013-03-04	2013-03-04	三级	北京市
317	北京安启华科技有限公司	Z3110020130022	2013-03-04	2013-03-04	三级	北京市
318	恒银通信息技术有限公司	Z3110020130023	2013-03-04	2013-03-04	三级	北京市
319	世纪五岳（北京）科技有限公司	Z3110020130024	2013-03-04	2013-03-04	三级	北京市
320	北京安达斯信息技术有限公司	Z3110020130025	2013-03-04	2013-03-04	三级	北京市
321	北京嘉和美康信息技术有限公司	Z3110020130026	2013-03-04	2013-03-04	三级	北京市
322	北京航天益来电子科技有限公司	Z3110020130027	2013-03-04	2013-03-04	三级	北京市
323	北京长征天民高科技有限公司	Z3110020130028	2013-03-04	2013-03-04	三级	北京市
324	北京航天福道高技术股份有限公司	Z3110020130029	2013-03-04	2013-03-04	三级	北京市
325	北京科东电力控制系统有限责任公司	Z3110020130030	2013-03-04	2013-03-04	三级	北京市
326	能科节能技术股份有限公司	Z3110020130031	2013-03-04	2013-03-04	三级	北京市
327	中国华云气象科技集团公司	Z3110020130032	2013-03-04	2013-03-04	三级	北京市
328	北京优士创新科技发展有限公司	Z3110020130033	2013-03-04	2013-03-04	三级	北京市
329	飞天诚信科技股份有限公司	Z3110020130034	2013-03-04	2013-03-04	三级	北京市
330	北京华青融天技术有限责任公司	Z3110020130035	2013-03-04	2013-03-04	三级	北京市
331	北京力鼎创软科技有限公司	Z3110020130036	2013-03-04	2013-03-04	三级	北京市
332	北京亚太摩尔自动化设备有限公司	Z3110020130037	2013-03-04	2013-03-04	三级	北京市
333	北京亿达网通科技发展有限责任公司	Z3110020130038	2013-03-04	2013-03-04	三级	北京市
334	北京易达深蓝科技有限公司	Z3110020130039	2013-03-04	2013-03-04	三级	北京市
335	北京航天爱威电子技术有限公司	Z3110020130040	2013-03-04	2013-03-04	三级	北京市
336	新锐英诚（北京）科技股份有限公司	Z3110020130041	2013-03-04	2013-03-04	三级	北京市
337	九源天能（北京）科技有限公司	Z3110020130042	2013-03-04	2013-03-04	三级	北京市
338	北京德威特力通系统控制技术有限公司	Z3110020130043	2013-03-04	2013-03-04	三级	北京市
339	北京日立北工大信息系统有限公司	Z3110020130044	2013-03-04	2013-03-04	三级	北京市
340	北京慧图信息科技有限公司	Z3110020130045	2013-03-04	2013-03-04	三级	北京市
341	北京时尚百联科技有限公司	Z3110020130046	2013-03-04	2013-03-04	三级	北京市
342	北京嘉友恒基资讯科技有限公司	Z3110020130047	2013-03-04	2013-03-04	三级	北京市
343	北京朝昭恒晟科技有限公司	Z3110020130048	2013-03-04	2013-03-04	三级	北京市
344	博威通（北京）科技有限责任公司	Z3110020130049	2013-03-04	2013-03-04	三级	北京市
345	北京麦斯普工程技术有限公司	Z3110020130050	2013-03-04	2013-03-04	三级	北京市
346	北京成大阳光科技有限公司	Z3110020130051	2013-03-04	2013-03-04	三级	北京市
347	北京灵图软件技术有限公司	Z3110020130052	2013-03-04	2013-03-04	三级	北京市
348	北京国际系统控制有限公司	Z3110020130055	2013-03-04	2013-03-04	三级	北京市

续表3

349	北京安捷工程咨询有限公司	Z3110020130061	2013-03-04	2013-03-04	三级	北京市
350	北京瑞友科技股份有限公司	Z3110020130062	2013-03-04	2013-03-04	三级	北京市
351	北京百年树人远程教育有限公司	Z3110020130315	2013-03-04	2013-03-04	三级	北京市
352	北京安捷士特科技有限责任公司	Z3110020130322	2013-03-04	2013-03-04	三级	北京市
353	北京亚洲卫星通信技术有限公司	Z3110020130317	2013-03-04	2013-03-04	三级	北京市
354	北京华拓信通科技股份有限公司	Z3110020130326	2013-03-04	2013-03-04	三级	北京市
355	北京双顺达信息技术有限公司	Z3110020130329	2013-03-04	2013-03-04	三级	北京市
356	北京博望华科科技有限公司	Z3110020130338	2013-03-04	2013-03-04	三级	北京市
357	北京金网时代系统集成网络技术有限公司	Z3110020130343	2013-03-04	2013-03-04	三级	北京市
358	北京雨辰视美科技有限公司	Z3110020130344	2013-03-04	2013-03-04	三级	北京市
359	北京神州普惠科技股份有限公司	Z3110020130059	2013-03-04	2013-03-04	三级	北京市
360	北京煜邦电力技术有限公司	Z3110020130058	2013-03-04	2013-03-04	三级	北京市
361	北京中科汇联信息技术有限公司	Z3110020130346	2013-03-04	2013-03-04	三级	北京市
362	基康仪器（北京）有限公司	Z3110020130348	2013-03-04	2013-03-04	三级	北京市
363	北京弗雷赛普科技发展有限公司	Z3110020100016	2013-02-06	2010-02-06	三级	北京市
364	北京润成恒信科技有限公司	Z3110020100026	2013-02-06	2010-02-06	三级	北京市
365	北京教育信息网服务中心有限公司	Z3110020100027	2013-02-06	2010-02-06	三级	北京市
366	北京海腾科技发展有限公司	Z3110020100028	2013-02-06	2010-02-06	三级	北京市
367	北京市万格数码通讯科技有限公司	Z3110020100030	2013-02-06	2010-02-06	三级	北京市
368	北京友邦佳通电子科技有限公司	Z3110020100032	2013-02-06	2010-02-06	三级	北京市
369	北京众博达石油科技有限公司	Z3110020100034	2013-02-06	2010-02-06	三级	北京市
370	北京宇信网景信息技术有限公司	Z3110020100036	2013-02-06	2010-02-06	三级	北京市
371	北京立思辰新技术有限公司	Z3110020100037	2013-02-06	2010-02-06	三级	北京市
372	北京环宇蓝博科技有限公司	Z3110020100042	2013-02-06	2010-02-06	三级	北京市
373	北京国智恒电力管理科技集团有限公司	Z3110020100044	2013-02-06	2010-02-06	三级	北京市
374	北京华油信通科技有限公司	Z3110020100045	2013-02-06	2010-02-06	三级	北京市
375	北京驷骑中天网络工程技术有限公司	Z3110020100025	2013-02-06	2010-02-06	三级	北京市
376	联强科技发展有限公司	Z3110020100047	2013-02-06	2010-02-06	三级	北京市
377	通力凯顿（北京）系统集成有限公司	Z3110020100035	2013-02-06	2010-02-06	三级	北京市
378	北京捷通瑞奇信息技术有限公司	Z3110020070044	2013-02-06	2007-02-18	三级	北京市
379	北京中庆现代技术有限公司	Z3110020070154	2013-02-06	2007-02-18	三级	北京市
380	天信达信息技术有限公司	Z3110020060003	2013-02-06	2006-01-06	三级	北京市
381	北京智腾泰达科技有限公司	Z3110020090708	2013-02-06	2009-11-23	三级	北京市
382	北京诚信昊天科技发展有限公司	Z3110020100041	2013-02-06	2010-02-06	三级	北京市
383	北京天源科创风电技术有限责任公司	Z3110020100023	2013-02-06	2010-02-06	三级	北京市
384	北京万懋电子工程有限公司	Z4110020100574	2013-11-22	2010-11-22	四级	北京市
385	北京海协智康科技发展有限公司	Z4110020100575	2013-11-22	2010-11-22	四级	北京市
386	北京信拓易达软件有限公司	Z4110020131171	2013-11-22	2013-11-22	四级	北京市
387	北京博锐尚格节能技术股份有限公司	Z4110020131172	2013-11-22	2013-11-22	四级	北京市
388	盾石科技（北京）有限公司	Z4110020131173	2013-11-22	2013-11-22	四级	北京市
389	北京北软世纪信息技术有限责任公司	Z4110020131174	2013-11-22	2013-11-22	四级	北京市
390	北京天地信旺网络系统工程技术有限公司	Z4110020131175	2013-11-22	2013-11-22	四级	北京市
391	中创立方能源技术（北京）有限公司	Z4110020131176	2013-11-22	2013-11-22	四级	北京市
392	通号工程局集团有限公司	Z4110020131177	2013-11-22	2013-11-22	四级	北京市

续表3

393	北京联海科贸公司	Z4110020131178	2013-11-22	2013-11-22	四级	北京市
394	北京资海科技有限责任公司	Z4110020131179	2013-11-22	2013-11-22	四级	北京市
395	北京九州宏图技术有限公司	Z4110020131180	2013-11-22	2013-11-22	四级	北京市
396	北京四维远见信息技术有限公司	Z4110020131181	2013-11-22	2013-11-22	四级	北京市
397	北京正恒智通信息技术有限公司	Z4110020131182	2013-11-22	2013-11-22	四级	北京市
398	北京矿冶研究总院	Z4110020131183	2013-11-22	2013-11-22	四级	北京市
399	北京意科能源技术有限公司	Z4110020070516	2013-10-22	2007-10-22	四级	北京市
400	北京金石威视科技发展有限公司	Z4110020060363	2013-09-08	2006-09-12	四级	北京市
401	北京华盛扬科技有限公司	Z4110020130746	2013-08-17	2013-08-17	四级	北京市
402	北京邮政科学研究设计院	Z4110020130747	2013-08-17	2013-08-17	四级	北京市
403	北京容平蕴诚信息技术有限公司	Z4110020130748	2013-08-17	2013-08-17	四级	北京市
404	北京新发智信科技有限责任公司	Z4110020130749	2013-08-17	2013-08-17	四级	北京市
405	北京千禧维讯科技有限公司	Z4110020130750	2013-08-17	2013-08-17	四级	北京市
406	中交智能（北京）科技有限公司	Z4110020130751	2013-08-17	2013-08-17	四级	北京市
407	北京市康讯通讯设备有限公司	Z4110020130752	2013-08-17	2013-08-17	四级	北京市
408	北京众恒恒信自动化设备有限公司	Z4110020130753	2013-08-17	2013-08-17	四级	北京市
409	北京天睿空间科技有限公司	Z4110020130754	2013-08-17	2013-08-17	四级	北京市
410	国信司南（北京）地理信息技术有限公司	Z4110020130755	2013-08-17	2013-08-17	四级	北京市
411	北京国势通科技有限公司	Z4110020130756	2013-08-17	2013-08-17	四级	北京市
412	北京锐驰瑞德电气工程有限公司	Z4110020130757	2013-08-17	2013-08-17	四级	北京市
413	北京凯联亚太通讯技术有限公司	Z4110020130758	2013-08-17	2013-08-17	四级	北京市
414	北京华盛天荣通信技术有限公司	Z4110020130759	2013-08-17	2013-08-17	四级	北京市
415	普康迪（北京）数码科技股份有限公司	Z4110020130760	2013-08-17	2013-08-17	四级	北京市
416	北京中电昱能科技有限公司	Z4110020130761	2013-08-17	2013-08-17	四级	北京市
417	北京佳尔信息技术有限公司	Z4110020130762	2013-08-17	2013-08-17	四级	北京市
418	北京万顺祥科技有限公司	Z4110020130763	2013-08-17	2013-08-17	四级	北京市
419	北京中际网科物联科技有限公司	Z4110020130764	2013-08-17	2013-08-17	四级	北京市
420	中业天成（北京）电力工程有限公司	Z4110020130765	2013-08-17	2013-08-17	四级	北京市
421	北京兴汇同维电力科技有限公司	Z4110020130766	2013-08-17	2013-08-17	四级	北京市
422	北京泽源鑫德环保技术有限公司	Z4110020130767	2013-08-17	2013-08-17	四级	北京市
423	北京政通永益科技有限公司	Z4110020130768	2013-08-17	2013-08-17	四级	北京市
424	北京蓝海联盟科技有限公司	Z4110020130347	2013-05-20	2013-05-20	四级	北京市
425	北京华文基业科技有限公司	Z4110020130397	2013-05-20	2013-05-20	四级	北京市
426	中国电子器件工业有限公司	Z4110020130398	2013-05-20	2013-05-20	四级	北京市
427	北京云天时空科技有限公司	Z4110020130399	2013-05-20	2013-05-20	四级	北京市
428	北京华捷顺通信息工程技术有限公司	Z4110020130400	2013-05-20	2013-05-20	四级	北京市
429	北京世纪安图数码科技发展有限责任公司	Z4110020130401	2013-05-20	2013-05-20	四级	北京市
430	新博卓畅技术（北京）有限公司	Z4110020130402	2013-05-20	2013-05-20	四级	北京市
431	北京鹏浩基业科技发展有限公司	Z4110020130403	2013-05-20	2013-05-20	四级	北京市
432	北京神威远通科技有限公司	Z4110020130404	2013-05-20	2013-05-20	四级	北京市
433	北京东方巨融科技开发有限公司	Z4110020130405	2013-05-20	2013-05-20	四级	北京市
434	北京影研创新科技发展有限公司	Z4110020130406	2013-05-20	2013-05-20	四级	北京市
435	北京信诺瑞得信息技术有限公司	Z4110020130407	2013-05-20	2013-05-20	四级	北京市
436	北京海联海通网络技术有限公司	Z4110020130408	2013-05-20	2013-05-20	四级	北京市

续表3

437	北京国信通讯系统有限公司	Z4110020070235	2013-04-18	2007-04-18	四级	北京市
438	北京航天晨信科技有限责任公司	Z4110020130066	2013-03-04	2013-03-04	四级	北京市
439	北京航天宇泰科技有限公司	Z4110020130067	2013-03-04	2013-03-04	四级	北京市
440	北京量子伟业信息技术股份有限公司	Z4110020130068	2013-03-04	2013-03-04	四级	北京市
441	北京能博文科技发展有限责任公司	Z4110020130069	2013-03-04	2013-03-04	四级	北京市
442	博通网信（北京）科技有限公司	Z4110020130070	2013-03-04	2013-03-04	四级	北京市
443	西瑞克斯通信技术股份有限公司	Z4110020130071	2013-03-04	2013-03-04	四级	北京市
444	伟景行科技股份有限公司	Z4110020130072	2013-03-04	2013-03-04	四级	北京市
445	华鸿汇德（北京）信息技术有限公司	Z4110020130073	2013-03-04	2013-03-04	四级	北京市
446	北京在信恒通科技有限公司	Z4110020130074	2013-03-04	2013-03-04	四级	北京市
447	北京中通诚益科技发展有限责任公司	Z4110020130075	2013-03-04	2013-03-04	四级	北京市
448	北京北科慧识科技股份有限公司	Z4110020130076	2013-03-04	2013-03-04	四级	北京市
449	亿唐伟业科技发展（北京）有限公司	Z4110020130077	2013-03-04	2013-03-04	四级	北京市
450	北京斯坦德科技发展有限公司	Z4110020130078	2013-03-04	2013-03-04	四级	北京市
451	飞思达技术（北京）有限公司	Z4110020130079	2013-03-04	2013-03-04	四级	北京市
452	北京华夏电通信息技术有限公司	Z4110020130080	2013-03-04	2013-03-04	四级	北京市
453	曲柔仕电子科技（北京）有限公司	Z4110020130081	2013-03-04	2013-03-04	四级	北京市
454	北京欣邦宝通计算机网络系统开发有限公司	Z4110020130084	2013-03-04	2013-03-04	四级	北京市
455	北京西普伟业科技发展有限公司	Z4110020130086	2013-03-04	2013-03-04	四级	北京市
456	北京海高瑞德科技有限公司	Z4110020130090	2013-03-04	2013-03-04	四级	北京市
457	北京市兆软信息技术有限公司	Z4110020060133	2013-02-06	2006-02-06	四级	北京市
458	北京中长石基信息技术股份有限公司	Z4110020130001	2013-01-06	2013-01-06	四级	北京市

北京市入选2013年（第十二届）中国软件业务收入前百家企业名单

表4

序号	企业名称
1	北大方正集团有限公司
2	航天信息股份有限公司
3	同方股份有限公司
4	大唐电信科技股份有限公司
5	神州数码系统集成服务有限公司
6	东华软件股份公司
7	亚信科技（中国）有限公司
8	北京中软国际信息技术有限公司
9	中国软件与技术服务股份有限公司
10	中国民航信息网络股份有限公司
11	太极计算机股份有限公司
12	北京全路通信信号研究设计院有限公司
13	北京小米移动软件有限公司
14	用友软件股份有限公司
15	中科软科技股份有限公司
16	软通动力信息技术（集团）有限公司
17	联动优势科技有限公司
18	石化盈科信息技术有限责任公司
19	博雅软件股份有限公司
20	北京华胜天成科技股份有限公司
21	北京中油瑞飞信息技术有限公司
22	北京神州泰岳软件股份有限公司
23	广联达软件股份有限公司
24	文思海辉技术有限公司
25	博彦科技股份有限公司
26	瑞斯康达科技发展股份有限公司
27	北京四方继保自动化股份有限公司
28	北京握奇数据系统有限公司
29	北京宇信易诚科技有限公司
30	高伟达软件股份有限公司
31	北京先进数通信息技术股份公司
32	北京神舟航天软件技术有限公司

2013北京信息网络产业新业态创新企业30新榜单

表5

序号	企业名称
1	北京爱创科技股份有限公司
2	北京奥鹏远程教育中心有限公司
3	北京朝歌数码科技股份有限公司
4	北京辰安科技股份有限公司
5	北京鼎普科技股份有限公司
6	北京东进记录科技有限公司
7	北京风网信息技术有限公司
8	北京嘉和美康信息技术有限公司
9	北京江南博仁科技有限公司
10	北京交控科技有限公司
11	乐动天下（北京）体育科技有限公司
12	北京锐安科技有限公司
13	北京睿呈时代信息科技有限公司
14	北京赛四达科技股份有限公司
15	北京圣世信通科技发展有限公司
16	北京天威诚信电子商务服务有限公司
17	北京天源科创风电技术有限责任公司
18	北京维信通科技股份有限公司
19	北京文安科技发展有限公司
20	新华瑞德（北京）网络科技有限公司
21	北京洋浦伟业科技发展有限公司
22	北京宇信网景信息技术有限公司
23	北京中合实创电力科技有限公司
24	北京最淘科技有限公司
25	达内时代科技集团有限公司
26	基康仪器（北京）有限公司
27	北京日讯在线科技有限公司
28	伟景行科技股份有限公司
29	新博卓畅技术（北京）有限公司
30	智易达交通科技有限公司